Manual Didático de

DIREITO ADMINISTRATIVO

Gustavo Scatolino
João Trindade

Manual Didático de DIREITO ADMINISTRATIVO

8ª edição • Revista, atualizada e ampliada

2020

EDITORA JusPODIVM
www.editorajuspodivm.com.br

EDITORA
*Jus*PODIVM
www.editorajuspodivm.com.br

Rua Território Rio Branco, 87 - Pituba - Salvador/BA. CEP: 41830-530
Tel: (71) 3045.9051
• Contato: https://www.editorajuspodivm.com.br/sac

Capa: Marcelo S. Brandão *(santibrando@gmail.com)*

• Até a 5.ª edição esta obra foi publicada sob o título Manual de Direito Administrativo – Volume Único.

S277m Scatolino, Gustavo
Manual didático de direito administrativo / Gustavo Scatolino, João Trindade – 8. ed. rev., ampl. e atual. – Salvador: Ed. JusPodivm, 2020.
1.184 p.

Bibliografia.
ISBN 978-85-442-3316-0

1. Direito administrativo. I. Título.

CDD 341.3

À minha esposa, Luciana, aos meus filhos, Igor, Henrique, Pablo e Filipe,
pela compreensão das horas subtraídas para escrever este trabalho.
Aos meus pais e irmãos por acreditarem em mim.
Ao amigo Aragonê Nunes Fernandes pelo apoio.
Ao coautor desta obra pelo incentivo em começar este projeto.
Aos alunos que contribuem para meu crescimento como professor.
E, sobretudo, a Deus, a quem consagro tudo que acontece em minha vida!
Gustavo Scatolino

Ao meu pai, que me despertou o gosto pelo Direito.
Aos meus alunos, com quem aprendi a ensinar.
À Patrícia, sempre ao meu lado, em todos os momentos.
À Júlia, que fez tudo mudar.
João Trindade

Apresentação

Existem vários motivos e motivações para escrever um livro. Mas também é possível empreender um projeto editorial sem a clareza consciente do que teria determinado tal iniciativa.

No caso deste livro, não é preciso conversar com os autores para saber que havia um motivo muito claro. Mais do que um motivo, enquanto justificativa ou fundamento, uma motivação.

Ou seja, este livro tem por justificativa a construção de uma obra que viabilize de forma acessível e pragmática a compreensão do conjunto de conceitos, construções, institutos e regras que compõe o Direito Administrativo. Mas os autores desenvolveram este trabalho também motivados e impulsionados pelo firme e intenso propósito de colaborar com aqueles que buscam compreender o Direito Administrativo, principalmente na perspectiva de busca da aprovação em concursos públicos.

O Direito Administrativo consiste em campo do Direito com o qual se pode tomar contato de forma mais ou menos empolgante.

Reconheço minha suspeição, já que me incluo entre aqueles que se empolgam, sem qualquer esforço, com o Direito Administrativo, o qual consiste numa construção jurídica que corresponde a uma das mais emblemáticas manifestações de ruptura com o modelo de Estado Patrimonialista da Idade Média. Por isto, devemos muito ao Direito Administrativo e aos administrativistas.

É bem verdade que talvez a empolgação que tenho com o Direito Administrativo seja fruto da influência da atuação que tive como advogado público, ao exercer os cargos de Procurador de Estado e Advogado da União, antes de ingressar na Magistratura do Trabalho.

Mas o fato é que, mesmo para aqueles tidos por não naturalmente empolgados com o Direito Administrativo, esta obra, de autoria dos Professores Gustavo Scatolino e João Trindade, promove um grande impulso para que se empolgue e compreenda a presente matéria. Principalmente quanto aos leitores que o fazem com a intenção de êxito nas provas de concursos.

E, para isto, o livro conta com uma estrutura muito bem pensada e elaborada.

O desenvolvimento dos capítulos começa com uma elaboração geral dos temas tratados, abordando conceitos doutrinários e teses jurisprudenciais. Avança para abordagens aprofundadas, sem, porém, perder a fluência e leveza da leitura, procurando trazer inclusive construções e posicionamentos divergentes. Posteriormente, apresenta uma revisão, na qual desenvolve uma síntese dos principais elementos trabalhados. Por fim, submete o leitor às listas de exercícios, o que não apenas contribui com o reforço e avanço na compreensão do que foi estudado, como também mostra como os temas são cobrados em provas, dando ainda um caráter dinâmico ao estudo.

Como psicopedagogo, poderia escrever uma pequena tese para provar que a estrutura do livro é bastante eficaz para aqueles que estudam para concursos públicos, compreensão acerca da qual não tenho dúvida. Mas pouparei os leitores destes fundamentos, pois, afinal, o livro é de Direito Administrativo.

Portanto, parabenizo os autores pela iniciativa. E também o(a) parabenizo, enquanto leitora ou leitor, por ter tomado a atitude de adquirir e estudar por este livro.

Por fim, manifesto votos de que o esforço investido nesta empreitada contribua com o alcance dos seus objetivos.

Boa leitura e bom estudo!

ROGERIO NEIVA

Juiz do Trabalho, Ex-Procurador de Estado e
Advogado da União, Psicopedagogo e Professor

Sumário

ESTUDO AVANÇADO

JURISPRUDÊNCIA SELECIONADA

REVISÃO

CAPÍTULO X

ESTUDO AVANÇADO

JURISPRUDÊNCIA SELECIONADA

REVISÃO

CAPÍTULO XI

ESTUDO AVANÇADO

JURISPRUDÊNCIA SELECIONADA

REVISÃO

CAPÍTULO XV

Índice de Questões

Capítulo I

Noções preliminares

Sumário • 1. Relevância do estudo do Direito Administrativo; 2. Ramo do direito público (taxinomia do Direito Administrativo); 3. Conceito de Direito Administrativo; 4. Fontes do direito administrativo; 5. Sistemas administrativos; 5.1. Coisa julgada administrativa; 6. Legislação sobre Direito Administrativo; 7. Estado, Governo e administração pública; 7.1. Formas de Estado; 7.2. Poderes do Estado; 7.3. Governo; 7.4. Formas de governo; 7.5. Administração Pública; 8. Administração Pública no sentido subjetivo / orgânico / formal; 9. Administração Pública no sentido material / objetivo / funcional; 10. Função administrativa e função política. **Estudo Avançado**: 1. Atividades Administrativas; 2. Leis de efeito concreto e função administrativa; 3. Administração Pública Extroversa e Introversa; 4. Constitucionalização do Direito Administrativo (reflexões e consequências); 5. Costume e Praxe Administrativa; Revisão; 6. Questões.

1. RELEVÂNCIA DO ESTUDO DO DIREITO ADMINISTRATIVO

O estudo do direito administrativo é pressuposto para o de outras matérias ou, ao menos, para sua devida compreensão. No estudo, por exemplo, de finanças públicas, a Constituição por diversas vezes faz referência aos institutos do direito administrativo, mencionando Administração Direta, Indireta e demais órgãos e entidades públicas.

É matéria que tem estreita relação com o direito constitucional, pois na Carta de 1988 foi destinado capítulo específico à "Administração Pública"; com o direito processual civil, pois com o advento da Lei nº 9.784/99 foram emprestados diversos institutos ao processo administrativo; com o direito penal, pois existem tipos penais previstos, por exemplo, "Crimes contra a Administração Pública"; o direito tributário tem sua base no direito administrativo e por vezes o completa, por exemplo, o conceito de poder de polícia, presente no art. 78 do CTN.

É também a partir do direito administrativo que mais bem se compreendem diversos temas discutidos pelos veículos de comunicação: privatização, fiscalização, poder de polícia, abuso de poder, irregularidades em obras públicas, moralidade administrativa, responsabilidade do Estado em razão dos danos causados etc.

Trata-se de matéria que não possui codificação. Ao contrário de muitos ramos do direito, a exemplo do direito penal e direito civil, o direito administrativo não contém legislação reunida em um único documento. O que há são várias leis esparsas tratando de matérias específicas. Contudo, com o advento da Lei nº 9.784/99, houve a reunião, em um mesmo diploma legal, de regras básicas a serem observadas pela Administração Pública, tratando de princípios administrativos, competência, atos administrativos, recursos administrativos. Porém, não é correto afirmar estarmos diante de um "Código de Direito Administrativo".

Estamos diante de uma matéria que, a princípio, não desperta muito o interesse dos estudantes, sobretudo daqueles que percorrem os primeiros passos no universo jurídico. Contudo, não é matéria que possa passar despercebida pelo estudioso, pois se assim proceder, inevitavelmente, terá de retroceder nos seus estudos para compreender esse ramo, que é caminho para os demais ramos do Direito.

Os operadores do Direito de diversas áreas convivem diariamente com os institutos do direito administrativo, inclusive de todos os Poderes do Estado, pois o exercício da função administrativa é ínsito a todos eles, desde o órgão mais subalterno da Administração Pública que, por exemplo, realiza uma licitação, até os órgãos mais elevados. Cite-se o tema da privatização dos aeroportos, que envolve todos os conceitos apreendidos: contratos administrativos, licitação, princípios, bens públicos, serviços públicos, entre outros.

Advirta-se, então, aqueles que almejam galgar cargos públicos. Seja no Poder Executivo, Legislativo ou Poder Judiciário: não há concurso público que deixe de fora os principais assuntos do direito administrativo.

Na advocacia, seja pública ou privada, o Direito Administrativo é um campo inesgotá-vel de assuntos que fazem parte do cotidiano do advogado como, por exemplo, matérias sobre concurso público, licitação etc.

2. RAMO DO DIREITO PÚBLICO (TAXINOMIA DO DIREITO ADMINISTRATIVO)

O direito privado se constitui, principalmente, das normas que regulam as relações entre os particulares. Trata-se do conjunto de normas (regras e princípios) que regulam as relações entre particulares que se encontram em uma situação de equilíbrio de condições. Não se pode esquecer que a Administração Pública, por vezes, poderá praticar atos regidos pelo direito privado. Nesse caso, não atuará com relação de supremacia diante do cidadão. Em determinadas situações, o regime privado poderá sofrer influências de normas de direito público.

O direito público é ramo jurídico que possui o escopo de atender aos interesses públicos. Convém ressaltar que o interesse público a ser concretizado deve ser o interesse público primário; vale dizer: o interesse da coletividade.

O Estado, ao utilizar a máquina administrativa, não deve buscar seus próprios interesses (interesse público secundário), mas sim os interesses da coletividade, que é o interesse público propriamente dito. Entretanto, no Brasil, a história é pródiga em demonstrar que esse objetivo por vezes permanece adormecido, uma vez que o Estado, em muitos casos, almeja apenas saciar o próprio interesse, esquecendo-se de que seu fim último deve ser a satisfação da sociedade, pois é ela que lhe dá condição de existência.

3. CONCEITO DE DIREITO ADMINISTRATIVO

O conceito e o conteúdo do direito administrativo variam conforme o critério adotado pelo doutrinador. Dos estudos doutrinários e dos sistemas legais decorreu o surgimento de várias teorias, entre elas: *do Poder Executivo; a do Serviço Público (Escola do Serviço Público); a Teleológica; negativista; e da Administração Pública.* Para alguns, o direito administrativo pode ser conceituado como sendo tão somente um conjunto de leis administrativas; a reunião de atos do Poder Executivo (Poder Executivo); os princípios que envolvem a Administração Pública (critério da Administração Pública); a disciplina, organização e regência da prestação de serviços públicos (serviço público); o sistema de princípios que norteiam o atendimento dos fins do Estado (teleológico ou finalístico); ou, por fim, o ramo do direito que regula toda a atividade que não seja legislativa ou jurisdicional (negativista).

Vejamos, então, com mais detalhes, as teorias que surgiram para definir o direito administrativo:

a) **Escola do serviço público.** Formou-se na França. Inspirou-se na jurisprudência do conselho de Estado francês, a partir do caso Blanco, em 1873 (Pietro 2002). Para essa corrente, o direito administrativo é o ramo do direito que estuda a gestão dos serviços públicos. Teve como defensores Duguit, Jèze e Bonnard. Segundo essa teoria, qualquer atividade prestada pelo Estado é serviço público. No entanto, tal teoria perde força, em virtude de que nem todas as atividades estatais se resumem em serviço público, como, por exemplo, o poder de polícia. Ademais, é possível, com a ampliação das atividades estatais, o exercício de atividade econômica, que, para muitos, não se confunde com serviço público.

b) **Critério do Poder Executivo.** Para essa teoria, o direito administrativo se esgota nos atos praticados pelo Poder Executivo. Contudo, exclui os atos do Poder Legislativo e do Judiciário no exercício de atividade administrativa, restringindo, sobremaneira, o direito administrativo ao âmbito do Poder Executivo. Essa teoria não considera a função política exercida pelo Poder Executivo, que não se confunde com a função administrativa.

c) **Critério teleológico (ou finalístico).** Conjunto de normas e princípios que norteiam o atendimento dos fins do Estado.

d) **Critério negativista ou residual.** Por exclusão, encontra-se o objeto do direito administrativo: aquilo que não for pertinente às funções legislativa e jurisdicional será objeto do direito administrativo.

e) **Critério da Administração Pública:** Conjunto de normas e princípios que regem Administração Pública.

f) **Critério das atividades jurídicas e sociais do Estado: Direito Administrativo é o conjunto dos princípios que regulam a atividade jurídica não contenciosa do Estado e a constituição dos órgãos e meios de sua atuação em geral.**

g) **Escola da *puissance publique* ou *potestade pública* (distinção entre atividades de autoridade e atividades de gestão): Por essa escola há a distinção entre atividades de autoridade e atividades de gestão. No primeiro caso, o Estado atua com autoridade sobre os particulares, com poder de império, por um direito exorbitante do comum; por outro lado, nas atividades de gestão, o Estado atua em posição de igualdade com os cidadãos, regendo-se pelo direito privado.**

Leon Dugui, adepto da escola do serviço público, era um 'opositor' da teoria da *potestade pública*, pois para a escola do serviço público não havia a distinção entre atos de império e atos de gestão.

A fim de explicar melhor a teoria da *potestade publica*, trazemos trechos de artigo escrito por Cretella Júnior sobre Prerrogativas Públicas:

> *"Tratando da* puissance publique, *que é a nossa potestade pública, escreve RIVERO: "A S relações entre particulares são baseadas na igualdade jurídica. Nenhuma vontade privada é, por natureza, superior a outra, a tal ponto que se imponha a esta contra sua vontade, o que ocorre porque o ato que caracteriza as relações privadas é o contrato, ou seja, o acordo de vontades. A Administração, entretanto, que deve satisfazer ao interesse geral, não poderia atingir tal objetivo se estivesse no mesmo pé de igualdade com os particulares. "*

Segundo Cretella Junior, em fins do século passado e início deste, o direito administrativo tem sido considerado como disciplina alicerçada na ideia matriz de *potestade pública*, empenhando-se a doutrina em construir a **teoria dos atos de império e dos atos de gestão**, que tanta polêmica despertou entre os publicistas. **A atividade de *potestade pública* era paralela à de ato**

de império — de "*imperium*" —, típica das operações do direito administrativo, quando intervinha o Estado, condicionado por um regime especial, derrogatório do direito comum, bastante diferente da atividade de direito privado, caracterizada por atos de gestão, regulados por u m regime de direito privado.

> *"A atividade de potestade pública", argumentava-se, "é aquela em que os órgãos do Estado procedem por meio de ordens, interdições, regulamentações unilaterais, manifestando, em suma, uma vontade imperante. Os órgãos do Estado executam, assim, atos de potestade pública" (LAUBADÈRE André, Traité de droit administratif, 3ª ed., 1963, vol. I,)*

Objeções de toda sorte, feitas por Duguit, no Tratado (DUGUIT Léon, Traité de droit constitutionnel, vol. II, pág. 263), e pelo Comissário Teissier, na clássica e metafísica distinção entre os atos *jus imperii* e os atos *jus gestionis*, não conseguiram abalar a noção de *puissance publique*, nem invalidar a série de prerrogativas que dela decorrem.

Empregada com acepção quase impossível de apreender-se, a expressão potestade pública ("*puissance publique*") é, na realidade, noção concreta e precisa, porque designa a situação toda especial que cerca a Administração, dotando-a de atributos necessários e suficientes para conferir-lhe uma série de prerrogativas — e também de restrições ou de sujeições —, exorbitantes do direito comum, inexistentes nas pessoas jurídicas de direito privado

Da potestade pública ou *potestas imperii* advém a situação privilegiada da Administração, desnivelando-a diante do particular e tornando-a idônea para impor, em condição bastante vantajosa, sua vontade, em nome do interesse público.

A Administração ficaria inerte, paralisada, se cada vez que pretendesse movimentar-se, efetivando os atos administrativos editados, precisasse consultar os interesses privados atingidos. Por isso, o Estado dotou os órgãos administrativos de um poder ou potestade para vencer a injustificada resistência do particular recalcitrante. As decisões administrativas, tomadas com vistas ao interesse público, impõem-se sem prévia consulta ao administrado e, muitas vezes, sem o título hábil expedido pelo Judiciário, como ocorre no âmbito do processo civil comum.

A potestade pública, o poder de império, revela-se no mundo jurídico de modo eficaz, visto cercar-se de prerrogativas públicas, benefícios evidentes que reforçam sua atuação coativa no choque com o particular.

A potestade pública é o regime jurídico que se distingue, ao mesmo tempo, por prerrogativas e por sujeições, por máximos e mínimos, exorbitantes e derrogatórios do direito comum, reconhecidos e impostos a todos os que operam em nome e no exercício da soberania nacional (VEDEL Georges, Droit administratif, 4a ed., 1968, pág.)"

Em resumo, a teoria da potestade pública ou *puissance publice* diz respeito ao conjunto de prerrogativas que tem a Administração Pública quando atua em face do particular na prática de atos de império. (palavras chave: atos de império – prerrogativas da Administração Pública).

Em provas de concurso encontramos ocorrência da citada teoria:

TRF 1 – 2017 – Analista Judiciário – Área Judiciária

Segundo a escola da *puissance publique*, as prerrogativas e os privilégios que o Estado possui frente ao particular constituem critério definidor do Direito Administrativo.

Certa.

TRF 1 – 2017 – Analista Judiciário – Área Judiciária

A escola da *puissance publique* distingue-se da escola do serviço público por conceituar o direito administrativo pela coerção e pelas prerrogativas inerentes aos atos de império, diferenciando-os dos atos de gestão.

Certa

Ano: 2014 Banca: FCC Órgão: Prefeitura de Cuiabá – MT Prova: Procurador Municipal

Desenvolvida em fins do século XIX e início do século XX, essa corrente doutrinária, inspirada na jurisprudência do Conselho de Estado francês, era capitaneada pelos doutrinadores franceses Léon Duguit e Gaston Jèze, os quais buscavam, no dizer de Odete Medauar, "deslocar o poder de foco de atenção dos publicistas, partindo da ideia de necessidade e explicando a gestão pública como resposta às necessidades da vida coletiva" (O Direito Administrativo em Evolução, 2003:37). Estamos nos referindo à Escola.

a) da Administração Social.

b) da Administração Gerencial.

c) do Serviço Público.

d) da Potestade Pública.

e) Pandectista.

Letra C

Ano: 2006 Banca: FAPEC Órgão: PC-MS Prova: Delegado de Polícia

Acerca do ato administrativo, assinale V para o VERDADEIRO e F para o FALSO.

( ) ato jurídico, editado pelo Estado, em matéria administrativa, é denominado ato institucional;

( ) ato que o Estado edita como senhor e como detentor de potestade pública, é denominado ato de império e gestão;

( ) a motivação do ato administrativo, no estado de Direito, em regra é obrigatória;

( ) todo ato administrativo é espécie do gênero ato jurídico;

( ) autoexecutoriedade do ato administrativo é o traço peculiar ao ato, pelo qual a Administração concretiza imediatamente as decisões tomadas, sem recorrer, para isso, ao Judiciário.

Assinale a alternativa que apresenta a seqüência correta:

a) V – V – V – V – F;

b) V – F – V – V – V.

c) F – V – V – V – V;

d) F – F – V – V – V;

e) F – F – F – V – V;

Letra D

4. FONTES DO DIREITO ADMINISTRATIVO

A) Lei

A lei é a fonte primária e principal do direito administrativo. Vai desde a Constituição Federal (arts. 37 a 41) até os atos administrativos normativos inferiores. Assim, a lei como fonte do direito administrativo é a lei em **sentido amplo**, ou seja, a lei feita pelo Parlamento e também atos normativos expedidos pela Administração, por exemplo, decretos e resoluções.

Sendo a lei a fonte primária (formal, primordial) do direito administrativo, prevalece sobre as demais (doutrina, jurisprudência e costumes). Essa será a regra geral. As demais que veremos a seguir são consideradas fontes secundárias, acessórias ou informais.

B) Doutrina

São teses de doutrinadores que influenciam nas decisões administrativas, como no próprio direito administrativo. Visa a indicar a melhor interpretação possível da norma administrativa ou indicar as possíveis soluções para casos concretos.

➘ *COMO ESSE ASSUNTO TEM SIDO ABORDADO NAS PROVAS*

✦ **(MCT/FINEP/CESPE/2009)** A doutrina é a atividade intelectual que, sobre os fenômenos que focaliza, aponta os princípios científicos do direito administrativo, não se constituindo, contudo, em fonte dessa disciplina.

Resposta: Errado. Doutrina é fonte do Direito Administrativo.

C) Jurisprudência

É a reiteração de julgamentos no mesmo sentido. São decisões de um Tribunal que vão na mesma direção. Por exemplo, o Superior Tribunal de Justiça possui jurisprudência de que candidato aprovado dentro do número de vagas previsto no edital tem direito a nomeação.[1] Ou seja, são diversas decisões desse Tribunal com o mesmo entendimento final.

A jurisprudência não é de seguimento obrigatório. Trata-se apenas de uma orientação aos demais órgãos do Poder Judiciário e para a Administração. Porém, com as alterações promovidas desde a CF/88, esse caráter orientador da jurisprudência vem deixando de ser a regra. Citem-se, por exemplo, os efeitos vinculantes das decisões proferidas pelo Supremo Tribunal Federal na ação direta de inconstitucionalidade (ADI), na ação declaratória constitucionalidade (ADC) e na arguição de descumprimento de preceito fundamental, e, em especial, com as súmulas vinculantes, a partir da Emenda Constitucional nº 45/04. Nessas hipóteses, as decisões do STF vinculam e obrigam a Administração Pública direta e indireta dos Poderes da União, dos estados, do Distrito Federal e dos municípios, conforme prevê o art. 103-A da CF.

A súmula vinculante não é uma lei. A lei tem por finalidade criar regras de comportamento de maneira geral e abstrata. Já a confecção de súmula vinculante é exercício de atividade jurisdicional, pois conforme o art. 103-A, da CF, a súmula vinculante terá por objetivo a validade, a interpretação e a eficácia de normas determinadas, acerca das quais haja controvérsia atual entre órgãos judiciários ou entre esses e a administração pública que acarrete grave insegurança jurídica e relevante multiplicação de processos sobre questão idêntica.

Assim, quando o STF edita súmula vinculante está interpretando a Constituição e dando o exato sentido das normas Constitucionais.

A súmula é uma síntese daquela jurisprudência que está pacificada, e, naquele momento, não há mais discussão sobre o assunto. Por exemplo:

1 RMS 20718/SP, Rel. Ministro PAULO MEDINA, SEXTA TURMA, julgado em 04.12.2007, *DJe* 03.03.2008.

> *Súmula nº 373, STJ – "É ilegítima a exigência de depósito prévio para admissibilidade de recurso administrativo."*
>
> *Súmula nº 473, STF – "A Administração pode anular seus próprios atos, quando eivados de vícios que os tornem ilegais, porque deles não se originam direitos; ou revogá-los, por motivo de conveniência ou oportunidade, respeitados os direitos adquiridos, e ressalvada, em todos os casos, a apreciação judicial."*

A jurisprudência tem caráter vinculante para a Administração Pública?

A jurisprudência não vincula a Administração; serve apenas de orientação. Mas cabe destacar que a Lei nº 9.784/99 exige a motivação quando a jurisprudência deixar de ser aplicada.

A súmula também não vincula a Administração, servindo apenas de orientação. Entretanto, se o **Supremo Tribunal Federal** editar **súmula vinculante**, esta, por determinação da Constituição, art. 103-A, será obrigatória para toda a Administração Pública, Direta e Indireta, de todos os níveis da Federação (União, estados, Distrito Federal e municípios) e para todo o Poder Judiciário. Por exemplo, a Súmula Vinculante nº 21: "*É inconstitucional a exigência de depósito ou arrolamento prévios de dinheiro ou bens para admissibilidade de recurso administrativo.*"

D) Costumes

São práticas reiteradas observadas pelos agentes públicos diante de determinada situação. No direito administrativo o costume pode exercer influência em razão da carência da legislação, completando o sistema normativo (costume *praeter legem*) ou nos casos em que seria impossível legislar sobre todas as situações. Por exemplo, no procedimento do leilão, modalidade de licitação, em que a lei não o disciplinou detalhadamente assim como fez com a modalidade concorrência. Ou, por exemplo, quando no município não há imprensa oficial, a divulgação dos atos oficiais deve ocorrer nos meios de costume que, geralmente, o meio utilizado é a fixação do ato no mural da prefeitura ou praça.

Lucas Rocha Furtado ressalta que[2] "O costume deve ser igualmente visto como fonte secundária de direito administrativo. Se por costume os administradores adotam determinada interpretação das normas jurídicas, a fonte primária será aquela de onde surgiu a norma – a lei, o decreto, a jurisprudência etc. O costume contrário à lei é fonte tão somente de ilegalidade e não pode ser arguido como pretexto para favorecer servidores públicos ou particulares ou para manter práticas infelizmente ainda frequentes em nosso Direito".

Os costumes não podem se opor à lei (*contra legem*), pois ela é a fonte primordial do direito administrativo, apenas devem auxiliar a exata compreensão e incidência do sistema normativo.

O costume pode gerar direitos para os administrados, em razão dos princípios da lealdade, boa-fé, moralidade administrativa, entre outros, uma vez que determinado comportamento reiterado da Administração Pública gera uma expectativa em geral de que essa prática seja seguida nas demais situações semelhantes.

Há certa divergência doutrinária acerca da aceitação dos costumes como fonte do direito administrativo. Porém, para concursos encontramos mais ocorrências no sentido de que o costume é fonte do direito administrativo. Contudo, é uma fonte secundária (acessória, indireta

2 FURTADO, Lucas Rocha, *Curso de Direito Administrativo*. Belo Horizonte: Fórum, 2007, p. 68.

ou mediata), pois a fonte primária (imediata) é a lei. Foi considerado **incorreto** o seguinte item em concurso feito pelo Cespe: "*O costume não pode ser considerado fonte do direito administrativo, haja vista o princípio da legalidade ser um dos princípios da administração pública*" (Cespe – Capes – 2012).

Veja no final deste capítulo em Tópicos Avançados a diferença entre praxe administrativa e costumes.

5. SISTEMAS ADMINISTRATIVOS

É o regime adotado pelo Estado para a correção dos atos administrativos ilegais ou ilegítimos praticados pelo Poder Público.

A) Sistema do contencioso administrativo / Sistema francês

Veda ao Poder Judiciário conhecer dos atos da Administração, que se sujeitam unicamente à jurisdição especial do contencioso administrativo. **Não é adotado no Brasil.**

Nesse sistema todos os tribunais administrativos sujeitam-se diretamente ou indiretamente ao controle do Conselho de Estado, que funciona como juízo de apelação e, excepcionalmente, como juízo originário.

Entre outros inconvenientes, sobressai o do estabelecimento de dois critérios de justiça: um da jurisdição administrativa, outro da jurisdição comum. Além disso, é uma jurisdição constituída por funcionários da própria Administração, sem as garantias de independência que há na magistratura.

B) Sistema judiciário / Sistema inglês / Sistema de controle judicial / Jurisdição única

É aquele em que todos os litígios são resolvidos judicialmente pela Justiça comum, ou seja, pelos juízes e Tribunais do Poder Judiciário. **É o sistema adotado no Brasil.**

Nesse sistema, há a possibilidade de as decisões administrativas poderem ser revistas pelo Judiciário.

Seu fundamento é o art. 5º, XXXV, da Constituição Federal, que consagra o princípio da inafastabilidade da jurisdição ou inevitabilidade do controle jurisdicional, uma vez que a lei "não excluirá da apreciação do Poder Judiciário lesão ou ameaça a direito".

Esse princípio, entretanto, comporta algumas exceções.

- Como exceção constitucional, temos a **Justiça desportiva**, pois estabelece a Constituição que o Poder Judiciário só admitirá ações relativas à disciplina e às competições desportivas após se esgotarem as instâncias da Justiça desportiva, regulada em lei. Entretanto, também determina que a Justiça desportiva terá o prazo máximo de sessenta dias, contados da instauração do processo, para proferir decisão final. Art. 217, CF.

Cabe destacar que a Justiça desportiva é uma via administrativa, pois o artigo 92 da Constituição não inclui a Justiça desportiva como órgão do Poder Judiciário.

- Outra exceção foi criada a partir da jurisprudência do STJ, resultando na edição da Súmula nº 2 desse Tribunal. Nesse caso, determina o STJ que não cabe **habeas data** (CF, art. 5º, LXXII, letra *a*) se não houve recusa de informações por parte da autoridade administrativa. Assim, exige-se que primeiro tenha de ter ocorrido uma negativa da via administrativa para que, posteriormente, obtenha-se o acesso ao Poder Judiciário, pois nessa hipótese faltaria o interesse de agir.[3]

- Com o advento da criação das **súmulas vinculantes**, ficou estabelecido que o instituto da reclamação seria o meio adequado para assegurar a autoridade das decisões do STF caso haja o descumprimento de uma súmula vinculante. Entretanto, a Lei nº 11.417/06, que regulamenta o art. 103-A da CF, estabeleceu que contra omissão ou ato da administração pública o uso da reclamação só será admitido após **esgotamento das vias administrativas**.
- Destaque-se, também, o **mandado de segurança**, pois a Lei nº 12.016/09 previu que tal remédio constitucional não é cabível quando "*caiba recurso administrativo com efeito suspensivo, independentemente de caução*" (art. 5º, I).
- Recentemente o STF entendeu que a exigibilidade de prévio requerimento administrativo como condição para o regular exercício do direito de ação, para que se postule judicialmente a concessão de benefício previdenciário, não ofende o art. 5º, XXXV, da CF. Vale dizer que o STF legitimou a exigência de prévio requerimento administrativo para caracterizar a presença de interesse em agir como condição de ingresso com ação judicial a fim de requerer a **concessão** de benefício previdenciário. Porém, ressalvou o Tribunal que nas hipóteses de pretensão de **revisão, restabelecimento ou manutenção** de benefício anteriormente concedido o pedido poderia ser formulado diretamente em juízo, porque nesses casos a conduta do Instituto Nacional do Seguro Social – INSS já configuraria o não acolhimento da pretensão. Informativo nº 757 STF, 2014.

  O segurado, contudo, não precisa esgotar todos os recursos disponíveis na via administrativa para poder ingressar em juízo. Negada a concessão do benefício, já é possível ajuizar ação judicial.

➘ *COMO ESSE ASSUNTO TEM SIDO ABORDADO NAS PROVAS*

✦ **(CEF/CESPE/2010)** No Brasil, o sistema de controle dos atos administrativos vigente é o do contencioso administrativo ou sistema francês da dualidade de jurisdição, que se caracteriza por possuir um órgão administrativo com competência exclusiva para proferir a última decisão sobre legalidade e legitimidade.

Resposta: Errado.

5.1. Coisa julgada administrativa

A coisa julgada administrativa é a impossibilidade de revisão da decisão em âmbito administrativo. Muito se discute sobre a existência ou não da coisa julgada administrativa. A nosso ver, não negamos sua existência, tratando-se apenas do fato de não caber mais reapreciação da matéria na esfera administrativa.

3 O *habeas data* não é a via adequada para que o impetrante tenha acesso às informações constantes do Registro de Procedimento Fiscal – RPF. Isso porque o RPF, por definição, é documento de uso privativo da Receita Federal, não tem caráter público nem pode ser transmitido a terceiros; e, de outro lado, não contém somente informações relativas à pessoa do impetrante, mas, principalmente, informações sobre as atividades desenvolvidas pelos auditores fiscais no desempenho de suas funções. Nessa linha, o acesso a esse documento pode, em tese, obstar o regular desempenho do poder de polícia da Receita Federal (REsp 1411585/PE, Rel. Ministro HUMBERTO MARTINS, SEGUNDA TURMA, julgado em 05.08.2014).

A coisa julgada propriamente dita, no sentido de não mais poder ser revista, tornando-se imutável a decisão, só é formada em âmbito judicial.

É certo, porém, que não pode ser afastada a revisão judicial do ato administrativo, tendo em vista o art. 5º, XXXV, da CF, que consagra a inafastabilidade do controle judicial. Ressalta-se que a apreciação do Poder Judiciário será sempre quanto à legalidade, e não quanto à conveniência e oportunidade da decisão.

6. LEGISLAÇÃO SOBRE DIREITO ADMINISTRATIVO

A **competência** para legislar sobre direito administrativo é **concorrente** entre a União, estados e DF. Apesar de os municípios não estarem abrangidos na competência concorrente, art. 24, CF, podem legislar sobre direito administrativo no que se refere à matéria de *interesse local* (art. 30, I, da CF). Isso decorre da autonomia administrativa do modelo federativo de Estado. É o que vemos, por exemplo, acerca dos servidores públicos. Nesse caso, cada Ente da Federação possui autonomia para editar normas próprias para seus servidores. Em nível federal, a Lei nº 8.112/90 dispõe sobre direitos e obrigações para os servidores públicos federais, de modo que cada Ente deve ter suas normas específicas.

Algumas matérias devem, contudo, ser tratadas pela União por motivo de determinação constitucional, por exemplo, **normas gerais** de licitação e contratação. Trata-se de competência privativa da União. Porém, os demais entes podem ter legislação específica, desde que não viole a lei de normas gerais editada pela União.

Importante ressaltar que sobre matéria de **desapropriação** a competência para *legislar* é privativa da União (art. 22, II, CF). Entretanto, para *promover* (executar/realizar) desapropriação a competência é comum de todos os Entes.

A **iniciativa** de leis que disponham sobre direito administrativo é **comum**, vale dizer, podem ser propostas pelo Poder Executivo *ou* Poder Legislativo. Porém, o art. 61, § 1º, da CF estabelece caso de iniciativa exclusiva do Presidente da República.

> *§ 1º – São de iniciativa privativa do Presidente da República as leis que:*
>
> *I – fixem ou modifiquem os efetivos das Forças Armadas;*
>
> *II – disponham sobre:*
>
> *a) criação de cargos, funções ou empregos públicos na administração direta e autárquica ou aumento de sua remuneração;*
>
> *b) organização administrativa e judiciária, matéria tributária e orçamentária, serviços públicos e pessoal da administração dos territórios;*
>
> *c) servidores públicos da União e territórios, seu regime jurídico, provimento de cargos, estabilidade e aposentadoria; (Redação dada pela Emenda Constitucional nº 18, de 1998)*
>
> *d) organização do Ministério Público e da Defensoria Pública da União, bem como normas gerais para a organização do Ministério Público e da Defensoria Pública dos estados, do Distrito Federal e dos territórios;*
>
> *e) criação e extinção de ministérios e órgãos da Administração Pública, observado o disposto no art. 84, VI; (Redação dada pela Emenda Constitucional nº 32, de 2001)*
>
> *f) militares das Forças Armadas, seu regime jurídico, provimento de cargos, promoções, estabilidade, remuneração, reforma e transferência para a reserva. (Incluída pela Emenda Constitucional nº 18, de 1998)*

Lei de iniciativa parlamentar não pode criar atribuição para órgãos da Administração Pública do Poder Executivo, em especial Secretarias de Estado e Ministérios, tendo em vista a independência dos Poderes. Por esse fundamento, o STF declarou inconstitucional lei alagoana que criou o programa de leitura de jornais e periódicos em sala de aula, a ser cumprido pelas escolas da rede oficial e particular do estado de Alagoas (ADI 2329, julgado em 14.04.2010).

Importante lembrar a inovação trazida com a EC nº 32/2001, que permitiu ao Presidente da República, mediante **decreto**, dispor sobre (art. 84, VI, CF):

> *a) organização e funcionamento da Administração Federal, quando não implicar aumento de despesa nem criação ou extinção de órgãos públicos;*
>
> *b) extinção de funções ou cargos públicos, quando vagos;*

É possível que **medida provisória** disponha sobre matéria de direito administrativo, pois esse ramo do direito é tratado, em regra, por leis ordinárias. A ressalva fica por conta dos assuntos a serem disciplinados por lei complementar, por exemplo, áreas de atuação das fundações (art. 37, XIX, CF) e avaliação periódica de desempenho do servidor, como hipótese de perda do cargo (art. 41, CF), pois matérias reservadas a lei complementar não podem ser objeto de medida provisória.

Importante destacar que o STF declarou a inconstitucionalidade de lei estadual que vedava a cobrança de tarifas e taxas de consumo mínimas ou de assinatura básica, impostas por concessionárias prestadoras de serviços de água, luz, gás, TV a cabo e telefonia, sob o fundamento de que é competência exclusiva da União legislar sobre a matéria, nos termos dos artigos 21, XI; 22, IV; e 175, parágrafo único, III, todos da CF. Ademais, destacou que as regras deveriam ser ditadas pelo poder concedente do respectivo serviço, ou seja, incumbiria à União estabelecer quais seriam os preços compatíveis com a manutenção de serviços e com o equilíbrio econômico-financeiro do contrato previamente firmado. Informativo nº 648, STF.

7. ESTADO, GOVERNO E ADMINISTRAÇÃO PÚBLICA

Estado, Governo e Administração Pública são três institutos que não se confundem, mas tem muita relação entre si. Vejamos.

De acordo com o Código Civil, arts. 40 e 41, o Estado é pessoa jurídica de direito público.

É sujeito de direitos que se relaciona juridicamente com os que nele convivem e também com outros Estados ("países"). Trata-se de uma estrutura política e organizacional, formada pelos seguintes elementos ou partes: **povo, território e governo soberano**. Esses três elementos são indispensáveis para que determinado espaço físico seja considerado Estado. O povo é o elemento humano; o território é o elemento físico; e o governo soberano, o elemento condutor do Estado.

O Estado é dotado de **poder extroverso**, impondo suas vontades aos administrados, independentemente da concordância destes. A vontade emanada do Estado obrigará os particulares a seguir as determinações dele, criando deveres na esfera jurídica dos particulares.

O Estado, portanto, é pessoa jurídica de direito público personalizada, que mantém relação com outros países, sendo também capaz de ser sujeito ativo e passivo de direitos e obrigações no âmbito interno. Por ser pessoa jurídica de direito público, pratica seus atos, em regra, com relação de supremacia sobre os particulares, impondo sua vontade sobre o destinatário da determinação.

7.1. Formas de Estado

O Estado pode se organizar pela forma de Estado unitário ou federado. Teremos o Estado unitário quando houver no território apenas um poder político central, irradiando suas determinações sobre todo o povo presente em sua base territorial. O Estado será federado quando, dentro do mesmo território, o poder político for atribuído também a outros entes que compõem a base territorial.

A Constituição Federal de 1988 optou, nos arts. 1º e 18, pela forma federativa. Dessa maneira, temos vários centros de poder político. São eles: a União, os estados, o Distrito Federal e os municípios.

A forma federativa pode ocorrer através do modo centrípeto ou centrífugo. No Brasil, ocorreu pelo modo centrífugo (segregação ou desagregação), pois houve uma distribuição do poder político, que antes estava concentrado em um único ente, e, posteriormente, foi conferido a outros. No Brasil, desde a CF de 1891, foi adotada a forma federativa. A Federação que decorre do modo centrípeto manifesta-se quando vários estados dotados de soberania renunciam a ela e se constituem em um único centro de poder, em um único Estado, como ocorreu, por exemplo, nos Estados Unidos.

No Estado federativo, cada Ente detém capacidade política, ou seja, a capacidade de editar suas próprias leis, que serão aplicadas dentro da base territorial. A Carta Constitucional de 88 cuidou de dividir as competências legislativas de cada Ente e, em algumas situações, atribuiu competência privativa à União para editar as normas gerais, a fim de haver certa uniformidade sobre a matéria. Foi o que aconteceu, por exemplo, com a matéria licitações e contratos, no momento em que o artigo 22, inciso XXVII, conferiu competência à União para editar as normas gerais, possibilitando que os demais entes editem leis específicas, desde que não contrariem a lei de normas gerais.

Ao lado da capacidade política, o modelo federativo também atribui a cada Ente da Federação uma autonomia (capacidade) financeira. Assim, cada Ente tem a possibilidade de gerar e administrar a própria receita. A Constituição estabeleceu quais são os impostos que competem à União, aos Estados, ao DF e aos municípios, de modo que cada um pudesse gerar seus recursos sem depender totalmente de receitas repassadas por outro Ente. Cuidou também a Constituição de, em alguns impostos da competência da União, estabelecer um percentual que seria repassado aos outros Entes.

Esse sistema de autonomia financeira é um método para garantir a manutenção da Federação. Imagine se não houvesse, na Constituição, uma exata divisão de competências tributárias. Teríamos uma "guerra", em que todos os Entes da Federação teriam interesse em tributar, sem limites, as mais diversas atividades. O Supremo Tribunal Federal já decidiu que quando há conflito para saber qual ente é o titular daquela competência tributária a questão deve ser decidida pelo próprio STF, pois o assunto se refere ao sistema federativo.[4]

Existe também na Constituição, art. 145, imunidade tributária recíproca para a União, os Estados, o DF, os municípios e suas autarquias e fundações. De modo que não podem ser instituídos

4 Em concurso para procurador da Fazenda Nacional, 2007/2008, fase subjetiva, na peça processual exigida, no caso uma contestação, como se tratava de conflito de arrecadação tributária, deveria ter sido arguida em preliminar da contestação a INCOMPETÊNCIA DO JUÍZO FEDERAL para julgar o feito, uma vez que a União e o estado da Federação estavam instituindo certo tributo em relação ao mesmo fato gerador.

impostos sobre o patrimônio, a renda e os serviços uns dos outros; mecanismo também criado para garantir a manutenção da Federação.

No sistema federativo há, ainda, uma autonomia administrativa, e essa é a que mais nos interessa, uma vez que as autonomias política e financeira são objeto de estudo de outros ramos do Direito. Houve, também, na Constituição, uma divisão de atividades administrativas para cada pessoa que compõe a Federação. O artigo 21 da CF estabeleceu quais são as atividades administrativas que competem à União exercer. Entre essas atividades, estão serviços públicos como:

> *X – manter o serviço postal e o correio aéreo nacional;*
>
> *XI – explorar, diretamente ou mediante autorização, concessão ou permissão, os serviços de telecomunicações, nos termos da lei, que disporá sobre a organização dos serviços, a criação de um órgão regulador e outros aspectos institucionais;*
>
> *XII – explorar, diretamente ou mediante autorização, concessão ou permissão:*
>
> *a) os serviços de radiodifusão sonora, e de sons e imagens;*
>
> *b) os serviços e instalações de energia elétrica e o aproveitamento energético dos cursos de água, em articulação com os Estados onde se situam os potenciais hidroenergéticos;*
>
> *c) a navegação aérea, aeroespacial e a infraestrutura aeroportuária;*
>
> *d) os serviços de transporte ferroviário e aquaviário entre portos brasileiros e fronteiras nacionais, ou que transponham os limites de estado ou território;*
>
> *e) os serviços de transporte rodoviário interestadual e internacional de passageiros;*
>
> *f) os portos marítimos, fluviais e lacustres.*

Como, no Brasil, a Federação foi instituída por meio do sistema centrífugo (desagregação ou segregação), em que houve uma distribuição do poder central para outras entidades, temos sob o domínio da União a maior parte das competências administrativas. Assim, para saber qual a competência dos estados, DF e municípios em matéria administrativa, é necessário verificar primeiro quais são de atribuição da União, para depois examinar as atividades que cabem aos demais entes.

Cabe ressaltar que a União detém a maior competência não só administrativa, mas também política e financeira. Isso, como dito anteriormente, decorre da forma federativa implementada no Brasil (sistema centrífugo).

No modelo federativo, a regra será a não intervenção. Somente em situações excepcionais, nos casos dos artigos 34 e 35 da CF, é que um Ente pode realizar a intervenção em outra pessoa da Federação.

7.2. Poderes do Estado

O art. 2º da Constituição estabelece que "são Poderes da União, independentes e harmônicos entre si, o Legislativo, o Executivo e o Judiciário", vedando, expressamente, no art. 60, § 4º, proposta de emenda constitucional tendente a abolir a separação dos poderes. Dessa forma, o princípio da separação de poderes tem natureza de cláusula pétrea.

Cada um dos Poderes exerce uma função típica e outras que lhe são atípicas, ou seja, cada Poder tem uma função que lhe é própria, mas também exerce outras que seriam de outros. Assim, os Poderes Judiciário, Legislativo e Executivo desempenham funções típicas e atípicas.

A função típica do Poder Judiciário é o exercício da Jurisdição, bem como assegurar a supremacia da Constituição. A Jurisdição é o poder do Estado de estabelecer o direito diante de cada caso concreto. Entretanto, o Poder Judiciário detém atipicamente função legislativa, por exemplo, a elaboração de regimentos internos pelos tribunais. A função administrativa também é exercida por esse Poder de forma não predominante. Podem ser citados como exemplos o ato de realizar concurso público, nomear servidor, conceder licenças etc.

O Poder Legislativo tem por função típica a confecção de leis,[5] inovando no mundo jurídico, de maneira geral e abstrata, na criação de direitos e obrigações, mas também exerce a função administrativa de maneira atípica quando, por exemplo, faz nomeação de servidor, realiza contratos etc.

Ao Poder Executivo é que coube, tipicamente, o exercício da função administrativa, mas como nossa Constituição não adota um modelo rígido de separação das funções de cada Poder, o Executivo também exerce a função de julgar; por exemplo, nos processos perante o Conselho Administrativo de Defesa Econômica – Cade, que tem competência para julgar as infrações contra a ordem econômica, nos termos da Lei nº 12.529/11. E ainda, citando a doutrina de Celso Antônio Bandeira de Mello, "nos processos de questionamento tributário submetidos aos chamados Conselhos de Contribuintes" (em nível federal, por exemplo, o Conselho Administrativo de Recursos Fiscais – CARF).[6] O Poder Executivo realiza, também de forma atípica, atividade legislativa quando o chefe do Executivo, em casos de urgência, edita Medidas Provisórias com força de lei, nos termos do art. 62 da Constituição.

Dessa forma, os três Poderes têm suas funções típicas e atípicas, e o exercício da atividade administrativa é por eles desempenhado; entretanto, de forma predominante, pelo Poder Executivo[7].

7.3. Governo

O **governo** é exercido por pessoas que desempenham o poder, estabelecendo diretrizes, objetivos e metas do Estado; bem como a criação e elaboração de políticas públicas. É o núcleo decisório do Estado. Os atos políticos são aqueles que cuidam da gestão superior da vida estatal.

5 Alguns autores entendem que o Poder Legislativo tem duas funções típicas. A primeira, mencionada acima, é a inovação do mundo jurídico através das leis, e a segunda, a fiscalização do Poder Executivo, conforme determinam os artigos 49 e 70 da Constituição.

6 Celso Antônio Bandeira de Mello, *Curso de Direito Administrativo*. São Paulo: Malheiros, 17ª ed., 2004, p. 32.

7 Há divergência sobre o julgamento e aplicação de sanções a servidores decorrentes de processo administrativo disciplinar. Alguns entendem que seria função administrativa, outros firmam posição que seria exemplo de função jurisdicional atipicamente atribuída aos Poderes Executivo e Legislativo. Entendemos que seria função administrativa, pois o exercício do poder disciplinar aos servidores é decorrente da relação administrativa, bem como do poder hierárquico que só existe nas atividades administrativas. Em concurso público, temos identificado mais questões no sentido de que se trata de função administrativa. Confira-se a seguinte questão:

Ano: 2017. Banca: FCC. Órgão: ARTESP Prova: Agente de Fiscalização à Regulação de Transporte - Tecnologia de Informação

Considere a seguinte situação hipotética: o Presidente da República, no lapso temporal de cinco dias, praticou três atos distintos: (i) representou o Brasil na sua relação internacional com outro Estado estrangeiro, praticando, assim, ato de chefia de Estado; (ii) editou medida provisória com força de lei; (iii) julgou processo administrativo disciplinar. Constitui(em) **função típica do Poder Executivo**:

a) apenas o primeiro ato.

b) nenhum dos atos.

c) os três atos.

d) apenas o terceiro ato.

e) o primeiro e o terceiro atos.

Resposta: Letra A.

O sistema de governo trata da relação do Poder Legislativo e do Poder Executivo, no exercício das funções governamentais.

Existem dois sistemas: o presidencialista e o parlamentarista.

No sistema presidencialista, o Presidente da República exerce a chefia do Poder Executivo. São atribuídas a ele as funções de chefe de Estado e chefe de Governo, com mandato fixo, para desempenho de suas atribuições.

No sistema parlamentarista, o Poder Executivo é divido. Existem as funções de chefe de Estado e chefe de Governo. A função de chefe de Estado é designada ao Presidente da República ou ao Monarca; a função de chefe de Governo é exercida pelo Primeiro-Ministro ou Conselho de Ministros (*República Parlamentarista ou Monarquia Parlamentarista*). No sistema parlamentarista, a função de chefe de Governo depende de designação do Parlamento.

No Brasil, a opção da Constituição foi pelo sistema presidencialista. O Presidente da República é o chefe do Poder Executivo Federal, exercendo o comando e a organização da Administração Pública Federal.

7.4. Formas de governo

As formas de governo (ou sistemas políticos) dizem respeito ao conjunto das instituições pelas quais o Estado exerce seu poder sobre a sociedade e, principalmente, o modo como o chefe de Estado é escolhido. Existem três formas:

a) **República**: o exercício do poder é sempre temporário, escolhido pelo voto (direto ou indireto), para um mandato predeterminado: a escolha dos governantes se dá por meio de eleição.

b) **Monarquia**: o governante é escolhido geralmente pelo critério hereditário; sua permanência no cargo é vitalícia – o afastamento só pode ocorrer por morte ou abdicação. A monarquia pode ser absoluta, em que a chefia de governo também está nas mãos do monarca; ou parlamentarista, em que a chefia de governo está nas mãos do primeiro-ministro.

c) **Anarquia**: ausência total de governo.

O Brasil adota a forma republicana de governo, em que o acesso aos cargos de chefes do Executivo decorre de eleição e os escolhidos exercem mandato fixo.

A forma republicana se contrapõe à monarquia; esta é marcada pela hereditariedade e vitaliciedade.

7.5. Administração Pública

Administração Pública é o aparelhamento estatal que concretiza a vontade política do governo. Trata-se do conjunto de órgãos e entidades que integram a estrutura administrativa do Estado, tendo como função realizar a vontade política governamental, sempre elaborada para a satisfação do interesse público.

8. ADMINISTRAÇÃO PÚBLICA NO SENTIDO SUBJETIVO / ORGÂNICO / FORMAL

Expressão que indica o universo de órgãos e pessoas que desempenham a função administrativa.[8]

8 A palavra Administração Pública, grafada em maiúsculas, indica o termo no sentido subjetivo. Entretanto, administração pública, grafada em letras minúsculas, indica atividade ou função administrativa e, assim, expressa o termo no seu sentido objetivo.

Para definir esse conceito, é necessário indagar "QUEM?", ou seja, *quem* desempenha a função administrativa. Quais são os órgãos, as pessoas jurídicas e os agentes públicos incumbidos de desempenhar as atividades do Estado.

A palavra Administração Pública, vista nessa perspectiva, considera todas as unidades administrativas que desempenham atividades-fins do Estado, **incluindo os órgãos relacionados às funções legislativa e judicial** (Administração Pública em sentido subjetivo; no seu conceito mais amplo).

De fato, esses órgãos integram a Administração Pública. Assim, os órgãos do Poder Judiciário, como Tribunais e os órgãos pertencentes ao Poder Legislativo, como a Câmara dos Deputados, Senado Federal, Assembleias Legislativas, fazem parte da Administração Direta de suas respectivas esferas de governo.

Assim, no conceito subjetivo estão todos os **órgãos** integrantes das pessoas jurídicas políticas (União, Estados, Municípios e Distrito Federal), aos quais recebem da lei o exercício de funções administrativas. Constituem os órgãos da **Administração Direta** do Estado, bem como as entidades da **Administração Indireta** que recebem da lei atribuições para o exercício de atividades administrativas.

Embora o conceito subjetivo, em sua concepção mais ampla, esteja relacionado aos órgãos, entidades e agentes que desenvolvam a função administrativa (fomento, poder de polícia, intervenção e serviços públicos), que abrangeria inclusive concessionários de serviço público, vale frisar que no Brasil há a positivação legal dos entes que integram a Administração Pública, subjetivamente considerada, prevista no artigo 4º, do Decreto-lei nº 200, de 25-2-67, sendo apenas a Administração Direta e Indireta.

QUESTÃO

✦ Ano: 2018 Banca: CESPE Órgão: Polícia Federal Prova: CESPE - 2018 - Polícia Federal - Agente de Polícia Federal

Sob a perspectiva do critério formal adotado pelo Brasil, somente é administração pública aquilo determinado como tal pelo ordenamento jurídico brasileiro, independentemente da atividade exercida. Assim, a administração pública é composta exclusivamente pelos órgãos integrantes da administração direta e pelas entidades da administração indireta.

Resposta: Certa.

9. ADMINISTRAÇÃO PÚBLICA NO SENTIDO MATERIAL / OBJETIVO / FUNCIONAL

Exprime ideia de **atividade, tarefa, função.** Trata-se da própria *função* administrativa, constituindo-se o alvo que o governo quer alcançar. São as atividades exercidas pelo Estado.

Para definir esse conceito é necessário indagar "QUAIS? OU O QUÊ?", ou seja, quais são as funções, as tarefas, as atividades que o Estado tem por dever prestar, visando a atender as necessidades coletivas. Nesse complexo, estão as atividades de fomento, polícia administrativa, ou poder de polícia, serviços públicos e a intervenção.

O **fomento** consiste em incentivar pessoas de direito privado, sem fins lucrativos, à prestação de atividade de interesse social. O Estado tem por função incentivar, por meio de isenções fiscais, repasse de bens ou servidores públicos ou por outras formas a pessoas de direito privado que não possuem intuito lucrativo, como associações, organizações e fundações, promovendo a manutenção da atividade prestada, por ser de interesse social. Quando o Poder Público qualifica uma fundação privada que tem interesse social como Organização Social – OS, está praticando uma forma de fomento.

O **poder de polícia** representa limitações ou condições ao exercício do direito à liberdade ou à propriedade. Quando a Constituição confere aos cidadãos um conjunto de direitos, estes devem ser exercidos de modo adequado, a fim de não prejudicar a coletividade. Ao expressar o poder de polícia, o Estado visa a proteger o interesse público. Quando se exige licença para dirigir veículos, autorização para porte de armas, o poder público faz uso do poder de polícia.

A **prestação de serviços públicos** é dever do Estado. A Constituição impõe ao Poder Público a obrigação de prestar serviços à sociedade, de modo direto, ou mediante concessão ou permissão, sempre através de licitação. O Texto Constitucional apresenta inúmeros dispositivos que determinam essa obrigação ao Estado. Podemos citar o art. 21, que traz os serviços de competência da União, por exemplo, a manutenção do serviço postal, os serviços de transporte rodoviário interestadual e internacional de passageiros; organizar e manter os serviços oficiais de estatística, geografia, geologia e cartografia de âmbito nacional; serviços nucleares, entre outros.

A **intervenção** como atividade administrativa consiste em atos de regulação e fiscalização de atividade privada de natureza econômica, bem como na criação de empresas estatais (empresa pública e sociedade de economia mista) para intervir no domínio econômico. A intervenção, feita por meio de atos de fiscalização e regulação, é a forma **indireta**, nos termos do art. 174 da CF.[9] Entretanto, quando o Poder Público cria empresas estatais para desempenhar atividade econômica, em regime de concorrência com as demais empresas privadas daquele segmento, temos a intervenção **direta**, que deve ser realizada sob as exigências do art. 173 da CF. No último caso, a intervenção do Estado ocorre segundo as normas de direito privado, pois a Constituição estabelece que as empresas criadas pelo Poder Público devem se sujeitar ao mesmo regime jurídico das demais empresas privadas quanto às obrigações de direito civil, comercial, trabalhista e tributário.

Assim, esquematicamente, temos:

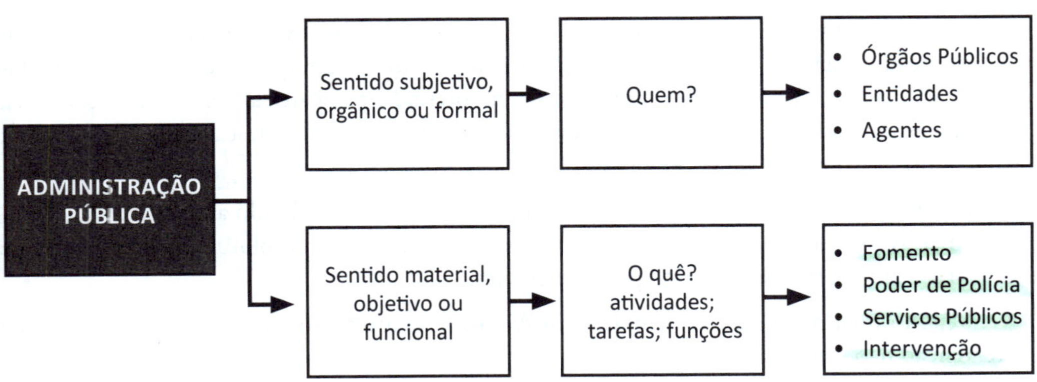

9 Art. 174: "Como agente normativo e regulador da atividade econômica, o Estado exercerá, na forma da lei, as funções de fiscalização, incentivo e planejamento, sendo este determinante para o setor público e indicativo para o setor privado."

Não podemos deixar de destacar, conforme veremos mais adiante, no capítulo de Organização Administrativa, que as empresas públicas e sociedades de economia mista que exploram atividade econômica não seguem apenas as regras de direito privado; seu regime é misto (híbrido), ou seja, sobre essas entidades incidem regras de direito privado e de direito público, como o dever de fazer licitações, prestar contas ao tribunal de contas competente e realizar concursos públicos. Assim, a elas não se aplica apenas o regime jurídico administrativo. Vale destacar que nem todos os autores, porém, apresentam essa forma de intervenção (direta) como atividade do Estado.

É válido frisar que o Estado só pode exercer intervenção direta na atividade econômica em situação excepcional. Apenas em caso de relevante interesse coletivo ou segurança nacional é que o Estado está autorizado pela Constituição, art. 173, a criar empresa pública ou de economia mista para atuar em regime de concorrência com os particulares. Atualmente, o Estado realiza, com mais frequência, a intervenção indireta (atos de fiscalização e regulação). Em razão do processo de modernização que o Estado vem percorrendo, no intuito de ter uma Administração mais eficiente, a intervenção indireta passa a ser prioridade.

Foi implementado no Brasil um processo de modernização. O Estado, que ficou "grande", extenso, em virtude de criação de várias empresas públicas e sociedades de economia mista, bem como de órgãos para a prestação de atividades à sociedade, não se mostrou tão eficiente, apesar de todo o aparelhamento criado. Devido a isso, o Poder Público pretendeu diminuí-lo, a fim de apresentar a eficiência esperada, sendo menos burocrático e, ainda, com o objetivo de gastar menos e diminuir sua estrutura. O processo de modernização consagrou esse objetivo visado. Por meio da **privatização**, o Estado transfere a particulares entidades estatais, que passam a ficar no domínio de pessoas da sociedade; por meio da extinção de órgãos e entidades, o Estado transfere a particulares, mediante contratos de **concessão e permissão,** atividades de que antes o Estado era o prestador. Voltam a ganhar relevância, nesse momento, as empresas concessionárias e permissionárias, que passam a prestar serviços com muito mais eficiência em algumas atividades de que antes o prestador era o Estado, sendo essa atividade regida pela Lei nº 8.987/95.

Dessa forma, o Estado consegue diminuir sua estrutura, gerar menos despesas e, ao mesmo tempo, ser mais eficiente, e sobretudo agir com mais qualidade, prestando um melhor serviço público à sociedade.

Nesse período, o Texto Constitucional exige a criação de "órgãos reguladores" para fiscalizar e editar atos normativos, com o escopo de controlar essas atividades, que antes executadas diretamente pelo Estado, e a partir desse momento seriam prestadas por particulares. Por consequência, as agências reguladoras ganham maior destaque, uma vez que serão destinatárias do papel de agente normativo e regulador.

Assim, em decorrência desse processo de modernização que o Estado atravessou, e que ainda vem atravessando, ele deixa de ser o "ator", para, em razão dessa evolução, apenas fiscalizar e controlar a atividade, a ser exercida por particulares.

Veja no final deste capítulo em Tópicos Avançados corrente doutrinária que entende que intervenção não é atividade administrativa.

10. FUNÇÃO ADMINISTRATIVA E FUNÇÃO POLÍTICA

Maria Sylvia Zanella Di Pietro faz importante observação, a partir da ideia de que administrar compreende planejar e executar:

a) em **sentido amplo**, a Administração Pública, **subjetivamente** considerada, compreende tanto os órgãos **governamentais**, supremos, constitucionais (Governo), aos quais incumbe traçar os planos de ação, dirigir, comandar, como também os **órgãos administrativos**, subordinados, dependentes (Administração Pública em sentido estrito), aos quais incumbe executar os planos governamentais; ainda em sentido amplo, porém **objetivamente** considerada, a Administração Pública compreende a **função política**, que traça as diretrizes governamentais e a **função administrativa**, que as executa;

b) em **sentido estrito**, a Administração Pública compreende, sob o **aspecto subjetivo**, apenas os **órgãos administrativos** e, sob o **aspecto objetivo**, apenas a **função administrativa**, excluídos, no primeiro caso, os órgãos governamentais, e no segundo, a função política.

Para facilitar a compreensão, poderíamos representar da seguinte forma:

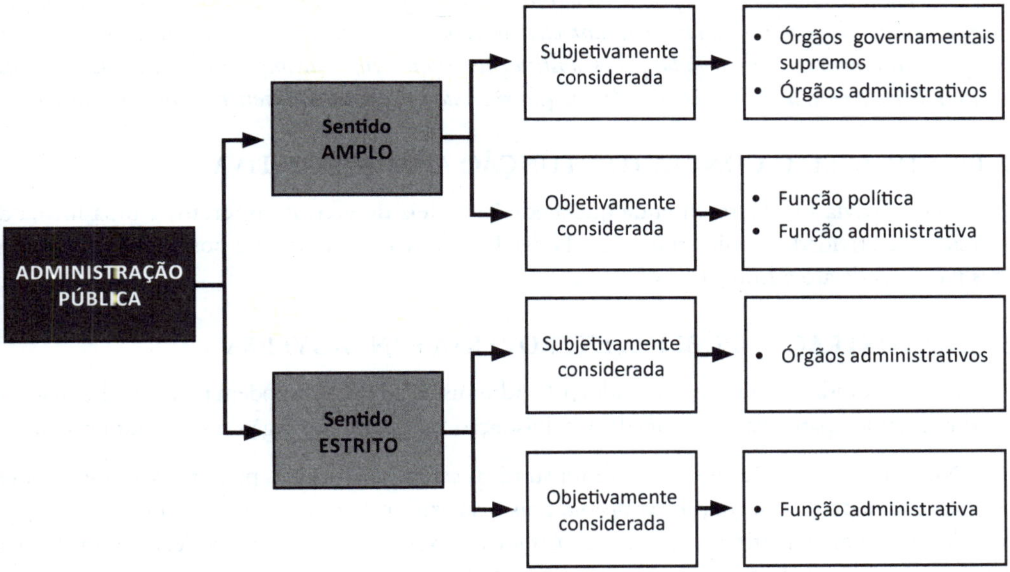

No **sistema presidencial** de governo, o chefe do Poder Executivo concentra as funções políticas (de governo) e de administração. Nesse passo, as funções de governo e as administrativas são desempenhadas, no âmbito do executivo, pela mesma pessoa: o chefe do Poder Executivo.

A noção de governo é pertinente à função política; são as ações de coordenação, direção e fixação das diretrizes políticas a serem adotadas. São atividades de caráter superior, referentes à direção suprema e geral do Estado. Podemos destacar, por exemplo, a decretação de intervenção federal, do Estado de Defesa e do Estado de Sítio, a celebração de tratados internacionais.

O conceito de Administração Pública em sentido **estrito** não se confunde com a função de governo. Em sentido estrito, como vimos, a Administração compreende todo o aparelhamento do Estado; é o conjunto de órgãos, pessoas jurídicas e agentes públicos que desempenham as funções administrativas.

Dessa forma, no conceito **amplo** de Administração Pública insere-se a **função política**, considerada em seu aspecto **objetivo**, mas no conceito **estrito** de Administração, também considerada pelo **aspecto objetivo,** temos apenas a **função administrativa.** Ou seja, administração em sentido estrito tem por atividade o exercício da *função administrativa*.

ESTUDO AVANÇADO

1. ATIVIDADES ADMINISTRATIVAS

Dissemos que são quatro as atividades administrativas: fomento, serviços públicos, poder de polícia e intervenção (direta ou indireta).

Alguns autores como Maria Sylvia Di Pietro e Celso Antônio B. de Mello entendem que a **intervenção direta** na atividade econômica, por meio de empresa pública e sociedade de economia mista, não constitui função administrativa. Esses autores consideram atividade ou função administrativa apenas as sujeitas total ou predominantemente pelo direito público.

Maria Sylvia Di Pietro (2009): "*A atividade que o Estado exerce a título de intervenção direta na ordem econômica não é assumida pelo Estado como atividade pública; ele a exerce conservando a sua condição de atividade de natureza privada, submetendo-se, por isso mesmo, às normas de direito privado que não foram expressamente derrogadas pela Constituição. Aqui, a Administração Pública sai de sua órbita natural de ação para atuar no âmbito de atuação reservado* ***preferencialmente*** *à iniciativa privada.*"

2. LEIS DE EFEITO CONCRETO E FUNÇÃO ADMINISTRATIVA

Maria Sylvia Di Pietro entende que a edição de **leis de efeitos concretos** é uma forma de exercício de atividade administrativa do Poder Legislativo, uma vez que possuem forma de lei, mas natureza de ato administrativo.

3. ADMINISTRAÇÃO PÚBLICA EXTROVERSA E INTROVERSA

As relações administrativas, efetivadas pela Administração Pública, podem ter como destinatários os administrados, particulares, de fora da Administração, ou os próprios órgãos e Entes administrativos.

No caso de as relações jurídicas administrativas serem constituídas perante os administrados, temos a chamada *Administração extroversa*, pois nela existem ações extroversas, que incidem para fora do núcleo estatal, atingindo os administrados, a exemplo de ações de polícia administrativa, que frenam a atividade particular em benefício do bem comum.

Essas relações extroversas são fundamentadas, portanto, nos princípios administrativos implícitos da Supremacia do Interesse Público sobre o Privado e na Indisponibilidade, pela Administração, dos interesses dos administrados.

Por outro lado, temos as relações introversas, que compõem a *Administração introversa*, materializando-se pelos atos administrativos realizados entre os entes políticos (União, estados, municípios e DF), entre esses e os órgãos da Administração Direta e entre esses entre si.

Trata-se, assim, das relações jurídicas administrativas realizadas internamente, no âmbito da estrutura interna administrativa, e por isso são considerados **instrumentais** em relação à Administração extroversa, já que os órgãos e pessoas jurídicas devem se organizar relacionando-se, a fim de efetivar as políticas públicas e atividades diversas de execução material, em prol do bem comum.

Desse modo, conforme diz Diogo de Figueiredo Moreira Neto, enquanto a Administração Pública **extroversa** é **finalística**, na medida em que é atribuída especificamente a cada ente político, obedecendo a uma partilha constitucional de competências, a Administração Pública **introversa** é **instrumental**, visto que é atribuída genericamente a todos os entes, para que possam atingir aqueles objetivos.

COMO ESSE ASSUNTO TEM SIDO ABORDADO NAS PROVAS

- No concurso de Juiz de direito substituto – TO – CESPE – 2011, foi considerado correto o seguinte item: "Enquanto a Administração Pública extroversa é finalística, dado que ela é atribuída especificamente a cada ente político, obedecendo a uma partilha constitucional de competências, a Administração Pública introversa é instrumental, visto que é atribuída genericamente a todos os entes, para que possam atingir aqueles objetivos."

4. CONSTITUCIONALIZAÇÃO DO DIREITO ADMINISTRATIVO (REFLEXÕES E CONSEQUÊNCIAS)

Segundo Luis Roberto Barroso (2006), a ideia de constitucionalização do Direito "está associada a um efeito expansivo das normas constitucionais, cujo conteúdo material e axiológico se irradia, com força normativa, por todo o sistema jurídico. Os valores, os fins públicos e os comportamentos contemplados nos princípios e regras da Constituição passam a condicionar a validade e o sentido de todas as normas do direito infraconstitucional".

Em termos mais claros, o autor resume: "A Constituição figura hoje no centro do sistema jurídico, de onde irradia sua força normativa, dotada de supremacia formal e material. Funciona, assim, não apenas como parâmetro de validade para a ordem infraconstitucional, mas também como vetor de interpretação de todas as normas do sistema."

A constitucionalização do direito ocorre em vários ramos do direito, a exemplo do direito civil e penal, bem como no direito administrativo, em que princípios de ordem constitucional pautam a atuação da Administração Pública, em especial pela proteção dos direitos fundamentais e dignidade da pessoa humana.

Esse fenômeno reflete na atuação dos três Poderes do Estado, bem como na relação entre os particulares.

Barroso ensina que, quanto à Administração Pública, a constitucionalização do direito:

I) Limita-lhe a discricionariedade;

Nesse ponto, explica Gustavo Binenbojm que a discricionariedade deixa de ser um espaço de livre escolha do administrador para se convolar em um resíduo de legitimidade, a ser preenchida por critérios técnicos e jurídicos prescritos pela Constituição e pela lei com vistas à otimização do grau de legitimidade da decisão administrativa. Destaca ainda que, com o advento no Brasil da teoria dos conceitos jurídicos indeterminados, abandona-se a dicotomia entre ato vinculado e discricionário, passando-se a um sistema de graus de vinculação à juridicidade (maior liberdade à Administração quando faltar parâmetros para uma atuação do Poder Judiciário; liberdade conferida pela lei à Administração após participação dos administrados; maior controle do Poder Judiciário quando envolver análise discricionária e direitos fundamentais).

II) Impõe deveres de atuação;

III) Fornece fundamentos de validade para a prática de atos de aplicação direta e imediata da Constituição, independentemente da interposição do legislador ordinário.

Também destaca o autor que a partir da centralidade da dignidade da pessoa humana e da preservação dos direitos fundamentais, altera-se a qualidade das relações entre Administração e administrado, com a superação de antigos dogmas do direito administrativo:

a) supremacia do interesse público sobre o privado (ponderação dos interesses) (veja comentários nos Estudo Avançado do Capítulo II);

b) vinculação do administrador à Constituição e não apenas à lei;

Possibilidade de o administrador atuar tendo por fundamento direto a Constituição. Princípio da legalidade transmuda-se em princípio da constitucionalidade, também chamado de juridicidade. É dizer: subordinação do administrador à lei e à Constituição.

Segundo Gustavo Binenbojm, há a possibilidade de o administrador atuar contra a lei, mas com fundamento numa aplicação otimizada da Constituição.

c) Possibilidade de controle judicial sobre o mérito administrativo.

Aferição do mérito administrativo com o princípio da razoabilidade/proporcionalidade, bem como em razão da moralidade, eficiência e outros princípios administrativos (veja comentários no Estudo Avançado do Capítulo II).[10]

➘ *COMO ESSE ASSUNTO TEM SIDO ABORDADO NAS PROVAS*

✦ No concurso de Delegado de Polícia Civil do Estado de Alagoas (Cespe/2012), um dos temas da prova discursiva solicitava dissertação sobre "Constitucionalização do Direito: consequências para a segurança pública" e a banca exigia que fosse apresentado inicialmente o significado do termo constitucionalização do direito.

5. COSTUME E PRAXE ADMINISTRATIVA

Quando mencionam os costumes como fonte do direito administrativo, muitos autores se referem também a praxe administrativa, como expressões sinônimas. Porém, há autores que diferenciam os dois institutos.

Para essa doutrina a praxe administrativa se constitui de procedimentos rotineiramente adotados no âmbito da administração, inexistindo a consciência da obrigatoriedade. Já nos costumes essa consciência é indispensável. Em outras palavras, na praxe administrativa temos hábitos contínuos e uniformes dos agentes administrativos, sem consciência de obrigatoriedade; nos costumes a conduta é realizada porque o agente está convicto de que deve proceder de certa maneira.

REVISÃO

1) Fontes do direito administrativo: lei, doutrina, jurisprudência e os costumes. A lei é a fonte primária e principal do direito administrativo, vai desde a Constituição Federal (art. 37) até os regulamentos expedidos.

2) O sistema que vige no Brasil é o SISTEMA JUDICIÁRIO/SISTEMA INGLÊS/SISTEMA DE CONTROLE JUDICIAL/JURISDIÇÃO ÚNICA: É aquele em que todos os litígios

10 BARROSO, Luis Roberto. Neoconstitucionalismo e Constitucionalização do Direito Administrativo (O triunfo tardio do direito constitucional no Brasil). Disponível em: http://www.luisrobertobarroso.com.br/wp-content/themes/LRB/pdf/neoconstitucionalismo_e_constitucionalizacao_do_direito_pt.pdf. BINENBOJM, Gustavo. A constitucionalização do direito administrativo no Brasil: um inventário de avanços e retrocessos. *Revista Eletrônica sobre a Reforma do Estado (RERE)*, Salvador, Instituto Brasiliense de Direito Público, nº 13, mar.-abr.-maio 2008. Disponível em: http://www.direitodoestado.com.br/rere.asp Acesso em: 20 nov. 2012.

são resolvidos judicialmente pela Justiça comum, ou seja, pelos juízes e tribunais do Poder Judiciário.

3) O Estado é pessoa jurídica de direito público. Assim, pratica seus atos, em regra, com relação de supremacia sobre os particulares, impondo sua vontade sobre o destinatário da determinação.

4) Desde a CF de 1891 foi adotada a forma federativa no Brasil. No Estado federativo cada Ente detém capacidade **política**, ou seja, a capacidade de editar suas próprias leis, que serão aplicadas dentro da sua base territorial. Ao lado da capacidade política, o modelo federativo também atribui a cada Ente da Federação autonomia (capacidade) **financeira**. Assim, cada Ente tem a possibilidade de gerar e administrar sua própria receita. **Também há uma** autonomia administrativa para cada Ente da Federação.

5) O art. 2º da Constituição estabelece que "são Poderes da União, independentes e harmônicos entre si, o Legislativo, o Executivo e o Judiciário". Os três poderes têm suas funções típicas e atípicas, sendo o exercício da atividade administrativa desempenhada pelos três Poderes, entretanto, de forma predominante, pelo Poder Executivo. A função típica do Poder Judiciário é o exercício da Jurisdição e assegurar a supremacia da Constituição; O Poder Legislativo tem por função típica a confecção de leis, a fiscalização político-administrativa (art. 58, CF) e econômico-financeira (arts. 70 a 75, CF); Ao Poder Executivo é que coube **tipicamente** o exercício da função administrativa.

6) **ADMINISTRAÇÃO PÚBLICA NO SENTIDO MATERIAL / OBJETIVO:** atividade, tarefa, função. Significa: O QUÊ? São as atividades de fomento, intervenção, poder de polícia e prestação de serviços públicos.

7) **ADMINISTRAÇÃO PÚBLICA NO SENTIDO SUBJETIVO / ORGÂNICO / FORMAL:** Expressão que indica o universo de órgãos e pessoas que desempenham a função administrativa. Significa: QUEM? Órgãos públicos, entidades públicas e agentes públicos.

6. QUESTÕES

01. (PGDF/IADES/2011) Não contraria a característica central dos atos legislativos, qual seja, o atingimento da generalidade das situações, por exemplo, a aprovação de uma lei, pelo próprio Legislativo, mas que concede uma pensão especial a determinada pessoa. A esse efeito, denomina-se corretamente de "lei de efeitos concretos". No mesmo sentido, no seu âmbito de atuação, também o Poder Judiciário exerce o que se denomina de função materialmente administrativa, da mesma maneira em consonância com o ordenamento jurídico brasileiro.

02. (FCC – TRIBUNAL REGIONAL DO TRABALHO DA 24ª REGIÃO – Analista Judiciário – Área Administrativa) Considerando a Organização Administrativa Brasileira, é correto afirmar que

(A) a União, os estados-membros, o Distrito Federal e os municípios são entidades estatais.

(B) o Brasil é uma confederação formada pela união indissolúvel dos estados-membros, dos municípios e do Distrito Federal.

(C) os poderes e competências dos municípios são delimitados por ato do Presidente da República.

(D) as empresas públicas e as sociedades de economia mista integram a Administração Direta da União, dos estados-membros e dos municípios.

(E) Os Ministérios são órgãos autônomos, unipessoais, integrantes da Administração Indireta, porém vinculados à Presidência da República.

03. (ESAF/ TRF) A fonte formal e primordial do direito administrativo é a (o)

(A) Motivação que a fundamenta.

(B) Povo.

(C) Parlamento.

(D) Diário Oficial.

(E) Lei.

04. (FCC/ Analista de Planejamento e Orçamento) A Constituição brasileira prevê, em certos casos, que os Poderes do Estado exerçam atipicamente funções que não lhes são próprias. Exemplo disso é o exercício de função

(A) Jurisdicional pelo Poder Legislativo, quando o Senado Federal processa e julga os Ministros do Supremo Tribunal Federal, nos crimes de responsabilidade.

(B) Legislativa pelo Poder Judiciário, ao suprir a ausência de lei nos casos de mandado de injunção e ação direta de inconstitucionalidade por omissão.

(C) Jurisdicional pelo Poder Legislativo, quando, por intermédio do Tribunal de Contas, julga as contas do Presidente a República.

(D) Legislativa pelo Poder Executivo, por delegação do Congresso Nacional, nos casos de edição de medidas provisórias e leis delegadas.

(E) Jurisdicional pelo Poder Executivo, quando decreta a perda dos direitos políticos dos servidores públicos por atos de improbidade administrativa.

05. (Cespe/Técnico Administrativo) Embora vigore, no Brasil, o sistema presidencialista de governo, a CF atribui ao Congresso Nacional o poder de sustar os atos normativos e os atos administrativos do chefe do Poder Executivo sempre que os julgar inoportunos e inconvenientes ao interesse público.

06. (Sejus ES/Técnico Penitenciário / 2009) A CF adota o presidencialismo como forma de Estado, já que reconhece a junção das funções de chefe de Estado e chefe de governo na figura do presidente da República.

07. (OAB SP 137 – 2009) De acordo com dispositivo constitucional vigente, a súmula com efeito vinculante.

(A) será editada pelo Superior Tribunal de Justiça (STJ), para a correta interpretação de lei federal.

(B) será editada por qualquer tribunal, quando houver reiteradas decisões que recomendem a uniformização do entendimento pelos juízes de primeiro grau.

(C) será editada pelo Supremo Tribunal Federal (STF), após reiteradas decisões sobre matéria constitucional.

(D) será editada pelo Conselho Nacional de Justiça (CNJ), para o aprimoramento das rotinas administrativas dos órgãos do Poder Judiciário.

8. (Cespe – 2012 – MPE-RR – Promotor de Justiça) Segundo a doutrina, em sentido formal ou orgânico, a expressão administração pública, que abrange a natureza da atividade exercida pelos entes públicos, representa a própria função administrativa.

9. (Cespe – 2012 – TJ-RR – Administrador) Pelo critério teleológico, define-se o direito administrativo como o sistema dos princípios que regulam a atividade do Estado para o cumprimento de seus fins.

10. (Cespe – 2012 – TJ-RR – Administrador Administração Direta) A jurisprudência, fonte não escrita do direito administrativo, obriga tanto a administração pública como o Poder Judiciário.

11. (Cespe – 2014 – TJ-CE – Analista Judiciário – Área Administrativa) No Brasil, vigora um sistema de governo em que as funções de chefe de Estado e de chefe de governo não são concentradas na pessoa do chefe do Poder Executivo.

12. (Cespe – 2014 – Suframa – Nível Superior – Acerca do direito administrativo), julgue o item a seguir. Do ponto de vista objetivo, a expressão administração pública se confunde com a própria atividade administrativa exercida pelo Estado

13. (Cespe – 2013 – Sefaz-ES – Auditor Fiscal da Receita Estadual) Acerca do direito administrativo, assinale a opção correta.

(A) A Administração Pública confunde-se com o próprio Poder Executivo, haja vista que a este cabe, em vista do princípio da separação dos poderes, a exclusiva função administrativa.

(B) A ausência de um código específico para o direito administrativo reflete a falta de autonomia dessa área jurídica, devendo o aplicador do direito recorrer a outras disciplinas subsidiariamente.

(C) O direito administrativo visa à regulação das relações jurídicas entre servidores e entre estes e os órgãos da Administração, ao passo que o direito privado regula a relação entre os órgãos e a sociedade.

(D) Em sentido subjetivo, a Administração Pública confunde-se com os próprios sujeitos que integram a estrutura administrativa do Estado.

14. (Cespe – 2013 – MS – Analista Técnico – Administrativo) A administração é o aparelhamento do Estado preordenado à realização dos seus serviços, com vistas à satisfação das necessidades coletivas

15. (CESPE – 2013 – MI – Analista Técnico – Administrativo) Os conceitos de governo e administração não se equiparam; o primeiro refere-se a uma atividade essencialmente política, ao passo que o segundo, a uma atividade eminentemente técnica

16. (CESPE – 2013 – MI – Analista Técnico – Administrativo) Em sentido objetivo, a expressão administração pública denota a própria atividade administrativa exercida pelo Estado

17. (CESPE – 2013 – TJ-DF – Analista Judiciário – Área Judiciária) Administração pública em sentido orgânico designa os entes que exercem as funções administrativas, compreendendo as pessoas jurídicas, os órgãos e os agentes incumbidos dessas funções

18. (2015 – CESPE – STJ) Conceitualmente, é correto considerar que o direito administrativo abarca um conjunto de normas jurídicas de direito público que disciplina as atividades administrativas necessárias à realização dos direitos fundamentais da coletividade

19. (2014 – FCC – MPE-PE – Promotor de Justiça) Em sua formação, o Direito Administrativo brasileiro recebeu a influência da experiência doutrinária, legislativa e jurisprudencial de vários países, destacando-se especialmente a França, considerada como berço da disciplina. No rol de contribuições do direito administrativo francês à prática atual do direito administrativo no Brasil, NÃO é correto incluir

(A) a adoção de teorias publicísticas em matéria de responsabilidade extracontratual das entidades estatais.

(B) a adoção do interesse público como eixo da atividade administrativa.

(C) a ideia de exorbitância em relação ao direito comum, aplicável aos particulares.

(D) a teoria do desvio de poder.

(E) o sistema de contencioso administrativo.

20. (2014 – Delegado de Polícia-SP) Considere a definição de Direito Administrativo e assinale a alternativa correta.

(A) É o conjunto dos princípios jurídicos de direito público que tratam da Administração Pública, suas entidades, órgãos e agentes públicos.

(B) É o conjunto dos princípios jurídicos de direito público que têm como estudo o serviço público.

(C) É o conjunto dos princípios jurídicos de direito público que regem as relações jurídicas entre órgãos do Estado.

(D) É o conjunto dos princípios jurídicos de direito público e privado que tratam da Administração Pública, suas entidades, órgãos e agentes públicos.

(E) É o conjunto dos princípios jurídicos de direito público e privado que têm como estudo os atos do Poder Executivo.

---

21. (2016 Banca: CESPE PC-PE – Prova: Agente de Polícia)

Considerando as fontes do direito administrativo como sendo aquelas regras ou aqueles comportamentos que provocam o surgimento de uma norma posta, assinale a opção correta.

(A) A lei é uma fonte primária e deve ser considerada em seu sentido amplo para abranger inclusive os regulamentos administrativos.

(B) O acordo é uma importante fonte do direito administrativo por ser forma de regulamentar a convivência mediante a harmonização de pensamentos.

(C) Os costumes, pela falta de norma escrita, não podem ser considerados como fonte do direito administrativo.

(D) A jurisprudência é compreendida como sendo aquela emanada por estudiosos ao publicarem suas pesquisas acerca de determinada questão jurídica.

(E) Uma doutrina se consolida com reiteradas decisões judiciais sobre o mesmo tema.

---

22. (2016 Banca: CESPE PC-PE – Escrivão de Polícia)

Acerca de conceitos inerentes ao direito administrativo e à administração pública, assinale a opção correta.

(A) O objeto do direito administrativo são as relações de natureza eminentemente privada.

(B) A divisão de poderes no Estado, segundo a clássica teoria de Montesquieu, é adotada pelo ordenamento jurídico brasileiro, com divisão absoluta de funções.

(C) Segundo o delineamento constitucional, os poderes do Estado são independentes e harmônicos entre si e suas funções são reciprocamente indelegáveis.

(D) A jurisprudência e os costumes não são fontes do direito administrativo.

(E) Pelo critério legalista, o direito administrativo compreende os direitos respectivos e as obrigações mútuas da administração e dos administrados.

---

23. (2016 CESPE TRT – 8ª Região (PA e AP) Prova: Analista Judiciário – Área Administrativa) A respeito dos elementos do Estado, assinale a opção correta.

(A) Povo, território e governo soberano são elementos indissociáveis do Estado.

(B) O Estado é um ente despersonalizado.

(C) São elementos do Estado o Poder Legislativo, o Poder Judiciário e o Poder Executivo.

(D) Os elementos do Estado podem se dividir em presidencialista ou parlamentarista.

(E) A União, o estado, os municípios e o Distrito Federal são elementos do Estado brasileiro.

---

24. (2016 CESPE DPU – Analista Técnico Administrativo) A repartição do poder estatal em funções – legislativa, executiva e jurisdicional – não descaracteriza a sua unicidade e indivisibilidade.

---

25. (Ano: 2016 – Banca: Cespe – Órgão: DPU – Prova: Técnico em Assuntos Educacionais) A função administrativa é exclusiva do Poder Executivo, não sendo possível seu exercício pelos outros poderes da República.

---

26. Ano: 2018 Banca: FUNDATEC Órgão: PC-RS Prova: FUNDATEC - 2018 - PC-RS - Delegado de Polícia - Bloco II

Acerca da formação histórica do Direito Administrativo, analise as seguintes assertivas:

I. O Direito Administrativo tem origem na Idade Média, período histórico em que a vontade do monarca passa a se subordinar à lei.

II. O direito francês se notabiliza como a principal influência na formação do Direito Administrativo brasileiro, de onde importamos institutos importantes como o conceito de serviço público, a teoria dos atos administrativos, da responsabilidade civil do estado e da submissão da Administração Pública ao princípio da legalidade.

III. Devido à organização do Estado brasileiro, composto por diferentes entes políticos dotados de competências legislativas próprias para disciplinar suas atividades administrativas, a codificação do Direito Administrativo em âmbito nacional se torna inviável.

Quais estão corretas?

(A) Apenas I.
(B) Apenas III.
(C) Apenas I e II.
(D) Apenas II e III.
(E) I, II e III.

27. Ano: 2018 Banca: CESPE Órgão: PGM - Manaus - AM Prova: CESPE - 2018 - PGM - Manaus - AM - Procurador do Município

Um dos aspectos da constitucionalização do direito administrativo se refere à releitura dos seus institutos a partir dos princípios constitucionais.

28. Ano: 2018 Banca: CESPE Órgão: ABIN Provas: CESPE - 2018 - ABIN - Oficial Técnico de Inteligência - Conhecimentos Gerais

A jurisprudência administrativa constitui fonte direta do direito administrativo, razão por que sua aplicação é procedimento corrente na administração e obrigatória para o agente administrativo, cabendo ao particular sua observância no cotidiano.

29. Ano: 2018 Banca: CESPE Órgão: STM Prova: CESPE - 2018 - STM - Técnico Judiciário - Área Administrativa

Acerca do direito administrativo, dos atos administrativos e dos agentes públicos, julgue o item a seguir.

Entre os objetos do direito administrativo, ramo do direito público, está a atividade jurídica não contenciosa.

30. Ano: 2017 Banca: CESPE Órgão: TRE-TO Prova: CESPE - 2017 - TRE-TO - Analista Judiciário - Área Administrativa

O direito administrativo consiste em um conjunto de regramentos e princípios que regem a atuação da administração pública, sendo esse ramo do direito constituído pelo seguinte conjunto de fontes:

(A) lei em sentido amplo e estrito, doutrina, jurisprudência e costumes.
(B) lei em sentido amplo e estrito, jurisprudência e normas.
(C) costumes, jurisprudência e doutrina.
(D) lei em sentido amplo, doutrina e costumes.
(E) lei em sentido estrito, jurisprudência e doutrina.

Questão	Resposta	Gabarito anotado
01	C	Tópico nº 9
02	A	Tópico nº 7

Questão	Resposta	Gabarito anotado
03	E	Tópico nº 4
04	A	Tópico nº 7
05	E	Tópico nº 7
06	E	Tópico nº 7
07	C	Tópico nº 4
08	E	Tópico nº 8 e 9
09	C	Tópico nº 5
10	E	Tópico nº 4
11	E	Tópico nº 7
12	C	Tópicos nº 8 e 9
13	D	Tópicos nº 8 e 9
14	C	Tópico nº 7.5
15	C	Tópico nº 7
16	C	Tópicos nº 8 e 9
17	C	Tópicos nº 8 e 9
18	C	Tópico nº 3
19	E	Tópicos nº 1 e 2
20	A	Tópicos nº 1 e 2
21	A	Tópico nº 4
22	C	Tópico nº 7.2
23	A	Tópico nº 7.1
24	C	Tópico nº 7.2
25	E	Tópico nº 7.2
26	D	Tópico nº 3
27	C	Tópico nº 4 em Estudo Avançado
28	E	Tópico nº 4
29	C	Tópico nº 3
30	A	Tópico nº 4

Capítulo II

PRINCÍPIOS ADMINISTRATIVOS

1. INTRODUÇÃO

Segundo Carlos Ari Sundfeld (2005), os princípios são as "ideias centrais de um sistema, ao qual dão sentido lógico, harmonioso, racional, permitindo a compreensão de seu modo de se organizar-se".

O Direito se manifesta por meio de normas, que são as regras e os princípios. As regras visam disciplinar determinada situação específica, criando ou restringindo direitos, impondo obrigações de fazer, não fazer ou suportar. Como tem dito a doutrina, entre as regras vale a premissa do "tudo ou nada": ela tem aplicação ou não ao caso concreto. Há apenas uma regra aplicável para cada hipótese. Entre os princípios, não há o modo do "tudo ou nada", pois eles não se excluem. Pode haver maior aplicação de um princípio a um caso específico em detrimento de outro, mas não será ele completamente afastado, uma vez que princípios não se vinculam a uma situação específica.

Os princípios servem para a interpretação das demais regras postas no ordenamento jurídico, sendo balizas norteadoras para o alcance de seu exato sentido. São os valores fundamentais de uma matéria.

Os princípios administrativos constituem pressupostos de atuação da Administração e comandos de ação para o legislador. Suprem também a ausência de regra posta, na medida em que a conduta dos administrados e servidores, mesmo não existindo lei específica, não deve ser contrária aos princípios já enunciados pela Constituição. É o que ocorre, por exemplo, com a moralidade, pois, mesmo se não houver lei formal impondo conduta compatível com os preceitos éticos da instituição, o servidor, mesmo assim, deve atuar dessa forma, pois já é consagrada a moralidade pública como princípio constitucional.

A expressão **regime jurídico administrativo** compõe-se do conjunto de princípios e regras jurídicas que regem o direito administrativo.

A Constituição Federal de 1988, no art. 37, estabelece que a Administração Pública Direta e Indireta de qualquer dos Poderes da União, dos estados, do Distrito Federal e dos municípios obedecerá aos princípios de **legalidade, impessoalidade, moralidade, publicidade e eficiência.**

Dessa forma, os princípios são de **observância obrigatória** pela Administração, uma vez que a Constituição utilizou verbo no imperativo, ou seja, a Administração **obedecerá** aos referidos princípios. Assim, não é uma faculdade do agente público em toda a sua atividade estar pautado de acordo com os princípios administrativos, e sim um dever.

Os princípios são de **aplicação imediata**, dispensando lei formal para sua efetivação.

O art. 37 da CF apresenta apenas os princípios constitucionais expressos.[1] Entretanto, existem outros que não estão expressamente na Constituição, mas são extraídos da leitura de outros artigos, por exemplo, os princípios da motivação, da razoabilidade, proporcionalidade, segurança jurídica, supremacia do interesse público, continuidade dos serviços públicos, entre outros. **Dessa forma, o agente público deve obedecer aos princípios expressos** e **implícitos na Constituição.**

Na aplicação dos princípios, **não existe hierarquia** entre eles, uma vez que todos têm de ser respeitados durante a atividade do agente público, sejam princípios expressos, sejam implícitos. Um princípio não pode ser preterido para a aplicação de outro. O ato tem de ser, ao mesmo tempo, praticado de acordo com a lei, com a impessoalidade, moralidade; deve ser corretamente divulgado, ser eficiente, dentro dos seus limites (razoável e proporcional), havendo também a sua justificação.

Em concurso realizado pelo Cespe, para o TRE/MT, 2010, foi considerado **incorreto** o item: "A atuação administrativa dos integrantes do setor público deve ser pautada pela existência de uma permissão legal. Assim sendo, o princípio explicitado na CF hierarquicamente definido como mais importante é o da legalidade, pois é um princípio norteador das ações públicas."

Também foi considerada **incorreta** a questão formulada pela FCC: "O princípio da moralidade é subsidiário ao princípio da legalidade, de forma que uma vez atendido este último considera – se atendido também o primeiro" (FCC/Sefaz-SP/Analista/2010).

Tem-se entendido que os princípios da supremacia do interesse público e o da indisponibilidade do interesse público constituem a base do regime-jurídico administrativo. Contudo, isso não

1 **Atenção!** Na LODF não consta, de modo expresso, o princípio da impessoalidade. Em concursos estaduais, o candidato deve ter o cuidado de ler quais são os princípios expressos que constam da respectiva Constituição Estadual. Na Constituição do Estado do Espírito Santo, por exemplo, o princípio da motivação é expresso.

significa que estejam em nível de hierarquia superior aos demais princípios; eles são os pilares, a base do Direito Administrativo, servindo até mesmo de interpretação para a aplicação dos demais.

Os princípios do direito administrativo **não são monovalentes**, pois são aplicados a vários ramos do direito. O princípio da legalidade existe no direito tributário, uma vez que os tributos são instituídos mediante lei; está presente, também, no direito penal, em razão da exigência de que o fato, para ser considerado crime (típico), deve estar prévia e precisamente definido em lei.

Também é importante destacar que **nenhum princípio administrativo é absoluto**, pois pode ser restringido em determinadas hipóteses. É o que ocorre, por exemplo, quando a Constituição admite restringir a publicidade cujo sigilo seja imprescindível à segurança da sociedade e do Estado (art. 5º, XXXIII, CF).

A Lei nº 9.784/99, Lei do Processo Administrativo Federal, apresenta os seguintes princípios expressos: legalidade, finalidade, motivação, razoabilidade, proporcionalidade, moralidade, ampla defesa, contraditório, segurança jurídica, interesse público e eficiência.

Expressos na CF	Expressos na Lei 9.784/99
Legalidade **I**mpessoalidade **M**oralidade **P**ublicidade **E**ficiência	**S**egurança jurídica **E**ficiência **RA**zoabilidade **F**inalidade **A**mpla Defesa **C**ontraditório **I**nteresse público **L**egalidade **PRO**porcionalidade **MO**tivação **MO**ralidade "SERÁ FÁCIL PRO MOMO"

2. PRINCÍPIOS EXPRESSOS

2.1. Legalidade

Significa que o administrador está, em toda a sua atividade funcional, sujeito aos mandamentos da lei. O agente público somente pode fazer aquilo que a lei autoriza ou determina. Em termos mais claros: o limite da atividade administrativa é a legalidade. Vale dizer que a atividade administrativa busca na lei seu fundamento e seus limites.

Exige que o administrador esteja sempre pautado na lei. Impõe a prática de atos sempre de acordo com a lei. Por mais que o agente público esteja à procura do bem comum, no dia a dia de sua atuação, estará condicionado às imposições legais, não podendo agir fora dos extremos legalmente estabelecidos.

Reforçando o caráter subalterno da atividade administrativa em relação à lei, Celso Antônio Banceira de Mello (2004) busca fundamento no art. 84, IV, da CF. Segundo o dispositivo, o Presidente da República, maior autoridade do Poder Executivo federal, somente pode editar decretos para a fiel execução das leis. Para o autor, os atos mais elevados do Chefe do Poder Executivo, os decretos, inclusive quando tratam de regulamentos, só podem ser produzidos para o fiel cumprimento da lei. Até mesmo a competência prevista no art. 84, VI, da CF, referente a decretos autônomos, deve estar pautada na legalidade.[2]

O princípio da legalidade não afasta a atuação discricionária do agente público, na medida em que a lei não poderá prever todos os casos da atuação administrativa. Assim, é possível, em determinadas situações, a realização de uma análise de conveniência e oportunidade a fim de escolher a conduta mais adequada ao caso concreto; observando, é claro, os demais princípios administrativos, em especial a razoabilidade e proporcionalidade.

Esse princípio advém do fim do Estado Absolutista, que cedeu espaço para o surgimento do Estado de Direito, pois neste modelo a criação de direitos e obrigações surge a partir da lei, contrapondo-se ao regime anterior, em que esses poderes eram concentrados na pessoa do rei.

Existem duas perspectivas do princípio da legalidade. A **legalidade para o agente público** é aquela do art. 37 da CF, que exige atuação sempre de acordo com a lei, ou seja, ele só pode fazer o que a lei permite. A outra perspectiva é a **legalidade para o cidadão**. Por esse aspecto, é a legalidade estampada no art. 5º, II, da CF, em que ninguém será obrigado a fazer ou deixar de fazer alguma coisa senão em virtude de lei.

Assim, **enquanto na vida particular é lícito fazer tudo o que a lei não proíba, na Administração Pública só é lícito fazer aquilo que a lei autoriza**. Ou seja, na perspectiva do agente público o mandamento legal diz o que ele pode (deve) fazer; para o cidadão, a lei diz o que ele não pode fazer.

O princípio da legalidade pode ser entendido em dois sentidos: **legalidade em sentido amplo e em sentido estrito.** A legalidade em **sentido estrito** significa atuar de acordo com a lei, ou seja, obedecer à lei feita pelo Parlamento. A legalidade em **sentido amplo ou legitimidade** significa obedecer não só à lei, mas também aos princípios da moralidade e do interesse público. Dessa forma, a palavra legitimidade apresenta um conceito mais abrangente que legalidade, pois legalidade seria obedecer à lei, e a legitimidade obedecer à lei e aos demais princípios administrativos.

O entendimento inicial do princípio da legalidade tem evoluído para o conceito de **JURIDICIDADE**. No sentido de que a Administração deve observar não só a lei, os princípios expressos e implícitos na Constituição e, ainda, outras fontes normativas (ex.: tratados internacionais), havendo todo um **bloco de legalidade** a ser observado. Portanto, juridicidade significa atender as regras do ordenamento jurídico vigente (veja mais detalhes em "Estudo avançado").

➘ *QUESTÃO DISCURSIVA:*

- ✦ (TRF – 1ª Região – Juiz – 2006) Discorra sobre o seguinte tema: Do princípio da legalidade ao princípio da constitucionalidade da Administração Pública.

A fiscalização realizada pelo Congresso Nacional, com o auxílio do Tribunal de Contas da União, compreende, de acordo com o art. 70 da CF, a análise quanto à **legalidade, legitimidade e** economicidade.

2 A doutrina majoritária admite decretos autônomos/independentes no Brasil nas hipóteses do art. 84, VI, da CF. Celso Antônio Bandeira de Mello não admite a existência de decretos autônomos ou independentes no direito brasileiro, pois nada inovam no mundo jurídico.

A doutrina aponta como **exceções** ao princípio da legalidade as medidas provisórias, o estado de defesa e o estado de sítio.[3]

Decorrente do princípio da legalidade há o princípio da **reserva legal**, exigindo que determinados assuntos sejam tratados especificamente por meio de lei confeccionada pelo Parlamento. Assim, o princípio da legalidade exige atuação conforme a lei, e a reserva legal veda que determinados assuntos sejam tratados por fontes normativas diversas da lei.

Eis algumas situações em que a Constituição exige, necessariamente, que a matéria resulte de lei (reserva legal):

1) Criar entidades (CF, art. 37, XIX) ou órgãos públicos (CF, art. 61, § 1º, II, *e*);

2) Criação de cargos, empregos ou funções públicas – art. 61, § 1º, II *a*;

3) Contratação temporária por prazo determinado – art. 37, IX, CF;

4) Requisitos para ocupação de cargos públicos – art. 37, I, CF;

5) Situações em que estrangeiro pode ocupar cargo público – art. 37, I, CF;

6) Reserva da vagas e critérios de admissão para pessoas portadoras de deficiência em concursos públicos – art. 37, VIII, CF;

7) Exercício do direito de greve pelo servidor público – art. 37, VII, CF;

8) Fixação e alteração de remuneração e subsídio – art. 37, X, CF.

Um agente público pode deixar de aplicar a lei por entender que é inconstitucional?

Às vésperas de entrar em vigor as regras sobre a Lei n. 13.467/2017 que trata da Reforma Trabalhista. Auditores Fiscais do Trabalho e procuradores do Ministério Público do Trabalho (MPT) declararam que não iriam aplicar os principais pontos da reforma com o argumento de que há violação a princípios constitucionais, a outras leis trabalhistas e normas da Organização Internacional do Trabalho (OIT).

A decisão foi tomada sob o argumento de que diversos aspectos da reforma trabalhista, estaria em confronto com a Constituição. Assim, continuariam a multar empresas que estivessem em desacordo com as antigas regras.

De fato, os agentes públicos devem atuar em harmonia com as regras constitucionais, porém não podem, também, deixar de observar o princípio da legalidade que é comando basilar do Direito Administrativo.

É certo, também, que o princípio da legalidade evoluiu para o conceito de juridicidade no sentido de que os agentes públicos devem atuar não só de acordo com a lei, mas também, com todas as regras do ordenamento jurídico, sobretudo princípios explícitos e implícitos na Constituição. Contudo, não podem os agentes públicos, com o argumento de estarem cumprindo a Constituição, deixarem de atuar com regras postas na legislação.

O descumprimento da lei trabalhista, ou de qualquer outra legislação, sob o argumento de não estar conforme a Constituição, pelos agentes públicos ignora princípio republicano, na medida em que a lei representa a vontade do povo, já que vige no Brasil a participação indireta na confecção da legislação. Ora, se o Parlamento editou uma lei, por mais que possa ser questionada

3 MELLO, Celso Antônio Bandeira de. *Curso de Direito Administrativo*. São Paulo: Malheiros, 2004.

por órgãos e entidades que atuam na respectiva área, deve ser cumprida pelos agentes públicos. Em termos mais claros, ignorar a lei é ignorar a vontade da maioria popular.

Ao ser editada uma lei, ela nasce com a presunção de que é Constitucional. Houve um processo Constitucional e democrático para sua confecção, com vários instrumentos de controle até sua edição final. **Por isso, deve ser aplicada pelos agentes públicos.**

A nossa Constituição não outorgou aos agentes públicos o poder de interpretar a lei e deixar de aplicá-la. Ao contrário, impôs sua observância por meio do princípio da legalidade. Não foi dado aos Auditores Fiscais do Trabalho, nem mesmo ao Ministério Público ou qualquer outra categoria, o poder de declarar uma lei inconstitucional. Para garantir a ordem jurídica, somente o Poder Judiciário recebeu tal prerrogativa. Os magistrados podem, ao julgar um processo, declarar incidentalmente a sua inconstitucionalidade e não aplicá-la, pois o sistema jurídico assim permitiu.

Caso prevalecesse o entendimento das categorias de agentes públicos aqui já citadas, qualquer outro agente público teria esse poder. Assim, agentes da carreira policial poderiam deixar de efetuar prisões porque entenderiam que determinado fato não é mais crime, segundo seu entendimento; Auditores Fiscais da Receita poderiam deixar de aplicar a legislação aduaneira, por entenderem que é inconstitucional. Ou seja, qualquer agente público poderia aplicar ou não a lei, conforme sua interpretação.

Por isso, a aplicação da lei pelo agente público atende, também, ao princípio da segurança jurídica. Isso porque, não foi outorgado a qualquer agente público interpretar a lei e deixar de aplicá-la, salvo o caso do Poder Judiciário. Ao contrário, a Constituição trouxe um comando claro, no sentido de que devem atuar conforme a lei determina.

Caso o agente público não observe o comando da lei, estará praticando ato de improbidade previsto no art. 11, da Lei n. 8.429/92, e sujeito às consequências nela propostas.

2.2. Impessoalidade

Tem por objetivo evitar que o administrador pratique ato visando ao interesse pessoal ou com finalidade diversa daquela determinada em lei, uma vez que é sempre o interesse público que deve ser buscado com a prática do ato.

Existem vários dispositivos que decorrem do princípio da impessoalidade, por exemplo, a obrigatoriedade de realização de concursos, pagamento por meio de precatórios, exigência de procedimento licitatório antes da realização de contratos etc.

O art. 37, § 1º, da CF proíbe que constem nome, símbolos ou imagem que caracterizem promoção pessoal de autoridades ou servidores públicos em publicidade de atos, programas, obras, serviços e campanhas dos órgãos públicos. Tal dispositivo também decorre da impessoalidade, que deve nortear a Administração. As realizações governamentais não são do agente, e sim da Administração; o agente público pratica o ato em nome do Estado naquele momento da realização. Assim, se o administrador pretende utilizar sua função para a promoção pessoal, estará violando o princípio da impessoalidade e, portanto, sujeito à ação de improbidade administrativa.[4]

---

4 Apesar de a CF trazer a proibição da "promoção pessoal", percebemos que essa vedação é constantemente descumprida, ao vermos autoridades utilizando-se das realizações da Administração, no intuito de se promoverem. Não deve ser confundida essa vedação com o princípio da publicidade, uma vez que este também é princípio administrativo. O que não pode acontecer é o agente público, a pretexto de dar publicidade aos atos, aproveitar

Esse princípio está **implícito** na Lei 9.784/99, art. 2º, parágrafo único, III, pois se exige "objetividade no atendimento do interesse público, vedada a promoção pessoal de agentes e autoridades".

2.2.1. *Súmula Vinculante nº 13 do STF*

Visando a dar brilho aos princípios administrativos, entre eles a impessoalidade, o STF editou a Súmula Vinculante nº 13; mas ao julgar o RE nº 579.951 deu um novo sentido à referida súmula, para excluir de sua incidência os **cargos políticos**, como os de Ministro, ou Secretário estadual ou municipal; isso em virtude de terem esses cargos natureza eminentemente política; diversa, portanto, da que caracteriza os cargos e funções de confiança em geral, que têm feição nitidamente administrativa.

A Súmula Vinculante nº 13 diz: "a nomeação de cônjuge, companheiro ou parente em linha reta, colateral ou por afinidade, **até o terceiro grau**, inclusive da autoridade nomeante ou de servidor da mesma pessoa jurídica investido em cargo de direção, chefia ou assessoramento, para o exercício de cargo em comissão ou de confiança ou, ainda, de função gratificada na Administração Pública Direta e Indireta em qualquer dos poderes da União, dos estados, do Distrito Federal e dos municípios, compreendido o ajuste mediante designações recíprocas, viola a Constituição Federal".

A edição de tal súmula decorreu da publicação da Resolução nº 07/2005, do Conselho Nacional de Justiça. Por meio desse ato, o CNJ proibiu a prática de nepotismo no âmbito do Poder Judiciário, a pretexto de emprestar eficácia a diversos princípios constitucionais. Porém, foi interposta Ação Declaratória de Constitucionalidade, ADC nº 12, pela Associação dos Magistrados Brasileiros.

Foi deferida medida cautelar, suspendendo a discussão da questão pelas instâncias inferiores. Posteriormente, julgou-se procedente a ADC nº 12, declarando a constitucionalidade da resolução do Conselho Nacional de Justiça, com eficácia *erga omnes* e efeito vinculante (ADC nº 12, Tribunal Pleno, 2009). Com isso, o nepotismo no âmbito do Poder Judiciário já tinha um marco inicial para sua extinção.

Na mesma data do julgamento de mérito da ADC nº 12, em 20 de agosto de 2008, o STF julgou o Recurso Extraordinário nº 579.951, em que se questionava a prática de nepotismo no âmbito do Poder Executivo. E o recurso foi provido, para anular a nomeação de um "aparentado com agente político" para cargo em comissão. Entendeu-se que a vedação ao nepotismo se estenderia aos demais Poderes da República. E, para a caracterização de atos como nepotismo, utilizou-se dos mesmos critérios fixados pela Resolução nº 07 do CNJ. Era o fim do nepotismo também para os demais Poderes da República.

Como dito inicialmente, foram excluídas, contudo, do alcance dessa vedação as nomeações para cargos de natureza política, ou seja, de agentes políticos, como por exemplo, nomeação de Secretários Estaduais e Municipais. Assim, pode o Chefe do Poder Executivo fazer indicação de parentes e cônjuge para os citados cargos políticos[5]. Em síntese, decidiu o Tribunal que é proibido ao agente público de quaisquer dos Poderes nomear parentes até o terceiro grau para cargos ou empregos públicos, ressalvando-se as nomeações para cargos de agentes políticos.

---

para realizar sua promoção pessoal.

5 STF. 2ª Turma. Rcl 22339 AgR/SP, Rel. Min. Edson Fachin, red. p/ o ac. Min. Gilmar Mendes, julgado em 4/9/2018 (Info 914).

Na sessão do dia seguinte a esses históricos julgamentos, o Supremo Tribunal Federal aprovou a Súmula Vinculante nº 13, expressando que a vedação à prática do nepotismo se estende a todos os três Poderes e em todas as esferas federativas.

Ainda em relação à nomeação de parentes para cargos políticos, o STF entende que poderá ficar caracterizado o nepotismo, sendo vedada a nomeação, caso fique demonstrada a inequívoca falta de razoabilidade na nomeação por manifesta ausência de qualificação técnica ou inidoneidade moral do nomeado(a). Por exemplo, a nomeação para Secretário de Saúde de um aparentado que não tenha a mínima qualificação, seja da parte técnica ou da área de gestão, para o desempenho da função.[6]

Ao analisar o conteúdo da Súmula Vinculante nº 13, percebe-se que a redação é confusa. Inclusive, na leitura da ata da sessão de aprovação verifica-se a dificuldade em se encontrarem os termos corretos para a edição. Na parte final do enunciado, consta a seguinte redação atual: "compreendido o ajuste mediante designações recíprocas, viola a Constituição Federal". Na sessão, foi cogitado utilizar a expressão "inclusive" ou "abrangendo", ao invés de "compreendido". Com efeito, esperava-se que uma súmula vinculante só fosse editada após o tema ter sido amplamente debatido; mas o STF analisou poucos casos e já foi editando a referida súmula.

Além do mais, o texto fala em parentes na linha reta, colateral e por afinidade até o **terceiro** grau, divergindo, assim, do Código Civil, que limita o parentesco por afinidade até o segundo grau.

A súmula também não pode criar o impedimento para que parentes assumam função de confiança no mesmo órgão, pessoa jurídica ou até mesmo em qualquer esfera de governo. É possível que dois irmãos sejam servidores efetivos do mesmo órgão (concursados) e venham a assumir função de confiança ou cargo em comissão, desde que não haja relação de subordinação entre eles. Entendimento contrário resultaria em impedir que um parente recebesse uma função de confiança no órgão, caso outro já fosse nomeado para função semelhante.

Apesar de todos esses questionamentos, o STF, com a edição da Súmula Vinculante nº 13, veda expressamente essa conduta em **todos os Poderes e em toda a Administração Pública de todos os níveis da Federação**, com a ressalva de sua aplicação aos agentes políticos.[7]

A nomeação de parentes ou cônjuge para cargos em comissão ou função de confiança viola não apenas o princípio da impessoalidade, mas também o princípio da moralidade, entre outros. Por isso, em concurso público todas as opções a seguir podem ser consideradas corretas:

A Súmula Vinculante nº 13 do STF objetiva atender ao princípio da impessoalidade.	**Certo**
A Súmula Vinculante nº 13 do STF objetiva atender ao princípio da moralidade.	**Certo**
A Súmula Vinculante nº 13 do STF objetiva atender aos princípios da impessoalidade e moralidade.	**Certo**

6 STF. 1ª Turma. Rcl 28024 AgR, Rel. Min. Roberto Barroso, julgado em 29/05/2018.

7 NÃO APLICAÇÃO DA Súmula Vinculante nº 13 A CARGOS DE CONSELHEIROS DE TRIBUNAIS DE CONTAS por ser cargo técnico e não político: "Entendeu-se que estariam presentes os requisitos autorizadores da concessão da liminar. **Considerou-se que a natureza do cargo de *Conselheiro do Tribunal de Contas* não se enquadraria no conceito de agente político, uma vez que exerce a função de auxiliar do Legislativo no controle da Administração Pública e que o processo de nomeação do irmão do Governador, ao menos numa análise perfunctória dos autos, sugeriria a ocorrência de vícios que maculariam a sua escolha por parte da Assembleia Legislativa do Estado** [...]. Rcl 6702 AgR-MC/PR, rel. Min. Ricardo Lewandowski, 4.3.2009, STF.

Também foi considerada **correta** a assertiva em concurso público dispondo que a Súmula Vinculante nº 13 do STF visa a atender ao princípio da **eficiência**.

2.2.2. Aplicações da Súmula Vinculante nº 13 do STF

Decisões relevantes do STF sobre aplicação da Súmula Vinculante nº 13:

Limitação do Código Civil em relação ao parentesco por afinidade – "Como relatado, a autora impetrou mandado de segurança contra ato do Presidente do Tribunal de Contas do Estado do Piauí, questionando a ilegalidade de sua exoneração de cargo em comissão naquela Corte de Contas em razão de ser sobrinha da esposa do Conselheiro Luciano Nunes Santos. A medida liminar foi deferida e posteriormente confirmada na sentença que concedeu a segurança, sob o fundamento de que a impetrante não podia ser alcançada pela Súmula Vinculante 13, pois o parentesco por afinidade é limitado aos ascendentes, descendentes e irmãos do cônjuge ou companheiro, nos termos do art. 1.595, § 1º, do Código Civil. Tal entendimento não merece prosperar. A Súmula Vinculante 13 é expressa em incluir a nomeação de parentes por afinidade, até o terceiro grau, inclusive, no conceito de nepotismo. Tal formulação, é verdade, pode se entender que conflitaria com o conceito de parentesco delimitado na lei civil, que, conforme já ressaltado, limita-o aos ascendentes, descendentes e irmãos do cônjuge ou companheiro. Essa suposta incompatibilidade, contudo, foi afastada por este Tribunal por ocasião do julgamento da ADC 12-MC/DF, Rel. Min. Ayres Britto." Rcl 9.013, Relator Ministro Ricardo Lewandowski, Decisão Monocrática, julgamento em 21.9.2011, *DJe* de 26.9.2011.

Súmula Vinculante nº 13 e não exaustão das possibilidades de nepotismo – "Ao editar a Súmula Vinculante nº 13, a Corte não pretendeu esgotar todas as possibilidades de configuração de nepotismo na Administração Pública, dada a impossibilidade de se preverem e de se inserirem, na redação do enunciado, todas as molduras fático-jurídicas reveladas na pluralidade de entes da Federação (União, estados, Distrito Federal, territórios e municípios) e das esferas de Poder (Executivo Legislativo e Judiciário), com as peculiaridades de organização em cada caso. Dessa perspectiva, é certo que a edição de atos regulamentares ou vinculantes por autoridade competente para orientar a atuação dos demais órgãos ou entidades a ela vinculados quanto à configuração do nepotismo não retira a possibilidade de, em cada caso concreto, proceder-se à avaliação das circunstâncias à luz do art. 37, *caput*, da CF/88." MS 31.697, Relator Ministro Dias Toffoli, Primeira Turma, julgamento em 11.3.2014, *DJe* de 2.4.2014.

Servidor público efetivo indicado para cargo em comissão e relação de parentesco com servidor não efetivo do mesmo órgão - POSSIBILIDADE – "Considerada a amplitude e a complexidade da estrutura administrativa dos diversos órgãos do Poder Judiciário no tocante à gestão de seus servidores (efetivos ou não), entendo que não configura nepotismo a nomeação de pessoa sem vínculo efetivo com o órgão para cargo de direção, chefia ou assessoramento sem que se questione a existência de qualquer influência do servidor efetivo com quem o nomeado é casado, mantém relação estável ou possui relação de parentesco sobre a autoridade nomeante, seja para fins de se alcançarem interesses pessoais do servidor efetivo (devido a relações de amizade, subordinação ou mudança de localidade, por exemplo) ou da autoridade nomeante (mediante troca de favores), sob pena se afrontar um dos princípios que a própria Resolução CNJ nº 7/05 e a Súmula Vinculante nº 13 pretenderam resguardar, qual seja, o princípio constitucional da impessoalidade." MS 28.485, Relator Ministro Dias Toffoli, Primeira Turma, julgamento em 11.11.2014, *DJe* de 4.12.2014.

Nepotismo e lei estadual que prevê hipóteses de exceção – Inconstitucionalidade – "A previsão impugnada, ao permitir (excepcionar), relativamente a cargos em comissão ou funções gratificadas, a nomeação, a admissão ou a permanência de até dois parentes das autoridades mencionadas no *caput* do art. 1º da Lei Estadual nº 13.145/1997 e do cônjuge do chefe do Poder Executivo, além de subverter o intuito moralizador inicial da norma, ofende irremediavelmente a Constituição Federal." ADI 3.745, Relator Ministro Dias Toffoli, Tribunal Pleno, julgamento em 15.5.2013, *DJe* de 1.8.2013.

Necessidade de demonstrar a configuração objetiva do nepotismo – "[...] a vedação do nepotismo consubstanciada no enunciado vinculante indicado como paradigma de confronto nesta reclamação tem o condão de resguardar a isenção do processo de escolha para provimento de cargo ou função pública de livre nomeação e exoneração. Ao editar a Súmula Vinculante nº 13, embora não se tenha pretendido esgotar todas as possibilidades de configuração de nepotismo na Administração Pública, foram erigidos critérios objetivos de conformação, a saber: a) ajuste mediante designações recíprocas, quando inexistente a relação de parentesco entre a autoridade nomeante e o ocupante do cargo; de provimento em comissão ou função comissionada; b) relação de parentesco entre a pessoa nomeada e a autoridade nomeante; c) relação de parentesco entre a pessoa nomeada e o ocupante de cargo de direção, chefia ou assessoramento a quem estiver subordinada; d) relação de parentesco entre a pessoa nomeada e a autoridade que exerce ascendência hierárquica ou funcional sobre a autoridade nomeante. Mantenho a conclusão exarada na decisão monocrática: [...]. Tendo em vista a estrutura do Poder Judiciário, em especial a discricionariedade do membro da magistratura na escolha de servidor para lhe assessorar, respeitados os limites legais e constitucionais, não há como presumir ascendência hierárquica da servidora de referência [...]. No caso, portanto, o reclamante não logrou comprovar a existência de elemento essencial para a configuração objetiva do nepotismo, qual seja, a participação – potencial ou efetiva – do servidor de referência no processo de escolha da pessoa para ocupar cargo de direção, chefia ou assessoramento. [...]. Não há, também, qualquer referência à hipótese de 'troca de favores' entre as autoridades envolvidas" (Rcl 19529 AgR, Relator Ministro Dias Toffoli, Segunda Turma, julgamento em 15.3.2016, *DJe* de 18.4.2016).

Súmula Vinculante 13 e não exaustão das possibilidades de nepotismo – "Ao editar a Súmula Vinculante nº 13, a Corte não pretendeu esgotar todas as possibilidades de configuração de nepotismo na Administração Pública, dada a impossibilidade de se preverem e de se inserirem, na redação do enunciado, todas as molduras fático-jurídicas reveladas na pluralidade de entes da Federação (União, estados, Distrito Federal, territórios e municípios) e das esferas de Poder (Executivo, Legislativo e Judiciário), com as peculiaridades de organização em cada caso. Dessa perspectiva, é certo que a edição de atos regulamentares ou vinculantes por autoridade competente para orientar a atuação dos demais órgãos ou entidades a ela vinculados quanto à configuração do nepotismo não retira a possibilidade de, em cada caso concreto, proceder-se à avaliação das circunstâncias à luz do art. 37, *caput*, da CF/88" (MS 31697, Relator Ministro Dias Toffoli, Primeira Turma, julgamento em 11.3.2014, *DJe* de 2.4.2014).

Servidores concursados ocupantes de cargo efetivo e parentesco – "Evidentemente que se devem retirar da incidência da norma [é vedado ao servidor público servir sob a direção imediata de cônjuge ou parente até segundo grau civil] os servidores admitidos mediante concurso público, ocupantes de cargo de provimento efetivo. A norma antinepotismo deve incidir sobre cargos de provimento em comissão, as funções gratificadas e os cargos de direção e assessoramento. Esse quadro, julgo procedente, em parte, a ação direta para emprestar interpretação conforme à Constituição para declarar constitucional o inciso VI do art. 32 da Constituição do Estado do Espírito Santo, somente quando incida sobre os cargos de provimento em comissão, função gratificada, cargos de direção e assessoramento: é o meu voto" (ADI 524, Voto do Ministro Sepúlveda Pertence, Tribunal Pleno, julgamento em 20.5.2015, *DJe* de 3.8.2015).

2.3. Moralidade

A moralidade exige que a conduta praticada pelo administrador seja pautada de acordo com a ética, com o bom senso, bons costumes e, principalmente, com a honestidade.

O ato administrativo não terá de obedecer somente à lei, mas também à ética da própria instituição em que o agente trabalha. Atualmente, não se espera de um agente público somente atuação de acordo com a lei, mas também de acordo com a honestidade.

O administrador, ao atuar, não terá de decidir somente entre o legal e o ilegal, o justo e o injusto, mas também entre o honesto e o desonesto.

A moralidade administrativa constitui hoje **pressuposto de validade** de todo ato administrativo. Não é suficiente que o ato seja praticado somente nos exatos termos da lei; deve, também, obedecer à moralidade. Assim, um prefeito que dispõe de verba pública e decide com ela fazer uma licitação para compra de carros novos para ele e os secretários usufruírem, ao invés de utilizar o dinheiro para compra de ambulâncias para o município, o que era mais essencial naquele momento, pratica ato ilegítimo. Nesse caso, apesar de atuar dentro dos limites da lei, não observou o princípio da moralidade.

A moralidade administrativa é compreendida como moral jurídica. Nesse sentido, compreende o conjunto de regras extraídas de condutas internas da Administração. O ato administrativo não terá de obedecer somente à lei jurídica, mas também à lei ética da própria instituição, porque nem tudo que é legal é honesto.

A moral administrativa tem o mesmo conceito da moral comum?

O princípio da moralidade administrativa se vincula a uma noção de moral jurídica, que não se confunde necessariamente com a moral comum. Porém, nada impede de um ato violar a moral administrativa, violando, também, a moral comum.

Embora não possua conteúdo econômico, a **moralidade integra o patrimônio público**; por isso, tem instrumentos para protegê-la, por exemplo, a ação civil pública. A doutrina quer dizer que **patrimônio econômico é diferente de patrimônio público**. Este é o conjunto de bens e valores de titularidade do Poder Público. Alguns desses bens e valores têm conteúdo econômico; outros não, por exemplo, a moralidade; esta integra o patrimônio público, mas sem conteúdo econômico. Por isso, o STJ não admitiu a aplicação do princípio da insignificância ao ato do prefeito que utilizou servidores da prefeitura para atividade pessoal e depois depositou o montante gasto. A alegação do prefeito partiu do princípio de que não houve prejuízo ao patrimônio econômico. Porém, o Tribunal entendeu que a moralidade compõe o patrimônio público, sendo este o objeto da ação de improbidade.

O dever de atuar com moralidade é dirigido ao agente público e também aos particulares que mantêm relação com o Poder Público. O comando constitucional é encaminhado para todos.

COMO ESSE ASSUNTO TEM SIDO ABORDADO NAS PROVAS

✦ **(Aneel – Especialista em Regulação de Serviços Públicos de Energia e Analista Administrativo – Cespe – 2010)** O princípio da moralidade administrativa tem existência autônoma no ordenamento jurídico nacional e deve ser observado não somente pelo administrador público, como também pelo particular que se relaciona com a Administração Pública.

Resposta: Certo.

O STJ já utilizou o princípio da moralidade para fundamentar decisão que não reconheceu a aplicação do princípio da insignificância a policial, por motivo de subtração de caixa de bombons durante o serviço e fardado, pois, aos olhos da sociedade, o policial militar representa confiança e segurança; dele se exige um comportamento adequado, dentro do que ela considera correto do ponto de vista ético e moral, entendendo, também, que havia alto grau de reprovação na conduta (HC 192.242-MG, Rel. Min. Gilson Dipp, julgado em 22.3.2011. Informativo 467 STJ).

A Constituição de 88 é bastante preocupada com o dever de moralidade. Assim, incluiu instrumentos para coibir condutas violadoras do princípio em estudo, entre eles a ação popular e ação de improbidade.

A ação popular é instrumento com fundamento no art. 5º, LXXIII, da CF, permitindo a qualquer **cidadão** propor ação popular para **anular** atos que violem o dever de moralidade.

ATENÇÃO! A expressão utilizada pela CF é qualquer CIDADÃO, ou seja, não é qualquer pessoa, pois não são termos que coincidem. Tem-se entendido que cidadão, para efeitos de propositura de ação popular, é aquele que tem a capacidade eleitoral ativa: aquele que está habilitado pelo menos a votar.

COMO ESSE ASSUNTO TEM SIDO ABORDADO NAS PROVAS

✦ **(Cespe – MMA – Agente Administrativo – 2009)** Um promotor de justiça, no uso de suas atribuições, poderá ingressar com ação popular.

Resposta: Errado. No uso de suas atribuições atua em nome do órgão Ministério Público.

O Ministério Público não tem competência para **propor** ação popular. Entretanto, conforme determina a Lei nº 4.717/65 (Lei da Ação Popular), se o autor desistir da ação ou der motivo à absolvição da instância, serão publicados editais, nos prazos fixados em lei, ficando assegurado a qualquer cidadão, bem como ao representante do Ministério Público, dentro do prazo de 90 (noventa) dias da última publicação feita, promover o **prosseguimento** da ação.

A ação popular não visa combater apenas os atos que violem o dever de moralidade, mas também ao meio ambiente e ao patrimônio historio e cultural. Vejamos o dispositivo:

> *"[...] qualquer cidadão é parte legítima para propor ação popular que vise a* ***anular*** *ato lesivo ao patrimônio público ou de entidade de que o Estado participe, à moralidade administrativa, ao meio ambiente e ao patrimônio histórico e cultural, ficando o autor, salvo comprovada má-fé, isento de custas judiciais e do ônus da sucumbência."*

Preocupado com o dever de moralidade, o legislador Constituinte ainda colocou a Ação de Improbidade Administrativa, visando à responsabilização daqueles que violem o dever de moralidade administrativa, estabelecendo, no art. 37, § 4º, as seguintes sanções para os atos de improbidade administrativa, sem prejuízo da ação penal cabível:

a) suspensão dos direitos políticos;

b) a perda da função pública;

c) a indisponibilidade dos bens;

d) e o ressarcimento ao erário, na forma e gradação previstas em lei.

Em provas de concursos, deve-se ter cuidado, pois o que a CF permitiu em razão de ato de improbidade foi a **SUSPENSÃO dos direitos políticos.** Entretanto, é comum questões afirmarem que é possível a **cassação dos direitos políticos** em razão de ato de improbidade. Item incorreto, pois a Constituição, no art. 15, veda a cassação de direitos políticos.

A diferença entre as duas ações está no sentido de que a *ação popular* visa a **anular** o ato e a *ação de improbidade* visa a **responsabilizar** o agente que praticou o ato.

No que se refere à legitimidade para a propositura da ação de improbidade, também há diferença quanto à ação popular. Somente o **cidadão** é que pode propor a ação popular. No entanto, a ação de improbidade pode ser proposta pelo Ministério Público ou a pessoa jurídica interessada (artigo 17 da Lei nº 8.429/92).

A lei de improbidade ainda estabelece que qualquer **pessoa** poderá **representar** a autoridade administrativa competente, para que seja instaurada investigação destinada a apurar a prática de ato de improbidade. Representar significa comunicar, levar ao conhecimento das autoridades competentes a possível ocorrência de um ato de improbidade administrativa.

	Quadro de distinção entre ação popular e ação de improbidade administrativa	
	AÇÃO POPULAR	**AÇÃO DE IMPROBIDADE ADMINISTRATIVA**
Fundamento Constitucional	Art. 5º, LXIII, da CF	Art. 37, § 4º, da CF
Finalidade	Anular o ato	Responsabilizar o agente.[6]
Legitimidade	Qualquer cidadão	Ministério Público ou Pessoa Jurídica interessada. Obs.! Qualquer pessoa poderá representar a autoridade administrativa competente
Prescrição	5 (cinco) anos. Art. 21, Lei nº 4.717/65	– até 5 anos após o término do exercício de mandato, de cargo em comissão ou de função de confiança; – dentro do prazo prescricional previsto em lei específica para faltas disciplinares puníveis com demissão a bem do serviço público, nos casos de exercício de cargo efetivo ou emprego.[7]

☞ *Qual a natureza da ação de improbidade administrativa?*

A ação de improbidade administrativa **não tem natureza penal, e sim, CIVIL.** Com efeito, ela resulta em consequência civil-política, na esfera do agente público. Entretanto, o ato praticado pelo agente pode resultar também em repercussão na esfera penal, se o fato for tipificado como crime, e também na via administrativa.

---

8 Agente público, para fins de ato de improbidade, não é só o servidor público, mas todos aqueles do art. 2º da Lei nº 8.429/92.

9 No plano federal, a Lei nº 8.112/90 fixa o prazo em 5 anos, a partir do CONHECIMENTO do fato.

COMO ESSE ASSUNTO TEM SIDO ABORDADO NAS PROVAS

- **(Cespe – Abin – Oficial de Inteligência – 2008)** A ação de improbidade administrativa tem natureza civil, e não penal.
  Resposta: Certo.

As esferas civil, penal e administrativa são independentes, uma vez que o agente pode ser condenado em uma esfera e absolvido em outra. Também não há necessidade de se aguardar a decisão da esfera penal para concluir o processo administrativo disciplinar contra o servidor. Entretanto, o art. 126 da Lei nº 8.112/90 determina que se o servidor for absolvido na **esfera penal** por **negativa do fato ou de autoria**, nessa hipótese também deve haver a absolvição do servidor na via administrativa. E se o servidor já foi demitido na via administrativa, deve requerer a sua reintegração no cargo anteriormente ocupado.

As bancas de concurso cobram, com frequência, o dispositivo citado, mas nas provas colocam que o servidor foi absolvido na esfera **penal**, **por falta ou ausência de provas**. Essa hipótese não gera comunicação na via administrativa.[10]

COMO ESSE ASSUNTO TEM SIDO ABORDADO NAS PROVAS

- **(Cespe – Auditor Interno de Minas Gerais – 2008)** Se o servidor cometer infração que é, ao mesmo tempo, definida em lei como ilícito penal e ilícito administrativo, e o juiz absolver o servidor por insuficiência de provas, então ele não poderá ser punido na esfera administrativa.
  Resposta: Errado. Insuficiência de provas não gera vinculação na via administrativa.

- **(Adasa – Funiversa – Advogado – 2009)** A absolvição criminal de servidor público repercute na esfera administrativa quando a absolvição se dá por falta de provas.
  Resposta: Errado.

O STF, ao julgar a Reclamação nº 2.138, entendeu, inicialmente, que a ação de improbidade **não se aplica aos agentes políticos**, uma vez que estes respondem por crime de responsabilidade.[11] Posteriormente, veio a proferir decisão em sentido diverso. O tema ação de improbidade será estudado em capítulo próprio.

A **ação civil pública**, prevista no art. 129, III, da CF, como uma das funções institucionais do Ministério Público, entre outros órgãos e entidades legitimadas para sua propositura, e regulamentada pela Lei nº 7.347, de 24.7.85, também faz parte dos instrumentos de proteção à moralidade administrativa.

Merece destaque, também, a decisão do Supremo Tribunal Federal, proferida no julgamento da ADI nº 2.797/DF e ADI nº 2.860/DF, que declarou a inconstitucionalidade da Lei nº 10.628/02, que acrescentou os §§ 1º e 2º ao art. 84 do Código de Processo Penal. O dispositivo mencionado

10 Esse tema também foi abordado nos seguintes concursos: Administrador – Ministério do Esporte – Cespe; Ministério das Comunicações – Direito – Cespe; Hemobrás – Cespe – Analista de gestão corporativa – Administrador; Auditor Federal de Controle Externo – Tcu – Cespe; Tce – Acre – Analista de Controle Externo; Ibram – Cespe – Conhecimentos específicos; Ministério da Ciência e Tecnologia – Finep – Cespe, entre outros.

11 A CF, art. 85, coloca como crime de responsabilidade do Presidente da República ato que atente contra a probidade administrativa.

havia estendido à ação de improbidade o foro por prerrogativa de função, que algumas autoridades possuem em processos criminais.

O STF, acertadamente, julgou inconstitucional o dispositivo, pois a matéria de foro por prerrogativa de função é de índole constitucional e, assim, não pode ser tratada por meio de lei.[12]

Veja no final deste capítulo, em "Estudo avançado", comentários à Lei Anticorrupção, Lei nº 12.846/2013.

2.4. Publicidade

É a divulgação oficial do ato, para conhecimento do público e para o início da produção de seus efeitos (eficácia), bem como permitir o acesso às condutas administrativas.

A publicidade não é elemento formativo do ato; é requisito de **eficácia** e moralidade. Com efeito, a publicidade é condição para a **eficácia** do ato, pois este só terá condição de produzir *efeitos* se houver a divulgação pelo órgão oficial, quando a lei assim exigir. Por exemplo: a Lei nº 8.112/90 traz regra de que o início do exercício de função de confiança e a aposentadoria voluntária coincidirão com a data de **publicação** do ato. Assim, nesses casos, exige-se a publicação no órgão oficial, para que o ato inicie a sua produção legal de efeitos. O mesmo acontece com os contratos administrativos, pois a Lei nº 8.666/93 exige a publicação resumida do instrumento contratual na imprensa oficial como condição para sua **eficácia.**

Assim, **publicidade não se confunde com a publicação de atos na imprensa oficial.** Esta é uma forma de publicidade, mas são diversas as formas de publicidade existentes.[13]

Em termos mais claros, publicidade é diferente de publicação. A publicação é a divulgação do ato por meios oficiais; trata-se de uma forma de publicidade. Mas a publicidade não se esgota apenas em se publicarem os atos no órgão oficial.

Nos atos em que a lei exige a publicação na imprensa oficial, aquela será a forma correta de divulgação (publicidade dos atos). Mas e nos casos em que a lei é omissa? Quais atos devem ser divulgados no Diário Oficial? Lucas Furtado[14] esclarece que, "quando a lei não define a forma de divulgação dos atos, deve o administrador atentar para a classificação dos atos quanto ao **alcance**; classificação esta que divide os atos em duas categorias: **internos e externos**. Ato interno é aquele cujos efeitos são produzidos dentro da Administração; ato externo é aquele cujos efeitos alcançam pessoas estranhas ao serviço público. Os atos externos devem ser divulgados por meio de publicação no órgão oficial de divulgação; os atos internos devem ser divulgados, mas não necessitam ser enviados para publicação em Diário Oficial, motivo que leva diversos órgãos públicos a criar boletins internos, cuja função, como o nome indica, é a de divulgar atos internos".

Salientamos que nem sempre a publicidade geral (divulgação em órgãos oficiais) ou a publicidade restrita (ex.: notificação pessoal) serão suficientes para a ciência de todos os interessados. Por exemplo: um Tribunal que altera o seu horário de funcionamento. Não basta divulgar no Diário Oficial para ciência de todos. De outro lado, não há como fazer notificação pessoal de todos os possíveis

---

12 Recomenda-se a leitura do seguinte acórdão: ADI 2797, Relator(a): Min. Sepúlveda Pertence, Tribunal Pleno, julgado em 15.09.2005.

13 Tratando-se de município que não possui órgão de imprensa oficial, é válida a publicação das leis e dos atos administrativos municipais através da afixação na sede de prefeitura. Precedentes do STF e do STJ (REsp 148315 RS, Rel. Ministro Adhemar Maciel, Segunda Turma, julgado em 01.10.1998, *DJ* 01.02.1999, p. 147).

14 FURTADO, Lucas Rocha, *Curso de Direito Administrativo*. Belo Horizonte: Fórum, 2007, p. 110.

interessados. Dessa forma, ao lado das conhecidas e frequentes formas de divulgação de atos utilizados pela Administração, devem ser utilizados outros meios para a ciência do ato aos potenciais interessados, por exemplo, divulgação em *homepages* na internet e envio de *e-mail* aos cadastrados, para a ciência do ato. Podem ser utilizadas, inclusive, outras formas de divulgação mais modernas e eficazes.

COMO ESSE ASSUNTO TEM SIDO ABORDADO NAS PROVAS

✦ **(2008 – Cespe – STF)** Nos municípios em que não exista imprensa oficial, admite-se a publicação dos atos por meio de afixação destes na sede da prefeitura ou da câmara de vereadores.

Resposta: Certo.

A **regra** é a publicidade, somente admitindo-se restrição em algumas situações. A CF, no art. 5º, XXXIII, garante que todos têm direito a receber dos órgãos públicos informações de interesse particular, ou de interesse coletivo ou geral, que serão prestadas no prazo da lei, sob pena de responsabilidade, **ressalvadas aquelas cujo sigilo seja imprescindível à segurança da sociedade e do Estado**. Dessa forma, o princípio comporta exceção nas situações apresentadas pela Constituição. Leis que venham a restringir a publicidade de atos devem ter por fundamento a segurança da sociedade ou do Estado. Nesse sentido a Lei nº 12.527, de 18 de novembro de 2011.

Veja os comentários sobre a Lei nº 12.527/11, na parte de "Estudo avançado", no final deste capítulo.

COMO ESSE ASSUNTO TEM SIDO ABORDADO NAS PROVAS

✦ **(Cespe – TRE/MA – Analista Judiciário: Área Judiciária – 2009)** Diferentemente do princípio da legalidade, o princípio da publicidade possui exceções, quando se refere, por exemplo, à intimidade, à vida privada, à honra e à imagem das pessoas.

Resposta: Certo.

✦ **(Defensoria Pública-Geral da União – Analista Técnico Administrativo – Cespe – 2010)** O princípio da publicidade se verifica sob o aspecto da divulgação externa dos atos da Administração, não propiciando o conhecimento da conduta interna dos agentes públicos.

Resposta: Errado.

O princípio da publicidade também comporta restrição em razão da defesa de intimidade ou da privacidade do cidadão. Tanto o princípio da publicidade quanto o da proteção à intimidade ou privacidade têm índole constitucional; mas, na eventual colisão, deve-se fazer uma harmonização dos princípios (princípio da harmonização ou da concordância prática de princípios), para restringir aquele que é menos preponderante no caso. Assim, a proteção à intimidade ou privacidade deve ser mais ressaltada, se confrontada com o princípio da publicidade, dando-se acesso aos atos somente aos interessados, e não a toda a sociedade.

Para assegurar o direito consagrado na Constituição, temos os seguintes instrumentos:

1) o **direito de petição**, pelo qual os indivíduos podem dirigir-se aos órgãos administrativos para formular qualquer tipo de postulação (art. 5º, XXXIV, *a*, CF); e

2) de **certidões** em repartições públicas, para a defesa de direitos e esclarecimento de situações de interesse pessoal (art. 5º, XXXIV, *b*, CF);[15]

15 O STF declarou inconstitucional lei estadual que previa pagamento de taxa para expedição da certidão. ADI 2969, Relator(a): Min. Carlos Britto, Tribunal Pleno, julgado em 29.03.2007.

Inviabilizado o exercício de tais direitos, ou ainda se forem prestados indevidamente, surge para o prejudicado o uso de outros instrumentos para recuperar a legalidade; por exemplo, o *habeas data*:

a) para assegurar o conhecimento de informações relativas à **pessoa do impetrante**, constantes de registros ou bancos de dados de entidades governamentais ou de caráter público;

b) para a retificação de dados, quando não se prefira fazê-lo por processo sigiloso, judicial ou administrativo.

O direito, garantido pela Constituição, também pode ser exercido por meio do mandado de segurança, para proteger direito líquido e certo não amparado por "habeas corpus" ou "habeas data", quando o responsável pela ilegalidade ou abuso de poder for autoridade pública ou agente de pessoa jurídica no exercício de atribuições do Poder Público (art. 5º, XXXV, da CF).

Consagra o Texto Constitucional a publicidade dos atos na esfera judicial; entretanto, nos termos do art. 93, IX, da CF, poderá a lei limitar que, em certos casos, estejam presentes as partes e seus advogados, ou, conforme o caso, apenas os advogados.

A Lei nº 8.429/92, Lei de Improbidade Administrativa, trata como ato de improbidade que viola princípio administrativo aquele em que o agente público se nega a dar publicidade a atos oficiais. Dessa forma, pode resultar para o agente público as sanções do art. 37, § 4º, da CF e do art. 12 da referida Lei.

2.5. Eficiência

Exige que a atividade administrativa seja exercida com presteza, perfeição, rendimento, qualidade e economicidade.

Esse princípio foi **acrescentado,** de forma expressa, na CF, com a **EC nº 19/98**, pois antes era apenas implícito.

O art. 8º do Novo Código de Processo Civil, assim como faz a CF, consagra o princípio da eficiência no processo judicial. O princípio da eficiência nesse caso deve ser visto em duas perspectivas. Em um primeiro sentido significa que o juiz deve ser eficiente na gestão dos processos de seu gabinete. E em outra perspectiva significa a eficiência na gestão de cada processo em si. Cada processo deve ser guiado com a melhor relação custo-benefício, de modo a entregar o melhor resultado às partes com a maior eficiência (custo-benefício). É o antigo princípio da economia processual, atualizado para princípio da eficiência, a fim de ficar em sintonia com a Constituição.[16]

Vale lembrar ainda que o Poder Judiciário é, também, um órgão administrativo (Administração Direta); assim deve de modo geral ter uma atuação eficiente.

Atualmente, já não se exige que o agente público atue apenas de acordo com a lei; espera-se mais do gestor público. Além de cumprir a lei, deve agir com moralidade e sobretudo com eficiência, possibilitando a obtenção dos melhores resultados com a melhor relação custo-benefício.

16 Art. 8º Ao aplicar o ordenamento jurídico, o juiz atenderá aos fins sociais e às exigências do bem comum, resguardando e promovendo a dignidade da pessoa humana e observando a proporcionalidade, a razoabilidade, a legalidade, a publicidade e a eficiência.

Carvalho Filho destaca que o princípio da eficiência não alcança apenas os serviços públicos prestados diretamente à coletividade, devendo ser observado também em relação aos serviços administrativos internos das pessoas federativas e das pessoas a elas vinculadas. Assim, a Administração deve recorrer à moderna tecnologia e aos métodos hoje adotados para obter qualidade total na execução de suas atividades.[17]

Fruto do princípio da eficiência é a exigência de avaliação periódica de desempenho, na forma de lei complementar, para o servidor público (art. 41 da CF). Nessa hipótese, mesmo o servidor estável pode perder o cargo se demonstrar desempenho insuficiente.

Podemos citar ainda outras repercussões do princípio da eficiência na Constituição:

a) Possibilidade de ser ampliada a autonomia gerencial, orçamentária e financeira de órgãos e entidades administrativas mediante a celebração de contrato de gestão, em que serão fixadas metas de desempenho a serem perseguidas pelo órgão ou entidade a fim de que se mantenha a maior autonomia conquistada (art. 37, § 8º, CF);

b) Exigência de avaliação por comissão especial para a aquisição da estabilidade do servidor efetivo (CF, art. 41, § 4.º)

A Lei 9.784/99, que regula o processo administrativo racionalizando, buscando eficiência, permite que, na solução de vários assuntos da mesma natureza, seja utilizado meio mecânico que produza os fundamentos de decisões, desde que não prejudique direitos ou garantias dos interessados.

Com a EC 45/04, foi inserido, no art. 5º, o inciso LXXVII, que "assegura a todos, no âmbito **judicial e administrativo**, a razoável duração do processo e os meios que garantam a celeridade de sua tramitação". Assim, o princípio da eficiência, dentro do **processo administrativo**, passou a ser um direito com sede constitucional.

➘ *COMO ESSE ASSUNTO TEM SIDO ABORDADO NAS PROVAS*

✦ **(Juiz – DF – 2006)** É garantia constitucional expressa, no âmbito judicial e administrativo, a razoável duração do processo e os meios que garantam a celeridade de sua tramitação.

Resposta: Certo.

✦ **(Auxiliar de Trânsito – DETRAN – CESPE – 2009)** Entre os direitos fundamentais previstos expressamente na CF está o direito à duração razoável dos processos, tanto no âmbito judicial quanto no administrativo.

Resposta: Certo.

Afirma Lucas Rocha Furtado[18] que a eficiência é um dos aspectos da **economicidade**. Ao lado da eficiência, a eficácia e a efetividade estão compreendidas na expressão economicidade. Segundo o autor, "economicidade é gênero do qual a eficiência, a eficácia e a efetividade são suas manifestações".

A **eficiência** exige o exame da relação **custo-benefício**. É a necessidade de **planejamento**, contorno das necessidades e indicação das mais adequadas soluções, na busca da satisfação do interesse público. É a utilização mais adequada dos recursos públicos.

17 FILHO, José dos Santos Carvalho, *Manual de Direito Administrativo*. Rio de Janeiro: Lumen Juris, 2012.

18 FURTADO, Lucas Rocha, *Curso de Direito Administrativo*. Belo Horizonte: Fórum, 2007.

A **eficácia**, por seu turno, está relacionada com o exame dos **resultados**; diz respeito ao sucesso da atuação administrativa.

A **efetividade** pressupõe o exame dos resultados alcançados. Compreende as metas planejadas e o que foi realmente cumprido. Na análise da efetividade, deve ser averiguado se os resultados alcançados trouxeram os benefícios esperados. É a mensuração dos impactos dos resultados sobre os objetivos. Lucas Furtado ensina que, no exame da efetividade, deve ser feita a comparação entre os objetivos ou metas que haviam sido fixadas por ocasião do planejamento e os resultados efetivamente alcançados. Completa o renomado autor dizendo que "o pressuposto para o exame da efetividade de certo programa é o necessário planejamento e a fixação de metas de desempenho para os agentes públicos. Conforme as metas fixadas sejam alcançadas, o programa será considerado efetivo". A efetividade é constatada quando se alcançam os resultados esperados com os meios adequados, utilizando-se, de maneira correta, os recursos públicos. Assim, pode se entender também a efetividade não só pela análise das metas/cronograma, mas também pela aferição da eficiência (custo-benefício) e eficácia (resultados).

Exemplo 1: *O INSS, pretendendo divulgar aos segurados os benefícios a que têm direito, resolve fazer uma cartilha com a lista desses benefícios e os requisitos para a obtenção de cada um. A entidade previdenciária sabe que tem em torno de 3.000.000 segurados;*[19] *entretanto, faz uma licitação e adquire material para a confecção de 5.000.000 de cartilhas. Em razão da compra desse material, produz as cartilhas e consegue divulgar para todos os seus segurados, mas muitas delas não chegam a ser utilizadas, por motivo de serem produzidas em número superior.*

Esse ato não foi praticado com economicidade. Apesar de ter sido praticado com eficácia, pois atingiu o resultado esperado – divulgação a todos os seus segurados –, não foi realizado com eficiência, uma vez que a utilização dos recursos públicos não foi a mais adequada, tendo em vista que adquiriram matéria-prima em excesso para a confecção das cartilhas. Na análise da efetividade, compara-se a relação entre os efeitos buscados e aqueles obtidos.

Exemplo 2: *O governo federal pretende acabar com a fome (meta a ser atingida) até o fim do mandado do chefe do Poder Executivo. Para tanto, estabelece que, no primeiro ano, deva essa meta ser atingida em pelo menos um terço, mais um terço no segundo ano, e, no final de três anos, o programa estabelecido deva estar cumprido. Na análise da economicidade, será verificado se o ato foi efetivo, ou seja, se a meta foi realmente conseguida; se teve eficácia, compreendendo a análise dos resultados ocorridos; e da eficiência, no sentido de se verificar se houve o emprego da melhor forma possível dos recursos públicos.*

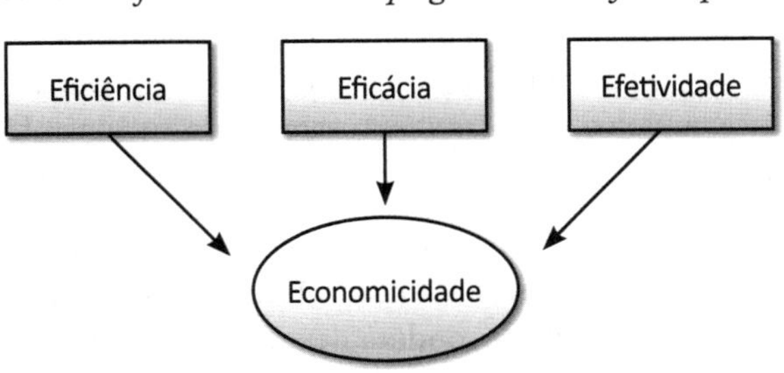

A fiscalização que o Congresso Nacional, com auxílio do Tribunal de Contas da União, realiza da União e das entidades da Administração Direta e Indireta, compreende, de acordo

19 Número apenas exemplificativo, para esclarecer os conceitos.

com o art. 71 da CF, a análise quanto à legalidade, legitimidade, **economicidade**. Assim, essa análise de economicidade deve percorrer os conceitos de eficácia, eficiência e efetividade apresentados anteriormente.

↘ *COMO ESSE ASSUNTO TEM SIDO ABORDADO NAS PROVAS*

✦ **(Defensoria Pública do Espírito Santo – Cespe – 2009)** O controle financeiro realizado pelo Poder Legislativo em face da Administração Pública envolve o denominado controle de economicidade, de modo a permitir o exame do mérito, com a finalidade de verificar se o órgão procedeu da forma mais econômica na aplicação da despesa pública, atendendo à relação custo-benefício.

Resposta: Certo.

O Texto Constitucional não prevê aplicação de sanção pelo TCU apenas para casos de ilegalidade, mas também prevê possibilidade de aplicar aos responsáveis, em casos de *irregularidade de contas*, as sanções previstas em lei, que estabelecerá, entre outras cominações, **multa** proporcional ao dano causado ao Erário.[20]

O princípio da eficiência também foi observado na legislação que trata da prestação de serviços públicos por particulares. A Lei nº 8.987/95, Lei de Concessões e Permissões, exige que o serviço deva ser prestado de forma adequada, ou seja, quando satisfaz as condições de regularidade, continuidade, **eficiência**, segurança, atualidade, generalidade, cortesia na prestação e modicidade das tarifas.

3. PRINCÍPIOS IMPLÍCITOS

3.1. Razoabilidade e proporcionalidade

Visa a aferir a compatibilidade entre os meios e os fins, de modo a evitar restrições desnecessárias ou abusivas praticadas pela Administração.

A razoabilidade é o "bom senso" da Administração e a proporcionalidade a compatibilidade entre o fim que se quer alcançar e o ato a ser utilizado para tanto. Existem determinados institutos que, para sua compreensão, mais fácil do que conceituar é exemplificar. Os princípios em estudo se inserem nessa categoria, cujo conceito é difícil elaborar, mas com um exemplo dado é possível depreender se a conduta foi razoável e proporcional. Cite-se para compreensão o caso de exclusão de candidato em concurso por causa de tatuagem. O STF entendeu que é inconstitucional a exclusão devido à tatuagem, salvo se violar algum valor constitucional. O STF entendeu que a exclusão seria inconstitucional, sobretudo, por violação ao princípio da razoabilidade.

Para alcançar a proporcionalidade, uma conduta deve ser: a) **adequada:** o meio utilizado deve ser o *correto*, em vista do fim que se deseja alcançar. O meio deve ser apto a atingir o fim a que se destina; b) **necessária/exigibilidade:** a conduta deve ser a *menos gravosa* em relação aos bens envolvidos; c) **proporcionalidade em sentido estrito:** as vantagens devem superar as desvantagens; deve haver compatibilidade e *equilíbrio* entre os danos e as vantagens. Proporcionalidade entre o grau de restrição a um direito e o grau de realização do direito contraposto.

---

20 A Lei nº 8.443/92 regulamenta o art. 71 da CF, estabelecendo as sanções que podem ser aplicadas.

Aplicando os ensinamentos apresentados, seria desproporcional, por não ser o meio **adequado**, a conduta de ente da Federação que, a pretexto de evitar a Aids, proibisse a venda de bebidas alcoólicas. Também faltaria proporcionalidade, por não ser a medida **necessária**, se, na intenção de proteger o patrimônio histórico, realizasse desapropriação, em vez de proceder ao tombamento, conduta que não limita totalmente a propriedade. E, por fim, seria também ilegal, por ausência de proporcionalidade, em razão de não estar presente a **proporcionalidade em sentido estrito**, o ato de policiais que, para dissolver passeata tumultuosa, utilizassem balas de verdade, que poderiam causar a morte dos manifestantes, sendo que haveria outros meios para obter o mesmo fim, por exemplo, balas de borracha e bombas de efeito moral.

Ainda exemplificando o tema, é proporcional a determinação pela Administração de instalação de filtros nas chaminés das fábricas, por ser menos onerosa do que a determinação de maquinário novo menos poluente, mas excessivamente oneroso aos empresários. Trata-se de conduta adequada, necessária e proporcional em sentido estrito.

O princípio em estudo ganha relevância na análise de atos discricionários pelo Poder Judiciário. Nesses atos, como os requisitos de competência, finalidade e forma são determinados pela lei, o Judiciário pode exercer amplo controle, confrontando-os com as determinações legais. Entretanto, os requisitos de *motivo* e *objeto* são deixados a critério do administrador, a fim de que este realize um juízo de conveniência e oportunidade para a escolha da solução mais adequada.

Desse modo, em atos discricionários, o controle jurisdicional sobre o mérito, juízo de conveniência e oportunidade, tem de ser feito com reservas. O Judiciário não pode substituir a análise feita pelo agente público se este atuou dentro de seus limites. Por exemplo: se o município precisa de hospital e escolas, e o prefeito decide investir na saúde, construindo hospitais, em vez de escolas, fazendo isso de forma adequada, não poderia o Poder Judiciário substituir essa decisão.

A atividade do judiciário em relação a atos administrativos pode, entretanto, alcançar a análise de mérito, fazendo a correção da **ilegalidade**, se, no exercício de conveniência e oportunidade, houver falta de razoabilidade/proporcionalidade, pois na verdade esse ato será um ato ilegal.

Para um ato estar de acordo com a lei, deve ser razoável e proporcional. Desse modo, a falta de proporcionalidade atinge, na verdade, a legalidade do ato; por isso, pode ser anulado pelo Judiciário.

O STJ entendeu desarrazoada a exclusão de candidato de concurso público cuja convocação da segunda fase ocorreu por publicação no *Diário Oficial* após 8 (oito) anos da realização da primeira fase. De acordo com o Tribunal, seria de todo desarrazoado exigir que um candidato, uma vez aprovado na primeira etapa de um concurso público, adquirisse o hábito de ler o *Diário Oficial* estadual diariamente, por mais de oito anos, na esperança de se deparar com sua convocação (RMS 24.716-BA, Rel. Min. Napoleão Nunes Maia Filho, julgado em 2.9.2008).

Em outra situação, o STJ entendeu ilegítima a cobrança do imposto territorial rural – ITR – pela União de terra invadida pelo Movimento dos Sem Terra – MST –, e o Tribunal de Justiça determinou reintegrá-la ao dono e essa decisão não foi cumprida. De acordo com o STJ, ofende os princípios básicos da razoabilidade e da justiça o fato de o Estado violar o direito de garantia de propriedade e, concomitantemente, exercer sua prerrogativa de constituir ônus tributário sobre imóvel expropriado por particulares. Com a invasão do "movimento dos sem-terra", o direito do proprietário ficou tolhido de praticamente todos seus elementos: não há mais posse, possibilidade de uso ou fruição do bem; consequentemente, não havendo a exploração do imóvel, não há, a partir dele, qualquer tipo de geração de renda ou de benefícios para a proprietária.[21]

3.2. Motivação

É a indicação de fatos e fundamentos jurídicos que determinaram a prática do ato administrativo. A motivação é a **justificação** do ato praticado. Trata-se da explicação da conduta administrativa, com a apresentação de sua justificativa.

Apesar de a motivação ser a regra no âmbito da Administração, a Constituição Federal de 1988 só prevê expressamente o dever de observância ao citado princípio quanto às decisões administrativas dos Tribunais e do Ministério Público (arts. 93, X, e 129, § 4.º), não havendo previsão semelhante no art. 37, que trata da Administração Pública. Porém, mesmo não estando expresso o dever de motivação para as decisões da Administração Pública, trata-se de conduta a ser observada pelos agentes públicos.

Motivo do ato e sua motivação não se confundem. São conceitos que têm estreita relação, mas não se confundem. O motivo como requisito do ato administrativo é a situação de fato ou de direito que autoriza a prática do ato. Por exemplo: na aplicação de uma multa por excesso de velocidade, o motivo de fato é o excesso de velocidade; e o motivo de direito, fundamento legal, é a disposição do Código de Trânsito Brasileiro que determina a aplicação de multa para quem ultrapassa os limites fixados para determinada via. A **motivação** desse ato é a justificação de sua prática, ou seja, apontar as razões que levaram a autoridade administrativa a realizar o ato.

Com efeito, na motivação de um ato é feita a **apresentação** dos motivos que levaram à sua prática. No ato apontado como exemplo, multa por excesso de velocidade, a autoridade competente aplica a multa, mas aponta (justifica) os fundamentos de fato e de direito que levaram à prática desse ato.

Em razão de motivo e motivação terem essa íntima relação, temos a **teoria dos motivos determinantes.** Significa que quando a Administração indica os motivos que a levaram a praticar o ato, este só será válido se os motivos forem verdadeiros. Ou seja: a validade de um ato depende de sua motivação. Se for apresentada uma motivação inexistente, falsa ou incompatível com o ato praticado, será um ato **ilegal**.

Por exemplo, se um servidor solicita férias para determinado mês e a autoridade competente indefere o pedido, sob o fundamento de que naquele mês solicitado será inviável, em razão de já haver outros servidores com férias marcadas, o ato de indeferimento só será válido se esse motivo apresentado for verdadeiro. Ou então se um servidor for exonerado de um cargo em comissão, tendo como motivação apresentada a redução de gastos e, no mês seguinte, outra pessoa é nomeada para a mesma função, o ato também será ilegal, por motivação falsa.

> ***Frase de prova do Cespe:*** Não se decreta a invalidade de um ato quando um, entre os diversos motivos determinantes, não está adequado à realidade fática.

QUESTÃO DISCURSIVA:

✦ (OAB – Unificado – 2011) O servidor público Marcelo requereu férias para o mês de abril, sendo o pedido indeferido pelo chefe da repartição sob a alegação de que, naquele perí-

21 REsp 1144982/PR, Rel. Ministro Mauro Campbell Marques, Segunda Turma, julgado em 13.10.2009, *DJe* 15.10.2009.

oco, havia falta de pessoal na repartição. Marcelo, então, provou que, ao contrário, havia excesso de pessoal.

Nessa situação hipotética, qual elemento do ato administrativo está inquinado de vício? Fundamente sua resposta conforme a teoria aplicável à espécie.

Extensão máxima: 30 linhas.

Segundo Maria Sylvia Di Pietro,[22] a motivação, em regra, não exige formas específicas, podendo ser ou não concomitante com o ato, além de ser feita muitas vezes por órgão diverso daquele que proferiu a decisão. Entretanto, para provas de concursos, a resposta correta é no sentido de que a motivação deve ser **prévia** ou **concomitante**.

COMO ESSE ASSUNTO TEM SIDO ABORDADO NAS PROVAS

- **(Agente Administrativo – Ministério dos Esportes – Cespe – 2008)** A Administração pode alterar, em defesa judicial apresentada, os motivos determinantes do ato administrativo discricionário.

  Resposta: Errado. Se pretende alterar em defesa judicial é porque já houve impugnação judicial do ato.

- **(PGDF – Esaf – 2007)** À luz do Princípio da Motivação, a validade do ato administrativo independe do caráter prévio ou da concomitância da motivação pela autoridade que o proferiu com relação ao momento da prática do próprio ato.

  Resposta: Errado.

O STJ, contudo, excepcionalmente, já admitiu motivação posterior realizada ao prestar informações em virtude de mandado de segurança interposto contra a Administração. Isso porque o motivo extemporaneamente alegado preexistia; que era idôneo para justificar o ato; e que o motivo foi a razão determinante da prática do ato. Tratava-se de remoção de ofício de servidor público da área da saúde e que no ato de remoção não houve motivação, mas que posteriormente foi explicitado o interesse público na remoção.[23]

Não deve ser feita a motivação com base apenas em conceitos genéricos ou abstratos. A motivação deve ser explícita, clara e congruente, a fim de que o particular saiba com exatidão todas as razões da prática do ato administrativo (art. 50, Lei nº 9.784/99). Desse modo, motivação com base tão somente na alegação de que contraria o interesse público ou a moralidade é ilegal por carecer da necessária precisão.

A motivação, que consiste em declaração de concordância com fundamentos de anteriores pareceres, informações, decisões ou propostas que serão parte integrante do ato é denominada **motivação aliunde**[24] e tem fundamento no art. 50, § 1º, da Lei nº 9.784/99. Questão exigida em vários concursos.

Motivação: dever ou faculdade do administrador?

Atualmente, a doutrina entende que a **regra** é a motivação dos atos, pois o agente público, preocupado com a moralidade, eficiência e transparência, pratica atos e apresenta os motivos que

---

22 PIETRO, Maria Sylvia Zanella Di, *Direito Administrativo*. São Paulo: Atlas, 2003.

23 AgRg no RMS 40.427/DF, Rel. Ministro Arnaldo Esteves Lima, Primeira Turma, julgado em 03.09.2013, *DJe* 10.09.2013.

24 José dos Santos Carvalho Filho também a denomina *per relatione*.

o levaram à decisão, apesar de que, na Constituição Federal, a exigência de motivação consta, expressamente, apenas para as decisões administrativas dos Tribunais e do Ministério Público (arts. 93 e 129, § 4º, com a redação dada pela Emenda Constitucional nº 45/2004).

Há algum tempo, entretanto, havia divergência sobre em quais atos deveria haver a motivação; se eram os atos vinculados ou discricionários. Muitos autores entendiam que apenas os atos vinculados deveriam ser motivados, pois nos atos **discricionários** havia liberdade para o administrador e, assim, a dispensa de justificação. Por outro lado, outros autores entendiam que a motivação seria dispensada em atos **vinculados** e obrigatória em atos discricionários, pois neste último caso, se a lei havia atribuído certa margem de liberdade ao agente público, ele deveria apontar as razões que o levaram àquela prática.

Mas, como dito, **atualmente a regra é pela motivação**; seja ato vinculado ou discricionário.

O artigo 50 da Lei do Processo Administrativo Federal explicita os atos que obrigatoriamente exigem motivação:

> *Art. 50. Os atos administrativos deverão ser motivados, com indicação dos fatos e dos fundamentos jurídicos, quando:*
>
> *I – neguem, limitem ou afetem direitos ou interesses;*
>
> *II – imponham ou agravem deveres, encargos ou sanções;*
>
> *III – decidam processos administrativos de concurso ou seleção pública;*
>
> *IV – dispensem ou declarem a inexigibilidade de processo licitatório;*
>
> *V – decidam recursos administrativos;*
>
> *VI – decorram de reexame de ofício;*
>
> *VII – deixem de aplicar jurisprudência firmada sobre a questão ou discrepem de pareceres, laudos, propostas e relatórios oficiais;*
>
> *VIII – importem anulação, revogação, suspensão ou convalidação de ato administrativo.*

O inciso I do referido artigo é bem amplo, ao dizer que exige motivação do ato que nega, limita ou afeta direito ou interesse. A partir desse dispositivo, é difícil compreender ato administrativo que não exija motivação, pois qual será a conduta administrativa que não incorrerá nessa situação?

Pondo à parte essa discussão sobre a obrigatoriedade de motivação em relação a esses atos apresentados (art. 50), deve haver necessariamente a motivação.

Em concursos públicos as questões devem ser respondidas no sentido de que a regra é a motivação dos atos administrativos.

Quanto aos empregados de empresas estatais, que não possuem a estabilidade do art. 41 da CF, o STF entendeu que o ato de demissão deve ser motivado em relação às entidades prestadoras de serviço público.[25]

Vale também citar a edição da Lei nº 13.655, de 25 de abril de 2018, que Inclui no Decreto-Lei nº 4.657, de 4 de setembro de 1942 (Lei de Introdução às Normas do Direito Brasileiro), disposições sobre segurança jurídica e eficiência na criação e na aplicação do direito público, especialmente acerca da motivação dos atos administrativos.

---

25 Tese STF: "A Empresa Brasileira de Correios e Telégrafos (ECT) tem o dever jurídico de motivar, em ato formal, a demissão de seus empregados." RE 589998/PI, rel. Min. Roberto Barroso, julgamento em 10.10.2018. (RE-589998)

3.3. Supremacia do interesse público sobre o interesse particular

Significa que quando estiverem em conflito o interesse da sociedade e o interesse do particular, o que deve prevalecer é o interesse público, em detrimento do interesse privado. Ao lado do princípio da legalidade, esse princípio compõe a base do regime jurídico administrativo.

A doutrina italiana define os **interesses públicos primários** como aqueles pertinentes à sociedade e tutelados no ordenamento jurídico; é o verdadeiro interesse a que se destina a Administração Pública, pois a máquina administrativa busca o interesse da coletividade; enquanto os **secundários** seriam atinentes aos interesses do Estado. Ou seja, o interesse público secundário representa especificamente o interesse do Estado como sujeito de direitos, e o interesse público primário é o interesse da coletividade.

O interesse público secundário deve coincidir com o interesse público primário, pois, do contrário, a conduta da Administração Pública será ilegítima.

> **ATENÇÃO!** O interesse público secundário só é válido quanto coincide com o interesse público primário.

Por exemplo: se uma autoridade de trânsito convoca seus agentes para fazer *blitz* na cidade apenas com fins arrecadatórios, sem ter por fim o interesse público de manter o trânsito seguro, estará praticando ato ilegal, pois visou apenas ao interesse público do Estado (secundário) e não ao interesse da coletividade (primário). Do mesmo modo, quando o Estado não faz corretamente o pagamento de precatórios, ou não confere a justa indenização exigida pela Constituição no caso de uma desapropriação, está na busca apenas de seu próprio interesse (secundário). Igualmente, a criação de empresas públicas ou sociedades de economia mista para exploração de atividade econômica sem que tenha por motivo o relevante interesse coletivo ou segurança nacional, não visa ao interesse público primário. Se o Estado pretende criar essas entidades somente com fim lucrativo, sem atentar para as exigências constitucionais, estará buscando apenas o interesse do Estado, e não o da sociedade. Esses atos são violadores do ordenamento jurídico.

O interesse público secundário muitas vezes se confunde com interesses patrimoniais, financeiros, por isso ele é disponível, contanto que lei permita ao Estado renunciar a tal direito. É o que ocorre, por exemplo, com a renúncia de receitas tributárias; ou o perdão de dívidas pelo Estado.

COMO ESSE ASSUNTO TEM SIDO ABORDADO NAS PROVAS

✦ **(Procurador – DF – Esaf – 2007)** O denominado *interesse secundário do Estado*, na lição de Celso Antônio Bandeira de Mello, não se insere na categoria dos interesses públicos propriamente ditos.

Resposta: Certa.

✦ **(Cespe – Antaq – 2005)** O fim de todo ato administrativo deve ser o interesse público, o qual coincide com o interesse público secundário do governo.

Resposta: Errado. O interesse a ser buscado pelo Estado é o primário (interesse da coletividade).

3.3.1. Indisponibilidade do interesse público

Por não poder dispor dos interesses públicos, cuja guarda lhes é atribuída por lei, os poderes atribuídos à Administração têm caráter de poder-dever ou dever-poder, sendo poderes que ela não pode deixar de exercer, sob pena de responder pela omissão.

Quando um poder jurídico é atribuído a alguém, pode ser exercido ou não. Essa é a regra geral. Mas o mesmo não se passa no âmbito do direito público. Os poderes administrativos são outorgados aos agentes do Poder Público para lhes permitir atuação voltada aos interesses da coletividade. Dessa forma, além de haver a supremacia do interesse público, existe também a sua indisponibilidade, pois uma autoridade pública não pode deixar de exercer uma atribuição que lhe foi conferida por lei.

3.4. Contraditório e ampla defesa

Os princípios do contraditório e ampla defesa aparecem no Texto Constitucional não como princípios específicos da Administração Pública. Os referidos princípios encontram-se positivados no art. 5º, inciso LV, da CF, nos seguintes termos:

> *LV – aos litigantes, em processo judicial ou administrativo, e aos acusados em geral são assegurados o contraditório e ampla defesa, com os meios e recursos a ela inerentes.*

O **princípio do contraditório** é a garantia que cada parte tem de se manifestar sobre todas as provas e alegações produzidas pela parte contrária. Significa dar ciência da existência do processo administrativo e permitir à parte manifestar-se em todos os seus atos. **Ampla defesa** é a garantia que a parte tem de usar todos os meios legais para provar e para defender as suas manifestações.

Fredie Didier Jr.,[26] doutrinador que milita na seara do direito processual civil, aduz que o princípio do contraditório deve ser observado sob duas vertentes: **formal**, efetiva participação no processo; e **substancial**, poder de influenciar a decisão final. Segundo o autor, sob o aspecto formal é "a garantia de ser ouvido, de participar do processo, de ser comunicado, poder falar no processo". Entretanto, o doutrinador alerta que o contraditório não é apenas isso, pois existe outro aspecto essencial, que é o "poder de influência". Sob esse aspecto, "não adianta permitir que a parte, simplesmente, participe do processo; que ela seja ouvida. Apenas isso não é o suficiente para que se efetive o princípio do contraditório. É necessário que se permita que ela seja ouvida, é claro, mas em condições de influenciar a decisão do magistrado".

Não é correto restringir a incidência do contraditório e ampla defesa apenas aos processos em que haja presença de litígios. Em todos os processos, os dois princípios devem ser observados; em especial aqueles que possam afetar direito ou interesse dos administrados. A CF não fez distinção em relação a qual tipo de processo deve haver a garantia dos institutos.[27]

26 DIDIER JR., Fredie, *Teoria geral do processo e processo de conhecimento*. Salvador: JusPodivm, 2006, p. 59.

27 "Tribunal de Contas – Atuação – Natureza. A atividade do Tribunal de Contas é exercida no campo administrativo. Contraditório – Princípio constitucional – Adequação. A exigibilidade do contraditório pressupõe o envolvimento, no processo administrativo, de acusado ou de litígio. Descabe observá-lo em julgamento implementado pelo Tribunal de Contas da União ante auditoria realizada em órgão público." MS 31.344, Relator Ministro Marco Aurélio, Primeira Turma, julgamento em 23.4.2013, *DJe* de 14.5.2013.

A Lei nº 9.784/99 também determina que a Administração Pública deve observar os princípios do contraditório e da ampla defesa, sem fazer distinção sobre qual tipo de processo.

COMO ESSE ASSUNTO TEM SIDO ABORDADO NAS PROVAS

- **(TJRJ – Cespe – Analista Judiciário – 2008)** O princípio da ampla defesa e do contraditório tem sua aplicação, no âmbito administrativo, limitada aos processos administrativos punitivos.

  Resposta: Errado.

Por entender que viola os princípios do contraditório e da ampla defesa, bem como o direito estampado no art. 5º, XXXIV, da CF, o STF decidiu **que não se poder exigir depósito prévio como condição de admissibilidade de recurso na esfera administrativa** (Informativo nº 461 do STF e Súmula Vinculante nº 21).

O STJ possui jurisprudência no mesmo sentido, inclusive com edição de súmula que expressa a posição já consolidada:

> ***SÚMULA 373*** *– É ilegítima a exigência de depósito prévio para admissibilidade de recurso administrativo.*[28]

Cabe frisar, entretanto, que a Lei nº 9.784/99 tem dispositivo que permite, se assim a lei dispuser, a exigência de depósito para admissibilidade de recurso.

> *Art. 56, § 2º, Lei nº 9.784/99 – Salvo exigência legal, a interposição de recurso administrativo independe de caução.*

É também necessária a observância da garantia do contraditório e da ampla defesa, relativamente à inscrição de entes públicos em cadastros federais de inadimplência. Para o STF, se a irregularidade no convênio foi praticada pelo gestor anterior e a gestão atual tomou todas as medidas para ressarcir o Erário e sanar as falhas anteriores, o ente federativo (estado ou município) não poderá ser incluído nos cadastros de inadimplentes da União. Trata-se do o **princípio da intranscendência subjetiva das sanções**, que proíbe a aplicação de sanção à administração atual por atos de gestão praticados por administrações anteriores.[29]

3.5. Segurança jurídica (Proteção à confiança)

Princípio que visa a dar maior estabilidade às situações jurídicas, mesmo àquelas que a princípio apresentam ilegalidade.

Como a sociedade prefere a segurança das relações jurídicas, em vez da sua instabilidade, houve a fixação do prazo decadencial de 5 anos, salvo comprovada má-fé, para a Administração anular seus atos, conforme o art. 54 da Lei nº 9.784/99. Dessa forma, após 5 anos da edição de um ato administrativo, mesmo havendo ilegalidade nesse ato, não há mais, salvo comprovada má-fé, possibilidade de a administração corrigir esse ato através da anulação.

---

28 No mesmo sentido: REsp 776559/RJ, Rel. Ministro Teori Albino Zavascki, Primeira Turma, julgado em 02.10.2008, *DJe* 09.10.2008; REsp 953664/SP, Rel. Ministro Luiz Fux, Primeira Turma, julgado em 02.10.2008, *DJe* 20.10.2008.

29 STF. 1ª Turma. AC 2614/PE, AC 781/PI e AC 2946/PI, Rel. Min. Luiz Fux, julgados em 23.6.2015 (Info 791). Súmula 46-AGU: Será liberada da restrição decorrente da inscrição do município no Siafi ou Cadin a prefeitura administrada pelo prefeito que sucedeu o administrador faltoso, quando tomadas todas as providências objetivando o ressarcimento ao Erário.

Súmula 615-STJ: Não pode ocorrer ou permanecer a inscrição do município em cadastros restritivos fundada em irregularidades na gestão anterior quando, na gestão sucessora, são tomadas as providências cabíveis à reparação dos danos eventualmente cometidos. STJ. 1ª Seção. Aprovada em 09/05/2018, DJe 14/05/2018.

Segundo Almiro Couto e Silva, à medida que o tempo vai passando, eventuais dúvidas sobre a legalidade do ato administrativo vão gradativamente perdendo relevo diante da crescente e sempre mais robustecida confiança na sua legalidade.[30]

COMO ESSE ASSUNTO TEM SIDO ABORDADO NAS PROVAS

- **(Analista – TCE/AC – Cespe – 2007)** O princípio da segurança jurídica permite que o reconhecimento da ilegitimidade de um ato administrativo possa gerar efeitos *ex nunc* e não *ex tunc*, como é a regra.

  Resposta: Certo. É possível assegurar que diante da declaração de uma ilegalidade os efeitos sejam apenas para o futuro (prospectivos).

Questão que merece análise detalhada se refere ao **prazo para registro de aposentadoria perante o TCU**. Conforme a Súmula Vinculante nº 3, do STF, "nos processos perante o Tribunal de Contas da União asseguram-se o contraditório e a ampla defesa quando da decisão puder resultar anulação ou revogação de ato administrativo que beneficie o interessado, excetuada a apreciação da legalidade do ato de concessão **inicial** de aposentadoria, reforma e pensão".

De acordo com essa súmula, na análise pelo TCU de processos em que ele deva fazer o registro se for resultar em determinação de anulação ou revogação, primeiro deve-se conferir ao interessado a oportunidade para o exercício do contraditório e ampla defesa, antes da referida anulação ou revogação. Entretanto, a súmula faz exceção ao registro **inicial** de aposentadoria, reforma e pensão. Nesta hipótese não haverá direito ao contraditório e da ampla defesa perante o TCU.

O STF entende que o registro de aposentadoria é **ato complexo**. Sendo assim, só está realmente formado o ato com a conjugação da vontade dos dois órgãos (órgão do servidor e TCU). Enquanto o servidor tem a concessão de aposentadoria apenas perante seu órgão de origem, esse ato ainda não está formado, pois apenas com o registro perante o TCU é que estará finalizado.[31]

Assim, o TCU não está submetido ao prazo de 5 anos para fazer o registro da aposentadoria. Esse é o entendimento que prevalece no STF, mas veremos, no final desse ponto, que o Supremo Tribunal Federal possui alguns acórdãos (MS nº 24.448 e 25.116) no sentido de que o TCU tem de fazer o registro dentro de um prazo razoável, posição que, em alguns casos, já vem sendo perfilhada pelo STJ.

Deve-se, entretanto, ter atenção. O TCU não está submetido ao prazo de 5 anos para o registro de aposentadoria, que se trata de ato complexo, mas para outros atos que não têm essa natureza está esse Tribunal sujeito ao prazo decadencial, a exemplo de atos que concedem incorporação de gratificação ou adicional.

No Mandado de Segurança nº 26.117/DF, Relator Min. Eros Grau, o STF entendeu que se operou a decadência para anulação do ato pelo TCU. Tratava-se de **ascensão funcional** interna

30 SILVA, Almiro e Couto. O princípio da segurança jurídica (proteção à confiança) no direito público brasileiro e do direito da Administração Pública de anular seus próprios atos administrativos: o prazo decadencial do art. 54 da Lei do Processo Administrativo da União (Lei nº 9.784/99). *Revista Brasileiro de Direito Público – RBDP*, Belo Horizonte, ano 2, nº 6, p. 48-49, jul.-set. 2004.

31 Apesar de o STF entender que o registro de aposentadoria é ato complexo, entendemos que seria caso de ato composto, pois o ato do TCU apenas aprova, confirma outro ato. **Entretanto, para fins de concurso deve ser adotada a posição do STF no sentido de que é ato complexo.**

de servidor no órgão de lotação em que o órgão de controle somente julgou as contas depois de mais de 10 anos. Entendeu-se que não consubstancia ato complexo a ascensão funcional.

Em outro julgado proferido pelo STF, entendeu-se que o ato de **revisão** de aposentadoria também está sujeito ao prazo decadencial de 5 anos. Após o aperfeiçoamento da aposentadoria, que ocorre com o registro perante o TCU, esse Tribunal tem o prazo de 5 anos para fazer a **revisão** do ato de concessão inicial.

No caso mencionado, **originalmente** o título de aposentadoria foi concedido em 10.09.1992, julgado legal pela Corte de Contas, para fins de registro em 06.02.1997, oportunidade em que foi julgada regular a cumulação de duas gratificações. Entretanto, no ano de 2002, a partir da questão de ordem suscitada pelo Ministério Público, o TCU declarou nulo o julgamento anterior, julgando ilegais a aposentadoria e a acumulação das referidas gratificações. O servidor, então, entrou com pedido de reexame, na sessão que ocorreu em 08.03.2006, mantendo-se a decisão anterior, mas determinando-se a reposição aos cofres públicos, no valor de R$ 71.773,81.

Assim, desde o aperfeiçoamento do ato de aposentadoria, julgada legal pelo TCU, para fins de registro, em 06.02.1997, e o ato de sua **revisão**, que resultou em anulação do julgado, em 19.07.2002, decorreram 5 anos e 5 meses, consumando-se o prazo decadencial de 5 anos.[32]

COMO ESSE ASSUNTO TEM SIDO ABORDADO NAS PROVAS

- **(Auditor Federal de Controle Externo – TCU – Cespe – 2009)** Caso o TCU identifique que uma aposentadoria por ele **já registrada** tenha sido concedida de forma ilegal, sem que se caracterize má-fé do aposentado, a referida corte poderá anular esse ato, a qualquer tempo.

  Resposta: Errado. Se já foi registrada a aposentadoria, começa a contagem dos 5 anos para fazer eventual revisão do ato concessório.

- **(Técnico Federal de Controle Externo – Cespe – TCU – 2009)** Conforme jurisprudência recente do STF e do Superior Tribunal de Justiça, a aposentadoria é um ato complexo que se aperfeiçoa com o registro no TCU.

  Resposta: Certo.

- **(Juiz Federal 5ª Região – Cespe – 2009)** Segundo o entendimento firmado pela Corte Especial do STJ, caso o ato acoimado de ilegalidade tenha sido praticado antes da promulgação da Lei nº 9.784/1999, a Administração tem o prazo de cinco anos para anulá-lo, a contar da prática do ato.

  Resposta: Errado. Conta-se da edição da Lei 9.784/99.

Dissemos anteriormente que o STF tem posição no sentido de que o TCU não deve garantir o contraditório e a ampla defesa, se resolver **negar** registro de **aposentadoria**, conforme entendimento da Súmula Vinculante nº 3. Entretanto, um novo paradigma vem sendo traçado no Supremo, exigindo a observância desses princípios quando o TCU não analisa o registro inicial em tempo razoável.[33] Tem-se adotado como período razoável para análise do ato o prazo de 5

32 MS 25963, Relator(a): Min. Cezar Peluso, Tribunal Pleno, julgado em 23/10/2008. Recomenda-se a leitura do MS nº 24859; RE nº 163301, do STF; MS 26404/DF (Informativo 565, STF); MS 25116 STF; MS 26053/DF, rel. Min. Ricardo Lewandowski, 18.11.2010 (Informativo 609, STF).

33 O termo *a quo* do prazo de 5 anos para que o Tribunal de Contas da União – TCU examine a legalidade dos atos concessivos de aposentadorias, reformas e pensões conta-se a partir da data de chegada do processo administrativo na própria Corte de Contas. MS 24781/DF, rel. orig. Min. Ellen Gracie, red. p/ o acórdão Min. Gilmar Mendes, 2.3.2011 (MS-24781) – Informativo nº 618, STF.

anos, entre a concessão do ato e o registro pela Corte de Contas, em razão do art. 54 da Lei nº 9.784/99. É o que se depreende da seguinte decisão:

> *A inércia da Corte de Contas,* ***por sete anos****, consolidou, de forma positiva, a expectativa da viúva, no tocante ao recebimento de verba de caráter alimentar. Este aspecto temporal condiz, intimamente, com o princípio da segurança jurídica, projeção objetiva do princípio da dignidade da pessoa humana e elemento conceitual do Estado de Direito. O prazo de cinco anos é de ser aplicado aos processos de contas que tenham por objeto o exame de legalidade dos atos concessivos de aposentadorias, reformas e pensões. Transcorrido in albis o interregno quinquenal, é de se convocar os particulares para participar do processo de seu interesse, a fim de desfrutar das garantias do contraditório e da ampla defesa (inciso LV do art. 5º) (MS 24.448/DF, DJ 14/11/2007, Informativo 488) (ver também MS 25116).*[34]

Em outro julgado, proferido pelo PLENO do STF, decidido por maioria (Informativo 599), foi concedido o mandado de segurança para anular acórdão do TCU, para o fim de ser assegurada a oportunidade do uso das garantias constitucionais do contraditório e da ampla defesa. Na situação dos autos, a Corte de Contas negara registro a ato de aposentadoria especial de professor, por considerar indevido o cômputo de serviço prestado sem contrato formal e sem o recolhimento das contribuições previdenciárias. Não obstante admitindo o fato de que a relação jurídica estabelecida no caso se dá entre o TCU e a Administração Pública, o que, em princípio, não reclamaria a audição da parte diretamente interessada, entendeu-se, tendo em conta o longo decurso de tempo da percepção da aposentadoria até a negativa do registro (cinco anos e oito meses), haver direito líquido e certo do impetrante de exercitar as garantias do contraditório e da ampla defesa. Salientou-se a necessidade de fixar um tempo médio razoável a ser aplicado aos processos de contas cujo objeto seja o exame da legalidade dos atos concessivos de aposentadorias, reformas e pensões, e afirmou-se poder se extrair, dos prazos existentes no ordenamento jurídico brasileiro, o referencial de cinco anos.

Na decisão citada, a tese **vencida** se dividiu em duas posições. Os Ministros Celso de Mello e Cezar Peluso, que concediam a segurança em **maior extensão**, sob o fundamento de que, após o prazo decadencial de cinco anos, a Corte de Contas perderia o direito de analisar a legalidade da aposentadoria e de proceder ao respectivo registro. De outro lado, os Ministros Marco Aurélio, Ellen Gracie e Sepúlveda Pertence, que **denegavam a ordem**, por não se ter ato aperfeiçoado antes da manifestação do TCU pelo registro. Ademais, o Min. Marco Aurélio salientava que se estaria a **temperar** a Súmula Vinculante 3.[35]

Essa é a nova orientação que vem se firmando no STF, no sentido de se conceder direito ao contraditório e à ampla defesa, quando a anulação do ato de aposentadoria ocorre depois de tempo razoável de sua concessão: em média, 5 anos. Sob esse fundamento, o Supremo aplicou orientação firmada no MS 25.116/DF (v. Informativo 599) para anular acórdão do TCU, a fim de ser assegurada a oportunidade do uso das garantias constitucionais do contraditório e da ampla defesa. Tratava-se, na espécie, de mandado de segurança impetrado contra atos do TCU e do Coordenador-Geral de Recursos Humanos do Ministério dos Transportes, que implicaram no cancelamento da pensão especial percebida pela impetrante. Tendo em conta que ela vinha recebendo a pensão havia quase 10 anos, de forma ininterrupta, entendeu-se que seu benefício não poderia ter sido cessado sem que lhe fosse oportunizada manifestação. Vencidos os Ministros

---

34 REsp 1098490/SC, Rel. Ministro Napoleão Nunes Maia Filho, Quinta Turma, julgado em 05.03.2009, *DJe* 27.04.2009.

35 MS 25116/DF, rel. Min. Ayres Britto, 8.9.2010.

Celso de Mello e Cezar Peluso, Presidente, que concediam a ordem totalmente, pronunciando a decadência, e os Ministros Ellen Gracie e Marco Aurélio, que a denegavam. MS 25403/DF, rel. Min. Ayres Britto, 15.9.2010 (MS-25403-Informativo 600).

Assim, percebe-se que paulatinamente o STF vem desenhando um novo modelo sobre a garantia do direito ao contraditório e da ampla defesa nos atos de anulação de aposentadoria, reforma ou pensão. Em razão dessa nova orientação, que vem se consolidando no STF, inevitavelmente a Súmula Vinculante nº 3 deverá ter sua redação alterada, ou, até mesmo, será objeto de cancelamento.

Somos contrários à ausência de prazo para que o TCU efetue o registro da aposentadoria de servidor, bem como da reforma e pensão.

Contraria o princípio da segurança jurídica ficar ao alvedrio do Tribunal de Contas o momento de perfazer o registro de atos em que o beneficiário já vem usufruindo seus efeitos há certo tempo, pois a boa-fé, aliada ao decurso de lapso temporal razoável, impossibilita a análise pela Corte de Contas. Causa enorme desconforto jurídico a demora na verificação dos atos de aposentadoria, com seu posterior indeferimento.

O próprio órgão do servidor, que procede a uma primeira análise das exigências da aposentação, já faz presumir aparência da legalidade na concessão. Caso o Tribunal de Contas, ao examinar o ato, constate irregularidade, deverá envidar esforços na responsabilização do servidor que concedeu a aposentadoria, ou determinar a anulação, na hipótese de o beneficiário ter atuado com má-fé.

Mais uma vez, pesa a crítica referente à edição de súmulas vinculantes, sem debate aprofundado sobre o tema; assim como aconteceu com a Súmula Vinculante nº 13, que dispõe sobre o nepotismo. Novamente sem examinar diversos precedentes antes de consolidar o entendimento, o STF edita súmula que já não é mais aplicada conforme está disposta.

Nos concursos públicos, para responder a uma questão como essa deve-se realizar o seguinte raciocínio: se a questão não falar em prazo para o registro **inicial**, não dependerá de contraditório e da ampla defesa prévios, pois valerá a aplicação da Súmula Vinculante nº 3. Entretanto, se a questão disser que já transcorreu período razoável (em média, superior a 5 anos) e o TCU não registra a aposentadoria, reforma ou pensão, devem ser garantidos o contraditório e ampla defesa prévios. Se for caso de **revisão** da concessão inicial, o limite de 5 anos, salvo comprovada má-fé, deve ser respeitado. Confira os itens abordados em provas de concurso:

COMO ESSE ASSUNTO TEM SIDO ABORDADO NAS PROVAS

- **(Auditor Federal de Controle Externo – Área: Apoio Técnico e Administrativo – Cespe – TCU – 2009)** Ao TCU, quando julga a legalidade de **concessão inicial** de aposentadoria, é imprescindível que garanta o exercício do contraditório e da ampla defesa.

  Resposta: Errado.

- **(Procurador Especial de Contas – TCE – ES – 2009)** Suponha que um ato administrativo tenha sido praticado em 22.8.2000 e que, em 4.5.2004, tenha sido **instaurado processo administrativo** visando impugnar a sua validade, o qual foi concluído em 23.8.006. Suponha, ainda, que, em 25/3.2007, esse ato tenha sido anulado. Nessa situação, mesmo considerando que houve boa-fé e que esse ato trouxe vantagens econômicas para a pessoa do seu destinatário, não ocorreu a decadência do direito de se anulá-lo, já que houve interrupção do prazo.

  Resposta: certo.

✦ **(Cespe – Técnico – STF – 2008)** O prazo decadencial de 5 anos relativo à anulação de atos administrativos e previsto na lei que regula o processo administrativo no âmbito da Administração Pública Federal deve ser aplicado aos processos de contas que tenham por objeto o exame de legalidade dos atos concessivos de aposentadorias, reformas e pensões. Assim, transcorrido esse interregno sem que o TCU tenha analisado a regularidade de uma pensão, por exemplo, a viúva deve ser convocada para participar do processo de seu interesse, desfrutando das garantias do contraditório e da ampla defesa, em que pese ser a princípio dispensável o contraditório e a ampla defesa nos processos que tramitam no TCU e que apreciem a legalidade do ato de concessão inicial de pensão.

Resposta: Certo.

✦ **(Procurador do Ministério Público Especial junto ao Tribunal de Contas do Estado da Bahia – Cespe – 2010)** Antônio, filho de agricultores, trabalhou na atividade rural em regime de economia familiar e foi para a cidade, onde se tornou servidor público do Mapa, vindo a se aposentar em 2000. O TCU, analisando sua aposentadoria para fins de registro em 2009, considerou ilegal sua concessão, visto ter constatado que não houve o recolhimento das contribuições previdenciárias referentes ao período de atividade rural.

Diante disso, o TCU determinou ao Mapa que providenciasse o cancelamento da aposentadoria de Antônio e o seu retorno ao serviço público.

Com referência a essa situação hipotética e considerando a jurisprudência do STF acerca dessa questão, julgue os itens que se seguem.

Como transcorreram mais de cinco anos, contados do ato concessório de aposentadoria até a análise de sua legalidade, a intimação de Antônio para participar do processo, assegurando-lhe o contraditório e a ampla defesa, é pressuposto de legitimidade da decisão do TCU.

Resposta: Certo.

O princípio da segurança jurídica, entre outros, também foi invocado pelo STF para manter a contratação de empregados públicos pela Infraero que, no ano de 1990, foram contratados sem a realização de concurso público.

No caso concreto descrito, o STF concedeu a ordem aos impetrantes para mantê-los nas funções ocupadas. O ministro relator do caso, Gilmar Mendes, deixou consignado no voto que, apesar de não terem realizado o necessário concurso público, houve a boa-fé dos impetrantes; a existência de processo seletivo rigoroso e a contratação conforme o regulamento da Infraero; a existência de controvérsia, na época da contratação, quanto à exigência de concurso público, nos moldes do art. 37, II, da Constituição, no âmbito das empresas públicas e sociedades de economia mista; o fato de que houve dúvida quanto à correta interpretação do art. 37, II, em face do art. 173, § 1º, no âmbito do próprio TCU; o longo período de tempo transcorrido das contratações e a necessidade de garantir segurança jurídica a pessoas que agiram de boa-fé.[36]

Com efeito, após a CF de 1988 exigiu-se, definitivamente, o ingresso em cargos e empregos públicos mediante concurso, salvo cargos em comissão. Contudo, logo após esse período, havia uma incerteza sobre a obrigatoriedade de realização de concurso público nas empresas públicas e sociedades de economia mista, até que o STF, nos autos do Mandado de Segurança nº 21.322, definiu a questão e deixou consignado que as referidas entidades também estavam abrangidas nessa obrigatoriedade.

36 MS 22357, Relator(a): Min. Gilmar Mendes, Tribunal Pleno, julgado em 27.05.2004.

Em outra situação, quando ocorreu a criação de municípios, sem que houvesse a lei complementar federal exigida pela Constituição, o STF entendeu que a existência, por mais de seis anos, de um ente federativo, seria caso a ser analisado sob a atenção do princípio da segurança jurídica. No caso, a Corte Superior julgou procedente a ação para declarar a inconstitucionalidade, mas não pronunciar a nulidade pelo prazo de 24 meses.[37]

Como decorrência, também, do princípio da segurança jurídica, a Lei nº 9.784/99 veda a aplicação retroativa da nova interpretação da lei (art. 2º). Com essa regra, se ocorre nova interpretação de dispositivo legal, o entendimento não pode atingir efeitos pretéritos.

Nesse sentido, a Súmula nº 249 do TCU: "É dispensada a reposição de importâncias indevidamente percebidas, de boa-fé, por servidores ativos e inativos e pensionistas em virtude de erro escusável de interpretação de lei por parte do órgão/entidade, ou por parte de autoridade legalmente investida em função de orientação e supervisão, à vista da presunção de legalidade do ato administrativo e do caráter alimentar das parcelas salariais." Perceba-se que só não haverá reposição se se tratar de erro escusável (ou seja, justificável) e relativo à aplicação de lei.

Vale também citar a edição da Lei nº 13.655, de 25 de abril de 2018, que Inclui no Decreto-Lei nº 4.657, de 4 de setembro de 1942 (Lei de Introdução às Normas do Direito Brasileiro), disposições sobre segurança jurídica e eficiência na criação e na aplicação do direito público, inclusive estabelecendo que autoridades públicas devem atuar para aumentar a segurança jurídica na aplicação das normas, inclusive por meio de regulamentos, súmulas administrativas e respostas a consultas, art. 30.

Veja na parte de "Estudo avançado", no final deste capítulo, a teoria da ***venire contra factum proprium* nas relações administrativas.**

Confira-se também no capítulo sobre Agentes Públicos as disposições sobre Teoria do Fato Consumado.

3.6. Autotutela (Sindicabilidade)

É o poder que tem a Administração para controlar seus próprios atos, revogando os atos legais que deixaram de ser convenientes e oportunos e anulando os ilegais.[38]

Com efeito, são praticados, no cotidiano da Administração, vários atos. Assim, nem todos têm uma manutenção extensa ao longo do tempo, devendo ser extintos por meio da anulação ou da revogação, dependendo do motivo gerador da extinção.

O princípio em estudo foi consubstanciado nas Súmulas 346: "A Administração Pública pode declarar a nulidade dos seus próprios atos"; e 473: "A Administração pode anular seus próprios atos, quando eivados de vícios que os tornam ilegais, porque deles não se originam direitos; ou revogá-los, por motivo de conveniência ou oportunidade, respeitados os direitos adquiridos, e ressalvada, em todos os casos, a apreciação judicial", do STF.

Posteriormente, a Súmula nº 473 foi positivada no art. 53 da Lei nº 9.784/99, com a seguinte redação: "A Administração deve anular seus próprios atos, quando eivados de vício de legalidade, e pode revogá-los por motivo de conveniência ou oportunidade, respeitados os direitos adquiridos." A Lei também fixou o prazo de 5 anos para a anulação dos atos ilegais, salvo comprovada má-fé.

---

37 ADI 2240, Relator Min. EROS GRAU, Tribunal Pleno, julgado em 09.05.2007 – Notório caso do Município de Luís Eduardo Magalhães. Veja também ADI nº 3316/MT; ADI nº 3489/SC; ADI 3689/PA.

38 Os temas revogação e anulação serão estudados, com mais detalhes, na matéria "Atos administrativos".

O STJ possui o entendimento de que o **termo inicial** da contagem do prazo de 5 anos para se fazer a anulação de atos praticados anteriormente à Lei nº 9.784/99 ocorre a partir da **publicação** da lei nova. Assim, por exemplo, só tem início o prazo decadencial de cinco anos para um ato praticado em 1994 a partir da publicação da lei (1999), consumando-se no ano de 2004 (MS 9112/DF).

Quanto aos processos de Tomada de Contas instaurado pelo TCU, o STF entendeu que o prazo decadencial quinquenal, previsto no art. 54 da Lei nº 9.784/99, não tem aplicação, considerando que se trata de procedimento regido pela Lei nº 8.443/92, que se constitui em norma especial.

Cite-se, também, que o prazo de 5 anos não tem aplicação em casos de violação direta à Constituição Federal.

Para o STF a prerrogativa de a Administração Pública anular seus próprios atos quando forem ilegais necessita de processo administrativo prévio, a fim de garantir a observância do princípio do contraditório e da ampla defesa.[39]

O princípio da **sindicabilidade** impõe que a Administração Pública se submeta a controle. Esse controle é feito pelo Poder Judiciário (legalidade) ou pela própria Administração (mérito administrativo e legalidade). Segundo a doutrina,[40] a sindicabilidade é a possibilidade de submeter qualquer lesão ou ameaça de lesão a direito, decorrentes de atos da Administração, a algum tipo de controle. Portanto, pode-se afirmar que a autotutela é uma das formas de expressão do controle da Administração.

3.7. Tutela ou controle administrativo

Visa a assegurar que a **entidade descentralizada**, no exercício da sua autonomia, atue em conformidade com os fins que resultaram na sua criação.

As entidades criadas em razão da descentralização administrativa (autarquias, fundações, empresas públicas e sociedades de economia mista) possuem liberdade de atuação dentro das áreas que resultaram em sua criação. Assim, o Ente Político central não pode fazer ingerência indevida na entidade descentralizada. Entretanto, deve ser feito o controle administrativo, a fim de assegurar que a entidade da Administração Indireta atue somente dentro de sua área de competência.

Exemplo: *O Instituto Nacional do Seguro Social – INSS – é uma autarquia criada pela União, com a missão de organizar e manter a seguridade social. Nesse passo, tem plena liberdade para tomar as decisões que correspondem a essa matéria, mas não pode atuar fora desses limites, surgindo, assim, o controle de tutela para que isso seja cumprido.*

3.8. Hierarquia

Estabelece que "os **órgãos** da Administração são estruturados de tal forma que se cria uma relação de coordenação e subordinação entre uns e outros; cada qual com atribuições definidas na lei".

Entre os órgãos da Administração deve existir uma relação de coordenação e subordinação, para que exista a possibilidade de se fazer a revisão dos atos de subordinados, delegação, avocação, coordenação dos demais órgãos, bem como para que haja a possibilidade de punir os subordinados.

39 Informativo nº 732, STF. RMS 31661/DF, rel. Min. Gilmar Mendes, 10.12.2013.

40 NETO, Diogo de Figueiredo Moreira, *Curso de Direito Administrativo*. Rio de Janeiro: Forense, 2009.

Essa relação de subordinação não existe nas funções **típicas** do Poder Judiciário e do Poder Legislativo, conforme veremos mais adiante.

3.9. Continuidade dos serviços públicos

Os serviços públicos essenciais não devem sofrer interrupção, devendo haver continuidade, para que a comunidade não seja prejudicada.

O art. 6º, § 3º, II, da Lei 8.987/95 permite suspender a prestação em situação de **emergência ou após prévio aviso**, quando:

> *I – motivada por razões de ordem técnica ou de segurança das instalações; e*
>
> *II – por inadimplemento do usuário, considerado o interesse da coletividade.*

O STJ, entretanto, entende **ilegítimo** o corte no fornecimento de energia elétrica, após aviso prévio, quando inadimplente hospital, devido à prevalência do interesse público.[41] Entende, também, **ilegítimo** o corte no fornecimento de energia elétrica quando puder acarretar **lesão irreversível** à integridade física do usuário.[42]

Importante, ainda, ressaltar relevante decisão do STF sobre o direito de greve dos servidores públicos. Entendeu o Supremo que a norma do art. 37, VII, da CF, que garante direito de greve aos servidores públicos é norma de eficácia **limitada** e, assim, dependente de legislação posterior, para que seja totalmente aplicada.

Dessa forma, a greve no serviço público, para ser respaldada na legalidade, deveria seguir a legislação que regulamenta o exercício de tal direito. Entretanto, apesar de o STF ter reconhecido a ausência da norma e determinado sua produção, o órgão legislativo se manteve inerte. Nesse passo, o STF passou a estabelecer algumas condições para o exercício do direito de greve, determinando, inclusive, a aplicação da Lei de Greve dos trabalhadores da iniciativa privada, Lei nº 7.701/88, e Lei 7.783/89, aos servidores públicos, para sanar a omissão. No entanto, caso ocorra a greve pelos servidores públicos, a Administração Pública **deverá** realizar os descontos dos dias paralisados da remuneração, salvo se ficar demonstrado que a greve foi provocada por conduta ilícita do Poder Público ou faça a posterior compensação. Isso porque a greve é considerada suspensão do vínculo de trabalho. Ainda, o administrador tem o dever de realizar os descontos dos dias não trabalhados para não caracterizar enriquecimento sem causa dos servidores ou violação ao princípio da indisponibilidade do interesse público.[43]

Em resumo, o STF não impediu o exercício do direito de greve, porém impôs a consequência de ter os dias não trabalhados descontados da remuneração, pois ocorre a suspensão do "contrato" de trabalho, salvo se ocorrer ato ilícito do Poder Público, por exemplo, atraso injustificado do pagamento ou se o servidor fizer acordo com a Administração para compensar os dias paralisados. Caso contrário, é dever do agente público competente efetuar o desconto da remuneração.

Confira a tese fixada pelo STF: A Administração Pública deve proceder ao desconto dos dias de paralisação decorrentes do exercício do direito de greve pelos servidores públicos, em virtude da suspensão do vínculo funcional que dela decorre. É permitida a compensação em caso de acordo. O desconto será, contudo, incabível se ficar demonstrado que a greve foi provocada por

41 REsp 621435/SP, Rel. Ministra Denise Arruda, Primeira Turma, julgado em 21/09/2006, *DJ* 19/10/2006 p. 240.

42 REsp 853392/RS, Rel. Ministro Castro Meira, Segunda Turma, julgado em 21/09/2006, *DJ* 05/09/2007 p. 237.

43 MI 712, Pleno, 25.10.2007; Informativo do STF nºs 468 e 485.

conduta ilícita do Poder Público. STF. Plenário. RE 693456/RJ, Rel. Min. Dias Toffoli, julgado em 27.10.2016 (repercussão geral) (Info 845).

3.9.1. Exceção ao contrato não cumprido em contratos administrativos

A Exceção ao contrato não cumprido (*Exceptio non adimplenti contractus*) é uma cláusula implícita em todos os contratos que permite à parte interromper a execução do contrato se o outro contratante não fez o que lhe cabia no contrato.

Nos contratos administrativos há também a exceção ao contrato não cumprido quando o descumprimento for da Administração. Desse modo, o contratado poderá paralisar a execução contratual até o Poder Público regularizar sua situação. Porém, o contratado só poderá suspender a execução do contrato quando houver atraso nos pagamentos devidos pela Administração superiores a 90 dias (art. 78, XV, Lei nº 8.666/93). Antes disso, não pode alegar que há inadimplência administrativa.

Assim, aplica-se nos contratos administrativos a Exceção ao contrato não cumprido, mas de modo relativo, já que o contratado só poderá utilizá-la após o prazo previsto em lei.

4. OUTROS PRINCÍPIOS

Dependendo do autor adotado para estudo, podem-se encontrar diversos princípios implícitos, pois não existe um rol para eles assim como há para os expressos na CF. No estudo do tema, encontramos ainda os seguintes princípios implícitos:

4.1. Princípio da obrigatoriedade[44]

Significa que o exercício da atividade administrativa constitui um dever para a Administração Pública, uma vez que é destinada a atender às necessidades coletivas, proporcionando o bem-estar da coletividade.

4.2. Princípio da responsabilidade civil do Estado

A CF impôs ao Estado a responsabilidade na forma objetiva, ou seja, caso venha a causar dano a alguém, na prestação das atividades, deve indenizar, independentemente da demonstração de dolo ou culpa.

Desde a CF de 1946 vem sendo consagrada essa teoria em nosso ordenamento jurídico.

Esse assunto é tratado com mais profundidade em capítulo específico.

4.3. Princípio da presunção de legitimidade dos atos administrativos

Significa que todo ato administrativo vem ao mundo jurídico com presunção relativa de que é ato legal. Mesmo que seja ato eivado de ilegalidade, nascerá, produzirá efeitos e permanecerá com essa presunção, até que seja declarada a ilegalidade.

4.4. Princípio da precaução

Segundo Carvalho Filho, este princípio tem fundamento no direito ambiental, compreendendo o dever da Administração de adotar medidas preventivas para evitar catástrofes que muitas vezes resultam em danos irreversíveis.

44 Raquel Melo Urbano denomina **princípio da função cogente**.

4.5. Princípio da subsidiariedade

O Estado não deve atuar em atividades que o particular tenha condições de exercer por conta própria e com seus recursos. Representa um limite à atuação do Poder Público ou impulso à sua ação subsidiária em atenção às áreas sociais não desenvolvidas pelo particular.

Segundo Diogo de Figueiredo,[45] a "subsidiariedade prescreve o escalonamento de atribuições entre os órgãos, em função da complexidade do atendimento dos interesses das sociedades. Cabe, assim, primariamente aos indivíduos decidirem e agirem no que se refira aos seus respectivos e inerentes interesses individuais, e apenas secundária e sucessivamente aos entes e órgãos, sociais e políticos, instituídos para tomar decisões sobre interesses coletivos" (veja mais em "Estudo avançado" no final deste capítulo).

4.6. Princípio da responsabilidade e responsividade

Para Diogo de Figueiredo os órgãos e agentes públicos devem responder por seus atos. Se os órgãos, entes e agentes do Estado recebem inúmeras competências para agir, a cada uma delas correspondem equivalentes responsabilidades. Nesse sentido temos o princípio da responsabilidade.

Relata, ainda, que o princípio da responsabilidade gera um dever derivado, que é o de *prestar contas*, o que pressupõe, por sua vez, o dever de *tomar contas*, que por seu turno está no núcleo do *princípio da sindicabilidade* (controle da Administração).

De outro modo, destaca o autor que os agentes do Poder Público, sempre que disponham de competência para escolhas discricionárias, devem atender (responder) adequadamente às demandas da sociedade. Nesse aspecto está o princípio da responsividade.

Conforme o autor citado, a sindicabilidade é uma necessária consequência dos princípios da legalidade, legitimidade, responsabilidade e responsividade, pois deve haver a possibilidade de submeter qualquer lesão ou ameaça de lesão a algum tipo de controle.

Veja também *teoria da accountability* no tópico "Estudo avançado" do Capítulo XVI.

4.7. Princípio da sancionabilidade

Segundo Diogo de Figueiredo, esse princípio espelha a *aceitação* ou o *repúdio* da ordem jurídica de certas condutas e, assim, fazendo estímulos para o encorajamento ou desencorajamento de sua prática, sob a forma de dois tipos de sanções: premiais (benefícios) e aflitivas (punitivas).

Podemos citar como exemplo de *sanção premial* o oferecimento de descontos/abatimentos para aqueles que recolhem seus impostos até determinada data estipulada. Como sanção aflitiva, cite-se o exemplo de aplicação de multas de trânsito.

COMO ESSE ASSUNTO TEM SIDO ABORDADO NAS PROVAS

- **(Auditor Fiscal da Receita Federal – Esaf – 2012)** A possibilidade jurídica de submeter-se efetivamente qualquer lesão de direito e, por extensão, as ameaças de lesão de direito a algum tipo de controle denomina-se:

45 NETO, Diogo de Figueiredo Moreira, *Curso de Direito Administrativo*. Rio de Janeiro: Forense, 2009.

A) Princípio da legalidade.

B) Princípio da sindicabilidade.

C) Princípio da responsividade.

D) Princípio da sancionabilidade.

E) Princípio da subsidiariedade.

Resposta: Letra B. Sindicabilidade quer dizer controle da Administração que é feito pela própria Administração (autotutela) ou pela via judicial (legalidade).

ESTUDO AVANÇADO

1. PRINCÍPIOS FUNDAMENTAIS DO REGIME JURÍDICO ADMINISTRATIVO

Apesar de não haver hierarquia entre os princípios, deve ser salientado que alguns deles podem ser mais relevantes. Maria Sylvia entende que o princípio da **legalidade e o da supremacia do interesse público** formam a base do regime-jurídico administrativo. Entretanto, Celso Antônio Bandeira de Mello entende que a **supremacia do interesse público e a indisponibilidade do interesse público** é que constituem a base do regime-jurídico administrativo.

COMO ESSE ASSUNTO TEM SIDO ABORDADO NAS PROVAS

✦ **(Cespe/ Ministério da Ciência e Tecnologia/ Finep/ Analista / 2009)** Os princípios da legalidade e da supremacia do interesse público informam todos os demais, incluindo-se os expressos na CF.

Resposta: Certa.

QUESTÕES ABORDADAS EM CONCURSO, ADOTANDO O ENTENDIMENTO DE CELSO ANTÔNIO:

✦ **(Cespe/ TCU/ Auditor Federal de Controle Externo – 2009)** O regime jurídico-administrativo fundamenta-se, conforme entende a doutrina, nos princípios da supremacia do interesse público sobre o privado e na indisponibilidade do interesse público.

Resposta: Certa.

✦ **(Cespe/ Perito Médico Previdenciário/2010)** O sistema administrativo ampara-se, basicamente, nos princípios da supremacia do interesse público sobre o particular e da indisponibilidade do interesse público pela Administração.

Resposta: Certa.

✦ **(Cespe/ Delegado de Polícia Civil /TO/2008)** Em toda atividade desenvolvida pelos agentes públicos, o princípio da legalidade é o que precede todos os demais.

Resposta: Certa. Preceder significa "estar adiante", mas não necessariamente superior.

Resumindo:

Celso Antônio Bandeira de Mello	Supremacia do interesse público e indisponibilidade do interesse público.
Maria Sylvia Di Pietro	Legalidade e supremacia do interesse público.

2. CONSIDERAÇÕES SOBRE A EVOLUÇÃO DO PRINCÍPIO DA LEGALIDADE

Raquel Melo Urbano (2008) faz importante observação sobre a mutação do princípio da legalidade. Destaca a autora que de início o princípio da legalidade evoluiu para a ideia de legitimidade. Nesse sentido, a noção de **legitimidade** significa "além do cumprimento das regras jurídicas, tem-se o atendimento da moral administrativa e da finalidade pública". Em um segundo momento o princípio da legalidade sofre outra mutação, passando a ser analisado com a noção de **constitucionalidade**. Sob esse aspecto, passa-se a reconhecer força imperativa de todos os princípios que constam do Texto Constitucional, sejam expressos ou implícitos. Em uma terceira mutação do princípio da legalidade surge o conceito de **juridicidade**.

Nesse contexto, "se abandona o conceito primário de legalidade, satisfeito com o cumprimento nominal e simplista de regras isoladas. Parte-se em busca da observância íntegra do Direito, compreendido este como um conjunto de normas dentre as quais se incluem os princípios expressos e implícitos, bem como as regras específicas do ordenamento".

Edílson Pereira Nobre Júnior, citado por Urbano (2008, p. 53), destaca que a legalidade "alcançou sentida evolução, traduzindo hoje, em sua essência, a necessidade de que todos os Poderes Públicos se achem submetidos ao Direito, com a necessária lembrança de tal vinculação respeita a todo o **bloco de legalidade**, inclusive aos princípios gerais do Direito, positivados ou não na Constituição e nas leis".

Maria Sylvia (2003, p. 64) diz que em decorrência da legalidade "a Administração Pública não pode, por simples ato administrativo, conceder direitos de qualquer espécie, criar obrigações ou impor vedações aos administrados; para tanto, ela depende de lei". Tal afirmação já foi exigida em prova de concurso.

Resumindo:

Legalidade	Conformidade do ato com a lei.
Legitimidade	Lei + moral administrativa + finalidade pública.
Constitucionalidade	Princípios expressos e implícitos na Constituição.
Juridicidade	Observância de todo o conjunto de normas jurídicas, inclusive os princípios expressos, implícitos e demais regras específicas do ordenamento.

3. PRINCÍPIO DA IMPESSOALIDADE X FINALIDADE

A doutrina tradicional, Hely Lopes (2004), entende que o princípio da impessoalidade se equipara ao da finalidade. Significa que o administrador não pode buscar interesse pessoal ou de outrem, impondo ao administrador a prática exclusiva do ato para o seu fim legal. Assim, impessoalidade e finalidade são expressões sinônimas.

Segundo Hely Lopes Meirelles (2005, p. 93), "O princípio da impessoalidade, referido na Constituição de 1988 (art. 37, *caput*), nada mais é do que o clássico princípio da finalidade, o qual impõe ao administrador público que só pratique o ato para o seu fim legal. E o fim legal é unicamente aquele que a norma do Direito indica expressamente ou virtualmente como objetivo do ato, de forma impessoal".

A doutrina mais moderna de Bandeira de Mello (2004) entende, entretanto, que o princípio da finalidade é autônomo. O princípio da finalidade busca a vontade maior da lei, busca o espírito desta. Por isso, não se confunde com a impessoalidade. O princípio da finalidade decorre do princípio da legalidade e não do princípio da impessoalidade.

Acrescenta Celso Antônio Bandeira de Mello (2005, p. 104): **princípio da impessoalidade:** "Nele se traduz a ideia de que a Administração tem que tratar a todos os administrados sem discriminações, benéficas ou detrimentosas. Nem favoritismo nem perseguições são toleráveis." [...]. "O princípio em causa não é senão o princípio da igualdade ou da isonomia."

Ainda Bandeira de Mello (2005, p. 97): **princípio da finalidade:** "Por força dele a Administração subjuga-se ao dever de alvejar sempre a finalidade normativa, adscrevendo-se a ela. [...]. Em rigor, o princípio da finalidade não é uma decorrência do princípio da legalidade. É mais do que isso: é uma inerência dele; está nele contido, pois corresponde à aplicação da lei tal qual é, ou seja, na conformidade de sua razão de ser, do objetivo em vista do qual foi editada."

Segundo o mesmo autor, descende também do princípio da legalidade o princípio da razoabilidade e proporcionalidade. Com efeito, para que o ato seja praticado com legalidade ele deve ser razoável e proporcional. Não é aceitável que o ato seja desproporcional e ao mesmo tempo estar de acordo com a lei. Esta não comporta medidas desproporcionais ou desarrazoadas.

Resumindo:

Hely Lopes Meirelles	**Impessoalidade** = finalidade Visar sempre o interesse público e atender ao fim legal do ato.
Celso Antônio Bandeira de Mello	**Impessoalidade** – sem subjetividade, sempre buscar interesse público. **Finalidade** – alvejar sempre a finalidade normativa.

4. PRINCÍPIO DA PUBLICIDADE

Afirmamos que a publicidade interfere no plano da eficácia (produção de efeitos). Raquel Melo Urbano diz que a falta de publicação pode ser condição à **perfeição** do ato. Para tanto é necessário que o ordenamento jurídico evidencie ser a divulgação do ato etapa necessária para sua perfeição. Mas destaca a autora que, em outras situações, decorre da ordem jurídica que a falta de publicação será condição de **eficácia**.

José dos Santos Carvalho Filho (2009, p. 27):

> *"Situação que merece comentário diz respeito aos **efeitos** decorrentes da falta de publicidade (mais comumente de publicação) de atos administrativos. Cuida-se de saber se tal ausência se situa no plano da **validade** ou da **eficácia**. Anteriormente, a doutrina era mais flexível, considerando como inválido o ato sem publicidade; ou seja, a publicidade seria **requisito de validade**. Modernamente tem-se entendido que cada hipótese precisa ser analisada separadamente, inclusive a lei que disponha sobre ela. Em várias situações, a falta de publicidade não retira a validade do ato, funcionando como **fator de eficácia**: o ato é válido, mas inidôneo para produzir efeitos jurídicos. Se o for, a irregularidade comporta saneamento."*

COMO ESSE ASSUNTO TEM SIDO ABORDADO NAS PROVAS

✦ **(Analista – TCU – Cespe – 2005)** Um jornal noticiou que, de acordo com o princípio constitucional da publicidade, a publicação na imprensa oficial é requisito essencial de *validade* dos atos administrativos praticados pela Administração Federal Direta. Nessa situação, a afirmação veiculada pelo jornal é correta.

Resposta: Errada.

Em outra vertente, quando há obrigatoriedade de publicação dos atos na imprensa oficial, Raquel Melo Urbano trata da **publicidade geral e da publicidade restrita**, e ambas devem ser observadas pela Administração Pública: "A publicidade geral é a divulgação obrigatória dos atos e contratos do Poder Público em órgão oficial, como, *v.g.*, jornais públicos e privados. A regra, no direito administrativo atual, é a de que as ações estatais devem ser necessariamente divulgadas no *Diário Oficial*, ressalvadas as exceções dispostas expressamente no ordenamento." Entretanto, a "publicidade restrita tem por objetivo assegurar as pessoas diretamente interessadas em determinado ato administrativo tenham dele conhecimento". Essa última forma de publicidade pode ser assegurada com a divulgação oficial do ato ou, em outras situações, pode haver a exigência de notificação pessoal para assegurar que o interessado teve ciência do ato.

Afirma a citada autora que a **publicidade restrita** é a tendência no direito administrativo, exigindo-se ciência pessoal de todo comportamento público **potencialmente restritivo** da esfera jurídica do administrado que mantém relação com o Poder Público.

Veja mais comentários sobre publicidade e eficácia no capítulo sobre atos administrativos ("Estudo avançado").

5. RAZOABILIDADE E PROPORCIONALIDADE SÃO SINÔNIMOS?

Os princípios da razoabilidade e da proporcionalidade são tratados por muitos autores como sinônimos. A doutrina mais moderna do direito administrativo diz que o princípio da proporcionalidade está embutido no princípio da razoabilidade.

Carvalho Filho (2009, p. 38) apresenta conceitos diferentes para os dois princípios. Para o autor, a **razoabilidade** se situa dentro dos limites aceitáveis, ainda que os juízos de valor que provocaram a conduta possam dispor-se de forma um pouco diversa. A **proporcionalidade** visa conter atos, decisões e condutas de agentes públicos que ultrapassam os limites legais adequados.

Segundo Maria Sylvia (2003), "Embora a Lei nº 9.784/1999 faça referência aos princípios da razoabilidade e da proporcionalidade, separadamente, na realidade, o segundo constitui um dos aspectos contidos no primeiro. Isso porque o princípio da razoabilidade, entre outras coisas, exige **proporcionalidade** entre os meios de que se utiliza a Administração e os fins que ela tem que alcançar"

Celso Antônio Bandeira de Melo (2005, p. 99-101) conceitua os dois princípios separadamente. Confira:

> *Princípio da razoabilidade: "Enuncia-se com este princípio que a Administração, ao atuar no exercício de descrição, terá de obedecer a critérios aceitáveis do ponto de vista racional, em sintonia com o senso normal de pessoas equilibradas e respeitosa das finalidades que presidiram a outorga da competência exercida."*

Princípio da proporcionalidade: "Este princípio enuncia a ideia – singela, aliás, conquanto frequentemente desconsiderada – de que as competências administrativas só podem ser validamente exercidas na extensão e intensidade proporcionais ao que seja realmente demandado para cumprimento da finalidade do interesse público a que estão atreladas."

Hely Lopes Meirelles (2004, p. 93) trata os dois princípios como sinônimos. O autor somente discorre sobre o princípio da razoabilidade, mas, expressamente, os equipara:

Sem dúvida, pode ser chamado de princípio da proibição do excesso, que, em última análise, objetiva aferir a compatibilidade entre os meios e os fins, de modo a evitar restrições desnecessárias ou abusivas por parte da Administração Pública, com lesão aos direitos fundamentais. Como se percebe, parece-nos que a razoabilidade envolve a proporcionalidade e vice-versa.

6. PRINCÍPIO DA MOTIVAÇÃO

Conforme dissemos, a motivação deve ser prévia ou concomitante à prática do ato. Celso Antônio Bandeira de Mello (2004, p. 369) admite uma **única hipótese de motivação posterior**; o autor se refere à prática de atos **vinculados**. O que importa é ter ocorrido o motivo perante o qual o comportamento era obrigatório, passando para segundo plano a questão da motivação. Desse modo, "se o ato não houver sido motivado, mas for possível demonstrar ulteriormente, de maneira indisputavelmente objetiva e para além de qualquer dúvida ou entredúvida, que o motivo exigente do ato preexistia, dever-se-á considerar sanado o vício do ato".

Segundo Maria Sylvia (2003), a motivação, em regra, não exige formas específicas, podendo ser ou não concomitante com o ato, além de ser feita muitas vezes por órgão diverso daquele que proferiu a decisão. Entretanto, para provas de concursos a resposta correta é no sentido de que a motivação deve ser prévia ou concomitante.

6.1. Obrigatoriedade de motivação: doutrina

Para Hely Lopes Meirelles há a obrigatoriedade de motivação (2004, p. 101):

Em conclusão, com a Constituição de 1988 consagrando o princípio da moralidade, ampliando o do acesso ao Judiciário e exigindo explicitamente que as decisões administrativas dos tribunais sejam motivadas (cf. inc. X do art. 93), a regra geral é a obrigatoriedade da motivação, para que a atuação ética do administrador fique demonstrada pela exposição dos motivos do ato e para garantir o próprio acesso ao Judiciário.

Para Celso Antônio Bandeira de Melo (2005, p. 103) também existe a obrigatoriedade de motivação dos atos:

O fundamento constitucional da obrigação de motivar está – como se esclarece em seguida – implícito como um dos princípios da República, quanto no parágrafo único deste preceptivo, segundo o qual todo o poder emana do povo, como ainda no art. 5º, XXXV, que assegura o direito à apreciação judicial nos casos de ameaça ou lesão de direito.

Para Maria Sylvia Di Pietro (2009, p. 80-81):

Ele está consagrado pela doutrina e pela jurisprudência, não havendo mais espaço para as velhas doutrinas que discutiam se a sua obrigatoriedade alcançava só os atos

> *vinculados ou só os discricionários, ou se estava presente em ambas as categorias. A sua obrigatoriedade se justifica em qualquer tipo de ato, porque se trata de formalidade necessária para permitir o controle de legalidade dos atos administrativos.*

José dos Santos Carvalho Filho (2009, p. 109-110):

> *No que se refere à motivação, porém, temos para nós com respeito que nos merecem as respeitáveis opiniões dissonantes, que, como regra, a obrigatoriedade inexiste [...]. Entendemos que, para concluir-se pela obrigatoriedade, haveria de estar ela expressa em mandamento constitucional, o que, na verdade, não ocorre. Ressaltamos, entretanto, que não existe norma que vede ao legislador expressar a obrigatoriedade. Assim, só se poderá considerar a motivação obrigatória se houver norma legal expressa nesse sentido.*

Ressalta o autor que a Lei nº 9.784/1999, art. 50, ao mencionar os atos que exigem motivação, não deixou margem de discussão: nessas hipóteses previstas na lei, os atos devem ser motivados. Mas destaca que, implicitamente, outros atos dispensam motivação.

Raquel Melo Urbano (2008, p. 376) entende que a motivação é indispensável na prática de qualquer ato administrativo.

Motivação *aliunde ou per relationem* (Carvalho Filho e Hely Lopes) é aquela que se faz com base em instrumento diverso do ato. É a motivação realizada com base em laudos, pareceres ou relatórios anteriormente emitidos como forma de suprimento da motivação e tem fundamento no art. 50, § 1º, da Lei nº 9.784/1999.

Resumindo:

Motivação é a regra	Celso Antônio Bandeira de Mello, Hely Lopes Meirelles e Maria Sylvia Di Pietro.
Inexiste obrigatoriedade	José dos Santos Carvalho Filho. Porém, a lei pode criar essa obrigação.

Conforme dito, o princípio da supremacia do interesse público é um dos fundamentos de todo o regime jurídico administrativo. Porém, é necessário destacar que existe corrente doutrinária sustentando a inexistência do referido princípio. Alguns propõem a discussão, sob o título de "repensando/reconstruindo" o princípio da supremacia do interesse público. Outros negam definitivamente sua existência.

Os autores que negam a existência do princípio da supremacia do interesse público como um princípio do direito administrativo não rejeitam a existência de interesse público e interesse privado. Ao contrário, afirmam que os dois existem e estão relativamente ligados, pois realizar o público considera o cidadão em sua dimensão individual. Porém, não admitem que o interesse público deva prevalecer, em qualquer circunstância, sobre o interesse privado, sendo necessário fazer um **juízo de ponderação**, diante dos direitos fundamentais previstos no sistema normativo diante do caso concreto.

Para essa corrente, a nossa Constituição volta-se precipuamente para a proteção dos interesses do indivíduo. Nossa Lei Maior é orientada pelo princípio da *dignidade da pessoa humana*, depreendendo-se que, em alguma medida, é necessário proteger o interesse do indivíduo quando ameaçado pelos interesses gerais promovidos pelo Estado.

A tese de que o interesse público deve prevalecer sobre o privado é incompatível com os postulados da **proporcionalidade** e **concordância prática**. Pela proporcionalidade, na aplicação e interpretação das normas deve haver uma ponderação pela análise da adequação, necessidade e proporcionalidade em sentido estrito. Assim, seria inconcebível estabelecer sem essa análise a prevalência do interesse público sobre o interesse privado. Portanto, sustentam que deve a Administração ponderar os interesses em jogo, para, no final, eleger aquele mais relevante em dado momento (público ou privado).

A atuação do Poder Público deve, portanto, estar pautada não pela supremacia do interesse público, mas sim pela **ponderação** e **máxima realização dos interesses**, observando os bens jurídicos envolvidos, vez que A Administração Pública deve atuar em defesa e promoção dos direitos fundamentais com respeito à dignidade humana, realizando as finalidades públicas estabelecidas na Constituição (Humberto Ávila, 2007).

Pela mesma tese "inexistência de uma supremacia indiscriminada do interesse público sobre o privado" não há justificativa para instituição de normas de privilégio à Administração, por exemplo, prazos processuais dilatados, duplo grau de jurisdição obrigatório, execução mediante precatórios, entre outros. Com efeito, as normas de privilégio para a Administração só devem ter espaço após um juízo de ponderação (proporcionalidade), somente quando seja apta a viabilizar o cumprimento pelo Estado dos fins Constitucionais; observando o limite do necessário e exigível e com a compensação pela importância da utilidade gerada.

É importante ressaltar, contudo, que para as **provas objetivas** prevalece a tese de que o princípio da supremacia do interesse público é a base do regime jurídico administrativo. Apenas em exame de **prova oral** ou **discursiva** vemos espaço para a discussão aqui trazida. Nesse caso, devem ser mencionadas as duas correntes, fazendo referência àquela que prevalece e citando os fundamentos das duas teses:

Afirmam a existência do princípio da supremacia do interesse público sobre o interesse privado	Negam a existência do princípio da supremacia do interesse público sobre o interesse privado
• Celso Antônio Bandeira de Mello • Maria Sylvia Di Pietro • Hely Lopes Meirelles	• Humberto Ávila • Alexandre Santos Aragão • Gustavo Binenbojm
FUNDAMENTOS	
• Supremacia do interesse público convive com os direitos fundamentais e não os coloca em risco. • Supremacia do interesse público tem fundamento constitucional. • Essa corrente sempre defendeu que a aplicação de qualquer princípio deve ser feita com ponderação de razoabilidade/proporcionalidade e com os direitos fundamentais. • A supremacia do interesse público é a base de um Estado Democrático. Procura do bem-estar coletivo.	• Constitucionalização do direito administrativo. • Não pode haver prevalência absoluta do interesse público sobre o privado. Pois para que seja princípio constitucional não pode desprezar a aplicação dos demais. • O indivíduo é o centro da Constituição. Aplicação dos direitos fundamentais. • Necessidade de se realizar um juízo de ponderação a fim de escolher o interesse público a ser ressaltado (proporcionalidade).

De qualquer modo, a Administração só poderá invocar a supremacia do interesse público no caso de atendimento de interesse público primário (sociedade), na medida em que o interesse público secundário (Estado) são os interesses apenas do Estado.

7. INDISPONIBILIDADE DO INTERESSE PÚBLICO E ARBITRAGEM

Com efeito, algumas leis administrativas já preveem o uso da arbitragem na solução de eventuais conflitos, como ocorre, por exemplo, na Lei nº 8.987/1995, Lei de Concessões e Permissões de Serviços Públicos, e na Lei nº 11.079/2005, Lei das Parcerias Público-Privadas:

> *Art. 23-A. O contrato de concessão poderá prever o emprego de mecanismos privados para resolução de disputas decorrentes ou relacionadas ao contrato, inclusive a arbitragem, a ser realizada no Brasil e em língua portuguesa, nos termos da Lei nº 9.307, de 23 de setembro de 1996. (Incluído pela Lei nº 11.196, de 2005)*
>
> *Art. 11. O instrumento convocatório conterá minuta do contrato, indicará expressamente a submissão da licitação às normas desta Lei e observará, no que couber, os §§ 3º e 4º do art. 15, os arts. 18, 19 e 21 da Lei nº 8.987, de 13 de fevereiro de 1995, podendo ainda prever:*
>
> *III – o emprego dos mecanismos privados de resolução de disputas, inclusive a arbitragem, a ser realizada no Brasil e em língua portuguesa, nos termos da Lei nº 9.307, de 23 de setembro de 1996, para dirimir conflitos decorrentes ou relacionados ao contrato.*

Entre os autores, há inclinação doutrinária para admitir o uso da arbitragem. Na jurisprudência, também tem sido aceito o referido instituto. Observe os acórdãos do STF e STJ:

> *Ementa: Poder Público. Transação. Validade. Em regra, os bens e o interesse público, são indisponíveis, porque pertencem à coletividade. É, por isso, o Administrador, mero gestor da coisa pública, não tem disponibilidade sobre os interesses confiados à sua guarda e realização. Todavia, há casos em que o princípio da indisponibilidade do interesse público deve ser atenuado, mormente quando se tem em vista que a solução adotada pela Administração é a que melhor atenderá à ultimação deste interesse. Assim, tendo o acórdão recorrido concluído pela não onerosidade do acordo celebrado, decidir de forma diversa implicaria o reexame da matéria fático-probatória, o que é vedado nesta instância recursal (Súm. 279/STF). Recurso extraordinário não conhecido (RE 253885, Relator(a): Min. Ellen Gracie, Primeira Turma, julgado em 04.06.2002, DJ 21.06. 2002, PP-00118 Ement Vol-02074-04 PP-00796).*
>
> *Administrativo. Mandado de segurança. Permissão de área portuária. Celebração de cláusula compromissória. Juízo arbitral. Sociedade de economia mista. Possibilidade. Atentado.*
>
> **11.** *Sob esse enfoque, saliente-se que dentre os diversos atos praticados pela Administração, para a realização do interesse público primário, destacam-se aqueles em que se dispõe de determinados direitos patrimoniais, pragmáticos, cuja disponibilidade, em nome do bem coletivo, justifica a convenção da cláusula de arbitragem em sede de contrato administrativo.*
>
> **12.** *As sociedades de economia mista encontram-se em situação paritária em relação às empresas privadas nas suas atividades comerciais, consoante leitura do artigo 173, § 1º, inciso II, da Constituição Federal, evidenciando-se a inocorrência de*

quaisquer restrições quanto à possibilidade de celebrarem convenções de arbitragem para solução de conflitos de interesses, uma vez legitimadas para tal as suas congêneres (MS 11.308/DF, Rel. Ministro Luiz Fux, Primeira Seção, julgado em 09.04.2008, DJe 19.05.2008).[46]

8. PRINCÍPIO DA SUBSIDIARIEDADE

De acordo com esse princípio, o Estado deve deixar de atuar em atividades em que o particular tenha condições de exercer por conta própria e com seus recursos. O Poder Público não deve militar em áreas em que o particular seja autossuficiente.

O papel do Estado deve ser o de fomentar, coordenar, fiscalizar, ajustar as atividades privadas ao bem-estar social de toda a coletividade.

No regime constitucional anterior, estava consagrado implicitamente o princípio da subsidiariedade em relação ao desempenho de atividades econômicas pelo Estado com a criação de empresas públicas e sociedades de economia mista, pois tais entidades só poderiam ser criadas quando fosse insuficiente o capital privado. Com a Constituição atual, o motivo para a criação dessas entidades para fazer concorrência ao particular em atividades comerciais deve se dar por questões de segurança nacional ou relevante interesse coletivo (art. 173).

Segundo Odete Medauar, esse princípio é analisado em dois aspectos:

a) Vertical: relaciona-se ao critério de distribuição de competências entre a União e os Estados-membros e determina que só deve haver intervenção da União nos Estados quando estritamente necessário, bem como quando o fundamento da intervenção não puder ser realizado pelos Estados-membros.

b) Horizontal: significa que o Poder Público só deve agir de forma residual. Tal princípio é analisado em duas vertentes: a *proximidade*, no sentido de que a atuação deve ser atribuída ao órgão mais próximo do cidadão, seja ele público ou privado, e a *suficiência*, no sentido de que a execução da tarefa deve ser de atribuição daquele órgão que possa desempenhá-la com a maior eficiência.

No sistema do federalismo cooperativo adotado no Brasil, os entes políticos devem se agregar para a prestação de serviços, na forma da gestão associada, formando consórcios e convênios de cooperação entre si (art. 241, CF). Em decorrência do princípio da subsidiariedade, isso só deve ocorrer quando a prestação do serviço por um único ente não for possível, ou quando a associação se mostrar mais favorável ao interesse público.

Maria Sylvia Di Pietro (2011, p. 20-21):

Devem ficar a cargo do Estado as atividades que lhe são próprias como ente soberano, consideradas indelegáveis ao particular (segurança, defesa, justiça, relações exteriores, legislação, polícia); e devem ser regidas pelo princípio da subsidiariedade as atividades sociais (educação, saúde, pesquisa, cultura, assistência) e econômicas (industriais, comerciais, financeiras), as quais o Estado só deve exercer em caráter supletivo da iniciativa privada, quando ela for ineficiente.

*Como se vê, **não se confunde o Estado Subsidiário com o Estado Mínimo**; neste, o Estado só exercia as atividades essenciais, deixando tudo o mais para a iniciativa*

---

46 No mesmo sentido: AgRg no MS 11.308/DF, Rel. Ministro Luiz Fux, Primeira Seção, julgado em 28.06.2006, *DJ* 14.08.2006, p. 251.

> *privada, dentro da ideia de liberdade individual que era inerente ao período do Estado Liberal; naquele, o Estado exerce as atividades essenciais, típicas do Poder Público, e também as atividades sociais e econômicas que o particular não consiga desempenhar a contento no regime da livre iniciativa e livre competição; além disso, com relação a estas últimas, o Estado deve incentivar a iniciativa privada, auxiliando-a pela atividade de fomento, já referida.*

9. COMENTÁRIOS À LEI DE ACESSO À INFORMAÇÃO – LEI Nº 12.527, DE 18 DE NOVEMBRO DE 2011

9.1. Âmbito de aplicação

De acordo com o art. 1º da Lei, trata-se de um diploma nacional, isto é, aplica-se a todos os entes federativos (União, estados, DF e municípios).

Nesse aspecto, subordinam-se aos ditames da Lei nº 12.527/11 – LAI: (i) os órgãos públicos integrantes da Administração Direta dos Poderes Executivo, Legislativo, incluindo as Cortes de Contas, e Judiciário e do Ministério Público; (ii) as autarquias, as fundações públicas, as empresas públicas, as sociedades de economia mista e demais entidades controladas direta ou indiretamente pela União, estados, Distrito Federal e municípios.

Conforme o art. 2º, aplicam-se as disposições da lei, no que couber, às entidades privadas sem fins lucrativos que recebam, para realização de ações de interesse público, recursos públicos diretamente do orçamento ou mediante subvenções sociais, contrato de gestão, termo de parceria, convênios, acordo, ajustes ou outros instrumentos congêneres. Quanto a essas últimas, o dever de informação e publicidade **restringe-se à parcela de recursos públicos que receberem** (art. 2º, *caput* e parágrafo único). É o caso, por exemplo, das entidades do Sistema "S" – que, embora sejam privadas e sem fins lucrativos, submetem-se à Lei de Acesso à Informação (LAI) quanto aos recursos públicos que recebem.

Uma dúvida ainda não resolvida diz respeito à OAB. Pela disposição legal, tem a Ordem o dever de publicidade quanto aos recursos públicos que arrecada (é o caso das anuidades, que têm a natureza jurídica de tributo). Porém, o STF considera a OAB excluída até mesmo do controle do TCU (confira a ADI 3026/DF), o que levanta dúvidas sobre se a Corte aceitará a constitucionalidade da incidência da LAI à Ordem. De nossa parte, entendemos não haver motivos para excluir a OAB do rol de entidades que devem cumprir as disposições da Lei.

Em relação ao art. 9º e ao Capítulo III (Procedimento de Acesso à Informação), cabe aos estados, ao Distrito Federal e aos municípios, em legislação própria, obedecidas as normas gerais na LAI, definir suas regras específicas.

9.2. Noções gerais

Com o advento da Lei nº 12.527/11, houve a revogação expressa da Lei nº 11.111/2005 que antes regulamentava o art. 5º, XXXIII, da CF, bem como dos arts. 22 a 24 da Lei nº 8.159/91, relativos ao acesso e do Sigilo dos Documentos Públicos. Desse modo, praticamente todas as regras de sigilo de informação de documentos públicos ficam concentradas na LAI.

O art. 20 determina que se aplica subsidiariamente, no que couber, a Lei nº 9.784/99, Lei do Processo Administrativo Federal – LPA. Essa menção nem precisaria ser dita expressamente, já que o art. 69 da própria Lei nº 9.784 já contém esta determinação. Portanto, havendo qualquer omissão na LAI, poderão ser aplicados os ditames da LPA.

Aplica-se, também no que couber, a Lei nº 9.507, de 12 de novembro de 1997, em relação à informação de pessoa, física ou jurídica constante de registro ou banco de dados de entidades governamentais ou de caráter público. Este diploma legal regula o direito de acesso a informações e disciplina o rito processual do *habeas data*.

O art. 22 estabelece que as disposições da LAI não excluem as demais hipóteses legais de sigilo e de segredo de justiça nem as hipóteses de segredo industrial decorrentes da exploração direta de atividade econômica pelo Estado ou por pessoa física ou entidade privada que tenha qualquer vínculo com o poder público. Assim, por exemplo, produtos patenteados em órgãos públicos terão o sigilo assegurado nos termos das respectivas leis específicas. A LAI também não afasta casos específicos previstos em lei no que se refere ao segredo de justiça.

A pessoa física ou entidade privada que, em razão de qualquer vínculo com o Poder Público, executar atividades de tratamento de informações sigilosas adotará as providências necessárias para que seus empregados, prepostos ou representantes observem as medidas e procedimentos de segurança das informações (art. 26).

O tratamento de informação sigilosa resultante de tratados, acordos ou atos internacionais atenderá às normas e recomendações constantes desses instrumentos. Nessas hipóteses, em princípio, não se aplicam as disposições da LAI.

O Decreto nº 7.724 de 2012 regulamenta a Lei de Acesso à Informação no âmbito do Poder Executivo. Em relação aos demais Poderes, ato normativo de cada Poder deverá normatizar as aplicações da LAI.

Finalizando as noções gerais, cabe destacar que houve **veto** presidencial do art. 35 com a seguinte redação: "A Comissão Mista de Reavaliação de Informações, composta por Ministros de Estado e por representantes dos Poderes Legislativo e Judiciário, indicados pelos respectivos presidentes, ficará em contato permanente com a Casa Civil da Presidência da República e inserida na competência da União." O motivo do veto recaiu no fundamento de que a Comissão estabelecida no art. 35 visa controlar os atos de classificação de informações produzidas no âmbito do Poder Executivo, de modo que a participação de representantes do Legislativo e do Judiciário viola o princípio constitucional da separação dos Poderes.

9.3. Direito constitucional à informação

A LAI visa garantir o acesso à informação previsto no art. 5º, XXXIII, no inciso II do § 3º do art. 37 e no § 2º do art. 216 da Constituição Federal.

Assim, o direito à liberdade de informação tem previsão constitucional, e possui dois significados possíveis: a) liberdade de informação ativa – é a liberdade de informar, intimamente ligada à liberdade de imprensa e à liberdade de expressão; b) liberdade de informação passiva – é a liberdade de obter informações, seja por intermédio dos meios de comunicação, seja do próprio Estado.

É o que ensina André Ramos Tavares: "Essa liberdade segue duas grandes vertentes. Na primeira, garante-se a liberdade na divulgação da informação. De outra parte, garante-se a liberdade de acesso à informação."[47]

47 TAVARES, André Ramos. *Curso de Direito Constitucional*. São Paulo: Saraiva, 2010, p. 640.

Aliás, é certo que todos podem obter informações de interesse coletivo, geral ou particular, desde que isso não importe ofensa à segurança da sociedade e do Estado (art. 5º, XXXIII). O instrumento hábil a tutelar a liberdade de informação é, como veremos, o *habeas data* ou o mandado de segurança, conforme o caso (ver tópico acerca dos remédios constitucionais).

Já as informações de interesse pessoal ou coletivo/geral devem ser acessíveis a todos: esta é a regra (art. 3º, I, da LAI). Apenas pode ser negado o acesso a informações cujo segredo seja essencial para a segurança da sociedade e do Estado (táticas de guerra etc.).

Essa liberdade de informação, como veremos, pode ser tutelada tanto por meio de *habeas data* (informação de caráter pessoal, assim entendida aquela "relacionada a pessoa natural identificada ou identificável", nos termos do art. 4º, IV, da LAI) quanto por intermédio de mandado de segurança (informação de interesse coletivo ou geral).

9.4. Direito à memória e à verdade

Questão historicamente recente e sempre polêmica diz respeito ao chamado *direito à memória e à verdade*. Consiste esse direito – que não está previsto expressamente na Constituição, mas é verdadeira decorrência lógica do art. 5º, XXXIII, e do próprio Preâmbulo constitucional – na prerrogativa que todo cidadão tem de conhecer os fatos ligados à História do país e dos próprios familiares.[48]

No Brasil, a questão ganha contornos mais polêmicos devido à recente ditadura militar, finda definitivamente com a promulgação da Constituição de 1988, e que deixou para trás muitos desaparecidos políticos e um rastro de perseguição ainda não totalmente esclarecido. Nesse contexto, o direito à memória e à verdade consiste também no acesso aos documentos históricos dessa época – algo que muitos setores ainda resistem em admitir.

Várias normas infraconstitucionais regulamentaram – com base no art. 8º do ADCT – a responsabilização do Estado brasileiro pelos atos ilícitos cometidos durante a ditadura militar, bem como a questão do acesso a informações sobre esse período, como narra Carlos Arthur Gallo:

> *"Em 1995, após mais de vinte anos de luta, e, durante a presidência de Fernando Henrique Cardoso, foi aprovada a Lei nº 9.140 (chamada de Lei dos Mortos e Desaparecidos), na qual o Estado brasileiro assumiu a sua responsabilidade pelas mortes e desaparecimentos de 136 pessoas, listadas no anexo do texto legislativo [...].*
>
> *Posteriormente, mais duas conquistas no âmbito legislativo foram obtidas pelos familiares dos mortos e desparecidos. Em 2002, com a Lei nº 10.536, o período de responsabilidade do Estado brasileiro, inicialmente compreendido de 1964 a 1979, foi ampliado de 1961 a 1988, e, em 2004, com a Lei nº 10.875, foram consideradas mortes passíveis de responsabilização do Estado e fixação de indenização todas aquelas que, ocorridas no período fixado, se deram em manifestação pública mediante repressão policial, bem como para aquelas pessoas que morreram ou cometeram suicídio para evitar prisão ou devido às sequelas da tortura [...].*
>
> *Outra medida, implementada por parte do Governo Federal, foi a decisão de centralizar a documentação sobre a ditadura no Arquivo Nacional e colocá-la à*

48 GALLO, Carlos Arthur. O Direito à Memória e à Verdade no Brasil Pós-ditadura Civil-militar. *Revista Brasileira de História & Ciências Sociais*, v. 2, nº 4, dez. 2010, p. 134-145.

disposição dos cidadãos interessados, via internet, com a criação do projeto e do portal Memórias Reveladas, mediante a edição do Decreto nº 5.584 de 2005".[49]

Na jurisprudência do Supremo Tribunal Federal, um precedente importante foi a ADPF 153/DF (Relator Ministro Eros Grau), em que, apesar de declarar a recepção da Lei de Anistia pela CF/88, consignou-se, na ementa: "Impõe-se o desembaraço dos mecanismos que ainda dificultam o conhecimento do quanto ocorreu no Brasil durante as décadas sombrias da ditadura."[50]

Sobre o tema, quando da edição da LAI, pendia de julgamento da ADIn 4077/DF, em que se questionava a constitucionalidade das Leis nº 8.159/91 e 11.111/05, que então regulamentavam o art. 5º, XXXIII, da CF com relação ao acesso a informações sigilosas. Todavia, a Lei nº 11.111 foi *totalmente* revogada pela LAI, assim como ocorreu com alguns dispositivos da Lei nº 8.159 (art. 46, I e II, da LAI), pelo que entendemos que a citada ação perdeu seu objeto.

9.5. Diretrizes do acesso à informação

O art. 3º – sem dúvida um dos mais importantes dispositivos da LAI para fins de concursos públicos – estabelece as diretrizes para o exercício do direito fundamental de acesso à informação.

Citam-se cinco diretrizes, quais sejam: a) a publicidade é a regra geral, o sigilo é a exceção (inciso I); b) as informações de interesse público devem ser divulgadas, *independentemente de solicitação*, com o que se reforça o dever de publicidade dos atos administrativos (inciso II; ver também o art. 8º); c) reforço da facilitação do acesso à informação pelos mais diversos meios possíveis, inclusive relacionados à tecnologia da informação; d) estímulo à cultura de transparência da Administração Pública, na tentativa de reverter, de uma vez por todas, as práticas antigas de tratar a informação pública como algo privativo; e e) desenvolvimento do controle social da Administração Pública, diretriz plenamente compatível com o princípio do Estado de Direito (CF, art. 1º, *caput*).

Cumpre ressaltar que não foi a LAI que tornou a publicidade regra e o sigilo exceção, uma vez que esse comando já era de ordem constitucional. A LAI apenas explicita e efetiva tal determinação.

Em desdobramento de algumas dessas diretrizes, o art. 9º dispõe que o dever do Estado de fornecer acesso às informações públicas será realizado mediante dois mecanismos básicos: a criação de serviços de atendimento ao cidadão (SIC) e a realização de audiências e consultas públicas, instrumentos já previstos na legislação e já amplamente utilizados, principalmente pelos órgãos do Legislativo Federal e pelas agências reguladoras.

Para efetivar o direito à informação, o art. 5º prevê que é dever do Estado garantir o direito de acesso à informação, que será franqueada, mediante procedimentos objetivos e ágeis, de forma transparente, clara e em linguagem de fácil compreensão. É dever dos órgãos e entidades públicas promover, **independentemente de requerimentos**, a divulgação em local de fácil acesso, no âmbito de suas competências, de informações de interesse coletivo ou geral por eles produzidas ou custodiadas (art. 8º).

Com a publicação da LAI, houve maior garantia do acesso à informação, detalhado em termos mais claros e, ao mesmo tempo, incentivando os interessados a obter informações sobre diversos

49 Idem, ibidem, p. 143.

50 STF, Pleno, ADPF 153/DF, Relator Ministro Eros Grau, *DJe* de 05.08.2010.

assuntos antes restringidos pela Administração com o fundamento de que há interesse do Estado em não divulgar. Com o advento da LAI, esse tipo de "desculpa" não poderá ocorrer. Havendo solicitação pelo Administrado, o pedido só poderá ser negado com a devida fundamentação. Logo após a vigência da LAI, houve interessado que solicitou informação de todas as pessoas que foram visitar o Advogado Geral da União em determinada data.

O Decreto nº 7.724 de 2012, que regulamenta a Lei de Acesso à Informação, estabelece em seu art. 7º que serão disponibilizados nos sítios na Internet dos órgãos e entidades remuneração e subsídio recebidos por ocupante de cargo, posto, graduação, função e emprego público, incluídos os auxílios, as ajudas de custo, os jetons e outras vantagens pecuniárias, além dos proventos de aposentadoria e das pensões daqueles servidores e empregados públicos que estiverem na ativa, de maneira individualizada, conforme estabelecido em ato do Ministro de Estado da Economia. Essa determinação foi seguida pelo Poder Judiciário e Legislativo. Assim, houve a divulgação pela Internet da remuneração, inclusive do nome e parte do CPF dos agentes públicos. Isso gerou inúmeras ações judiciais interpostas por sindicados para obstar a divulgação dos nomes, bem como de números do CPF, com a invocação de que tais informações poderiam comprometer a segurança dos servidores. Porém, o STF já possui decisão em caso semelhante, quando um município, em período anterior à publicação da LAI, criou a mesma obrigação. Assim ficou a decisão do STF:

> *Ementa: Suspensão de segurança. Acórdãos que impediam a divulgação, em sítio eletrônico oficial, de informações funcionais de servidores públicos, inclusive a respectiva remuneração. Deferimento da medida de suspensão pelo presidente do STF. Agravo regimental. Conflito aparente de normas constitucionais. Direito à informação de atos estatais, neles embutida a folha de pagamento de órgãos e entidades públicas. Princípio da publicidade administrativa. Não reconhecimento de violação à privacidade, intimidade e segurança de servidor público. Agravos desprovidos. 1. Caso em que a situação específica dos servidores públicos é regida pela 1ª parte do inciso XXXIII do art. 5º da Constituição. Sua remuneração bruta, cargos e funções por eles titularizados, órgãos de sua formal lotação, tudo é constitutivo de informação de interesse coletivo ou geral. Expondo-se, portanto, a divulgação oficial. Sem que a intimidade deles, vida privada e segurança pessoal e familiar se encaixem nas exceções de que trata a parte derradeira do mesmo dispositivo constitucional (inciso XXXIII do art. 5º), pois* ***o fato é que não estão em jogo nem a segurança do Estado nem do conjunto da sociedade. 2. Não cabe, no caso, falar de intimidade ou de vida privada, pois os dados objeto da divulgação em causa dizem respeito a agentes públicos enquanto agentes públicos mesmos; ou, na linguagem da própria Constituição, agentes estatais agindo "nessa qualidade" (§ 6º do art. 37).*** *E quanto à segurança física ou corporal dos servidores, seja pessoal, seja familiarmente, claro que ela resultará um tanto ou quanto fragilizada com a divulgação nominalizada dos dados em debate, mas é um tipo de risco pessoal e familiar que se atenua com a proibição de se revelar o endereço residencial, o CPF e a CI de cada servidor. No mais, é o preço que se paga pela opção por uma carreira pública no seio de um Estado republicano. 3. A prevalência do princípio da publicidade administrativa outra coisa não é senão um dos mais altaneiros modos de concretizar a República enquanto forma de governo. Se, por um lado, há um necessário modo republicano de administrar o Estado brasileiro, de outra parte é a cidadania mesma que tem o direito de ver o seu Estado republicanamente administrado. O "como" se administra a coisa pública a preponderar sobre o "quem" administra – falaria Norberto Bobbio –, e o fato é que esse modo público de gerir a máquina estatal é elemento conceitual da nossa República. O olho e a pálpebra da nossa fisionomia constitucional republicana. 4. A*

negativa de prevalência do princípio da publicidade administrativa implicaria, no caso, inadmissível situação de grave lesão à ordem pública. 5. Agravos regimentais desprovidos (SS 3902 AgR-segundo, Relator(a): Min. Ayres Britto, Tribunal Pleno, julgado em 09.06.2011, DJe-189 Divulg 30-09-2011 Public 03-10-2011 Ement Vol-02599-01 PP-00055).

9.6. Conceitos previstos na lei

Para a correta aplicação da LAI, há a apresentação de alguns conceitos básicos:

Informação	dados, processados ou não, que podem ser utilizados para produção e transmissão de conhecimento, contidos em qualquer meio, suporte ou formato.
Documento	unidade de registro de informações, qualquer que seja o suporte ou formato.
Informação sigilosa	aquela submetida temporariamente à restrição de acesso público em razão de sua imprescindibilidade para a segurança da sociedade e do Estado.
Informação pessoal	aquela relacionada à pessoa natural identificada ou identificável.
Tratamento da informação	conjunto de ações referentes à produção, recepção, classificação, utilização, acesso, reprodução, transporte, transmissão, distribuição, arquivamento, armazenamento, eliminação, avaliação, destinação ou controle da informação.
Disponibilidade	qualidade da informação que pode ser conhecida e utilizada por indivíduos, equipamentos ou sistemas autorizados.
Autenticidade	qualidade da informação que tenha sido produzida, expedida, recebida ou modificada por determinado indivíduo, equipamento ou sistema.
Integridade	qualidade da informação não modificada, inclusive quanto à origem, trânsito e destino.
Primariedade	qualidade da informação coletada na fonte, com o máximo de detalhamento possível, sem modificações.

9.7. Do acesso a informações e da sua divulgação – art. 6º

No acesso à informação os órgãos e entidades devem assegurar:

I – gestão transparente da informação, propiciando amplo acesso a ela e sua divulgação;

II – proteção da informação, garantindo-se sua disponibilidade, autenticidade e integridade; e

III – proteção da informação sigilosa e da informação pessoal, observada a sua disponibilidade, autenticidade, integridade e eventual restrição de acesso.

O acesso à informação é amplo, para tanto, a lei garante direito de obter:

I – orientação sobre os procedimentos para a consecução de acesso, bem como sobre o local onde poderá ser encontrada ou obtida a informação almejada;

II – informação contida em registros ou documentos, produzidos ou acumulados por seus órgãos ou entidades, recolhidos ou não a arquivos públicos;

III – informação produzida ou custodiada por pessoa física ou entidade privada decorrente de qualquer vínculo com seus órgãos ou entidades, mesmo que esse vínculo já tenha cessado;

IV – informação primária, íntegra, autêntica e atualizada;

V – informação sobre atividades exercidas pelos órgãos e entidades, inclusive as relativas à sua política, organização e serviços;

VI – informação pertinente à administração do patrimônio público, utilização de recursos públicos, licitação, contratos administrativos; e

VII – informação relativa:

a) à implementação, acompanhamento e resultados dos programas, projetos e ações dos órgãos e entidades públicas, bem como metas e indicadores propostos;

b) ao resultado de inspeções, auditorias, prestações e tomadas de contas realizadas pelos órgãos de controle interno e externo, incluindo prestações de contas relativas a exercícios anteriores.

O acesso à informação **não compreende** as informações referentes a projetos de pesquisa e desenvolvimento científicos ou tecnológicos cujo sigilo seja imprescindível à segurança da sociedade e do Estado (art. 7º, § 1º).

Quando não for autorizado acesso integral à informação por ser ela parcialmente sigilosa, é assegurado o acesso à parte **não sigilosa** por meio de certidão, extrato ou cópia com ocultação da parte sob sigilo (art. 7º, § 1º).

9.8. Procedimento de acesso à informação

Após a parte inicial, em que traz definições fundamentais e diretrizes para o acesso à informação, a LAI traz o procedimento para a efetivação desse acesso (arts. 10 a 20).

O pedido de acesso cabe a **qualquer interessado** e pode ser feito por **qualquer meio legítimo**, o que dispensa, como se vê, a necessidade de pedido escrito. Devem, ainda, ser disponibilizadas possibilidades de acesso via Internet. Exige a lei apenas que o pedido deva conterá a identificação do requerente e a especificação da informação requerida (art. 10).

ATENÇÃO! São **vedadas** quaisquer exigências relativas aos motivos determinantes da solicitação de informações de interesse público.

Com essa observação feita acerca da vedação dos motivos da solicitação, os agentes públicos não podem perguntar: Por que você quer essa informação?

O órgão ou entidade deverá fornecer o acesso, ou, se for o caso, fornecer cópia do original do documento, quando se tratar de peça rara. As buscas devem ser gratuitas, e apenas as cópias devem ser cobradas; ainda assim, os custos são dispensados às pessoas que não possam pagá-los.

A LAI estabelece o prazo de 20 dias para o fornecimento da informação (art. 11, § 1º), mas apenas quando não for possível franquear o acesso imediatamente. Esse prazo pode ser prorrogado por mais 10 dias. Tem-se, aqui, um conflito aparente com a Lei nº 9.507/97, que, ao tratar do *habeas data*, prevê o prazo de 48 horas para os bancos de dados fornecerem as informações relativas ao requerente (art. 2º), e de 10 dias para o ingresso com o *habeas data* no Judiciário, valendo o silêncio como negativa do fornecimento da informação (art. 8º, parágrafo único, I). Como resolver esse conflito? Entendemos que deva ser utilizado o critério da especialidade (até mesmo em virtude da previsão do art. 38 da LAI): em se tratando de informações *pessoais* constantes de *bancos de dados* públicos ou governamentais, aplica-se o prazo da Lei do *Habeas Data* (10 dias); nos demais casos, utiliza-se o prazo da LAI (20 dias, prorrogáveis por mais 10).

A negativa deve ser fornecida por escrito (art. 14), mediante certidão ou cópia, o que vai solucionar diversos problemas que eram vivenciados pelos cidadãos, para provar que a Administração se negou ao fornecimento da informação. Contra o indeferimento do pedido de acesso cabe recurso, no prazo de 10 dias, em termos semelhantes ao que está previsto na Lei de Processo Administrativo (Lei nº 9.784/99), que se aplica subsidiariamente (art. 20 – aliás, artigo totalmente dispensável, pois a aplicação subsidiária já é prevista no art. 69 da mesma Lei de Processo).

9.9. Restrições ao acesso à informação

Nos arts. 21 a 31, a LAI traz uma série de regras de restrição do acesso à informação, acrescidas de algumas definições e classificações de dados e documentos. Trata-se, em verdade, de regras que serão mais utilizadas pelos profissionais das ciências da documentação e da arquivologia.

Segundo o art. 23, são consideradas imprescindíveis à segurança da sociedade ou do Estado e, portanto, passíveis de classificação as informações cuja divulgação ou acesso irrestrito possam:

> *I – pôr em risco a defesa e a soberania nacionais ou a integridade do território nacional;*
>
> *II – prejudicar ou pôr em risco a condução de negociações ou as relações internacionais do país, ou as que tenham sido fornecidas em caráter sigiloso por outros Estados e organismos internacionais;*
>
> *III – pôr em risco a vida, a segurança ou a saúde da população;*
>
> *IV – oferecer elevado risco à estabilidade financeira, econômica ou monetária do país;*
>
> *V – prejudicar ou causar risco a planos ou operações estratégicos das Forças Armadas;*
>
> *VI – prejudicar ou causar risco a projetos de pesquisa e desenvolvimento científico ou tecnológico, assim como a sistemas, bens, instalações ou áreas de interesse estratégico nacional;*
>
> *VII – pôr em risco a segurança de instituições ou de altas autoridades nacionais ou estrangeiras e seus familiares; ou*
>
> *VIII – comprometer atividades de inteligência, bem como de investigação ou fiscalização em andamento, relacionadas com a prevenção ou repressão de infrações.*

Tendo em vista que a publicidade deve ser a regra e o sigilo a exceção, a LAI prevê que, para a classificação da informação em determinado grau de sigilo, deverá ser **observado o interesse público** da informação e utilizado o **critério menos restritivo possível**, considerados: I – a gravidade do risco ou dano à segurança da sociedade e do Estado; II – o prazo máximo de restrição de acesso ou o evento que defina seu termo final.

A informação em poder dos órgãos e entidades públicas, observado seu teor e em razão de sua imprescindibilidade à segurança da sociedade ou do Estado, poderá ser classificada como ultrassecreta, secreta ou reservada (art. 24). Os prazos **máximos** de restrição de acesso à informação, conforme o caso, vigoram a partir da data de sua **produção** e são os seguintes:

Ultrassecreta	**25** (vinte e cinco) anos
Secreta	**15** (quinze) anos
Reservada	**5** (cinco) anos

Nota! A Comissão Mista de Reavaliação de Informações – CMRI poderá prorrogar o prazo de sigilo de informação classificada como **ultrassecreta**, **sempre por prazo determinado**, enquanto seu acesso ou divulgação puder ocasionar ameaça externa à soberania nacional ou à integridade do território nacional ou grave risco às relações internacionais do país, observado o prazo máximo de 25 anos.

Pelo que se vê, não há informação que nunca será revelada, pois o prazo máximo de sigilo encontrado na lei é de 25 anos.

Alternativamente aos prazos mencionados, poderá ser estabelecido como termo final de restrição de acesso a ocorrência de determinado evento, desde que este ocorra **antes** do transcurso do prazo máximo de classificação. Assim, por exemplo, um parecer jurídico que analisa ato administrativo sobre matéria que possa afetar a estabilidade financeira ou econômica do país poderá ter como data final de restrição à publicidade o momento da publicação do ato administrativo sob análise.

ATENÇÃO! As informações que puderem colocar em risco a segurança do **Presidente e Vice-Presidente da República e respectivos cônjuges e filhos(as)** serão classificadas como **reservadas** e ficarão sob sigilo até o término do mandato em exercício ou do último mandato, em caso de reeleição.

Transcorrido o prazo de classificação ou consumado o evento que defina seu termo final, a informação tornar-se-á automaticamente de acesso público.

9.10. Dos procedimentos de classificação, reclassificação e desclassificação

A competência administrativa é o poder que a lei confere ao agente público para a prática de determinado ato. Portanto, só poderá praticar o ato administrativo aquele agente público que recebeu da lei a atribuição. Assim, a LAI (art. 27) estabelece quem são as autoridades competentes para a classificação das informações.

AUTORIDADES	TIPO DE INFORMAÇÃO
a) Presidente da República; b) Vice-Presidente da República; c) Ministros de Estado e autoridades com as mesmas prerrogativas; d) Comandantes da Marinha, do Exército e da Aeronáutica; e e) Chefes de Missões Diplomáticas e Consulares permanentes no exterior;	Ultrassecreta, secreta e reservada

AUTORIDADES	TIPO DE INFORMAÇÃO
Titulares de autarquias, fundações ou empresas públicas e sociedades de economia mista	Secreta e reservada
Autoridades que exerçam funções de direção, comando ou chefia, nível DAS 101.5, ou superior, do Grupo-Direção e Assessoramento Superiores, ou de hierarquia equivalente, de acordo com regulamentação específica de cada órgão ou entidade.	Reservada

Quando Comandantes da Marinha, do Exército e da Aeronáutica e Chefes de Missões Diplomáticas e Consulares permanentes no exterior classificarem informação como **ultrassecreta**, deverá haver a **ratificação** pelo respectivo Ministro de Estado.

A competência para classificação como **ultrassecreta e secreta** poderá ser **delegada** pela autoridade responsável a agente público, inclusive em missão no exterior, **vedada a subdelegação** (art. 27, § 2º, LAI).

A autoridade ou outro agente público que classificar informação como **ultrassecreta** ***deverá*** encaminhar a decisão à Comissão Mista de Reavaliação de Informações.

A classificação das informações será reavaliada pela autoridade classificadora ***ou*** por autoridade hierarquicamente superior, mediante ***provocação ou de ofício***, nos termos e prazos previstos em regulamento, com vistas à sua desclassificação ou à redução do prazo de sigilo.

9.11. Responsabilidades

O agente que atuar de modo contrário à LAI, por meio de diversas condutas previstas *taxativamente* no art. 32 (pois, como se trata de definição de ilícitos, não admite, em regra, interpretação ampliativa nem analogia).

A LAI ainda inova ao prever que as condutas previstas no art. 32 constituem infração disciplinar, no âmbito da Lei nº 8.112/90, **puníveis, *no mínimo*, com suspensão** (art. 32, § 1º, II). É dizer: trata-se de faltas de gravidade média, e não meramente faltas leves (que seriam, nesse caso, punidas com advertência, e não com suspensão). Eis um tema que provavelmente será cobrado de forma reiterada em provas de concursos!

A LAI ainda estabelece que, pelas condutas descritas no art. 32, poderá o militar ou agente público responder também por *improbidade administrativa*, conforme o disposto nas Leis nºs 1.079, de 10 de abril de 1950, e 8.429, de 2 de junho de 1992. Apenas devemos chamar a atenção para o fato de que a Lei nº 1.079/50 trata, na verdade, dos crimes de responsabilidade.

Já no art. 33, prevê-se a possibilidade de aplicação de penalidades para as pessoas **físicas ou jurídicas** privadas, que possuam o dever de fornecer o acesso à informação. Nesse caso as sanções são as seguintes:

> *I – advertência;*
>
> *II – multa;*
>
> *III – rescisão do vínculo com o Poder Público;*
>
> *IV – suspensão temporária de participar em licitação e impedimento de contratar com a Administração Pública por prazo não superior a dois anos; e*

> *V – declaração de inidoneidade para licitar ou contratar com a Administração Pública, até que seja promovida a reabilitação perante a própria autoridade que aplicou a penalidade.*

A multa poderá ser aplicada cumulativamente com as sanções de advertência, rescisão do vínculo com o Poder Público e suspensão temporária de participar em licitação e impedimento de contratar.

No caso de declaração de inidoneidade para licitar ou contratar com a Administração Pública a reabilitação será autorizada somente quando o interessado efetivar o ressarcimento ao órgão ou entidade dos prejuízos resultantes e após decorrido o prazo de 2 anos. A competência para aplicação dessa sanção é de competência exclusiva da autoridade máxima do órgão ou entidade pública.

Segundo o art. 34, os órgãos e entidades públicas respondem **diretamente** pelos danos causados em decorrência da divulgação não autorizada ou utilização indevida de informações sigilosas ou pessoais, cabendo a apuração de responsabilidade funcional nos casos de dolo ou culpa, assegurado o respectivo direito de regresso. Pela redação do artigo, há responsabilidade objetiva do Estado nessa situação, pois somente há referência acerca da discussão de dolo ou culpa em razão da responsabilidade funcional dos servidores. Tal disposição está em sintonia com o art. 37, § 6º, da CF, pois se o Poder Público causar dano ao particular ao divulgar informação não autorizada deverá ressarcir os danos causados na forma objetiva. Essa mesma forma de responsabilidade foi estendida para a pessoa física ou entidade privada que, em virtude de vínculo de qualquer natureza com órgãos ou entidades, tenha acesso a informação sigilosa ou pessoal e a submeta a tratamento indevido.

9.12. Meios judiciais de garantir o acesso à informação

Existem basicamente dois meios judiciais para combater o ato ilegal que sonega o acesso à informação: o *habeas data* e o mandado de segurança.

O *habeas data* tem por objeto a proteção do direito à informação. Mas não se trata de qualquer informação: deve ser aquela relativa à pessoa do impetrante (trata-se de uma ação personalíssima) e que conste de banco de dados público ou acessível ao público.

De acordo com a jurisprudência, enquadram-se nesse tipo de banco de dados aqueles que, mesmo mantidos por pessoas privadas (SPC, Serasa etc.), sejam compartilhados com outras pessoas. *A contrario sensu*, não estão inclusos dados de empresas privadas (lojas, por exemplo), para uso privativo.

O *habeas data* pode ter dois objetivos: a) OBTER informação indevidamente negada; ou b) CORRIGIR informação que está errada.

Já o cabimento do MS é subsidiário em relação ao *habeas data*. Caso se trate de informação sobre a pessoa do impetrante, informação essa constante de banco de dados público ou acessível ao público, caberá *habeas data*. Caso se trate, porém, de informação de interesse coletivo (e não personalíssimo), o remédio a ser usado será o mandado de segurança, e não o *habeas data*.

➘ *COMO ESSE ASSUNTO TEM SIDO ABORDADO NAS PROVAS*

✦ **(FCC/TRT20/Juiz do Trabalho/2012)** "Uma entidade não governamental que atua na defesa dos direitos necessários ao exercício da cidadania impetrou *habeas data* contra diversos deputados federais, perante o Supremo Tribunal Federal, objetivando que se determinasse a cada um dos impetrados a divulgação de lista contendo o nome e o cargo ou função pública exercidos por quaisquer parentes seus até o terceiro grau. A Impetrante sustentou que os Impetrados estariam sendo omissos ao não exigirem uns dos outros a divulgação desses dados. Nesse caso, o *habeas data*

A) é o instrumento adequado para a tutela pretendida, assim como o STF é o Tribunal competente para conhecer do pedido.

B) é o instrumento adequado para a tutela pretendida, embora o STF não tenha competência para conhecer do pedido.

C) não é o instrumento adequado para a tutela pretendida, sendo essa hipótese de cabimento de mandado de injunção, para o qual a entidade em questão estaria legitimada, diante da existência de pertinência temática com seu objetivo institucional.

D) não é o instrumento adequado para a tutela pretendida, uma vez que, tanto os dados a que permite acesso ou retificação, como o manejo do instrumento são personalíssimos, não se prestando à obtenção de informações relativas a terceiros.

E) não é o instrumento adequado para a tutela pretendida, estando, contudo, legitimada a entidade para a propositura de ação popular, em defesa da moralidade administrativa."

A resposta, de acordo com nossa explicação, é a letra "D". Como não se trata de informação pessoal, mas sim de interesse geral, o remédio cabível seria o mandado de segurança, não o habeas data.

✦ **(Esaf/PFN/Procurador da Fazenda Nacional/2012)** Sobre o direito fundamental à informação previsto na Constituição, é incorreto afirmar:

A) que é assegurado a todos o acesso à informação e resguardado o sigilo da fonte, quando necessário ao exercício profissional.

B) todos têm direito a receber dos órgãos públicos informações de seu interesse particular, ou de interesse coletivo ou geral, que serão prestadas no prazo da lei, sob pena de responsabilidade, ressalvadas aquelas cujo sigilo seja imprescindível à segurança da sociedade e do Estado.

C) são a todos assegurados, independentemente do pagamento de taxas, a obtenção de certidões em repartições públicas, para defesa de direitos e esclarecimento de situações de interesse pessoal.

D) conceder-se-á habeas data para assegurar o conhecimento de informações relativas à pessoa do impetrante, constantes de registros ou bancos de dados de entidades governamentais ou de caráter público.

E) a lei disciplinará as formas de participação do usuário na Administração Pública Direta ou Indireta, regulando especialmente, dentre outras matérias, o acesso dos usuários a registros administrativos e a informações sobre atos de governo, ressalvadas aquelas cujo sigilo seja imprescindível à inviolabilidade do sigilo da fonte e à segurança das sociedades civis de direito privado.

Resposta: E. Letra A: art. 5º, XIV. Correta. Letra B: art. 5º, XXXIII. Correta. Letra C: art. 5º, XXXIV, a. Correta. Letra D: art. 5º, LXXII, a. Correta. Letra E: art. 39, § 3º, II: "A lei disciplinará as formas de participação do usuário na Administração Pública Direta e Indireta, regulando especialmente: [...] II – o acesso dos usuários a registros administrativos e a informações sobre atos de governo, observado o disposto no art. 5º, X e XXXIII." Os incisos citados referem-se à intimidade e ao direito à informação, e não, como afirmou a questão, ao sigilo da fonte. Assim, alternativa errada.

9.13. Dos recursos – art. 15

Conforme a lei, no caso de **indeferimento de acesso a informações** ou às **razões da negativa do acesso**, poderá o interessado interpor recurso contra a decisão no prazo de 10 (dez) dias a contar da sua ciência.

Semelhante ao que prevê a Lei nº 9.784/99, o recurso será dirigido à autoridade hierarquicamente superior à que exarou a decisão impugnada, que deverá se manifestar no prazo de 5 (cinco) dias.

Negado o acesso a informação pelos órgãos ou entidades do Poder Executivo Federal, o requerente poderá recorrer à Controladoria-Geral da União, que deliberará no prazo de 5 (cinco) dias se:

> *I – o acesso à informação não classificada como sigilosa for negado;*
>
> *II – a decisão de negativa de acesso à informação total ou parcialmente classificada como sigilosa não indicar a autoridade classificadora ou a hierarquicamente superior a quem possa ser dirigido pedido de acesso ou desclassificação;*
>
> *III – os procedimentos de classificação de informação sigilosa estabelecidos nesta Lei não tiverem sido observados; e*
>
> *IV – estiverem sendo descumpridos prazos ou outros procedimentos previstos nesta Lei.*

O recurso, porém, somente poderá ser dirigido à Controladoria-Geral da União depois de submetido à apreciação de pelo menos uma autoridade hierarquicamente superior àquela que exarou a decisão impugnada, que deliberará no prazo de 5 (cinco) dias.

Verificada a procedência das razões do recurso, a Controladoria-Geral da União determinará ao órgão ou entidade que adote as providências necessárias para dar cumprimento ao disposto na LAI.

Negado o acesso à informação pela Controladoria-Geral da União, poderá ser interposto recurso à Comissão Mista de Reavaliação de Informações – CMRI, a que se refere o art. 35.

A sistemática recursal até agora vista se refere aos casos de indeferimento de acesso a informações ou às razões de negativa de acesso. De outro modo, caso de **indeferimento de pedido de *desclassificação*** de informação protocolado em órgão da Administração Pública Federal, poderá o requerente recorrer ao Ministro de Estado da área, sem prejuízo das competências da CMRI. Vale lembrar que o art. 27, § 3º, determina que a autoridade ou agente que classificar a informação em qualquer grau de sigilo deve encaminhar a decisão à CMRI para reavaliação.

A lei prevê, ainda, que no caso de pedido de desclassificação de informação como secreta ou ultrassecreta, o interessado pode recorrer em última "instância" à CMRI.

Assim, no caso de indeferimento de pedido de desclassificação o interessado poderá recorrer ao Ministro de Estado, sem prejuízo de a CMRI *reavaliar de ofício* a classificação feita pelo agente público. E, ainda, no final, **recorrer** à CMRI.

10. *VENIRE CONTRA FACTUM PROPRIUM* NA ADMINISTRAÇÃO PÚBLICA

A expressão veda a obtenção de benefício dos comportamentos contraditórios. Segundo Flávio Tartuce,[51] doutrinador que milita no direito civil, "Pela máxima *venire contra factum proprium non potest*, determinada pessoa não pode exercer um direito próprio contrariando um comportamento anterior, devendo ser mantida a confiança e o dever de lealdade, decorrentes da boa-fé objetiva".

Em termos mais claros, trata-se da proibição de se beneficiar de atos de incoerência.

A citada expressão foi desenvolvida no âmbito do direito civil e é decorrente do princípio da boa-fé objetiva a ser observada nas relações contratuais. O princípio da boa-fé contratual encontra

---

51 TARTUCE, Flávio. *Manual de Direito Civil*. 4ª ed. São Paulo: Método, 2014.

previsão expressa no Código Civil de 2002 e se refere às condutas a serem praticadas pelas partes contratantes.

Conforme o autor mencionado, "tornou-se comum afirmar que a boa-fé objetiva, conceituada como sendo exigência de conduta leal dos contratantes, está relacionada com os deveres anexos ou laterais de conduta, que são ínsitos a qualquer negócio jurídico, não havendo sequer a necessidade de previsão no instrumento negocial". Entre esses direitos anexos está o dever de respeito, confiança, honestidade, razoabilidade etc. Com a violação dos deveres anexos há violação do contrato, atraindo o ônus suportado por aquele que praticou o ato ilícito (violação contratual).

Decorrente dos deveres da boa-fé temos a *venire contra factum proprium*, que proíbe tirar proveito de comportamentos contraditórios. Pela teoria da *venire contra factum proprium* é praticado um ato inicial, havendo a confiança da outra parte na manutenção do ato praticado e, posteriormente, há um comportamento contraditório à conduta anterior.

No direito civil, vem sendo aplicada pelos Tribunais a proibição do comportamento contraditório a fim de não permitir que a parte contratante obtenha benefício de comportamento contraditório anterior.

Em relação à Administração Pública também há o dever de observar a boa-fé objetiva nas suas relações. Por isso, a teoria da *venire contra factum proprium* pode ser aplicada em relação à Administração Pública. Assim, por exemplo, em uma demanda judicial a outra parte apresenta cálculos para pagamento de uma quantia a ser efetuada pela Administração e, se há a concordância com o valor apresentado pela parte, depois não poderá o Procurador do Estado alegar que o valor está errado. Nesse caso, nem mesmo o princípio da indisponibilidade do interesse público poderá servir de fundamento para rever o valor aceito pela Administração. Isso porque é certo que nenhum princípio administrativo é absoluto, podendo haver uma ponderação entre eles. Sendo o princípio da boa-fé (proteção à confiança) aplicável ao Poder Público, este poderá prevalecer em relação a outro diante do caso concreto.

O STJ já fez referência expressamente à teoria da *venire contra factum proprium* nas relações administrativas em desfavor da Administração:

> *Direito civil e processual civil. Falência. Parcelamento das dívidas do falido pelo Refis. Autorização do órgão administrativo competente. Tentativa de desfazimento judicial. Venire contra factum proprium. Recebimento do crédito de forma parcelada. Ausência de interesse de agir. 1 – No caso dos autos, a União não se legitima a interpor recurso contra a sentença que, tendo em vista a extinção das obrigações do falido pela adesão ao Refis extinguiu a falência. 2 – Repugna ao ordenamento jurídico pátrio a adoção de comportamento processual contraditório. Assim, se a própria UNIÃO FEDERAL, por meio do órgão administrativo competente, aprovou a inclusão das dívidas fiscais da empresa falida no Refis, não pode ela, em seguida, vir a juízo buscar a desconstituição dessa situação jurídica, contrariando o seu comportamento anterior e prejudicando situação consolidada no tempo. 3 – Tal conclusão ainda mais se afirma, porque, no caso concreto, as parcelas contempladas no Refis têm sido pagas regularmente, a evidenciar a ausência de interesse da recorrente em perseguir o prosseguimento do processo de falência, com alienação judicial do patrimônio do falido e pagamento dos credores segundo a ordem legal de preferência. 4 – Recurso especial a que se nega provimento (REsp 1033963/MG, Rel. Ministro Sidnei Beneti, Terceira Turma, julgado em 04.10.2011, DJe 21.10.2011).*

Em outro julgado interessante analisado pelo STJ, o Estado não realizou o exame de balística em razão de disparo de arma de fogo na perseguição de fugitivo que atingiu o particular. Posteriormente, o Estado, competente para a conclusão do inquérito policial, alegou que, diante da inexistência de exame de balística do projétil que atingiu a autora não haveria meios de lhe imputar a responsabilidade pelo fato. O Tribunal afastou a tese com base na teoria da *venire contra factum proprium*, pois se não houve o exame de balística, que era dever do Estado realizá-lo, ele também não poderia se beneficiar de tal comportamento (omissão). REsp 1236412/ES, Rel. Ministro Castro Meira, Segunda Turma, julgado em 02.02.2012, *DJe* 17/02/2012.

A doutrina faz, ainda, uma distinção entre a *venire contra factum proprium* e a *tu quoque*. Ambas são decorrentes da boa-fé objetiva e proíbem comportamentos opostos. Porém, na primeira há a prática de um ato sem caráter de ilicitude; na segunda há a prática de um ato contrário ao direito em que posteriormente pretende se beneficiar desse ato ilegal. Os autores atribuem a expressão *tu quoque* ao grito de dor de Júlio César, quando viu que seu filho Bruto estava entre aqueles que queriam lhe tirar a vida. O imperador então disse: "*Tu quoque, filli?*"

Por essa distinção entre as duas teorias, realizando a Administração Pública um ato sem amparo legal ou abstendo-se de sua prática quando a lei impuser uma conduta, haverá ofensa ao princípio da legalidade e, por consequência, ato ilícito, sem a possibilidade de se tirar proveito posterior desse ato, aplicando-se, assim, a *tu quoque*.

11. COMENTÁRIOS À LEI ANTICORRUPÇÃO – LEI Nº 12.846, DE 1º DE AGOSTO DE 2013

11.1. Âmbito de aplicação

A primeira questão que merece ser analisada na chamada "Lei Anticorrupção" (Lei nº 12.846, de 1º de agosto de 2013) diz respeito ao seu âmbito de aplicação. Trata-se de uma lei nacional, é dizer, uma lei feita pela União, mas que se aplica a todas as esferas federativas (União, estados, DF e municípios).

Outro ponto importante é o objeto dessa legislação: a responsabilização objetiva (= independentemente de dolo ou culpa) das pessoas jurídicas (já que a responsabilidade das pessoas físicas já é objeto de outros diplomas, como o Código Penal, a Lei de Improbidade Administrativa etc.). Essa responsabilização objetiva ocorrerá quando as **pessoas jurídicas** praticarem atos contra a Administração Pública, seja ela a brasileira ou estrangeira.

Perceba-se que o bem jurídico protegido por essa legislação é a probidade da Administração Pública. Não, contudo, no aspecto de punir pessoas físicas, mas no sentido de responsabilizar as pessoas jurídicas que se beneficiem da prática de atos ilícitos em detrimento do Poder Público.

11.2. Sujeitos atingidos

Como dissemos, os sujeitos atingidos *primariamente* pela Lei são as **pessoas jurídicas**. Existem, apesar disso, algumas normas que se referem à responsabilização de pessoas físicas (por exemplo, o § 2º do art. 3º, que prevê a responsabilidade dos dirigentes e administradores da empresa, na medida da respectiva culpabilidade). A finalidade principal da Lei, contudo, é responsabilizar as pessoas jurídicas, que muitas vezes se beneficiam de atos corruptos de seus agentes, mas só veem as pessoas físicas sofrerem as consequências.[52]

Em relação às pessoas jurídicas, o texto legal é propositadamente amplo. A própria Lei declara ser aplicável "às sociedades empresárias e às sociedades simples, personificadas ou não, independentemente da forma de organização ou modelo societário adotado, bem como a quaisquer fundações, associações de entidades ou pessoas, ou sociedades estrangeiras, que tenham sede, filial ou representação no território brasileiro, constituídas de fato ou de direito, ainda que temporariamente".

Perceba: a norma é aplicável a qualquer espécie de pessoa (com fins lucrativos ou não), formalizada juridicamente ou existente apenas de fato (sociedade de fato), e até mesmo às sociedades estrangeiras, desde que tenham sede, filial ou representação no Brasil.

O fundamento da aplicação da norma é a prática de "atos lesivos previstos nesta Lei praticados em seu interesse ou benefício, exclusivo ou não" (art. 2º, *caput*). *Assim*, exigem-se dois requisitos para a aplicação da lei: a) a ocorrência de um **ato lesivo** à Administração Pública (não necessariamente um prejuízo financeiro); e b) que o ato tenha sido praticado **no interesse ou no benefício da pessoa jurídica.**

Tema para discussão: ***A Lei Anticorrupção pode ser aplicada para responsabilizar partidos políticos por atos de corrupção de seus filiados?***

Trata-se de tema polêmico. De acordo com a literalidade da Lei, essa responsabilização é possível, já que os partidos são pessoas jurídicas de direito privado. Há, contudo, na doutrina, quem defenda que, como não há citação à Lei Orgânica dos Partidos Políticos (Lei nº 9.096/95), não seria aplicável essa legislação às agremiações partidária (visão, por exemplo, de Fábio Medina Osório).

11.3. Responsabilização objetiva

Como forma de dissuadir as pessoas jurídicas da prática ou tolerância com a prática de atos corruptos, a Lei Anticorrupção trouxe, em seu verdadeiro "coração", a regra da responsabilidade *objetiva* (isto é, independente de dolo ou culpa) da pessoa jurídica por atos de seus funcionários ou representantes, desde que sejam praticados no interesse da pessoa jurídica ou em seu benefício.

Em se tratando de responsabilidade objetiva, não se exige a demonstração de dolo ou culpa da empresa na prática ilícita. Está configurada a responsabilidade administrativa ou civil, objetivamente, ainda que a pessoa jurídica sequer tenha conhecimento da prática do fato por seus agentes ou representantes. Logicamente essa lógica da responsabilidade objetiva não se aplica à esfera penal (em que as pessoas jurídicas podem ser responsabilizadas por crimes ambientais, na forma da Lei nº 9.605/96 e da CF, art. 225, § 3º, mas sempre de forma pelo menos culposa).

Não há, dessa forma, perquirir sobre *culpa in eligendo* (em escolher o agente) ou *in vigilando* (em fiscalizar), já que a responsabilidade é – repita-se – objetiva.

Essa responsabilidade, aliás, se comunica às demais pessoas jurídicas, em caso de transformação, incorporação, fusão ou cisão de empresas (art. 4º, *caput*); igualmente, a empresa controladora responde

52 Trata-se da chamada "teoria do homem ao mar": a empresa contrata pessoas físicas e lhes dá "carta branca" para que pratiquem atos de corrupção, com a condição, porém, de que, em caso de serem flagradas, esse fato não seja revelado. Assim, apenas a pessoa física é punida. A lógica da Lei Anticorrupção é justamente combater essa situação.

pelos atos da controlada ou consorciada. Nesse último caso, porém, a responsabilidade está limitada à multa e à reparação do dano (não podem, portanto, ser aplicadas outras sanções administrativas).

Finalmente, ressalte-se que, segundo a doutrina majoritária, a responsabilidade da pessoa jurídica é objetiva; contudo, a responsabilidade do agente continua a ser subjetiva (exige-se a demonstração de dolo ou de culpa), de forma semelhante à relação entre a Administração e os seus agentes, pelos danos causados a terceiros, na forma do art. 37, § 6º, da CF.

Questão de aprofundamento: ***A responsabilização objetiva significa a adoção da teoria do risco integral?***

A doutrina majoritária entende que não. Não se pode, a título de combater a corrupção, transformar as pessoas jurídicas em seguradoras universais de qualquer tipo de dano. Trata-se, ademais, de argumentação análoga à que não admite, em regra, a teoria do risco integral na responsabilização civil do Estado.

Assim, em suma, o reconhecimento da responsabilidade da pessoa jurídica por atos corruptos exige: a) a existência de uma **conduta** de um agente seu ou que atue em seu nome; b) a configuração de um **dano** ao patrimônio público brasileiro ou estrangeiro, ou a infração de princípios da Administração Pública, ou de obrigações constantes de acordos internacionais; e c) o **nexo** de causalidade entre a conduta do agente e o dano ou a infração.

11.4. Condutas típicas

As condutas típicas estão listadas no art. 5º da Lei. Segundo a maioria da doutrina, o rol de fatos típicos é taxativo (é posição, entre outros, de Marçal Justen Filho, Floriano de Azevedo Marques Neto e Fábio Medina Osório). A tipicidade exigida, contudo, é menos fechada que no direito penal.

11.4.1. Bem jurídico protegido

O bem jurídico protegido pela norma é o patrimônio público (nacional ou estrangeiro), ou os princípios da Administração Pública, ou ainda o respeito aos compromissos internacionais assumidos pelo Brasil (art. 5º, *caput, in fine*).

11.4.2. Sujeitos passivos

O sujeito passivo das condutas listadas no art. 5º é a Administração Pública, seja ela nacional ou estrangeira.

ATENÇÃO!!! Consideram-se "Administração Pública estrangeira": a) órgãos e entidades estatais de outros países; b) representações diplomáticas; c) pessoas jurídicas controladas (direta ou indiretamente) por país estrangeiro; e d) organizações públicas internacionais (ONU, OEA etc.).

COMO ESSE ASSUNTO TEM SIDO COBRADO EM CONCURSOS:

- **TRF4/Juiz Federal/2014** *Consideram-se, como Administração Pública estrangeira, os órgãos e as entidades estatais ou as representações diplomáticas de país estrangeiro, de* *qualquer nível ou esfera de governo, bem como as pessoas jurídicas controladas, direta ou indiretamente, pelo poder público de país estrangeiro. Equiparam-se à Administração Pública estrangeira as organizações públicas internacionais.*

Gabarito: Correto.

11.4.3. Tipicidade objetiva

Os fatos típicos listados podem ser agrupados em condutas relacionadas a: a) pagamento de propina ou de valor ilícitos (art. 5º, I e II); b) dissimulação de intenções por meio interposta pessoa, física ou jurídica (art. 5º, III – conduta praticada por quem, por exemplo, utiliza-se de outra empresa para firmar contrato com o Poder Público, em virtude de a atual pessoa jurídica estar proibida de licitar ou de contratar); c) frustrar a licitude de procedimento licitatório ou de contratação pública (art. 5º, IV, *a* a *g*); d) *dificultar a atividade investigativa ou fiscalizatória de órgãos, entidades ou autoridades públicas.*

11.4.4. Tipicidade subjetiva

De acordo com a doutrina, o tipo subjetivo exigido é o dolo ou a culpa do agente em cometer a conduta.

CUIDADO!!! Para a responsabilização da *pessoa jurídica*, não se exige dolo ou culpa *da empresa*. Porém, para a configuração das condutas do art. 5º, faz-se necessário que haja dolo, ou pelo menos culpa, *do agente*.

11.5. Penalidades

As penalidades previstas na Lei nº 12.846/13 podem ser classificadas em dois grupos: a) punições administrativas; e b) punições decorrentes de ordem judicial. Logicamente, as segundas têm natureza mais gravosa, por isso submetem-se à reserva de jurisdição. As esferas, ademais, são independentes entre si (art. 18). As penalidades prescrevem em cinco anos, contados da data da ciência da infração (regra geral) ou da data da cessação da permanência ou continuidade, no caso de infração continuada ou permanente (art. 25).

ATENÇÃO!!! A *apresentação* de proposta de acordo de leniência (veja item 8) suspende (= congela) os prazos prescricionais; a *celebração* efetiva do acordo *interrompe* (= zera) esses prazos (art. 16, § 9º, na redação da MP nº 703, de 18 de dezembro de 2015).

11.5.1. Sanções administrativas

Administrativamente, podem ser aplicadas as sanções de **multa** (de 0,1% até 20% do faturamento **BRUTO** do último exercício anterior ao da **instauração do procedimento**, excetuados apenas os tributos) e a obrigação de publicar a decisão administrativa condenatória (art. 6º).

Na definição das sanções aplicáveis e de sua quantidade, serão levados em conta os critérios de dosimetria previstos no art. 7º, dentre os quais destacam-se a consumação ou não da infração; a situação econômica da pessoa jurídica infratora; a cooperação da pessoa com as investigações; a gravidade da infração; e a existência ou não de mecanismos e procedimentos internos de integridade (*compliance*).

COMO ESSE ASSUNTO TEM SIDO COBRADO EM CONCURSOS:

✦ **Cespe/Depen/Agente Penitenciário Federal/2015** *Na esfera administrativa, no momento da aplicação de sanções previstas na Lei Anticorrupção, devem ser considerados, entre outros fatores, o efeito negativo produzido pela infração, a gravidade da infração e a situação econômica do infrator.*

Gabarito: Correto. Comentário: esses são realmente critérios de dosimetria previstos no art. 7º da Lei.

11.5.2. Sanções judiciais

As sanções que podem ser aplicadas judicialmente (e que podem ser impostas de forma cumulativa) são (art. 19):

a) Perdimento de bens;

b) Suspensão ou interdição parcial das atividades;

c) Proibição de receber incentivos, subsídios, subvenções, doações ou empréstimos de órgãos ou entidades públicas e de instituições financeiras públicas ou controladas pelo Poder Público, pelo prazo de um a cinco anos; e

d) Dissolução compulsória da pessoa jurídica.

Essa última pena – dissolução compulsória da pessoa jurídica – logicamente deve ser reservada a situações gravíssimas, uma vez que equivale a uma verdadeira "pena de morte" da pessoa. Justamente por isso, a Lei prevê sua aplicação apenas se ocorrer uma das seguintes hipóteses: a) ter sido a pessoa jurídica utilizada de forma habitual para facilitar ou promover a prática de atos ilícitos; ou b) ter sido constituída para ocultar ou dissimular interesses ilícitos ou a identidade dos beneficiários dos atos praticados.

12. PROCEDIMENTO DE RESPONSABILIZAÇÃO

12.1. Administrativo

Para a aplicação de sanções administrativas (art. 6º), procede-se por decisão da autoridade máxima de cada órgão ou entidade, que pode agir de ofício ou por provocação. Na esfera do Executivo Federal, essa responsabilidade cabe à CGU (Controladoria-Geral da União).

O processo administrativo será conduzido por uma **comissão formada por dois servidores estáveis**, no **prazo total de 180 dias**, sendo **30 dias para a defesa.** Pode-se proceder à desconsideração da personalidade jurídica, na forma do art. 14, quando então serão "estendidos todos os efeitos das sanções aplicadas à pessoa jurídica aos seus administradores e sócios com poderes de administração, observados o contraditório e a ampla defesa".

A redação do art. 15 da Lei prevê que as **conclusões** devem ser encaminhadas ao Ministério Público. Ou seja, após todo o trâmite do processo administrativo as conclusões devem ser encaminhadas ao Ministério Público a fim de apurar eventuais delitos.

12.2. Judicial

De acordo com os arts. 19 a 21 da Lei Anticorrupção, a aplicação das sanções pela via judicial será feita por meio de ação própria, chamada "ação de responsabilização judicial".

A legitimidade para o ajuizamento da ação é do MP ou da Administração Direta (mesmo que a entidade lesada pertença à Administração Indireta): União, estados, DF ou municípios, por intermédio de suas advocacias públicas ou órgãos de representação judicial.

A ação segue o rito da ação civil pública (Lei nº 7.347/85) – exceto, obviamente, em relação à legitimidade ativa. Como a Lei silencia sobre outros aspectos processuais, a Lei de Ação Civil Pública incidirá em relação à competência, efeitos da decisão, requisitos da inicial, procedimento, recursos etc.

A Lei Anticorrupção ainda prevê a possibilidade de obtenção de medida cautelar de indisponibilidade de bens.

COMO ESSE ASSUNTO TEM SIDO COBRADO EM CONCURSOS:

✦ **FCC/MPE-PE/Promotor de Justiça/2014** A Lei nº 12.846/2013 - alcunhada de "Lei Anticorrupção" - estabelece um regime de responsabilidade especial para pessoas jurídicas. Acerca desse regime, a lei em questão

a) é aplicável aos atos lesivos praticados por pessoa jurídica brasileira contra organizações públicas internacionais, ainda que cometidos no exterior.

b) estabelece, nas hipóteses de fusão e incorporação, a responsabilidade ilimitada da pessoa jurídica sucessora pelos atos e fatos ocorridos antes da data da fusão ou incorporação.

c) estabelece a responsabilização penal objetiva das pessoas jurídicas pela prática de atos lesivos à Administração Pública.

d) permite que a Controladoria Geral da União aplique sanção de dissolução compulsória da pessoa jurídica, quando comprovado ter sido a personalidade jurídica utilizada de forma habitual para facilitar ou promover a prática de atos ilícitos, ou ter sido constituída para ocultar ou dissimular interesses ilícitos ou a identidade dos beneficiários dos atos praticados.

e) atribui legitimidade concorrente ao Ministério Público, às Defensorias Públicas da União e dos estados e à Advocacia Pública da União, dos estados, do Distrito Federal e dos municípios, para ajuizamento de ação com vistas à aplicação das sanções previstas na referida legislação, às pessoas jurídicas infratoras.

Gabarito: A. Comentários: a letra "b" está errada porque, nessas hipóteses, a responsabilidade da empresa sucessora é limitada ao pagamento de multa e ao ressarcimento do dano (art. 4º, § 1º). A alternativa "c" é incorreta porque a responsabilidade penal não pode ser objetiva: quem é objetiva é a responsabilidade administrativa. Na letra "d", o erro está no fato de que a dissolução compulsória só pode ser aplicada pela via judicial. Finalmente, o erro da letra "e" está na legitimidade da ação de responsabilização: são legitimados apenas o MP e os entes federativos (União, estados, DF e municípios).

13. PROGRAMA DE *COMPLIANCE*

A partir da entrada em vigor da Lei nº 12.846/13, as pessoas jurídicas passaram a ser responsabilizadas objetivamente pelos atos corruptos de seus agentes ou representantes, quando praticados no interesse da pessoa jurídica ou em benefício dela. Para excluir essa responsabilidade, ou pelo menos para a atenuar, devem estabelecer "mecanismos e procedimentos internos de integridade, auditoria e incentivo à denúncia de irregularidades e a aplicação efetiva de códigos de ética e de conduta no âmbito da pessoa jurídica" (art. 7º, VIII).

Trata-se dos chamados programas de *compliance*, compostos por um código de ética, além de mecanismos, órgãos e procedimentos destinados a receber e apurar denúncias de desvios éticos dentro da organização.

Pela literalidade da Lei, a existência desse tipo de programa *atenua* as penalidades *administrativas*. A doutrina tem sustentado, porém, que a existência de um programa *efetivo* de *compliance* tem o condão de excluir a própria responsabilidade da pessoa jurídica, por romper o nexo de causalidade.

Para provas objetivas de concursos, recomendamos adotar a "letra" da Lei, embora nos pareça razoável (e possível de ser adotada em provas discursivas) a tese da exclusão do nexo de causalidade, caso exista um efetivo programa de *compliance* no âmbito da organização.

14. ACORDO DE LENIÊNCIA

14.1 Noções iniciais

Assim como ocorre no âmbito do direito econômico, especialmente na área de antitruste, a Lei Anticorrupção previu a mitigação da responsabilidade **administrativa** da pessoa jurídica que celebrar com o Poder Público acordo de leniência (art. 16).

Esquematicamente, sobre o acordo de leniência, temos:

a) Quem celebra: A autoridade máxima de cada órgão ou entidade pública poderá celebrar acordo de leniência com as pessoas jurídicas que colaborem efetivamente com as investigações e o processo administrativo.

b) Finalidades: identificar os demais envolvidos na infração (se cometida em concurso de agentes) e obter de forma célere informações e documentos que comprovem o ilícito sob apuração (uma espécie de colaboração com as investigações).

c) Condições: a celebração do acordo de leniência exige o preenchimento **cumulativo** das seguintes condições: 1) a completa cessação de qualquer atividade ilícita, desde o momento **da propositura do acordo**; 2) a cooperação da entidade celebrante até o final do procedimento apuratório; 3) a pessoa jurídica admita sua participação no ilícito e coopere plena e permanentemente com as investigações e o processo administrativo, comparecendo, sob suas expensas, sempre que solicitada, a todos os atos processuais, até seu encerramento.

d) Efeitos do acordo aceito pela administração: 1) exclui a pena de publicar a decisão administrativa condenatória; 2) exclui a pena judicial de receber incentivos ou subsídios do Poder Público; e 3) reduz em **até 2/3** o valor da multa.

e) Efeitos do acordo aceito pela administração: 1) exclui a pena de publicar a decisão administrativa condenatória; 2) exclui a pena judicial de receber incentivos ou subsídios do Poder Público; e 3) reduz em **até 2/3** o valor da multa.

f) Efeitos do acordo rejeitado: não importa admissão de culpa.

g) Efeito do descumprimento do acordo já celebrado: impede a mesma pessoa jurídica de celebrar novo acordo, pelo prazo de três anos, a contar do descumprimento.

COMO ESSE ASSUNTO TEM SIDO COBRADO EM CONCURSO:

✦ **Cespe/Depen/Agente Penitenciário Federal/2015** *SITUAÇÃO HIPOTÉTICA: Uma empresa envolvida em atos de corrupção celebrou contrato de leniência previsto pela Lei Anticorrupção, mas deixou de cumprir o que foi acordado. ASSERTIVA: Nessa situação, a empresa estará impedida de celebrar novo acordo de leniência pelo prazo de três anos a partir da data em que a Administração Pública tomar conhecimento da desobediência ao pacto.*

Gabarito: Correto (veja a letra f dos comentários).

Polêmica: é necessária a participação do MP nos acordos de leniência?

No âmbito da chamada "Operação Lava-Jato", realizada pela Polícia Federal, que apurou desvios bilionários na Petrobras, instaurou-se uma polêmica sobre a necessidade ou não de participação do MP nos acordos de leniência celebrados pela CGU com as empresas acusadas de participação nos ilícitos.

A partir de uma leitura literal da Lei, verifica-se que ela não exige a anuência ou participação do MP para a celebração do acordo. Essa não exigência, aliás, é bastante razoável, uma vez que as penalidades excluídas são eminentemente administrativas (multa e obrigação de publicar a decisão administrativa condenatória, especialmente). O acordo de leniência previsto na Lei Anticorrupção não elide qualquer responsabilidade civil ou penal, de modo que, a nosso ver, não se faz necessária – embora seja salutar – a participação do MP na celebração do ajuste.

COMO ESSE ASSUNTO TEM SIDO COBRADO EM CONCURSO:

✦ **Cespe/Depen/Agente Penitenciário Federal/2015** A celebração do acordo de leniência previsto na lei em questão gera benefícios para os administradores da empresa celebrante que estiverem envolvidos nos atos de corrupção investigados, pois tem o efeito de reduzir as penas privativas de liberdade que lhes possam ser aplicadas.

Gabarito: Errado. Comentário: O acordo de leniência previsto na Lei Anticorrupção não elide qualquer responsabilidade civil ou penal (salvo improbidade administrativa) ou penal, apenas administrativa.

JURISPRUDÊNCIA SELECIONADA

Em caso de irregularidades do Estado-membro em convênio federal, a União somente poderá inscrever o ente no SIAFI, no CADIN e no CAUC após o término do processo de prestação de contas especial, observados os princípios constitucionais da ampla defesa e do contraditório. O cadastro restritivo não deve ser feito de forma unilateral e sem acesso à ampla defesa e ao contraditório. Isso porque, muitas vezes, a inscrição pode ter, além de motivação meramente financeira, razões políticas. Assim, ao poder central (União) é possível suspender imediatamente o repasse de verbas ou a execução de convênios, mas o cadastro deve ser feito nos termos da lei, ou seja, mediante a verificação da veracidade das irregularidades apontadas. Isso porque o cadastro tem consequências, como a impossibilidade da repartição constitucional de verbas das receitas voluntárias. A tomada de contas especial, procedimento por meio do qual se alcança o reconhecimento definitivo das irregularidades, com a devida observância do contraditório e da ampla defesa, tem suas regras definidas em lei. Ao final, é possível tornar o dano ao erário dívida líquida e certa, e a decisão tem eficácia de título executivo extrajudicial. STF. Plenário. ACO 2892 AgR/DF, rel. orig. Min. Edson Fachin, red. p/ o ac. Min. Alexandre de Moraes, julgado em 11/9/2019 (Info 951).

EXECUÇÃO PENAL. PROCEDIMENTO ADMINISTRATIVO DISCIPLINAR. AUSÊNCIA DE DEFESA TÉCNICA NA OITIVA DAS TESTEMUNHAS. O Plenário do col. Pretório Excelso, em julgamento do RE n. 398.269/RS, Rel. Exmo. Min. Gilmar Mendes, DJe 26/2/2010, concluiu pela **inaplicabilidade da Súmula Vinculante n. 5 aos procedimentos administrativos disciplinares realizados em sede de execução penal**, ressaltando a imprescindibilidade da defesa técnica nesses procedimentos, sob pena de afronta aos princípios do contraditório e da ampla defesa, aos ditames da LEP e à legislação processual penal. (HC 484.815/RS, Rel. Ministro FELIX FISCHER, QUINTA TURMA, julgado em 11/04/2019, DJe 22/04/2019)

REVISÃO

1) A expressão regime jurídico administrativo compõe-se pelo conjunto de princípios e regras que regem o direito administrativo.

2) Princípios expressos na Constituição, art. 37: legalidade, impessoalidade, moralidade, publicidade e eficiência.

3) Os princípios são de observância obrigatória pela Administração Direta e Indireta.

4) Não existe hierarquia entre os princípios. Os princípios não são absolutos. Têm aplicação imediata, dispensando lei formal para sua efetivação.

5) Maria Sylvia entende que o princípio da legalidade e o da supremacia do interesse público formam a base do regime-jurídico administrativo. Celso Antônio Bandeira de Mello entende que a supremacia do interesse público e a indisponibilidade do interesse público é que constituem a base do regime jurídico administrativo.

6) Os princípios do direito administrativo não são monovalentes, pois são aplicados a vários ramos do direito.

7) LEGALIDADE: Significa que o administrador está, em toda a sua atividade funcional, sujeito aos mandamentos da lei. A legalidade para o **agente público** é a legalidade do art. 37 da CF, que exige atuação sempre de acordo com a lei, ou seja, ele só pode fazer o que a lei permite. Para o **cidadão** é a legalidade prevista no art. 5º, II, da CF, em que ninguém será obrigado a fazer ou deixar de fazer alguma coisa senão em virtude de lei.

8) IMPESSOALIDADE: Evitar que o administrador pratique ato visando interesse pessoal ou de terceiros ou com finalidade diversa daquela determinada em lei.

9) O art. 37, § 1º, da CF proíbe que conste nome, símbolos ou imagem que caracterizam promoção pessoal de autoridades ou servidores públicos em publicidade de atos, programas, obras, serviços e campanhas dos órgãos públicos.

10) Súmula Vinculante nº 13 veda a nomeação de cônjuge, companheiro ou parente em linha reta, colateral ou por afinidade, até o **terceiro grau**, inclusive, da autoridade nomeante ou de servidor da mesma pessoa jurídica investido em cargo de direção, chefia ou assessoramento, para o exercício de cargo em comissão ou de confiança ou, ainda, de função gratificada na Administração Pública Direta e Indireta em qualquer dos poderes da União, dos estados, do Distrito Federal e dos municípios, compreendido o ajuste mediante designações recíprocas. Veda expressamente essa conduta em todos os Poderes e em toda a Administração Pública de todos os níveis da Federação. Entretanto, o STF consagrou que os **cargos políticos** não estão incluídos na proibição trazida pela súmula vinculante, como os de Ministros ou Secretario estadual ou municipal.

11) MORALIDADE: Exige que a conduta praticada pelo administrador seja pautada de acordo com a ética, com o bom senso, bons costumes e principalmente com a honestidade. A moralidade administrativa constitui hoje pressuposto de validade de todo ato administrativo. A moralidade a ser observada é a moralidade administrativa.

12) PUBLICIDADE: É a divulgação oficial do ato para conhecimento do público e para o início da produção de seus efeitos (eficácia), bem como a permissão do acesso às condutas administrativas.

13) Publicidade não se confunde com a **publicação** de atos na imprensa oficial. Está é uma forma de publicidade, mas são diversas as formas de publicidade existentes.

14) A regra é a publicidade somente se admitindo restrição nas situações do art. 5º, XXXIII, da CF, que ressalva casos cujo sigilo seja imprescindível à segurança da sociedade e do Estado.

15) O princípio da publicidade também comporta restrição em razão da defesa de intimidade ou da privacidade do cidadão.

16) EFICIÊNCIA: Exige que a atividade administrativa seja exercida com presteza, perfeição, rendimento, qualidade e economicidade. Foi acrescentado de forma expressa na CF com a EC 19/98, pois antes era apenas implícito no Texto Constitucional.

17) Com a EC 45/04, foi inserido no art. 5º o inciso LXXVII, que "assegura a todos, no âmbito judicial e administrativo a razoável duração do processo e os meios que garantam a celeridade de sua tramitação". Assim, o princípio da eficiência, dentro do processo administrativo, passou a ser um direito com sede constitucional.

18) MOTIVAÇÃO: É a indicação de fatos e fundamentos jurídicos que determinaram a prática do ato administrativo. A motivação é a justificação do ato praticado. Trata-se da explicação da conduta administrativa com a apresentação de sua justificativa.

19) Teoria dos motivos determinantes: Significa que quando a Administração indica os motivos que a levaram a praticar o ato, este só será válido se os motivos forem verdadeiros.

20) A motivação deve ser prévia ou concomitante à prática do ato.

21) Celso Antônio Bandeira de Melo admite uma única hipótese de motivação posterior: prática de atos vinculados.

22) Atualmente a regra é pela motivação, seja ato vinculado ou discricionário.

23) Art. 50 da Lei nº 9.784/99 fixa os atos administrativos que deverão ser motivados: I – neguem, limitem ou afetem direitos ou interesses; II – imponham ou agravem deveres, encargos ou sanções; III – decidam processos administrativos de concurso ou seleção pública; IV – dispensem ou declarem a inexigibilidade de processo licitatório; V – decidam recursos administrativos; VI – decorram de reexame de ofício; VII – deixem de aplicar jurisprudência firmada sobre a questão ou discrepem de pareceres, laudos, propostas e relatórios oficiais; VIII – importem anulação, revogação, suspensão ou convalidação de ato administrativo.

24) SUPREMACIA DO INTERESSE PÚBLICO SOBRE O INTERESSE PARTICULAR: Significa que quando estiverem em conflito o interesse da sociedade e o interesse do particular, o que deve prevalecer é o interesse da sociedade em detrimento do interesse do privado.

28) Os interesses públicos **primários** são aqueles pertinentes à sociedade e tutelados no ordenamento jurídico; são os verdadeiros interesses a que se destina a Administração Pública, pois a máquina administrativa busca o interesse da coletividade, o interesse social. Os **secundários** seriam atinentes ao governo exercido em determinada época por agentes públicos que integram o aparelho estatal. O interesse público secundário deve coincidir com o interesse público primário.

25) Súmula Vinculante nº 21 do STF: É inconstitucional a exigência de depósito ou arrolamento prévios de dinheiro ou bens para admissibilidade de recurso administrativo. O STJ também possui súmula no mesmo sentido (Súmula nº 373).

26) Súmula Vinculante nº 3 do STF: Nos processos perante o Tribunal de Contas da União asseguram-se o contraditório e a ampla defesa quando da decisão puder resultar anulação ou revogação de ato administrativo que beneficie o interessado, excetuada a apreciação da legalidade do ato de concessão inicial de aposentadoria, reforma e pensão.

27) STF entende que o registro de aposentadoria é **ato complexo**.

28) Após o aperfeiçoamento da aposentadoria que ocorre com o registro perante o TCU, este Tribunal tem o prazo de 5 anos para fazer a **revisão** do ato de concessão inicial.

29) O STF vem exigindo que o TCU observe os princípios do contraditório e ampla defesa se fizer o registro de aposentadoria depois de 5 anos.

30) AUTOTUTELA: É o poder que tem a Administração para controlar seus próprios atos, revogando os atos legais que deixaram de ser convenientes e oportunos e anular os que são ilegais. Súmulas 346 e 473 do STF e art. 54, Lei 9.784/99.

31) Prazo de 5 anos para a anulação dos atos ilegais, salvo comprovada má-fé. O STJ possui o entendimento de que o termo inicial da contagem do prazo de 5 anos para fazer a anulação de atos praticados anteriormente à Lei nº 9.784/99 ocorre a partir da publicação da lei nova.

32) TUTELA OU CONTROLE ADMINISTRATIVO: Visa assegurar que a entidade descentralizada, no exercício da sua autonomia, atue em conformidade com os fins que resultaram na sua criação.

33) HIERARQUIA: os órgãos da Administração são estruturados de tal forma que se cria uma relação de coordenação e subordinação entre uns e outros, cada qual com atribuições definidas na lei.

34) O STJ entende ilegítimo o corte no fornecimento de energia elétrica, mesmo após aviso prévio, quando inadimplente hospital, devido à prevalência do interesse público. Entende, também, ilegítimo o corte no fornecimento de energia elétrica quando puder acarretar lesão irreversível à integridade física do usuário.

35) PRINCÍPIO DA PRESUNÇÃO DE LEGITIMIDADE DOS ATOS ADMINISTRATIVOS: Significa que todo ato administrativo vem ao mundo jurídico com presunção relativa de que é ato legal.

15. QUESTÕES

1. **(2019/FGV/Prefeitura de Salvador – BA/Agente de Trânsito e Transporte).** O Município de Salvador elaborou plano estratégico para melhorar as atividades de fiscalização pelos agentes de trânsito e transporte e as condições de segurança, higiene e conforto dos veículos do sistema de transporte público.

   Neste contexto, a busca de melhores resultados práticos, menos desperdícios e maior produtividade decorre do seguinte princípio da Administração Pública:

a) Moralidade.

b) Impessoalidade.

c) Isonomia.

d) Segurança Jurídica.

e) Eficiência.

2. **(2019/FGV/Prefeitura de Salvador – BA/Agente de Trânsito e Transporte).** João, agente de trânsito e transporte do Município de Salvador, realizava blitz a fim de verificar a regularidade dos sistemas de trânsito e de transporte.

   Por coincidência, Mário, seu vizinho e antigo desafeto que conduzia um caminhão na área urbana, foi parado na blitz para ser fiscalizado. Ainda que não tenha sido encontrada qualquer irregularidade no veículo inspecionado, João lavrou auto de infração em desfavor de Mário, exclusivamente por retaliação.

   No caso em tela, João violou, frontal e diretamente, princípios constitucionais da Administração Pública. Assinale a opção que os indica.

a) Legalidade e pessoalidade.

b) Segurança jurídica e autotutela.

c) Razoabilidade e publicidade.

d) Moralidade e impessoalidade.

e) Isonomia e competitividade.

3. **(2019/FGV/Prefeitura de Salvador – BA/Agente de Trânsito e Transporte).** Autoridade competente do Município de Salvador, com escopo de conferir maior fluidez no tráfego de veículos no centro da cidade, decidiu que a Avenida X, a partir do mês seguinte, não seria mais uma via de mão dupla, passando a funcionar em um único sentido.

   Semanas após a alteração, verificado o aumento de engarrafamento na região, o Município concluiu estudo sobre mobilidade urbana, que indicou a conveniência de aquela avenida voltar a ser via de mão dupla, o que foi feito pela mesma autoridade, que revogou seu ato anterior.

   Com base no caso em tela, verifica-se que o princípio administrativo que se traduz no poder da Administração Pública de ter o controle sobre seus atos, inclusive podendo revogar os inoportunos ou inconvenientes, é o princípio da

a) autotutela, sem que seja necessária a prévia interferência do Poder Judiciário.

b) publicidade, que se aperfeiçoa com a publicação dos atos oficiais pelo Poder Judiciário.

c) impessoalidade, o qual obriga que todos os usuários da via pública sejam fiscalizados, sem quaisquer privilégios.

d) isonomia, que obriga que todos os atos decisórios em nível municipal sejam assinados pelo Prefeito.

e) moralidade, segundo o qual o ato administrativo discricionário é anulado quando se revela inconveniente.

4. **(2019/FGV/Prefeitura de Salvador – BA/Agente de Fiscalização Municipal).** Leia o fragmento a seguir.

   "A doutrina de Direito Administrativo ensina que a Administração Pública deve tratar a todos sem favoritismos, perseguições, simpatias ou animosidades políticas ou ideológicas".

Assinale a opção que indica o princípio da Administração Pública, expresso na Constituição da República, do qual decorre diretamente o fragmento acima.

a) Competitividade, segundo o qual todas as pessoas devem ter as mesmas possibilidades de ingressarem no serviço público, mediante concurso público, independentemente da idade.
b) Publicidade, segundo o qual todos os atos administrativos precisam ser publicados em até quinze dias, para que todos os administrados tenham ciência.
c) Impessoalidade, que se traduz na ideia de que a atuação do agente público visa ao interesse da coletividade, e não a beneficiar ou prejudicar alguém em especial.
d) Continuidade do serviço público, que se traduz na ideia de que os atos administrativos não podem ser interrompidos quando houver mudança na gestão do órgão público.
e) Seletividade, segundo o qual o poder público deve escolher, discricionariamente, as sociedades empresárias e as pessoas mais qualificadas para serem contratadas.

---

5. (2019/FGV/Prefeitura de Salvador – BA/Agente de Fiscalização Municipal). João, agente de fiscalização do Município de Salvador na área de meio ambiente e serviços públicos, no exercício da função, efetuava fiscalização ostensiva e permanente das ações de acondicionamento, armazenamento, coleta, transporte, tratamento e destino final do entulho produzido por determinada sociedade empresária do ramo de construção civil, que construía um prédio novo no Município.

Apesar de verificar diversas irregularidades durante a fiscalização, para deixar de adotar as providências administrativas e legais aplicáveis, João recebeu propina no valor de dez mil reais do particular interessado.

No caso em tela, a conduta de João violou, frontal e diretamente, o princípio expresso da Administração Pública da

a) publicidade, pois deixou de cumprir a ordem de serviço que determinou a fiscalização e foi publicada no Diário Oficial.
b) ampla defesa, pois deveria ter iniciado processo administrativo antes de qualquer ato fiscalizatório.
c) autotutela, porque, em caso de flagrante de ato ilegal, o agente público é obrigado a aplicar as penalidades previstas em lei.
d) moralidade, pois se afastou da honestidade, lealdade e boafé no exercício da função pública.
e) motivação, pois deveria fundamentar, em qualquer caso, as razões pelas quais deixou de aplicar as sanções legais.

---

6. (2019/FGV/Prefeitura de Salvador – BA/Agente de Fiscalização Municipal). De acordo com a doutrina de Direito Administrativo, é hipótese de direta e legítima aplicação do princípio da Administração Pública da autotutela, quando o agente público competente

a) anula um ato administrativo anteriormente praticado, por vício de legalidade.
b) pratica um ato administrativo de acordo com a razoabilidade, de acordo com padrões éticos e visando ao bem comum.
c) edita um ato administrativo com a exposição de seus pressupostos fáticos e de direito.
d) trata, do ponto de vista material, igualmente os administrados iguais e desigualmente os desiguais, na medida de suas desigualdades.
e) garante aos cidadãos não serem surpreendidos com atos administrativos que promovam alterações repentinas na ordem jurídica posta.

---

7. (2019/FGV/Prefeitura de Salvador – BA/Especialista em Políticas Públicas). Analise o trecho a seguir.

"A atividade administrativa deve ser exercida com presteza, perfeição e rendimento funcional."

Assinale a opção que apresenta o princípio fundamental da Administração Pública ao qual o trecho faz referência.

a) Legalidade
b) Impessoalidade
c) Moralidade
d) Publicidade
e) Eficiência

---

8. **(2019/FGV/Prefeitura de Salvador – BA/Especialista em Políticas Públicas)**. Prefeito de determinado município do Estado da Bahia nomeou sua esposa, médica de notório conhecimento e atuação exemplar, para exercer o cargo de Secretária Municipal de Saúde. No caso em tela, com as informações apresentadas acima, a princípio, de acordo com a jurisprudência do Supremo Tribunal Federal,

a) não é possível afirmar que houve flagrante violação ao princípio da impessoalidade pela prática de nepotismo, pois o cargo de secretário municipal possui natureza política.
b) não é lícito o ato administrativo de nomeação, pois houve flagrante violação ao princípio da moralidade pela prática de nepotismo.
c) é possível afirmar que houve flagrante ato de improbidade administrativa, por violação aos princípios da eficiência e legalidade.
d) é possível afirmar que houve flagrante crime eleitoral pela prática de ato expressamente proibido pelo texto constitucional que viola a impessoalidade.
e) é possível afirmar que houve flagrante falta disciplinar pela prática de ato punível com a sanção funcional de afastamento cautelar da função pública.

---

9. **(2019/FGV/Prefeitura de Salvador – BA/Fiscal de Serviços Municipais)**. Amed possui um pequeno quiosque na praia do Porto da Barra, em Salvador, onde vende quibes, esfirras e mate, garantindo o sustento de sua esposa e seus nove filhos.

Durante uma fiscalização da vigilância sanitária, o fiscal verificou que uma das luvas descartáveis, utilizadas por Amed para o manuseio dos alimentos, estava com um pequeno furo. Em razão disso, o fiscal decidiu pela interdição permanente do estabelecimento, sob a alegação de grave risco à saúde dos clientes.

Em relação à situação apresentada, assinale a opção que indica o princípio constitucional violado pelo fiscal.

a) O da razoabilidade, ao aplicar uma penalidade sem proporcionalidade condizente com a situação.
b) O da legalidade, ao instituir sanção sem o devido processo legal.
c) O da eficiência, tendo em vista o dano causado à economia local.
d) O da impessoalidade, dado o fato de que ele puniu o comerciante baseando-se na sua incapacidade contributiva.
e) O da segurança jurídica, afrontando o preceito de que ninguém será punido sem prévia cominação legal.

---

10. **(2019/FGV/DPE - RJ/Técnico Médio de Defensoria Pública)**. O Defensor Público, Dr. João, estava em férias deferidas para todo o mês de janeiro. Ocorre que o Defensor Público-Geral do Estado do Rio de Janeiro, no dia 16 de janeiro, praticou ato administrativo determinando a interrupção de férias do Dr. João no dia 30 de janeiro, por necessidade do serviço, para que ele comparecesse a uma importante audiência pública marcada para aquele dia. No dia 23 de janeiro, o chefe da Defensoria recebeu o ofício anunciando o adiamento sine die da audiência pública, razão pela qual praticou novo ato administrativo, revogando o anterior de interrupção de férias e mantendo integralmente as férias do Dr. João, na forma originalmente deferida.

Tal ato administrativo de revogação da interrupção de férias do Dr. João foi praticado pelo Defensor Público-Geral com base no princípio da administração pública da:

a) intranscendência, segundo o qual o administrador público está vinculado à veracidade dos motivos expostos para a prática de qualquer ato administrativo;

b) autotutela, que permite ao administrador público revogar seus próprios atos inoportunos ou inconvenientes, sem necessidade de manifestação prévia judicial;

c) continuidade, haja vista que o administrador público não pode interromper sem justo motivo e contraditório prévio as férias de um servidor público;

d) legalidade, na medida em que o administrador público deveria ter oportunizado o contraditório e a ampla defesa ao Dr. João antes da interrupção de suas férias;

e) eficiência, eis que a interrupção de férias enseja indenização em favor do servidor prejudicado e, diante do desaparecimento do justo motivo, deve-se evitar dano ao erário.

---

11. (VUNESP/INSPETOR FISCAL DE RENDAS/PREFEITURA DE GUARULHOS - SP/2019). A Constituição Federal, ao tratar "Da Administração Pública", estabelece no § 1° do art. 37, a proibição de promoção pessoal de autoridades ou servidores públicos por meio de símbolos ou imagens na publicidade dos atos, programas, obras, serviços e campanhas de órgãos públicos. Nos termos da doutrina majoritária, essa é uma consequência direta do princípio constitucional da

a) supremacia do interesse público.

b) publicidade.

c) eficiência.

d) impessoalidade.

e) presunção de legitimidade.

---

12. (VUNESP/INSPETOR FISCAL DE RENDAS/PREFEITURA DE GUARULHOS - SP/2019). Assinale a alternativa que contém os princípios da Administração Pública explícitos na Constituição Federal.

a) Proporcionalidade, moralidade, eficiência, razoabilidade e legalidade.

b) Impessoalidade, publicidade, moralidade, legalidade e eficiência.

c) Legalidade, impessoalidade, proporcionalidade, finalidade pública e moralidade.

d) Autotutela, continuidade, razoabilidade, legalidade e moralidade.

e) Moralidade, confiança legítima, segurança jurídica, legalidade e impessoalidade.

---

13. (VUNESP/ANALISTA LGISLATIVO/CÂMARA DE SERRANA - SP/2019). Assinale a alternativa que contempla um princípio constitucional implícito relacionado à Administração Pública.

a) Moralidade.

b) Razoabilidade.

c) Publicidade.

d) Eficiência.

e) Impessoalidade.

---

14. (VUNESP/ESCRIVÃO DE POLÍCIA CIVIL/PC-SP/2018) A razoável duração do processo e o emprego de meios que assegurem a celeridade na sua tramitação são assegurados, a todos, no âmbito administrativo e revelam direito fundamental que tem por conteúdo os princípios da

a) moralidade e reserva legal

b) nova gestão pública e razoabilidade.

c) isonomia e eficiência.

d) legalidade e publicidade.

e) impessoalidade e indisponibilidade do interesse público.

15. (VUNESP/INVESTIGADOR DE POLÍCIA CIVIL/PC-BA/2018) Um Estado que tributasse desmesuradamente os administrados enriqueceria o Erário, com maior volume de recursos, o que, por outro lado, tornaria a sociedade mais pobre. Tal conduta de exação excessiva viola o princípio pelo qual deve prevalecer

a) o interesse público secundário.
b) o interesse público primário.
c) a supremacia do interesse público.
d) o interesse público como direito subjetivo.
e) o direito subjetivo individual.

16. (VUNESP/INVESTIGADOR DE POLÍCIA CIVIL/PC-BA/2018) Se um determinado agente público se vale de uma competência que lhe é legalmente atribuída para praticar um ato válido, mas que possui o único e exclusivo objetivo de prejudicar um desafeto, é correto afirmar que tal conduta feriu o princípio da

a) finalidade, que impõe aos agentes da Administração o dever de manejar suas competências obedecendo rigorosamente à finalidade de cada qual.
b) supremacia do interesse público sobre o interesse privado, que é princípio geral de direito inerente a qualquer sociedade.
c) razoabilidade, pelo qual o Administrador, na atuação discricionária, terá de obedecer a critérios aceitáveis do ponto de vista racional, com o senso normal.
d) proporcionalidade, já que a Administração não deve tomar medidas supérfluas, excessivas e que passem do estritamente necessário à satisfação do interesse público.
e) motivação, porque a Administração deve, no mínimo, esclarecer aos cidadãos as razões pelas quais foram tomadas as decisões.

17. (VUNESP/PROCURADOR JURÍDICO/CÂMARA DE MOGI DAS CRUZES – SP/2017) Com relação aos princípios da Administração Pública, é correto afirmar que

a) a ampla defesa e o contraditório são considerados direitos e garantias fundamentais do acusado, mas o ordenamento jurídico brasileiro hodiernamente não os recepciona como princípios da Administração Pública.
b) a Administração, orientada pelo princípio da eficiência, pode revogar seus próprios atos, quando eivados de vícios que os tornam ilegais, porque deles não se originam direitos; ou anulá-los, por motivo de conveniência ou oportunidade.
c) a razoabilidade é princípio implícito na Constituição Federal, não contemplado no ordenamento jurídico brasileiro, cuja violação se constitui em ato de improbidade administrativa.
d) deixar de prestar contas quando esteja obrigado a fazê-lo constitui ato de improbidade administrativa que atenta contra os princípios da Administração Pública, podendo ser aplicada ao responsável a perda da função pública.
e) a segurança jurídica e o interesse público são considerados garantias implícitas na Constituição Federal, entretanto, o ordenamento jurídico brasileiro hodiernamente não os recepciona como princípios da Administração Pública.

18. (VUNESP/TÉCNICO LEGISLATIVO/CÂMARA DE TAQUARITINGA – SP/2016) As atividades administrativas são desenvolvidas pelo Estado para benefício da coletividade. Mesmo quando age em vista de algum interesse estatal imediato, o fim último de sua atuação deve ser voltado para o atendimento das necessidades da coletividade. Se, no entanto, não estiver presente esse objetivo, a atuação estatal estará inquinada de desvio de finalidade.

O texto refere-se ao princípio da Administração Pública da

a) segurança jurídica.
b) continuidade do serviço público.
c) eficiência.
d) supremacia do interesse público.
e) dignidade da pessoa humana.

19. (VUNESP/TITULAR DE SERVIÇOS DE NOTAS E DE REGISTROS/TJ-SP/2016) O regime jurídico administrativo caracteriza-se por

a) priorizar o interesse do governante sobre a vontade dos governados, em proteção às minorias.
b) princípios específicos, como a supremacia e a indisponibilidade do interesse público.
c) um conjunto de normas e princípios próprios de direito público e de direito privado, considerando que a Administração Pública também celebra contratos típicos de direito privado.
d) estabelecer as prioridades da Administração Pública, de acordo com a plataforma política do eleito.

20. (VUNESP/JUIZ DE DIREITO/TJ-RJ/2016) Assinale a alternativa que corretamente discorre sobre os princípios do Direito Administrativo.

a) O princípio da publicidade possui repercussão infraconstitucional, com regulamentação pela Lei de Acesso à Informação (Lei Federal n. 12.527/2011) na qual foram contempladas duas formas de publicidade – a transparência ativa e a transparência passiva –, aplicáveis a toda a Administração Direta e Indireta, mas não incidentes às entidades privadas sem fins lucrativos que recebam recursos públicos do orçamento, como ocorre por contrato de gestão.
b) Pelo princípio da continuidade do serviço público, não podem os serviços públicos ser interrompidos, visto que atendem a necessidades prementes e inadiáveis da coletividade, e, portanto, não é permitida paralisação temporária de atividades, mesmo em se tratando de serviços prestados por concessionários e permissionários, mediante pagamento de tarifa, como fornecimento de energia, ainda que o usuário esteja inadimplente.
c) As Súmulas n. 346 e n. 473 do Supremo Tribunal Federal, que tratam da declaração de nulidade dos atos administrativos pela própria Administração e da revogação destes por motivos de conveniência e oportunidade, demonstram que o Direito Administrativo brasileiro não adotou a autotutela como princípio.
d) A fim de tutelar o princípio da moralidade administrativa, a Constituição Federal prevê alguns instrumentos processuais, como a Ação Civil Pública, na defesa dos direitos difusos e do patrimônio social, a Ação Popular, que permite anular atos do poder público contaminados de imoralidade administrativa, desde que reconhecido o pressuposto da lesividade, da mesma forma como acontece com a Ação de Improbidade Administrativa, que tem como requisito o dano patrimonial ao erário.
e) O Supremo Tribunal Federal entende que, muito embora pela aplicação do princípio da impessoalidade, a Administração não possa ter em mira este ou aquele indivíduo de forma especial, o sistema de cotas, em que se prevê reserva de vagas pelo critério étnico-social para ingresso em instituições de nível superior, é constitucional e compatível com o princípio da impessoalidade, já que ambos têm por matriz comum o princípio constitucional da igualdade.

21. (VUNESP/ADVOGADO/IPT-SP/2014) Assinale a alternativa correta.

a) O regime jurídico administrativo é amparado por dois princípios basilares, a supremacia do interesse público e a indisponibilidade do interesse público.
b) O regime jurídico administrativo e o regime jurídico da Administração Pública são expressões sinônimas.
c) A supremacia do interesse público, que orienta o regime jurídico administrativo, é um princípio previsto expressamente na Constituição Federal.
d) O regime jurídico administrativo não contempla qualquer restrição à administração.
e) A Administração Pública é regida exclusivamente pelo regime jurídico administrativo.

22. (VUNESP/DEFENSOR PÚBLICO/DPE-MS/2014) A expressão regime jurídico administrativo é utilizada para designar

a) os regimes de direito público e de direito privado a que pode submeter-se a Administração Pública.

b) o conjunto das prerrogativas e restrições a que está sujeita a Administração Pública e que não se encontram nas relações entre particulares.

c) as restrições a que está sujeita a Administração Pública, sob pena de nulidade do ato administrativo, excluindo-se de seu âmbito as prerrogativas da Administração.

d) as prerrogativas que colocam a Administração Pública em posição de supremacia perante o particular, excluindo-se de seu âmbito as restrições impostas à Administração.

GABARITO	
Questão	Resposta
01	E
02	D
03	A
04	C
05	D
06	A
07	E
08	A
09	A
10	B
11	D
12	B
13	B
14	C
15	B
16	A
17	D
18	D
19	B
20	E
21	A
22	B

Capítulo III

ORGANIZAÇÃO ADMINISTRATIVA

1. INTRODUÇÃO

Em capítulo anterior, vimos que o conceito de Administração Pública pode ser compreendido em dois sentidos. No sentido **objetivo**, refere-se às atividades realizadas pela Administração, compreendendo: o fomento, serviços públicos, poder de polícia e a intervenção. No aspecto **subjetivo**, refere-se ao conjunto de unidades que têm por finalidade executar as atividades administrativas referidas.

Nesse capítulo, estudaremos os órgãos e entidades encarregados de desempenhar as funções administrativas, bem como o modo como pode ser exercida a atividade administrativa (centralizada ou descentralizada). Ou seja: como se compõe a **organização administrativa** para o desempenho das atividades estatais.

Cabe ressaltar que a organização administrativa não se confunde com a **organização política.** O estudo da organização política compreende a análise das entidades políticas que compõem a Federação. No modelo adotado no Brasil, são pessoas políticas a União, os Estados, o Distrito Federal e os municípios, todos dotados de autonomia política, isto é, capacidade para se auto-organizar (elaboração das próprias Constituições ou Leis Orgânicas) e, em especial, pela possibilidade de editar suas próprias leis no que se refere às matérias que lhe são pertinentes e dentro dos limites estabelecidos pela Constituição.

No estudo da **organização administrativa**, verificaremos o conjunto de unidades que desempenham as atividades administrativas. Essas unidades não são dotadas de capacidade política; não recebem atribuição para editar leis, e sim, capacidade de executar determinadas atividades administrativas, realizando os fins do Estado.

As unidades incumbidas da execução das funções estatais são os **órgãos**, centro de competências, sem personalidade jurídica; e as **entidades** administrativas, que são as autarquias, fundações, empresas públicas e as sociedades de economia mista, todas dotadas de personalidade jurídica.

2. FORMAS DE PRESTAÇÃO DA ATIVIDADE ADMINISTRATIVA (CONCENTRAÇÃO E DESCONCENTRAÇÃO; CENTRALIZAÇÃO E DESCENTRALIZAÇÃO)

Por meio da Constituição, os entes políticos (União, estados, DF e municípios) recebem uma série de atividades que devem ser prestadas à sociedade. Veremos que a atividade pode ser prestada de forma centralizada ou descentralizada e, também, concentrada e desconcentrada.

Na **concentração,** um único órgão desempenha todas as funções administrativas do ente político, sem nenhuma divisão em outros órgãos menores. Imagine que a União tenha um único órgão desempenhando todas as suas atividades. Difícil até de imaginar, já que na estrutura da União há centenas, senão milhares de órgãos.

Ao contrário, na **desconcentração** a pessoa política exerce a função administrativa por meio de vários órgãos despersonalizados. Os órgãos se dividem em outros órgãos de menor hierarquia.

Na **centralização**, a pessoa política desempenha suas tarefas diretamente por meio de seus **órgãos**. Nesse caso, a própria pessoa estatal (União, estados, DF e municípios) realiza diretamente a atividade administrativa, sem a interferência de qualquer outra entidade. Não há transferência de atividades para outras pessoas.

Quando a atividade é prestada por meio de **órgãos,** significa que o próprio ente político executa, sem intermediários, determinada atividade; é o mesmo que o ente realizar diretamente aquela função.

Os **órgãos** são centros de competência, sem personalidade jurídica própria, instituídos para o desempenho de funções estatais por meio de seus agentes, cuja atuação é **imputada** à pessoa a que pertencem. Assim, todos os atos praticados pelos órgãos são atribuídos à pessoa jurídica da qual ele faz parte.

A criação de órgãos resulta da DESCONCENTRAÇÃO, que é uma distribuição **interna** de competências, dentro da mesma pessoa jurídica. Isso é feito para desacumular; tirar do centro um volume grande de atribuições. Na desconcentração, tem-se o **controle hierárquico**, pois os órgãos de menor hierarquia permanecem subordinados aos órgãos que lhes são superiores.

O conceito legal de órgão está contido no art. 1º, § 2º, da Lei 9.784/99, sendo a unidade de atuação integrante da estrutura da Administração direta e da estrutura da Administração Indireta.

> **ATENÇÃO!** Existem órgãos na estrutura da Administração Direta e Indireta.

Por exemplo: na estrutura do Ministério da Economia, há diversos órgãos (Gabinete do Ministro, Secretaria Executiva, Receita Federal do Brasil – RFB, Secretaria do Tesouro Nacional – STN, Conselho Monetário Nacional – CMN, Conselho Nacional de Política Fazendária – Confaz, Conselho Nacional de Seguros Privados – Consp, entre outros). Cada órgão ainda possui, internamente, diversos outros órgãos. Em todas essas hipóteses, ocorre a desconcentração, tornando mais eficiente a atividade administrativa. Mas todos os órgãos são submetidos ao controle hierárquico do Ministro da Economia, e este é submetido à hierarquia do Presidente da República.

Do mesmo modo, na estrutura do Ministério da Justiça e Segurança Pública existem vários órgãos: Gabinete do Ministro, Secretaria Executiva, Departamento da Polícia Federal, Corregedoria da Polícia Federal, Diretoria de Inteligência Policial, Departamento Penitenciário Nacional, Secretaria de Assuntos Legislativos, Secretaria Nacional de Justiça, entre outros.

Mas cabe ressaltar que os Ministérios são órgãos da pessoa jurídica União. Nesse caso, a União presta suas atividades diretamente por meio de seus órgãos (ministérios).

Na DESCONCENTRAÇÃO, existe relação de **hierarquia** entre os diversos órgãos e autoridades. Como consequência dessa hierarquia, há o poder de controlar, de revisar, coordenar e corrigir os órgãos subordinados; avocar e delegar atos e aplicar punições.

A doutrina costuma dizer que a relação órgão–pessoa jurídica é semelhante aos órgãos do corpo humano e à própria pessoa, pois os órgãos do corpo humano apenas fazem parte de uma estrutura. Assim, a pessoa física é que sofre as consequências de atos praticados pelos órgãos de seu corpo.

Quais são as espécies de desconcentração?

A desconcentração pode ser feita tanto em razão da **matéria**, por exemplo, a criação dos Ministérios em nível federal (Ministério da Saúde, da Economia, da Justiça, da Educação, do Trabalho, ...); como da **hierarquia**, com diversos níveis de responsabilidade decisória, por exemplo, diretor de departamento, diretor de divisão, chefe de seção; ou em razão do **território** (geográfica), como no caso das agências do INSS espalhadas pelos diversos estados.

COMO ESSE ASSUNTO TEM SIDO ABORDADO NAS PROVAS

✦ **(FCC – 2010 – Casa Civil-SP – Executivo Público)** Ocorre a chamada centralização administrativa quando o Estado executa suas tarefas por meio

A) das agências executivas e fundações localizadas na sede do governo federal.

B) dos órgãos e agentes integrantes da Administração Direta.

C) apenas de órgãos da Administração Direta com atuação em todo o território nacional.

D) apenas de funcionários da Administração Direta concursados.

E) de órgãos e agências integrantes da Administração Direta e Indireta.

Resposta: Letra "b".

✦ **Ano: 2016 Banca: FCC Órgão: SEGEP-MA Prova: Auditor Fiscal da Receita Estadual.** São conceitos de centralização, descentralização e desconcentração da atividade administrativa do Estado, respectivamente:

a) a sua não distribuição interna no âmbito de um mesmo órgão; a sua distribuição interna no âmbito de um mesmo órgão; a sua distribuição a outras entidades administrativas.

b) a sua reunião no âmbito do ente político competente; a sua distribuição a outras entidades administrativas; a sua distribuição interna no âmbito de um mesmo órgão.

c) a sua reunião no ente político competente; a redistribuição aos demais entes políticos; a sua distribuição interna no âmbito de um mesmo ente político.

d) a sua reunião no âmbito do ente político competente; a sua distribuição a outras entidades administrativas, integrantes do mesmo ente político; a sua distribuição interna no âmbito de um mesmo ente político

e) a sua reunião no âmbito do ente político competente; a sua distribuição a outras entidades administrativas; a sua distribuição a outros entes políticos.

Resposta: LETRA D

Por outro lado, na DESCENTRALIZAÇÃO a atividade é prestada por pessoa diversa. Ocorre a distribuição de competências de uma para outra pessoa. Pressupõe duas pessoas: o ente político e a entidade descentralizada.

A descentralização pode ser por **outorga,** quando o Estado cria uma pessoa jurídica (entidade administrativa) que integra a Administração Indireta (autarquias, fundações, empresas públicas e sociedades de economia mista). Nesse caso, ocorre **controle finalístico**, pois as entidades permanecem **vinculadas** ao ente político, cabendo a este o controle para que não atuem fora dos limites legais de sua criação.

O controle finalístico visa evitar que a entidade descentralizada atue fora (além) das finalidades que resultaram na sua criação. Assim, a entidade descentralizada não pode realizar atividades que não são de sua atribuição. Entretanto, nas matérias de sua competência, possuem autonomia para adotar as medidas que entenderem mais adequadas.

São objetivos do controle finalístico assegurar o cumprimento dos objetivos fixados no ato de criação da entidade descentralizada; harmonizar sua atuação com a política e programação do Governo; zelar pela obtenção de eficiência administrativa; e garantir a autonomia administrativa, operacional e financeira da entidade (art. 26, DL nº 200/67).

ATENÇÃO! O controle finalístico também é chamado de Tutela ou Controle Administrativo ou, também, de supervisão ministerial em nível federal.

Na lição de Carvalho Filho,[1] o controle de tutela se distribui sobre quatro aspectos:

1) **Controle político**, pelo qual são os dirigentes das entidades escolhidos e nomeados pela autoridade competente da Administração Direta;

2) **Controle institucional**, que obriga a entidade a caminhar sempre no sentido dos fins para os quais foi criada;

3) **Controle administrativo**, que permite a fiscalização dos agentes e das rotinas administrativas da entidade; e

4) **Controle financeiro**, pelo qual são fiscalizados os setores financeiro e contábil da entidade.

A descentralização também pode ocorrer por **delegação** quando o Estado transfere por contrato de concessão ou permissão de serviços públicos a execução de um serviço, para que um particular o preste por sua conta e risco. No caso de permissão de serviços público pode ser feita

1 CARVALHO FILHO, José dos Santos. *Manual de Direito Administrativo*. Rio de Janeiro: Lumen Juris, 2009, p. 442.

a delegação para pessoas físicas ou jurídicas; na concessão, somente para pessoas jurídicas ou consórcio de empresas.

Na DESCENTRALIZAÇÃO ADMINISTRATIVA, portanto, surgem novas **pessoas**, dotadas de **personalidade jurídica própria**, ou seja, têm capacidade para responder por seus próprios atos e exercer suas atividades, com autonomia. Na DESCONCENTRAÇÃO, os **órgãos** criados **não possuem personalidade jurídica**; assim, a pessoa jurídica que realizou a distribuição interna de competências é que responderá pelos atos de seus órgãos.

Para haver Administração descentralizada, devem existir pelo menos duas pessoas: o ente político (ente federativo) e a entidade administrativa, à qual será atribuída a atividade, despida de subordinação perante o ente central que lhe transferiu a execução do serviço. Por outro lado, na desconcentração não há pessoa jurídica diversa na execução da atividade.

Tomemos o seguinte exemplo: Se um policial federal, no exercício de sua atividade, ao perseguir um criminoso, vem a perder o controle da viatura e atropela um pedestre, causando-lhe sérias consequências, a vítima deve ingressar com ação de indenização perante a União, pessoa jurídica que fez a desconcentração, e não diante do Departamento ou Superintendência da Polícia Federal ou do Ministério da Justiça e da Segurança Pública.

Por outro lado, se um servidor do Instituto Nacional do Seguro Social – INSS –, autarquia vinculada à União, que trabalha na seção de aposentadorias, vem, no exercício de sua atividade, a ofender segurado, causando-lhe danos morais, eventual ação de reparação de danos deve ser proposta contra o próprio INSS, e não contra o setor em que ele trabalha; nem mesmo diante de qualquer Ministério. Equívoco, também, pensar que a ação deve ser interposta contra a União, pois o INSS, como entidade, deve responder por seus próprios atos.

A concentração e a centralização têm em comum, portanto, o **acúmulo** de competências. Do mesmo modo há semelhança entre desconcentração e descentralização, pois ambos se referem à **distribuição** de competências. Contudo, a diferença reside no fato de que na desconcentração a distribuição é interna (dentro da mesma pessoa jurídica), e na descentralização é externa (de uma pessoa jurídica para outra).

Assim:

Concentração	acúmulo de competências	
Centralização	acúmulo de competências	
Desconcentração	distribuição de competências	distribuição é *interna* (mesma pessoa jurídica)
Descentralização	distribuição de competências	distribuição é *externa* (outra pessoa)

2.1. Administração Direta e Indireta

A Administração Direta é o conjunto de **órgãos** públicos que integram as pessoas jurídicas políticas (União, estados, DF e municípios) para a execução de atividades administrativas de forma centralizada.

A Administração Indireta é o conjunto de **pessoas jurídicas** que executam atividades administrativas, de forma descentralizada, permanecendo vinculadas à Administração Direta.

O Decreto-Lei nº 200/67 dispõe sobre a organização da Administração **Federal,** apresentando os seguintes conceitos:

> *Art. 4° A Administração Federal compreende:*
>
> *I – A Administração Direta, que se constitui dos serviços integrados na estrutura administrativa da Presidência da República e dos Ministérios.*
>
> *II – A Administração Indireta, que compreende as seguintes categorias de entidades, dotadas de personalidade jurídica própria:*
>
> *a) Autarquias;*
>
> *b) Empresas públicas;*
>
> *c) Sociedades de economia mista.*
>
> *d) Fundações públicas. (Incluído pela Lei nº 7.596, de 1987)*
>
> *Parágrafo único. As entidades compreendidas na Administração Indireta vinculam-se ao Ministério em cuja área de competência estiver enquadrada sua principal atividade. (Renumerado pela Lei nº 7.596, de 1987)*

3. EXTENSÃO DA ADMINISTRAÇÃO DIRETA

Para sabermos quais órgãos devemos incluir na estrutura da Administração Direta, é necessário compreender o conceito de Administração no sentido subjetivo, em seu conceito amplo. Essa expressão indica o universo de órgãos e pessoas que desempenham a função administrativa e demais funções do Estado.

A palavra Administração Pública, considerada nessa perspectiva, engloba todas as unidades que desempenham atividades administrativas, incluindo-se os órgãos relacionados às funções legislativa e judicial.

De fato, esses órgãos integram a Administração Pública. Assim, os órgãos do Poder Judiciário, como os Tribunais, e os órgãos que pertencem ao Poder Legislativo, como a Câmara dos Deputados, Senado Federal, Assembleias Legislativas, fazem parte da **Administração Direta** de suas respectivas esferas de governo, quando estão no exercício de atividade administrativa.

COMO ESSE ASSUNTO TEM SIDO ABORDADO NAS PROVAS

- **(TJRJ – Cespe – Analista Judiciário – 2008 – adaptada)** Maria, que é diretora não-empregada de uma sociedade de economia mista federal, com sede no estado do Rio de Janeiro, é a responsável pela área de contratos dessa empresa. Veiculou-se, na imprensa, que essa sociedade estaria firmando um contrato com o TJRJ. Tendo como referência a situação hipotética, pode-se afirmar que o TJRJ compõe a chamada Administração Pública Direta, sendo considerado órgão independente.

  Resposta: Certo.

- **(TCE-RN – Assessor Técnico Jurídico – Cespe – 2008)** As casas legislativas, o Poder Judiciário e os TCs estão obrigados a licitar, visto que são tidos como Administração Pública Direta.

  Resposta: Certo.

- **(Hemobras – Cespe – Analista de Gestão Corporativa – Administrador – 2009)** Apesar de auxiliar o Poder Legislativo, o Tribunal de Contas da União (TCU) não integra este poder, sendo considerado órgão independente.

  Resposta: Certo.

> ✦ **(Ministério da Ciência e Tecnologia – Finep – Analista – Administração de Material e Licitações – Cespe – 2009)** No ordenamento jurídico brasileiro, há órgãos que governam e administram, órgãos que só administram, órgãos que legislam e órgãos que julgam. Segundo a doutrina, o sistema de órgãos converge para a mesma função geral, que é o aparelho.
>
> *Resposta: Certo.*

Assim, a Administração Direta é a prestação da atividade pelo próprio ente político, por meio de seus órgãos, incluindo órgãos do Poder Judiciário e do Poder Legislativo.

4. PERSONALIDADE JURÍDICA DE DIREITO PÚBLICO E DE DIREITO PRIVADO

A personalidade jurídica é a atribuição de personalidade a algo que não é pessoa física.

Conforme adotado no Brasil, somente a pessoa física é dotada de personalidade, ou seja, tem capacidade para contrair direitos e obrigações, ser sujeito de direitos. Entretanto, o sistema necessita conferir personalidade a determinadas figuras que não são pessoas físicas para, também, poderem travar relações jurídicas. A essa personalidade conferida pelo direito dá-se o nome de personalidade jurídica. Possuem essa personalidade as associações, as empresas, os entes políticos (União, estados, DF e municípios) e, também, as autarquias, fundações, empresas públicas e as sociedades de economia mista.

Os entes políticos necessitam ter personalidade para poder exercer os poderes que lhes são atribuídos; mas esses entes têm personalidade jurídica de **direito público,** ou seja, seguem as normas de direito público, com todas as suas prerrogativas e restrições. Dentre esse conjunto de privilégios e sujeições, podemos destacar a prática de atos administrativos, dotados de presunção de legitimidade e imperatividade; realização de contratos administrativos com presença de cláusulas exorbitantes; dever de realizar concurso; teto remuneratório aos seus servidores; proibição de acumulação de cargos; prestação contas ao Tribunal de Contas competente; obrigatoriedade de licitação; pagamento por precatórios; dever de motivação dos atos; imunidade tributária; entre outras obrigações e privilégios.

As entidades que compõem a Administração Indireta podem ter personalidade jurídica de direito público ou de direito privado, seguindo as regras do regime a qual cada uma delas pertencer. Entretanto, sempre que o Poder Público criar determinada entidade e lhe atribuir personalidade de **direito privado**, esse ente não seguirá completamente as regras desse sistema. A personalidade de direito privado das pessoas criadas pelo Estado é restringida por normas de direito público, como acontece com as **fundações de direito privado, empresas públicas e sociedades de economia mista**, nas quais o **regime é misto ou híbrido**, isto é, incidindo regras de direito público e regras de direito privado. Assim, a empresa pública e a sociedade de economia mista, por exemplo, seguem, **parcialmente**, as regras de direito privado, pois também estão orientadas por normas de direito público, como ocorre em relação ao dever de realizar concursos públicos, prestar contas ao Tribunal de Contas; estão submetidas ao teto remuneratório do art. 37, XI, da CF, se recebem recursos para pagamento de pessoal ou custeio em geral (§ 9º, art. 37); há a proibição de acumulação de cargos e empregos. Entretanto, não possuem o privilégio de pagamento por precatórios e imunidade tributária, ou seja, veremos que as regras de direito público (regime jurídico administrativo) convivem com as regras de direito privado.

COMO ESSE ASSUNTO TEM SIDO ABORDADO NAS PROVAS

- **(Agente e Escrivão de Polícia – Paraíba – Cespe – 2008)** O regime jurídico das empresas públicas e sociedades de economia mista é de caráter exclusivamente privado.

  Resposta: Errado. Não é exclusivamente privado (é misto ou híbrido).

- **(Procurador do Estado de Pernambuco – Cespe – 2008)** A fundação instituída pelo Estado com personalidade jurídica de direito privado se sujeita inteiramente a esse ramo do direito.

  Resposta: Errado.

Por outro lado, os **órgãos públicos** não são dotados de personalidade jurídica; assim, não podem contrair direitos e obrigações em nome próprio. Os órgãos são resultado de uma distribuição interna de competências dentro da mesma pessoa jurídica (mesma estrutura); são apenas centros de atribuições, sem personalidade. Os atos e omissões praticados pelos órgãos são de responsabilidade da pessoa jurídica à qual pertencem. Dessa forma, a União, ente político, reponde pelos atos de todos os seus Ministérios, secretarias, seções, departamentos etc.

Entre a pessoa jurídica e seus órgãos ou entre os diversos órgãos da mesma estrutura existe relação de hierarquia. Nessa medida, os órgãos superiores detêm o poder de coordenação, revisão, delegação, avocação e punição em relação aos órgãos e agentes de menor hierarquia.

5. ENTIDADES PARAESTATAIS

As paraestatais são pessoas de direito privado, sem fins lucrativos, que realizam atividade de interesse público e que não compõem a estrutura da Administração Direta ou Indireta; vale dizer: não fazem parte da Administração descentralizada. São entidades que colaboram com o Estado na realização de atividades de interesse público. São os serviços sociais autônomos (Sesc, Senac, Sesi, Senai, Sebrae etc.), as Organizações Sociais – OSs, as Organizações Sociais Civis de Interesse Público – Oscips e as entidades ou fundações de apoio.

Trataremos com mais detalhes sobre elas em capítulo próprio (Reforma do Estado e Terceiro Setor), mas devemos salientar que essas figuras não fazem parte da estrutura da Administração; estão a seu lado colaborando para a realização de atividades de interesse público, necessitando de incentivos estatais, a fim de continuar a realizar suas atividades com o fomento do Poder Público.

COMO ESSE ASSUNTO TEM SIDO ABORDADO NAS PROVAS

- **(Cespe – Analista de Controle Externo – 2009)** As entidades paraestatais, pessoas jurídicas de direito privado, não integrantes da Administração Direta ou Indireta, colaboram para o desempenho do Estado nas atividades de interesse público, de natureza não lucrativa.

  Resposta: Certo.

Cabe salientar que a nossa legislação mais antiga denominava as empresas públicas e sociedades de economia mista de paraestatais, assim como faz o Código Penal, art. 327, e a Lei nº 8.666/93, que, ao mencionar o termo "paraestatal", refere-se à empresa pública e à sociedade de economia mista. Mas, como dito, esse conceito evoluiu e hoje é utilizado para designar as pessoas que colaboram com o Estado, mas que estão fora de sua estrutura organizacional.

6. ESTUDO DOS ÓRGÃOS

6.1. Características dos órgãos

Os órgãos, integrantes de uma estrutura interna têm as seguintes características:

Não possuem:

- personalidade jurídica
- patrimônio próprio
- capacidade processual

6.1.1. Personalidade jurídica

Os órgãos não possuem personalidade jurídica, pois apenas são componentes de uma estrutura dividida internamente, assim como acontece com os órgãos do corpo humano. Quem deterá personalidade/ capacidade jurídica para responder pelos atos praticados pelos órgãos será a pessoa jurídica que realizou a desconcentração.

6.1.2. Patrimônio próprio

Todo o acervo patrimonial utilizado pelos órgãos é da pessoa jurídica a qual pertencem, não possuindo os órgãos patrimônio próprio para a realização de suas atividades, mesmo porque, em razão de não terem personalidade jurídica, ficam desprovidos da capacidade de contrair obrigações.

6.1.3. Capacidade processual

Os órgãos não possuem como regra capacidade processual, ou seja, idoneidade para figurar em qualquer dos polos de uma relação processual, como autores ou réus. Entretanto, tem evoluído a doutrina ao admitir a capacidade processual de órgãos públicos para certos litígios, como o caso de **impetração de mandado de segurança por órgãos de natureza constitucional**, quando se trata de defesa de sua competência; essa é a posição do STF.

Lucas Rocha Furtado traz caso concreto em que ocorreu a excepcionalidade referida: "Esta hipótese ocorreu quando o TCU decidiu realizar auditoria na Receita Federal, e esta, sob o argumento de ser descabida a auditoria, propôs mandado de segurança, a fim de ser suspensa a referida auditoria." Nesse caso, o TCU é órgão que auxilia o Poder Legislativo na fiscalização e a Receita Federal é órgão intrínseco à estrutura do Ministério da Economia.

O mesmo autor relata que, "em outras raras situações, também se admite legitimidade processual de órgão, como o que se verifica, por exemplo, quando a Mesa da Câmara dos Deputados ou do Senado Federal propõe ação direta de inconstitucionalidade ou declaratória de inconstitucionalidade".

Podemos acrescentar a capacidade processual das Defensorias Públicas para propor ação civil pública, bem como do órgão Ministério Público, a fim de exercer suas atribuições previstas no art. 127 da CF.

Reconhecendo a capacidade processual das Casas Legislativas, o STJ editou a Súmula nº 525: **"A Câmara de vereadores não possui personalidade jurídica, apenas personalidade judiciária, somente podendo demandar em juízo para defender os seus direitos institucionais."** STJ. 1ª Seção. Aprovada em 22.04.2015, *DJe* 27.4.2015.

ATENÇÃO! Segundo a doutrina, apenas órgãos **independentes** e **autônomos** podem ter capacidade processual para a defesa de suas prerrogativas institucionais. Essa capacidade para estar em juízo também é conhecida como PERSONALIDADE JUDICIÁRIA.

Assim, deve-se ter cuidado, pois **personalidade jurídica é diferente de personalidade judiciária**. Esta, alguns órgãos podem excepcionalmente ter; mas personalidade jurídica nenhum órgão possui.

COMO ESSE ASSUNTO TEM SIDO ABORDADO NAS PROVAS

✦ **(Cespe – MMA – 2009)** As assembleias legislativas estaduais não possuem personalidade judiciária.

Resposta: *Errado. Por serem órgãos independentes, têm capacidade processual.*

✦ **(Delegado de Polícia – Paraíba – Cespe – 2008)** Os órgãos subalternos, conforme entendimento do STF, têm capacidade para a propositura de mandado de segurança para a defesa de suas atribuições.

Resposta: Errado. Órgão subalterno não possui capacidade processual.

✦ **(Auditor Federal– Controle Externo – TCU – Cespe – 2009)** Em regra, os órgãos, por não terem personalidade jurídica, não têm capacidade processual, salvo nas hipóteses em que os órgãos são titulares de direitos subjetivos, o que lhes confere capacidade processual para a defesa de suas prerrogativas e competências.

Resposta: Certo.

✦ **(Abin – Direito – Cespe – 2008)** Embora, em regra, os órgãos públicos não tenham personalidade jurídica, a alguns órgãos é conferida a denominada capacidade processual, estando eles autorizados por lei a defender em juízo, em nome próprio, determinados interesses ou prerrogativas.

Resposta: Certo.

6.2. Teorias do órgão

Conforme exposto, a atuação do órgão é imputada à pessoa jurídica à qual pertence, pois a atuação do agente é atribuída ao órgão que ele integra, e a atuação desse órgão, como dito, é imputada ao ente estatal.

Várias teorias tentaram explicar como o Estado, titular de direitos e obrigações, exerce suas atividades por meio de seus agentes.

Enfim, as teorias tinham por finalidade explicar essa relação Estado-Órgão-Agentes.

Pela teoria do MANDATO, considerava-se o agente (pessoa humana) mandatário do Estado, assim como ocorre nas relações privadas quando uma pessoa confere a outra um mandato/procuração para a prática de determinados atos, como por exemplo, uma pessoa passando procuração para alguém representá-la na compra de um imóvel. Porém, essa teoria não se sustentou, pois não justificava a atribuição do ato ao Estado no caso de o agente agir fora de sua competência, mas em nome do Estado.

Pela teoria da REPRESENTAÇÃO considerava-se o agente representante do Estado, à semelhança do tutor e do curador dos incapazes existente no Direito Civil. Uma das falhas dessa teoria estava na impossibilidade de se considerar o Estado incapaz, pois nas relações privadas a representação se refere a prática de atos da vida civil pelo representante legal do incapaz.

Hoje, prevalece a teoria do ÓRGÃO, formulada pelo alemão Otto Gierke,[2] segundo a qual as pessoas jurídicas expressam sua vontade por meio de seus próprios órgãos, titularizados por seus agentes. Essa teoria é utilizada por muitos autores para justificar a validade dos atos praticados por funcionário de fato. Considera-se que o ato do funcionário é ato do órgão e, portanto, imputável à Administração.

Na verdade, não há entre a entidade e seus órgãos relação de representação ou de mandato, mas sim de IMPUTAÇÃO, porque a atividade dos órgãos identifica-se e confunde-se com a da pessoa jurídica. Daí por que os atos dos órgãos são havidos como da própria entidade que eles compõem. Assim, os órgãos do Estado são o próprio Estado compartimentado em centros de competência, destinados ao melhor desempenho das funções estatais.

José dos Santos Carvalho Filho (2009) fala em princípio da **imputação volitiva**, em que a vontade do órgão público é imputada à pessoa jurídica a cuja estrutura pertence, e a teoria tem aplicação concreta na hipótese da chamada **função de fato.** Desde que a atividade provenha de um órgão, não tem relevância o fato de ter sido exercida por um agente que não tenha investidura legítima. Basta a **aparência** da investidura e o exercício da atividade pelo órgão; nesse caso, os efeitos da conduta serão imputados à pessoa jurídica.

Os órgãos integram a estrutura do Estado e das demais pessoas jurídicas como partes desses corpos vivos (como acontece com o corpo humano). Os órgãos não têm personalidade jurídica nem vontade própria, atuando apenas nas áreas de suas atribuições e nos limites de sua competência funcional, expressando a vontade da entidade a que pertencem. Os órgãos são meros **instrumentos** de ação das pessoas jurídicas.

6.3. Criação e extinção de órgãos

A criação e a extinção de órgãos da Administração Pública dependem de LEI de iniciativa privativa do Chefe do Executivo (art. 48, XI, e 61, § 1º, *e*, da CF), a quem compete, privativamente e por DECRETO, dispor sobre a ORGANIZAÇÃO E FUNCIONAMENTO desses órgãos públicos, quando não implicar aumento de despesas nem criação ou extinção de órgãos públicos (CF, art. 84, VI, *b*). Assim, para a **criação e extinção** de órgãos, há a necessidade de **lei**; entretanto, para dispor sobre a **organização e funcionamento**, poderá ser usado ato normativo inferior à lei, o **decreto.**

COMO ESSE ASSUNTO TEM SIDO ABORDADO NAS PROVAS

✦ **(ANA – Contador – Esaf – 2009)** Os órgãos são compartimentos internos da pessoa pública, cuja criação, bem como sua extinção são disciplinas reservadas à lei.

Resposta: Certo.

A Constituição exige, não só para a criação de órgãos, mas também de entidades, a edição de lei em sentido formal, ou seja, editada pelo Poder Legislativo.

2 Em concurso de Procurador Federal, o Cespe já perguntou qual a teoria hoje adotada e quem a desenvolveu.

6.4. Classificação

A) Quanto à posição estatal

Posição ocupada pelos órgãos na escala governamental ou administrativa.

Seguiremos as características e exemplos de Hely Lopes Meirelles, por serem ainda os mais exigidos nos concursos públicos.

INDEPENDENTES: são os originários da Constituição e representativos dos poderes do Estado, sem qualquer subordinação hierárquica ou funcional. São também chamados de órgãos primários do Estado. Esses órgãos exercem as funções outorgadas diretamente pela CF, para serem desempenhadas pessoalmente pelos seus membros (agentes políticos), segundo normas especiais e regimentais.

São exemplos:

- Corporações Legislativas (Congresso Nacional, Câmara dos Deputados e Senado Federal, Assembleias legislativas, Câmara de Vereadores).
- Chefias do Executivo (Presidência da República, Governadorias dos estados, do DF e prefeituras).
- Tribunais Judiciários e os juízes singulares (STF, STJ, demais Tribunais Superiores, TRFs, Tribunais de Justiça).
- Ministério Público.
- Tribunais de Contas.

Todo órgão independente tem origem na Constituição, porém nem todos os órgãos mencionados pela CF são independentes, a exemplo do art. 144, que trata dos órgãos incumbidos da segurança pública.

AUTÔNOMOS: Na cúpula da Administração, são localizados imediatamente abaixo dos órgãos independentes e diretamente subordinados a seus chefes. Têm ampla **autonomia administrativa e financeira**, com funções de planejamento, supervisão, coordenação e controle das atividades que estão na área de sua competência. Executam, com autonomia, suas funções específicas, mas segundo diretrizes dos órgãos independentes, que expressam as opções políticas do Governo. Seus dirigentes, em regra, não são funcionários, mas sim agentes políticos nomeados em comissão. Temos os seguintes exemplos:

- Ministérios, secretarias de estado e município.
- Advocacia Geral da União.

SUPERIORES: Detêm poder de direção, controle, decisão e comando de assuntos de sua competência específica, mas sempre sujeitos à subordinação e ao controle hierárquico de uma chefia mais alta. Não gozam de autonomia administrativa nem financeira. Sua liberdade funcional restringe-se ao planejamento e soluções técnicas dentro da sua área de competência. O que importa para caracterizá-los como superiores é a preeminência hierárquica na área de suas atribuições.

Nessa categoria estão as primeiras repartições dos órgãos independentes e dos autônomos:

- Gabinetes.
- Secretarias Gerais.
- Inspetorias Gerais.
- Procuradorias Judiciais.

- Coordenadorias.
- Departamentos.
- Divisões.

SUBALTERNOS: São todos aqueles que se acham hierarquizados a órgãos mais elevados, com reduzido poder decisório e predominância de atribuições de execução. Destinam-se à realização de serviços de rotina, tarefas de formalização de atos administrativos, cumprimento de decisões etc.

INDEPENDENTES
– Órgãos originários da CF – Exercem funções constitucionais – Representam os três Poderes do Estado – Sem subordinação – Possuem autonomia administrativa e financeira – Agentes políticos
↓
AUTÔNOMOS
– Planejamento, supervisão, coordenação e controle – Subordinação – sim – aos órgãos independentes – Possuem autonomia administrativa e financeira – Agentes políticos
↓
SUPERIORES
– Função de direção, decisão e controle – Subordinação – sim – Não possuem autonomia administrativa e financeira – Agentes administrativos
↓
SUBALTERNOS
– Tarefas de rotina; execução – Subordinação – sim – Não possuem autonomia administrativa e financeira – Agentes administrativos

A nosso ver, em razão das características do Conselho Nacional de Justiça – CNJ, deve ser-lhe atribuída a qualificação de órgão independente. No mesmo sentido as Defensorias Públicas, em razão das emendas constitucionais que modificaram a estrutura dessa instituição.

A EC nº 80/2014 provocou algumas modificações quanto à Defensoria Pública. A Emenda reestruturou a nomenclatura das Seções do Capítulo IV do Título IV da CF (Funções Essenciais à Justiça). Agora, há uma Seção IV, especificamente destinada à Defensoria Pública.

Por outro lado, alterou-se a redação do *caput* do art. 134, para deixar mais clara a natureza da Defensoria, explicitando tratar-se de instituição permanente e essencial ao Estado de Direito (de forma próxima ao que o art. 127 da CF diz em relação ao Ministério Público).

Redação anterior da CF/88	EC nº 80/14
–	Seção IV – Da Defensoria Pública
Art. 134. A Defensoria Pública é instituição essencial à função jurisdicional do Estado, incumbindo-lhe a orientação jurídica e a defesa, em todos os graus, dos necessitados, na forma do art. 5º, LXXIV.	**Art. 134.** A Defensoria Pública é instituição **permanente**, essencial à função jurisdicional do Estado, incumbindo-lhe, como expressão e instrumento do **regime democrático**, fundamentalmente, a orientação jurídica, a **promoção dos direitos humanos** e a defesa, em todos os graus, judicial e extrajudicial, dos direitos individuais e coletivos, de forma integral e gratuita, aos necessitados, na forma do inciso LXXIV do art. 5º desta Constituição Federal.

Houve também a inclusão do § 4º ao art. 134, para determinar a aplicação à Defensoria Pública das regras dos arts. 93 e 96, II, da CF. O primeiro deles trata das regras de organização da Magistratura (promoção, distribuição imediata de processos etc.). Já o art. 96, II, atribui iniciativa legislativa privativa aos Tribunais para projetos relacionados à definição de sua organização, número de membros, cargos e remunerações.

Isso é muito importante porque emendas anteriores haviam atribuído às Defensorias autonomia financeira e orçamentária (EC nº 45/04, em relação às Defensorias Estaduais, e EC nº 74/13, em relação à Defensoria Pública da União – DPU e à Defensoria Pública do DF). Contudo, essas instituições não possuíam ainda iniciativa de projetos de lei, que continuava a ser prerrogativa do Executivo. A partir da EC nº 80/2014, a iniciativa de projetos de lei relativos à estruturação da Defensoria passará a ser exercida pelo próprio órgão (art. 134, § 4º, c/c o art. 96, II).

Resta, porém, uma dúvida quanto à iniciativa de projetos de lei sobre organização, já que não foi alterado o art. 61, § 1º, II, *d* (que atribui ao Presidente da República a iniciativa de projetos sobre organização do MPU e da DPU, bem como normas gerais sobre MPEs e DPEs). Entendemos que a solução será adotar a mesma interpretação vigente em relação ao MPU: projeto de lei complementar sobre organização da DPU será de iniciativa *concorrente* entre o PR e o Defensor-Público Geral Federal (art. 61, § 1º, II, *d*, c/c o art. 134, § 4º, regra que se aplica por simetria aos estados e ao DF); já o projeto de lei ordinária sobre cargos e remunerações da DPU passa a ser de iniciativa exclusiva do Defensor Público-Geral Federal (art. 134, § 4º, c/c o art. 96, II).

A redação do § 4º do art. 134 também constitucionalizou os princípios institucionais da DP: unidade, indivisibilidade e independência funcional (os mesmos do MP, por sinal). Contudo, essa inovação apenas traz para o nível constitucional princípios que já eram enunciados na Lei Orgânica da Defensoria.

Mas cuidado! De acordo com a EC nº 79/14, não se determina a aplicação à Defensoria Pública dos arts. 95 ou 128, § 5º, que tratam, respectivamente, das garantias dos membros do Judiciário e do MP (vitaliciedade, inamovibilidade e irredutibilidade de subsídios). Assim, os membros da DP continuam gozando apenas de inamovibilidade (art. 134, § 1º) e irredutibilidade de subsídios (art. 37, XV, da CF, c/c o art. 135), mas não possuem vitaliciedade (que continua a ser prerrogativa exclusiva dos membros do Judiciário, do MP e dos Tribunais de Contas). Há aqui outro pequeno problema: incluiu-se a Seção IV, para tratar especificamente da Defensoria, mas se "esqueceu" de alterar a redação do art. 135, que dispõe: "Art. 135. Os servidores integrantes das carreiras disciplinadas nas Seções II e III deste Capítulo serão remunerados na forma do art. 39, § 4º". Assim, a remuneração mediante *subsídio* (art. 39, § 4º) deixou de ser uma exigência constitucional para os defensores públicos. Até que ponto essa omissão foi intencional ou não, não se sabe. A partir da EC nº 80/14, nos termos do Texto Constitucional, a adoção do regime de subsídios para os defensores será uma decisão legislativa (e de iniciativa privativa do Defensor Público-Geral).[3]

B) Quanto à estrutura

SIMPLES: São constituídos por um só centro de competência. O que os tipifica é a inexistência de outro órgão incrustado na sua estrutura para realizar, desconcentradamente, sua função principal ou para auxiliar no seu desempenho.

COMPOSTOS: Reúnem, na sua estrutura, outros órgãos menores, com função principal idêntica (atividade-fim realizada de maneira desconcentrada) ou com funções auxiliares diversificadas (atividade-meio atribuída a vários órgãos menores).

O órgão maior e de mais alta hierarquia envolve os menores inferiores.

Exemplo: *Secretaria de Educação – órgão composto. Tem, na sua estrutura, unidades escolares (atividade-fim idêntica) – órgãos de pessoal, de material, de transporte (atividade-meio diversificada).*

C) Quanto à atuação funcional

SINGULARES OU UNIPESSOAIS: Atuam e decidem mediante um único agente, que é seu chefe e representante:

- Presidência da República.
- Governadorias dos estados.
- Prefeituras.

COLEGIADOS OU PLURIPESSOAIS[4]: Atuam e decidem pela manifestação conjunta e majoritária da vontade dos membros. Após a votação, os votos vencedores da maioria fundem-se, unitariamente, num ato simples.

---

3 Os honorários advocatícios não são devidos à Defensoria Pública quando ela atua contra a pessoa jurídica de direito público à qual pertença (Súmula 421/STJ). Se atua contra ente federativo diverso são devidos honorários (AgRg no AREsp 528.129/RJ, Rel. Ministro Mauro Campbell Marques, Segunda Turma, julgado em 18.09.2014). Também não são devidos honorários advocatícios à Defensoria Pública quando ela atua contra pessoa jurídica de direito público que integra a mesma Fazenda Pública. Recurso especial conhecido e provido, para excluir da condenação imposta ao recorrente o pagamento de honorários advocatícios.

4 **Ementa**: PROCESSUAL CIVIL. ADMINISTRATIVO. MANDADO DE SEGURANÇA. ATO DO CONSELHO SUPERIOR DO TRIBUNAL DE JUSTIÇA DO ESTADO DE MINAS GERAIS. AUTORIDADE COATORA. PRESIDENTE DO ÓRGÃO COLEGIADO. 1. **O Presidente do órgão colegiado, por ser representante externo do órgão que preside, tem legitimidade passiva para responder em juízo pelas decisões do órgão colegiado**. 2. "Em se tratando de **órgãos colegiados**, o seu Presidente, além de responder por atos de sua competência própria (oportunidade em que se manifestará, se for o caso, como agente individual), tem também a representação externa do próprio **órgão** que preside. Assim, quando o mandado de segurança visa a atacar ato praticado pelo **colegiado**, o **Presidente** é chamado a falar, não como agente individual, mas em nome e em representação da instituição" (RMS 32880/SP, Rel. Ministro TEORI ALBINO ZAVASCKI, PRIMEIRA TURMA, julgado em 20/09/2011, DJe 26/09/2011). 3. Recurso ordinário provido.

Ementa: PROCESSUAL CIVIL. ADMINISTRATIVO. ELABORAÇÃO DE LISTA TRÍPLICE. CONSELHO SUPERIOR DO MINISTÉRIO PÚBLICO. PROCURADOR-GERAL DE MANDADO DE SEGURANÇA. **LEGITIMIDADE PASSIVA** AD CAUSAM. - Em sede de mandado de segurança impetrado com o objetivo de impugnar atos de elaboração da composição de listas tríplices, pelo Conselho Superior do Ministério Público, o Procurador-Geral de Justiça, na qualidade de **Presidente** do referido Conselho, tem **legitimidade passiva** para responder em Juízo pelas decisões do **órgão colegiado**. - Recurso ordinário provido. STJ - RECURSO ORDINÁRIO EM MANDADO DE SEGURANÇA RMS 10963 RN 1999/0056645-9 (STJ)

- Conselho Nacional de Segurança Pública – Conasp.
- Conselho Nacional de Política Criminal e Penitenciária – CNPCP.
- Conselho Nacional de Trânsito – Contran.

D) Quanto à função que exercem (Celso Antônio Bandeira de Mello):

- Órgãos **ATIVOS:** "os que expressam decisões estatais para o cumprimento dos fins da pessoa jurídica". Exercem atividade-fim. Ex.: Receita Federal; Ministério da Justiça e Segurança Pública; Polícia Federal.
- Órgãos **CONSULTIVOS:** "os de aconselhamento e elucidação (pareceres) para que sejam tomadas as providências pertinentes pelos órgãos ativos". Ex.: Advocacia-Geral da União.
- Órgãos de **CONTROLE:** "são os prepostos a fiscalizar e controlar a atividade de outros órgãos e agentes". Ex.: Tribunal de Contas da União.

7. ESTUDO DA ADMINISTRAÇÃO DESCENTRALIZADA

Conforme os artigos 1º e 18 da Constituição, foi adotada como forma de Estado no Brasil a Federação. Nesse modelo, há a repartição de autonomia política, administrativa e financeira com os Entes Federativos: União, Estados, Municípios e o Distrito Federal.

Como a autonomia administrativa no modelo federativo é repassada para outras entidades políticas, cada ente da Federação terá autonomia para decidir como prestará as atividades administrativas, designadas por meio da Constituição e leis.

Dessa forma, o Ente Político decidirá como exercerá a atividade; se o fará de forma direta (centralizada), por meio de seus próprios órgãos, ou se de forma descentralizada, transferindo atividades administrativas para pessoas diversas.

Assim, a Administração descentralizada resulta na **criação** de pessoas administrativas ou **transferência** para particulares de execução de atividades administrativas que poderiam ser prestadas, diretamente, por meio de órgãos, mas que o Ente Federativo resolve prestar de forma descentralizada, por motivos de eficiência, qualidade e especialidade.

Tomemos como exemplo determinado estado da Federação que resolva prestar diretamente o serviço de saúde, criando órgãos públicos; no caso, hospitais públicos, para a execução dessa atividade. Entretanto, resolve prestar outras atividades de maneira descentralizada, criando, por exemplo, uma autarquia para fiscalizar o trânsito. Nesse último caso, é o próprio Ente transferindo uma competência para outra entidade, criada e incumbida dessa atividade, por razões de especialidade.

7.1. Formas de descentralização administrativa

De início, cabe ressaltar que, nesse manual, veremos as formas de **descentralização administrativa**, pois a descentralização política é objeto de estudo do direito constitucional. A descentralização política é verificada na organização do Estado federal, cuja estrutura interna é composta por entidades diversas, todas dotadas de auto-organização, autolegislação e autoadministração, cujo exemplo é a República Federativa do Brasil, conforme o art. 18 da CF/88.

A prestação de atividades administrativas de forma descentralizada pode ser da seguinte maneira:

A) Descentralização territorial ou geográfica

Ocorre quando uma porção territorial do Estado separada geograficamente é reconhecida por **lei** como pessoa jurídica de direito público, com capacidade administrativa, sendo considerada uma **autarquia territorial**, com capacidade genérica de atividades administrativas. Trata-se da criação de Territórios. A descentralização territorial é comum nos Estados unitários, como é o caso da França e da Itália. Atualmente, a descentralização territorial não existe na estrutura do Estado brasileiro.[5]

Novos territórios, contudo, podem vir a ser criados, desde que tal criação que se faça mediante lei complementar, nos termos em que prevê o art. 18, § 2º, da CF.

A União pode fazer a criação de Territórios e os municípios podem fazer a criação de distritos. O DF é dividido em regiões administrativas. Tanto os Territórios, Distritos e Regiões Administrativas são espaços territoriais incumbidos de prestação de serviços públicos com autonomia financeira e administrativa.

Segundo Maria Sylvia,[6] "A autarquia territorial exerce múltiplas atividades no âmbito do seu território; praticamente se desincumbe das mesmas funções que normalmente são exercidas pelo estado e municípios, como distribuição de água, luz, gás, poder de polícia, proteção à saúde, educação; porém, diferem desses entes por não terem capacidade **política**, ou seja, por não terem competência para legislar com autonomia em relação ao governo central. São dessa modalidade os departamentos, regiões, comunas, províncias dos Estados Unitários e, no direito brasileiro, apenas os territórios federais, hoje inexistentes, embora previstos no artigo 33 da Constituição".

Dessa forma, nem sempre se impede a capacidade legislativa, mas ela será exercida subordinada a normas do poder central.

B) Técnica / Serviços / Funcional / Delegação Legal / Outorga

Ocorre quando são criadas, ou autorizada a criação, mediante lei específica, de pessoas jurídicas para a prestação de uma atividade, surgindo as entidades da Administração Indireta.

A **Administração Indireta** é integrada por pessoas jurídicas de direito público, ou privado, criadas ou autorizadas por lei específica, que são: autarquias, fundações públicas, empresas públicas e sociedades de economia mista.

Uma das características da Administração Indireta é a **especialidade** de cada entidade, ou seja, cada entidade ficará incumbida de prestar determinada atividade específica, não podendo atuar fora das matérias que lhe foram atribuídas.

Existe Administração Indireta federal, estadual, municipal e no DF. Em termos mais claros, todos os Entes Políticos podem criar autarquias, fundações, empresas públicas e sociedades de economia mista.

Quando são criadas entidades da Administração Indireta, o Estado transfere a **titularidade** e a **execução** da atividade. Porém, destaque-se que há ampla corrente doutrinária no sentido de que em nenhum caso há a transferência da titularidade, somente da execução.

---

5 Atualmente, não existe no Brasil, pois os últimos territórios foram incorporados ou transformados em estados. O artigo 33 da CF trata da criação de territórios.

6 DI PIETRO, Maria Sylvia Zanella, op. cit., p. 431.

COMO ESSE ASSUNTO TEM SIDO ABORDADO NAS PROVAS

- **(Especialista em Políticas Públicas e Gestão Governamental – Esaf – 2009)** A descentralização funcional se verifica quando o Poder Público cria uma pessoa jurídica de direito público ou privado e a ela atribui a titularidade e a execução de determinado serviço público.

  Resposta: Certo.

C) Colaboração / Delegação / Delegação Negocial

A atividade administrativa também pode ser prestada por particulares. A descentralização por colaboração transfere para particulares a prestação de uma atividade administrativa. Essa forma pode decorrer de **contrato** administrativo ou mediante **ato** administrativo.

Na hipótese em que há a descentralização por colaboração mediante **contrato** administrativo, o Poder Público **deve** realizar licitação. O artigo 175 da Constituição determina que a prestação de serviços públicos cabe ao Estado, de forma direta ou mediante concessão ou permissão, sempre através de licitação. Assim, se optar pela prestação mediante concessão ou permissão, a licitação será obrigatória.

Nesse modelo de descentralização, não há hierarquia ou o controle de tutela administrativa, presente em relação às entidades da Administração Indireta, mas faz imperiosa a fiscalização, inerente aos contratos administrativos. Nessa hipótese de descentralização, a titularidade da atividade permanece sob o domínio do Ente federativo; o que há é apenas a **transferência da execução de atividades** para um particular.

ATENÇÃO! Na descentralização por outorga, o Ente transfere a titularidade e a execução da atividade. Na descentralização por colaboração, transfere apenas a execução.

Quando o vencedor da licitação celebra contrato de concessão ou permissão para a execução de um serviço público, surge a figura do concessionário ou permissionário. São pessoas de direito privado, que estão prestando uma atividade estatal. A prestação de transporte coletivo, por exemplo, pode ser realizada mediante contrato de concessão; para isso, deve ser feita a licitação para escolher uma empresa concessionária, ou várias, uma vez que, nos termos da Lei nº 8.987/95, o regime de concessão, regra geral, não terá caráter de exclusividade.

Quando o Poder Público realiza a prestação do serviço por meio de seus órgãos ou concessão ou permissão, a titularidade do serviço continua sob o poder do Estado; o concessionário ou permissionário recebe apenas a **execução** da atividade. Dessa forma, haverá o controle do Estado, que é o titular do serviço, sobre os delegatários, podendo ocorrer, ainda, a retomada, no caso de má execução ou por motivos de interesse público.

As Parcerias Público-Privadas (PPPs) são espécies de concessões?

Parcerias Público-Privadas (PPPs) são formas especiais de concessão de serviços públicos, regulada pela Lei nº 11.079/2004, mas também se trata de atividade do Estado executada por particular, em razão de o Estado não ter a disponibilidade financeira para tanto. Como ao Estado cabe uma série de empreendimentos que devem ser colocados à disposição dos administrados e, na maioria das vezes, o Poder Público não dispõe de todos os recursos financeiros, o parceiro privado irá realizar a atividade, e o poder concedente (Ente Político) fará a retribuição pecuniária, mediante as diversas formas estabelecidas pela Lei nº 11.079/2004.

É possível, nos **contratos de concessão**, a retomada do objeto antes do advento do termo contratual por meio da chamada **encampação** (art. 37 da Lei nº 8.987/95). Entretanto, deve haver motivo de interesse público, autorização legislativa e indenização ao concessionário, sendo admissíveis, também, outras formas de extinção do contrato de concessão. Entretanto, os **contratos de permissão**, por serem revestidos de certa precariedade,[7] podem ser revogados a qualquer momento. O mesmo acontece com a autorização de serviços públicos.

Assim, a Administração descentralizada não se esgota na Administração Indireta, uma vez que existem outras formas de prestação da atividade administrativa, a exemplo de concessões e permissões.

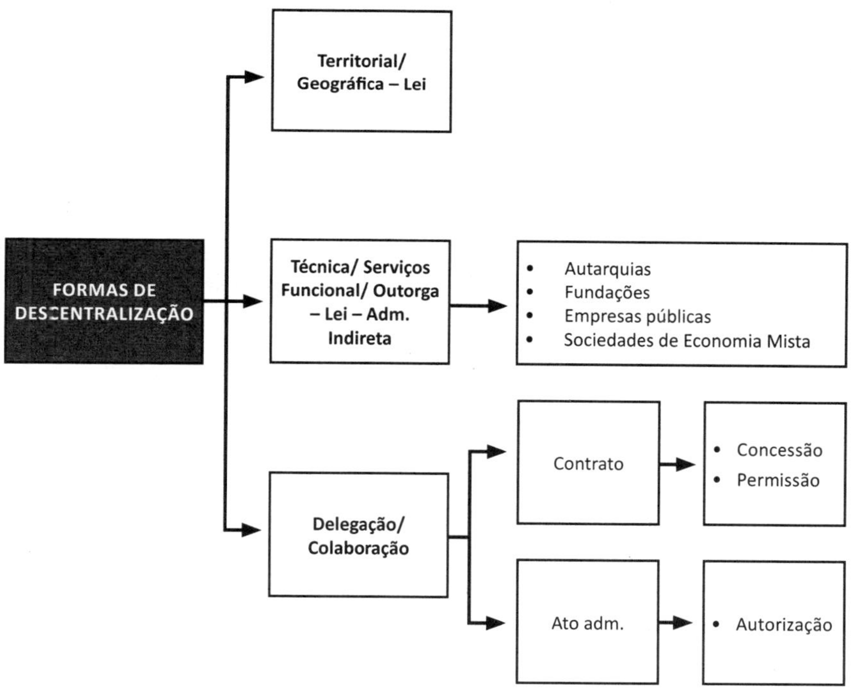

7.2. Criação das entidades da Administração Indireta

O artigo 37, XIX, da CF apresenta a forma de criação das entidades da Administração Indireta, estabelecendo que somente por **lei específica** poderá ser **criada** autarquia e **autorizada** a instituição de empresa pública, de sociedade de economia mista e de fundação, reservando-se a lei complementar, neste último caso (Fundações), definir as áreas de sua atuação.

7 Art. 40: "A permissão de serviço público será formalizada mediante contrato de adesão, que observará os termos desta Lei, das demais normas pertinentes e do edital de licitação, inclusive quanto à **precariedade** e à **revogabilidade** unilateral do contrato pelo poder concedente."

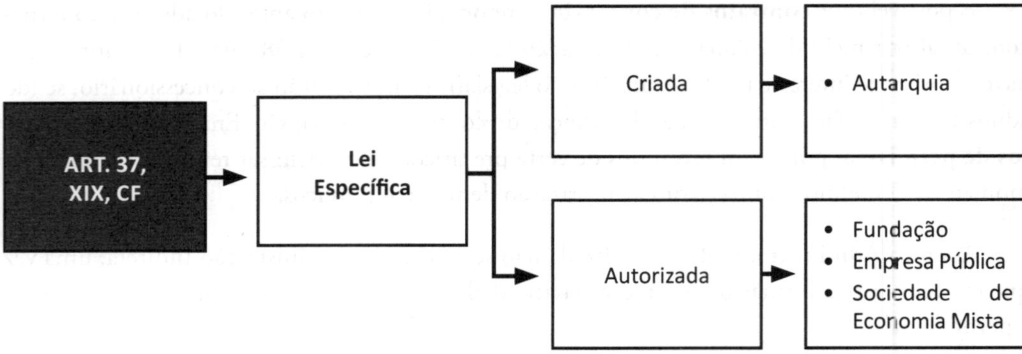

Inicialmente, a lei exigida pela Constituição é **ordinária**, na medida em que, havendo necessidade de lei complementar, deve ocorrer menção expressa a esse tipo de lei. Isso ocorreu em relação à definição das áreas de atuação da Fundação.

Por lei específica deve-se entender a lei decorrente de projeto de lei elaborado somente com a finalidade de criar ou autorizar a criação da entidade, sem disciplinar qualquer outro assunto. Não pode, nessa lei, haver matéria estranha, que não seja a criação ou autorização para criar a nova pessoa jurídica.

A competência para a propositura da lei será do Poder interessado em constituir a entidade. Assim, sendo a entidade vinculada ao Poder Executivo, a ele caberá a iniciativa. Sendo do Poder Legislativo ou Judiciário, o projeto de lei será encaminhado pelo respectivo Poder.

Para as autarquias, a lei específica **cria** a entidade, ou seja: com a lei, a entidade já tem existência no mundo jurídico, adquirindo personalidade jurídica, sem depender de outros atos secundários para a entidade estar totalmente constituída. Em outras palavras: já é sujeito de direitos. Como consequência da criação decorrente da lei, **não é necessário registrar** a autarquia em qualquer órgão.

Em relação à empresa pública e à sociedade de economia mista, a lei específica é apenas autorizativa. A norma legal **autoriza** a criação, mas ainda serão necessários outros procedimentos para a existência jurídica da entidade. Com o registro na junta comercial ou no registro de empresas, conforme a atividade prestada, exploração de atividade econômica ou prestação de serviços públicos, a personalidade jurídica será adquirida.

➘ *COMO ESSE ASSUNTO TEM SIDO ABORDADO NAS PROVAS*

✦ **(Agente e Escrivão de Polícia – Paraíba – Cespe – 2008)** João, agente de investigação, foi designado para promover diligência relacionada à criação de uma sociedade de economia mista. O agente deveria localizar o ato constitutivo da sociedade e analisar a composição do seu capital social. João deverá dirigir-se à junta comercial para localizar o ato constitutivo da empresa devidamente registrado.

Resposta: Certo.

✦ **(Auditor-Fiscal da Receita Federal do Brasil – Esaf – 2009)** A Administração Pública federal brasileira indireta é composta por autarquias, fundações, sociedades de economia mista, empresas públicas e entidades paraestatais.

Resposta: Errado. Paraestatais não fazem parte.

✦ **(Agente e Escrivão de Polícia – Paraíba – Cespe – 2008)** As empresas públicas e as sociedades de economia mista são criadas por lei específica.

*Resposta: Errado. Têm criação **autorizada** por lei.*

No que se refere à fundação, o tema demanda uma análise mais detida (veja tópico 7.2), pois, em razão da confusão do legislador, ao inserir a fundação entre as entidades da Administração Indireta, o STF e a doutrina majoritária admitem que as fundações criadas pelo Estado possam ter personalidade jurídica de direito público ou de direito privado.

Sendo fundação pública com personalidade jurídica de direito público, terá natureza de autarquia para todos os fins. Nesse caso, a lei deve **criar** a entidade (Ex.: FUB). Se tiver personalidade jurídica de direito privado, a lei **autoriza** a sua criação (Ex.: Funpresp).

Apesar da confusa redação do art. 37, XIX, da CF, na parte final, a lei complementar deve disciplinar as áreas da atuação **apenas** da fundação; isso porque o art. 173, § 1º, da CF já traz o objeto de atuação da empresa pública e da sociedade de economia mista, que terão a finalidade de explorar atividade econômica de produção ou comercialização de bens ou de prestação de serviços, sendo as autarquias incumbidas de prestar atividades típicas do Estado.

De acordo com o princípio da simetria, se as entidades dependem de edição de lei para sua criação ou autorização, dependerão também de confecção de lei que determine a extinção da entidade.

A lei é o instrumento adequado não só para criar/autorizar, como também para *extinguir* e *transformar* órgãos e entidades. A lei pode mudar a natureza de órgão para entidade, como aconteceu com o Conselho Administrativo de Defesa Econômica – Cade, que antes era órgão subordinado ao Ministério da Justiça e Segurança Pública e, a partir da Lei nº 8.884/94, foi transformado em autarquia vinculada a esse Ministério. O caminho inverso também pode ser feito.

A área de seguridade social também sofreu, ao longo da história, inúmeras transformações. Com a Lei nº 6.439/77, tínhamos o Sinpas – Sistema Nacional de Previdência e Assistência Social –, composto pelas autarquias Instituto de Administração Financeira da Previdência e Assistência Social – Iapas; Instituto Nacional de Previdência Social – INPS; e Instituto Nacional de Assistência Médica da Previdência Social – Inamps, entre outras entidades que faziam parte desse sistema. Com a Lei nº 8.029/90, surge o INSS, Instituto Nacional da Seguridade Social, resultado da fusão do Iapas e INPS, enquanto o Inamps teve suas funções remanejadas para o Ministério da Saúde.

Em mudanças de governo, em especial novo mandato de Presidente e Governador, é comum a estrutura anterior da Administração ser alterada, com a extinção de órgãos e criação de novos, bem como o surgimento de novas entidades da Administração Indireta e o desaparecimento de outras. Isso só será possível por meio de lei.

Como visto, a lei é o instrumento para a criação, transformação e extinção das entidades da Administração Indireta, seja para a criação direta ou para apenas autorizar a criação. Lucas Rocha Furtado atribui a isso o nome de **Princípio da Reserva Institucional**.

7.3. Criação de subsidiárias

As entidades subsidiárias são entidades criadas e administradas por empresa pública ou sociedade de economia mista (Ex: Transpetro, Braspetro, BB Cartões, BB Seguridade, Cobra Tecnologia). Essas entidades carecem de tratamento legislativo em nosso direito, e a doutrina, por sua vez, também não discorre muito sobre elas. Mas encontramos algumas questões em concursos:

COMO ESSE ASSUNTO TEM SIDO ABORDADO NAS PROVAS

- **(Oficial de Justiça – TJCE – Cespe – 2008)** A criação de subsidiárias de sociedades de economia mista depende de autorização legislativa, assim como a participação de empresa pública em empresa privada.

  Resposta: Certo. Letra do art. 37, XX, da CF.

- **(CEF – Cespe – 2010)** De acordo com a Constituição Federal de 1988, somente lei específica pode autorizar a instituição de empresa pública, obrigatoriedade essa que não se estende para a criação de subsidiárias de empresa pública, em razão de sua autonomia administrativa.

  Resposta: Errado.

A Constituição determina que depende de autorização legislativa, em **cada caso**, a criação de subsidiárias de empresa pública e sociedade de economia mista e a participação de qualquer delas em empresa privada (art. 37, XX, CF).

Vale salientar que o STF, apreciando a ADIN nº 1.649, entendeu que basta ter a **lei autorizativa geral** da empresa pública ou sociedade de economia mista previsão para a criação de subsidiárias, que se dispensa a autorização legislativa, em cada caso. Portanto, se na lei que autorizou a criação da entidade já houver, também, uma autorização geral para criação de subsidiárias, não será necessária lei em "cada caso".

O STF também entendeu que a alienação do controle acionário de empresas públicas e sociedades de economia mista exige autorização legislativa e licitação sempre que isso importar em perda do controle acionário, pois é semelhante à extinção da entidade. Assim, se para extinguir uma empresa estatal exige[8]-se lei, para o Estado alienar seu capital importando perda do controle acionário e, consequentemente, dos poderes de um acionista controlador (poder diretivo da empresa), também deve haver lei. Contudo, não se exige autorização legislativa para a alienação do controle de suas subsidiárias e controladas, desde que siga procedimentos que observem os princípios da administração pública inscritos no art. 37 da CF/88, respeitada, sempre, a exigência de necessária competitividade.

7.4. Administração Indireta no Poder Judiciário e Legislativo

É possível aos Poderes Judiciário e Legislativo a criação de entidades da Administração Indireta, mais precisamente autarquias ou fundações, pois a criação de empresa pública e de sociedade de economia mista foge das atividades prestadas por essas entidades e das funções do Judiciário e do Legislativo; isso porque o art. 37 da CF faz referência à Administração Direta e Indireta de **qualquer dos Poderes**.

Em Brasília, o Poder Legislativo já criou fundação denominada Funcal – Fundação da Câmara Legislativa, com a finalidade de informar à sociedade as atividades desenvolvidas pela Câmara Legislativa, por meio do sistema de rádio e TV.

COMO ESSE ASSUNTO TEM SIDO ABORDADO NAS PROVAS

- **(Cespe – DPF – 2004)** É possível a existência, no plano federal, de entidades da Administração Indireta vinculadas aos Poderes Legislativo e Judiciário.

  Resposta: Certo.

---

8 STF. Plenário. ADI 5624 MC-Ref/DF, Rel. Min. Ricardo Lewandowski, julgado em 5 e 6/6/2019 (Info 943).

✦ **(Cespe – STJ – 2015)** É defesa aos Poderes Judiciário e Legislativo a criação de entidades da Administração Indireta, como autarquias e fundações públicas.

Resposta: Errado.

7.5. Relação da Administração Direta e Indireta

Quando um Ente da Federação resolve criar entidade da Administração Indireta, essa nova entidade não estará subordinada ao ente político que a criou. Entre o ente político (União, estados, DF e municípios) e as entidades administrativas não há relação de hierarquia. A relação que existe é apenas de **vinculação**, e não de subordinação.

A criação das entidades da Administração Indireta decorre do **princípio da especialidade**. Por esse princípio, serão criadas pessoas especializadas em determinada matéria, que o Ente federativo pretende tratar com mais qualidade e eficiência. Entretanto, a entidade instituída terá autonomia, dentro das matérias de sua competência, não podendo sofrer ingerência indevida sobre os assuntos que lhe são destinados.

Como decorrência do princípio da especialidade, surge o **controle de tutela administrativa ou finalístico** (também denominado controle administrativo ou só controle) ou **supervisão ministerial,** visando a evitar que a entidade descentralizada atue fora dos limites que resultaram na sua criação. Assim, a entidade administrativa tem plena liberdade para decidir sobre assuntos de sua atribuição, mas não pode atuar fora dos limites de sua competência, pois, dessa forma, poderá sofrer o devido controle do ente estatal a que está vinculada. Tomemos, por exemplo, o caso da seguridade social. Determina o art. 194 da CF que compete ao Poder Público, nos termos da lei, organizar a seguridade social. A União decidiu criar uma autarquia: Instituto Nacional do Seguro Social – INSS, para analisar a concessão e revisão dos benefícios previdenciários, ficando a gestão do sistema incumbida ao Ministério da Economia. Dessa forma, o INSS possui autonomia sobre assuntos de sua competência, não podendo sofrer controle de hierarquia da União (MF).

Em concursos públicos deve-se ter cuidado com as seguintes questões:

As autarquias estão isentas de controle.	**Errado**
As autarquias estão sujeitas ao controle hierárquico.	**Errado**
As autarquias estão sujeitas ao controle finalístico.	**Certo**
As autarquias estão sujeitas a controle administrativo.	**Certo**

O **recurso hierárquico próprio** é aquele dentro da mesma pessoa jurídica, sendo o mais natural dentro da Administração, ocorrendo nas situações em que há relação de hierarquia, pois, como decorrência da relação hierarquizada, tem-se a possibilidade de coordenação e revisão dos atos dos órgãos subordinados. Dessa forma, não caberia recurso de indeferimento pelo INSS do pedido de aposentadoria feito por um segurado para a União, pois, como vimos, não há relação de subordinação entre essas entidades (entidade política – união e entidade administrativa – INSS).

Conforme a Lei nº 9.784/99, que disciplina o processo administrativo em nível federal, o recurso será interposto perante a própria autoridade recorrida, que poderá reconsiderar sua decisão, o que deverá fazer em 5 dias, conforme o art. 56, § 1º, da citada Lei, limitado, como regra, a três instâncias recursais.

A referida lei determina que, salvo disposição específica em contrário, o prazo para recorrer seja de 10 dias, contados da "ciência ou divulgação oficial da decisão recorrida" (art. 59). A autoridade terá o prazo de 30 dias, prorrogáveis por igual período, para proferir decisão se não houver prazo diferente estabelecido em lei.

O **recurso hierárquico impróprio** ocorre entre entidades que **não possuem hierarquia**. Resulta de recurso de um ente para outro, entes que não possuem relação de subordinação um para com o outro. O recurso é interposto perante pessoa jurídica diversa não subordinada hierarquicamente.

O recurso hierárquico **próprio** não depende de previsão legal, já que decorre da estrutura hierárquica. Porém, a *lei* pode limitar as instâncias administrativas ou até mesmo dispor que não cabe recurso administrativo de determinadas decisões. Já o recurso hierárquico **impróprio** depende de previsão legal para seu cabimento.

Vale citar o pronunciamento da Advocacia Geral da União, mediante o Parecer nº AC 051, de 2006, que admitiu a possibilidade de interposição de recurso hierárquico impróprio, dirigido ao ministro da pasta supervisora, contra decisões das agências que inobservarem a adequada compatibilização com as políticas públicas adotadas pelo governo. Não se admitiu o mesmo recurso quando forem atividades administrativas comuns (veja mais detalhes em "Estudo Avançado" no final do capítulo).

COMO ESSE ASSUNTO TEM SIDO ABORDADO NAS PROVAS

✦ **(Defensoria Pública do Espírito Santo – Cespe – 2009)** O recurso hierárquico próprio é dirigido à autoridade imediatamente superior, no mesmo órgão em que o ato foi praticado, enquanto o recurso hierárquico impróprio é dirigido à autoridade de outro órgão, não inserido na mesma hierarquia do que praticou o ato, sendo que o cabimento de ambos depende de previsão legal expressa.

*Resposta: Errado. A questão está errada porque o recurso hierárquico **próprio não** depende de previsão legal. O **impróprio** só caberá nos casos expressamente previstos em lei.*

✦ **Ano: 2017 Banca: FCC Órgão: TRE-SP Prova: Analista Judiciário - Área Judiciária.** Suponha que o Secretário de Transportes de determinado Estado tomou conhecimento, por intermédio de matéria jornalística, da existência de longas filas para carregamento dos cartões de utilização dos trens administrados por uma sociedade de economia mista vinculada àquela Pasta. Diante dos fatos apurados, decidiu avocar, para área técnica da Secretaria, algumas atividades de gerenciamento e logística desempenhadas por uma das Diretorias da referida empresa. Fundamentou sua decisão no exercício dos poderes hierárquico e disciplinar. Considerando a situação narrada,

a) a atuação do Secretário justifica-se do ponto de vista da hierarquia, porém não sob aspecto disciplinar, eis que não identificada infração administrativa.

b) a decisão baseia-se, legitimamente, apenas no poder disciplinar, que compreende o controle e a supervisão.

c) descabe a invocação dos poderes citados, sendo certo que a atuação da Secretaria deve se dar nos limites do poder de tutela

d) a decisão somente será justificável, sob o fundamento de poder hierárquico, se constada a existência de desvio de conduta pelos administradores da empresa.

e) a decisão extrapolou a competência disciplinar, que somente pode ser exercida para corrigir desvios na organização administrativa da entidade.

Resposta: LETRA C

7.6. Entidades da Administração Indireta em espécie

7.6.1. Autarquias

Autarquia é a pessoa jurídica de direito público, criada por lei específica para o desempenho de atividades **típicas** de Estado, como fiscalização, regulação, assistência social, seguridade social, expressão do poder de polícia, sendo vinculada ao ente estatal a que pertence, sujeita a controle nos termos da lei.

Atividade típica significa atividade que é própria/essencial do Estado que não pode, via de regra, ser desempenhada pelo particular.

Temos o conceito apresentado pelo Decreto nº 200/67:

> *"Art. 5º, I – o serviço autônomo, criado por lei, com personalidade jurídica, patrimônio e receita próprios, para executar atividades típicas da Administração Pública, que requeiram, para seu melhor funcionamento, gestão administrativa e financeira descentralizada."*

A autarquia será criada quando o ente político resolver prestar, de modo descentralizado, uma atividade **tipicamente** estatal. Quando se menciona a possibilidade de que as autarquias só podem prestar serviços típicos do Estado quer-se dizer que as autarquias **não podem desempenhar atividade econômica**, pois esta não é própria do Estado.[9]

O desempenho de atividade econômica pelo Poder Público somente pode acontecer em caráter excepcional, na forma do artigo 173 da CF, quando houver motivo de relevante interesse coletivo ou segurança da sociedade, e a entidade criada será empresa pública ou sociedade de economia mista, que foram destinadas pela Constituição para o exercício dessa atividade.

COMO ESSE ASSUNTO TEM SIDO ABORDADO NAS PROVAS

- **(TJMG – Juiz – 2008)** As autarquias podem ser organizadas sob a forma de sociedade civil ou comercial, mas sua natureza deve ser determinada na lei.

  Resposta: Errado.

De fato, a autarquia se trata de um **serviço público personalizado**. Ocorre quando o Poder Público deseja prestar o serviço com mais eficiência e especialidade, criando entidades que se tornam especializadas em determinada matéria, a exemplo do INSS, Ibama, Cade, Detrans etc.

Por serem **pessoas jurídicas de direito público** e desempenharem atividades típicas do Estado, as autarquias possuem as mesmas prerrogativas e restrições de que dispõe o Estado para a execução de suas atividades, por exemplo, o privilégio da imunidade tributária, prazos dilatados em juízo, execução fiscal e a obrigação de realizar licitação, concurso público, prestação ao Tribunal de Contas competente, entre outras que serão vistas mais à frente.

As autarquias, assim como as demais entidades da Administração Indireta, podem ser federais, estaduais, distritais e municipais, conforme sejam criadas pela União, pelos estados, DF ou municípios.

Cabe destacar, conforme veremos mais adiante, que algumas figuras da Administração possuem natureza de autarquia, em razão da **atividade** administrativa exercida. É o caso das agências

9 Já existiram autarquias que desempenhavam atividades econômicas ou industriais. O novo modelo definido para essas entidades não mais admite a hipótese.

reguladoras e dos consórcios públicos. As fundações também podem ser criadas com a natureza de pessoa jurídica de direito público e, assim, serão consideradas autarquias. Entretanto, se for fundação com personalidade de direito privado não terá a mesma comparação. Costuma-se dizer que a **fundação é um patrimônio personalizado**, destinado a atividades de interesse social, e a **autarquia, um serviço público personalizado**.

As **agências executivas** não podem ser consideradas uma nova figura administrativa. Com efeito, essas entidades são resultado apenas de uma **qualificação**; uma nova roupagem que se atribui a uma **autarquia ou fundação** que, mediante contrato de gestão, realizado nos termos do art. 37, § 8º, da CF, amplia sua autonomia administrativa, financeira e patrimonial, visando ser mais eficiente.

Algumas autarquias detêm a qualificação de "autarquias especiais" por parte da doutrina e jurisprudência, por exemplo, as universidades públicas federais, em razão de o disposto no art. 207 da CF garantir a elas autonomia didático-científica, administrativa e de gestão financeira ou patrimonial.

As universidades públicas representam entidades com regime peculiar em nosso sistema. O dirigente máximo (reitor) é escolhido pelos membros da entidade para ocupação de um mandato (prazo certo), não cabendo sua exoneração *ad nutum*.

Entram, também, no rol de autarquias em regime especial as agências reguladoras.

7.6.1.1. Características

A) Finalidade

Exerce atividade TÍPICA de Estado, como são as atividades de fiscalização, regulação, controle, poder de polícia, entre outras.

São destinadas às autarquias a execução de serviços públicos de natureza social e de atividades administrativas, com a **exclusão dos serviços e atividades de cunho econômico e mercantil**; estes serão adequados a outras pessoas administrativas, como as sociedades de economia mista (SEM) e empresa pública (EP).

Existem autarquias atuando em diversas áreas:

- **Assistenciais:** auxílio a regiões menos desenvolvidas ou a categorias específicas. Exs.: Incra, Adene.
- **Previdenciárias:** Ex.: INSS.
- **Culturais:** Exs.: UFRJ, UNB.
- **Profissionais:** incumbidas da inscrição de certos profissionais e de fiscalizar sua atividade, como os Conselhos Regionais de Fiscalização Profissional (CRM, CRF, CRC).
- **Administrativas:** Ex.: Inmetro.
- **Atividades de controle:** agências reguladoras.

Após o julgamento da ADI nº 1.717/DF, está superada a divergência sobre a natureza autárquica dos **conselhos de fiscalização profissional**. O art. 58 da Lei nº 9.649/98 conferiu a esses conselhos caráter privado, dispondo que esse serviço seria executado por delegação do Poder Público, mediante delegação legislativa. O STF, ao julgar a referida ADI, fixou o entendimento de que a fiscalização de profissões é **atividade típica** do Estado, que não se enquadra no regime jurídico de direito privado. Portanto, devem ter a natureza de entidade autárquica. O STJ também possui julgados na mesma direção.[10] Inclusive, reafirmou sua jurisprudência, no mesmo sentido firmado pelo STF, considerando que o regime jurídico nos conselhos profissionais deve ser obrigatoriamente **estatutário.**[11]

Tendo os conselhos profissionais natureza jurídica de entidades autárquicas, gozam de todas as prerrogativas e sujeições dessas entidades. Também, o STJ firmou a competência da justiça federal, art. 109, I, da CF, para o julgamento de ações em que seja parte o Conselho de Fiscalização Profissional (Súmula nº 66, STJ).

Merece análise mais detida a Ordem dos Advogados do Brasil – OAB. Essa entidade, assim como os demais conselhos de fiscalização profissional, deveria ser enquadrada ao lado das demais autarquias. Entretanto, por meio de decisões do STJ e do STF, a OAB vêm sendo tratada como entidade ímpar, que não se confunde com qualquer outra entidade. Contudo, a jurisprudência não define, precisamente, a natureza da OAB. O STF afirma que ela "não é entidade da Administração Indireta. Por esse motivo, não se encontra subordinada à fiscalização contábil, financeira, orçamentária operacional e patrimonial realizada pelo TCU, também sendo desobrigada ao dever de fazer concurso e licitação. Confira:

> *Ementa: Ação direta de inconstitucionalidade. § 1º do artigo 79 da Lei nº 8.906, 2ª Parte. "Servidores" da Ordem dos Advogados do Brasil. Preceito que possibilita a opção pelo regime celetista. Compensação pela escolha do regime jurídico no momento da aposentadoria. Indenização. Imposição dos ditames inerentes à Administração Pública Direta e Indireta. Concurso público (art. 37, II, da Constituição do Brasil). Inexigência de concurso público para a admissão dos contratados pela OAB. Autarquias especiais e agências. Caráter jurídico da OAB. Entidade prestadora de serviço público independente. Categoria ímpar no elenco das personalidades jurídicas existentes no direito brasileiro. Autonomia e independência da entidade. Princípio da moralidade. Violação do artigo 37, caput, da Constituição do Brasil. Não ocorrência. 1. A Lei nº 8.906, artigo 79, § 1º, possibilitou aos "servidores" da OAB, cujo regime outrora era estatutário, a opção pelo regime celetista. Compensação pela escolha: indenização a ser paga à época da aposentadoria. 2. Não procede a alegação de que a OAB se sujeita aos ditames impostos à Administração Pública Direta e Indireta. 3.* ***A OAB não é uma entidade da Administração Indireta da União. A Ordem é um serviço público independente, categoria ímpar no elenco das personalidades jurídicas existentes no direito brasileiro. 4. A OAB não está incluída na categoria na qual se inserem essas que se tem referido como "autarquias especiais" para pretender-se afirmar equivocada independência das hoje chamadas "agências". 5. Por não consubstanciar uma entidade da Administração Indireta, a OAB não está sujeita a controle da Administração, nem a qualquer das suas partes está vinculada. Essa não-vinculação é formal e materialmente necessária.*** *6. A OAB ocupa-se de atividades atinentes aos advogados, que exercem função constitucionalmente privilegiada, na medida em que são indispensáveis à administração da Justiça [artigo 133 da CB/88]. É entidade cuja finalidade é afeita a atribuições, interesses*

10 REsp 820.696/RJ, Rel. Ministro Arnaldo Esteves Lima, Quinta Turma, julgado em 02.09.2008, *DJe* 17.11.2008; REsp 879.840/SP, Rel. Ministro Francisco Falcão, Primeira Turma, julgado em 03.06.2008, *DJe* 26.06.2008.

11 **STJ, 5ª Turma, REsp 507.536/DF, Relator Ministro Jorge Mussi, *DJe* de 06.12.2010.**

e seleção de advogados. Não há ordem de relação ou dependência entre a OAB e qualquer órgão público. 7. A Ordem dos Advogados do Brasil, cujas características são autonomia e independência, não pode ser tida como congênere dos demais órgãos de fiscalização profissional. A OAB não está voltada exclusivamente a finalidades corporativas. Possui finalidade institucional. 8. Embora decorra de determinação legal, o regime estatutário imposto aos empregados da OAB não é compatível com a entidade, que é autônoma e independente. 9. Improcede o pedido do requerente no sentido de que se dê interpretação conforme o artigo 37, inciso II, da Constituição do Brasil ao caput do artigo 79 da Lei nº 8.906, que determina a aplicação do regime trabalhista aos servidores da OAB. 10. Incabível a exigência de concurso público para admissão dos contratados sob o regime trabalhista pela OAB. 11. Princípio da moralidade. Ética da legalidade e moralidade. Confinamento do princípio da moralidade ao âmbito da ética da legalidade, que não pode ser ultrapassada, sob pena de dissolução do próprio sistema. Desvio de poder ou de finalidade. 12. Julgo improcedente o pedido (ADI 3026, Relator: Min. Eros Grau, Tribunal Pleno, julgado em 08.06.2006, DJ 29.09.2006 PP-00031 Ement Vol-02249-03 PP-00478 RTJ Vol-00201-01 PP-00093).

Além dos fundamentos expostos na ementa transcrita, o STF ainda ressaltou que a OAB é única entidade de classe com referência constitucional, destacando as atribuições conferidas seu estatuto: defender a Constituição, a ordem jurídica do Estado Democrático de Direito, os direitos humanos, a justiça social, e cuidar pela boa aplicação das leis, pela rápida administração da Justiça e pelo aperfeiçoamento da cultura e das instituições jurídicas.

Apesar de o STJ já ter decidido que a OAB é autarquia *sui generis* ("única em seu gênero"), em vários outros precedentes desse Tribunal também já ficou expresso que a OAB não é autarquia (CC 100.558-SP, *DJe* 4.9.2009; CC 43.623-PR, *DJ* 11.10.2004, e REsp 820.696-RJ, *DJe* 17.11.2008. REsp 507.536-DF, Rel. Min. Jorge Mussi, julgado em 18.11.2010).

↘ *COMO ESSE ASSUNTO TEM SIDO ABORDADO NAS PROVAS*

✦ **(Delegado de Polícia – Paraíba – Cespe – 2008)** A OAB, conforme entendimento do STF, é uma autarquia pública em regime-especial e se submete ao controle do TCU.

Resposta: Errado.

Embora o STF tenha entendido que a OAB não é entidade autárquica, fixou o entendimento no sentido de que compete à Justiça federal processar e julgar ações em que a Ordem dos Advogados do Brasil (OAB), quer mediante o conselho federal, quer seccional, figure na relação processual.[12]

B) Criação e extinção por Lei

Nos termos do art. 37, XIX, da CF, é com o início de vigência da lei criadora que tem início a personalidade jurídica das autarquias. Não necessita de registro em nenhum órgão para adquirir personalidade.

Não se admite a criação de autarquia interestadual ou intermunicipal. A lei de iniciativa para a criação da autarquia deve partir de cada pessoa federativa.[13]

12 RE 595332/PR, rel. Min. Marco Aurélio, 31.8.2016. (RE-595332).

13 RE 120.932; ACO nº 503/RS.

Segundo Raquel Melo Urbano,[14] "se uma autarquia, para surgir no mundo jurídico, exigiu lei específica criadora (art. 37, XIX, da CR), não poderá dele ser retirada sem norma de mesma hierarquia. Assim sendo, ***é necessário, para sua extinção, que se aprove lei específica***, sendo inadmissível pretender colocar fim à autarquia por meio de Decreto do Chefe do Executivo ou de ato regulatório de outra autoridade administrativa. O próprio princípio da simetria ou do paralelismo das formas impede que o ato de uma autoridade pública destrua algo que, para surgir, exigiu lei específica aprovada pelo Parlamento" (grifos nossos).

O STF entendeu que é **constitucional** lei estadual que condiciona a nomeação dos dirigentes de autarquias e fundações à prévia aprovação da Assembleia Legislativa. De outro modo, entendeu que é **inconstitucional** exigir a mesma aprovação para a investidura de dirigentes de empresas públicas e sociedades de economia mista. Isso porque o art. 173 da CF, que estabelece o regime jurídico das empresas estatais, não prevê essa regra. Na mesma decisão, o Tribunal fixou orientação de que é **inconstitucional** a exigência de que os dirigentes de entidades da **Administração Indireta** forneçam à Assembleia Legislativa a declaração atualizada de seus bens e participações acionárias em empresas privadas, inclusive nos dois anos seguintes à exoneração da função, pois outorgaria ao Parlamento competências para fiscalizar, de modo rotineiro e indiscriminado, a evolução patrimonial dos ocupantes de cargos de direção da Administração Indireta e de seus ex-ocupantes, bem como as atividades por eles desenvolvidas nos dois anos seguintes à exoneração.[15]

C) Personalidade de direito público

Têm personalidade jurídica de direito público. Assim, são transferidas às autarquias todas as prerrogativas e restrições desse regime.

COMO ESSE ASSUNTO TEM SIDO ABORDADO NAS PROVAS

- **(MPE – Cespe – 2007)** As autarquias *não* gozam dos privilégios processuais outorgados à Fazenda Pública.

  Resposta: Errado.

D) Capacidade de autoadministração, patrimônio e receita próprios

As autarquias têm autonomia no que ser refere às matérias administrativas que são de sua atribuição, cabendo-lhe a tomada de decisões mais acertadas das matérias que lhe são afetadas. Não possuem autonomia política, ou seja, capacidade de auto-organização e capacidade de legislar, pois essa autonomia só é conferida a pessoas políticas.

COMO ESSE ASSUNTO TEM SIDO ABORDADO NAS PROVAS

- **(Ministério da Ciência e Tecnologia – Finep – Cespe – 2009)** Autarquia é pessoa jurídica de direito público, criada por lei, com as mesmas sujeições e prerrogativas da Administração Direta, possuindo capacidade política.

  Resposta: Errado. Não possui capacidade política (legislativa).

Nos termos do art. 165, § 5º, I, da Constituição Federal, integra a lei orçamentária anual "o orçamento fiscal referente aos Poderes da União, seus fundos, órgãos e entidades da Administração Direta

14 CARVALHO, RAQUEL Melo Urbano, op. cit., p. 646.

15 STF. Plenário. ADI 2225/SC, Rel. Min. Dias Toffoli, julgado em 21.8.2014 (Info 755).

e Indireta, inclusive fundações instituídas e mantidas pelo Poder Público". Portanto, o orçamento das autarquias, em sua forma, tem o mesmo tratamento destinado aos órgãos da Administração Direta; suas receitas e despesas integram o chamado "orçamento fiscal", parte da lei orçamentária anual.

O **patrimônio** inicial da autarquia é formado a partir da **transferência** de bens, móveis e imóveis, do Ente federado que a criou, os quais passam a pertencer à nova entidade. Extinguindo-se a autarquia, todo o patrimônio é reincorporado ao ativo da pessoa política a que ela pertencia. Os bens das autarquias são considerados bens públicos, gozando dos mesmos privilégios atribuídos aos bens públicos em geral, como a **imprescritibilidade** (não podem ser adquiridos mediante usucapião) e a **impenhorabilidade** (não podem ser objeto de penhora, ato processual que implica na constrição de bens do devedor, a fim de garantir uma execução judicial); a execução judicial contra uma autarquia está sujeita ao regime de **precatórios**, previsto no art. 100 da Constituição).

E) Especialização dos fins ou atividades

O objetivo de criação de uma autarquia é a especialização de uma atividade administrativa. Ao se criar uma autarquia, transfere-se a ela uma parte das atribuições do Ente federativo, para que exerça essa atividade com zelo pelo ente descentralizado.

Maria Sylvia:[16] "A **especialização dos fins** ou atividades coloca a autarquia entre as formas de descentralização administrativa por serviços ou funcional, distinguindo-a da descentralização territorial; a autarquia desenvolve **capacidade específica** para a prestação de serviço determinado; o ente territorial dispõe de **capacidade genérica** para a prestação de serviços variados. O reconhecimento da capacidade específica das autarquias deu origem ao **princípio da especialização**, que as impede de exercer atividades diversas daquelas para os quais foram instituídas."

COMO ESSE ASSUNTO TEM SIDO ABORDADO NAS PROVAS

- **(Procurador do Estado de Pernambuco – Cespe – 2009)** A autarquia configura pessoa jurídica de direito público, criada por lei, com capacidade de autoadministração, sujeita ao princípio da especialização, o qual a impede de exercer atividades diversas daquelas para as quais foi constituída.

  Resposta: Certo.

F) Sujeição a controle ou tutela (indispensável para que não se desvie dos seus fins)

Com a criação de entidades especializadas em determinada atividade, elas exercerão suas atribuições com autonomia no que se refere às matérias que lhe são destinadas. Entre as entidades descentralizadas e o Ente federativo não há relação de subordinação, e sim de **vinculação**. Ou seja: a entidade só está vinculada ao ente central, mas sem relação hierárquica. O controle que existe é o de tutela ou controle administrativo, visando a aferir se a entidade está atuando dentro dos limites que resultaram na sua criação, evitando que pratique atos fora das matérias que lhe foram destinadas.

G) Regime jurídico dos servidores e de dirigentes

Antes da CF de 1988, existiam, na Administração Pública, agentes públicos trabalhando por meio de vários vínculos com o Poder Público: vínculo estatutário e vínculo contratual.[17]

---

16 DI PIETRO, Maria Sylvia Zanella, op. cit., p. 429.

17 Essa diversidade de vínculos não ocorria nas empresas públicas e sociedades de economia mista, que eram regidas pelo regime da Consolidação das Leis Trabalhistas – CLT.

O **vínculo estatutário** é aquele em que a **lei** estabelece a relação do servidor com a Administração, fixando seus direitos e obrigações. Por outro lado, o **vínculo contratual** é aquele em que o **contrato de trabalho** é que fixa os direitos e obrigações, sendo regido pela Consolidação das Leis do Trabalho – CLT. Por este regime, somente a vontade das partes é meio hábil para a alteração das condições de trabalho, já que, no regime contratual, existe autonomia de vontades. Dessa forma, para modificar as condições estabelecidas, deve haver o consenso dos contratantes. No regime estatutário, a modificação das condições estabelecidas deve ser feita mediante a confecção de lei, pois esta é que estabeleceu, inicialmente, a relação entre as partes.

O regime estatutário dos servidores públicos federais anterior à CF de 88 era disciplinado pela Lei nº 1.711/52.[18]

Cabe salientar que cada Ente federativo é dotado de autonomia para editar sua legislação (estatuto), que disciplina sua relação com seus servidores. Para servidores públicos civis da Administração Direta, autárquica e fundacional da **União,** a Lei nº 8.112/90 fixa os direitos e obrigações de seus agentes.

Com o advento da CF de 88, em sua **redação original**, o artigo 39 exigiu que a União, os estados, o Distrito Federal e os municípios instituíssem **regime jurídico único** para servidores da Administração Direta, das autarquias e das fundações públicas. A intenção do constituinte originário foi uniformizar o regime jurídico funcional aplicável a todos os agentes públicos permanentes de uma mesma entidade federativa, eliminando a situação, anteriormente habitual, de coexistência, na mesma Administração Pública Direta, na mesma autarquia ou na mesma fundação pública, de agentes públicos vinculados a diferentes regimes jurídicos (por exemplo, existência, em determinada autarquia estadual, de servidores públicos estatutários e de empregados públicos sob regime celetista, isto é, contratual trabalhista). Vale frisar que regime jurídico único não é sinônimo de Lei nº 8.112/90, como alguns confundem. Ocorre que, como a redação original da CF exigiu um regime jurídico único para **cada esfera de governo** na sua Administração Direta, autárquica e fundacional, a União resolveu adotar o regime estatutário (regime fixado por lei, e não por contrato de trabalho), editando, em 1990, a Lei nº 8.112. No entanto, cada Ente teve liberdade para editar legislação própria.

Alguns anos depois, a Emenda Constitucional nº 19/98 **alterou** completamente a redação do *caput* do art. 39 da Carta da República, com o objetivo precípuo de excluir de nosso ordenamento constitucional a obrigatoriedade de adoção de regime jurídico único para os servidores da Administração Direta, das autarquias e das fundações públicas dos diversos Entes da Federação.

Com a extinção da obrigatoriedade de regime jurídico único, o legislador dos diversos Entes federados passou a ter possibilidade de prever a existência de mais de um regime jurídico para o pessoal da respectiva Administração Direta, autarquias e fundações públicas (por exemplo, determinado estado poderia, em tese, editar lei autorizando admissão concomitante de agentes públicos estatutários e de agentes públicos celetistas para suas autarquias). Não havia nem mesmo obrigação de uniformidade entre o regime jurídico adotado pela Administração Direta e aquele das autarquias ou fundações públicas. Nada impedia que fosse estabelecido o regime estatutário para a Administração Direta e o regime trabalhista ou estatutário diverso para as autarquias. Tudo dependeria do tratamento que a lei do respectivo Ente federado desse à matéria.

Depois dessa alteração trazida pela EC nº 19/998, foi editada a Lei nº 9.962/2000, prevendo expressamente, em nível federal, a possibilidade de contratação de pessoal sob regime de emprego

---

18 A Lei nº 1711/52 denominava funcionário público quem ocupava cargo público. Denominação substituída por servidor público, com a Lei nº 8.112/90.

público na Administração Direta, autárquica e fundacional federal, com vínculo funcional regido pela Consolidação das Leis do Trabalho (CLT). Essa lei não revogou a Lei nº 8.112/90, que estabelece o regime jurídico dos servidores públicos estatutários da Administração Direta, das autarquias e das fundações públicas federais; simplesmente, enquanto vigorou a redação dada ao *caput* do art. 39 da Constituição pela EC nº 19/98, possibilitou, na esfera federal, que fossem admitidos agentes públicos estatutários e agentes públicos celetistas para a Administração Direta, as autarquias e as fundações públicas federais.

A modificação do *caput* do art. 39 da Carta Política, introduzida pela EC nº 19/98, teve, contudo, sua eficácia **suspensa** pelo Supremo Tribunal Federal, a partir de agosto de 2007, em decorrência do fato de a Câmara dos Deputados não haver observado, quanto a esse dispositivo, a exigência de aprovação em dois turnos (CF, art. 60). Por essa razão, no julgamento da ADI 2.135/DF, em 2 de agosto de 2007, nossa Corte Suprema deferiu medida cautelar para suspender a eficácia do artigo 39, *caput*, da Constituição, com a redação da EC nº 19/98, esclarecendo expressamente que a decisão terá efeitos prospectivos (*ex nunc*), isto é, toda a legislação editada durante a vigência do artigo 39, *caput*, com a redação da EC nº 19/98, **continua válida**, assim como as respectivas contratações de pessoal. Não obstante, deve ficar claro que a partir dessa decisão, e até que seja decidido o mérito da causa, **voltou a vigorar a redação original** do *caput* do art. 39 da Constituição, que exige a adoção, por parte de cada ente da Federação, de um regime jurídico (regime jurídico único) aplicável a todos os servidores integrantes de sua Administração Direta, autarquias e fundações públicas. Dessa forma, atualmente, não mais é possível a contratação concomitante de servidores públicos e de empregados públicos pela Administração Direta, autarquias e fundações públicas de nossas pessoas políticas, uma vez que voltou a vigorar a exigência de adoção de um regime jurídico único para o pessoal desses órgãos e entidades administrativas.

Assim, se em nível federal foi adotado, logo após a CF de 88, como regime jurídico único o regime estatutário, regido pela Lei nº 8.112/90, a partir da ADI nº 2.135, até à sua decisão final de mérito, toda a Administração **Federal** Direta, autárquica e fundacional deve ser regida pelo Estatuto dos Servidores Públicos Civis da União (Lei nº 8.112/90), ressalvadas as contratações por outro regime que foram realizadas após a EC nº 19/98 até o julgamento da referida ADI.

Cabe destacar que, durante o período em que foi possível a contratação de empregados regidos pelo regime da CLT na Administração Direta, autárquica e fundacional (após a EC 19/98 até decisão proferida na ADI nº 2.135 no STF, 02.08.2007), a doutrina entendia que essas contratações não seriam cabíveis em relação a atividades-**fim** das autarquias; somente valiam para atividades materiais (atividades-meio) ou subalternas dessas entidades.

No caso de Conselhos de Fiscalização Profissional ainda é possível a contração pela CLT. Isso porque o §3º, do art. 58, da Lei nº 9.649/98 autoriza a contração pelos Conselhos pela CLT, sendo que esse dispositivo não foi objeto de declaração de inconstitucionalidade da ADI nº 1717.

Podemos resumir em três momentos:

Entre CF/88 e EC 19/98	Após a EC 19/98 até publicação da MC, na ADI nº 2.135 no STF (02.08.2007)	A partir da publicação da MC, na ADI nº 2.135 no STF (02.08.2007)
Regime jurídico único em todos os níveis da Federação, na Administração Direta, autárquica e fundacional.	Possibilidade de adoção do regime celetista, por lei específica de cada ente federativo.	Retorno da obrigatoriedade do regime jurídico único para todos os entes federativos, na Administração Direta, autárquica e fundacional.

Por fim, observe-se que, em qualquer caso, independentemente da época de admissão e do regime de pessoal adotado, as autarquias são alcançadas pela regra constitucional que exige a realização de **concurso** público (CF, art. 37, II), bem como pela **vedação de acumulação remunerada** de cargos, empregos e funções públicas (CF, art. 37, XVII).

Quanto aos **dirigentes,** são, via de regra, livremente nomeados e exonerados pelo Chefe do Executivo ou por auxiliar direto, no caso de exercerem **cargos em comissão (=Cargos de Natureza Especial)**.

O STF, contudo, optou pela possibilidade de se condicionar a **investidura** de presidente de autarquia à **autorização legislativa**, em todos os níveis da Federação, em razão do princípio da simetria (ADI 2225 MC, Relator: Min. Sepúlveda Pertence, Tribunal Pleno, julgado em 29.06.2000).

Segundo orientação do Supremo Tribunal Federal, entretanto, exigência de aprovação legislativa prévia para a **exoneração** de ocupantes de cargos do Poder Executivo, ou previsão de exoneração direta de tais servidores pelo próprio Poder Legislativo, é **inconstitucional**, por ofensa ao princípio da separação entre os poderes (ADIMC 1.949/RS, rel. Min. Sepúlveda Pertence, 18.11.1999).

H) Posição perante a Administração Pública e terceiros

Em razão de a autarquia ser instituída para o desempenho de serviço público descentralizado, recebendo a titularidade desse serviço, pode opor-se às interferências impertinentes do ente central. Por outro lado, assume o ônus de fazer a prestação adequada aos particulares, sujeitando-se nesse sentido ao controle da Administração Direta.

I) Prerrogativas autárquicas

Imunidade tributária. O art. 150, § 2º, da CF veda a instituição de **impostos** sobre o patrimônio, renda e os serviços das autarquias, **desde que vinculados às suas finalidades essenciais ou que delas decorram**. Com o intuito de manter o pacto federativo estabelecido na Constituição, houve a previsão de que é vedado à União, aos estados, ao DF e municípios instituir impostos sobre patrimônio, renda e serviços uns dos outros. Entretanto, essa imunidade das autarquias só se aplica se a atividade for vinculada às suas finalidades essenciais ou que delas decorram. O STJ entendeu que a imunidade abrange, inclusive, imóveis alugados a terceiros.[19]

Vale ressaltar que essa imunidade também só se refere aos impostos, não se incluindo, por exemplo, a proibição, para a instituição, de **taxas**, por se tratar de espécie tributária distinta.

Impenhorabilidade de seus bens e suas rendas. A penhora é o ato pelo qual o órgão judiciário submete a seu poder imediato determinados bens do executado, fixando sobre eles a destinação de servirem à satisfação do direito do exequente. Trata-se de apreensão dos bens do devedor para a garantia da execução. Com a apreensão de bens que compõem o patrimônio do devedor, há a criação de um vínculo desses bens à satisfação de certo crédito, ficando estes vinculados à demanda executória e, caso não haja penhora anterior ou outro acontecimento (por exemplo: pagamento), serão destinados ao escopo expropriativo. A penhora não retira o domínio

19 Tributário e processo civil – Cobrança do IPTU – Propriedade da autarquia. 1. É a autarquia imune ao IPTU incidente sobre imóvel de sua propriedade, imunidade que não cessa, em caso de aluguel. 2. Ônus de informar ao Fisco que não deve ser suportado pela autarquia, bem assim a prova da imunidade. 3. Recurso especial improvido (REsp 285799/MG, Rel. Ministra Eliana Calmon, Segunda Turma, julgado em 26.03.2002, *DJ* 06.05.2002 p. 270).

e a posse que tem o executado sobre os bens. Estes apenas ficam subordinados aos fins da execução e qualquer disposição que deles faça o executado é ineficaz, caso comprometa os direitos do exequente e de outros credores concorrentes. Em razão da impenhorabilidade dos bens e rendas das autarquias, os pagamentos devem ser feitos por **precatórios** judiciais, nos termos do art. 100, CF, e a execução obedece a regras próprias da lei processual.[20]

Precatório é o instrumento que representa uma requisição judicial de pagamento, materializado no ofício requisitório, expedido pelo juiz da execução da sentença ao Presidente do Tribunal que proferir a decisão exequenda, em face de a Fazenda Pública haver sido condenada ao pagamento de certa quantia em processo transitado em julgado.

Apesar de se ter mencionado a impossibilidade da penhora de bens e verbas públicas, o STJ e o STF possuem entendimento, com fundamento no direito à dignidade da pessoa humana, de que é possível o bloqueio ou sequestro de verbas públicas para garantir o fornecimento de medicamentos. A questão foi exigida em prova subjetiva da Defensoria Pública da União, no ano de 2008.[21]

Imprescritibilidade de seus bens. Os bens das autarquias não estão sujeitos a usucapião. A usucapião é modo de aquisição da propriedade, pela posse prolongada, sob determinadas condições. O instituto exige posse prolongada (elemento objetivo), com a vontade de ser dono (*animus domini* – elemento subjetivo). Desse modo, não se adquire a propriedade de bem de autarquia ou de qualquer outra pessoa jurídica de direito público ao se ocupar, pelo prazo que for, esse bem como se dono fosse.

Prescrição quinquenal. Dívidas e direitos em favor de terceiros contra autarquias prescrevem em 5 anos. Dessa forma, se alguém tiver crédito a receber de uma autarquia, deve promover a cobrança dentro desse período, sob pena de não poder mais exercer essa pretensão.

A prescrição está regulamentada na parte geral do Código Civil. O fator temporal é determinante para a segurança das relações jurídicas. Violado o direito, nasce para o titular a pretensão de exigir a reparação desse direito violado, a qual se extingue pela prescrição, conforme o art. 189 do CC. A prescrição atinge a exigibilidade dos direitos subjetivos. Para terceiros exigirem suas pretensões em desfavor das autarquias, devem se manifestar em um prazo de 5 anos, pois o prazo prescricional de cinco anos do Decreto Federal nº 20.910/32 foi expressamente estendido às autarquias pelo Decreto Lei nº 4.597/42.

Créditos sujeitos à execução fiscal. Conforme a Lei de Execução Fiscal, Lei nº 6.830/80, a execução judicial para cobrança da Dívida Ativa da União, dos estados, do Distrito Federal, dos municípios e respectivas autarquias irá seguir procedimento diferenciado. Constitui dívida ativa da Fazenda Pública aquela definida como tributária, ou não tributária, na Lei nº 4.320, de 17 de março de 1964, com as alterações posteriores, que estatui normas gerais de direito financeiro para a elaboração e controle dos orçamentos e balanços da União, dos estados, dos municípios e do Distrito Federal.

É considerada Fazenda Pública. É o Estado em juízo por qualquer de suas entidades estatais, por suas autarquias, por suas fundações públicas ou por seus órgãos que tenham capacidade processual, travando relações na via judicial.

---

20 **Os pagamentos devidos, em razão de pronunciamento judicial, pelos Conselhos de Fiscalização (exs: CREA, CRM, COREN, CRO) não se submetem ao regime de precatórios.** STF. Plenário. RE 938837/SP, rel. orig. Min. Edson Fachin, red. p/ o ac. Min. Marco Aurélio, julgado em 19/4/2017 (repercussão geral) (Info 861).

21 REsp 1058836/RS, Rel. Ministro Mauro Campbell Marques, Segunda Turma, julgado em 07.08.2008, *DJe* 01.09.2008; AgRg no REsp 1002335/RS, Rel. Ministro Luiz Fux, Primeira Turma, julgado em 21.08.2008, *DJe* 22.09.2008.

Normalmente, as leis de organização judiciária dos estados e do Distrito Federal preveem vara de Fazenda Pública, nas quais tramitam as ações em que o Ente federativo e suas entidades da Administração Indireta figurem na condição de autor ou réu.

As autarquias, por se inserirem no conceito de Fazenda Pública, possuem os mesmos privilégios quando estão em juízo. São eles:

Aplicação do art. 183, Código Processual Civil. Determina a norma processual civil que a União, os estados, o Distrito Federal, os municípios e suas respectivas autarquias e fundações de direito público gozarão de prazo em dobro para todas as suas manifestações processuais, cuja contagem terá início a partir da intimação pessoal.[22]

Aplicação do art. 493, Código Processual Civil. Trata-se do reexame necessário ou de ofício ou também denominado de duplo grau de jurisdição obrigatório. Assim, dispõe o CPC:

> *Art. 493. Está sujeita ao duplo grau de jurisdição, não produzindo efeito senão depois de confirmada pelo tribunal, a sentença:*
>
> *I – proferida contra a União, os estados, o Distrito Federal, os municípios e suas respectivas autarquias e fundações de direito público;*
>
> *II – que julgar procedentes, no todo ou em parte, os embargos à execução fiscal.*

Constitui condição de eficácia da sentença processual a obrigação de o juiz, ao proferir decisão desfavorável ao Ente Público, nos termos do art. 493 do CPC, remetê-la à instância superior, para confirmação. Contudo, o próprio art. 493 apresenta situações em que se dispensa o reexame necessário.

> *§ 2º Não se aplica o disposto neste artigo quando a condenação ou o proveito econômico obtido na causa for de valor certo e líquido inferior a:*
>
> *I – mil salários mínimos para União e as respectivas autarquias e fundações de direito público;*
>
> *II – quinhentos salários mínimos para os estados, o Distrito Federal, as respectivas autarquias e fundações de direito público, e os municípios que constituam capitais dos estados;*
>
> *III – cem salários mínimos para todos os demais municípios e respectivas autarquias e fundações de direito público.*
>
> *§ 3º Também não se aplica o disposto neste artigo quando a sentença estiver fundada em:*
>
> *I – súmula de tribunal superior;*
>
> *II – acórdão proferido pelo Supremo Tribunal Federal ou pelo Superior Tribunal de Justiça em julgamento de recursos repetitivos;*
>
> *III – entendimento firmado em incidente de resolução de demandas repetitivas ou de assunção de competência;*
>
> *IV – entendimento coincidente com orientação vinculante firmada no âmbito administrativo do próprio ente público, consolidada em manifestação, parecer ou súmula administrativa.*

Isenção de custas processuais. Dispositivos legais estabelecem isenção de custas processuais e também dispensam, em algumas situações, antecipações como o depósito prévio

22 Art. 183, § 1º A intimação pessoal far-se-á por carga, remessa ou meio eletrônico. § 2 º Não se aplica o benefício da contagem em dobro quando a lei estabelecer, de forma expressa, prazo próprio para o ente público.

exigido em interposição de ação rescisória. Entretanto, se as autarquias forem sucumbentes, devem ressarcir o adiantamento realizado pelos autores, uma vez que só há a dispensa da antecipação do depósito.[23]

Fixação de honorários. O art. 85 do CPC apresenta regra específica sobre pagamento de honorários advocatícios quando a Fazenda Pública for **vencida**. Determina a lei processual civil que, nesse caso, os honorários advocatícios devem ser fixados na forma de um percentual sobre o valor da sentença.

Depósito para ingressar com ação rescisória. A União, os estados, o Distrito Federal, os municípios, suas respectivas autarquias e fundações de direito público estão dispensadas de depositar a importância de 5% (cinco por cento) sobre o valor da causa ao ingressarem com ação rescisória (art. 968, § 1º, do Código de Processo Civil).

Vale salientar que as regras processuais pertinentes às autarquias são mais comuns em concursos de área jurídica, no qual se exige conhecimento de processo civil. Nos demais concursos o tema não tem sido abordado com a mesma frequência.[24]

J) Responsabilidade objetiva, na forma do art. 37, § 6º, da CF

A autarquia responde, independentemente de dolo ou culpa de seus agentes, pelos danos causados a terceiros na realização de sua atividade. Tal responsabilidade encontra fundamento no art. 37, § 6º, da CF:

> *"§ 6º As pessoas jurídicas de direito público e as de direito privado prestadoras de serviços públicos responderão pelos danos que seus agentes, nessa qualidade, causarem a terceiros, assegurado o direito de regresso contra o responsável nos casos de dolo ou culpa."*

Por ter personalidade jurídica, a autarquia responde por seus próprios atos. No caso de exaustão de seus recursos, haverá responsabilidade do Estado pelos danos causados (*responsabilidade subsidiária do Estado*).

K) Foro processual

Nos termos do art. 109 da CF, nas causas em que a União, entidade autárquica ou empresa pública **federal** forem interessadas na condição de autoras, rés, assistentes ou oponentes, exceto as de falência, as de acidentes de trabalho e as sujeitas à Justiça Eleitoral e à Justiça do Trabalho, será competente o foro da **Justiça federal**.

Somente as autarquias **federais** terão suas causas tramitando na Justiça federal, com as ressalvas apresentadas pela CF.[25] As autarquias estaduais e municipais não possuem regra própria. Assim, as causas em que participem serão processadas e julgadas na Justiça estadual.

23 Súmula nº 232 STJ – "A Fazenda Pública, quando parte no processo, fica sujeita à exigência do depósito prévio dos honorários do perito."

24 **É permitida a imposição de multa diária (astreintes) a ente público para compeli-lo a fornecer medicamento a pessoa desprovida de recursos financeiros.** STJ. 1ª Seção. REsp 1.474.665-RS, Rel. Min. Benedito Gonçalves, julgado em 26/4/2017 (recurso repetitivo) (Info 606).

25 O STF entendeu que a regra prevista no § 2º do art. 109 da CF ("§ 2º As causas intentadas contra a União poderão ser aforadas na seção judiciária em que for domiciliado o autor, naquela onde houver ocorrido o ato ou fato que deu origem à demanda ou onde esteja situada a coisa, ou, ainda, no Distrito Federal") também se aplica às ações movidas em face de autarquias federais. Repercussão Geral. RE 627709/DF, rel. Min. Ricardo Lewandowski, 20.8.2014.

QUESTÃO DISCURSIVA:

✦ **(Cespe – SGA/DF – Analista de Apoio às Atividades Jurídicas)** Considere que o governo do Distrito Federal (GDF) pretende criar uma universidade pública a ser denominada Universidade Distrital (UD), na forma de autarquia distrital vinculada à Secretaria de Educação do DF.

Para instalar o campus da UD, o GDF pretende promover a desapropriação de terrenos, entre os quais está um imóvel de propriedade de uma sociedade de economia mista instituída pela União.

Considerando a situação hipotética apresentada acima, elabore um texto dissertativo em que sejam abordados, necessariamente, os seguintes aspectos:

- possibilidade de a UD assumir forma de autarquia distrital;
- existência de subordinação ente a UD e a Secretaria de Educação do DF;

Extensão máxima: 60 linhas.

7.6.2. Agências executivas

É uma qualificação dada à autarquia ou fundação que, por meio do **contrato de gestão** com o órgão da Administração Direta a que esteja vinculada, amplia sua autonomia para a melhoria da eficiência e redução de custos (art. 37, § 8º).

> *§ 8º A autonomia gerencial, orçamentária e financeira dos **órgãos e entidades** da Administração Direta e Indireta poderá ser ampliada mediante contrato a ser firmado entre seus administradores e o Poder Público, que tenha por objeto a fixação de metas de desempenho para o órgão ou entidade, cabendo à lei dispor sobre: [...] (Incluído pela Emenda Constitucional nº 19, de 1998)*

Para a implementação das agências executivas pregava-se a ideia de que as autarquias e fundações não estavam tendo a autonomia administrativa necessária para o desempenho de suas atividades. Assim, houve a proposta para a celebração de contrato de gestão, juntamente com um plano de reestruturação e desenvolvimento institucional, em que metas seriam definidas visando mais eficiência e autonomia por essas entidades, afastando o controle, quase hierárquico, que predominava sobre essas entidades. Buscava-se uma autonomia maior, em troca de maior eficiência.

As agências executivas não podem ser consideradas uma nova figura administrativa. Com efeito, essas entidades são resultado apenas de uma **qualificação**, uma nova roupagem que se atribui a uma autarquia ou fundação que, mediante contrato de gestão, realizado nos termos do art. 37, § 8º, da CF, amplia sua autonomia Gerencial, Orçamentária e Financeira (GOF), visando a se tornar mais eficiente.

A Lei nº 9.649/98 estabelece as condições para a qualificação das entidades:

> *Art. 51. O Poder Executivo poderá qualificar como Agência Executiva a **autarquia ou fundação** que tenha cumprido os seguintes requisitos:*
>
> *I – ter um **plano estratégico de reestruturação** e de desenvolvimento institucional em andamento;*
>
> *II – ter celebrado **Contrato de Gestão** com o respectivo Ministério supervisor.*
>
> *§ 1º A qualificação como Agência Executiva será feita em ato do Presidente da República.*
>
> *§ 2º O Poder Executivo editará medidas de organização administrativa específicas para as agências executivas, visando assegurar a sua autonomia de gestão, bem como*

> *a disponibilidade de recursos orçamentários e financeiros para o cumprimento dos objetivos e metas definidos nos contratos de gestão.*
>
> *Art. 52. Os planos estratégicos de reestruturação e de desenvolvimento institucional definirão diretrizes, políticas e medidas voltadas para a racionalização de estruturas e do quadro de servidores, a revisão dos processos de trabalho, o desenvolvimento dos recursos humanos e o fortalecimento da identidade institucional da agência executiva.*
>
> *§ 1º Os contratos de gestão das agências executivas serão celebrados com* ***periodicidade mínima de um ano*** *e estabelecerão os objetivos, metas e respectivos indicadores de desempenho da entidade, bem como os recursos necessários e os critérios e instrumentos para a avaliação do seu cumprimento.*
>
> *§ 2º O Poder Executivo definirá os critérios e procedimentos para a elaboração e o acompanhamento dos contratos de gestão e dos programas estratégicos de reestruturação e de desenvolvimento institucional das agências executivas.*

Importante destacar que o art. 37, § 8º, da CF possibilita que órgãos e entidades da Administração Direta e Indireta celebrem contrato de gestão com o ministério supervisor. Essa possibilidade não é restrita apenas as autarquias e fundações.

Por meio do contrato de gestão, pretende-se a progressiva substituição de uma cultura de controles meramente burocráticos por uma cultura de controle mais eficaz e menos oneroso, que focalize os resultados efetivamente alcançados. O contrato de gestão será o instrumento fundamental que propiciará essa transição, permitindo o aperfeiçoamento e o fortalecimento da capacidade do Ministério supervisor para exercer um acompanhamento e uma avaliação efetivos do desempenho institucional das Agências.[26]

Como exemplo de tratamento diferenciado, temos na Lei nº 8.666/93, art. 24, parágrafo único, que aumenta de 10% para 20% o percentual para a dispensa de licitação em relação a obras e serviços de pequeno valor. Assim, entidades qualificadas como agências executivas terão um limite maior para não fazer licitação e realizar contratação direta por dispensa de licitação.

Cabe ressaltar que a qualificação da entidade será feita, no plano federal, por **ato** do Presidente da República; no caso, o DECRETO. Não é correto afirmar que o contrato de gestão qualifica a entidade; ele apenas estabelece os objetivos, metas e respectivos indicadores de desempenho da entidade, bem como os recursos necessários e os critérios e instrumentos para a avaliação do seu cumprimento. Se a entidade não segue estritamente os indicadores fixados no contrato de gestão, perderá a qualificação de agência executiva.

A qualificação de uma instituição como agência executiva exige como pré-requisitos básicos que a instituição candidata tenha: (1) um plano estratégico de reestruturação e desenvolvimento institucional em andamento; e (2) um contrato de gestão, firmado com o ministério supervisor.[27]

O processo de qualificação de uma autarquia ou fundação se dá em quatro etapas: (1) decisão do Ministério supervisor e da instituição a ser qualificada; (2) assinatura de protocolo de intenções, com a constituição de comissão coordenadora, que será responsável pela condução do processo de transformação; (3) assinatura de contrato de gestão; (4) decreto de qualificação da instituição como agência executiva.[28]

26 Caderno 9, Mare, Brasília, DF, 1998.

27 Caderno 9, Mare, Brasília, DF, 1998.

28 Caderno 9, Mare, Brasília, DF, 1998.

Carvalho Filho[29] apresenta como exemplos: Instituto Nacional de Metrologia, Normatização e Qualidade Industrial – Inmetro, bem como a Superintendência de Desenvolvimento da Amazônia – Sudam, e Superintendência de Desenvolvimento do Nordeste – Sudene.

Os estados, DF e municípios também podem qualificar entidades como agências executivas. Entretanto, deverão editar legislação própria, pois a Lei nº 9.648/98 só se aplica em nível federal.

7.6.3. Agências reguladoras

No processo de modernização do Estado, em especial a partir da metade da década de 1990, uma das medidas preconizadas pelo Governo foi a criação de um grupo especial de autarquias, denominadas **agências**, com o objetivo de regular determinado setor. O termo regular significa organizar, ordenar (normalizar) o setor que está sob fiscalização da agência.

Com efeito, o Estado, no intuito de ser mais eficiente, menos burocrático e diminuir sua estrutura, percorre um processo de modernização que tem íntima relação com a criação de agências reguladoras, que fiscalizam e editam normas técnicas para o controle de atividades realizadas por particulares. Foi nesse cenário que surgiu uma das maiores novidades no direito brasileiro: a criação de entidades incumbidas de regular atividades desempenhadas por particulares mediante concessão, permissão ou autorização.

Assim, o Estado deixa de ser o prestador para atuar na figura de regulador, garantindo sua prestação de forma adequada.

No Brasil, quais atividades são exercidas pelas agências reguladoras?

Segundo Maria Sylvia,[30] pode-se considerar a existência de dois grupos de agências reguladoras no direito brasileiro:

a) as que exercem, com base em lei, típico **poder de polícia**, com a imposição de limitações administrativas previstas em lei; fiscalização, repressão. É o caso da Agência Nacional de Vigilância Sanitária – Anvisa, criada pela Lei nº 9.782/99, e da Agência Nacional de Saúde Pública Suplementar – ANS, criada pela Lei nº 9.961/00.

b) as que **regulam e controlam atividades** que constituem objeto de concessão, permissão ou autorização de serviço público (telecomunicações, energia elétrica, transportes etc.) ou de concessão de exploração de bem público (petróleo e outras riquezas minerais, rodovias etc.).

A Agência Nacional do Petróleo – ANP, junto com a Agência Nacional de Telecomunicações – Anatel – são as agências reguladoras com "**referência constitucional**", ainda que mediata. A ANP é espécie de agência reguladora da exploração de monopólios públicos, prevista no art. 177, p. 2, III, da CF. Foi criada no final da década de 1990, com a finalidade de disciplinar e controlar atividades relacionadas ao petróleo, em razão do rompimento do monopólio estatal, pela EC 9/95, que possibilitou à União a contratação com empresas privadas de atividades relativas à pesquisa e lavra de jazidas de petróleo, gás natural e outros hidrocarbonetos fluidos; a refinação

29 CARVALHO FILHO, José dos Santos, op. cit., p. 469.

30 DI PIETRO, Maria Sylvia Zanella, op. cit., p. 467.

do petróleo nacional ou estrangeiro; a importação, exportação e transporte dos produtos e de petróleo (outrora vedados pela CF, art. 177, e pela Lei n. 2004/51).

Nos artigos 21, XI, e 177 da CF, que são a base constitucional para criação da Anatel e ANP, houve a previsão de criação de *órgãos* reguladores. Contudo, para que tivessem a necessária autonomia em suas funções, sem relação de subordinação, foram criadas *entidades* administrativas, com natureza autárquica, assim como ocorreu com as demais agências reguladoras.

A lei instituidora da ANP conferiu disciplina distinta para cada espécie ou fase da atividade petrolífera, quais sejam: exploração, produção, importação e exportação; refino, transporte, distribuição e revenda.

A Anatel é tratada pela Lei nº 9.472/97, que, no art. 8º, estabelece que a Agência Nacional de Telecomunicações, entidade integrante da Administração Pública Federal Indireta, submetida a regime autárquico especial e vinculada ao Ministério das Comunicações, tem a função de "órgão" regulador das telecomunicações, com sede no Distrito Federal, podendo estabelecer unidades regionais.

Devemos salientar que a CF utiliza o termo "órgão regulador" quando menciona a criação da Anatel e da ANP (arts. 21, XI, e 177, § 2º). Contudo, não foram criados órgãos, mas sim agências reguladoras com natureza autárquica.

São entidades caracterizadas por ter ainda maior independência com relação ao Poder Executivo.

Por serem autarquias de regime especial, seus atos não podem ser revistos ou alterados pelo Poder Executivo.

Quais são os pontos principais que diferenciam as agências reguladoras das demais autarquias?

A principal diferença entre uma autarquia comum e a agência reguladora está no modo de **escolha ou nomeação do dirigente**. Em uma autarquia comum, os dirigentes ocupam cargos em comissão; dessa forma, são de livre nomeação e exoneração, a critério da autoridade competente. No caso das agências reguladoras, os dirigentes são indicados pelo chefe do Poder Executivo, mas dependem de aprovação do Poder Legislativo. No plano federal, essa aprovação é feita pelo Senado.[31]

Outro ponto distintivo está na existência de **mandato dos dirigentes** insuscetíveis de destituição a critério do Chefe do Executivo. Até o advento da Lei nº 13.848/19, o prazo de mandato e as possibilidades de sua perda eram fixados na lei de cada agência. E na Lei n. 9.986/2000 havia uma "quarentena", que proibindo o ex-dirigente de exercer atividade ou prestar qualquer serviço no setor regulado pela respectiva agência por um período de quatro meses, contados da exoneração ou do término de seu mandato.

Pode-se afirmar que a Lei nº 13.848/19 é o marco regulatório mais importante sobre as agências reguladoras. A citada lei estabelece quais são as agências reguladoras federais; estabelece regras sobre o processo decisório das agências; dispõe sobre a prestação de contas e sobre o controle social, sobre a interação entre as agências reguladoras e os órgãos de defesa da concorrência, da

31 "Art. 52. Compete, privativamente, ao Senado Federal: III – aprovar previamente, por voto secreto, após arguição pública, a escolha de: [...] f) titulares de outros cargos que a lei determinar."

articulação entre agências reguladoras, da articulação das agências reguladoras com os órgãos de defesa do consumidor e do meio ambiente e da interação operacional entre as agências reguladoras federais e as agências reguladoras ou os órgãos de regulação estaduais, distritais e municipais.

Com o advento da Lei nº 13.848/19, houve a unificação dos prazos de mandato dos Diretores em **5 anos**:

> *Art. 6º O mandato dos membros do Conselho Diretor ou da Diretoria Colegiada das agências reguladoras será de 5 (cinco) anos, vedada a recondução, ressalvada a hipótese do § 7º do art. 5º.*

Ademais, a "quarentena" passou a ter prazo de 6 meses:

> *Art. 8º Os membros do Conselho Diretor ou da Diretoria Colegiada ficam impedidos de exercer atividade ou de prestar qualquer serviço no setor regulado pela respectiva agência, por período de 6 (seis) meses, contados da exoneração ou do término de seu mandato, assegurada a remuneração compensatória.*

Também, foram fixadas condições para ocupar o cargo de **Diretor** de agência:

> *Art. 5º O Presidente, Diretor-Presidente ou Diretor-Geral (CD I) e os demais membros do Conselho Diretor ou da Diretoria Colegiada (CD II) serão brasileiros, indicados pelo Presidente da República e por ele nomeados, após aprovação pelo Senado Federal, nos termos da alínea "f" do inciso III do art. 52 da Constituição Federal, entre cidadãos de reputação ilibada e de notório conhecimento no campo de sua especialidade, devendo ser atendidos 1 (um) dos requisitos das alíneas "a", "b" e "c" do inciso I E, cumulativamente, o inciso II:*
>
> ***I - ter experiência profissional de, no mínimo:*** *(UM DOS REQUISITOS)*
>
> *10 (dez) anos, no setor público ou privado, no campo de atividade da agência reguladora ou em área a ela conexa, em função de direção superior; ou*
>
> *b) 4 (quatro) anos ocupando pelo menos um dos seguintes cargos:*
>
> *1. cargo de direção ou de chefia superior em empresa no campo de atividade da agência reguladora, entendendo-se como cargo de chefia superior aquele situado nos 2 (dois) níveis hierárquicos não estatutários mais altos da empresa;*
>
> *2. cargo em comissão ou função de confiança equivalente a DAS-4 ou superior, no setor público;*
>
> *3. cargo de docente ou de pesquisador no campo de atividade da agência reguladora ou em área conexa; ou*
>
> *c) 10 (dez) anos de experiência como profissional liberal no campo de atividade da agência reguladora ou em área conexa; e*
>
> *II - ter formação acadêmica compatível com o cargo para o qual foi indicado.*
>
> *§ 7º Ocorrendo vacância no cargo de Presidente, Diretor-Presidente, Diretor-Geral, Diretor ou Conselheiro no curso do mandato, este será completado por sucessor investido na forma prevista no caput e exercido pelo prazo remanescente, admitida a recondução se tal prazo for igual ou inferior a 2 (dois) anos.*

Veja que deve ter o 'candidato' ao cargo UM dos requisitos do inciso I em conjunto com o inciso II (formação acadêmica compatível com o cargo para o qual foi indicado).

Podemos destacar, também, como ponto diferenciador o **regime de administração colegiada.** Nas agências reguladoras, as decisões não são tomadas por uma só pessoa, e sim, pelos dirigentes que fazem parte da entidade.

Quanto ao regime jurídico dos servidores, a Lei nº 9.986/00 previa inicialmente o regime de emprego público (CLT), sendo previstos alguns cargos em comissão regidos pelo regime estatutário, mas esse dispositivo foi suspenso, liminarmente, pela ADI nº 2.310 do STF, sob o fundamento de que a atividade exercida nas agências seria uma função típica do Estado; portanto, incompatível com o regime celetista. A lei anterior, Lei nº 9.986/00, foi derrogada pela Lei nº 10.871/04, que instituiu o regime **estatutário** e, assim, a ADI 2.310 perdeu o objeto. **Hoje, portanto, os servidores devem sujeitar-se ao regime estatutário.**

Por fim, podemos destacar o chamado **poder normativo técnico**, que é a delegação para editar normas técnicas, denominado-se *deslegalização*, com edição de normas gerais, formalizadas por atos administrativos regulamentares; normalmente por meio de resoluções.[32]

COMO ESSE ASSUNTO TEM SIDO ABORDADO NAS PROVAS

- **(Anac – Técnico em Regulação – Cespe – 2012)** Uma das medidas tomadas pelo governo no processo de modernização do Estado foi a criação de um grupo especial de autarquias, denominadas agências, que se classificam, didaticamente, em reguladoras e executivas.

  Resposta: Certo.

- **(Anac – Técnico em Regulação – Cespe – 2012)** As agências reguladoras têm a função de controlar a prestação dos serviços públicos e o exercício de atividades econômicas, em toda a sua extensão.

  Resposta: Certo.

Surgindo um pouco fora do contexto da criação das demais agências reguladoras, há também no Brasil a agência de fomento denominada Agência Nacional do Cinema – Ancine, vinculada ao Ministério do Desenvolvimento, Indústria e Comércio Exterior, cuja função é exercer o fomento, regulação e fiscalização da indústria cinematográfica e videofonográfica.

7.6.4. Consórcios públicos

Os consórcios públicos são pessoas jurídicas formadas **exclusivamente por Entes da Federação**, nos termos do art. 241 da CF e da Lei nº 11.107/05, para a prestação de serviços públicos, na forma de gestão associada. Os entes federativos, ao formar o consórcio público, deverão constituir associação, que o administrará. No entanto, essa associação pode ser de direito privado ou de direito público, e neste último caso terá a natureza de **autarquia**.

Ex: DF e Estado de Goiás fazem um consórcio público visando a criação de um sistema para a gestão do lixo dos dois Estados.

Somente o consórcio público que possui associação de **direito público** para administrá-lo é considerado uma autarquia. O art. 41 do Código Civil especifica as pessoas de direito público:

> *Art. 41. São pessoas jurídicas de direito público interno:*
>
> *I – a União;*
>
> *II – os estados, o Distrito Federal e os territórios;*
>
> *III – os municípios;*

32 CARVALHO FILHO, José dos Santos, op. cit., p. 455.

> *IV – as autarquias;*
>
> *IV – **as autarquias, inclusive as associações públicas**; (Redação dada pela Lei nº 11.107, de 2005)*
>
> *V – as demais entidades de caráter público criadas por lei.*

Os consórcios públicos podem ser considerados uma nova figura/entidade da Administração Indireta?

Caso a associação constituída seja de direito privado, o consórcio não será entidade da Administração Indireta. Entretanto, se a associação for de direito público, será considerado autarquia. Lei nº 11.107/2005:

> *Art. 6º O consórcio público adquirirá personalidade jurídica:*
>
> *I – de **direito público**, no caso de constituir associação pública, mediante a vigência das leis de ratificação do protocolo de intenções;*
>
> *II – de **direito privado**, mediante o atendimento dos requisitos da legislação civil.*

Estabelece a Lei nº 11.107/05 que a União somente participará de consórcios públicos em que também façam parte todos os estados em cujos territórios estejam situados os municípios consorciados. Fixa, também, que o consórcio público com personalidade jurídica de direito público integra a Administração Indireta de todos os entes da Federação consorciados.

Fixa, ainda, a lei citada que a execução das receitas e despesas do consórcio público deverá obedecer às normas de direito financeiro aplicáveis às entidades públicas, estando submetido o consórcio público à fiscalização contábil, operacional e patrimonial pelo Tribunal de Contas competente para apreciar as contas do Chefe do Poder Executivo representante legal do consórcio, inclusive quanto à legalidade, legitimidade e economicidade das despesas, atos, contratos e renúncia de receitas, sem prejuízo do controle externo a ser exercido em razão de cada um dos contratos de rateio.

A Lei nº 11.107/05 também trouxe inovações na Lei de Licitações. Estabeleceu que, no caso de consórcios públicos, aplicar-se-á o dobro dos valores mencionados no art. 23, quando formado por até 3 (três) Entes da Federação, e o triplo, quando formado por maior número; ampliou o valor do limite de dispensa de licitação para contratações de pequeno valor, art. 24, parágrafo único, e acrescentou o inciso XXVI no art. 24 para possibilitar contratação direta na celebração de contrato de programa com Ente da Federação ou com entidade de sua Administração Indireta, para a prestação de serviços públicos de forma associada, nos termos do autorizado em contrato de consórcio público ou em convênio de cooperação.

Em 2019[33], houve alteração na Lei dos Consórcios para estabelecer que o consórcio público, com personalidade jurídica de direito público ou privado, observará as normas de direito público no que concerne à realização de licitação, à celebração de contratos, à prestação de contas e à admissão de pessoal, que será regido pela Consolidação das Leis do Trabalho (CLT). O ponto mais polêmico é sobre a admissão pelo regime da CLT nos consórcios públicos, uma vez que eles têm natureza de autarquias e a doutrina, bem como a jurisprudência, entendem que o regime deve ser estatutário para as pessoas de direito público. Com relação à obrigatoriedade de concurso públicos, os dois tipos de consórcio estão obrigados a essa regra.

---

33 Lei nº 13.822, de 2019.

Importante também lembrar que houve alteração na lei para limitar as exigências legais de **regularidade**, por ocasião da celebração de convênios com a União, ao próprio consórcio público envolvido, sem estendê-las aos entes federativos nele consorciados.[34]

No art. 8º da Lei nº 11.107/2005 há referência a um tipo específico de contrato, que é o único instrumento idôneo para viabilizar a entrega de recursos pelo ente consorciado ao consórcio: o **contrato de rateio**. O Decreto nº 6.017/07 assim o define:

> *"contrato de rateio: contrato por meio do qual os entes consorciados comprometem-se a fornecer recursos financeiros para a realização das despesas do consórcio público; [...]"*

A lei considera tão relevante a observância das suas disposições acerca dos contratos de rateio que acrescentou ao art. 10 da Lei nº 8.429/92 – Lei de Improbidade Administrativa – o inciso XV, tipificando como ato de improbidade administrativa que causa lesão ao Erário "celebrar contrato de rateio de consórcio público sem suficiente e prévia dotação orçamentária ou sem observar as formalidades previstas na lei".

Como exemplo, podemos citar o consórcio entre a União, o estado do Rio de Janeiro e o município do Rio de Janeiro, com a finalidade de constituir consórcio público, denominado Autoridade Pública Olímpica – APO, com a finalidade de ser a instituição responsável pela aprovação e monitoramento das obras e dos serviços que compõem a Carteira de Projetos Olímpicos, regulamentado pela Lei nº 12.396/11, que aprovou o protocolo de intenções firmado pelos Entes federativos.

Ainda, a Lei nº 12.396/11 criou a autarquia em regime especial, denominada Autoridade Pública Olímpica – APO, que, posteriormente, foi extinta pela Lei nº 13.474/2017.

7.6.5. Fundações

A Fundação é um **patrimônio personalizado** destinado a realizar atividades de interesse social. São atividades não exclusivas do Estado, como atividades educacionais, sociais, culturais, pesquisas científicas, entre outras.[35]

A instituição de uma Fundação privada resulta da iniciativa de um particular; pessoa física ou jurídica que destaca parte de seu patrimônio, conjunto de bens, adquirindo personalidade jurídica para desempenho de atividades de caráter social.

Recorda Maria Sylvia[36] que, "Na fundação, o instituidor faz a dotação de determinada universalidade de bens livres, especificando o fim a que se destina e declarando, se quiser, a maneira de administrá-la; o seu estatuto é feito pela pessoa por ele designada, ou pelo Ministério Público, a quem compete velar pela fundação". Destaca, ainda, que "O papel do instituidor exaure-se com o ato da

---

34 Lei nº 13.821, de 2019.

35 Alguns autores se referem às fundações como entidades que desenvolvem atividades "atípicas" do Estado. Entendemos que a terminologia não é correta, pois atípica contrapõe-se a atividade "típica", que significa própria do Estado. Desse modo, a expressão atípica pode passar a ideia de que a fundação não exerce atividade própria de Estado, e até mesmo que poderia desenvolver atividade econômica, o que não é correto afirmar. Por isso, preferimos a expressão "atividade sociais" ou "não exclusivas do Estado", para se referir ao seu campo de atuação, pois as atividades sociais das fundações também podem, muitas vezes, ser desempenhadas por particulares, não tendo o caráter de exclusividade estatal.

36 DI PIETRO, Maria Sylvia Zanella, op. cit., p. 436.

instituição; a partir do momento em que a fundação adquire personalidade jurídica, ela ganha vida própria. O instituidor nenhum poder mais exerce sobre ela; seu ato é irrevogável". Entretanto, isso não ocorre com a fundação criada pelo Poder Público, que pode extingui-la a qualquer momento.

Para entendermos a natureza da Fundação criada pelo Estado, devemos fazer algumas digressões, revendo momentos históricos:

Originalmente, ao final do século XIX, as fundações foram concebidas como entidades (pessoas jurídicas), para que pessoas físicas ou jurídicas pudessem destinar parte de seus recursos a um objetivo de caráter social, até mesmo para o patrimônio pessoal não se misturar com o patrimônio destinado à execução de atividades sociais. Normalmente, a pessoa destinava parte do seu capital a essa finalidade e constituía uma fundação. O termo fundação origina-se de "fundos" como sinônimo de recursos financeiros ou patrimoniais. Desde então, a fundação veio a ser entendida como um conjunto de recursos destinados a uma finalidade social, a quem a lei atribuía personalidade jurídica.

Com isso, surgiram as fundações privadas, criadas por testamentos, quando o instituidor pretendia instituir a fundação após sua morte; ou por escritura pública, quando o instituidor pretendia instituir a fundação ainda em vida. Também surgiram as fundações criadas por pessoas jurídicas, que, diferentemente das pessoas físicas, sempre instituem fundações por meio de escritura pública.

Entre as fundações privadas, podemos citar como exemplos: Fundação Roberto Marinho, Fundação Bradesco, Fundação Perseu Abramo etc. Tais fundações existem e continuam sendo criadas; todavia, não fazem parte de nosso estudo, pois, sendo instituídas e mantidas por pessoas privadas (físicas ou jurídicas) não integram a Administração Pública Indireta. Essas entidades são disciplinadas pelo Código Civil.

Ocorre que o Estado passou a criar fundações, isto é, destinar recursos públicos para fins sociais, criando uma pessoa jurídica para tal fim. Logo surgiu a dúvida sobre se tais pessoas – as fundações criadas e mantidas pelo Estado – eram de direito público ou privado.[37]

O Decreto-Lei nº 200/67, que organizou a atual feição da Administração Pública em Administração Pública Direta e Indireta, não incluiu, **originalmente**, as fundações criadas e mantidas pelo Poder Público como entidades da Administração Indireta. Somente alguns anos depois, em 1987, a Lei nº 7.596/87, **alterando** o Decreto-Lei 200/67, dispôs claramente que as fundações criadas e mantidas pelo Poder Público eram entidades da Administração Indireta, mas sujeitas ao regime jurídico privado. O Decreto possuía a seguinte redação:

> *Art. 5º, IV – Fundação Pública – a entidade dotada de personalidade jurídica de direito privado, sem fins lucrativos, criada em virtude de autorização legislativa, para o desenvolvimento de atividades que não exijam execução por órgãos ou entidades de direito público, com autonomia administrativa, patrimônio próprio gerido pelos respectivos órgãos de direção, e funcionamento custeado por recursos da União e de outras fontes.*

A mesma Lei, em harmonia com a atribuição de personalidade jurídica de direito privado às fundações públicas, acrescentou o § 3º ao art. 5º do Decreto, afirmando que elas "adquirem

37 A expressão pessoa jurídica de direito público quer dizer que tal pessoa é regida por normas de direito público, as mesmas aplicáveis ao Estado; por seu turno, a expressão "pessoas jurídicas de direito privado" quer dizer que tais pessoas se submetem às normas de direito privado, próprias das pessoas físicas e jurídicas do mundo privado.

personalidade jurídica com a inscrição da escritura pública de sua constituição no Registro Civil de Pessoas Jurídicas". Mas, curiosamente, o mesmo dispositivo excluía de aplicação às fundações demais normas do Código Civil, criando uma figura fora do comum, levando à conclusão de que seria a fundação regida por leis especiais que as instituírem e por outras normas extraídas da CF ou em outras leis.

Anos mais tarde, a Constituição Federal de 1988, em sua **redação original**, passou a denominar as fundações criadas pelo Estado **fundações públicas**, dispensando a tais pessoas as mesmas regras, privilégios e princípios aplicáveis às autarquias. Ou seja: o Constituinte **originário** entendeu que as fundações públicas eram pessoas jurídicas de direito público; tendo, portanto, a mesma natureza das autarquias.[38]

A redação do art. 37, XIX, **possuía** o seguinte conteúdo:

> *XIX – somente por lei específica poderão ser criadas empresa pública, sociedade de economia mista, autarquia ou fundação* ***pública.***[39]

Desse momento em diante, duas correntes surgiram discutindo a natureza da pessoa jurídica da fundação pública. Para parte da doutrina, a fundação pública será sempre pessoa jurídica de direito **privado**, mesmo criada e mantida pelo Estado. Comungou desse entendimento o professor Hely Lopes Meirelles. Outros autores, entretanto, sempre entenderam que todas as fundações públicas são pessoas jurídicas de direito **público**, à semelhança das autarquias. Desse último entendimento, temos como referência o professor Celso Antônio Bandeira de Mello.

Hoje, entretanto, uma terceira corrente ganha força, defendida por Diógenes Gasparini e Maria Sylvia Zanella Di Pietro, sobre a natureza jurídica das fundações públicas. Para essa corrente, o Estado pode criar fundações, concedendo-lhes personalidade de direito público ou privado, segundo lhe parecer conveniente e oportuno. Se o Estado cria uma fundação e lhe dá personalidade de direito público, tal fundação terá natureza de autarquia; entretanto, se o Estado cria uma fundação e lhe concede personalidade de direito privado, tal fundação será administrada nos mesmos moldes que as fundações privadas, naquilo que não conflitar com as regras gerais de direito público. Essa também é a posição do STJ[40] e STF.[41]

Assim, temos o seguinte quadro:

Fundações	
Privadas	**Governamentais/Públicas**
• Bradesco • Ayrton Senna • Roberto Marinho	• Pública de Direito Público • Pública de Direito Privado

38 A CF posteriormente foi alterada para retirar o adjetivo "públicas" da palavra fundação. Art. 37, XIX, CF: "somente por lei específica poderá ser criada autarquia e autorizada a instituição de empresa pública, de sociedade de economia mista e de **fundação**, cabendo à lei complementar, neste último caso, definir as áreas de sua atuação."

39 Posteriormente, o adjetivo "pública" foi retirado da CF, com a EC 19/98.

40 STJ: REsp 207767/SP, Rel. Ministro Castro Meira, Segunda Turma, *DJe* 12.12.2008; REsp 480632/RS, Rel. Ministro Franciulli Netto, Segunda Turma, *DJ* 28.10.2003; REsp 332410/PR, Rel. Ministro João Otávio de Noronha, Segunda Turma, *DJ* 14.06.2006.

41 STF: RE nº 101.12 e RE 127489, Relator: Min. Maurício Corrêa, Segunda Turma, julgado em 25.11.1997.

A confirmar essa terceira corrente, veio o art. 37, inciso XIX, da CF/88 a ser alterado pela EC 19/98, com a supressão do adjetivo "pública", bem como modificando a redação do artigo, para dispor que a criação de fundação pública dependeria de lei autorizativa. Com efeito, a lei autorizativa não cria a fundação, mas apenas autoriza a sua criação. Logo, é forçoso reconhecer que essa fundação terá personalidade de direito privado. Por outro lado, o Estado pode criar fundação e lhe conceder personalidade de direito público, fato incontestável na doutrina e jurisprudência.

Dessa forma, a fundação criada pelo Estado como pessoa jurídica de direito público será criada por lei específica, tal qual a autarquia. Por outro lado, a fundação criada pelo Estado como pessoa jurídica de direito privado será criada a partir de uma **lei autorizativa** e instituída por escritura como uma fundação de direito privado.

Em concursos públicos, essa questão causa dificuldade em identificar a resposta correta. Encontramos algumas ocorrências em provas de concursos.

COMO ESSE ASSUNTO TEM SIDO ABORDADO NAS PROVAS

- **(Auditor Federal de Controle Externo – TCU – Cespe – 2009)** A criação de fundações públicas, pessoas jurídicas de direito público ou privado, deve ser **autorizada** por lei específica, sendo a criação efetiva dessas entidades feita na forma da lei civil, com o registro dos seus atos constitutivos, diferentemente do que ocorre com as autarquias.

  Resposta: Errado.

- **(TRT 17ª – Contador – Cespe – 2009)** O direito brasileiro admite a figura da fundação de direito privado, instituída por lei, pelo Poder Público. Nessa fundação, os empregados são regidos pela Consolidação das Leis do Trabalho.

  Resposta: Errado. Instituída = criada.

- **(Câmara dos Deputados – 2012 – Analista Administrativo – Cespe)** A criação de fundação pública deve ser autorizada por lei ordinária, cabendo a lei complementar a definição das áreas de atuação da fundação criada.

  Questão anulada. Justificativa: A redação do item prejudicou seu julgamento objetivo, ao não diferenciar claramente, em sua abordagem, as fundações de direito público das fundações de direito privado.

Deve ser ressaltado, entretanto, que o Estado, quando cria fundação com personalidade jurídica de direito privado, nunca a submete inteiramente às regras desse regime. Seu regime será misto (híbrido), pois conviverão as regras de direito privado, mas incidirão também as normas de direito público, por exemplo, controle externo por Tribunal de Contas, dever de fazer licitação, entre outros.

Devido a essa confusão, a própria legislação não sabe como tratar as fundações nos dispositivos legais em que aparecem. Veja o art. 1º da Lei de Improbidade Administrativa, Lei nº 8.429/92, ao mencionar Administração Direta, Indireta ou Fundacional:

> *Art. 1º Os atos de improbidade praticados por qualquer agente público, servidor ou não, contra a Administração* ***Direta, Indireta ou fundacional*** *de qualquer dos Poderes da União, dos estados, do Distrito Federal, dos municípios, de território, de empresa incorporada ao patrimônio público ou de entidade para cuja criação ou custeio o erário haja concorrido ou concorra com mais de 50% do patrimônio ou da receita anual, serão punidos na forma desta lei.*

A própria Constituição tem dispositivo semelhante:

> *Art. 165. Leis de iniciativa do Poder Executivo estabelecerão:*

§ 5º – A lei orçamentária anual compreenderá:

I – o orçamento fiscal referente aos Poderes da União, seus fundos, órgãos e entidades da ***Administração Direta e Indireta, inclusive fundações*** *instituídas e mantidas pelo Poder Público;*

7.6.5.1. Características

A) Atividade

Presta atividades de **interesse social** como saúde, educação, atividade cultural, pesquisa científica, entre outras de caráter social.

Deve ser criada sem fins lucrativos, embora possa obter lucro em virtude da gestão adotada; se assim acontecer, tais lucros se reverterão ao atendimento dos fins da entidade. Não são destinadas à exploração de atividade econômica.

B) Criação e regime jurídico

No caso de a fundação ser de direito privado, a lei apenas **autoriza** a criação; a personalidade jurídica é adquirida com a inscrição da escritura pública de sua constituição no Registro Civil de Pessoas Jurídicas. Se a fundação pública for de natureza autárquica, a regra a ser aplicada é a mesma que incide sobre as autarquias: a lei cria.

O regime jurídico das entidades segue a mesma regra. Se for fundação pública de direito público, essa entidade será, para todos os fins, considerada uma autarquia, recebendo todos os deveres e encargos desse regime.

Como dissemos, entretanto, sempre que o Poder Público criar determinada entidade e lhe atribuir personalidade de direito privado, esse ente não seguirá completamente as regras desse sistema. A personalidade de direito privado das pessoas criadas pelo Estado é derrogada por normas de direito público, como acontece com as fundações de direito privado, empresas públicas e sociedades de economia mista.

COMO ESSE ASSUNTO TEM SIDO ABORDADO NAS PROVAS

- **(Procurador do Estado de Pernambuco – Cespe – 2009)** A fundação instituída pelo Estado com personalidade jurídica de direito privado se sujeita inteiramente a esse ramo do direito.

  Resposta: Errado.

Com a EC 19/98, passou a ser exigida **lei complementar** para definir as áreas de atuação das fundações.

C) Autonomia

Possuem autonomia administrativa, ou seja, exercem suas atividades sem subordinação hierárquica em relação ao órgão da Administração Direta a que estão vinculadas.

Não se aplica o disposto no art. 66 do Código Civil, que exige fiscalização do Ministério Público. A exigência prevista na Lei Civil é útil para que o MP fiscalize se a fundação está atendendo à destinação estipulada pelo instituidor. No caso das fundações públicas, como já existe o controle de tutela administrativa pela Administração Direta, o controle deve ser afastado.

D) Licitação e contratos

Incidem as normas de contratação e licitação da Lei 8.666/93.

Tanto a CF quanto a Lei nº 8.666/93 exigem licitação antes da celebração de contratos administrativos; isso para todas as fundações estatais (Direito Público e Privado).

E) Possibilidade de qualificação como agência executiva

Podem ser qualificadas como agência executiva. O contrato de gestão será celebrado por período mínimo de um ano e fixará os objetivos, metas, indicadores de desempenho e os recursos necessários.

F) Imunidade tributária

As duas modalidades de fundações instituídas pelo Poder Público (públicas e privadas) fazem jus à imunidade tributária do art. 150, § 2º, da CF, pois o alcance da norma não impôs qualquer restrição: "é extensivo às fundações instituídas e mantidas pelo Poder Público".

G) Regime de pessoal

Ao regime de pessoal das fundações de direito público aplica-se o mesmo regime dos servidores das autarquias; servidores estatutários, com garantia da estabilidade. Já o regime de pessoal das fundações de direito privado deve sujeitar-se ao regime da Consolidação das Leis Trabalhistas – CLT –, mas com pertinência das normas constitucionais do art. 37 da CF, que veda a acumulação de cargos e a necessidade de concurso público.

O STF entendeu que a estabilidade especial do art. 19 do Ato das Disposições Constitucionais Transitórias (ADCT) **não se estende aos empregados das fundações públicas de direito privado**, aplicando-se tão somente aos servidores das pessoas jurídicas de direito público.[42]

Com essas teses de repercussão geral.

H) Controle financeiro exercido pelo Tribunal de Contas

Submetem-se à fiscalização do Tribunal de Contas competente.

I) Foro dos litígios

Se a fundação for de direito privado, o foro é a Justiça estadual; se de natureza pública, sendo fundação criada em nível federal, o foro será a Justiça federal, nos termos do art. 109 da CF:[43]

> *Art. 109. Aos juízes federais compete processar e julgar:*
>
> *I – as causas em que a União, entidade autárquica ou empresa pública federal forem interessadas na condição de autoras, rés, assistentes ou oponentes, exceto as de falência, as de acidentes de trabalho e as sujeitas à Justiça eleitoral e à Justiça do trabalho;*

---

42 Tema 545. RE 716378/SP, rel. Min. Dias Toffoli, julgamento em 1º e 7.8.2019. (RE-716378)

43 Embora a doutrina administrativa afirme ser da competência da Justiça Estadual as ações em que as fundações públicas de direito privado (de qualquer nível federativo) sejam parte, o STJ possui julgado equiparando as Fundações de direito privado federais às empresas públicas federais, para os efeitos de fixação de competência prevista no art. 109 da CF, estabelecendo a competência da Justiça federal (CC 16397/RJ, Rel. Ministro Sálvio de Figueiredo Teixeira, Segunda Seção, julgado em 28.08.1996, *DJ* 17.02.1997).

J) Responsabilidade objetiva do Estado, na forma do art. 37, § 6º, da CF

Se tiver natureza de autarquia e, assim, considerada pessoa jurídica de direito público, terá responsabilidade na forma do art. 37, § 6º, da CF, ou seja, objetiva. Dessa forma, demonstrados o dano, a conduta e o nexo causal, deve haver a reparação do prejuízo, independentemente de demonstração de culpa do agente ou da entidade.

Para finalizar, deve ser lembrado que as normas sobre aposentadoria e estabilidade dos artigos 40 e 41 da CF não se aplicam aos servidores das fundações de direito privado, pois, sendo regidos, em regra, pela CLT, estão sujeitos às normas do art. 7º da CF.

Também não se aplica às normas do art. 19 do Ato das Disposições Constitucionais Transitórias – ADCT –, que conferiu estabilidade aos servidores que, na data da sua promulgação, tivessem cinco anos de exercício contínuo.

Os agentes públicos que exercem função nas fundações, entretanto, são equiparados aos demais servidores públicos, para fins penais, nos termos do art. 327, § 1º, do Código Penal. Essa equiparação também se aplica para fins de improbidade administrativa, conforme os artigos 1º e 2º da Lei nº 8.429/92.

7.6.6. Sociedade de economia mista e empresa pública

São entidades criadas pelo Estado para atuar, em caráter excepcional, na atividade econômica, em regime de concorrência com o particular, sujeitas ao regime próprio das empresas privadas, ou para a prestação de serviços públicos.

O ponto de partida para o estudo dessas entidades está no o art. 173 da CF. O referido dispositivo estabelece que, ressalvados os casos previstos na Constituição, a exploração direta de atividade econômica pelo Estado só será permitida quando necessária aos imperativos da **segurança nacional** ou **relevante interesse coletivo**, conforme definidos em lei. Devem ser seguidos os preceitos desse artigo:

> *Art. 173. Ressalvados os casos previstos nesta Constituição, a exploração direta de atividade econômica pelo Estado só será permitida quando necessária aos imperativos da segurança nacional ou a relevante interesse coletivo, conforme definidos em lei.*
>
> *§ 1º A lei estabelecerá o estatuto jurídico da empresa pública, da sociedade de economia mista e de suas subsidiárias que explorem atividade econômica de produção ou comercialização de bens ou de prestação de serviços, dispondo sobre: (Redação dada pela Emenda Constitucional nº 19, de 1998)*
>
> *I – sua função social e formas de fiscalização pelo Estado e pela sociedade; (Incluído pela Emenda Constitucional nº 19, de 1998)*
>
> *II – a sujeição ao regime jurídico próprio das empresas privadas, inclusive quanto aos direitos e obrigações civis, comerciais, trabalhistas e tributários; (Incluído pela Emenda Constitucional nº 19, de 1998)*
>
> *III – licitação e contratação de obras, serviços, compras e alienações, observados os princípios da Administração Pública; (Incluído pela Emenda Constitucional nº 19, de 1998)*

> *IV – a constituição e o funcionamento dos conselhos de administração e fiscal, com a participação de acionistas minoritários; (Incluído pela Emenda Constitucional nº 19, de 1998)*
>
> *V – os mandatos, a avaliação de desempenho e a responsabilidade dos administradores. (Incluído pela Emenda Constitucional nº 19, de 1998)*
>
> *§ 2º – As empresas públicas e as sociedades de economia mista não poderão gozar de privilégios fiscais não extensivos às do setor privado.*
>
> *§ 3º – A lei regulamentará as relações da empresa pública com o Estado e a sociedade.*

A atuação na atividade econômica é livre para a sociedade privada (art. 170, CF), mas para o Estado só pode acontecer em situações excepcionais, que, conforme a CF, referem-se aos casos de **segurança nacional ou relevante interesse coletivo.** Dessa forma, somente se presente um desses dois fundamentos constitucionais é que está autorizado o Poder Público a criar empresas privadas para desempenhar atividade econômica. Podemos citar como exemplo a "indústria bélica" ou "indústria de defesa", que se referem à questão de manutenção da soberania nacional. Nesse segmento há empresas estatais produtoras de artilharia militar, para clientes institucionais, especialmente Forças Armadas e forças policiais, e clientes privados. Em matéria de interesse coletivo destacamos a atividade de prestação de serviços bancários.

O relevante interesse coletivo tem de ser o **interesse público primário,** aquele que visa ao interesse da coletividade, e não apenas o **interesse secundário**, ou seja, apenas o seu interesse lucrativo. Assim, o Estado não pode intervir diretamente em determinado setor econômico apenas para obter lucro. Não havendo interesse da coletividade, o Estado deve abster-se de atuar diretamente na atividade comercial.

De outro lado, a Constituição destinou ao Estado a prestação de serviços públicos e como deverá executá-los, reservando à iniciativa privada a exploração de atividade econômica, instituindo nessa atividade o princípio da livre concorrência e livre iniciativa (art. 170, CF). A partir dessa divisão, pode-se concluir que, via de regra, o particular não poderá atuar na prestação de serviços públicos, já que é incumbência do Estado. De outra parte, o Estado, via de regra, não poderá explorar atividade comercial, pois consagrada aos particulares.

É autorizado, porém, ao Poder Público transferir a execução de serviços públicos à iniciativa privada, sendo também lícito ao Estado dedicar-se à atividade comercial em situações excepcionais, como já dissemos, quando houver casos de segurança nacional ou relevante interesse coletivo, cabendo advertir que determinadas atividades econômicas são reservadas ao Estado, em regime de monopólio, como é o caso do petróleo.

A expressão "atividade econômica" mencionada pela CF, art. 173, e pelo DL nº 200/67 deve ser compreendida como "atividade econômica em sentido amplo". A atividade econômica sob esse aspecto destina-se à circulação de bens ou serviços do produtor ao consumidor final. Nesse sentido, compreende a atividade econômica em sentido **estrito** aquela prestada pelo **Estado** em caráter excepcional, nos termos do art. 173 da CF, bem como o serviço público como atividade econômica, ou seja, quando o Estado presta serviço público com fim lucrativo. Por esse enfoque, serviço público é espécie de atividade econômica, destinada a atender finalidades sociais.

Assim, por atividade econômica em sentido estrito entenda-se aquela explorada pelo Estado, na forma do art. 173, quando indispensável à segurança nacional ou em caso de relevante interesse coletivo.

Assim, temos o seguinte esquema:

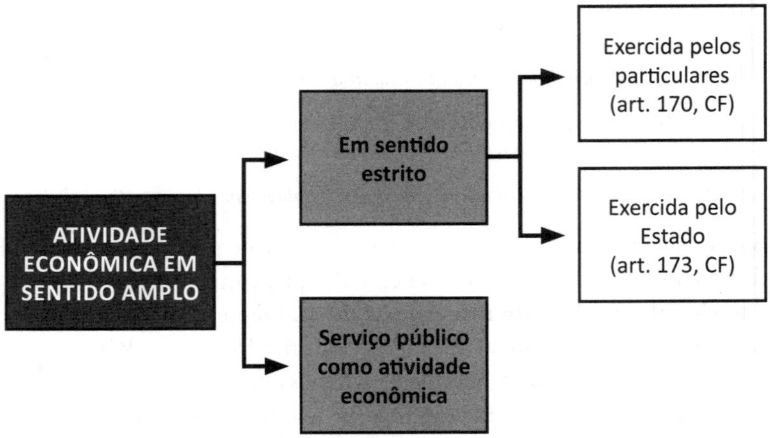

Nas palavras de Carvalho Filho,[44] o Estado se vale de tais entidades para a possibilidade de execução de alguma atividade de seu interesse com maior flexibilidade, sem os impasses do emperramento burocrático das pessoas jurídicas de direito público. O Estado afasta-se um pouco como Poder para assemelhar-se a um empresário, que precisa de celeridade e eficiência para atingir seus objetivos.

Afirma ainda o citado autor que tais empresas criadas pelo Estado podem ser prestadoras de serviços públicos ou exercerem atividade econômica; tanto a sociedade de economia mista como a empresa pública. Não são todos os serviços públicos que poderão ser exercidos por essas entidades, mas somente aqueles que, mesmo sendo prestados por empresa estatal, poderiam sê-lo pela iniciativa privada. Desse modo, excluem-se aqueles serviços ditos **próprios** do Estado, como a segurança pública e a prestação da justiça.

Com efeito, quando o Estado cria empresa pública ou sociedade de economia mista para prestação de serviços públicos, seu objeto deve ser um serviço não exclusivo do Estado, ou seja, aquele que poderia ser delegado para particulares, mediante concessão ou permissão. Assim, haveria impedimento para a prestação de serviços indelegáveis a particulares.

Tais entidades têm **natureza híbrida (regime privado e público),** já que sofrem a influência das normas de direito privado em alguns setores de sua atuação e de normas de direito público em outros, por exemplo, a regra do concurso público, prestação de contas ao Tribunal de Contas, necessidade de licitação. Há sujeição ao regime jurídico próprio das empresas privadas quanto aos direitos e obrigações civis, comerciais, trabalhistas e tributárias. Veda-se ao Estado-empresário a obtenção de vantagens de que também não possam usufruir as empresas da iniciativa privada.

O § 1º do art. 173 exige a edição de lei para disciplinar o estatuto jurídico da empresa pública e da sociedade de economia mista que explorem atividade econômica. Nesse sentido, foi editada a Lei nº 13.303/2016, que dispõe sobre o estatuto jurídico da empresa pública, da sociedade de economia mista e de suas subsidiárias, no âmbito da União, dos estados, do Distrito Federal e dos municípios. Assim, após mais de 20 anos foi cumprida a exigência constitucional.

44 CARVALHO FILHO, José dos Santos. *Manual de Direito Administrativo*. Rio de Janeiro: Lumen Juris, 2009.

A Lei nº 13.303/2016 trouxe regras de governança corporativa, transparência, práticas de gestão de riscos e de controle interno, composição da administração e, havendo acionistas, mecanismos para sua proteção, bem como regras de licitação e contratação específicas para as empresas estatais.

No estudo do tema deste tópico, veremos que em relação à atividade desenvolvida pelas empresas estatais (empresariais, ou não) haverá determinados privilégios ou restrições, a depender da atividade exercida. Nesse sentido, importante ressaltar que a empresa pública ou sociedade de economia mista não terão sua natureza alterada; serão consideradas pessoa jurídica de **direito privado**. No entanto, o tratamento será diverso, se se tratar de entidade prestadora de serviço público, podendo gozar de certas prerrogativas, ou destinada a explorar atividade econômica em sentido estrito, pois, neste último caso, estará vinculada ao regime peculiar das demais empresas privadas.

O STF já afirmou, por mais de uma vez, que as determinações do artigo 173 da CF aplicam-se às empresas estatais que atuam no chamado domínio econômico (atividade econômica em sentido estrito), não incidindo sobre as prestadoras de serviços públicos (RE nº 229.696; RE nº 220.096; RE nº 225.011).

Exemplos de Empresa Pública: BNDES; Terracap-DF; Caesb-DF; EBCT – Empresa Brasileira de Correios e Telégrafos; Serpro – Serviço Federal de Processamento de Dados; CEF – Caixa Econômica Federal; Infraero – Empresa Brasileira de Infraestrutura Aeroportuária; Radiobras; Embrapa; Dataprev; Trensurb – Empresa de Trens Urbanos de Porto Alegre; Valec – Engenharia, Construções e Ferrovias; Conab; Novacap; Emater DF; Companhia do Metropolitano do Distrito Federal (Metrô DF); Brasíliatur – Empresa Pública denominada Empresa Brasiliense de Turismo – responsável pela gestão pública do turismo no DF; e Empresa Brasileira de Hemoderivados e Biotecnologia – Hemobras, vinculada ao Ministério da Saúde.

Exemplos de Sociedades de Economia Mista: BB – Banco do Brasil; Basa – Banco da Amazônia S/A; Petrobras; Companhia Energética de Brasília – CEB; e Banco Regional de Brasília – BRB.

Para a exata compreensão da matéria, devemos denominar a empresa pública e a sociedade de economia mista como **empresas estatais**. A doutrina utilizava, e alguns autores ainda utilizam, o termo **paraestatais** para designar a empresa pública e a sociedade de economia mista, bem como encontramos legislação fazendo referência a esse termo para citar a empresa pública e a sociedade de economia mista, por exemplo, a Lei de Licitações e o Código Penal, art. 327. Esses dois estatutos, quando mencionam o termo entidade paraestatal, estão se referindo à empresa pública e à sociedade de economia mista. Entretanto, o termo entidade paraestatal atualmente é utilizado para designar pessoas de direito privado, sem fins lucrativos, que realizam atividade de interesse público e que estão no terceiro setor do Estado, como é o caso das OSs, Oscips e Serviços Sociais Autônomos.

Essas duas sociedades possuem traços comuns e traços distintivos. Veremos, primeiro, os traços comuns entre a empresa pública e a economia mista.

Veja, também, ao final deste capítulo análise da Lei nº 13.303/16 em Estudo Avançado.

7.6.6.1. Traços comuns

A) Lei autoriza a criação (art. 37, XIX, da CF)

O artigo 37, XIX, da CF apresenta a forma de criação das entidades da Administração Indireta:

> *XIX – somente por lei específica poderá ser criada autarquia e* ***autorizada*** *a instituição de empresa pública, de sociedade de economia mista e de fundação, cabendo à lei complementar, neste último caso, definir as áreas de sua atuação; (Redação dada pela Emenda Constitucional nº 19, de 1998)*

Nesse mesmo sentido, a Lei nº 13.303/2016, art. 2º, estabelece que a constituição de empresa pública ou de sociedade de economia mista dependerá de prévia autorização legal que indique, de forma clara, relevante interesse coletivo ou imperativo de segurança nacional, nos termos do *caput* do art. 173 da Constituição Federal.

Por lei específica deve-se entender a lei decorrente de projeto de lei elaborado somente com a finalidade de autorizar a criação da entidade, não contendo matéria estranha a esse assunto.

Para as autarquias, a lei específica cria a entidade. Ou seja: com a lei, a entidade já tem existência no mundo jurídico, sem depender de outros atos para a entidade estar totalmente constituída. Como consequência da criação decorrente da lei, não é necessário registrar a autarquia em qualquer órgão.

Em relação à empresa pública e à sociedade de economia mista, a lei específica é apenas autorizativa. A norma legal **autoriza** a criação, mas ainda serão necessários outros procedimentos para a existência jurídica da entidade. É com o registro na junta comercial, ou no registro de empresas, conforme a atividade prestada, exploração de atividade econômica ou prestação de serviços públicos, que a personalidade jurídica será adquirida. Nos termos do artigo 45 do Código Civil brasileiro, "a existência legal das pessoas jurídicas de direito privado começa com a inscrição do ato constitutivo no respectivo registro, precedida, quando necessário, de autorização ou aprovação do Poder Executivo, averbando-se no registro todas as alterações por que passar o ato constitutivo".[45]

Nem sempre, entretanto, a entidade surge da lei, podendo resultar da **transformação** de órgãos públicos ou de autarquias ou de **desapropriação** de ações de entidade privada. Confira acórdão do STJ, em que houve desapropriação de ações de hospital privado, passando a ser considerado sociedade de economia mista e, ainda, proibiu a acumulação ilegal de cargos nessa nova entidade, que passou a integrar a Administração Indireta:

> *Administrativo. Sociedade de economia mista. Decreto. Criação. Desapropriação de ações. Possibilidade. Funcionário público. Acumulação de três cargos privativos de médico. Impossibilidade. Prazo. Opção. Inércia do servidor. Má-fé caracterizada. Demissão. Ausência de ilegalidade.* ***1.*** *Consoante abalizada doutrina, a formação de sociedades de economia mista pode se dar pela desapropriação de ações de sociedade privada (art. 236, parágrafo único, Lei nº 6.404/76), quando, então, prescinde de lei stricto sensu.* ***2.*** *Desapropriadas as ações do Hospital Cristo Redentor S/A em 1975, passando a companhia a integrar o Ministério da Previdência e Assistência Social, não há como dar azo ao argumento do impetrante de que, quando da sua contratação, em 1986, ocasião em que já ocupava cargos no INSS e na Prefeitura Municipal de Porto Alegre, aquele possuía natureza particular, não podendo o vínculo ser contado para fins da vedação constitucional à acumulação de cargos públicos.* ***3.*** *[...]* ***4.*** *Segurança denegada (MS 7128/DF, Rel. Ministro Fernando Gonçalves, Terceira Seção, julgado em 28.11.2001, DJ 04.02.2002, p. 273).*

45 Confira as questões encontradas em concurso sobre esse assunto no início do capítulo.

A necessidade de autorização legislativa para sua criação (princípio da reserva legal) se aplica, também, à hipótese de instituição de empresas **subsidiárias** das empresas públicas e das sociedades de economia mista, exigindo autorização legal para a criação de subsidiárias, bem como a participação de empresa pública e sociedade de economia mista em empresas privadas (art. 37, XX, CF). Mas não é necessário que haja uma lei autorizadora específica para que seja criada cada subsidiária. O STF, em decisão proferida na ADI nº 1649/DF, entendeu que basta a autorização genérica na lei autorizativa instituidora da entidade primária para a possibilidade de instituição de futuras subsidiárias. Dispensa-se, assim, lei em "cada caso", conforme exigido pela CF.

Segundo Carvalho Filho, empresas subsidiárias são aquelas cujo controle e a gestão de atividades são atribuídos a empresa pública ou sociedade de economia mista diretamente criadas pelo Estado. Como exemplo, o Estado cria e controla, diretamente, determinada sociedade de economia mista (primária) e esta, por sua vez, passa a gerir uma nova sociedade de economia mista, tendo também o domínio do capital votante.

A Petrobras S.A., por exemplo, é constituída de diversas entidades subsidiárias: Braspetro, Transpetro, Petrobras Internacional, Petroquisa etc.

A criação de subsidiárias deve estar relacionada ao objeto social da estatal que vem a fazer a sua criação. Isso foi previsto na Lei nº 13.303/2016, art. 2º, § 2º.

B) Personalidade jurídica de direito privado

A empresa pública e a sociedade de economia mista são **pessoas jurídicas de direito privado**. Contudo, sempre que o Poder Público criar determinada entidade e lhe atribuir personalidade de direito privado, o ente não seguirá completamente as regras desse sistema. A personalidade de direito privado das pessoas criadas pelo Estado é relativizada por normas de direito público, como acontece com as empresas públicas e sociedade de economia mista, em que o regime é misto ou híbrido, isto é, incidem regras de direito público e regras de direito privado. Assim, a empresa pública e a sociedade de economia mista seguem parcialmente as regras de direito privado, pois também estão orientadas por normas de direito público, por exemplo, o dever de realizar concursos públicos, prestar contas ao Tribunal de Contas; estão submetidas ao teto remuneratório do art. 37, XI, da CF, *se* receberem recursos para pagamento de pessoal ou custeio em geral (art. 37, § 9º, CF).

Apesar da personalidade de direito privado, o regime jurídico é **híbrido**, porque o direito privado é parcialmente afastado pelas normas de direito público.

Assim, questões de concurso público afirmando que essas entidades seguem todas as regras do regime jurídico administrativo, ou todas as regras de direito público, ou todas as regras de direito privado, estão incorretas:

COMO ESSE ASSUNTO TEM SIDO ABORDADO NAS PROVAS

✦ **(Cespe – ES – Delegado – 2011)** A Administração Pública pode instituir empresas públicas e sociedades de economia mista mediante autorização legal, as quais estarão inteiramente sujeitas ao regime jurídico de direito privado, por força de lei.

Resposta: Errado. Seu regime é misto/híbrido. Regras de direito privado e de direito público.

C) Sujeição ao controle do tribunal de contas

Essa possibilidade foi confirmada pelo STF, ao julgar o MS 25.092 e o MS 25.181, revendo sua jurisprudência anterior, firmando uma nova posição nesse Tribunal:

> *Ementa: Mandado de segurança. Agravo regimental. Banco da Amazônia. Concessão de financiamento. Apreciação do ato pelo Tribunal de Contas da União. Possibilidade. Necessidade de dilação probatória. Inviabilidade do writ. Agravo desprovido. O Banco da Amazônia, ao receber e administrar recursos da União, está sujeito ao controle do Tribunal de Contas da União sobre os atos referentes a esses recursos, na forma do art. 1º, I, da Lei 8.443/92 e da jurisprudência desta Corte, firmada no julgamento do MS 25.092, rel. min. Carlos Velloso, DJ 17.03.2006. Para aferir a legalidade da concessão de financiamento destinado à construção de complexo turístico, não basta analisar o direito aplicável à espécie, sendo imprescindível revolver todo o conjunto fático-probatório subjacente, o que é inviável na estreita via do mandado de segurança. Agravo regimental a que se nega provimento (MS 25837 AgR, Relator: Min. Joaquim Barbosa, Tribunal Pleno, julgado em 23.09.2009, DJe-204 Divulg 28.10.2009 Public 29.10.2009 Ement Vol-02380-01, PP-00208).*

No voto proferido, o Ministro Joaquim Barbosa afirmou que o Banco da Amazônia é instituição financeira pública federal, constituída sob a forma de sociedade anônima aberta, de economia mista, conforme o seu estatuto. Ao receber e administrar recursos da União, está sujeito ao controle do TCU sobre os fatos referentes a esses recursos, na forma do art. 1º da Lei nº 8.443/92.

D) Desempenham atividade de natureza econômica ou prestam serviços públicos

Tanto a empresa pública quanto a sociedade de economia mista podem desempenhar as duas atividades: exploração de atividade econômica e prestação de serviços públicos.

E) Realização de licitação para contratar

Determina a CF, no art. 22, XXVII, que a União deve estabelecer **normas gerais** de licitação e contratação, em todas as modalidades, para as administrações públicas diretas, autárquicas e fundacionais da União, estados, Distrito Federal e municípios, obedecido ao disposto no art. 37, XXI, e para as empresas públicas e sociedades de economia mista, nos termos do art. 173, § 1º, III.

Assim, as empresas públicas e a sociedades de economia mista devem fazer licitação antes de suas futuras contratações. Entretanto, para essas entidades, exige o Texto Constitucional a observância do art. 173, que prescreve a edição de lei para disciplinar o estatuto jurídico dessas entidades, inclusive fixando a observância de procedimento licitatório antes da celebração dos contratos.

Até a edição da Lei nº 13.303/2016, em razão da ausência de lei que detalhasse o tema, tínhamos o seguinte quadro: tratando-se de empresa pública ou sociedade de economia mista que atuava na **prestação de serviços públicos**, deveria haver licitação, nos termos da Lei nº 8.666/93. Entretanto, se fosse entidade exploradora de **atividade econômica**, na atividade-fim, não se utilizava a Lei nº 8.666/93 quando pudesse comprometer sua competição com as demais empresas privadas. Na atividade-meio, deveria realizar o procedimento licitatório.

A Petrobras apresentava uma peculiaridade, pois a empresa tinha um estatuto próprio de licitações. O art. 67 da Lei nº 9.478/97 estabeleceu que os contratos celebrados pela Petrobras para a aquisição de bens e serviços deveriam ser precedidos de procedimento licitatório simplificado, a ser definido em decreto do Presidente da República. O Decreto nº 2.745/98 aprovou o regulamento do Procedimento Licitatório Simplificado previsto em lei. No entanto, o TCU sempre considerou inconstitucionais o art. 67 da Lei nº 9.478/97 e o Decreto nº 2.745/98, pois, na visão do Tribunal, os dois instrumentos legais afrontavam a Constituição Federal, que submetia as empresas públicas e as sociedades de economia mista à observância da licitação, devendo os procedimentos licitatórios dessas entidades ser delineados pela lei exigida no art. 173, § 1º, da CF.

O STF, no entanto, proferiu decisão liminar para admitir que a Petrobras continuasse a utilizar seu procedimento licitatório específico (MS nº 26.783).

A Lei nº 13.303/2016, Estatuto Jurídico das Empresas Estatais, então, disciplinou o regime licitatório das empresas estatais. A maior parte da lei trata desse assunto (arts. 28-67). Em seu artigo 28 ficou estabelecido que os contratos com terceiros destinados à prestação de serviços às empresas públicas e às sociedades de economia mista, inclusive de engenharia e de publicidade, à aquisição e à locação de bens, à alienação de bens e ativos integrantes do respectivo patrimônio ou à execução de obras a serem integradas a esse patrimônio, bem como à implementação de ônus real sobre tais bens, serão precedidos de licitação, ressalvadas as hipóteses previstas nos arts. 29 e 30, que tratam respectivamente da licitação dispensável e da contratação direta.

Ficou, portanto, estabelecido que a regra geral é a realização da licitação para as estatais, seguindo o **procedimento próprio** da Lei nº 13.303/2016, quando for contrato decorrente das situações previstas no art. 28.

O § 3º do art. 28 permite, contudo, **afastar a licitação** quando for: I – comercialização, prestação ou execução, de forma direta, de produtos, serviços ou obras especificamente relacionados com seus respectivos objetos sociais; II – nos casos em que a escolha do parceiro esteja associada a suas características particulares, vinculada a oportunidades de negócio definidas e específicas, justificada a inviabilidade de procedimento competitivo.

Desse modo, na "atividade-fim" da empresa definida no seu estatuto social não será necessário fazer licitação. Por exemplo, constam no estatuto social da Caixa Econômica Federal as seguintes atividades: prestar serviços bancários de qualquer natureza; realizar quaisquer operações, serviços e atividades negociais nos mercados financeiros; realizar operações relacionadas à emissão e à administração de cartões; realizar operações de câmbio, entre outras. Nos contratos com particulares decorrentes dessas atividades não será feita licitação, tendo a empresa liberdade para realizar as contratações. Entretanto, nos contratos das "atividades-meio" (ex.: compra de material de limpeza e escritório), a empresa seguirá o procedimento licitatório definido pela Lei nº 13.303/2016.

O Estatuto Jurídico das Empresas Estatais contemplou, também, casos de não realização de licitação para as atividades-meio, denominando, em seu artigo 29, licitação dispensável, e em seu artigo 30, contratação direta. A licitação dispensável seria aquela na qual a realização do procedimento competitivo fica no juízo de conveniência e oportunidade do agente público, podendo realizá-lo ou não. Já a contratação direta ocorre quando houver inviabilidade de competição.[46]

Ressalte-se, também, que para aquisição de bens e serviços comuns nas estatais deve ser dada preferência à modalidade pregão.

Com a edição da Lei nº 13.303/2016 as estatais constituídas anteriormente à sua vigência, inclusive a Petrobras, devem, no prazo de 24 meses, promover as adaptações necessárias a fim de se adequar aos seus dispositivos. A partir desse prazo, todas as empresas estatais deverão seguir as regras licitatórias especificadas na lei.

---

46 Na Lei nº 8.666/93, quando a realização de licitação for ato discricionário é também chamada de licitação dispensável. No entanto, quando houver inviabilidade de competição, art. 25, é denominada licitação inexigível, sendo as duas hipóteses gênero da expressão contratação direta.

F) Submissão à Lei de Responsabilidade Fiscal – LRF (LC 101/01)

A sociedade de economia mista e a empresa pública que se mantêm com recursos próprios não estão sujeitas, em todos os aspectos, à LRF.

O critério utilizado pela LRF para a incidência de suas determinações foi o da "empresa estatal dependente". De acordo com a LC 101/01, a empresa estatal dependente é aquela "empresa controlada que receba do ente controlador recursos financeiros para pagamento de despesas com pessoal ou de custeio em geral ou de capital [...]".

Assim, a empresa pública ou sociedade de economia mista que não se enquadra no critério de "empresa estatal dependente" terá regramento diferenciado, nos termos da LRF.

G) Regime de pessoal

O Texto Constitucional fixa que o estatuto jurídico dessas entidades deve estabelecer a sujeição ao regime jurídico próprio das empresas privadas, inclusive quanto aos direitos e obrigações civis, comerciais, **trabalhistas** e tributários.

Assim, as pessoas que trabalham nessas empresas estatais, como regra, são regidas pela Consolidação das Leis Trabalhistas – CLT, possuindo **emprego público**. Seus direitos e obrigações são fixados por um **contrato de trabalho**, e não pela lei. Portanto, para haver alteração dessa relação, o contrato de trabalho deve ser modificado, dependendo de novo acordo entre as partes.

Deve haver, também, a realização de **concurso público** para preenchimento dos empregos. Com efeito, o inciso II do art. 37 da Carta Política exige que não só cargos, mas também empregos públicos sejam preenchidos mediante prévia aprovação em concurso público de provas ou de provas e títulos. Isso não significa que os empregados públicos das empresas públicas e sociedades de economia mista adquiram a estabilidade de que trata o artigo 41 da Constituição; eles ingressam mediante concurso público, mas não adquirem estabilidade no serviço público, podendo, em tese, ser dispensados, nos termos previstos na Consolidação das Leis do Trabalho – CLT.

Os **cargos de direção** (presidente e diretores), entretanto, são regidos por um regime diferenciado, que não tem definição em lei própria. Muitas vezes a lei que autorizou a criação da entidade estabelece os requisitos para ocupação de tais funções, não as submetendo a concurso público. Os dirigentes das empresas estatais não são empregados, não se aplicando as disposições da CLT. Os cargos diretivos são disciplinados pela Lei nº 6.404 (Lei das Sociedades Anônimas) e pelas disposições do direito privado.

Os membros do **Conselho Fiscal e Administrativo** estão sujeitos ao mesmo regime. A ocupação dessas funções é disciplinada na lei que autorizou a criação da entidade ou no próprio estatuto da empresa. Os membros de conselho podem ser servidores de outras carreiras. Há até ato normativo federal estabelecendo que nos conselhos fiscais das empresas estatais e demais empresas controladas pela União, um dos membros efetivos e respectivo suplente serão indicados pelo Ministro da Economia, como representante do Tesouro Nacional. As pessoas que exercem função nos conselhos recebem retribuição pecuniária denominada "jeton", que está fora do limite do teto constitucional remuneratório. Porém, vale destacar que a Lei nº 12.353/2010 assegura a participação de representante dos empregados nos conselhos de administração.

A Lei nº 12.813/2013 dispõe que configura conflito de interesses, após o exercício de cargo ou emprego no âmbito do Poder Executivo federal, aceitar cargo de administrador ou conselheiro ou estabelecer vínculo profissional com pessoa física ou jurídica que desempenhe atividade relacionada à área de competência do cargo ou emprego ocupado; bem como prestar, direta ou indiretamente, qualquer tipo de serviço a pessoa física ou jurídica com quem tenha estabelecido relacionamento relevante em razão do exercício do cargo ou emprego. A vedação abrange o período de 6 (seis) meses, contados da data da dispensa, exoneração, destituição, demissão ou aposentadoria, salvo quando expressamente autorizado, conforme o caso, pela Comissão de Ética Pública ou pela Controladoria-Geral da União (art. 6º, II).[47]

COMO ESSE ASSUNTO TEM SIDO ABORDADO NAS PROVAS

- **(Auditor Federal de Controle Externo – TCU – Cespe – 2009)** Os dirigentes das sociedades de economia mista, sejam eles empregados ou não da referida empresa, são regidos pela Consolidação das Leis do Trabalho.

  Resposta: Errado.

- **(TJRJ – Cespe – Analista Judiciário – 2008)** Maria, que é diretora não-empregada de uma sociedade de economia mista federal, com sede no estado do Rio de Janeiro, é a responsável pela área de contratos dessa empresa. Veiculou-se, na imprensa, que essa sociedade estaria firmando um contrato com o TJRJ. Maria será regida pela Consolidação das Leis Trabalhistas (CLT).

  Resposta: Errado.

O Supremo Tribunal Federal firmou orientação de que não é válida a exigência de prévia aprovação do Poder Legislativo para a nomeação de dirigente de empresa pública ou sociedade de economia mista pelo Chefe do Poder Executivo, diferentemente do que ocorre quando se trata de autarquias ou fundações públicas, para as quais a imposição de tal condição é plenamente constitucional.

Discute-se a possibilidade de esses empregados serem **despedidos sem justa causa**. O Tribunal Superior do Trabalho – TST – possui Enunciado que **possibilita** essa forma de despedida, que merece algumas considerações.

O TST tem entendido, com base no artigo 173, § 1º, da Constituição, que a dispensa de empregados de empresas públicas e sociedades de economia mista pode ocorrer sem justa causa; vale dizer, sem um dos fundamentos presentes no art. 482 da CLT, ainda que o ingresso no serviço público tenha ocorrido por intermédio de concurso público.

Nesse sentido, editou a Orientação Jurisprudencial (OJ) nº 247, da Subseção I da Seção de Dissídios Individuais (SDI-I), que sedimentou a questão, no âmbito daquele Tribunal Superior:

> ***OJ nº 247*** *– Servidor público. Celetista concursado. Despedida imotivada. Empresa pública ou sociedade de economia mista. Possibilidade.*

A partir, contudo, do julgamento do RE nº 220.906-9-DF pelo STF, a esfera de incidência das normas de direito público nas relações jurídicas da ECT foi sensivelmente ampliada pelo Supremo.

Nesse julgamento, reconhecendo a relevância do serviço postal prestado em caráter de exclusividade, o STF posicionou-se no sentido de equiparar a ECT à Fazenda Pública, declarando

47 O art. 7º da Lei nº 12.813/13 previa que durante o período de impedimento não seria devida qualquer remuneração compensatória. Houve veto presidencial sob o fundamento de que a vedação remuneratória do ex-ocupante de cargo ou emprego público durante o período de seis meses, no qual as restrições impostas pela lei podem vir a impedi-lo de trabalhar, não seria razoável e poderia levar a um desinteresse futuro na ocupação de funções públicas.

a impenhorabilidade de seus bens e a sua submissão ao regime geral de precatórios, previsto no artigo 100 da Constituição:

> *Ementa: Recurso extraordinário. Constitucional. Empresa Brasileira de Correios e Telégrafos. Impenhorabilidade de seus bens, rendas e serviços. Recepção do artigo 12 do Decreto-Lei nº 509/69. Execução. Observância do regime de precatório. Aplicação do artigo 100 da Constituição Federal. 1.* ***À Empresa Brasileira de Correios e Telégrafos, pessoa jurídica equiparada à Fazenda Pública, é aplicável o privilégio da impenhorabilidade de seus bens, rendas e serviços.*** *Recepção do artigo 12 do Decreto-lei nº 509/69 e não-incidência da restrição contida no artigo 173, § 1º, da Constituição Federal, que submete a empresa pública, a sociedade de economia mista e outras entidades que explorem atividade econômica ao regime próprio das empresas privadas, inclusive quanto às obrigações trabalhistas e tributárias. 2. Empresa pública que não exerce atividade econômica e presta serviço público da competência da União Federal e por ela mantido. Execução. Observância ao regime de precatório, sob pena de vulneração do disposto no artigo 100 da Constituição Federal. Recurso extraordinário conhecido e provido (RE 220906, Relator: Min. Maurício Corrêa, Tribunal Pleno, julgado em 16.11.2000, DJ 14.11.2002 PP-00015 Ement Vol-02091-03 PP-00430).*

Desse modo, o art. 173, § 1º, da Constituição não seria aplicável à ECT, visto que destinado somente àquelas empresas públicas que explorem atividades econômicas (*sentido estrito*).

Em setembro de 2007, o Pleno do TST, fundamentado no fato de o STF ter assegurado privilégios inerentes à Fazenda Pública, especialmente quanto ao pagamento de débitos por intermédio de precatórios, entendeu que os atos administrativos da ECT deveriam se vincular aos princípios que regem a Administração Pública Direta. Assim sendo, decidiu-se **alterar** a OJ nº 247 da SDI-I, para excepcionar a ECT da possibilidade de demissão imotivada de seus empregados.

Nesse sentido, o TST publicou, no *Diário da Justiça* de 13.11.07, a Resolução nº 143/07, que altera a OJ nº 247, da SDI-I, para incluir a necessidade de motivação na dispensa dos empregados da ECT:

> *Servidor público. Celetista concursado. Despedida imotivada. Empresa pública ou sociedade de economia mista. Possibilidade. 1. A despedida de empregados de empresa pública e de sociedade de economia mista, mesmo admitidos por concurso público, independe de ato motivado para sua validade; 2. A validade do ato de despedida do empregado da Empresa Brasileira de Correios e Telégrafos (ECT) está* ***condicionada à motivação****, por gozar a empresa do mesmo tratamento destinado à Fazenda Pública em relação à imunidade tributária e à execução por precatório, além das prerrogativas de foro, prazos e custas processuais.*

A partir, portanto, da publicação dessa Resolução do TST, alterando a redação anterior da OJ nº 247 do TST, consolidou-se o entendimento, no âmbito da Justiça do Trabalho, de que, no ato de demissão dos empregados da ECT, deverão estar expressas as causas e os elementos que motivaram o administrador público a assim proceder, bem como o dispositivo legal que fundamenta a decisão.

Em março de 2013, contudo, o STF entendeu que é obrigatória a motivação da dispensa unilateral de empregado por empresa pública e sociedade de economia mista tanto da União quanto dos estados, do Distrito Federal e dos municípios. No julgamento, o Supremo reconheceu a inaplicabilidade do instituto da estabilidade no emprego aos trabalhadores de empresas públicas e sociedades de economia mista, tendo em vista que tal direito só é assegurado aos servidores públicos estatutários, conforme o art. 41 da CF. Tratava-se o caso de empregado da ECT (Correios) demitido sem motivação. A Empresa (ECT) ingressou com recurso extraordinário perante o STF contra decisão do Tribunal Superior do Trabalho (TST) que entendeu inválida a despedida do empregado, por ausência de motivação (RE nº 589.998; Repercussão Geral, Ministro Relator Ricardo Lewandowski; julgamento por maioria de votos).

Inicialmente a tese sobre dever de motivação de dispensa de empregado de empresa estatal foi abrangente, criando a obrigação para todas as estatais independentemente da atividade prestada. Posteriormente, o STF **retificou** a tese fixada no RE nº 589.998 para restringir o alcance da decisão para as **prestadoras de serviços públicos**, com a fixação do seguinte enunciado: A Empresa Brasileira de Correios e Telégrafos (ECT) tem o dever jurídico de motivar, em ato formal, a demissão de seus empregados.[48]

Questão que merece análise se refere ao **teto remuneratório** estabelecido pelo art. 37, XI, da CF. Por esse dispositivo, tem-se como teto hoje, para pagamento de qualquer remuneração ou subsídio, em qualquer dos Poderes e esferas de governo, em todos os níveis da Federação, o subsídio do Ministro do STF. Na forma do art. 37, § 9º, da CF, esse teto aplica-se às empresas públicas e às sociedades de economia mista e suas subsidiárias, que **receberem recursos** da União, dos estados, do Distrito Federal ou dos municípios para pagamento de despesas de **pessoal** ou de **custeio em geral**.

O critério de "empresa estatal dependente", fixado pela LRF, também foi utilizado pela CF para definir se a empresa pública e sociedade de economia mista estão incluídas na regra do teto remuneratório. Assim, se essas entidades não recebem recursos do ente central não estão limitadas ao teto fixado pela CF.

Questão que gerou controvérsia ocorreu com a EC 45/04, que alterou a competência da Justiça do Trabalho. Com essa emenda, o art. 114 da CF passou a estabelecer que seriam da competência da Justiça do Trabalho as ações oriundas da relação de trabalho, abrangidos os entes de direito público externo e da Administração Pública Direta e Indireta da União, dos estados, do Distrito Federal e dos municípios. Toda essa divergência deu-se em razão de o projeto de emenda constitucional ter sido aprovado sem a redação original, que deixava expresso, no final do art. 114, I, da CF: "exceto os servidores ocupantes de cargos criados por lei, de provimento efetivo ou em comissão, incluídas as autarquias e fundações públicas dos referidos entes da Federação" (PEC 29/2000).

Assim, ressurgiu a dúvida sobre as ações que envolvessem servidores que possuíam vínculo jurídico de relação estatutária. O STF, por meio da ADI nº 3395, determinou a **suspensão** da interpretação do art. 114, I, da CF para não incluir os servidores estatutários na competência da Justiça do Trabalho (ADI 3395 MC, Relator: Min. Cezar Peluso, Tribunal Pleno, julgado em 05.04.2006).

A decisão do Supremo teve por referência o julgamento da ADI nº 492, Ministro Carlos Velloso, que declarou ser inconstitucional a inclusão, no âmbito da competência da Justiça do Trabalho, das causas que envolvam o Poder Público e seus servidores estatutários, sob o fundamento de que a "*relação de trabalho*" não abrange o vínculo jurídico de natureza estatutária, vigente entre servidores públicos e a Administração.

48 STF. Plenário. RE 589998 ED/PI, Rel. Min. Roberto Barroso, julgado em 10/10/2018 (repercussão geral) (Info 919).

Nessa medida, **servidores estatutários** da Administração Direta, autárquica e fundacional da União terão seus litígios analisados pela Justiça federal. Entretanto, **empregados públicos** de sociedade de economia mista e empresa pública terão suas lides julgadas pela **Justiça do trabalho.**

Cabe destacar, ainda, disposição constitucional aplicável em particular a essas entidades. O art. 169 da CF estabelece que a concessão de qualquer vantagem ou aumento de remuneração, a criação de cargos, empregos e funções ou alteração de estrutura de carreiras, bem como a admissão ou contratação de pessoal, a qualquer título, pelos órgãos e entidades da Administração Direta ou Indireta, inclusive fundações instituídas e mantidas pelo Poder Público, só poderão ser feitas se houver prévia **dotação orçamentária** suficiente para atender às projeções de despesa de pessoal e aos acréscimos dela decorrentes e se houver **autorização específica** na lei de diretrizes orçamentárias, **ressalvadas as empresas públicas e as sociedades de economia mista.**

Importa, também, frisar que o art. 2º da Lei de Improbidade Administrativa considera agente público, para os efeitos desta lei, todo aquele que exerce, ainda que transitoriamente ou sem remuneração, por eleição, nomeação, designação, contratação ou qualquer outra forma de investidura ou vínculo, mandato, cargo, emprego ou função na Administração Direta e Indireta, incluídas aí a empresa pública e a sociedade de economia mista.

Para concluir esse ponto, deve ser lembrado que as normas sobre aposentadoria e estabilidade dos artigos 40 e 41 da CF não se aplicam aos empregados que trabalham em empresas públicas e sociedades de economia mista, pois sendo regidos, em regra, pela CLT, estão sujeitos às normas do art. 7º da CF, derrogadas pelas disposições do art. 37 da CF.

Também não se aplicam as normas do art. 19 do Ato das Disposições Constitucionais Transitórias – ADCT –, que conferiu estabilidade aos servidores que, na data da sua promulgação, tivessem cinco anos de exercício contínuo.

Os agentes públicos que exercem função nas empresas estatais, entretanto, são equiparados aos demais servidores públicos, para fins penais, nos termos do art. 37, § 1º, do Código Penal. Essa equiparação também se aplica para fins de improbidade administrativa, conforme os artigos 1º e 2º da Lei nº 8.429/92.

H) Regime tributário

Determina a Constituição que a empresa pública e a sociedade de economia mista "não poderão gozar de privilégios fiscais não extensivos às do setor privado", bem como que o estatuto jurídico dessas entidades deve estabelecer a sujeição ao regime jurídico próprio das empresas privadas, inclusive quanto aos direitos e obrigações civis, comerciais, trabalhistas e **tributários.**

Assim, a empresa pública e a sociedade de economia mista que explorem atividade econômica (sentido estrito), exercida com base no art. 173 da CF, não poderão usufruir a imunidade tributária prevista no art. 150 da CF, bem como não poderão ter privilégio fiscal que não seja extensivo às demais empresas privadas.

As empresas estatais estão impedidas de obter qualquer privilégio fiscal?

Deve-se destacar que as empresas estatais não estão impedidas de gozar de privilégios fiscais. O que é vedado pela CF é atribuir privilégio fiscal somente para a empresa pública ou sociedade de economia mista e não estender o mesmo privilégio para as outras empresas privadas que atuam na mesma área das empresas estatais.

O STF adotou o entendimento de que a Empresa Brasileira de Correio e Telégrafos – ECT está abrangida pela imunidade tributária recíproca prevista no art. 150, VI, *a*, da CF, por se tratar de **prestadora de serviço público** em caráter de exclusividade,[49] confirmando seu entendimento anterior de que o artigo 173 da CF aplica-se às empresas estatais que atuam no chamado domínio econômico, não incidindo sobre as prestadoras de serviços públicos. E pelo mesmo fundamento a Infraero obteve prerrogativa idêntica.

> *Ementa: Constitucional. Tributário. Empresa Brasileira de Correios e Telégrafos: imunidade tributária recíproca: CF, art. 150, VI, a. Empresa pública que exerce atividade econômica e empresa pública prestadora de serviço público: distinção. I.* ***As empresas públicas prestadoras de serviço público distinguem-se das que exercem atividade econômica. A Empresa Brasileira de Correios e Telégrafos é prestadora de serviço público de prestação obrigatória e exclusiva do Estado,*** *motivo por que está abrangida pela imunidade tributária recíproca: CF, art. 150, VI, a. II. RE conhecido em parte e, nessa parte, provido (RE 407099, Relator: Min. Carlos Velloso, Segunda Turma, julgado em 22.06.2004, DJ 06.08.2004 PP-00062 Ement Vol-02158-08 PP-01543, RJADCOAS v. 61, 2005, p. 55-60, LEXSTF v. 27, nº 314, 2005, p. 286-297).*

> *Ementa:* ***Infraero*** *– Empresa pública federal vocacionada a executar, como atividade-fim, em função de sua específica destinação institucional, serviços de infra-estrutura aeroportuária – [...] A submissão ao regime jurídico das empresas do setor privado, inclusive quanto aos direitos e obrigações tributárias, somente se justifica, como consectário natural do postulado da livre concorrência (CF, art. 170, IV), se e quando as empresas governamentais explorarem atividade econômica em sentido estrito, não se aplicando, por isso mesmo, a disciplina prevista no art. 173, § 1º, da Constituição, às empresas públicas (caso da Infraero), às sociedades de economia mista e às suas subsidiárias que se qualifiquem como delegatárias de serviços públicos (RE 363412 AgR, Relator: Min. Celso de Mello, Segunda Turma, julgado em 07.08.2007, DJe-177 Divulg 18.09.2008 Public 19.09.2008, Ement Vol-02333-03, PP-00611).*

O STF também entendeu que deve ser conferida imunidade tributária à Companhia Docas do Estado de São Paulo – Codesp, sociedade de economia mista incumbida de executar, como atividade-fim, serviços de administração de porto marítimo (art. 21, XII, *f*, da CF) (RE 462704 AgR, Relator Min. Luiz Fux, Primeira Turma, julgado em 04.12.2012).

As **empresas estatais que prestam serviços públicos** possuem, portanto, direito à imunidade tributária recíproca prevista no art. 150, VI, *a*, da CF.

No julgamento do RE 601392 (repercussão geral), Relator Min. Joaquim Barbosa, o STF entendeu que a **imunidade tributária dos Correios – ECT deve alcançar *todas* as suas atividades**, prestação do serviço postal e atividades econômicas. No julgamento foi destacado que todas as suas rendas ou lucratividade são revertidas para as "finalidades precípuas", sendo obrigação do Poder Público manter esse tipo de atividade. Por isso o lucro eventualmente obtido pela empresa não se revela como um fim em si mesmo; é um meio para a continuidade, a ininterrupção dos serviços a ela afetados. O julgamento foi decidido pelo Pleno do STF e por **maioria** de votos, ficando 5 ministros vencidos (voto vencido).

49 No julgamento da ADPF nº 46 entendeu-se que a Lei nº 6.538/78, ao estabelecer que a ECT está em regime de serviço público monopolizado, cometeu equívoco, devendo-se entender serviço público em regime de exclusividade, pois o monopólio é instituído em atividade comercial o que não ocorre com a prestação do serviço público postal.

É importante, contudo, frisar que esse entendimento somente abrange empresas estatais que prestam serviços públicos ***e*** exploram atividade econômica. No caso de empresa estatal que apenas atua em atividade comercial não há imunidade tributária.

I) Regime de bens

Como as empresas públicas e as sociedades de economia mista são pessoas jurídicas de direito privado, seus bens são privados, pois na forma do art. 98 do Código Civil apenas são públicos os bens do domínio nacional pertencentes às pessoas jurídicas de direito público interno; todos os outros são particulares, seja qual for a pessoa a que pertencerem. Dessa forma, não incidem sobre eles as sujeições impostas aos bens públicos, por exemplo, a impenhorabilidade, imprescritibilidade (não podem ser adquiridos por usucapião), entre outras. Portanto, de acordo com o texto legal os bens das empresas estatais são privados.

A jurisprudência, entretanto, entende que os bens das **prestadoras de serviços públicos** diretamente **destinados** à prestação do serviço não são passíveis de penhora, tendo em vista o princípio da continuidade dos serviços públicos (REsp 176.078/SP, Rel. Ministro Ari Pargendler, Segunda Turma, julgado em 15.12.1998).

O STF utilizou esse fundamento para não permitir a penhora dos bens da Empresa Brasileira de Correios e Telégrafos – ECT, no julgamento do RE nº 100433, RE nº 204653 e RE nº 220.906.

> *"[...] a exploração de atividade econômica pela ECT – Empresa Brasileira de Correios e Telégrafos não importa sujeição ao regime jurídico das empresas privadas, pois sua participação neste cenário está ressalvada pela primeira parte do artigo 173 da Constituição Federal ('Ressalvados os casos previstos nesta Constituição [...]'), por se tratar de serviço público mantido pela União Federal, pois seu orçamento, elaborado de acordo com as diretrizes fixadas pela Lei nº 4.320/64 e com as normas estabelecidas pela Lei nº 9.473/97 (Lei de Diretrizes Orçamentárias), é previamente aprovado pelo Ministério do Planejamento e Orçamento – Secretaria de Coordenação e Controle das Empresas Estatais, sendo sua receita constituída de subsídio do Tesouro Nacional, conforme extrato do Diário Oficial da União acostado à contracapa destes autos.* ***Logo, são impenhoráveis seus bens por pertencerem à entidade estatal mantenedora.*** *Ante o exposto, tenho como recepcionado o Decreto-lei nº 509/69, que estendeu à Empresa Brasileira de Correios e Telégrafos os privilégios conferidos à Fazenda Pública, dentre eles o da impenhorabilidade de seus bens, rendas e serviços, devendo a execução fazer-se mediante precatório, sob pena de vulneração ao disposto no artigo 100 da Constituição de 1988" (RE nº 220.906-DF, rel. Min. Maurício Correa, Pleno do STF, Informativo 213 do STF, transcrições).*

Após, contudo, fixar que as empresas estatais prestadoras de serviços públicos estão incluídas nas regras sobre pagamentos por meio de precatórios, o STF proferiu nova decisão, a fim de não ampliar esse entendimento para todas as estatais. Em novo julgamento, o STF entendeu que os privilégios da Fazenda Pública não são estendíveis às sociedades de economia mista que **executam atividades em regime de concorrência ou que tenham como objetivo distribuir lucros aos seus acionistas.**[50]

50 RE 599628, Relator: Min. Ayres Britto, Relator p/ Acórdão: Min. Joaquim Barbosa, Tribunal Pleno, julgado em 25.05.2011, Repercussão Geral, Mérito *DJe*-199, Divulg 14.10.2011.

Como bem destacou a Ministra Ellen Gracie, a garantia constitucional de pagamento por precatórios não está estendida às sociedades de economia mista, nem mesmo às empresas públicas. As exceções foram criadas pela jurisprudência do STF, em especial no caso de empresas estatais prestadoras de serviço público cujo capital era inteiramente público e, também, no caso de sociedades de economia mista. A recorrente (Eletronorte – sociedade de economia mista), a fim de obter o privilégio de pagamento por meio de precatório, levantou a tese decidida no Recurso Extraordinário de nº 220.906 que concedeu este benefício à ECT (Correios). Porém, no caso em questão, entendeu-se que não se tratava da mesma situação. Isso porque a ECT presta um serviço em caráter de exclusividade, o que não ocorre com a Eletronorte, que, apesar de prestar um serviço mais essencial do que a entrega de correspondências, não o faz em regime de exclusividade, mas, em verdade, em regime "concorrencial", especialmente após as mudanças introduzidas na década de 1990. Até mesmo parte de sua energia gerada para atender a região Norte não é totalmente consumida, sendo objeto de comercialização. Foi também destacado que a maior acionista da Eletronorte é a Eletrobras, em que grande parte das ações são negociadas em Bolsa e pertencem a investidores estrangeiros.

RESUMINDO: o STF vem conferindo a empresas estatais (empresa pública ou sociedade de economia mista) privilégios de Fazenda Pública, conforme o caso concreto, tendo como pressuposto dois requisitos: (i) prestar serviço público em caráter de exclusividade (não concorrencial); (ii) não dividir eventuais lucros com os acionistas.

J) Responsabilidade por danos causados a terceiros

A responsabilidade será objetiva **se forem prestadoras de serviços públicos**; se forem exploradoras de atividade econômica, a responsabilidade é subjetiva, na forma do art. 37, § 6º, da CF.

Independentemente da natureza da entidade, o Estado será responsável **subsidiário**, ou seja, se o patrimônio for insuficiente para o pagamento do dano, é possível mover ação contra o ente político.

K) Falência

As empresas estatais podem falir?

Sempre foi objeto de discussão a possibilidade de essas empresas poderem falir.

Com o advento da Lei nº 11.101/05, que regula a recuperação judicial, extrajudicial e falência, ficou positivado que **a lei não se aplica a empresa pública e a sociedade de economia mista.** Como o legislador foi peremptório a respeito e não distinguiu sobre a natureza das entidades, deve-se concluir **que não se aplica o regime falimentar a essas pessoas jurídicas**.

O dispositivo, entretanto, deve ser analisado, para a exata compreensão, de acordo com o Texto Constitucional. A doutrina, interpretando a Lei de Falências, entende que não se sujeitam ao regime falimentar aquelas entidades **prestadoras de serviços públicos**. Contudo, às que exploram atividades econômicas pode ser aplicado o regime falimentar, em razão de que a CF determina que elas devam seguir as mesmas regras de direito civil e de direito comercial relativas às demais entidades.

COMO ESSE ASSUNTO TEM SIDO ABORDADO NAS PROVAS

- **(Advogado – Hemobras – 2008 – Cespe)** As empresas públicas estão sujeitas ao regime de falências.

  Resposta: Errado.

L) Créditos não são cobrados por meio de execução fiscal

A execução dos créditos pertencentes à empresa pública e sociedade de economia mista é regida pelo Código de Processo Civil, e não pela Lei de Execução Fiscal, Lei nº 6.830/80, que dispõe sobre a cobrança judicial da dívida ativa da Fazenda Pública, por meio de um processo especial de execução.

COMO ESSE ASSUNTO TEM SIDO ABORDADO NAS PROVAS

- **(Instituto de Previdência dos Servidores do Estado do Espírito Santo – Advogado – Cespe)** Créditos de empresas públicas e sociedades de economia mista são inscritos como dívida ativa e podem ser cobrados pelo processo especial de execução fiscal, tal como ocorre com os créditos da União, estados e municípios.

  Resposta: Errado.

M) Prescrição

Em relação às empresas estatais **não** se aplica o Decreto nº 20.910/32, que fixa a prescrição quinquenal (5 anos) para a Fazenda Pública, pois são disciplinadas pelos prazos prescricionais do Código Civil.[51]

No que se refere, contudo, às pretensões indenizatórias, a Lei nº 9.494/97 estendeu a prescrição quinquenal para as pessoas de direito privado prestadoras de serviços públicos.

> *Art. 1º-C. Prescreverá em cinco anos o direito de obter indenização dos danos causados por agentes de pessoas jurídicas de direito público e de pessoas jurídicas de direito privado prestadoras de serviços públicos. (Incluído pela Medida provisória nº 2.180-35, de 2001)*

7.6.6.2. Traços distintivos

Antes de estabelecer as diferenças entre empresa pública e sociedade de economia mista é importante trazer o conceito atribuído pela Lei nº 13.303/2016 para as duas entidades, pois pela análise do conceito legal é que são estabelecidas as diferenças.

> *Art. 3º Empresa pública é a entidade dotada de personalidade jurídica de direito privado, com criação autorizada por lei e com patrimônio próprio, cujo capital social é integralmente detido pela União, pelos estados, pelo Distrito Federal ou pelos municípios.*
>
> *Parágrafo único. Desde que a maioria do capital votante permaneça em propriedade da União, do estado, do Distrito Federal ou do município, será admitida, no capital da empresa pública, a participação de outras pessoas jurídicas de direito público interno, bem como de entidades da Administração Indireta da União, dos estados, do Distrito Federal e dos municípios.*
>
> *Art. 4º Sociedade de economia mista é a entidade dotada de personalidade jurídica de direito privado, com criação autorizada por lei, sob a forma de sociedade anônima, cujas ações com direito a voto pertençam em sua maioria à União, aos estados, ao Distrito Federal, aos municípios ou a entidade da Administração Indireta.*

A) Forma de organização

As **sociedades de economia mista** devem ter a forma de **sociedade anônima**, sendo reguladas especialmente pela Lei das Sociedades por Ações (Lei nº 6.404/76).

---

51 STJ, AgRg no REsp 1209606/MG, Rel. Ministro Ricardo Villas Bôas Cueva, Terceira Turma, julgado em 11.12.2012.

A **empresa pública** pode apresentar qualquer forma admitida em direito, até mesmo pode ser uma sociedade anônima. Ou seja, a empresa pública pode ter seu capital dividido em ações, sendo a União proprietária de todas elas. Ou, então, a União e outro Ente Federativo possuírem todas as ações. No concurso para Auditor da Receita Federal, 2005, Esaf, foi considerado **correto** o item: "É possível, na esfera federal, uma empresa pública ser organizada sob a forma de sociedade anônima, sendo a União Federal a sua única acionista."

Quando se constitui empresa pública pela forma de sociedade anônima (ou por ações) não significa que o capital deve pertencer a mais de uma pessoa. Significa que o seu capital social está dividido em ações, podendo todas elas pertencer ao Ente federativo que criou a entidade.

Dissemos que a empresa pública pode adotar qualquer forma jurídica. Porém, a forma inédita é somente para as empresas públicas criadas pela **União**, pois estados e municípios não têm competência para legislar sobre direito civil ou comercial (art. 22, I).

B) Composição do capital

A sociedade de economia mista é formada por capital público e privado. Na composição do capital, pode haver recursos provenientes das pessoas de direito público ou de outras pessoas administrativas vinculadas ao Estado (Administração Indireta). Entretanto, a **maioria do capital com direito a voto** (maioria das ações com direito a voto) deve estar sob controle do Estado ou de sua entidade da Administração Indireta.

Lucas Rocha Furtado bem define que o importante é o **controle societário** pertencer ao Poder Público. Vejamos as palavras do autor:

> *"Curioso observar que os conceitos de controle societário e de participação majoritária no capital social não se confundem. Diante da possibilidade de existirem ação sem direito a voto, é possível que determinado sócio, que no caso seria pessoa de direito público, não detenha a maioria do capital social, mas seja o controlador, situação que pode ser constatada se esse sócio for capaz de eleger a maioria dos administradores da sociedade. Assim, no caso de uma sociedade de economia mista, o que se exige é que o controle societário pertença a uma pessoa de direito público, ainda que eventualmente essa pessoa de direito público não detenha a maioria das ações."*[52]

Esse domínio do capital público é essencial para que o Poder Público tenha o controle da empresa, para poder determinar as orientações que a entidade deve seguir.

Quem pode participar do capital das empresas públicas?

A empresa pública é formada por capital totalmente público, podendo haver participação de Entes federativos diversos. É admissível, também, que participem do capital **pessoas administrativas**, seja qual for seu nível federativo ou sua natureza jurídica (pública ou privada).

Dessa forma, na esfera federal, admite-se que outras pessoas da Federação participem do capital de empresa pública, bem como outras pessoas jurídicas de direito privado **que integram a Administração Indireta**; inclusive de sociedade de economia mista.

Apesar de haver possibilidade de capital particular compor o patrimônio da empresa pública, ao menos de forma indireta, já que a sociedade de economia mista, que é constituída parcialmente

52 FURTADO, Lucas Rocha, op. cit., p. 224.

com recursos particulares, pode integrar seu capital, no concurso de agente da PF de 2012, o Cespe considerou **incorreto** o seguinte item: "Existe a possibilidade de participação de recursos particulares na formação do capital social de empresa pública federal."

Apesar de muitos recursos, a banca manteve a questão incorreta com a presente justificativa: "O capital das empresas públicas é integralmente público, isto é, oriundo de pessoas integrantes da Administração Pública. A lei permite a participação no capital de outras pessoas jurídicas de direito público interno, bem como de entidades da Administração Indireta da União, dos estados e do Distrito Federal e dos municípios, mas desde que a maioria do capital votante permaneça de propriedade da União. Decreto-Lei 200/67, art. 5º, II. Ressalta-se, ainda, que uma sociedade de economia mista realmente pode fazer parte do capital votante de uma empresa pública. Porém, a sociedade de economia mista tem maioria do capital público, e é em razão deste capital que é permitida a sua participação em uma empresa pública. Mas na empresa pública não há participação de capital privado, tanto que suas ações não são submetidas à bolsa, nem são abertas ao mercado privado."

Em outro certame, também feito pelo Cespe, foi considerado **incorreto** o item: "É vedada a participação de pessoas jurídicas de direito privado no capital da empresa pública, ainda que integrem a Administração Indireta" (Cespe – TRF 1ª – Juiz – 2011).

Assim, examinadas as questões, pode-se concluir correta a assertiva em concursos no sentido de que: "Admite-se que pessoas de direito privado/pessoas administrativas, **integrantes da Administração Indireta**, participem do capital de empresa pública."

É possível haver empresa pública com capital público pertencente a mais de um Ente da Federação. É o caso da Terracap-DF: seu capital é composto em 51% do Distrito Federal e 49% da União.

Admite-se a existência de empresa pública unipessoal, ou seja, com todo o seu capital integrante de uma só pessoa. Ex.: Caixa Econômica Federal, que tem todo capital pertencente à União. A sociedade unipessoal é situação excepcional no Direito.

C) Foro processual

As **empresas públicas federais**, quando forem autoras, rés, assistentes ou opoentes, segundo o art. 109 da CF, têm seus feitos processados e julgados na **Justiça Federal**.

> *Art. 109. Aos juízes federais compete processar e julgar: I – as causas em que a União, entidade autárquica ou empresa pública federal forem interessadas na condição de autoras, rés, assistentes ou oponentes, **exceto as de falência, as de acidentes de trabalho e as sujeitas à Justiça Eleitoral e à Justiça do Trabalho;***

Mas a regra citada não acontece em todas as situações. Veja a Súmula 270, STJ: "o protesto pela preferência de crédito, apresentado por Ente federal (EP, autarquias e fundações públicas) em execução que tramita na Justiça Estadual, não desloca a competência para a Justiça Federal".

As **sociedades de economia mista** têm suas ações processadas e julgadas na **Justiça Estadual**[53]. O STF firmou essa posição na Súmula 517, só admitindo o deslocamento para a Justiça Federal quando a União intervém como assistente ou opoente.

53 Compete à Justiça federal processar e julgar ação penal referente a crime cometido contra sociedade de economia mista, quando demonstrado o interesse jurídico da União. RE 614115 AgR/PA, rel. Min. Dias Toffoli, 16.9.2014 (RE-614115). O caso foi de crime cometido contra Companhia Docas do Estado do Pará, cuja maior parcela de seu

É importante destacar, porém, que, as ações decorrentes da relação de trabalho em que sociedade de economia seja parte tramitam na Justiça do trabalho, por se tratar de Justiça especial, que atrai a competência para julgamento dessas ações.

A diferença apenas abrange as empresas públicas **federais,** na medida em que as empresas públicas estaduais e municipais litigarão na justiça estadual, no juízo fixado na lei de organização judiciária do Estado.

Resumindo os traços distintivos:

	EP	SEM
Forma de organização	Qualquer forma	S.A.
Composição do capital	Totalmente público ("100% público") – Mais de um Ente federativo; – Pessoas administrativas da Administração Indireta.	Público e privado Maioria das ações com direito ("maioria do capital votante") a voto tem de ser do Poder Público ou de entidade da Administração Indireta.
Foro processual	EP FEDERAL – Justiça Federal se autoras, rés, assistentes ou opoentes, nos termos do art. 109 da CF.	Justiça Estadual

QUESTÃO DISCURSIVA:

- **(Cespe – TRF – 1ª Região – Juiz – 2011)** Exponha os principais traços que distinguem, no direito brasileiro, autarquias, empresas públicas e sociedades de economia mista, abordando, necessariamente, os seguintes aspectos: (i) forma de constituição; (ii) privilégios processuais; (iii) personalidade jurídica; (iv) regime tributário; (v) regime de bens.

7.6.7. Empresas controladas pelo Poder Público

Segundo Carvalho Filho, empresas controladas são aquelas em que o Poder Público é acionista, controla e tem ascendência sobre essas entidades, sem que sejam identificadas como empresa pública ou sociedade de economia mista. Integram as estatais, sem integrar a Administração Indireta. No entanto, sujeitam-se ao controle administrativo (tutela). Os contratos devem ser precedidos de licitação, conforme o art. 1º da Lei nº 8.666/93.

Conforme o autor mencionado, há sociedades em que o capital pertencente ao Estado é minoritário e não possibilita o controle societário. São denominadas **sociedades de mera participação do Estado.** Não integram a Administração Pública e não são consideradas sociedades de economia mista.

capital seria composta por verba pública federal, teria por ofício administrar e explorar as instalações portuárias do estado do Pará, atividades exclusivamente atribuídas à União, conforme o disposto no art. 21, XII, *f*, da CF. Apesar da decisão do STF, continua a regra prevista nas súmulas seguintes: Súmula 42 do STJ – Compete à Justiça comum estadual processar e julgar as causas cíveis em que é parte sociedade de economia mista e os crimes praticados em seu detrimento. Súmula nº 556 do STF – É competente a Justiça comum para julgar as causas em que é parte sociedade de economia mista.

No concurso para Procurador do Tribunal de Contas da União, 2004, o Cespe considerou **incorreto** o item: "Toda sociedade em que o Estado tenha participação acionária integra a Administração Indireta."

ESTUDO AVANÇADO

1. EXTENSÃO DA ADMINISTRAÇÃO INDIRETA – (CRIAÇÃO DE ENTIDADES DA ADMINISTRAÇÃO INDIRETA POR ÓRGÃOS DO PODER JUDICIÁRIO E LEGISLATIVO)

Questão discutida por alguns doutrinadores se refere à possibilidade de o Poder Judiciário e o Poder Legislativo criarem entidades da Administração Indireta, mais precisamente autarquias ou fundações, pois a criação de empresa pública e sociedade de economia mista foge às atividades prestadas por essas entidades e à função do Judiciário e do Legislativo.

José dos Santos Carvalho Filho (2009, p. 437) entende que

> *Sempre que se faz referência a Administração Indireta do Estado, a ideia de vinculação das entidades traz à tona, como órgão controlador, o Poder Executivo. Entretanto, o art. 37 da Constituição alude à Administração Direta, Indireta e fundacional de* ***qualquer dos poderes*** *da União, estados, Distrito Federal e municípios. Assim dizendo,* ***poder-se-ia admitir a existência de entidades da Administração Indireta vinculadas também às estruturas dos Poderes Legislativo e Judiciário,*** *embora o fato não seja comum por ser o Executivo o Poder incumbido basicamente da administração do Estado.*

Assim, para esse autor não haveria impedimento, tendo em vista o Texto Constitucional fazer previsão expressa da possibilidade.

Vicente Paulo e Marcelo Alexandrino também admitem. Segundo os autores, "Nesses casos, a iniciativa da lei respectiva não será evidentemente do Chefe do Poder Executivo, mas sim do respectivo Poder a que esteja vinculada a entidade".

Lucas Rocha Furtado (2007, p. 162) entende que não há permissivo constitucional que legitime a criação de autarquia ou fundações públicas no âmbito dos Poderes Legislativo e Judiciário.

1.1. Iniciativa das leis sobre criação de órgãos e entidades do Poder Executivo

O STF entendeu que lei de iniciativa parlamentar, por violação ao art. 61, § 1º, II, *e*, da CF, **não** pode dispor sobre a criação e extinção de *órgãos* e *entidades* da Administração Indireta vinculada ao Poder Executivo. A iniciativa é privativa do Chefe do Poder Executivo (Presidente da República, Governador ou Prefeito).

2. O CASO DO PARECER AC-051, DE 2006, DA AGU – RECURSO HIERÁRQUICO IMPRÓPRIO

O **recurso hierárquico impróprio** ocorre entre entidades que **não possuem hierarquia**. Resulta de recurso de um ente para outro ente que não possuem relação de subordinação um para com o outro. Sustentamos sua possibilidade somente em situações excepcionais quando a lei expressamente permitir.

Essa parece, também, ser a tese de Celso Antônio Bandeira de Mello (2011):

> *Os recursos administrativos são propostos na intimidade de uma mesma pessoa jurídica; por isto são chamados de recursos hierárquicos. Se, todavia, a lei previr que da decisão de uma pessoa jurídica cabe recurso para a autoridade encartada em outra pessoa jurídica, o recurso será, em tal caso, denominado de recurso hierárquico impróprio.*

A Advocacia Geral da União, contudo, mediante o Parecer nº 51, de 2006, aprovado pelo Presidente da República, nos termos da Lei nº 73/1993, tornando-se com isso vinculante para toda a Administração Pública Federal,[54] admitiu a possibilidade de interposição de recurso hierárquico impróprio, dirigido ao ministro da pasta supervisora, contra decisões das agências que não observarem a adequada compatibilização com as políticas públicas adotadas. Vejamos a sua ementa:

> *Ementa: Porto de Salvador. THC2. Decisão da Antaq. Agência reguladora. Conhecimento e provimento de recurso hierárquico impróprio pelo ministério dos transportes. Supervisão ministerial. Instrumentos. Revisão administrativa. Limitações. I – O Presidente da República, por motivo relevante de interesse público, poderá avocar e decidir qualquer assunto na esfera da Administração Federal (DL nº 200/67, art. 170). II – Estão sujeitas à revisão ministerial, de ofício ou por provocação dos interessados, inclusive pela apresentação de recurso hierárquico impróprio, as decisões das agências reguladoras referentes às suas atividades administrativas ou que ultrapassem os limites de suas competências materiais definidas em lei ou regulamento, ou, ainda, violem as políticas públicas definidas para o setor regulado pela Administração Direta. III – Excepcionalmente, por ausente o instrumento da revisão administrativa ministerial, não pode ser provido recurso hierárquico impróprio dirigido aos ministérios supervisores contra as decisões das agências reguladoras adotadas finalisticamente no estrito âmbito de suas competências regulatórias previstas em lei e que estejam adequadas às políticas públicas definidas para o setor. IV – No caso em análise, a decisão adotada pela Antaq deve ser mantida, porque afeta à sua área de competência finalística, sendo incabível, no presente caso, o provimento de recurso hierárquico impróprio para a revisão da decisão da Agência pelo Ministério dos Transportes, restando sem efeito a aprovação ministerial do Parecer Conjur/MT nº 244/2005. V – A coordenação das procuradorias federais junto às agências reguladoras pelas consultorias jurídicas dos ministérios não se estende às decisões adotadas por essas entidades da Administração indireta quando referentes às competências regulatórias desses entes especificadas em lei, porque, para tanto, decorreria do poder de revisão ministerial, o qual, se excepcionalmente ausente nas circunstâncias esclarecidas precedentemente, afasta também as competências das consultorias jurídicas. O mesmo ocorre em relação à vinculação das agências reguladoras aos pareceres ministeriais, não estando elas obrigadas a rever suas decisões para lhes dar cumprimento, de forma também excepcional, desde que nesse mesmo âmbito de sua atuação regulatória. VI – Havendo disputa entre os ministérios e as agências reguladoras quanto à fixação de suas competências, ou mesmo divergência de atribuições entre uma agência reguladora e outra entidade*

54 LC nº 73 de 1993. Institui a Lei Orgânica da Advocacia Geral da União: Art. 40. Os pareceres do Advogado-Geral da União são por este submetidos à aprovação do Presidente da República. § 1º O parecer aprovado e publicado juntamente com o despacho presidencial vincula a Administração Federal, cujos órgãos e entidades ficam obrigados a lhe dar fiel cumprimento. § 2º O parecer aprovado, mas não publicado, obriga apenas as repartições interessadas, a partir do momento em que dele tenham ciência. Art. 42. Os pareceres das consultorias jurídicas, aprovados pelo Ministro de Estado, pelo Secretário-Geral e pelos titulares das demais Secretarias da Presidência da República ou pelo Chefe do Estado-Maior das Forças Armadas, obrigam também os respectivos órgãos autônomos e entidades vinculadas.

da Administração Indireta, a questão deve ser submetida à Advocacia Geral da União. VII – As orientações normativas da AGU vinculam as agências reguladoras. VIII – [...]". Processo nº 50000.029371/2004-83. Note-se que no parecer da AGU admitiu-se o recurso hierárquico impróprio, mas como medida excepcional. Foi dito que o cabimento do recurso hierárquico impróprio não encontra objeções já que inexiste área administrativa imune à supervisão ministerial, reduzindo-se, contudo, o âmbito de seu cabimento no caso de a entidade se afastar das políticas de iniciativa do Ministério supervisor. Seu cabimento só seria possível em relação às "decisões das agências reguladoras referentes às suas atividades administrativas ou que ultrapassem os limites de suas competências materiais definidas em lei ou regulamento, ou, ainda, violem as políticas públicas definidas para o setor regulado pela Administração direta". Afastou-se sua possibilidade "contra as decisões das agências reguladoras adotadas finalisticamente no estrito âmbito de suas competências regulatórias previstas em lei e que estejam adequadas às políticas públicas definidas para o setor".

Um dos fundamentos invocados pela AGU para o cabimento do recurso hierárquico impróprio foi extraído do art. 87, I, parágrafo único, da Constituição Federal, que outorga competência ao Ministro de Estado para exercer a orientação, coordenação e supervisão dos órgãos e entidades da Administração Federal na área de sua competência, bem como o Decreto-Lei nº 200/67, art. 170, que dispõe textualmente que "O Presidente da República, por motivo relevante de interesse público, poderá avocar e decidir qualquer assunto na esfera da Administração Federal".

Um dos fundamentos dignos de aplausos do citado parecer repousa no fato de que se fosse admitida a possibilidade indiscriminada do recurso, estaria sendo descaracterizado um dos principais aspectos das agências reguladoras que as diferenciam das demais autarquias: o exercício de mandato pelos dirigentes. É certo que os dirigentes das agências ocupam mandato, que significa exercício da função por tempo certo. Sua finalidade é garantir ao dirigente a permanência na função mesmo se tomar alguma decisão que não esteja na conveniência do chefe do Poder Executivo responsável por sua indicação. A admissão indiscriminada de recursos ao ministério supervisor seria forma de rever a decisão tomada pelos diretores da agência, garantindo aos ministérios o mesmo poder revisor dos atos que não poderiam ser alcançados com a substituição das pessoas indicadas.

A nosso ver, das possibilidades de recurso hierárquico impróprio, trazidas no citado parecer, a maioria nada mais representa do que a decorrência do controle de tutela administrativa inerente entre Administração Direta e Indireta. Se a entidade descentralizada atua fora de suas competências legais ou há violação das regras de suas atividades administravas, por certo que caberá a revisão ministerial, já que a Lei prevê tais hipóteses. Se, porém, atua em desacordo com as políticas públicas do Governo, aí sim será um recurso hierárquico impróprio sem previsão legal. Não perfilhamos do mesmo entendimento do Parecer da AGU para admitir o recurso neste último caso, pois está se esquecendo das origens da criação das agências reguladoras no Brasil. Assim, a legislação citada, DL 200/67 e art. 87 da CF, não teria aplicação específica ao caso.

As agências reguladoras foram criadas no Brasil em decorrência de reforma administrativa que passou o Brasil nos últimos anos, em especial na década de 1990, com a reforma administrativa e o processo de privatizações nesse período. O intuito da criação de entidades dotadas de maior autonomia visava garantir à agência poder de decisão em suas atividades, a fim de não sofrer ingerência política do Ente central. Por isso, a ocupação de mandato aos seus dirigentes. Admitir recurso ao ministério supervisor mesmo sem previsão legal ignora até a vontade do legislador quando não fizer a previsão de tal cabimento. O DL 200/67 tem aplicação nos demais casos de controle de tutela administrativa, assim como o art. 87 da CF. Porém, não emprestam legitimidade a recursos hierárquicos impróprios sem previsão legal.

Vale salientar, por fim, que no caso concreto objeto do parecer não foi admitida a revisão do ato praticado pela Antaq pelo Ministério dos Transportes, uma vez que a decisão da agência não invadiu nenhuma prerrogativa de formulação de política para o setor portuário. Vale dizer, não se encaixou em nenhuma das possibilidades de cabimento do recurso.

3. TEORIA DA ENCAMPAÇÃO

O art. 5º, LXIX, da CF/1988 afirma que conceder-se-á mandado de segurança para proteger direito líquido e certo, não amparado por *habeas corpus* ou *habeas data*, quando o responsável pela ilegalidade ou abuso de poder for autoridade pública ou agente de pessoa jurídica no exercício de atribuições do Poder Público.

Assim, impetra-se o remédio constitucional diante de ato ilegal ou abusivo de determinada autoridade coatora. Contudo, é possível o autor impetrar o mandado de segurança perante autoridade diversa, que não a responsável pelo ato impugnado, mas que guarda relação de hierarquia com ela.

Nesses casos, se a autoridade, superior hierarquicamente, não se limita a informar sua ilegitimidade passiva, adentrando o mérito da ação para defender o ato impugnado (encampando tal ato), ela se torna legítima para figurar no polo passivo da demanda.

De acordo com a teoria da encampação, se a autoridade **hierarquicamente superior**, apontada como coatora nos autos de mandado de segurança, defende o mérito do ato impugnado, não se limitando a prestar informações, torna-se legitimada para figurar no polo passivo da ação.

A autarquia é uma entidade com personalidade jurídica de direito público com autonomia administrativa e financeira. Portanto, possui capacidade para praticar atos e estabelecer relações jurídicas, bem como capacidade processual para ser parte, autora ou ré, em processos judiciais. Seus dirigentes são partes legítimas para figurar como autoridade coatora em mandado de segurança. ***Contudo, essa teoria não pode ser aplicada em relação às autarquias, caso o mandado de segurança seja impetrado perante a Administração Direta que realizou a descentralização, pois não há relação de hierarquia entre a autarquia e o ente central, apenas relação de vinculação*** (RMS 25.355/RJ, Rel. Ministro Jorge Mussi, Quinta Turma, julgado em 04.12.2008, *DJe* 02.02.2009).[55]

Conforme precedentes do STJ, a aplicação da Teoria da Encampação tem se restringido a hipóteses excepcionais em que devem estar reunidos, pelo menos, os seguintes requisitos: **a) existência de vínculo hierárquico entre a autoridade que prestou informações e a que ordenou a prática do ato impugnado; b) manifestação a respeito do mérito nas informações prestadas; e c) ausência de modificação de competência estabelecida na Constituição da República.**

> **SÚMULA nº 628**: *A teoria da encampação é aplicada no mandado de segurança quando presentes, cumulativamente, os seguintes requisitos: a) existência de vínculo hierárquico entre a autoridade que prestou informações e a que ordenou a prática*

55 No mesmo sentido: REsp 226.189/SC, Rel. Ministra Maria Thereza de Assis Moura, Sexta Turma, julgado em 09.11.2006, *DJ* 04.12.2006, p. 384; MS 12.068/DF, Rel. Ministro Og Fernandes, Terceira Seção, julgado em 14.10.2009, *DJe* 22.10.2009; EREsp 865.391/BA, Rel. Ministro Herman Benjamin, Primeira Seção, julgado em 14.10.2009, *DJe* 22.10.2009.

> *do ato impugnado; b) manifestação a respeito do mérito nas informações prestadas; e c) ausência de modificação de competência estabelecida na Constituição Federal. Primeira Seção, julgado em 12/12/2018, DJe 17/12/2018.*

Ainda sobre a independência da autarquia em relação ao Ente federativo, importante observação faz Raquel de Melo Urbano (2008, p. 639) no sentido de que "não há impedimento a que o Ente federativo tenha alguma pretensão a ser exercida em face da autarquia e vice-versa [...]". Assim, a título de exemplo, o Detran/DF poderia aplicar multa em razão de infração cometida por veículo da Secretaria de Educação, órgão da Administração Direta do DF. O STJ também compartilha desse entendimento (EDcl no REsp 777.909/RJ, Rel. Ministro José Delgado, Primeira Turma, julgado em 14.02.2006).[56]

4. PRINCÍPIO DA ESPECIALIDADE NA ADMINISTRAÇÃO INDIRETA

José dos Santos Carvalho Filho (2011, p. 424): "O princípio da especialidade aponta para a absoluta necessidade de ser expressamente consignada na lei a atividade a ser exercida, descentralizadamente, pela entidade da Administração Indireta. Em outras palavras, **nenhuma dessas entidades pode ser instituída com finalidades genéricas**, vale dizer, sem que se defina na lei o objeto preciso de sua atuação."

A única ressalva que se faz em relação à entidade com capacidade administrativa genérica são as autarquias territoriais (descentralização geográfica).

Maria Sylvia Di Pietro (2011, p. 442): "A autarquia territorial exerce múltiplas atividades no âmbito do seu território; praticamente se desincumbe das mesmas funções que normalmente são exercidas pelos estados e municípios, como distribuição de água, luz, gás, poder de polícia [...]."

5. CAPACIDADE PROCESSUAL DE ÓRGÃOS

Conforme ressalta Carvalho Filho, dispõe o Código de Defesa do Consumidor que são legitimados para promover a liquidação e execução de indenização "as entidades e órgãos da Administração Pública, Direta ou Indireta, ainda que sem personalidade jurídica, especificamente destinados à defesa dos interesses e direitos protegidos por esse Código". Destaca o autor que tal situação é excepcional e só admissível ante expressa previsão legal.

Hely Lopes Meirelles (2005, p. 68-69):

> *Embora despersonalizados, os órgãos mantêm relações funcionais entre si e com terceiros, das quais resultam efeitos jurídicos internos e externos, na forma legal ou regulamentar. E, a despeito de não terem personalidade jurídica, os órgãos podem ter prerrogativas funcionais próprias que, quando infringidas por outro órgão, admitem defesa até mesmo por Mandado de Segurança.*

Porém, ressalta que esta legitimidade só é conferida a órgãos **independentes** e **autônomos**.

O autor também destaca a legitimidade de órgãos da Administração Pública na defesa do consumidor, conferida pelo Código de Defesa do Consumidor (art. 82, III).

---

56 No mesmo sentido AgRg no Ag 1089465/RS, Rel. Ministra Eliana Calmon, Segunda Turma, julgado em 02.06.2009, *DJe* 19.06.2009.

6. CLASSIFICAÇÃO DOS ÓRGÃOS

A classificação apresentada no corpo deste manual remete à de Hely Lopes Meirelles, adotada por muitos doutrinadores. Entretanto, Maria Sylvia, apesar de citar em sua obra classificação semelhante à de Hely Lopes Meirelles, concordando com suas definições, apresenta como órgãos **independentes** apenas as Casas Legislativas, a Chefia do Executivo e os Tribunais, apresentando o Ministério Público como órgão **autônomo** (ao contrário de Hely, que o apresenta como órgão independente) e silenciando quanto aos Tribunais de Contas (por analogia, deve a professora entender que os Tribunais de Contas são também exemplos de órgãos autônomos).

Lucas Rocha Furtado (2007, p. 171) tem posição muito semelhante à de Maria Sylvia.

Resumindo:

Hely Lopes Meirelles	Ministério Público é órgão independente.
Maria Sylvia Di Pietro	Ministério Público é órgão autônomo.

7. FORMAS DE DESCENTRALIZAÇÃO

Segundo Lucas Rocha Furtado (2007, p. 153): "Este processo de distribuição de atribuições, e que resulta na criação de entidades autárquicas, fundacionais ou de empresas estatais, corresponde à **descentralização horizontal.**"

Noutro giro, "ocorre **descentralização vertical** quando a própria Constituição Federal promove a distribuição de atribuições entre as diferentes entidades políticas ou primárias – União, estados, municípios e Distrito Federal".

Para o citado autor, "somente podem ser criadas as entidades expressamente mencionadas pela Constituição Federal. Como decorrência ampla do princípio da reserva legal, o Poder Público somente está autorizado a fazer o que lhe foi autorizado". "[...] Impõe-se a **tipicidade institucional.** Assim sendo, não pode o Estado criar entidade com natureza diversa destas."

8. CRIAÇÃO DE SUBSIDIÁRIAS

Segundo Vicente Paulo e Marcelo Alexandrino (2009),

> *Existe alguma controvérsia doutrinária quanto às subsidiárias integrarem, ou não, formalmente a Administração Pública. A maioria dos administrativistas entende que elas não fazem parte da Administração Indireta, não são Administração Pública. Prelecionam esses autores que o conceito de Administração Pública adotado pelo nosso ordenamento constitucional é o formal, ou subjetivo, inspirado claramente no DL nº 200/67, o qual, de forma explícita, considera a Administração Indireta composta exclusivamente por quatro categorias de entidades, exatamente as descritas no inciso XIX do art. 37 da Constituição.*

Em questão do Cespe, entretanto, parece que a banca seguiu outra linha:

COMO ESSE ASSUNTO TEM SIDO ABORDADO NAS PROVAS

- **(Cespe – MTE – Administrador – 2008)** A sociedade de economia mista federal X, que tem por objeto a produção e comercialização de combustível e derivados do petróleo, tem uma subsidiária integral que foi criada para lhe fornecer asfalto. Foi firmado convênio entre a citada estatal e certo estado-membro visando recuperar a malha rodoviária do estado, tendo sido acertado que a estatal iria fornecer uma certa quantidade de asfalto e o estado iria pavimentar as estradas com o seu próprio pessoal. Ocorre que, antes de se iniciar o serviço público de construção e reforma das estradas, o caminhão da referida sociedade de economia mista, que transportava o asfalto, colidiu com o carro de Maria, tendo derramado o produto, causando dano ao meio ambiente e a morte de Maria. A empresa que fabrica asfalto não integra a Administração Pública Indireta.

Resposta: Errada.

José dos Santos Carvalho Filho (2011, p. 455):

> *[...] não se pode perder de vista que as subsidiárias também são controladas, embora de forma indireta, pela pessoa federativa que instituiu a entidade primária. A subsidiária tem apenas o objetivo de se dedicar a um dos segmentos específicos da entidade primária, mas como esta é quem controla a subsidiária, ao mesmo tempo que é diretamente controlada pelo Estado, é este, afinal, que exerce o controle, direto ou indireto, sobre todas.* ***Por tais motivos, não se pode negar sua condição de pessoas integrantes da Administração Indireta.***

José dos Santos Carvalho Filho ainda indica o entendimento de Rafael Carvalho Rezende semelhante ao exposto acima.

9. ENTIDADES DA ADMINISTRAÇÃO INDIRETA EM ESPÉCIE

9.1. Agências reguladoras

Segundo José dos Santos Carvalho Filho (2011, p. 437), são prerrogativas das agências reguladoras:

a) **Poder normativo técnico:** as agências reguladoras recebem das respectivas leis delegação para editar normas técnicas complementares de caráter geral.

Defendendo a constitucionalidade deste poder, o autor consigna que:

> *Esse fenômeno, de resto já conhecido em outros sistemas jurídicos, tem sido denominado* ***deslegalização*** *(ou* ***deslegificação****, como preferem alguns), considerando que a edição de normas gerais de caráter técnico se formaliza por atos administrativos regulamentares em virtude de delegação prevista na respectiva lei. Na verdade, não há, como supõem alguns estudiosos (equivocadamente, a nosso ver), transferência do poder legiferante a órgãos ou pessoas da Administração, mas tão somente o poder de estabelecer regulamentação sobre matéria de ordem técnica, que, por ser extremamente particularizada, não poderia mesmo estar disciplinada na lei.*

b) **Autonomia decisória:** os conflitos administrativos são resolvidos por meio dos próprios órgãos da autarquia.

Para o autor, os dirigentes não ocupam mandato, mas sim **cargo em comissão**, com a peculiaridade de ser a investidura a tempo certo. Não são também os dirigentes agentes políticos, exercendo função eminentemente administrativa, devendo ser considerados servidores administrativos (2011, p. 438).

Maria Sylvia Di Pietro (2011, p. 481-482):

> *[...] o regime especial vem definido nas respectivas leis instituidoras, dizendo respeito, em regra, à maior* ***autonomia*** *em relação à Administração Direta; à* ***estabilidade*** *de seus dirigentes, garantida pelo exercício de mandato fixo, que eles somente podem perder nas hipóteses expressamente previstas, afastada a possibilidade de exoneração*

> *ad nutum; ao* ***caráter final das suas decisões****, que não são passíveis de apreciação por órgãos ou entidades da Administração Pública.*
>
> *[...] Porém, como autarquia de regime especial, os seus atos não podem ser revistos ou alterados pelo Poder Executivo. A estabilidade outorgada aos dirigentes das agências confere maior independência, não muito comum na maior parte das entidades da Administração Indireta, em que os dirigentes por ocuparem cargos de confiança do Chefe do Poder Executivo, acabam por curvar-se a interferências, mesmo que ilícitas.*

Celso Antônio Bandeira de Mello (2011, p. 169): **Prazo do mandato:** "[...] tal garantia não pode ser entendida como capaz de ultrapassar o período de governo da autoridade que procedeu às nomeações, pois isto violaria prerrogativas constitucionais de seu antecessor".

O autor ressalta que o único aspecto peculiar que distingue as agências reguladoras das demais autarquias se refere à forma de investidura dos dirigentes e o prazo fixo do mandato.

9.1.1. Foro dos litígios

> *Súmula Vinculante nº 27: "Compete à* ***Justiça estadual*** *julgar causas entre consumidor e concessionária de serviço público de telefonia, quando a Anatel não seja litisconsorte passiva necessária, assistente, nem opoente."*

José dos Santos Carvalho Filho (2011, p. 448): **Teoria da captura (*capture theory*):** "[...] se busca impedir uma vinculação promíscua entre a agência, de um lado, e o governo instituidor ou os entes regulados, de outro, com flagrante comprometimento da independência da pessoa controladora".

9.2. Agências executivas

José dos Santos Carvalho Filho (2011, p. 450): "Em nosso entender, porém, as agências executivas não apresentam qualquer peculiaridade que possa distingui-las das clássicas autarquias [...]."

Celso Antônio Bandeira de Mello (2011, p. 182) sobre a qualificação como agência executiva: "[...] não passa de um conjunto de expressões sonoras, retumbantes e vazias."

Celso Antônio Bandeira de Mello (2011, p. 182) sobre o "**contrato de gestão**": "[...] figuração juridicamente inconsequente, um nada perante o Direito."

9.3. Fundações – divergência acerca da natureza jurídica

Para Hely Lopes Meirelles e Carvalho Filho a fundação pública será sempre pessoa jurídica de direito **privado**, mesmo criada e mantida pelo Estado.

José dos Santos Carvalho Filho (2011, p. 476): "Em nosso entender, sempre nos pareceu mais lógico e coerente o pensamento de HELY LOPES MEIRELLES. Na verdade, causa grande estranheza que uma fundação criada pelo Estado se qualifique como pessoa de direito público [...]."

Outros autores, entretanto, sempre entenderam que todas as fundações públicas são pessoas jurídicas de direito **público**, à semelhança das autarquias. Desse último entendimento, temos como referência o professor Celso Antônio Bandeira de Mello (2011, p. 184). Conforme esse autor: "É absolutamente incorreta a afirmação normativa de que as fundações públicas são pessoas de direito privado. Na verdade, são pessoas de direito público, consoante, aliás, universal entendimento que só no Brasil foi contendido."

Hoje, entretanto, uma terceira corrente ganha força, defendida por Diógenes Gasparini e Maria Sylvia Zanella Di Pietro, sobre a natureza jurídica das fundações públicas. Para essa corrente, o Estado pode criar fundações concedendo-lhes personalidade de **direito público ou privado**, segundo lhe parecer conveniente e oportuno. Essa também é a posição do STJ e STF, deduzida do julgamento do RE nº 101.126.

Maria Sylvia Di Pietro (2011, p. 436):

> *[...] a Fundação instituída pelo Poder Público caracteriza-se por ser um patrimônio, total ou parcialmente público, a que a lei atribui personalidade jurídica de direito público ou privado, para a consecução de fins públicos; quando tem personalidade pública, o seu regime jurídico é idêntico ao das autarquias, sendo, por isso mesmo, chamada de autarquia fundacional, em oposição à autarquia corporativa; outros preferem falar em fundações públicas de direito público; as fundações de direito privado regem-se pelo direito civil em tudo o que não for derrogado pelo direito público;*

Resumindo:

Hely Lopes Meirelles e José dos Santos Carvalho Filho	Todas as fundações governamentais são pessoas jurídicas de direito privado.
Celso Antônio Bandeira de Mello	Todas as fundações governamentais são pessoas jurídicas de direito público.
Maria Sylvia Di Pietro	As fundações governamentais podem ser fundações públicas de direito público ou fundações públicas de direito privado.

Em razão de todo o desenvolvimento exposto na criação da fundação entende-se que a fundação, governamental de direito público, será **criada** por lei específica tal qual a autarquia. Por outro lado, a fundação pública de direito privado será criada a partir de uma **lei autorizativa** e instituída por escritura como uma fundação de direito privado. Com esse posicionamento temos vários autores: José dos Santos Carvalho Filho, Diógenes Gasparini e Maria Sylvia (2009, p. 440-441).

José dos Santos Carvalho Filho (2011, p. 481): "O mandamento, ao mencionar a autorização por lei, só pode ter-se referido às fundações governamentais de direito privado, e isso pela óbvia razão de que as fundações de direito público são diretamente **instituídas** por lei, espécies que são do gênero autarquias." No mesmo sentido, Raquel Melo Urbano (2008, p. 749).

9.3.1. Controle do Ministério Público

Conforme dispõe o Código Civil, as fundações devem ser fiscalizadas pelo Ministério Público:

> *Art. 66. Velará pelas fundações o Ministério Público do Estado onde situadas.*
>
> *§ 1º Se funcionarem no Distrito Federal, ou em território, caberá o encargo ao Ministério Público Federal. (Vide ADIN nº 2.794-8)*
>
> *§ 2º Se estenderem a atividade por mais de um estado, caberá o encargo, em cada um deles, ao respectivo Ministério Público.*

O STF declarou a inconstitucionalidade do § 1º do art. 66 do Código Civil por entender que as fundações existentes no DF devem se sujeitar à fiscalização do Ministério Público do Distrito Federal e Territórios (MPDFT), e não do Ministério Público Federal (MPF) (ADI 2794, Relator: Min. Sepúlveda Pertence.

José dos Santos Carvalho Filho (2011, p. 485):

> *O dispositivo, no entanto, foi declarado inconstitucional por fugir ao sistema concernente ao Ministério Público adotado na Constituição, considerando-se que é o Ministério Público do Distrito Federal e Territórios que recebeu a atribuição das esferas material e territorial em coextensão à reservada ao MP dos Estados, o que se soma ao fato de que apenas no plano administrativo está a instituição compreendida no MP da União, o mesmo não ocorrendo, porém, no plano funcional. Desse modo, para haver coerência com o regime constitucional, há de competir ao MPDFT a função de velar pelas fundações sediadas no Distrito Federal e em territórios, guardando, pois, compatibilidade com o mesmo encargo atribuído ao MP dos estados em relação às fundações que nele funcionarem. A ressalva corre tão somente por conta das fundações federais de direito público, sobre as quais, admitindo-o a lei, o controle a ser exercido caberá ao MP Federal.*

9.3.2. Controle das fundações governamentais pelo Ministério Público

As fundações públicas estão sujeitas a controle pelo Ministério Público?

Para a doutrina majoritária não é necessário o controle feito pelo Ministério Público em relação às fundações governamentais, incidindo apenas o controle de tutela administrativa.

José dos Santos Carvalho Filho (2011, p. 485): "No caso de fundações governamentais, é dispensável essa fiscalização, independentemente da natureza da entidade, haja vista que o controle finalístico já é exercido pela respectiva Administração Direta."

Raquel Melo Urbano (2008, p. 756): "Se o controle finalístico do MP justifica-se nas fundações particulares, o mesmo não ocorre nas fundações governamentais, pois estas integram a Administração Indireta dos Entes federativos, os quais já supervisionam as atividades daquelas entidades nos termos em que o enquadramento prevê."

Maria Sylvia Di Pietro (2011, p. 448): "Aliás, a fiscalização pelo Ministério Público, com relação às fundações governamentais, mesmo as de direito privado, é totalmente desnecessária, pois somente serve para sobrecarregar a entidade com duplicidade de controles que tem o mesmo objetivo."

9.3.3. Responsabilidade civil

Para José dos Santos Carvalho Filho (2011, p. 487), as fundações governamentais (sejam de direito público ou de direito privado) sujeitam-se à responsabilidade objetiva.

Maria Sylvia Di Pietro (2011, p. 451) somente menciona a responsabilidade objetiva das fundações públicas quando prestadoras de serviços públicos.

9.4. Sociedade de Economia Mista e Empresa Pública

9.4.1. Lei autoriza a criação (art. 37, XIX, da CF)

O STF tem decidido que, mesmo quando o Poder Público passa por qualquer **fato jurídico**, a deter a maioria do capital da empresa, esta **não** poderá ser considerada sociedade de economia mista, porque lhe faltará o elemento indispensável a essa configuração: autorização legal.

Maria Sylvia Di Pietro (2011, p. 458): "A exigência de autorização legislativa de tal forma se incorporou ao conceito de sociedade de economia mista que a doutrina e jurisprudência vêm entendendo que, se não houve autorização legislativa, não existe esse tipo de entidade, mas apenas uma empresa estatal sob controle acionário do Estado [...]." No mesmo sentido José dos Santos Carvalho Filho.

Celso Antônio e Raquel Melo Urbano (2008, p. 686) afirmam que se não houve autorização específica, mesmo assim se mantém a sujeição aos limites que obrigam as demais empresas estatais regulamente constituídas referentes ao dever de fazer licitação, prestação de contas ao tribunal de contas competente e demais normas de direito público. Pois, ao contrário seria ampliar as consequências de uma inconstitucionalidade ou ilegalidade já danosas à sociedade.

COMO ESSE ASSUNTO TEM SIDO ABORDADO NAS PROVAS

✦ **(FCC – TCE – MGE – Procurador)** Suponha que o estado de Minas Gerais adquira ações suficientes para lhe garantir a maioria do capital votante de sociedade anônima privada. O restante do capital, incluindo ações preferenciais sem direito de voto, está nas mãos de particulares. Não houve lei específica nem autorização legislativa, tendo por objeto a aquisição dessas ações. Essa sociedade anônima, após a aquisição de suas ações,

A) não integrará a Administração estadual.

B) integrará a Administração Direta estadual.

C) integrará a Administração Indireta estadual, enquadrando-se na definição legal de sociedade de economia mista.

D) integrará a Administração Indireta estadual, na qualidade de entidade sob controle direto do Estado.

E) não integrará a Administração estadual, mas poderá vir a integrá-la, se ato do Poder Legislativo a transformar em sociedade de economia mista.

Resposta: Letra "e".

9.4.2. Regime de pessoal

Celso Antônio Bandeira de Mello (2011, p. 221) afirma que pode não ser realizado o **concurso público** nas empresas estatais nas situações em que sua realização obstaria a alguma necessidade de imediata admissão de pessoal ou quando se trata de contratar profissionais de maior qualificação, que não teriam interesse em se submeter a prestá-lo, por serem absorvidos avidamente pelo mercado.

José dos Santos Carvalho Filho (2011, p. 468) entende que deve haver a exigência do concurso.

9.4.3. Regime tributário

Sustentam alguns autores que o nivelamento do regime tributário só é aplicável quando se trata de entidades que exploram atividade econômica em *sentido estrito* (atividade empresarial), **podendo haver privilégios em favor daquelas que executam atividades econômicas sob a forma de serviços públicos.** Nesse sentido, Diógenes Gasparini, Celso Antônio, Maria Sylvia, Ives Gandra Martins, Roque Carraza, entre outros.

José dos Santos Carvalho Filho entende que todas as empresas públicas e sociedades de economia mista devem se sujeitar ao mesmo regime tributário aplicável às empresas privadas, sem fazer distinção à atividade exercida (prestação de serviço público ou atividade econômica *stricto sensu*). Porém, admite o autor que as empresas públicas e sociedades de economia mista que executam **serviço público "monopolizado"** possam ter algum privilégio tributário.

Dessa forma, para José dos Santos Carvalho Filho, para que possa ter a entidade privilégio tributário não importa a atividade exercida, mas sim se há competição ou não com outras empresas privadas (monopólio), pois neste último caso pode haver a outorga de determinados privilégios.

9.4.4. Regime de bens

A doutrina é divergente sobre a natureza dos bens.

Para José Santos Carvalho Filho não são atribuídas a eles as prerrogativas próprias dos bens públicos como a imprescritibilidade, a impenhorabilidade, a alienabilidade condicionada. Assim, para o autor citado os bens são privados. Não admite também a aplicação do pagamento por meio de precatórios, por ser exclusivo da Fazenda Pública (art. 100, CF).

Segundo Edmir Netto de Araújo (2005, p. 213), os bens, quando afetados ao desempenho dos serviços públicos, qualificam-se como:

> *[...] bens de uso especial (CC, art. 99, II) são vinculados (destinados, na linguagem da lei civil) a serviço ou estabelecimento federal, estadual territorial ou municipal, inclusive os de suas autarquias (obviamente também do Distrito Federal) e são indisponíveis (inalienáveis, imprescritíveis, insuscetíveis de usucapião, penhora etc.), uma vez que a possibilidade de alienação ou de penhora, por exemplo, infringiria diretamente o princípio da continuidade dos serviços públicos, e por essa razão o legislador lhes imprimiu regime publicístico, sendo-lhes inaplicável o dispositivo (art. 242) da Lei das S/A, que permite essas medidas.*

Maria Sylvia Di Pietro (2011, p. 474) também defende o caráter de bem público especial dos bens das prestadoras de serviços públicos, desde que afetados diretamente a essa finalidade.

No mesmo sentido da autora citada: Hely Lopes Meirelles, Celso Antônio Bandeira de Mello e Diógenes Gasparini.

Resumindo:

José dos Santos Carvalho Filho	Bens das empresas estatais não são considerados bens públicos. Mesmo daquelas que prestam serviços públicos.
Maria Sylvia Di Pietro, Hely Lopes Meirelles, Celso Antônio Bandeira de Mello e Diógenes Gasparini	Consideram bens públicos aqueles que pertencem às empresas estatais prestadoras de serviços públicos.

9.4.5. Falência

José dos Santos Carvalho Filho (2011, p. 471):

> *Como o legislador foi peremptório a respeito e não distinguiu as atividades de tais entidades, deve-se concluir que não se aplica o regime falimentar a essas pessoas paraestatais, independentemente da atividade que desempenham. Sejam, pois, prestadoras de serviços públicos ou voltadas a atividades econômicas empresariais, estão excluídas do processo falimentar [...].*

O autor ressalta, contudo, que o legislador não foi feliz ao não admitir o regime falimentar para as exploradoras de atividade econômica, tendo em vista o art. 173 da CF.

Maria Sylvia Di Pietro critica a lei de falências (2011, p. 471):

> *[...] a lei falhou ao dar tratamento igual a todas as empresas estatais, sem distinguir as que prestam serviço público (com fundamento no artigo 175 da Constituição) e as que exercem atividade econômica a título de intervenção (com base no artigo 173 da Constituição). Estas últimas não podem ter tratamento privilegiado em relação às empresas do setor privado, porque o referido dispositivo constitucional, no § 1º, II, determina que elas se sujeitam ao mesmo regime das empresas privadas, inclusive quanto aos direitos e obrigações civis, comerciais, trabalhistas e tributários.*

Celso Antônio Bandeira de Mello (2011, p. 206) afirma que a exclusão feita pela Lei de Falências abrange, sem incidir em inconstitucionalidade, apenas as "prestadoras de serviços públicos", obra pública ou atividades públicas em geral.

Lucas Rocha Furtado (2007, p. 220) defende a constitucionalidade da Lei de Falências e diz que deve haver a responsabilidade subsidiária das entidades políticas em relação às suas empresas estatais caso entrem em regime falimentar. Para o autor, se a criação decorreu de edição de lei específica, que lhe autorizou a criação, somente outra lei poderia determinar a extinção.

9.4.6. Forma de organização

Segundo Carvalho Filho (2009, p. 483), "podem as empresas públicas ser **unipessoais**, quando o capital pertence exclusivamente à pessoa instituidora, ou **pluripessoais**, quando, além do capital dominante da pessoa criadora, se associam recursos de outras pessoas administrativas".

9.4.7. Composição do capital

José dos Santos Carvalho Filho (2011, p. 463): **Sociedade de economia mista:**

> *[...] só são assim qualificadas quando, além de ter havido prévia **autorização legal,** haja o domínio do capital por parte do Estado ou de outra pessoa a ele vinculado. Existem sociedades em que o capital pertencente ao Estado, é minoritário e não possibilita o controle societário. Essas entidades têm sido denominadas de sociedades de mera participação do Estado e, além de não integrarem a Administração Pública, não são consideradas sociedades de economia mista.*

Assim, segundo o autor, para ser sociedade de economia mista deve haver a conjugação de dois fatores: lei autorizativa e capital majoritário para o controle da entidade.

9.4.8. Foro processual

O STJ firmou a competência da **Justiça Federal** para julgamento de MANDADO DE SEGURANÇA perante sociedade de economia mista. Isso porque a competência para o julgamento do mandado de segurança é estabelecida em razão da função ou da categoria funcional da autoridade indicada como coatora (CC 98289/PE, Rel. Ministro Castro Meira, Primeira Seção, julgado em 27.05.2009, *DJe* 10.06.2009).

O STJ, aplicando a nova Lei do Mandado de Segurança, Lei nº 12.026/2009, fixou o entendimento de que o **ato de gestão comercial,** aqueles que a Administração pratica sem usar de sua supremacia sobre os destinatários, praticado por administrador de empresa pública, não é passível de mandado de segurança (REsp 1078342/PR, Rel. Ministro Luiz Fux, Primeira Turma, julgado em 09.02.2010, *DJe* 15.03.2010).

10. LEI 13.303/2016 - LEI DE RESPONSABILIDADE DAS ESTATAIS – LEI Nº 13.303/16

10.1. Introdução

Vamos falar sobre a Lei nº 13.303, de 30 de junho de 2016, denominada de Lei de Responsabilidade das Estatais – LRE.

Esse apelido não nos agradou muito, pois a Lei nº 13.303/16 trata muito mais do que de responsabilidade das empresas estatais, mas atualmente sempre inventam um apelido para uma lei ficar conhecida.

A lei está assim organizada:

> ***TÍTULO I*** *- DISPOSIÇÕES APLICÁVEIS ÀS EMPRESAS PÚBLICAS E ÀS SOCIEDADES DE ECONOMIA MISTA*
>
> *CAPÍTULO I - DISPOSIÇÕES PRELIMINARES*
>
> *CAPÍTULO II - DO REGIME SOCIETÁRIO DA EMPRESA PÚBLICA E DA SOCIEDADE DE ECONOMIA MISTA*
>
> *CAPÍTULO III - DA FUNÇÃO SOCIAL DA EMPRESA PÚBLICA E DA SOCIEDADE DE ECONOMIA MISTA*
>
> ***TÍTULO II*** *- DISPOSIÇÕES APLICÁVEIS ÀS EMPRESAS PúBLICAS, ÀS SOCIEDADES DE ECONOMIA MISTA E ÀS SUAS SUBSIDIÁRIAS QUE EXPLOREM ATIVIDADE ECONÔMICA DE PRODUÇÃO OU COMERCIALIZAÇÃO DE BENS OU DE PRESTAÇÃO DE SERVIÇOS, AINDA QUE A ATIVIDADE ECONÔMICA ESTEJA SUJEITA AO REGIME DE MONOPÓLIO DA UNIÃO OU SEJA DE PRESTAÇÃO DE SERVIÇOS PÚBLICOS.*
>
> *CAPÍTULO I - DAS LICITAÇÕES*
>
> *CAPÍTULO II - DOS CONTRATOS*
>
> *CAPÍTULO III - DA FISCALIZAÇÃO PELO ESTADO E PELA SOCIEDADE*
>
> ***TÍTULO III*** *- DISPOSIÇÕES FINAIS E TRANSITÓRIAS*

Assim, a Lei nº 13.303/16 tem uma **parte geral** que irá tratar sobre organização e normas de gestão das estatais, por isso o nome Lei de Responsabilidade das Estatais, e do art. 28 até o art. 84, a maior parte da lei, irá tratar de **licitações e contratos**. Ao final, a lei trata da **fiscalização** pelo Poder Público e pela sociedade.

A confecção da lei teve início no Senado Federal, mediante o PL nº 555/2015, de autoria do Senador Tasso Jereissati . Alguns até questionam a constitucionalidade da lei em relação a possível vício formal, na medida em que deveria ter sido proposta pelo Poder Executivo. No entanto, a nosso ver, a lei não padece desse vício já que as matérias de Direito Administrativo são, via de regra, de competência comum.

Quando o Poder Executivo, Ministério da Economia, tomou conhecimento do Projeto de Lei, tivemos a oportunidade de participar de reuniões e dar algumas sugestões que foram incorporadas ao texto legal.

O ponto interessante da Lei é que ela incorpora alguns institutos que já estavam sendo aplicados em outras legislações de licitação, a exemplo de regras licitatórias previstas no Regime Diferenciado de Contratações – RDC. São vários pontos positivos e inovadores que tem por finalidade dar às estatais a necessária flexibilidade para que possa ser competitiva.

A Lei nº 13.303/16 veio regulamentar o art. 173 da CF, especialmente seus incisos I a V e no que concerne às licitações:

> *Art. 173. Ressalvados os casos previstos nesta Constituição, a exploração direta de atividade econômica pelo Estado só será permitida quando necessária aos imperativos da segurança nacional ou a relevante interesse coletivo, conforme definidos em lei.*
>
> *§ 1º A lei estabelecerá o estatuto jurídico da empresa pública, da sociedade de economia mista e de suas subsidiárias que explorem atividade econômica de produção ou comercialização de bens ou de prestação de serviços, dispondo sobre: (Redação dada pela Emenda Constitucional nº 19, de 1998)*
>
> *I - sua função social e formas de fiscalização pelo Estado e pela sociedade; (Incluído pela Emenda Constitucional nº 19, de 1998)*
>
> *II - a sujeição ao regime jurídico próprio das empresas privadas, inclusive quanto aos direitos e obrigações civis, comerciais, trabalhistas e tributários; (Incluído pela Emenda Constitucional nº 19, de 1998)*
>
> *III - licitação e contratação de obras, serviços, compras e alienações, observados os princípios da administração pública; (Incluído pela Emenda Constitucional nº 19, de 1998)*
>
> *IV - a constituição e o funcionamento dos conselhos de administração e fiscal, com a participação de acionistas minoritários; (Incluído pela Emenda Constitucional nº 19, de 1998)*
>
> *V - os mandatos, a avaliação de desempenho e a responsabilidade dos administradores.(Incluído pela Emenda Constitucional nº 19, de 1998)*
>
> *§ 2º As empresas públicas e as sociedades de economia mista não poderão gozar de privilégios fiscais não extensivos às do setor privado.*
>
> *§ 3º A lei regulamentará as relações da empresa pública com o Estado e a sociedade.*
>
> *§ 4º - lei reprimirá o abuso do poder econômico que vise à dominação dos mercados, à eliminação da concorrência e ao aumento arbitrário dos lucros.*
>
> *§ 5º A lei, sem prejuízo da responsabilidade individual dos dirigentes da pessoa jurídica, estabelecerá a responsabilidade desta, sujeitando-a às punições compatíveis com sua natureza, nos atos praticados contra a ordem econômica e financeira e contra a economia popular.*

Como uma diretriz a ser seguida pelas empresas estatais a Lei nº 13.303/16 fixou que o estatuto da empresa pública, da sociedade de economia mista e de suas subsidiárias deverá observar regras de **governança corporativa**, de **transparência** e de **estruturas**, **práticas de gestão de riscos e de controle interno**, **composição da administração** e, havendo acionistas, mecanismos para sua proteção. Ao longo do texto da lei, todos esses pontos são detalhados.

A empresa pública e a sociedade de economia mista terão a função social de realização do interesse coletivo ou de atendimento a imperativo da segurança nacional expressa no instrumento de autorização legal para a sua criação. (art. 27)

10.1.1. Âmbito de aplicação

Assim, dispõe o art. 1º, da Lei nº 13.303/16:

> *Art. 1º Esta Lei dispõe sobre o estatuto jurídico da empresa pública, da sociedade de economia mista e de suas subsidiárias, abrangendo toda e qualquer empresa pública e sociedade de economia mista da União, dos Estados, do Distrito Federal*

> *e dos Municípios que explore atividade econômica de produção ou comercialização de bens ou de prestação de serviços, ainda que a atividade econômica esteja sujeita ao regime de monopólio da União ou seja de prestação de serviços públicos.*

De início, cabe destacar que estão incluídas na nova lei todas as estatais de **todos os níveis da Federação**. Não importa se é da União, dos Estados do DF ou de Município. Todas seguem os ditames da Lei nº 13.303/16.

Também estão incluídas as estatais que atuam na **atividade econômica, bem como aqueles que prestam serviços públicos à sociedade**. Certamente, aqui houve o entendimento de que o serviço público é uma espécie de atividade econômica. Atividade econômica em sentido amplo significa: serviço público e atividade e econômica em sentido estrito. Esta última é aquele na qual o Estado concorre diretamente com as demais empresas privadas. Assim, por exemplo, tanto os CORREIOS – EBCT, que presta o serviço postal, como o Banco do Brasil - BB e a Caixa Econômica Federal - CEF, que exploram a atividade comercial de serviços bancários, devem seguir a Lei nº 13.303/16.

A propósito, confira, o item a seguir considerado errado: "*As normas gerais sobre licitações e contratos administrativos devem ser aplicadas primariamente às empresas públicas e sociedades de economia mista prestadoras de serviços públicos. (adaptada – errada)*" Ano: 2017 Banca: CESPE Órgão: PGE-SE Prova: Procurador do Estado.

De maneira expressa a Lei nº 13.303/16 também afirmou que, ainda que a **atividade econômica esteja sujeita ao regime de monopólio** da União, deve observar os seus comandos legais.

Atividade econômica de monopólio, atualmente, é cada vez mais raro. Podemos citar a atividade de Resseguros no Brasil ('é o seguro do seguro'), antes era monopólio da União e a empresa estatal IRB – Instituto de Resseguros do Brasil explora a atividade. Porém, com o fim do monopólio desse mercado no Brasil, o IRB foi desestatizado e transformado em empresa totalmente privada, pois todas as ações agora pertencem a particulares. Mas, como exemplo, se essa atividade ainda fosse objeto de monopólio o IRB também seguiria a Lei nº 13.303/16.

Porém, ressaltamos que há vozes que já surgem nos meios acadêmicos no sentido de que em relação às empresas estatais prestadoras de serviços públicos deve continuar a aplicar as regras da Lei nº 8.666/93. Podemos citar aqui o caso típico da Empresa Brasileira de Correios e Telegráfos. Contudo, a Lei nº 13.303/16 foi expressa que ela incide "*ainda que a atividade econômica esteja sujeita ao regime de monopólio da União ou seja de prestação de serviços públicos.*"

Assim, especialmente, na parte de licitações as estatais seguirão as regras da Lei nº 13.303/16. Vamos tratar mais à frente sobre a polêmica que existia sobre licitações e as empresas estatais.

Seguindo o que prevê o art. 173, da CF, bem como o art. 37, XIX, da CF, o art. 2º da Lei assim dispõe:

> *Art. 2º A exploração de atividade econômica pelo Estado será exercida por meio de empresa pública, de sociedade de economia mista e de suas subsidiárias.*
>
> *§ 1º A constituição de empresa pública ou de sociedade de economia mista dependerá de prévia autorização legal que indique, de forma clara, relevante interesse coletivo ou imperativo de segurança nacional, nos termos do caput do art. 173 da Constituição Federal.*
>
> *§ 2º Depende de autorização legislativa a criação de subsidiárias de empresa pública e de sociedade de economia mista, assim como a participação de qualquer delas em*

empresa privada, cujo objeto social deve estar relacionado ao da investidora, nos termos do inciso XX do art. 37 da Constituição Federal.

Lembre-se que para o Estado fazer a criação de empresas estatais, deve haver uma LEI ESPECÍFICA **autorizando** a criação, bem como deve haver motivo de relevante interesse coletivo ou segurança nacional.

A criação de subsidiárias dependerá, também, de autorização legislativa. Porém, na visão do STF (ADI nº 1649), poderá ser uma autorização geral para criação de várias subsidiárias. Não sendo preciso uma lei em cada caso.

Acertadamente, a Lei nº 13.303/16 dispôs que o objeto social da subsidiária deve estar relacionado ao da investidora, nos termos do inciso XX do art. 37 da Constituição Federal. Com efeito, uma estatal somente pode criar subsidiária se tiver relacionado ao seu objeto social. Por exemplo, o BB criará subsidiária desde que tenha relação com suas finalidades que estão em seu estatuto, o qual descreve seu objeto social.

A realização do interesse coletivo de que trata este artigo deverá ser orientada para o alcance do bem-estar econômico e para a alocação socialmente eficiente dos recursos geridos pela empresa pública e pela sociedade de economia mista, bem como para o seguinte (art. 27, §1º):

I - ampliação economicamente sustentada do acesso de consumidores aos produtos e serviços da empresa pública ou da sociedade de economia mista;

II - desenvolvimento ou emprego de tecnologia brasileira para produção e oferta de produtos e serviços da empresa pública ou da sociedade de economia mista, sempre de maneira economicamente justificada.

Estabelece a Lei nº 13.303/16 que as estatais deverão, nos termos da lei, adotar **práticas de sustentabilidade ambiental** e de **responsabilidade social** corporativa compatíveis com o mercado em que atuam. (art. 27)

Em nível federal, a maioria das estatais são vinculadas ao Ministério da Economia que faz a supervisão ministerial. No entanto, dentro do Ministério do Planejamento há a Secretaria de Coordenação e Governança das Empresas Estatais – SEST que, também, se manifesta em diversos atos das estatais federais. A SEST, atua sobre as empresas em que a União, direta ou indiretamente, detém a maioria do capital social com direito a voto, ou seja, as empresas públicas, sociedades de economia mista, suas subsidiárias e controladas.

Assim, todo voto da União em Assembleia de estatal federal segue a orientação do MF no que se refere à aprovação de contas e a orientação do MP (SEST) no que concerne às matérias de sua atribuição.

O Título I, que trata das disposições gerais, não se aplica à empresa pública e à sociedade de economia mista que tiver, em conjunto com suas respectivas subsidiárias, no exercício social anterior, receita operacional bruta inferior a R$ 90.000.000,00 (noventa milhões de reais) (Essa é a REGRA). Assim, a parte geral que trata da gestão e estruturação interna das estatais, especialmente das seções quanto ao Acionista Controlador, Do Administrador, Do Conselho de Administração, Do Membro Independente do Conselho de Administração, Da Diretoria, Do Comitê de Auditoria Estatutário e Do Conselho Fiscal **não se aplicam** às estatais de "porte menor".

No entanto, as disposições gerais sobre o conceito, exploração de atividade econômica, normas gerais, função social são aplicáveis arts. 2º, 3º, 4º, 5º, 6º, 7º, 8º, 11, 12 e 27.

10.1.2. Conceito de EP e SEM

Os conceitos de EP e SEM estavam no Decreto-Lei nº 200/67:

> *Art. 5º Para os fins desta lei, considera-se:*
>
> *II - Empresa Pública - a entidade dotada de personalidade jurídica de direito privado, com patrimônio próprio e capital exclusivo da União, criado por lei para a exploração de atividade econômica que o Governo seja levado a exercer por força de contingência ou de conveniência administrativa podendo revestir-se de qualquer das formas admitidas em direito. (Redação dada pelo Decreto-Lei nº 900, de 1969)*
>
> *III - Sociedade de Economia Mista - a entidade dotada de personalidade jurídica de direito privado, criada por lei para a exploração de atividade econômica, sob a forma de sociedade anônima, cujas ações com direito a voto pertençam em sua maioria à União ou a entidade da Administração Indireta. (Redação dada pelo Decreto-Lei nº 900, de 1969)*

Esse conceito do DL nº 200/67 está ultrapassado.

Segundo a Lei a EMPRESA PÚBLICA é a entidade dotada de personalidade jurídica de direito privado, com criação autorizada por lei e com patrimônio próprio, cujo capital social é integralmente detido pela União, pelos Estados, pelo Distrito Federal ou pelos Municípios.

A empresa pública é a entidade que tem o capital 'totalmente público'. Porém, a composição desse capital público pode ser conjugado pela junção de vários Entes Federativos. Cite-se como exemplo a TERRACAP, EP do DF, que tem no seu capital parte das ações, a maioria, em poder do GDF e parte com a União.

Admitiu, também, a Lei que desde que a maioria do capital votante permaneça em propriedade da União, do Estado, do Distrito Federal ou do Município, será admitida, no capital da empresa pública, a participação de outras pessoas jurídicas de direito público interno, bem como de entidades da administração indireta da União, dos Estados, do Distrito Federal e dos Municípios.

Nessa outra hipótese, até mesmo pessoas de direito privado, INTEGRANTES DA ADMINISTRAÇÃO INDIRETA, poderão participar do capital para a criação de outra empresa pública.

Isso não é uma novidade da Lei nº 13.303/16, pois já era previsto no Decreto Lei nº 200/67 e Decreto-Lei 900/87, e admitido pela doutrina também. Assim, poderia, por exemplo, a CEF (EP), juntamente com o capital do BB (SEM) e com a União fazer a criação de uma nova empresa pública. Apesar de não ser comum, seria possível.

A empresa pública não poderá: (art.11)

> *I - lançar debêntures ou outros títulos ou valores mobiliários, conversíveis em ações;*
>
> *II - emitir partes beneficiárias.*

Debênture é um título de crédito representativo de empréstimo que uma companhia faz junto a terceiros e que assegura a seus detentores direito contra a emissora, nas condições constantes da escritura de emissão.

Partes Beneficiárias são títulos negociáveis, sem valor nominal e representativo do capital social, que conferem direitos de crédito contra a sociedade, consistente na participação dos lucros, em no máximo, 10% do lucro líquido anual. Pode ser emitido para incentivar, por exemplo, os empregados (principalmente os administradores).

Por serem incompatíveis com a figura da empresa pública, em relação ao seu capital e quadro societário, especialmente as debentures, a Lei vedou a emissão desses dois títulos (debêntures e partes beneficiárias).

A SOCIEDADE DE ECONOMIA MISTA é a entidade dotada de personalidade jurídica de direito privado, com criação autorizada por lei, sob a forma de sociedade anônima, cujas ações com direito a voto pertençam em sua maioria à União, aos Estados, ao Distrito Federal, aos Municípios ou a entidade da administração indireta. (art. 4º)

Na sociedade de economia mista o capital é misto, ou seja, pertencente ao Poder Público e, também, aos particulares, desde que as ações com direito a voto pertençam em sua maioria à União, aos Estados, ao Distrito Federal, aos Municípios ou a entidade da administração indireta.

O Estado deve deter a maioria das ações com direito a voto (capital votante) para poder exercer o controle da empresa, escolher a maioria dos membros do Conselho de Administração, Diretoria e demais atos de gestão da estatal.

Mas note-se que a Lei nº 13.303/16 admitiu inclusive que a maioria desse capital esteja em poder de entidade da administração indireta.

Como já era antes, a sociedade de economia mista deve ter a forma de Sociedade Anônima. Uma Sociedade Anônima é uma empresa que reparte seu capital em ações. Por exemplo, vamos imaginar que o capital do BB seja de R$ 10.000.000,00. Pode ser então de 10.000.000,00 no valor de R$ 1,00 cada ação. Tudo dependerá como será calculado o valor da ação nos termos da Lei nº 6.404/1976. Apenas a título de comparação, a sociedade limitada tem seu capital dividido em cotas e cada sócio tem uma parte dessas cotas. Na sociedade anônima, cada sócio tem uma parte das ações, que pode ser com direito a voto ou sem direito a voto (ações preferenciais) que dão outros direitos a esses acionistas.

> *Lei nº 6.404/1976 - Art. 1º A companhia ou sociedade anônima terá o capital dividido em ações, e a responsabilidade dos sócios ou acionistas será limitada ao preço de emissão das ações subscritas ou adquiridas.*

Além disso, a sociedade anônima pode ser uma entidade de capital aberto ou capital fechado. Tendo capital aberto as ações podem livremente podem ser adquiridas em leilão a mercado.

A pessoa jurídica que controla a sociedade de economia mista tem os deveres e as responsabilidades do acionista controlador, estabelecidos na Lei nº 6.404, de 15 de dezembro de 1976, e deverá exercer o poder de controle no interesse da companhia, respeitado o interesse público que justificou sua criação.

Nesse sentido, dispõe a Lei nº 6.404/1976 que o acionista controlador deve usar o poder com o fim de fazer a companhia realizar o seu objeto e cumprir sua função social, e tem deveres e responsabilidades para com os demais acionistas da empresa, os que nela trabalham e para com a comunidade em que atua, cujos direitos e **interesses deve lealmente respeitar e atender**, sob pena de ser responsabilizado por suas ações ou omissões que forem contrários a esse comando legal.

Além das normas previstas na Lei nº 13.303/16, a sociedade de economia mista com registro na Comissão de Valores Mobiliários sujeita-se às disposições da Lei nº 6.385, de 7 de dezembro de 1976. (art. 4º) A CVM é a autarquia que regula e fiscaliza o mercado de ações.

10.1.3. Requisitos de Transparência

A fim de aumentar a publicidade e o controle das estatais a Lei nº 13.303/16 estabeleceu regras de transparência e compromisso com os motivos que autorizaram sua criação:

> *Art. 8º As empresas públicas e as sociedades de economia mista deverão observar, no mínimo, os seguintes requisitos de transparência:*
>
> *I - elaboração de carta anual, subscrita pelos membros do Conselho de Administração, com a explicitação dos compromissos de consecução de objetivos de políticas públicas pela empresa pública, pela sociedade de economia mista e por suas subsidiárias, em atendimento ao interesse coletivo ou ao imperativo de segurança nacional que justificou a autorização para suas respectivas criações, com definição clara dos recursos a serem empregados para esse fim, bem como dos impactos econômico-financeiros da consecução desses objetivos, mensuráveis por meio de indicadores objetivos;*
>
> *II - adequação de seu estatuto social à autorização legislativa de sua criação;*
>
> *III - divulgação tempestiva e atualizada de informações relevantes, em especial as relativas a atividades desenvolvidas, estrutura de controle, fatores de risco, dados econômico-financeiros, comentários dos administradores sobre o desempenho, políticas e práticas de governança corporativa e descrição da composição e da remuneração da administração;*
>
> *IV - elaboração e divulgação de política de divulgação de informações, em conformidade com a legislação em vigor e com as melhores práticas;*
>
> *V - elaboração de política de distribuição de dividendos, à luz do interesse público que justificou a criação da empresa pública ou da sociedade de economia mista;*
>
> *VI - divulgação, em nota explicativa às demonstrações financeiras, dos dados operacionais e financeiros das atividades relacionadas à consecução dos fins de interesse coletivo ou de segurança nacional;*
>
> *VII - elaboração e divulgação da política de transações com partes relacionadas, em conformidade com os requisitos de competitividade, conformidade, transparência, equidade e comutatividade, que deverá ser revista, no mínimo, anualmente e aprovada pelo Conselho de Administração;*
>
> *VIII - ampla divulgação, ao público em geral, de carta anual de governança corporativa, que consolide em um único documento escrito, em linguagem clara e direta, as informações de que trata o inciso III;*
>
> *IX - divulgação anual de relatório integrado ou de sustentabilidade.*
>
> *§ 1º O interesse público da empresa pública e da sociedade de economia mista, respeitadas as razões que motivaram a autorização legislativa, manifesta-se por meio do alinhamento entre seus objetivos e aqueles de políticas públicas, na forma explicitada na carta anual a que se refere o inciso I do caput.*

10.1.4. Regras de estruturas e práticas de gestão de riscos e controle interno

Visando o controle e eficiência das empresas estatais, a Lei nº 13.303/16 fixou que a ação dos administradores e empregados, por meio da implementação cotidiana de práticas de controle interno, bem como práticas conforme regras fixadas pela auditoria interna.

> *Art. 9º A empresa pública e a sociedade de economia mista adotarão regras de estruturas e práticas de gestão de riscos e controle interno que abranjam:*

> *I - ação dos administradores e empregados, por meio da implementação cotidiana de práticas de controle interno;*
>
> *II - área responsável pela verificação de cumprimento de obrigações e de gestão de riscos;*
>
> *III - auditoria interna e Comitê de Auditoria Estatutário.*

Dispõe também a Lei nº 13.303/16 que a empresa pública e a sociedade de economia mista deverão:

> *I - divulgar toda e qualquer forma de remuneração dos administradores;*
>
> *II - adequar constantemente suas práticas ao Código de Conduta e Integridade e a outras regras de boa prática de governança corporativa, na forma estabelecida na regulamentação desta Lei.*

10.1.5. Solução de conflitos pela arbitragem

A arbitragem é uma espécie de solução privada de conflitos na qual as partes decidem não submeter o litígio ao Poder Judiciário e leva-lo a um árbitro por eles escolhido.

Fixa a Lei que a sociedade de economia mista poderá solucionar, mediante arbitragem, as divergências entre acionistas e a sociedade, ou entre acionistas controladores e acionistas minoritários, nos termos previstos em seu estatuto social.

Para tanto, tem que haver disposição no estatuto da empresa ou, após o litígio os acionistas, fazerem uma convenção de arbitragem decidindo levar a demanda ao árbitro para resolução.

10.1.6. Regras de funcionamento

Um dos pontos exigidos pela CF e um dos mais importantes sobre gestão se refere às normas de funcionamento das estatais, pois até então não havia uma lei nesse sentido.

Regras sobre o Conselho de Administração – CONSAD:

> *Art. 13. A lei que autorizar a criação da empresa pública e da sociedade de economia mista deverá dispor sobre as diretrizes e restrições a serem consideradas na elaboração do estatuto da companhia, em especial sobre:*
>
> *I - constituição e funcionamento do Conselho de Administração, observados o número mínimo de 7 (sete) e o número máximo de 11 (onze) membros;*
>
> *II - requisitos específicos para o exercício do cargo de diretor, observado o número mínimo de 3 (três) diretores;*
>
> *III - avaliação de desempenho, individual e coletiva, de periodicidade anual, dos administradores e dos membros de comitês, observados os seguintes quesitos mínimos:*
>
> *a) exposição dos atos de gestão praticados, quanto à licitude e à eficácia da ação administrativa;*
>
> *b) contribuição para o resultado do exercício;*
>
> *c) consecução dos objetivos estabelecidos no plano de negócios e atendimento à estratégia de longo prazo;*

Também há previsão para constituição e funcionamento do **Conselho Fiscal - CONFIS**, que exercerá suas atribuições de **modo permanente.** Em algumas empresas que tem a forma de S.A. o CONFIS pode ter o funcionamento facultativo, mas se for de empresa estatal deve ter funcionamento permanente com as atribuições previstas na Lei nº 6.404/1976.

Deve, também, haver a constituição e funcionamento do Comitê de Auditoria Estatutário.

O prazo de gestão dos membros do Conselho de Administração e dos indicados para o cargo de diretor, **que será unificado**, não será superior a 2 (dois) anos, sendo permitidas, no máximo, 3 (três) reconduções consecutivas.

Quando a Lei diz que o mandado é unificado significa que todos entram e saem da função ao mesmo tempo. Normalmente são escolhidos na Assembleia Geral. Mas se um dos membros sair antes dos demais, o próprio CONSAD pode escolher novo membro, mas como o mandato é unificado ele completará o prazo de gestão do anterior.

O prazo de gestão dos membros do Conselho Fiscal não será superior a 2 (dois) anos, permitidas 2 (duas) reconduções consecutivas.

10.1.7. Conselho de administração - consad

O conselho de administração é órgão de deliberação colegiada, sendo a **representação** da companhia privativa dos diretores. Ambos (conselho de Administração e diretoria) realizam a administração da companhia.

Foi disciplinado na Lei as condições para fazer parte do CONSAD.

Trata-se de ponto de extrema relevância, pois a legislação priorizou a qualificação técnica para exercer a função ao invés da mera indicação política. As regras a serem vistas aplicam-se inclusive aos diretores da Empresa.

Vejamos o que diz a lei:

> *Art. 17. Os membros do Conselho de Administração e os indicados para os cargos de diretor, inclusive presidente, diretor-geral e diretor-presidente, serão escolhidos entre cidadãos de reputação ilibada e de notório conhecimento, devendo ser atendidos, alternativamente, um dos requisitos das alíneas "a", "b" e "c" do inciso I e, cumulativamente, os requisitos dos incisos II e III:*

Assim, temos:

Escolhidos entre cidadãos de reputação ilibada e de notório conhecimento
E
a) 10 (dez) anos, no setor público ou privado, na área de atuação da empresa pública ou da sociedade de economia mista ou em área conexa àquela para a qual forem indicados em função de direção superior; **OU**
b) 4 (quatro) anos ocupando pelo menos um dos seguintes cargos:
1. cargo de direção ou de chefia superior em empresa de porte ou objeto social semelhante ao da empresa pública ou da sociedade de economia mista, entendendo-se como cargo de chefia superior aquele situado nos 2 (dois) níveis hierárquicos não estatutários mais altos da empresa;
2. cargo em comissão ou função de confiança equivalente a DAS-4 ou superior, no setor público;
3. cargo de docente ou de pesquisador em áreas de atuação da empresa pública ou da sociedade de economia mista; OU
c) 4 (quatro) anos de experiência como profissional liberal em atividade direta ou indiretamente vinculada à área de atuação da empresa pública ou sociedade de economia mista;

E
II - ter formação acadêmica compatível com o cargo para o qual foi indicado; e III - não se enquadrar nas hipóteses de inelegibilidade previstas nas alíneas do inciso I do caput do art. 1º da Lei Complementar nº 64, de 18 de maio de 1990, com as alterações introduzidas pela Lei Complementar nº 135, de 4 de junho de 2010.

O estatuto da empresa pública, da sociedade de economia mista e de suas subsidiárias poderá dispor sobre a contratação de seguro de responsabilidade civil pelos administradores.

Este seguro é uma modalidade de seguro de responsabilidade civil que visa proteger o patrimônio administradores quando responsabilizados, judicial ou administrativamente, por decisões que causaram danos materiais ou morais involuntários a terceiros. É uma proteção para os administradores em processos movidos contra ele decorrentes de atos de sua gestão. Trata-se de prática muito comum pelas grandes empresas estatais.

O Superior Tribunal de Justiça entendeu, acertadamente, que o seguro de responsabilidade civil para gestor de empresa **não cobre atos fraudulentos:**

> *RECURSO ESPECIAL. CIVIL. SEGURO DE RESPONSABILIDADE CIVIL DE DIRETORES E ADMINISTRADORES DE PESSOA JURÍDICA (SEGURO DE RC D&O).RENOVAÇÃO DA APÓLICE. QUESTIONÁRIO DE AVALIAÇÃO DE RISCO. INFORMAÇÕES INVERÍDICAS DO SEGURADO E DO TOMADOR DO SEGURO. MÁ-FÉ. CONFIGURAÇÃO. PERDA DO DIREITO À GARANTIA. INVESTIGAÇÕES DA CVM. PRÁTICA DE INSIDER TRADING. ATO DOLOSO. FAVORECIMENTO PESSOAL. ATO DE GESTÃO. DESCARACTERIZAÇÃO. AUSÊNCIA DE COBERTURA.*
>
> *(...)*
>
> *5. O seguro de RC D&O (Directors and Officers Insurance) tem por objetivo garantir o risco de eventuais prejuízos causados por atos de gestão de diretores, administradores e conselheiros que, na atividade profissional, agiram com culpa (Circular/SUSEP nº 541/2016). Preservação não só do patrimônio individual dos que atuam em cargos de direção (segurados), o que incentiva práticas corporativas inovadoras, mas também do patrimônio social da empresa tomadora do seguro e de seus acionistas, já que serão ressarcidos de eventuais danos.*
>
> *6. A apólice do seguro de RC D&O não pode cobrir atos dolosos, principalmente se cometidos para favorecer a própria pessoa do administrador, o que evita forte redução do grau de diligência do gestor ou a assunção de riscos excessivos, a comprometer tanto a atividade de compliance da empresa quanto as boas práticas de governança corporativa. Aplicação dos arts. 757 e 762 do CC.*
>
> *7. Considera-se insider trading qualquer operação realizada por um insider (diretor, administrador, conselheiro e pessoas equiparadas) com valores mobiliários de emissão da companhia, em proveito próprio ou de terceiro, com base em informação relevante ainda não revelada ao público. É uma prática danosa ao mercado de capitais, aos investidores e à própria sociedade anônima, devendo haver repressão efetiva contra o uso indevido de tais informações privilegiadas (arts. 155, § 1º, e 157, § 4º, da Lei nº 6.404/1976 e 27-D da Lei nº 6.385/1976).*
>
> *8. O seguro de RC D&O somente possui cobertura para (i) atos culposos de diretores, administradores e conselheiros (ii) praticados no exercício de suas funções (atos de gestão).* **Em outras palavras, atos fraudulentos e desonestos de favorecimento pessoal e práticas dolosas lesivas à companhia e ao mercado de capitais, a exemplo do insider trading, não estão abrangidos na garantia securitária.**

9. Recurso especial não provido.

(REsp 1601555/SP, Rel. Ministro RICARDO VILLAS BÔAS CUEVA, TERCEIRA TURMA, julgado em 14/02/2017, DJe 20/02/2017)

Foram criadas, ainda, algumas vedações para a indicação, para o Conselho de Administração e para a diretoria:

I - de representante do órgão regulador ao qual a empresa pública ou a sociedade de economia mista está sujeita, de Ministro de Estado, de Secretário de Estado, de Secretário Municipal, de titular de cargo, sem vínculo permanente com o serviço público, de natureza especial ou de direção e assessoramento superior na administração pública, de dirigente estatutário de partido político e de titular de mandato no Poder Legislativo de qualquer ente da federação, ainda que licenciados do cargo; estende-se também aos parentes consanguíneos ou afins até o terceiro grau.

II - de pessoa que atuou, nos últimos 36 (trinta e seis) meses, como participante de estrutura decisória de partido político ou em trabalho vinculado a organização, estruturação e realização de campanha eleitoral;

III - de pessoa que exerça cargo em organização sindical;

IV - de pessoa que tenha firmado contrato ou parceria, como fornecedor ou comprador, demandante ou ofertante, de bens ou serviços de qualquer natureza, com a pessoa político-administrativa controladora da empresa pública ou da sociedade de economia mista ou com a própria empresa ou sociedade em período inferior a 3 (três) anos antes da data de nomeação;

V - de pessoa que tenha ou possa ter qualquer forma de conflito de interesse com a pessoa político-administrativa controladora da empresa pública ou da sociedade de economia mista ou com a própria empresa ou sociedade.

Os requisitos previstos no inciso I do poderão ser dispensados no caso de indicação de empregado da empresa pública ou da sociedade de economia mista para cargo de administrador ou como membro de comitê, desde que atendidos os seguintes quesitos mínimos:

I - o empregado tenha ingressado na empresa pública ou na sociedade de economia mista por meio de concurso público de provas ou de provas e títulos;

II - o empregado tenha mais de 10 (dez) anos de trabalho efetivo na empresa pública ou na sociedade de economia mista;

III - o empregado tenha ocupado cargo na gestão superior da empresa pública ou da sociedade de economia mista, comprovando sua capacidade para assumir as responsabilidades dos cargos de que trata o caput.

Os administradores eleitos devem participar, na posse e anualmente, de treinamentos específicos sobre legislação societária e de mercado de capitais, divulgação de informações, controle interno, código de conduta, a Lei nº 12.846, de 1º de agosto de 2013 (Lei Anticorrupção), e demais temas relacionados às atividades da empresa pública ou da sociedade de economia mista.

10.1.7.1. Competências do CONSAD

Sem prejuízo das competências previstas no art. 142 da Lei nº 6.404, de 15 de dezembro de 1976, compete ao Conselho de Administração: (art. 18)

I - discutir, aprovar e monitorar decisões envolvendo práticas de governança corporativa, relacionamento com partes interessadas, política de gestão de pessoas e código de conduta dos agentes;

> *II - implementar e supervisionar os sistemas de gestão de riscos e de controle interno estabelecidos para a prevenção e mitigação dos principais riscos a que está exposta a empresa pública ou a sociedade de economia mista, inclusive os riscos relacionados à integridade das informações contábeis e financeiras e os relacionados à ocorrência de corrupção e fraude;*
>
> *III - estabelecer política de porta-vozes visando a eliminar risco de contradição entre informações de diversas áreas e as dos executivos da empresa pública ou da sociedade de economia mista;*
>
> *IV - avaliar os diretores da empresa pública ou da sociedade de economia mista, nos termos do inciso III do art. 13, podendo contar com apoio metodológico e procedimental do comitê estatutário referido no art. 10.*

É garantida a participação, no Conselho de Administração, de representante dos empregados e dos acionistas minoritários. (art. 19)

É assegurado aos acionistas minoritários o direito de eleger 1 (um) conselheiro, se maior número não lhes couber pelo processo de voto múltiplo previsto na Lei nº 6.404, de 15 de dezembro de 1976.

É vedada a participação remunerada de membros da administração pública, direta ou indireta, em mais de 2 (dois) conselhos, de administração ou fiscal, de empresa pública, de sociedade de economia mista ou de suas subsidiárias.

A Lei vedou a remuneração de membros da Administração Pública em mais de 2 Conselhos de Administração. Poderia ter admitido a remuneração em apenas 1 conselho para ser mais razoável. Em nível federal em todas as Estatais há a participação tanto no CONSAD, quanto no CONFINS de servidores públicos ocupantes de cargos efetivos e em comissão. Ministros de Estado ocupam essas funções em diversas estatais, recebendo o chamado "jeton" (remuneração) para exercer esta função. Diversos servidores de cargos em comissão de nível mais elevado, também, ocupam essas funções, sendo que em vários casos utilizam-se desses conselhos como uma espécie de 'complemento' da remuneração de seus cargos, pois há o entendimento de que esses 'jetons' não estariam dentro do teto constitucional.

Assim, o servidor recebe sua remuneração mensal de seu cargo, acrescido da remuneração da função no CONSAD ou no CONFIS da estatal. Sendo que nas estatais federais esse 'jeton' corresponde a 10 % da remuneração dos diretores. Em uma estatal independente, como é o caso da Petrobras, os diretores recebem de honorários mensais valores que ultrapassam R$ 70.000,00, por consequência o jeton nessa empresa terá, também, valor elevado.

10.1.7.2. Do conselheiro independente

> *Foi instituída também a figura do membro independente, sendo aquele que não tem vínculo com a empresa, nem com o administrador, justamente por isso ele exercerá suas funções com maior autonomia, buscando, assim, proferir suas decisões por questões técnicas que tragam para empresa maior eficiência e resultados.*
>
> *O Conselho de Administração deve ser composto, no mínimo, por 25% (vinte e cinco por cento) de membros independentes ou por pelo menos 1 (um), caso haja decisão pelo exercício da faculdade do voto múltiplo pelos acionistas minoritários, nos termos do art. 141 da Lei nº 6.404, de 15 de dezembro de 1976. (art. 22)*

Estará caracterizada a figura do conselheiro independente:

> *I - não ter qualquer vínculo com a empresa pública ou a sociedade de economia mista, exceto participação de capital;*
>
> *II - não ser cônjuge ou parente consanguíneo ou afim, até o terceiro grau ou por adoção, de chefe do Poder Executivo, de Ministro de Estado, de Secretário de Estado ou Município ou de administrador da empresa pública ou da sociedade de economia mista;*
>
> *III - não ter mantido, nos últimos 3 (três) anos, vínculo de qualquer natureza com a empresa pública, a sociedade de economia mista ou seus controladores, que possa vir a comprometer sua independência;*
>
> *IV - não ser ou não ter sido, nos últimos 3 (três) anos, empregado ou diretor da empresa pública, da sociedade de economia mista ou de sociedade controlada, coligada ou subsidiária da empresa pública ou da sociedade de economia mista, exceto se o vínculo for exclusivamente com instituições públicas de ensino ou pesquisa;*
>
> *V - não ser fornecedor ou comprador, direto ou indireto, de serviços ou produtos da empresa pública ou da sociedade de economia mista, de modo a implicar perda de independência;*
>
> *VI - não ser funcionário ou administrador de sociedade ou entidade que esteja oferecendo ou demandando serviços ou produtos à empresa pública ou à sociedade de economia mista, de modo a implicar perda de independência;*
>
> *VII - não receber outra remuneração da empresa pública ou da sociedade de economia mista além daquela relativa ao cargo de conselheiro, à exceção de proventos em dinheiro oriundos de participação no capital.*

10.1.8. Comitê de Auditoria Estatutário

A empresa pública e a sociedade de economia mista deverão possuir em sua estrutura societária Comitê de Auditoria Estatutário como órgão auxiliar do Conselho de Administração. (art. 24)

O Comitê de Auditoria tem como foco a supervisão da Empresa, a integridade dos controles e procedimentos de apresentação de demonstrações financeiras. É vinculado ao Conselho de Administração. Por meio de supervisão eficaz, o Comitê de Auditoria contribui para assegurar a confiança do mercado, na qualidade dos relatórios financeiros de responsabilidade da Administração.

O Comitê de Auditoria não se confunde com o Conselho Fiscal. Este é um instrumento de fiscalização dos administradores e leva em consideração os direitos dos acionistas. O Conselho Fiscal não é subordinado ao Conselho de Administração.

Competirá ao Comitê de Auditoria Estatutário, sem prejuízo de outras competências previstas no estatuto da empresa pública ou da sociedade de economia mista:

> *I - opinar sobre a contratação e destituição de auditor independente;*
>
> *II - supervisionar as atividades dos auditores independentes, avaliando sua independência, a qualidade dos serviços prestados e a adequação de tais serviços às necessidades da empresa pública ou da sociedade de economia mista;*
>
> *III - supervisionar as atividades desenvolvidas nas áreas de controle interno, de auditoria interna e de elaboração das demonstrações financeiras da empresa pública ou da sociedade de economia mista;*

> *IV - monitorar a qualidade e a integridade dos mecanismos de controle interno, das demonstrações financeiras e das informações e medições divulgadas pela empresa pública ou pela sociedade de economia mista;*
>
> *V - avaliar e monitorar exposições de risco da empresa pública ou da sociedade de economia mista, podendo requerer, entre outras, informações detalhadas sobre políticas e procedimentos referentes a:*
>
> *a) remuneração da administração;*
>
> *b) utilização de ativos da empresa pública ou da sociedade de economia mista;*
>
> *c) gastos incorridos em nome da empresa pública ou da sociedade de economia mista;*
>
> *VI - avaliar e monitorar, em conjunto com a administração e a área de auditoria interna, a adequação das transações com partes relacionadas;*
>
> *VII - elaborar relatório anual com informações sobre as atividades, os resultados, as conclusões e as recomendações do Comitê de Auditoria Estatutário, registrando, se houver, as divergências significativas entre administração, auditoria independente e Comitê de Auditoria Estatutário em relação às demonstrações financeiras;*
>
> *VIII - avaliar a razoabilidade dos parâmetros em que se fundamentam os cálculos atuariais, bem como o resultado atuarial dos planos de benefícios mantidos pelo fundo de pensão, quando a empresa pública ou a sociedade de economia mista for patrocinadora de entidade fechada de previdência complementar.*

O Comitê de Auditoria Estatutário será integrado por, no mínimo, 3 (três) e, no máximo, 5 (cinco) membros, em sua maioria independentes. (art. 25)

São condições mínimas para integrar o Comitê de Auditoria Estatutário:

> *I - não ser ou ter sido, nos 12 (doze) meses anteriores à nomeação para o Comitê:*
>
> *a) diretor, empregado ou membro do conselho fiscal da empresa pública ou sociedade de economia mista ou de sua controladora, controlada, coligada ou sociedade em controle comum, direta ou indireta;*
>
> *b) responsável técnico, diretor, gerente, supervisor ou qualquer outro integrante com função de gerência de equipe envolvida nos trabalhos de auditoria na empresa pública ou sociedade de economia mista;*
>
> *II - não ser cônjuge ou parente consanguíneo ou afim, até o segundo grau ou por adoção, das pessoas referidas no inciso I;*
>
> *III - não receber qualquer outro tipo de remuneração da empresa pública ou sociedade de economia mista ou de sua controladora, controlada, coligada ou sociedade em controle comum, direta ou indireta, que não seja aquela relativa à função de integrante do Comitê de Auditoria Estatutário;*
>
> *IV - não ser ou ter sido ocupante de cargo público efetivo, ainda que licenciado, ou de cargo em comissão da pessoa jurídica de direito público que exerça o controle acionário da empresa pública ou sociedade de economia mista, nos 12 (doze) meses anteriores à nomeação para o Comitê de Auditoria Estatutário.*

Ao menos 1 (um) dos membros do Comitê de Auditoria Estatutário deve ter reconhecida experiência em assuntos de *contabilidade* societária.

10.1.9. Da Diretoria

A administração da Empresa compete à Diretoria, juntamente com o CONSAD.

É condição para investidura em cargo de diretoria da empresa pública e da sociedade de economia mista a assunção de compromisso com metas e resultados específicos a serem alcançados, que deverá ser aprovado pelo Conselho de Administração, a quem incumbe fiscalizar seu cumprimento.

Sem prejuízo do disposto no caput, a diretoria deverá apresentar, até a última reunião ordinária do Conselho de Administração do ano anterior, a quem compete sua aprovação:

> *I - plano de negócios para o exercício anual seguinte;*
>
> *II - estratégia de longo prazo atualizada com análise de riscos e oportunidades para, no mínimo, os próximos 5 (cinco) anos.*

Compete ao Conselho de Administração, sob pena de seus integrantes responderem por omissão, promover anualmente análise de atendimento das metas e resultados na execução do plano de negócios e da estratégia de longo prazo, devendo publicar suas conclusões e informá-las ao Congresso Nacional, às Assembleias Legislativas, à Câmara Legislativa do Distrito Federal ou às Câmaras Municipais e aos respectivos tribunais de contas, quando houver, excluindo-se as informações de natureza estratégica cuja divulgação possa ser comprovadamente prejudicial ao interesse da empresa pública ou da sociedade de economia mista. Veremos ao final que os órgãos de controle interno e externo poderão ter acesso a todas essas informações.

10.1.10. Do Conselho Fiscal - CONFINS

O Conselho Fiscal tem a função de fiscalizar os atos dos administradores e verificar o cumprimento dos seus deveres legais e estatutários.

Segundo a Lei nº 6.404/1976, compete ao conselho fiscal:

> *I - fiscalizar, por qualquer de seus membros, os atos dos administradores e verificar o cumprimento dos seus deveres legais e estatutários; (Redação dada pela Lei nº 10.303, de 2001)*
>
> *II - opinar sobre o relatório anual da administração, fazendo constar do seu parecer as informações complementares que julgar necessárias ou úteis à deliberação da assembleia-geral;*
>
> *III - opinar sobre as propostas dos órgãos da administração, a serem submetidas à assembleia-geral, relativas a modificação do capital social, emissão de debêntures ou bônus de subscrição, planos de investimento ou orçamentos de capital, distribuição de dividendos, transformação, incorporação, fusão ou cisão; (Vide Lei nº 12.838, de 2013)*
>
> *IV - denunciar, por qualquer de seus membros, aos órgãos de administração e, se estes não tomarem as providências necessárias para a proteção dos interesses da companhia, à assembléia-geral, os erros, fraudes ou crimes que descobrirem, e sugerir providências úteis à companhia; (Redação dada pela Lei nº 10.303, de 2001)*
>
> *V - convocar a assembleia-geral ordinária, se os órgãos da administração retardarem por mais de 1 (um) mês essa convocação, e a extraordinária, sempre que ocorrerem motivos graves ou urgentes, incluindo na agenda das assembleias as matérias que considerarem necessárias;*
>
> *VI - analisar, ao menos trimestralmente, o balancete e demais demonstrações financeiras elaboradas periodicamente pela companhia;*
>
> *VII - examinar as demonstrações financeiras do exercício social e sobre elas opinar;*
>
> *VIII - exercer essas atribuições, durante a liquidação, tendo em vista as disposições especiais que a regulam.*

Podem ser membros do Conselho Fiscal pessoas naturais, residentes no País, com **formação acadêmica compatível com o exercício da função** e que tenham exercido, por prazo mínimo de 3 (três) anos, cargo de direção ou assessoramento na administração pública ou cargo de conselheiro fiscal ou administrador em empresa. (art. 26, Lei nº 13.303/16)

O Conselho Fiscal contará com pelo menos 1 (um) membro indicado pelo ente controlador, que deverá ser servidor público com vínculo permanente com a administração pública. (art. 26, Lei nº 13.303/16).

10.2. Licitações

Vamos entrar agora na parte que é mais pertinente ao Direito Administrativo, que trata das licitações e dos contratos.

Conforme dissemos, o art. 173, da CF, exige uma lei própria de licitações para as empresas estatais exploradoras de atividade econômica. Antes da Lei nº 13.303/16, a Petrobras realizava contratações diferenciadas apoiada no Decreto nº 2.745/98 que aprovou o Regulamento do Procedimento Licitatório Simplificado da Petróleo Brasileiro S.A. - PETROBRÁS previsto no art . 67 da Lei nº 9.478, de 6 de agosto de 1997. (veremos ao final que esse artigo foi revogado pela Lei nº 13.303/16)

O TCU entende que esse decreto seria inconstitucional, devendo a Petrobras aguardar até que fosse editada a Lei exigida pelo art. 173, da CF. No entanto, a Petrobras conseguiu decisão favorável do STF admitindo utilizar o citado decreto até que fosse feita a citada lei.

Assim, foi feita a Lei nº 13.303/16.

Na parte de licitações, a Lei nº 13.303/16 utilizou vários institutos da Lei do Regime Diferenciado de Contratações – RDC, Lei nº 12.462/2011. Em especial, nas fases do procedimento licitatório.

Com o novo regime de licitações, as estatais não vão utilizar mais a Lei nº 8.666/93, vale dizer que não serão utilizadas as modalidades concorrência, tomada de preços e etc. As estatais têm modalidade licitatória própria.

10.2.1. Art. 28 Fixa regra nas licitações

O art. 28 estabelece que a regra é a realização de licitação antes da celebração de contratos com terceiros.

> *Art. 28. Os contratos com terceiros destinados à prestação de serviços às empresas públicas e às sociedades de economia mista, inclusive de engenharia e de publicidade, à aquisição e à locação de bens, à alienação de bens e ativos integrantes do respectivo patrimônio ou à execução de obras a serem integradas a esse patrimônio, bem como à implementação de ônus real sobre tais bens, serão precedidos de licitação nos termos desta Lei, ressalvadas as hipóteses previstas nos arts. 29 e 30.*

Aplicam-se às licitações das empresas públicas e das sociedades de economia mista as disposições constantes dos arts. 42 a 49 da Lei Complementar nº 123, de 14 de dezembro de 2006. Esses artigos tratam de regras licitatórias para as microempresas e empresas de pequeno porte.

Apesar de o art. 28 fixar a regra de se fazer licitação, o seu § 3º institui casos nos quais não haverá licitação.

> *§ 3º São as empresas públicas e as sociedades de economia mista* **dispensadas da observância dos dispositivos deste Capítulo** *nas seguintes situações:*
>
> *I - comercialização, prestação ou execução, de forma direta, pelas empresas mencionadas no caput, de produtos, serviços ou obras especificamente relacionados com seus respectivos objetos sociais;*
>
> *II - nos casos em que a escolha do parceiro esteja associada a suas características particulares, vinculada a oportunidades de negócio definidas e específicas, justificada a inviabilidade de procedimento competitivo.*

Desse modo, para uma estatal vender seus produtos e serviços relacionados ao seu objeto social, não realiza a licitação (I). Em toda empresa consta em seu estatuto qual seu objeto social ('atividade-fim') que são as atividades desenvolvidas pelo empresário.

No Estatuto do Banco do Brasil, além de outros objetos, consta a prestação de serviços bancários, e o exercício de quaisquer atividades facultadas às instituições integrantes do Sistema Financeiro Nacional. Cite-se por exemplo, a abertura de conta corrente, conta poupança, seguros, seguridade, empréstimos, financiamentos, câmbio entre outros. Assim, para todas essas atividades, não haverá licitação. O BB poderá contratar com quem ele desejar, sem precisar fazer licitação (art. 28 – dispensada) para essas atividades.

No entanto, nas atividades que não estiverem afetadas ao seu objeto social, em outras palavras, nas 'atividades-meio' as estatais deverão fazer licitação, salvo quanto houve autorização legal para a contratação direta.

Consideram-se **oportunidades de negócio** a que se refere o inciso II do § 3º do art. 28, a formação e a extinção de parcerias e outras formas associativas, societárias ou contratuais, a aquisição e a alienação de participação em sociedades e outras formas associativas, societárias ou contratuais e as operações realizadas no âmbito do mercado de capitais, respeitada a regulação pelo respectivo órgão competente.

Como exemplo, seria o BB e CEF se juntando com outros bancos privados para criar empresa de análise de crédito. Haverá um contrato entre todos esses bancos, mas o BB e CEF não precisariam fazer licitação para a escolha dos parceiros.

Outro caso como exemplo, seria o BB fazendo a compra de um banco privado como aquisição estratégica. Não precisaria, também, fazer licitação. Até porque em todos esses casos pode ser inviável a licitação.

Assim, foi fixada a regra de se fazer licitação e as situações que não haverá licitação.

De outro modo, a Lei nº 13.303/16 estabeleceu, também, casos de licitação dispensável e inexigível.

Quanto à licitação **dispensável**, trata-se de conceito similar àquele fixado na Lei nº 8.666/93, no qual o administrador terá liberdade para, dentro das hipóteses legais, **escolher** se faz ou não a licitação.

Os casos de licitação dispensável são casos TAXATIVOS, vale dizer, somente nas situações já previstas em lei.

Vejamos:

> *Art. 29. É DISPENSÁVEL a realização de licitação por empresas públicas e sociedades de economia mista:*

> *I - para obras e serviços de engenharia de valor até R$ 100.000,00 (cem mil reais), desde que não se refiram a parcelas de uma mesma obra ou serviço ou ainda a obras e serviços de mesma natureza e no mesmo local que possam ser realizadas conjunta e concomitantemente;*
>
> *II - para outros serviços e compras de valor até R$ 50.000,00 (cinquenta mil reais) e para alienações, nos casos previstos nesta Lei, desde que não se refiram a parcelas de um mesmo serviço, compra ou alienação de maior vulto que possa ser realizado de uma só vez;*

Note que a dispensa em razão do valor supera, e muito, os limites fixados na Lei nº 8.666/93.

Outro ponto de extrema importância foi que, o §3º, admitiu que os valores estabelecidos nos incisos I e II possam ser alterados, para refletir a variação de custos, por deliberação do **Conselho de Administração** da empresa pública ou sociedade de economia mista, admitindo-se valores diferenciados para cada sociedade.

Essa margem de liberdade para o CONSAD ampliar os valores tem de ser vista com cuidado. De fato, uma empresa de grande porte como é o caso da Petrobras poderá ampliá-los com vistas a atender seus contratos de "pequeno valor", porém, não é razoável uma empresa estatal de porte pequeno aumentar demasiadamente seus valores com o intuito de escapar da regra de se fazer licitação.

> *III - quando não acudirem interessados à licitação anterior e essa, justificadamente, não puder ser repetida sem prejuízo para a empresa pública ou a sociedade de economia mista, bem como para suas respectivas subsidiárias, desde que mantidas as condições preestabelecidas;*

O inciso III trata-se do caso da licitação DESERTA.

> *IV - quando as propostas apresentadas consignarem preços manifestamente superiores aos praticados no mercado nacional ou incompatíveis com os fixados pelos órgãos oficiais competentes;*

Nessa hipótese, houve licitação, mas todas as propostas consignaram preços elevados.

> *V - para a compra ou locação de imóvel destinado ao atendimento de suas finalidades precípuas, quando as necessidades de instalação e localização condicionarem a escolha do imóvel, desde que o preço seja compatível com o valor de mercado, segundo avaliação prévia;*
>
> *VI - na contratação de remanescente de obra, de serviço ou de fornecimento, em consequência de rescisão contratual, desde que atendida a ordem de classificação da licitação anterior e aceitas as mesmas condições do contrato encerrado por rescisão ou distrato, inclusive quanto ao preço, devidamente corrigido;*

Na hipótese de nenhum dos licitantes aceitar a contratação nos termos do inciso VI, a empresa pública e a sociedade de economia mista poderão convocar os licitantes remanescentes, na ordem de classificação, para a celebração do contrato **nas condições ofertadas por estes**, desde que o respectivo valor seja igual ou inferior ao orçamento estimado para a contratação, inclusive quanto aos preços atualizados nos termos do instrumento convocatório.

Note que os licitantes remanescentes serão chamados para contratar pelo preço por eles ofertado, e não, pelo preço da proposta da empresa vencedora.

> *VII - na contratação de instituição brasileira incumbida regimental ou estatutariamente da pesquisa, do ensino ou do desenvolvimento institucional ou de instituição*

dedicada à recuperação social do preso, desde que a contratada detenha inquestionável reputação ético-profissional e não tenha fins lucrativos;

VIII - para a aquisição de componentes ou peças de origem nacional ou estrangeira necessários à manutenção de equipamentos durante o período de garantia técnica, junto ao fornecedor original desses equipamentos, quando tal condição de exclusividade for indispensável para a vigência da garantia;

IX - na contratação de associação de pessoas com deficiência física, sem fins lucrativos e de comprovada idoneidade, para a prestação de serviços ou fornecimento de mão de obra, desde que o preço contratado seja compatível com o praticado no mercado;

X - na contratação de concessionário, permissionário ou autorizado para fornecimento ou suprimento de energia elétrica ou gás natural e de outras prestadoras de serviço público, segundo as normas da legislação específica, desde que o objeto do contrato tenha pertinência com o serviço público.

XI - nas contratações entre empresas públicas ou sociedades de economia mista e suas respectivas subsidiárias, para aquisição ou alienação de bens e prestação ou obtenção de serviços, desde que os preços sejam compatíveis com os praticados no mercado e que o objeto do contrato tenha relação com a atividade da contratada prevista em seu estatuto social;

Ex: BB contratando a Cobra Tecnologia, sua subsidiária.

XII - na contratação de coleta, processamento e comercialização de resíduos sólidos urbanos recicláveis ou reutilizáveis, em áreas com sistema de coleta seletiva de lixo, efetuados por associações ou cooperativas formadas exclusivamente por pessoas físicas de baixa renda que tenham como ocupação econômica a coleta de materiais recicláveis, com o uso de equipamentos compatíveis com as normas técnicas, ambientais e de saúde pública;

XIII - para o fornecimento de bens e serviços, produzidos ou prestados no País, que envolvam, cumulativamente, alta complexidade tecnológica e defesa nacional, mediante parecer de comissão especialmente designada pelo dirigente máximo da empresa pública ou da sociedade de economia mista;

XIV - nas contratações visando ao cumprimento do disposto nos arts. 3º, 4º, 5º e 20 da Lei nº 10.973, de 2 de dezembro de 2004, observados os princípios gerais de contratação dela constantes;

Essa lei dispõe sobre incentivos à inovação e à pesquisa científica e tecnológica no ambiente produtivo e dá outras providências.

XV - em **situações de emergência**, *quando caracterizada urgência de atendimento de situação que possa ocasionar prejuízo ou comprometer a segurança de pessoas, obras, serviços, equipamentos e outros bens, públicos ou particulares, e somente para os bens necessários ao atendimento da situação emergencial e para as parcelas de obras e serviços que possam ser concluídas no prazo máximo de 180 (cento e oitenta) dias consecutivos e ininterruptos, contado da ocorrência da emergência, vedada a prorrogação dos respectivos contratos, observado o disposto no § 2º;*

Trata-se de situação semelhante àquela da Lei nº 8.666/93.

A contratação direta com base no inciso XV não dispensará a **responsabilização** de quem, por ação ou omissão, tenha dado causa ao motivo ali descrito, inclusive no tocante ao disposto na Lei nº 8.429, de 2 de junho de 1992 (Lei de Improbidade Administrativa).

> *XVI - na transferência de bens a órgãos e entidades da administração pública, inclusive quando efetivada mediante permuta;*

Ex: União vai fazer permuta (troca) de um terreno seu com terreno do BB.

Na Lei nº 8.666/93 esse é um caso de licitação dispensada.

> *XVII - na doação de bens móveis para fins e usos de interesse social, após avaliação de sua oportunidade e conveniência socioeconômica relativamente à escolha de outra forma de alienação;*

Ex: Petrobras fazendo doação de terreno para uma ONG.

> *XVIII - na compra e venda de ações, de títulos de crédito e de dívida e de bens que produzam ou comercializem.*

Ex: Petrobras ou BB vendendo suas ações em mercado.

Na Lei nº 8.666/93 esse é um caso de licitação dispensada (art. 17, II).

No art. 30, a Lei nº 13.303/16 utilizou a expressão 'contratação direta' quando houver inviabilidade de competição. Com efeito, temos aqui a chamada INEXIGIBILIDADE de licitação, configurada pela inviabilidade de competição.

> *Art. 30. A contratação direta será feita quando houver inviabilidade de competição, em especial na hipótese de:*
>
> *I - aquisição de materiais, equipamentos ou gêneros que só possam ser fornecidos por produtor, empresa ou representante comercial exclusivo;*
>
> *II - contratação dos seguintes serviços técnicos especializados, com profissionais ou empresas de notória especialização, vedada a inexigibilidade para serviços de publicidade e divulgação:*
>
> *a) estudos técnicos, planejamentos e projetos básicos ou executivos;*
>
> *b) pareceres, perícias e avaliações em geral;*
>
> *c) assessorias ou consultorias técnicas e auditorias financeiras ou tributárias;*
>
> *d) fiscalização, supervisão ou gerenciamento de obras ou serviços;*
>
> *e) patrocínio ou defesa de causas judiciais ou administrativas;*
>
> *f) treinamento e aperfeiçoamento de pessoal;*
>
> *g) restauração de obras de arte e bens de valor histórico.*

Considera-se de notória especialização o profissional ou a empresa cujo conceito no campo de sua especialidade, decorrente de desempenho anterior, estudos, experiência, publicações, organização, aparelhamento, equipe técnica ou outros requisitos relacionados com suas atividades, permita inferir que o seu trabalho é **essencial e indiscutivelmente o mais adequado** à plena satisfação do objeto do contrato.

Note-se que na contratação dos seguintes serviços técnicos especializados não foi utilizada a expressão 'objeto singular'. No entanto, apesar de não constar expressamente a expressão, tal hipótese de contratação direta só poderá ser utilizada para casos excepcionais, e não para casos corriqueiros. Se for uma situação comum, do dia-a-dia, volta-se a regra geral que é a realização de licitação. Porém, sendo **situação excepcional**, poderá ser contratado o profissional mais adequado a fim de atender a excepcionalidade.

Por exemplo, Petrobras está diante de uma ação de indenização por danos materiais que causou a um particular. A Petrobras utilizará para a defesa judicial de seu quadro próprio de advogados, altamente capacitados. Porém, um litígio, de valor inestimável, envolvendo a Petrobras e um dano ambiental ocorrido em outro país, poderá a empresa, para atender a situação excepcional, contratar um advogado especializado em direito internacional, sem fazer licitação (letra 'e').

Perceba que o art. 30 não fez a previsão de serviços artísticos para contratação direta. No entanto, já que a inexigibilidade se trata de casos exemplificativos pode haver a contratação direta desde que não tenha possibilidade de competição.

Em qualquer caso de contratação direta, se comprovado, pelo órgão de controle externo, sobrepreço ou superfaturamento, respondem **solidariamente** pelo dano causado quem houver decidido pela contratação direta e o fornecedor ou o prestador de serviços.

O processo de contratação direta será instruído, no que couber, com os seguintes elementos:

> *I - caracterização da situação emergencial ou calamitosa que justifique a dispensa, quando for o caso;*
>
> *II - razão da escolha do fornecedor ou do executante;*
>
> *III - justificativa do preço.*

10.2.2. Procedimento de manifestação de interesse privado

A empresa pública e a sociedade de economia mista poderão adotar PROCEDIMENTO DE MANIFESTAÇÃO DE INTERESSE PRIVADO - PMI para o recebimento de propostas e projetos de empreendimentos com vistas a atender necessidades previamente identificadas, cabendo a regulamento a definição de suas regras específicas. (art. 31)

O autor ou financiador do projeto poderá participar da licitação para a execução do empreendimento, podendo ser ressarcido pelos custos aprovados pela empresa pública ou sociedade de economia mista caso não vença o certame, desde que seja promovida a cessão de direitos de que trata o art. 80.

O PMI é um procedimento administrativo consultivo por meio do qual a Administração Pública concede a oportunidade para que particulares elaborem modelagens, estudos e projetos específicos, conforme diretrizes predefinidas, que sejam úteis à elaboração do edital de licitação pública e ao respectivo contrato PMI.

> *Art. 80. Os direitos patrimoniais e autorais de projetos ou serviços técnicos especializados desenvolvidos por profissionais autônomos ou por empresas contratadas passam a ser propriedade da empresa pública ou sociedade de economia mista que os tenha contratado, sem prejuízo da preservação da identificação dos respectivos autores e da responsabilidade técnica a eles atribuída.*

10.2.3. Diretrizes a serem observadas nas licitações

Art. 32. Nas licitações e contratos de que trata esta Lei serão observadas as seguintes diretrizes:

> *I - padronização do objeto da contratação, dos instrumentos convocatórios e das minutas de contratos, de acordo com normas internas específicas;*
>
> *II - busca da maior vantagem competitiva para a empresa pública ou sociedade de economia mista, considerando custos e benefícios, diretos e indiretos, de natureza econômica, social ou ambiental, inclusive os relativos à manutenção, ao desfazimento de bens e resíduos, ao índice de depreciação econômica e a outros fatores de igual relevância;*

> *III - parcelamento do objeto, visando a ampliar a participação de licitantes, sem perda de economia de escala, e desde que não atinja valores inferiores aos limites estabelecidos no art. 29, incisos I e II;*
>
> *IV - adoção PREFERENCIAL da modalidade de licitação denominada pregão, instituída pela Lei nº 10.520, de 17 de julho de 2002, para a aquisição de bens e serviços comuns, assim considerados aqueles cujos padrões de desempenho e qualidade possam ser objetivamente definidos pelo edital, por meio de especificações usuais no mercado;*
>
> *V - observação da política de integridade nas transações com partes interessadas.*

Como questão de eficiência, deve-se buscar **padronizar** o objeto, bem como editais e contratos que são feitos com frequência no âmbito da EP ou SEM. Por exemplo, o BB com frequência compra materiais de escritório, então, devem ser padronizados os editais.

Dissemos que as estatais têm agora um procedimento próprio de licitações. No entanto, quando se tratar de aquisição de bens e serviços comuns será utilizada a modalidade pregão, prevista na Lei nº 10.5020/2002, como forma preferencial.

As licitações e os contratos devem respeitar, especialmente, as normas relativas à:

> *I - disposição final ambientalmente adequada dos resíduos sólidos gerados pelas obras contratadas;*
>
> *II - mitigação dos danos ambientais por meio de medidas condicionantes e de compensação ambiental, que serão definidas no procedimento de licenciamento ambiental;*
>
> *III - utilização de produtos, equipamentos e serviços que, comprovadamente, reduzam o consumo de energia e de recursos naturais;*
>
> *IV - avaliação de impactos de vizinhança, na forma da legislação urbanística;*
>
> *V - proteção do patrimônio cultural, histórico, arqueológico e imaterial, inclusive por meio da avaliação do impacto direto ou indireto causado por investimentos realizados por empresas públicas e sociedades de economia mista;*
>
> *VI - acessibilidade para pessoas com deficiência ou com mobilidade reduzida.*

Trata-se de questões de sustentabilidade, respeitos às normas de direito de vizinhança, proteção do patrimônio cultural, histórico, arqueológico e respeito às pessoas com deficiência a serem observados pelas estatais em suas licitações.

10.2.4. Sigilo no valor estimado

O VALOR ESTIMADO do contrato a ser celebrado pela empresa pública ou pela sociedade de economia mista SERÁ SIGILOSO, facultando-se à contratante, mediante justificação na fase de preparação prevista no inciso I do art. 51 da lei, conferir publicidade ao valor estimado do objeto da licitação, sem prejuízo da divulgação do detalhamento dos quantitativos e das demais informações necessárias para a elaboração das propostas. (art. 34)

Assim, como regra haverá o sigilo no valor estimado a ser contratado. Essa novidade foi, também, prevista na lei do RDC que gerou muita polêmica na época.

No entanto, o intuito da lei é não oferecer o valor estimado aos licitantes, para que eles possam apresentar suas propostas conforme os valores por eles considerados adequados, trazendo por consequência maior vantagem para a Administração Pública. Isso porque, se o licitante já tem um valor estimado, a tendência é que ofereça uma proposta próxima a esse valor.

Na hipótese em que for adotado o critério de julgamento por maior desconto, o valor estimado constará do instrumento convocatório. Isso porque, nesse critério de julgamento, o menor preço é apurado em razão de desconto oferecido pelos licitantes sobre o parâmetro de preços definido pela Administração no ato convocatório. Assim, quem oferece o maior desconto, com base em preço apresentado pela Administração Pública, é considerado o vencedor do certame. Com efeito, nesse tipo de licitação não teria como omitir o valor estimado.

No entanto, prevê a lei que a informação relativa ao valor estimado do objeto da licitação, ainda que tenha caráter sigiloso, será disponibilizada a órgãos de controle externo e interno, devendo a empresa pública ou a sociedade de economia mista registrar em documento formal sua disponibilização aos órgãos de controle, sempre que solicitado.

10.2.5. Sanções

Pela inexecução total ou parcial do contrato a empresa pública ou a sociedade de economia mista poderá, garantida a prévia defesa, aplicar ao contratado as seguintes sanções (art. 83):

> *I - advertência;*
>
> *II - multa, na forma prevista no instrumento convocatório ou no contrato;*
>
> *III - suspensão temporária de participação em licitação e impedimento de contratar com a entidade sancionadora,* **por prazo não superior a 2 (dois) anos.**

Note que a Lei nº 13.303/16 não fez a previsão da sanção de declaração de inidoneidade. Porém, estará impedida de participar de licitação empresa declarada inidônea pela União, por Estado, pelo Distrito Federal ou pela unidade federativa a que está vinculada a empresa pública ou sociedade de economia mista, enquanto perdurarem os efeitos da sanção (art. 38).

Este impedimento a que se refere o art. 38 se trata de declaração de inidoneidade no qual a empresa participou de licitação com outro órgão ou entidade e recebeu a aplicação da sanção, ou na forma do art. 43, da Lei n. 8.4443/92, houve aplicação dessa sanção pelo TCU. Assim, essa empresa não poderá participar de licitação com empresa estatal.

Se a multa aplicada for superior ao valor da garantia prestada, além da perda desta, responderá o contratado pela sua diferença, que será **descontada dos pagamentos eventualmente devidos** pela empresa pública ou pela sociedade de economia mista ou cobrada judicialmente.

A sanção de multa pode ser aplicada cumulativamente junto com as demais, devendo a defesa prévia do interessado, no respectivo processo, ser apresentada no prazo de 10 (dez) dias úteis.

Note, também, que a suspensão temporária de licitação e impedimento de contratar impede a empresa sancionada de licitar e contratar com a entidade sancionadora. Vale dizer: com a empresa pública ou sociedade de economia mista que aplicou a sanção.

A suspensão temporária de licitação e impedimento de contratar poderão também ser aplicadas às empresas ou aos profissionais que:

> *I - tenham sofrido condenação definitiva por praticarem, por meios dolosos, fraude fiscal no recolhimento de quaisquer tributos;*
>
> *II - tenham praticado atos ilícitos visando a frustrar os objetivos da licitação;*
>
> *III - demonstrem não possuir idoneidade para contratar com a empresa pública ou a sociedade de economia mista em virtude de atos ilícitos praticados.*

A empresa pública e a sociedade de economia mista deverão **informar** os dados relativos **às sanções** por elas aplicadas aos contratados, nos termos definidos no art. 83, de forma a manter atualizado o cadastro de empresas inidôneas de que trata o art. 23 da Lei nº 12.846, de 1ºde agosto de 2013. Trata-se da denominada Lei Anticorrupção. (art. 37)

O fornecedor incluído no cadastro referido não poderá disputar licitação ou participar, direta ou indiretamente, da execução de contrato.

Serão excluídos do cadastro referido, a qualquer tempo, fornecedores que demonstrarem a superação dos motivos que deram causa à restrição contra eles promovida.

Assim, a aplicação de sanção (qualquer uma delas) gera para a estatal o dever de comunicação para que conste no cadastro de empresas inidôneas da Lei Anticorrupção.

10.2.6. Regras de impedimento de participação

Estará impedida de participar de licitações e de ser contratada pela empresa pública ou sociedade de economia mista a empresa: (art. 38)

> *I - cujo administrador ou sócio detentor de mais de 5% (cinco por cento) do capital social seja diretor ou empregado da empresa pública ou sociedade de economia mista contratante;*
>
> *II - suspensa PELA EMPRESA PÚBLICA OU SOCIEDADE DE ECONOMIA MISTA;*
>
> *III - declarada inidônea PELA UNIÃO, POR ESTADO, PELO DISTRITO FEDERAL OU PELA UNIDADE FEDERATIVA A QUE ESTÁ VINCULADA A EMPRESA PÚBLICA OU SOCIEDADE DE ECONOMIA MISTA, ENQUANTO PERDURAREM OS EFEITOS DA SANÇÃO;*
>
> *IV - constituída por sócio de empresa que estiver suspensa, impedida ou declarada inidônea;*
>
> *V - cujo administrador seja sócio de empresa suspensa, impedida ou declarada inidônea;*
>
> *VI - constituída por sócio que tenha sido sócio ou administrador de empresa suspensa, impedida ou declarada inidônea, no período dos fatos que deram ensejo à sanção;*
>
> *VII - cujo administrador tenha sido sócio ou administrador de empresa suspensa, impedida ou declarada inidônea, no período dos fatos que deram ensejo à sanção;*
>
> *VIII - que tiver, nos seus quadros de diretoria, pessoa que participou, em razão de vínculo de mesma natureza, de empresa declarada inidônea.*

Note que a SUSPENSÃO somente abrange seus efeitos referente à estatal que aplicou a sanção.

10.2.7. Vedação de particiipação de parentes e empregados

> *As regras sobre impedimentos aplicam-se também:*
>
> *I - à contratação do próprio empregado ou dirigente, como pessoa física, bem como à participação dele em procedimentos licitatórios, na condição de licitante;*
>
> *II - a quem tenha relação de parentesco, até o* **terceiro** *grau civil, com:*
>
> *a) dirigente de empresa pública ou sociedade de economia mista;*
>
> *b) empregado de empresa pública ou sociedade de economia mista cujas atribuições envolvam a atuação na área responsável pela licitação ou contratação;*
>
> *c) autoridade do ente público a que a empresa pública ou sociedade de economia mista esteja vinculada.*
>
> *III - cujo proprietário, mesmo na condição de sócio, tenha terminado seu prazo de gestão ou rompido seu vínculo com a respectiva empresa pública ou sociedade de economia mista promotora da licitação ou contratante há menos de 6 (seis) meses.*

10.2.8. Pré qualificação – art. 39

A pré-qualificação consiste em um procedimento administrativo, que tem por finalidade antecipar a fase habilitatória da licitação, especialmente a verificação de qualificações técnicas.

Nesse caso, a empresa estatal fará uma divulgação e convocação prévia para que os possíveis interessados compareçam para verificações preliminares de qualificação técnica de seus produtos e serviços oferecidos.

Segundo Jessé Torres Pereira Júnior: "*A inclusão, no procedimento das licitações mediante concorrência, de uma etapa de pré-qualificação tem lugar, apenas, quando houver necessidade de apurar-se, com especial acuidade, a qualificação técnica de interessados em contratar obra ou serviço de grande porte e cuja execução envolva peculiar grau de dificuldade, a demandar do executor nível correspondente de especialização e experiência. Este nível será o alvo da aferição a que a Administração procederá na pré-qualificação, de sorte a somente a admitir no certame aqueles que o alcançarem, comprovadamente*".

10.2.9. Das normas específicas para obras e serviços

10.2.9.1. Conceitos

A Lei nº 13.303/16 apresentou alguns conceitos importantes para seu entendimento:

> *Art. 42. Na licitação e na contratação de obras e serviços por empresas públicas e sociedades de economia mista, serão observadas as seguintes definições:*
>
> *I - empreitada por preço unitário: contratação por preço certo de unidades determinadas;*

É utilizada quando não for possível definir com exatidão o objeto a ser executado, que só será apurado no decorrer da execução contratual. Ex: perfuração de subsolo para colocar estrutura/base de uma ponte contratada por metro cúbico (m3); Petrobras quer perfurar o solo para encontrar petróleo sendo que não sabe exatamente a que profundidade encontrará, assim verifica-se um preço por metro escavado e ao final o valor total.

> *II - empreitada por preço global: contratação por preço certo e total;*

A empreitada por preço global deve ser adotada quando for possível definir previamente no projeto, com boa margem de precisão, as quantidades dos serviços a serem executados. Por isso, alterações contratuais (aditivos) devem ser evitadas. Já, a empreitada por preço unitário, deve ser preferida para objetos que, por sua natureza, não permitam a precisa indicação dos quantitativos a serem executados. Ex: Petrobras quer perfurar solo para encontrar petróleo e sabe exatamente em qual profundidade encontrará.

> *III - tarefa: contratação de mão de obra para pequenos trabalhos por preço certo, com ou sem fornecimento de material;*

Quando se ajusta mão-de-obra para pequenos trabalhos por preço certo, com ou sem fornecimento de materiais. Ex: pintura de uma pequena parede.

> *IV - empreitada integral: contratação de empreendimento em sua integralidade, com todas as etapas de obras, serviços e instalações necessárias, sob inteira responsabilidade da contratada até a sua entrega ao contratante em condições de entrada em operação, atendidos os requisitos técnicos e legais para sua utilização em condições de segurança estrutural e operacional e com as características adequadas às finalidades para as quais foi contratada;*

Quando se contrata um empreendimento em sua integralidade, compreendendo todas as etapas das obras, serviços e instalações necessárias, sob inteira responsabilidade da contratada até a sua entrega ao contratante em condições de entrada em operação, atendidos os requisitos técnicos e legais para sua utilização em condições de segurança estrutural e operacional e com as características adequadas às finalidades para que foi contratada.

Na empreitada integral o contratado apresenta proposta com base em projeto apresentado pela Administração, assumindo todos os riscos da execução, sendo ainda mais restritos os aditivos contratuais.

Trata-se, na verdade, de uma espécie de execução por preço global. A empreitada integral é, também, conhecida por *turn key* ('virar a chave').

Nessa modalidade todo o empreendimento contratado deve ser entregue em perfeito funcionamento. É utilizado para contratos de maior complexidade.

> *V* - **contratação semi-integrada**: *contratação que envolve a elaboração e o desenvolvimento do projeto EXECUTIVO, a execução de obras e serviços de engenharia, a montagem, a realização de testes, a pré-operação e as demais operações necessárias e suficientes para a entrega final do objeto, de acordo com o estabelecido nos §§ 1º e 3º deste artigo;*

Essa é uma das novidades da Lei!

Na contratação SEMI-INTEGRADA exige que a Administração Pública já tenha um projeto básico disponível para consulta, devendo o contratado desenvolver o projeto **executivo**.

> *VI* - **contratação integrada**: *contratação que envolve a elaboração e o desenvolvimento dos projetos BÁSICO E EXECUTIVO, a execução de obras e serviços de engenharia, a montagem, a realização de testes, a pré-operação e as demais operações necessárias e suficientes para a entrega final do objeto, de acordo com o estabelecido nos §§ 1º, 2º e 3º deste artigo;*

Na contratação INTEGRADA deve o contratado desenvolver o projeto **básico e executivo**. Assim, a Administração Pública descreve em termos mais abrangentes (anteprojeto de engenharia) o objeto a ser executado, aproveitando-se da expertise do contratado que desenvolverá o projeto básico e o executivo.

O anteprojeto de engenharia é a peça técnica com todos os elementos de contornos necessários e fundamentais à elaboração do projeto básico, devendo conter minimamente os seguintes elementos.

10.2.10. Vedações

É vedada a participação direta ou indireta nas licitações para obras e serviços de engenharia de que trata esta Lei: (art. 44)

> *I - de pessoa física ou jurídica que tenha elaborado o anteprojeto ou o projeto básico da licitação;*
>
> *II - de pessoa jurídica que participar de consórcio responsável pela elaboração do anteprojeto ou do projeto básico da licitação;*
>
> *III - de pessoa jurídica da qual o autor do anteprojeto ou do projeto básico da licitação seja administrador, controlador, gerente, responsável técnico, subcontratado ou sócio, neste último caso quando a participação superar 5% (cinco por cento) do capital votante.*

A elaboração do **projeto executivo** constituirá encargo do contratado, consoante preço previamente fixado pela empresa pública ou pela sociedade de economia mista.

É permitida a participação das pessoas jurídicas e da pessoa física de que tratam os incisos II e III em licitação ou em execução de contrato, como **consultor ou técnico**, nas funções de fiscalização, supervisão ou gerenciamento, exclusivamente a serviço da empresa pública e da sociedade de economia mista interessadas.

Considera-se participação indireta a existência de vínculos de natureza técnica, comercial, econômica, financeira ou trabalhista entre o autor do projeto básico, pessoa física ou jurídica, e o licitante ou responsável pelos serviços, fornecimentos e obras, incluindo-se os fornecimentos de bens e serviços a estes necessários.

10.2.11. Remuneração variável

Na contratação de obras e serviços, inclusive de engenharia, poderá ser estabelecida remuneração variável **vinculada ao desempenho do contratado**, com base em metas, padrões de qualidade, critérios de sustentabilidade ambiental e prazos de entrega definidos no instrumento convocatório e no contrato. (art. 45)

A utilização da remuneração variável respeitará o limite orçamentário fixado pela empresa pública ou pela sociedade de economia mista para a respectiva contratação.

10.2.12. Das normas específicas para aquisição de bens

A empresa pública e a sociedade de economia mista, na licitação para aquisição de bens, poderão: (art. 47)

> *I - indicar marca ou modelo, nas seguintes hipóteses:*
>
> *a) em decorrência da necessidade de padronização do objeto;*
>
> *b) quando determinada marca ou modelo comercializado por mais de um fornecedor constituir o único capaz de atender o objeto do contrato;*
>
> *c) quando for necessária, para compreensão do objeto, a identificação de determinada marca ou modelo apto a servir como referência, situação em que será obrigatório o acréscimo da expressão "ou similar ou de melhor qualidade";*
>
> *II - exigir amostra do bem no procedimento de pré-qualificação e na fase de julgamento das propostas ou de lances, desde que justificada a necessidade de sua apresentação;*
>
> *III - solicitar a certificação da qualidade do produto ou do processo de fabricação, inclusive sob o aspecto ambiental, por instituição previamente credenciada.*

Quando a indicação de marcar, a Lei nº 13.303/16 afastou o mito de que em licitação não se pode fazer menção à marca. Com efeito, é possível dentro de um procedimento licitatório fazer referência à marca, desde que tenha justificativa, como, por exemplo, nas situações apresentadas no inciso I do art. 47.

10.2.13. Das normas específicas para alienação de bens

Alienação significa transferência de domínio que pode ocorrer por venda, doação, permuta etc.

A alienação de bens por empresas públicas e por sociedades de economia mista será precedida de: (art. 49)

> *I - avaliação formal do bem contemplado, ressalvadas as hipóteses previstas nos incisos XVI a XVIII do art. 29; (ressalvada quando for dispensável)*
>
> *XVI - na transferência de bens a órgãos e entidades da administração pública, inclusive quando efetivada mediante permuta;*
>
> *XVII - na doação de bens móveis para fins e usos de interesse social, após avaliação de sua oportunidade e conveniência socioeconômica relativamente à escolha de outra forma de alienação;*
>
> *XVIII - na compra e venda de ações, de títulos de crédito e de dívida e de bens que produzam ou comercializem.*
>
> *II - licitação, ressalvado o previsto no § 3º do art. 28. (§ 3º A empresa pública e a sociedade de economia mista poderão celebrar convênio ou contrato de patrocínio com pessoa física ou com pessoa jurídica para promoção de atividades culturais, sociais, esportivas, educacionais e de inovação tecnológica, desde que comprovadamente vinculadas ao fortalecimento de sua marca, observando-se, no que couber, as normas de licitação e contratos desta Lei.)*

Note que a Lei nº 13.303/16 , no inciso II, consagrou a regra da licitação na alienação de bens.

10.2.14. Do procedimento de licitação

10.2.14.1. Fases

A Lei nº 13.303/16 inaugurou uma nova modalidade de licitação para as estatais com procedimento próprio.

Assim, não serão adotadas as modalidades da Lei nº 8.666/1993. Sendo licitação de empresa pública ou sociedade de economia mista utiliza-se o procedimento licitatório previsto na Lei nº 13.303/16.

As licitações das empresas estatais observação a seguinte sequência de fases: (art. 51)

> *I - preparação;*
>
> *II - divulgação;*
>
> *III - apresentação de lances ou propostas, conforme o modo de disputa adotado;*
>
> *IV - julgamento;*
>
> *V - verificação de efetividade dos lances ou propostas;*
>
> *VI - negociação;*
>
> *VII - habilitação;*
>
> *VIII - interposição de recursos;*
>
> *IX - adjudicação do objeto;*
>
> *X - homologação do resultado ou revogação do procedimento.*

Veja a quantidade de fases do procedimento licitatório!

Note, também, que **a regra** é primeiro realizar o julgamento (fase IV) e depois promover a habilitação (fase VII). Ou seja, o que era antes exceção passa a ser a regra.

Nas modalidades licitatórias da Lei nº 8.666/1993, a regra é primeiro fazer a habilitação e posteriormente a fase de julgamento. Na Lei do Pregão houve a inversão das duas fases, que depois foi estendida essa possibilidade na Lei n. 8987/95, Lei das Concessões, bem como se tornou a regra na Lei do RDC.

Mais uma vez se torna a regra novamente! Primeiro julgamento, depois habilitação.

Contudo, a fase de habilitação poderá, **excepcionalmente**, anteceder as fases previstas nos incisos III a VI, desde que expressamente previsto no instrumento convocatório.

Na fase de **preparação** são realizados os atos internos, como escolha dos membros da comissão, estudos técnicos, elaboração de orçamentos, pesquisas e etc.

Na fase de **divulgação** inicia-se a 'fase externa' pela qual o edital será divulgado nos meios legais.

Nesse sentido, estabelece o art. 39 que os procedimentos licitatórios, a pré-qualificação e os contratos serão divulgados em **portal específico** mantido pela empresa pública ou sociedade de economia mista na internet, devendo ser adotados os seguintes prazos mínimos para apresentação de propostas ou lances, contados a partir da divulgação do instrumento convocatório:

> *I - para aquisição de bens:*
>
> *a) 5 (cinco) dias úteis, quando adotado como critério de julgamento o menor preço ou o maior desconto;*
>
> *b) 10 (dez) dias úteis, nas demais hipóteses;*
>
> *II - para contratação de obras e serviços:*
>
> *a) 15 (quinze) dias úteis, quando adotado como critério de julgamento o menor preço ou o maior desconto;*
>
> *b) 30 (trinta) dias úteis, nas demais hipóteses;*
>
> *III - no mínimo 45 (quarenta e cinco) dias úteis para licitação em que se adote como critério de julgamento a melhor técnica ou a melhor combinação de técnica e preço, bem como para licitação em que haja contratação semi-integrada ou integrada.*

As **modificações** promovidas no instrumento convocatório serão objeto de divulgação nos mesmos termos e prazos dos atos e procedimentos originais, *exceto quando a alteração não afetar a preparação das propostas.*

Em seguida, virá a fase de **apresentação de lances ou propostas**, na qual o licitante comparecerá ao local indicado no edital e apresentará sua proposta conforme o modo de disputa adotado (aberto ou fechado). No segundo caso, apresentará envelope contendo a proposta.

Após, vem a fase de **julgamento** conforme os critérios definidos no edital (veremos à frente).

Na fase de **verificação de efetividade dos lances ou propostas** a comissão verificará se a melhor proposta está de acordo com as disposições do edital e demais condições do art. 56. A seguir

> *Art. 56. Efetuado o julgamento dos lances ou propostas, será promovida a verificação de sua efetividade, promovendo-se a desclassificação daqueles que:*
>
> *I - contenham vícios insanáveis;*
>
> *II - descumpram especificações técnicas constantes do instrumento convocatório;*

III - apresentem preços manifestamente inexequíveis;(Preços que não possam, em tese, ser cumpridos/honrados pelo licitante)

IV - se encontrem acima do orçamento estimado para a contratação de que trata o § 1º do art. 57, ressalvada a hipótese prevista no caput do art. 34 desta Lei;

V - não tenham sua exequibilidade demonstrada, quando exigido pela empresa pública ou pela sociedade de economia mista;

VI - apresentem desconformidade com outras exigências do instrumento convocatório, salvo se for possível a acomodação a seus termos antes da adjudicação do objeto e sem que se prejudique a atribuição de tratamento isonômico entre os licitantes.

§ 1º A verificação da efetividade dos lances ou propostas poderá ser feita exclusivamente em relação aos lances e propostas mais bem classificados.

§ 2º A empresa pública e a sociedade de economia mista poderão realizar diligências para aferir a exequibilidade das propostas ou exigir dos licitantes que ela seja demonstrada, na forma do inciso V do caput.

(obs! Ao contrário da Lei nº 8.666/93 que determina a classificação de propostas inexequíveis, a Lei nº 13.303/16 admite diligências para verificar junto ao licitante se a proposta tem condição de ser cumprida)

§ 3º Nas licitações de obras e serviços de engenharia, consideram-se inexequíveis as propostas com valores globais inferiores a 70% (setenta por cento) do menor dos seguintes valores:

I - média aritmética dos valores das propostas superiores a 50% (cinquenta por cento) do valor do orçamento estimado pela empresa pública ou sociedade de economia mista; ou

II - valor do orçamento estimado pela empresa pública ou sociedade de economia mista.

§ 4º Para os demais objetos, para efeito de avaliação da exequibilidade ou de sobrepreço, deverão ser estabelecidos critérios de aceitabilidade de preços que considerem o preço global, os quantitativos e os preços unitários, assim definidos no instrumento convocatório.

Na fase de **negociação**, a Administração Pública ainda ofertará nova proposta para reduzir ainda mais o valor ofertado pelo licitante.

Confirmada a efetividade do lance ou proposta que obteve a primeira colocação na etapa de julgamento, ou que passe a ocupar essa posição em decorrência da desclassificação de outra que tenha obtido colocação superior, a empresa pública e sociedade de economia mista DEVERÃO negociar condições mais vantajosas com quem o apresentou. (art. 57)

A negociação deverá ser feita com os demais licitantes, segundo a ordem inicialmente estabelecida, quando o preço do primeiro colocado, mesmo após a negociação, permanecer acima do orçamento estimado.

Se depois de adotada essa providência não for obtido valor igual ou inferior ao orçamento estimado para a contratação, **será** revogada a licitação.

Escolhida a melhor proposta e após a fase de negociação é feita a **habilitação**, que compreende a verificação da documentação do licitante.

Art. 58. A habilitação será apreciada exclusivamente a partir dos seguintes parâmetros:

I - exigência da apresentação de documentos aptos a comprovar a possibilidade da aquisição de direitos e da contração de obrigações por parte do licitante;

II - qualificação técnica, restrita a parcelas do objeto técnica ou economicamente relevantes, de acordo com parâmetros estabelecidos de forma expressa no instrumento convocatório;

III - capacidade econômica e financeira;

IV - recolhimento de quantia a título de adiantamento, tratando-se de licitações em que se utilize como critério de julgamento a maior oferta de preço.

Note que houve a eliminação de exigências de regularidade FISCAL, TRABALHISTA e CERTIDÃO da empresa licitante afirmando que atende as condições do trabalho do menor.

Nesse ponto, andou muito bem a lei, pois a Lei nº 8.666/93 tem muitos requisitos desnecessários que impedem a participação de licitantes, sendo que o importante é verificar, especialmente, se o participante tem condições de executar a proposta.

A fase de **recursos** é única, via de regra. Na Lei nº 8.666/93 é possível recorrer de cada fase separadamente. Contudo, na Lei nº 13.303/16 há uma concentração dos questionamentos em fase recursal única a fim de agilizar o trâmite do procedimento.

Os recursos serão apresentados no prazo de 5 (cinco) dias úteis após a habilitação e contemplarão, além dos atos praticados nessa fase, aqueles praticados em decorrência do disposto nos incisos IV e V do caput do art. 51.

Na hipótese de inversão de fases, o prazo para recorrer será aberto após a habilitação e após o encerramento da fase de verificação de efetividade dos lances ou propostas, abrangendo o segundo prazo também atos decorrentes da fase de julgamento.

Assim:

I - preparação;

II - divulgação;

III - apresentação de lances ou propostas, conforme o modo de disputa adotado;

IV - julgamento;

V - verificação de efetividade dos lances ou propostas;

VI - negociação;

VII - habilitação;

CABE RECURSO

VIII - interposição de recursos;

IX - adjudicação do objeto;

X - homologação do resultado ou revogação do procedimento.

Com inversão de fases:

I - preparação;

II - divulgação;

HABILITAÇÃO

CABE RECURSO

III - apresentação de lances ou propostas, conforme o modo de disputa adotado;

IV - julgamento;

V - verificação de efetividade dos lances ou propostas;

CABE RECURSO

VI - negociação;

~~VII - habilitação;~~

VIII - interposição de recursos;

IX - adjudicação do objeto;

X - homologação do resultado ou revogação do procedimento.

Terminada a fase de recursos, virá a **adjudicação** que consiste na declaração oficial do vencedor.

Por fim, ocorrerá a **homologação** se o procedimento ocorreu com regularidade ou haverá a **revogação** do procedimento.

A homologação do resultado implica a constituição de direito **relativo** à celebração do contrato em favor do licitante vencedor (art. 60). Assim, uma vez homologada a licitação o vencedor tem direito, embora relativo, à contratação. Relativo, porque pode ocorrer situações justificáveis em que a Administração Pública possa resolver não contratar.

A autoridade competente poderá **revogar** a licitação por razões de interesse público decorrentes de fato superveniente que constitua óbice manifesto e incontornável, ou **anulá-la** por ilegalidade, de ofício ou por provocação de terceiros, salvo quando for viável a convalidação do ato ou do procedimento viciado.

A nulidade da licitação induz à do contrato.

Depois de iniciada a fase de **apresentação de lances ou propostas**, referida no inciso III do caput do art. 51, a revogação ou a anulação da licitação somente será efetivada depois de se conceder aos licitantes que manifestem interesse em **contestar** prazo apto a lhes assegurar o exercício do direito ao contraditório e à ampla defesa.

10.2.14.2. Modos de disputa

Poderão ser adotados os modos de DISPUTA ABERTO OU FECHADO, ou, quando o objeto da licitação puder ser parcelado, a **combinação** de ambos, observado o disposto no inciso III do art. 32 desta Lei. (art. 52)

No modo de **disputa aberto**, os licitantes apresentarão lances públicos e sucessivos, crescentes ou decrescentes, conforme o critério de julgamento adotado.

Quando for adotado o modo de disputa aberto, poderão ser admitidos:

> *I - a apresentação de lances intermediários;*
>
> *II - o reinício da disputa aberta, após a definição do melhor lance, para definição das demais colocações, quando existir diferença de pelo menos 10% (dez por cento) entre o melhor lance e o subsequente.*

Nesse modo, as propostas são apresentadas em lances verbais.

No modo de **disputa fechado**, as propostas apresentadas pelos licitantes serão sigilosas até a data e a hora designadas para que sejam divulgadas.

Nesse modo, as propostas são apresentadas em envelopes sigilosos.

Em razão da Lei admitir a combinação dos modos de disputa, pode um procedimento ter uma fase inicial de propostas em envelopes fechados e depois as melhores ofertas vão para fase de lances abertos; ou inicia-se com lances abertos e depois as melhores propostas apresentam novos lances em envelopes fechados.

10.2.14.3. Critérios de julgamento – tipos de licitação – art. 54

Poderão ser utilizados os seguintes critérios de julgamento:

I - menor preço;

Pelo critério do menor preço será vencedor o que apresentar o menor preço para a execução do contrato.

II - maior desconto;

Nesse critério, o menor preço é determinado em razão de desconto oferecido pelos licitantes sobre o parâmetro de preços definido pela Administração no ato convocatório. Assim, quem oferece o maior desconto é considerado o vencedor do certame.

III - melhor combinação de técnica e preço;

Quando for utilizado esse critério, a avaliação das propostas técnicas e de preço considerará o percentual de ponderação mais relevante, limitado a 70% (setenta por cento).

IV - melhor técnica;

V - melhor conteúdo artístico;

Segundo o Decreto nº 7.581/2011, que regulamenta o RDC, o critério de julgamento pela melhor técnica ou pelo melhor conteúdo artístico poderá ser utilizado para a contratação de projetos e trabalhos de natureza técnica, científica ou artística, incluídos os projetos arquitetônicos e **excluídos os projetos de engenharia.**

VI - maior oferta de preço;

Segundo o Decreto nº 7.581/2011, que regulamenta o RDC, o critério de julgamento maior oferta de preço será utilizado no caso de contratos que resultem em receita para a administração pública. Esse critério é semelhante ao critério "maior lance" da Lei nº 8.666/93. Será utilizado principalmente quando for caso de fazer alienação de bens.

VII - maior retorno econômico;

Nesse critério a remuneração do particular é estipulada com base em percentual de economia gerada para a Administração Pública. O objeto prestado ocorre mediante um contrato de eficiência, vinculando a remuneração do contratado ao resultado do contrato.

Os lances ou propostas terão o objetivo de proporcionar economia à empresa pública ou à sociedade de economia mista, por meio da redução de suas despesas correntes, remunerando-se o licitante vencedor com base em percentual da economia de recursos gerada.

VIII - melhor destinação de bens alienados.

Os critérios de julgamento serão expressamente identificados no instrumento convocatório e PODERÃO SER COMBINADOS **na hipótese de parcelamento** do objeto.

Parcelar o objeto significa fracionar o objeto para ampliar a competição.

Ex: uma empresa estatal irá fazer um evento no qual vai haver fornecimento de refeição, bebidas e um cantor para música ao vivo. Assim, em vez de fazer uma licitação para que a mesma empresa forneça todos os produtos (*buffet* e o cantor), faz duas licitações separadas. Uma para escolher o *butffet* e pode utilizar, por exemplo, o critério de menor preço e outra licitação para escolher o artista, adotando o critério de melhor conteúdo artístico.

O critério de MAIOR DESCONTO:

I - terá como referência o preço global fixado no instrumento convocatório, estendendo-se o desconto oferecido nas propostas ou lances vencedores a eventuais termos aditivos;

II - no caso de obras e serviços de engenharia, o desconto incidirá de forma linear sobre a totalidade dos itens constantes do orçamento estimado, que deverá obrigatoriamente integrar o instrumento convocatório.

Atenção!

Modo de disputa	Aberto ou fechado (podem ser combinados)
Critérios de julgamento	I - menor preço; II - maior desconto; III - melhor combinação de técnica e preço; IV - melhor técnica; V - melhor conteúdo artístico; VI - maior oferta de preço; VII - maior retorno econômico; VIII - melhor destinação de bens alienados. (podem ser combinados **se** houver parcelamento do objeto)

10.2.14.4 . Desempate

Em caso de empate entre 2 (duas) propostas, serão utilizados, na ordem em que se encontram enumerados, os seguintes critérios de desempate: (art. 55)

I - disputa final, em que os licitantes empatados poderão apresentar nova proposta **fechada**, *em ato contínuo ao encerramento da etapa de julgamento;*

II - avaliação do **desempenho contratual** *prévio dos licitantes, desde que exista sistema objetivo de avaliação instituído;*

III - os critérios estabelecidos no art. 3º da Lei nº 8.248, de 23 de outubro de 1991, e no § 2º do art. 3º da Lei nº 8.666, de 21 de junho de 1993;

LEI nº 8.248/91 - Art. 3º Os órgãos e entidades da Administração Pública Federal, direta ou indireta, as fundações instituídas e mantidas pelo Poder Público e as demais organizações sob o controle direto ou indireto da União darão preferência, nas aquisições de bens e serviços de informática e automação, observada a seguinte ordem, a:

I - bens e serviços com tecnologia desenvolvida no País;

II - bens e serviços produzidos de acordo com processo produtivo básico, na forma a ser definida pelo Poder Executivo.

LEI Nº Lei nº 8.666/93, art. 3º, § 2º Em igualdade de condições, como critério de desempate, será assegurada preferência, sucessivamente, aos bens e serviços:

II - produzidos no País;

III - produzidos ou prestados por empresas brasileiras.

IV - produzidos ou prestados por empresas que invistam em pesquisa e no desenvolvimento de tecnologia no País. (Incluído pela Lei nº 11.196, de 2005)

V - produzidos ou prestados por empresas que comprovem cumprimento de reserva de cargos prevista em lei para pessoa com deficiência ou para reabilitado da Previdência Social e que atendam às regras de acessibilidade previstas na legislação. (Incluído pela Lei nº 13.146, de 2015)

IV - sorteio.

A Lei inovou em relação à Lei nº 8.666/93, pois o primeiro critério para o desempate será apresentação de novas propostas pelos 2 licitantes empatados. Depois é que serão adotados os demais critérios. E, por fim, se permanecer o empate será feito um sorteio.

Resumindo:

1º Critério	licitantes empatados poderão apresentar nova proposta **fechada**
2º Critério	avaliação do desempenho contratual prévio dos licitantes
3º Critério	LEI nº 8.248/91 I - bens e serviços com tecnologia desenvolvida no País; II - bens e serviços produzidos de acordo com processo produtivo básico, na forma a ser definida pelo Poder Executivo. E LEI nº 8.666/93, art. 3º, § 2º *II - produzidos no País;* *III - produzidos ou prestados por empresas brasileiras.* *IV - produzidos ou prestados por empresas que invistam em pesquisa e no desenvolvimento de tecnologia no País.* *V - produzidos ou prestados por empresas que comprovem cumprimento de reserva de cargos prevista em lei para pessoa com deficiência ou para reabilitado da Previdência Social e que atendam às regras de acessibilidade previstas na legislação. (Incluído pela Lei nº 13.146, de 2015) (Vigência)*
4º Critério	sorteio

10.2.15. Dos procedimentos auxiliares das licitações

Art. 63. São procedimentos auxiliares das licitações regidas por esta Lei:

I - pré-qualificação permanente;

II - cadastramento;

III - sistema de registro de preços;

IV - catálogo eletrônico de padronização.

Parágrafo único. Os procedimentos de que trata o caput deste artigo obedecerão a critérios claros e objetivos definidos em regulamento.

Considera-se **pré-qualificação** permanente o procedimento anterior à licitação destinado a identificar: (art. 64)

> *I - fornecedores que reúnam condições de habilitação exigidas para o fornecimento de bem ou a execução de serviço ou obra nos prazos, locais e condições previamente estabelecidos;*
>
> *II - bens que atendam às exigências técnicas e de qualidade da administração pública.*
>
> *§ 1º O procedimento de pré-qualificação será público e permanentemente aberto à inscrição de qualquer interessado.*
>
> *§ 2º A empresa pública e a sociedade de economia mista poderão restringir a participação em suas licitações a fornecedores ou produtos pré-qualificados, nas condições estabelecidas em regulamento.*
>
> *§ 3º A pré-qualificação poderá ser efetuada nos grupos ou segmentos, segundo as especialidades dos fornecedores.*
>
> *§ 4º A pré-qualificação poderá ser parcial ou total, contendo alguns ou todos os requisitos de habilitação ou técnicos necessários à contratação, assegurada, em qualquer hipótese, a igualdade de condições entre os concorrentes.*
>
> *§ 5º A pré-qualificação terá validade de 1 (um) ano, no máximo, podendo ser atualizada a qualquer tempo.*
>
> *§ 6º Na pré-qualificação aberta de produtos, poderá ser exigida a comprovação de qualidade.*
>
> *§ 7º É obrigatória a divulgação dos produtos e dos interessados que forem pré--qualificados.*

Os **registros cadastrais** poderão ser mantidos para efeito de habilitação dos inscritos em procedimentos licitatórios e serão válidos por 1 (um) ano, no máximo, podendo ser atualizados a qualquer tempo. (art. 65).

Esse registro cadastral é semelhante aquele do art. 34, da Lei nº 8.666/93. Trata-se de registro mantido por empresas estatais que fazem licitações frequentes com o intuito de promover, previamente, a fase de habilitação.

O licitante irá até a empresa estatal e fará o seu cadastro, apresentando a documentação prévia para fins de habilitação. Quando for aberta a licitação o licitante já estará cadastrado e habilitado.

> *Art. 65, Lei nº 13.303/16 - § 1º Os registros cadastrais serão amplamente divulgados e ficarão permanentemente abertos para a inscrição de interessados.*
>
> *§ 2º Os inscritos serão admitidos segundo requisitos previstos em regulamento.*
>
> *§ 3º A atuação do licitante no cumprimento de obrigações assumidas será anotada no respectivo registro cadastral.*
>
> *§ 4º A qualquer tempo poderá ser alterado, suspenso ou cancelado o registro do inscrito que deixar de satisfazer as exigências estabelecidas para habilitação ou para admissão cadastral.*

O **Sistema de Registro de Preços** é um sistema para registrar preços de produtos e serviços para futuras contratações. É semelhante aquele previsto no art. 15, da Lei nº 8.666/93. (art. 66)

Ex: estatal compra com frequência tinta para impressoras. Faz licitação e registra preços, quando quiser fazer a compra, verifica na ata a melhor proposta e faz a compra da empresa.

§ 1º Poderá aderir ao sistema referido no caput qualquer órgão ou entidade responsável pela execução das atividades contempladas no art. 1º desta Lei.

§ 2º O registro de preços observará, entre outras, as seguintes condições:

I - efetivação prévia de ampla pesquisa de mercado;

II - seleção de acordo com os procedimentos previstos em regulamento;

III - desenvolvimento obrigatório de rotina de controle e atualização periódicos dos preços registrados;

IV - definição da validade do registro;

V - inclusão, na respectiva ata, do registro dos licitantes que aceitarem cotar os bens ou serviços com preços iguais ao do licitante vencedor na sequência da classificação do certame, assim como dos licitantes que mantiverem suas propostas originais.

§ 3º A existência de preços registrados não obriga a administração pública a firmar os contratos que deles poderão advir, sendo facultada a realização de licitação específica, assegurada ao licitante registrado preferência em igualdade de condições.

Art. 67. O catálogo eletrônico de padronização de compras, serviços e obras consiste em sistema informatizado, de gerenciamento centralizado, destinado a permitir a padronização dos itens a serem adquiridos pela empresa pública ou sociedade de economia mista que estarão disponíveis para a realização de licitação.

Parágrafo único. O catálogo referido no caput poderá ser utilizado em licitações cujo critério de julgamento seja o menor preço ou o maior desconto e conterá toda a documentação e todos os procedimentos da fase interna da licitação, assim como as especificações dos respectivos objetos, conforme disposto em regulamento.

10.3. Dos contratos

10.3.1. Da formalização dos contratos

Os contratos celebrados pelas empresas estatais regulam-se pelas suas cláusulas, pelo disposto na Lei nº 13.303/16 e pelos preceitos de direito privado.(art. 68)

Desse modo, existem três fontes que regulam os contratos: regras específicas de cada contrato, regras da Lei nº 13.303/16, normas do direito privado.

São **cláusulas necessárias** nos contratos: (art. 69)

I - o objeto e seus elementos característicos;

II - o regime de execução ou a forma de fornecimento;

III - o preço e as condições de pagamento, os critérios, a data-base e a periodicidade do reajustamento de preços e os critérios de atualização monetária entre a data do adimplemento das obrigações e a do efetivo pagamento;

IV - os prazos de início de cada etapa de execução, de conclusão, de entrega, de observação, quando for o caso, e de recebimento;

V - as garantias oferecidas para assegurar a plena execução do objeto contratual, quando exigidas, observado o disposto no art. 68;

VI - os direitos e as responsabilidades das partes, as tipificações das infrações e as respectivas penalidades e valores das multas;

VII - os casos de rescisão do contrato e os mecanismos para alteração de seus termos;

VIII - a vinculação ao instrumento convocatório da respectiva licitação ou ao termo que a dispensou ou a inexigiu, bem como ao lance ou proposta do licitante vencedor;

IX - a obrigação do contratado de manter, durante a execução do contrato, em compatibilidade com as obrigações por ele assumidas, as condições de habilitação e qualificação exigidas no curso do procedimento licitatório;

X - matriz de riscos.

Nos contratos decorrentes de licitações de obras ou serviços de engenharia em que tenha sido adotado o modo de disputa aberto, o contratado deverá reelaborar e apresentar à empresa pública ou à sociedade de economia mista e às suas respectivas subsidiárias, por meio eletrônico, as planilhas com indicação dos quantitativos e dos custos unitários, bem como do detalhamento das Bonificações e Despesas Indiretas (BDI) e dos Encargos Sociais (ES), com os respectivos valores adequados ao lance vencedor.

10.3.2. Garantias

Poderá ser exigida prestação de garantia nas contratações de obras, serviços e compras. (Art. 70)

Caberá **ao contratado** optar por uma das seguintes modalidades de garantia:

I - caução em dinheiro;

II - seguro-garantia;

III - fiança bancária.

A garantia não excederá a 5% (cinco por cento) do valor do contrato e terá seu valor atualizado nas mesmas condições nele estabelecidas, ressalvado o caso de obras, serviços e fornecimentos de **grande vulto** envolvendo **complexidade técnica** e **riscos financeiros elevados**, no qual o limite de garantia poderá ser elevado para até 10% (dez por cento) do valor do contrato.

A garantia prestada pelo contratado será liberada ou restituída após a execução do contrato.

Aqui temos regras muito semelhantes àquelas constantes na Lei nº 8.666/93.

10.3.3. Duração dos contratos

A **duração** dos contratos não excederá a 5 (cinco) anos, contados a partir de sua celebração, exceto:

I - para projetos contemplados no plano de negócios e investimentos da empresa pública ou da sociedade de economia mista;

II - nos casos em que a pactuação por prazo superior a 5 (cinco) anos seja prática rotineira de mercado e a imposição desse prazo inviabilize ou onere excessivamente a realização do negócio.

É **vedado** o contrato por prazo indeterminado.

Plano de negócios é o instrumento que define a estratégia empresarial de curto e longo prazo, com metas e objetivos negociais e financeiros.

Por exemplo, a PETROBRÁS tem aprovado em Assembleia Geral que no ano seguinte iniciará a construção de uma nova plataforma de petróleo que demorará em média 5 anos para conclusão. Assim, os contratos vinculados a esse projeto, vão durar pelo prazo previsto no plano de negócios da empresa estimado para sua execução.

10.3.4. Alteração dos contratos

Os contratos regidos pela Lei nº 13.303/16 somente poderão ser alterados por **acordo entre as partes,** vedando-se ajuste que resulte em violação da obrigação de licitar. (art. 72)

Nesse ponto, uma inovação relevante, pois, ao contrário da Lei nº 8.666/93, os contratos celebrados pelas empresas estatais só poderão ser alterados por ACORDO ENTRE AS PARTES. Não há alteração unilateral pela estatal.

A redução a termo do contrato poderá ser dispensada no caso de pequenas despesas de pronta entrega e pagamento das quais não resultem obrigações futuras por parte da empresa pública ou da sociedade de economia mista. Nesse caso, ao invés de se fazer um contrato formal com todas as suas cláusulas necessárias que a lei exigiria, a estatal está autorizada a substituir esse instrumento contratual por outro instrumento mais simplificado como, por exemplo, a nota fiscal.

É permitido a qualquer interessado o conhecimento dos termos do contrato e a obtenção de cópia autenticada de seu inteiro teor ou de qualquer de suas partes, admitida a exigência de ressarcimento dos custos, nos termos previstos na Lei de Acesso à Informação. (art. 74)

10.3.5. Convocação e assinatura do contrato

A empresa pública e a sociedade de economia mista convocarão o licitante vencedor ou o destinatário de contratação com dispensa ou inexigibilidade de licitação para assinar o termo de contrato, observados o prazo e as condições estabelecidos, sob pena de decadência do direito à contratação. (art. 75)

Nesse caso, os prazos estarão previstos no **edital da licitação.**

O prazo de convocação poderá ser **prorrogado** 1 (uma) vez, por igual período.

É facultado à empresa pública ou à sociedade de economia mista, quando o convocado não assinar o termo de contrato no prazo e nas condições estabelecidos:

> *I - convocar os licitantes remanescentes, na ordem de classificação, para fazê-lo em igual prazo e nas mesmas condições propostas pelo* **primeiro classificado,** *inclusive quanto aos preços atualizados em conformidade com o instrumento convocatório;*
>
> *II - revogar a licitação.*

10.3.6. Responsabilidades do contratado

O contratado é obrigado a reparar, corrigir, remover, reconstruir ou substituir, às suas expensas, no total ou em parte, o objeto do contrato em que se verificarem vícios, defeitos ou incorreções resultantes da execução ou de materiais empregados, e responderá por danos causados **diretamente** a terceiros ou à empresa pública ou sociedade de economia mista, independentemente da comprovação de sua culpa ou dolo na execução do contrato. (art. 76)

Aqui uma redação um tanto atípica, pois estabeleceu uma espécie de responsabilidade objetiva do contratado por danos causados a terceiros ou à empresa estatal ao afirmar que "*responderá por danos causados diretamente a terceiros ou à empresa pública ou sociedade de economia mista, independentemente da comprovação de sua culpa ou dolo na execução do contrato.*"

O **contratado** é responsável pelos encargos trabalhistas, fiscais e comerciais resultantes da execução do contrato. (art. 77)

A inadimplência do contratado quanto aos encargos trabalhistas, fiscais e comerciais **não transfere** à empresa pública ou à sociedade de economia mista a responsabilidade por seu pagamento, nem poderá onerar o objeto do contrato ou restringir a regularização e o uso das obras e edificações, inclusive perante o Registro de Imóveis.

Nesse ponto, redação idêntica à constante no art. 71, da Lei nº 8.666/93. De modo a atribuir toda a responsabilidade pelos encargos trabalhistas, fiscais e comerciais resultantes da execução do contrato ao contratado. Houve veto presidencial com relação à responsabilidade solidária da Administração Pública pelos encargos previdenciários. Inclusive o § 2º foi vetado:

> **§ 2º do art. 77**
>
> *"§ 2º A empresa pública ou a sociedade de economia mista responde solidariamente com o contratado pelos encargos previdenciários resultantes da execução do contrato, nos termos do art. 31 da Lei nº 8.212, de 24 de julho de 1991."*
>
> Razões do veto
>
> *"O dispositivo se baseia, equivocadamente, no artigo 31 da Lei nº 8.212, de 1991, cuja redação, entretanto, foi alterada pelo artigo 23 da Lei nº 9.711, de 1998, que extinguiu a responsabilidade solidária relativa às contribuições previdenciárias, à exceção da aplicada nas contratações de construção civil, já previstas também no artigo 30 da própria Lei nº 8.212/91."*

10.3.7. Subcontratação

O contratado, na execução do contrato, sem prejuízo das responsabilidades contratuais e legais, poderá subcontratar partes da obra, serviço ou fornecimento, **até o limite admitido, em cada caso**, pela empresa pública ou pela sociedade de economia mista, conforme previsto **no edital** do certame (art. 78)

É vedada a subcontratação de empresa ou consórcio que tenha participado:

> *I - do procedimento licitatório do qual se originou a contratação;*
>
> *II - direta ou indiretamente, da elaboração de projeto básico ou executivo.*

As empresas de prestação de **serviços técnicos especializados** deverão garantir que os integrantes de seu corpo técnico executem pessoal e diretamente as obrigações a eles imputadas, quando a respectiva relação for apresentada em procedimento licitatório ou em contratação direta.

10.3.8. Da alteração dos contratos

Os contratos celebrados nos regimes previstos nos incisos I a V do art. 43 contarão com cláusula que estabeleça a possibilidade de alteração, POR ACORDO ENTRE AS PARTES, nos seguintes casos: (art. 81)

> *I - quando houver modificação do projeto ou das especificações, para melhor adequação técnica aos seus objetivos;*
>
> *II - quando necessária a modificação do valor contratual em decorrência de acréscimo ou diminuição quantitativa de seu objeto, nos limites permitidos por esta Lei;*
>
> *III - quando conveniente a substituição da garantia de execução;*
>
> *IV - quando necessária a modificação do regime de execução da obra ou serviço, bem como do modo de fornecimento, em face de verificação técnica da inaplicabilidade dos termos contratuais originários;*
>
> *V - quando necessária a modificação da forma de pagamento, por imposição de circunstâncias supervenientes, mantido o valor inicial atualizado, vedada a antecipação*

> *do pagamento, com relação ao cronograma financeiro fixado, sem a correspondente contraprestação de fornecimento de bens ou execução de obra ou serviço;*
>
> *VI - para restabelecer a relação que as partes pactuaram inicialmente entre os encargos do contratado e a retribuição da administração para a justa remuneração da obra, serviço ou fornecimento, objetivando a manutenção do equilíbrio econômico-financeiro inicial do contrato, na hipótese de sobrevirem fatos imprevisíveis, ou previsíveis porém de consequências incalculáveis, retardadores ou impeditivos da execução do ajustado, ou, ainda, em caso de força maior, caso fortuito ou fato do príncipe, configurando álea econômica extraordinária e extracontratual.*

O contratado **poderá** aceitar, nas mesmas condições contratuais, os acréscimos ou supressões que se fizerem nas obras, serviços ou compras, até 25% (vinte e cinco por cento) do valor inicial atualizado do contrato, e, no caso particular de reforma de edifício ou de equipamento, até o limite de 50% (cinquenta por cento) para os seus acréscimos.

Nenhum acréscimo ou supressão poderá exceder tais limites, **salvo as supressões resultantes de acordo celebrado entre os contratantes.**

Note, mais uma vez, que para fazer acréscimos ou supressões, inclusive dentro dos percentuais fixados em lei o contratado tem a faculdade de ACEITAR as modificações, pois a lei usa a expressão 'poderá' aceitar. Na Lei nº 8.666/93 essas alterações podem ser feitas unilateralmente pela Administração Pública independentemente da vontade do contratado.

No caso de **supressão** de obras, bens ou serviços, se o contratado já houver adquirido os materiais e posto no local dos trabalhos, esses materiais deverão ser pagos pela empresa pública ou sociedade de economia mista pelos custos de aquisição regularmente comprovados e monetariamente corrigidos, podendo caber indenização por outros danos eventualmente decorrentes da supressão, desde que regularmente comprovados.

A criação, a alteração ou a extinção de quaisquer tributos ou encargos legais, bem como a superveniência de disposições legais, quando ocorridas após a data da **apresentação da proposta**, com comprovada repercussão nos preços contratados, implicarão a revisão destes para mais ou para menos, conforme o caso.

Em havendo alteração do contrato que aumente os encargos do contratado, a empresa pública ou a sociedade de economia mista **deverá** restabelecer, por aditamento, o equilíbrio econômico-financeiro inicial. Trata-se de imposição que decorre do art. 37, XXI, da CF, pois durante toda a execução contratual o equilíbrio financeiro do contrato deverá ser mantido.

A variação do valor contratual para fazer face ao **reajuste** de preços previsto no próprio contrato e as atualizações, compensações ou penalizações financeiras decorrentes das condições de pagamento nele previstas, bem como o empenho de dotações orçamentárias suplementares até o limite do seu valor corrigido, não caracterizam alteração do contrato e podem ser registrados por simples apostila, dispensada a celebração de aditamento.

Assim, simples REAJUSTES (atualização de valores) são feitos por **apostilamento.**

De outro modo, sendo alteração para restabelecer a relação que as partes pactuaram inicialmente entre os encargos do contratado (caso de REVISÃO do contrato) será feita por **aditamento.**

É vedada a celebração de aditivos decorrentes de eventos supervenientes alocados, na matriz de riscos, como de responsabilidade da contratada.

10.4. Da fiscalização pelo Estado e pela sociedade

Os órgãos de controle externo e interno das 3 (três) esferas de governo fiscalizarão as empresas públicas e as sociedades de economia mista a elas relacionadas, inclusive aquelas domiciliadas no exterior, quanto à legitimidade, à economicidade e à eficácia da aplicação de seus recursos, sob o ponto de vista contábil, financeiro, operacional e patrimonial. (art. 85)

O acesso dos órgãos de controle às informações será restrito e individualizado.

Para a realização da atividade fiscalizatória, os órgãos de controle deverão ter acesso irrestrito aos documentos e às informações necessários à realização dos trabalhos, **inclusive aqueles classificados como sigilosos pela empresa pública ou pela sociedade de economia mista, nos termos da** Lei nº **12.527, de 18 de novembro de 2011.**

Veja que, mesmo sendo a informação sigilosa, os órgãos de controle terão acesso, inclusive quanto aos atos estratégicos de gestão empresarial.

O **grau de confidencialidade** será atribuído pelas empresas públicas e sociedades de economia mista no ato de entrega dos documentos e informações solicitados, tornando-se o órgão de controle com o qual foi compartilhada a informação sigilosa corresponsável pela manutenção do seu sigilo.

Os atos de fiscalização e controle dispostos aplicar-se-ão, também, às empresas públicas e às sociedades de economia mista de **caráter e constituição transnacional** no que se refere aos atos de gestão e aplicação do capital nacional, independentemente de estarem incluídos ou não em seus respectivos atos e acordos constitutivos.

As informações das empresas públicas e das sociedades de economia mista relativas a licitações e contratos, inclusive aqueles referentes a bases de preços, constarão de bancos de dados eletrônicos atualizados e com acesso em tempo real aos órgãos de controle competentes. (art. 86)

As atas e demais expedientes oriundos de reuniões, ordinárias ou extraordinárias, dos conselhos de administração ou fiscal das empresas públicas e das sociedades de economia mista, inclusive gravações e filmagens, quando houver, deverão ser disponibilizados para os órgãos de controle sempre que solicitados, no âmbito dos trabalhos de auditoria.

As informações que sejam revestidas de **sigilo bancário, estratégico, comercial ou industrial** serão assim identificadas, respondendo o servidor administrativa, civil e penalmente pelos danos causados à empresa pública ou à sociedade de economia mista e a seus acionistas em razão de eventual divulgação indevida.

O controle das despesas decorrentes dos contratos e demais instrumentos regidos por esta Lei será feito pelos órgãos do sistema de controle interno e pelo tribunal de contas competente, na forma da legislação pertinente, ficando as empresas públicas e as sociedades de economia mista responsáveis pela demonstração da legalidade e da regularidade da despesa e da execução, nos termos da Constituição. (art. 87)

Qualquer cidadão é parte legítima para impugnar edital de licitação por irregularidade na aplicação desta Lei, devendo protocolar o pedido até 5 (cinco) dias úteis antes da data fixada para a ocorrência do certame, devendo a entidade julgar e responder à impugnação em até 3 (três) dias úteis.

Qualquer licitante, contratado ou pessoa física ou jurídica poderá representar ao tribunal de contas ou aos órgãos integrantes do sistema de controle interno contra irregularidades na aplicação da Lei nº 13.303/16.

Os tribunais de contas e os órgãos integrantes do sistema de controle interno poderão solicitar para exame, a qualquer tempo, documentos de natureza contábil, financeira, orçamentária, patrimonial e operacional das empresas públicas, das sociedades de economia mista e de suas subsidiárias no Brasil e no exterior, obrigando-se, os jurisdicionados, à adoção das medidas corretivas pertinentes que, em função desse exame, lhes forem determinadas.

As empresas públicas e as sociedades de economia mista deverão disponibilizar para conhecimento público, por meio eletrônico, informação completa mensalmente atualizada sobre a execução de seus contratos e de seu orçamento, admitindo-se retardo de até 2 (dois) meses na divulgação das informações. (art. 88)

A disponibilização de informações contratuais referentes a operações de perfil **estratégico ou que tenham por objeto segredo industrial** receberá proteção mínima necessária para lhes garantir confidencialidade.

O exercício da supervisão por vinculação da empresa pública ou da sociedade de economia mista, pelo órgão a que se vincula, não pode ensejar a redução ou a supressão da autonomia da entidade supervisionada ou da autonomia inerente a sua natureza, **nem autoriza a ingerência do supervisor em sua administração e funcionamento, devendo a supervisão ser exercida nos limites da legislação aplicável.**

As ações e deliberações do órgão ou ente de controle não podem implicar interferência na gestão das empresas públicas e das sociedades de economia mista a ele submetidas nem ingerência no exercício de suas competências ou na definição de políticas públicas.

10.5. Disposições finais e transitórias

> *Art. 91. A empresa pública e a sociedade de economia mista constituídas anteriormente à vigência desta Lei deverão, no prazo de 24 (vinte e quatro) meses, promover as adaptações necessárias à adequação ao disposto nesta Lei.*
>
> *§ 1º A sociedade de economia mista que tiver capital fechado na data de entrada em vigor desta Lei poderá, observado o prazo estabelecido no caput, ser transformada em empresa pública, mediante resgate, pela empresa, da totalidade das ações de titularidade de acionistas privados, com base no valor de patrimônio líquido constante do último balanço aprovado pela assembleia-geral.*
>
> *§ 2º (VETADO).*
>
> *§ 3º Permanecem regidos pela legislação anterior procedimentos licitatórios e contratos iniciados ou celebrados até o final do prazo previsto no caput.*
>
> *Art. 92. O Registro Público de Empresas Mercantis e Atividades Afins manterá banco de dados público e gratuito, disponível na internet, contendo a relação de todas as empresas públicas e as sociedades de economia mista.*
>
> *Parágrafo único. É a União proibida de realizar transferência voluntária de recursos a Estados, ao Distrito Federal e a Municípios que não fornecerem ao Registro Público de Empresas Mercantis e Atividades Afins as informações relativas às empresas públicas e às sociedades de economia mista a eles vinculadas.*

> *Art. 93. As despesas com publicidade e patrocínio da empresa pública e da sociedade de economia mista não ultrapassarão, em cada exercício, o limite de 0,5% (cinco décimos por cento) da receita operacional bruta do exercício anterior.*
>
> *§ 1º O limite disposto no caput poderá ser ampliado, até o limite de 2% (dois por cento) da receita bruta do exercício anterior, por proposta da diretoria da empresa pública ou da sociedade de economia mista justificada com base em parâmetros de mercado do setor específico de atuação da empresa ou da sociedade e aprovada pelo respectivo Conselho de Administração.*
>
> *§ 2º É vedado à empresa pública e à sociedade de economia mista realizar, em ano de eleição para cargos do ente federativo a que sejam vinculadas, despesas com publicidade e patrocínio que excedam a média dos gastos nos 3 (três) últimos anos que antecedem o pleito ou no último ano imediatamente anterior à eleição.*
>
> *Art. 94. Aplicam-se à empresa pública, à sociedade de economia mista e às suas subsidiárias as sanções previstas na Lei nº 12.846, de 1º de agosto de 2013, salvo as previstas nos incisos II, III e IV do caput do art. 19 da referida Lei.*
>
> *Art. 95. A estratégia de longo prazo prevista no art. 23 deverá ser aprovada em até 180 (cento e oitenta) dias da data de publicação da presente Lei.*
>
> *Art. 96. Revogam-se:*
>
> *I - o § 2º do art. 15 da Lei nº 3.890-A, de 25 de abril de 1961, com a redação dada pelo art. 19 da Lei nº 11.943, de 28 de maio de 2009;*
>
> *II - os arts. 67 e 68 da Lei nº 9.478, de 6 de agosto de 1997.*

Trata-se de dispositivos que autorizavam a PETROBRÁS a ter licitação diferenciada fixada por decreto. Foi revogada essa autorização. Assim, a PETROBRÁS deve seguir o disposto na Lei nº 13.303/16 sobre licitações e contratos.

> *Art. 67. Os contratos celebrados pela PETROBRÁS, para aquisição de bens e serviços, serão precedidos de procedimento licitatório simplificado, a ser definido em decreto do Presidente da República. (Vide Decreto nº 2.745, de 1998) (Revogado pela Lei nº 13.303, de 2016)*
>
> *Art. 68. Com o objetivo de compor suas propostas para participar das licitações que precedem as concessões de que trata esta Lei, a PETROBRÁS poderá assinar pré-contratos, mediante a expedição de cartas-convites, assegurando preços e compromissos de fornecimento de bens e serviços. (Revogado pela Lei nº 13.303, de 2016)*
>
> *Parágrafo único. Os pré-contratos conterão cláusula resolutiva de pleno direito, a ser exercida, sem penalidade ou indenização, no caso de outro licitante ser declarado vencedor, e serão submetidos, a posteriori, à apreciação dos órgãos de controle externo e fiscalização. (Revogado pela Lei nº 13.303, de 2016)*

JURISPRUDÊNCIA SELECIONADA

PRECATÓRIOS E EMPRESA ESTATAL. É inconstitucional determinação judicial que decreta a constrição de bens de sociedade de economia mista prestadora de serviços públicos em regime não concorrencial, para fins de pagamento de débitos trabalhistas (Ex: CODESP – Porto de Santos). STF. Plenário. ADPF 275/PB, Rel. Min. Alexandre de Moraes, julgado em 17/10/2018 (Info 920).

PRECATÓRIOS E EMPRESA ESTATAL. Não se submetem ao regime de precatório as empresas públicas dotadas de personalidade jurídica de direito privado com patrimônio próprio e autonomia administrativa que exerçam atividade econômica sem monopólio e com finalidade de lucro. STF. 1ª Turma. RE 892727/DF, rel. orig. Min. Alexandre de Morais, red. p/ o ac. Min. Rosa Weber, julgado em 7/8/2018 (Info 910).

PRECATÓRIOS E CONSELHOS DE FISCALIZAÇÃO PROFISSIONAL. Os pagamentos devidos, em razão de pronunciamento judicial, pelos Conselhos de Fiscalização (exs: CREA, CRM, COREN, CRO) não se submetem ao regime de precatórios. STF. Plenário. RE 938837/SP, rel. orig. Min. Edson Fachin, red. p/ o ac. Min. Marco Aurélio, julgado em 19/4/2017 (repercussão geral) (Info 861).

BACEN E FISCALIZAÇÃO DO SERASA. O Banco Central tem o dever de exercer o controle do crédito e fiscalizar a atividade das instituições financeiras. O Serasa não é uma instituição financeira, considerando que não exerce coleta, intermediação nem aplicação de recursos financeiros, nem a custódia de valor de propriedade de terceiros, seja como atividade principal ou acessória. Logo, não é da atribuição do Banco Central a fiscalização das atividades do Serasa. STJ. 4ª Turma. REsp 1.178.768-SP, Rel. Min. Maria Isabel Gallotti, julgado em 1/12/2016 (Info 595).

PRECATÓRIOS E EMPRESA ESTATAL. É aplicável o regime dos precatórios às sociedades de economia mista prestadoras de serviço público próprio do Estado e de natureza não concorrencial. STF. Plenário. ADPF 387/PI, Rel. Min. Gilmar Mendes, julgado em 23/3/2017 (Info 858).

CRIAÇÃO DE FUNDAÇÃO. A qualificação de uma fundação instituída pelo Estado como sujeita ao regime público ou privado depende (i) do estatuto de sua criação ou autorização e (ii) das atividades por ela prestadas. As atividades de conteúdo econômico e as passíveis de delegação, quando definidas como objetos de dada fundação, ainda que essa seja instituída ou mantida pelo poder público, podem se submeter ao regime jurídico de direito privado. RE 716378/SP, rel. Min. Dias Toffoli, julgamento em 1º e 7.8.2019. (RE-716378)

ESTABILIDADE AGENTES DE FUNDAÇÃO. A estabilidade especial do art. 19 do Ato das Disposições Constitucionais Transitórias (ADCT) (1) não se estende aos empregados das fundações públicas de direito privado, aplicando-se tão somente aos servidores das pessoas jurídicas de direito público. RE 716378/SP, rel. Min. Dias Toffoli, julgamento em 1º e 7.8.2019. (RE-716378)

REVISÃO

1) A ADMINISTRAÇÃO CENTRALIZADA OU DIRETA corresponde à atuação direta pelo próprio Estado por meio de seus **órgãos**. A criação de órgãos resulta da DESCONCENTRAÇÃO, que é uma distribuição **interna** de competências dentro da mesma pessoa jurídica. Na desconcentração tem-se o CONTROLE HIERÁRQUICO, pois os órgãos de menor hierarquia permanecem subordinados aos órgãos que lhes são superiores.

2) O conceito legal de órgão está contido no art. 1º, § 2º, da Lei 9.784/99, sendo a unidade de atuação integrante da estrutura da Administração Direta e da estrutura da Administração Indireta.

3) A desconcentração pode ser feita tanto em razão da **matéria**, **hierarquia** e **território**.

4) Na DESCENTRALIZAÇÃO ADMINISTRATIVA ocorre distribuição de competências de uma para outra pessoa jurídica com a criação de **entidades** dotadas de **personalidade jurídica**

própria: são as autarquias, fundações, empresas públicas e sociedades de economia mista (Administração Indireta). Na descentralização ocorre CONTROLE FINALÍSTICO, pois as entidades da Administração Indireta permanecem **vinculadas** à finalidade para a qual foram criadas. O controle finalístico visa evitar que a entidade descentralizada, no exercício de sua autonomia, atue fora dos limites que resultaram na sua criação. (O controle finalístico também é chamado de tutela ou controle administrativo ou supervisão ministerial em nível federal.)

5) DESCONCENTRAÇÃO – CRIAÇÃO DE ÓRGÃOS; DESCENTRALIZAÇÃO – CRIAÇÃO DE ENTIDADES.

6) Administração Direta é a prestação da atividade pelo próprio ente político por meio de seus órgãos, **incluindo** órgãos do Judiciário e Legislativo.

7) CARACTERÍSTICAS DOS ÓRGÃOS: a) Não possuem personalidade jurídica; b) Não possuem patrimônio próprio; c) Não possuem capacidade processual. Contudo, é admissível a **impetração de mandado de segurança por órgãos de natureza constitucional**, quando se trata de defesa de suas prerrogativas. Segundo a doutrina apenas órgãos **independentes e autônomos**, podem ter **capacidade processual** para a defesa de suas prerrogativas institucionais. Essa capacidade para estar em juízo também é conhecida como PERSONALIDADE JUDICIÁRIA.

8) Hoje prevalece a teoria do ÓRGÃO, formulada pelo alemão Otto Giercke, segundo a qual as pessoas jurídicas expressam a sua vontade por meio de seus próprios órgãos, titularizados por seus agentes. Essa teoria superou a teoria da representação e do mandato.

9) A criação e a extinção de órgãos da Administração Pública dependem de LEI.

10) Classificação dos órgãos:

– **INDEPENDENTES:** são os originários da Constituição e representativos dos poderes do Estado, sem qualquer subordinação hierárquica ou funcional.

– **AUTÔNOMOS:** localizados na cúpula da Administração, imediatamente abaixo dos órgãos independentes e diretamente subordinados os seus chefes. Têm ampla **autonomia administrativa e financeira.**

– **SUPERIORES:** detêm poder de direção, controle e decisão e comando de assuntos de sua competência específica, mas sempre sujeitos à subordinação e ao controle hierárquico de uma chefia mais alta.

11) F**ormas de descentralização administrativa:** a) territorial ou geográfica; b) técnica / serviços / funcional / delegação legal / outorga, ocorre quando são criadas ou autorizadas a criação, mediante lei específica, de pessoas jurídicas para a prestação de uma atividade, surgindo as entidades da Administração Indireta; c) colaboração / delegação / delegação negocial, transfere para particulares a prestação de uma atividade administrativa. Essa forma pode ser decorrer de contrato administrativo ou mediante ato administrativo.

12) Somente por **lei específica** poderá ser criada autarquia e autorizada a instituição de empresa pública, de sociedade de economia mista e de fundação, cabendo a **lei complementar**, neste último caso, definir as áreas de sua atuação.

13) Segundo o STF, basta a **lei autorizativa geral** da empresa pública ou sociedade de economia mista ter previsão para a criação de subsidiárias que se dispensa a autorização legislativa em cada caso.

14) A doutrina admite Administração Indireta no Poder Legislativo e Judiciário.

15) AUTARQUIAS:

- finalidade: exerce atividade típica de estado. Não pode exercer atividade econômica. Conforme STJ e STF, a OAB não é considerada autarquia.
- personalidade de direito público.
- autonomia administrativa e financeira (não possui capacidade política).
- especialização dos fins ou atividades.
- sujeição a controle ou tutela (indispensável para que não desvie dos seus fins).
- regime jurídico dos servidores e de dirigentes: servidores estatutários: dirigente ocupa cargo em comissão os demais cargos são efetivos. Segundo orientação do Supremo Tribunal Federal, a exigência de aprovação legislativa prévia para a **exoneração** de ocupantes de cargos do poder executivo, ou previsão de exoneração direta de tais servidores pelo próprio poder legislativo são inconstitucionais.
- responsabilidade **objetiva** na forma do art. 37, § 6º, da CF.
- **prerrogativas autárquicas**: a) imunidade tributária; b) impenhorabilidade de seus bens e suas rendas; c) imprescritibilidade de seus bens (não admite usucapião); d) prescrição quinquenal; e) créditos sujeitos à execução fiscal; f) considerada fazenda pública; g) aplicação do art. 183 do Novo CPC: prazo em dobro para todas as suas manifestações processuais, cuja contagem terá início a partir da intimação pessoal; h) aplicação do art. 493 do Novo CPC (reexame necessário); i) isenção de custas processuais; j) fixação de honorários de acordo com o art. 85 do Novo CPC.

16) AGÊNCIAS EXECUTIVAS: é uma **qualificação** dada à autarquia ou fundação que por meio do *contrato de gestão* com o órgão da Administração Direta a que esteja vinculada amplia sua autonomia (gerencial, administrativa e financeira) para a melhoria da eficiência e redução de custos (art. 37, § 8º).

17) A Agência Nacional do Petróleo – ANP, e a Agência Nacional de Telecomunicações – Anatel são as agências reguladoras com "referência" constitucional.

18) A principal diferença entre uma autarquia comum e a agência reguladora está no modo de escolha ou nomeação do dirigente. No caso das agências reguladoras os dirigentes são indicados pelo chefe do Poder Executivo, mas dependem de aprovação do Poder Legislativo. No plano federal essa aprovação é feita pelo Senado Federal.

19) CONSÓRCIOS PÚBLICOS: os consórcios públicos são pessoas jurídicas formadas exclusivamente por Entes da Federação, nos termos do art. 241 da CF e da Lei nº 11.107/05, para a prestação de serviços públicos na forma de gestão associada.

20) FUNDAÇÕES: o Estado pode criar fundações de direito público (autarquias) ou de direito privado (derrogação do regime privado). A fundação, criada pelo estado como pessoa jurídica de direito público, será criada por lei específica tal qual a autarquia.

Características

- atividade: pratica atividade não exclusiva do Estado (saúde, educação, atividade cultural [...]).

- licitação e contratos: incidem as normas de contratação e licitação da Lei 8666/93.
- possibilidade de qualificação como agência executiva.
- imunidade tributária: as duas modalidades de fundações instituídas pelo Poder Público (públicas e privadas) fazem jus à imunidade tributária.
- controle financeiro exercido pelo Tribunal de Contas.

21) **SOCIEDADE DE ECONOMIA MISTA E EMPRESA PÚBLICA:**

- desempenham atividade de natureza econômica ***ou*** prestam serviços públicos.
- regime de pessoal: emprego público. Necessidade de realização de concurso público. No caso dos cargos de direção, são regidos por um regime diferenciado que não tem definição em lei própria.
- regime tributário: não poderão gozar de privilégios fiscais não extensivos às do setor privado. O STF adotou o entendimento de que a Empresa Brasileira de Correio e Telégrafos – ECT está abrangida pela imunidade tributária recíproca prevista no art. 150, vi, *a*, da CF, por se tratar de prestadora de serviço público exclusivo do estado. Infraero, mesmo caso.
- regime de bens: os bens são considerados privados. Entretanto, a jurisprudência entende que os bens das prestadoras de serviços públicos diretamente destinados à prestação do serviço não são passíveis de penhora.
- falência: de acordo com a Lei de Falência, não podem falir. Doutrina admite a falência para as que exploram atividade econômica.

	EP	SEM
Forma de organização	Qualquer forma	S.A.
Composição do capital	Totalmente público ("100% público") – Mais de um Ente federativo; – Pessoas administrativas da Administração Indireta.	Público e privado Maioria das ações com direito a voto tem que ser do Poder Público ou de entidade da Administração Indireta (Decreto Lei nº 200/67, art. 5º, III).
Foro processual	EP federal – Justiça Federal se autoras, rés, assistentes ou opoentes, nos termos do art. 109 da CF.	Justiça estadual

22) **PARAESTATAIS:** Para fins de concurso, as paraestatais são pessoas de direito privado, sem fins lucrativos, que realizam atividades de interesse público, estando no Terceiro Setor do Estado.

23) Atualmente, as entidades incluídas no Terceiro Setor, paraestatais, são os Serviços Sociais Autônomos (Sistema "S"), as Organizações Sociais – OS, Organizações Sociais Civis de Interesse Público – Oscips, fundações ou entidades de apoio.

24) Sistema "S": a **posição atual do TCU** é no sentido de que esses entes **não precisam realizar licitação**, mas devem estabelecer atos normativos próprios a fim de estabelecer um mínimo de competição antes de suas contratações, obedecendo aos princípios que orientam a Lei de Licitações. A justiça competente é a Justiça comum **estadual**, pois são pessoas jurídicas de direito privado.

11. QUESTÕES

1. **(2019/CESPE/Prefeitura de Boa Vista – RR/Procurador Municipal).** A respeito de improbidade administrativa, processo administrativo e organização administrativa, julgue o item seguinte.

   A criação de empresa pública é um exemplo de descentralização de poder realizado por meio de atos de direito privado, ainda que a instituição da empresa pública dependa de autorização legislativa.

2. **(2019/CESPE/Prefeitura de Boa Vista – RR/Procurador Municipal).** Julgue o item a seguir, acerca das disposições constitucionais a respeito de direito administrativo.

   A investidura em empregos públicos em sociedades de economia mista depende de prévia aprovação em concurso público, mas não se estende a esse tipo de emprego a proibição constitucional de acumulação remunerada de funções e cargos públicos.

3. **(2019/CESPE/TJ - DFT/Titular de Serviços de Notas e de Registros - Remoção).** Na hipótese de um ente federado pretender instituir uma fundação pública de direito público, a criação dessa entidade deverá ser formalizada por meio de

a) lei ordinária, cabendo a decreto regulamentar definir as áreas de sua atuação.
b) lei complementar, cabendo a lei ordinária definir as áreas de sua atuação.
c) autorização em lei ordinária específica, cabendo a decreto regulamentar definir as áreas de sua atuação.
d) autorização em lei ordinária específica, cabendo a lei complementar definir as áreas de sua atuação.
e) autorização em lei complementar específica, cabendo a lei ordinária definir as áreas de sua atuação.

4. **(2019/CESPE/PGE - PE/Assistente de Procuradoria).** A respeito da administração pública brasileira, julgue o item a seguir.

   O Ministério da Ciência, Tecnologia, Inovações e Comunicações integra a administração direta, enquanto a Financiadora de Estudos e Projetos (FINEP), agência sob a supervisão desse ministério, integra a administração indireta.

5. **(2019/CESPE/PGE - PE/Assistente de Procuradoria).** A respeito da administração pública brasileira, julgue o item a seguir.

   Autarquia pode ser criada por ato administrativo originário de ministério.

6. **(2019/CESPE/PGE - PE/Assistente de Procuradoria).** A respeito da administração pública brasileira, julgue o item a seguir. A administração pública direta inclui as autarquias, as fundações públicas e as empresas públicas.

7. **(2019/CESPE/PGE - PE/Assistente de Procuradoria).** A respeito da administração pública brasileira, julgue o item a seguir.

   A descentralização por colaboração ocorre, por exemplo, quando a administração pública, por meio de ato administrativo, transfere a execução de um serviço a uma pessoa jurídica, mas mantém a titularidade do serviço.

8. **(2019/CESPE/PGE - PE/Assistente de Procuradoria)**. A respeito da administração pública brasileira, julgue o item a seguir.

A descentralização consiste na repartição de funções entre mais de um órgão de uma mesma administração, sem que haja quebra de hierarquia, e pode ocorrer por critério territorial.

9. **(2019/CESPE/PGE - PE/Assistente de Procuradoria)**. A respeito da organização administrativa da administração pública, julgue o item a seguir.

A administração pública direta reflete uma administração centralizada, enquanto a administração indireta reflete uma administração descentralizada.

10. **(2019/CESPE/PGE - PE/Assistente de Procuradoria)**. A respeito da organização administrativa da administração pública, julgue o item a seguir.

Desconcentração administrativa consiste na distribuição do exercício das funções administrativas entre pessoas jurídicas autônomas.

11. **(2019/FCC/SEMEF Manaus- AM/Assistente Técnico Fazendário)**. A organização administrativa descentralizada tem como característica inerente ao modelo

a) o estabelecimento de estruturas hierarquizadas nas diversas pessoas jurídicas que compõem a Administração indireta, com servidores com vínculo funcional estatutário, porque representantes de atividades estatais.

b) a criação de pessoas jurídicas integrantes da Administração indireta, variados os regimes jurídicos a que se sujeitam, mas comum entre elas a obrigatoriedade de submissão a concurso público para contratação de empregados públicos.

c) a competência para edição de atos administrativos discricionários e vinculados, vedada a delegação de poder normativo, privativo da Administração central.

d) os poderes disciplinar e hierárquico, que projetam efeitos sobre os servidores estatutários e celetistas que integram seus quadros, bem como sobre terceiros contratados para prestação de serviços de quaisquer natureza.

e) o enquadramento, para fins de caracterização de sujeito ativo de ato de improbidade, dos servidores e administradores integrantes das diversas pessoas jurídicas que integram, à exceção daquelas sujeitas a regime jurídico de direito privado, como preservação da igualdade de concorrência.

12. **(2019/FCC/Prefeitura de Recife - PE/Analista de Gestão Contábil)**. Determinado município implementou reforma administrativa quando da assunção de uma nova gestão. Entre as medidas tomadas estava a criação de empresa estatal cujo escopo seria prestar garantias aos projetos de infraestrutura que o Município viesse a contratar. Além disso, foram unificadas as competências de algumas secretarias, reduzindo o número dessas estruturas na Administração. Por fim, foram extintos cargos e órgãos. A descrição da reforma implementada demonstra que

a) foi precedida da edição de lei autorizativa necessária para todas as mudanças implementadas, porque sujeitas à reserva de lei formal.

b) a criação de empresas estatais se deu por meio de lei, em cujo texto constavam as competências e atribuições que foram delegadas aos novos entes.

c) o Município editou ato normativo para todas as medidas de reorganização administrativa, considerando que essa matéria pode ser objeto de decreto autônomo.

d) foi necessária lei autorizativa para instituição da empresa estatal, sem prejuízo de outras medidas, como a extinção de cargos vagos, poder ser implementada por decreto.

e) a reorganização dos órgãos administrativos, envolvendo criação e extinção, dependeram da edição de lei complementar, pois implicam necessariamente a implementação de novas unidades de despesa.

13. (2019/FCC/Prefeitura de Recife - PE/Analista de Gestão Administrativa). Suponha que o Município pretenda atuar em conjunto com o governo estadual para implementação de um programa de apoio à população afetada por fortes chuvas ocorridas na região metropolitana, com a remoção de famílias das áreas de risco e execução de obras emergenciais para evitar deslizamentos. Para tanto, o Estado está disposto a disponibilizar recursos financeiros destinados às referidas ações, inseridas no orçamento da Defesa Civil, que seriam executadas pelo Município. O instrumento jurídico adequado para viabilizar essa colaboração consiste em

a) contrato de gestão, como forma de delegação de competências e obrigações do Estado ao Município, que atua diretamente ou por intermédio de organizações sociais devidamente qualificadas.

b) consórcio público, destituído de personalidade jurídica, porém com capacidade para assumir obrigações de natureza orçamentário-financeiras.

c) convênio, com a conjugação de esforços envolvendo interesses convergentes e aplicação dos recursos nas ações constantes do correspondente plano de trabalho.

d) termo de parceria, admitindo-se a aplicação dos recursos estaduais apenas em ações de responsabilidade deste ente e vedada a remuneração de pessoal.

e) protocolo de intenções, que limita as transferências ao exercício em curso, podendo ser convolado em contrato de rateio para repasse nos exercícios subsequentes.

14. (2019/FCC/AFAP/Analista de Fomento - Advogado). A formação de um consórcio público entre determinados municípios e o estado que integram

a) pressupõe a edição de lei estadual autorizativa da participação dos entes, instrumento que também preverá a possibilidade de repasse de recursos mediante contrato de rateio.

b) demanda prévio convênio entre os entes participantes, no qual serão fixadas as competências atribuídas a cada um deles, bem como a forma pela qual será contratado o consórcio.

c) enseja a celebração de protocolo de intenções, seguida de contrato de consórcio, por meio do qual um ente federado poderá transferir para outro ente federado competências que lhe foram constitucionalmente atribuídas.

d) depende da celebração de convênio de programa e rateio para disciplinar a transferência de competências, mão de obra e recursos para a nova pessoa jurídica criada.

e) exige lei de cada ente participante, ratificando o protocolo de intenções, para celebração de contrato de programa disciplinando as obrigações de cada ente no consórcio, inclusive se haverá contrato de rateio para repasse de recursos à pessoa jurídica criada.

15. (2019/FGV/Prefeitura de Salvador – BA/Especialista em Políticas Públicas). Até recentemente, havia o entendimento dos especialistas de que a sociedade poderia ser classificada em dois setores, o primeiro sendo o Poder Público e o segundo o Mercado.

Com o crescente número de demandas sociais não atendidas pelo Estado, um terceiro setor começa se consolidar e ganhar importância no atendimento das demandas da sociedade.

Assinale a opção que indica uma organização do terceiro setor.

a) Agência Executiva.

b) Sociedade Anônima.

c) Fundação Autárquica.

d) Associação Pública.

e) Entidade de Apoio.

16. (2019/FGV/Prefeitura de Salvador – BA/Especialista em Políticas Públicas). No que concerne às Agências Reguladoras, importantes entidades criadas para fiscalizar e regular serviços de determinados setores econômicos, assinale a afirmativa incorreta.

a) As agências devem ter necessariamente personalidade jurídica de direito público, dotadas de independência administrativa e autonomia financeira.
b) Seus dirigentes devem possuir mandatos fixos, sendo estritamente vedada a possibilidade de exoneração ad nutum.
c) As agências são autarquias ou fundações públicas que celebraram contrato de gestão com o Poder Público.
d) Seus atos não podem ser revistos ou alterados pelo Poder Executivo, apenas pelo Judiciário, devendo, no entanto, agir conforme suas finalidades específicas.
e) As agências podem existir tanto em âmbito federal quanto estadual e municipal, desde que criadas por lei.

---

17. (2019/FGV/Prefeitura de Salvador – BA/Fiscal de Serviços Municipais). O conceito de agência executiva foi criado com o objetivo precípuo de otimizar recursos, reduzir custos e aperfeiçoar a prestação de serviços públicos. Essa noção tem sua origem em um modelo utilizado nos Estados Unidos e foi importado pelo Brasil no período de reforma administrativa do Estado, na década de 90.Considerando as Agências Executivas, analise as afirmativas a seguir.

I. É um tipo de qualificação dada à uma pessoa jurídica.
II. Garante maior autonomia ao ente público.
III. Altera a natureza jurídica da entidade.

Está correto o que se afirma em

a) I, apenas.
b) II, apenas.
c) III, apenas.
d) I e II, apenas.
e) II e III, apenas.

---

18. (2019/FGV/Prefeitura de Salvador – BA/Fiscal de Serviços Municipais). Sobre a descentralização por colaboração, assinale a afirmativa correta.

a) Ocorre quando a Constituição atribui a um ente específico que exerça atribuições próprias de forma autônoma ao ente central.
b) Ocorre quando a Administração Pública transfere, por contrato ou ato administrativo unilateral, a execução de serviço público a uma pessoa jurídica de direito privado.
c) Ocorre quando é outorgada a outros órgãos funções de determinada entidade administrativa, visando ao aumento de eficiência.
d) Ocorre quando a Lei específica cede a titularidade de serviço público a uma pessoa jurídica do direito público, sem que o cedente interfira nas atividades.
e) Ocorre quando as organizações paraestatais celebram ajuste com a Administração Pública por termo cooperação e se tornam parte da administração indireta.

---

19. (2019/FGV/Prefeitura de Salvador – BA/Fiscal de Serviços Municipais). Determinado município baiano autoriza, por meio de lei, a instituição de uma autarquia com a finalidade de gerir o trânsito e os estacionamentos públicos da região. Para preencher os cargos dessa autarquia, serão realizados concursos públicos, e os empossados serão regidos pelo regime jurídico estatutário. Além disso, visando a contenção de despesas, o Município irá convocar alguns empresários locais para participar do capital da autarquia, deixando o Poder Público apenas com 51% do controle.

Em relação ao apresentado na situação, está de acordo com a legislação brasileira que dispõe sobre as autarquias:

a) A autorização da instituição da autarquia por lei, o uso do regime jurídico único estatutário para o pessoal e a participação da iniciativa privada em seu capital.

b) A autorização da instituição por lei da autarquia e a participação de empresários em seu capital.

c) A autorização da instituição da autarquia por lei, o uso do regime jurídico estatutário para o pessoal.

d) O uso do regime jurídico estatutário para o pessoal e a participação da iniciativa privada em seu capital.

e) O uso do regime jurídico estatutário para o pessoal.

---

20. (2019/FGV/Prefeitura de Salvador – BA/Fiscal de Serviços Municipais). O Prefeito do Município Alfa solicitou orientações de sua assessoria jurídica a respeito da sistemática de criação de uma autarquia, da natureza de sua personalidade jurídica e da possibilidade desse ente celebrar contrato, a ser firmado por seus administradores, com o poder público, visando a ampliar a sua autonomia gerencial, orçamentária e financeira.

À luz da sistemática constitucional, a assessoria respondeu corretamente que as autarquias

a) são criadas por lei específica, possuindo personalidade jurídica de direito público e estando autorizadas a celebrar os denominados contratos de gestão.

b) têm sua instituição autorizada por lei, possuindo personalidade jurídica de direito público e não estando autorizadas a celebrar contratos com o Poder Público.

c) são criadas por ato administrativo negocial, possuindo personalidade jurídica de direito público e não estão autorizadas a celebrar contratos com o Poder Público.

d) são criadas por lei específica, possuindo personalidade jurídica de direito privado e os seus contratos são celebrados pelo Ministro responsável pela supervisão.

e) têm sua instituição autorizada por lei específica, possuindo personalidade jurídica de direito público e os seus contratos são celebrados pelo Ministro responsável pela supervisão.

---

21. (2019/FGV/DPE - RJ/Técnico Superior Especializado - Administração de Empresas). Hércules, diretor-executivo de uma multinacional do setor de varejo, recebe um convite do Presidente da República para assumir cargo de diretor-geral de uma agência reguladora federal. Entusiasmado com a oportunidade, mas com receio de abandonar seu emprego seguro na multinacional, Hércules pergunta ao seu amigo Aquiles, destacado jurista, sobre a possibilidade de perda de mandato de dirigentes das agências reguladoras. Aquiles informa, corretamente, que:

a) por ter natureza jurídica de cargo comissionado, os cargos de dirigentes das agências reguladoras são caracterizados como de livre nomeação e exoneração;

b) embora a estabilidade, por tempo determinado, seja a regra, a lei instituidora da agência pode prever condições diferentes para a perda de cargo dos dirigentes;

c) devido ao seu caráter político, o dirigente de agência reguladora só poderá ser substituído após cumprido integralmente seu mandato;

d) em razão de a nomeação ser realizada por meio de processo seletivo simplificado, sua demissão será feita apenas pelo plenário do Congresso Federal;

e) com o objetivo de garantir a autonomia das agências reguladoras no cumprimento de seus deveres funcionais, é assegurada a vitaliciedade aos seus dirigentes.

---

22. (2019/FGV/DPE - RJ/Técnico Superior Especializado - Administração de Empresas). Em relação às formas de descentralização e desconcentração administrativa, analise os itens a seguir.

I. A descentralização por serviços institui uma entidade da administração indireta, contanto que seja criada por meio de lei específica.

II. A descentralização por colaboração transfere a titularidade de execução da atividade da Administração Pública para a iniciativa privada, por meio de contrato ou ato unilateral.

III. A desconcentração administrativa permite a criação de órgão com personalidade jurídica de direito público, mas sem capacidade processual.

Está correto somente o que se afirma em:

a) I;
b) II;
c) III;
d) I e II;
e) I e III.

---

23. (2019/FGV/DPE - RJ/Técnico Superior Especializado - Administração de Empresas). "Levantamento da Confederação Nacional de Municípios (CNM) identificou 491 consórcios públicos em todo o Brasil. De acordo com o mapeamento inédito, do total de 5.568 municípios, mais de 4 mil participam de pelo menos um consórcio público, pessoa jurídica que executa a gestão de serviços públicos".

A notícia, retirada do site da Agência Brasil, faz referência à personalidade jurídica conhecida por consórcio público, disciplinada pela Lei nº 11.107/05.

Quanto ao consórcio público, é correto afirmar que:

a) é equivalente aos órgãos públicos, representando parte da Administração Direta de todos os entes participantes;
b) necessita do firmamento de convênios especiais entre os partícipes para o repasse de recursos públicos;
c) seus cargos podem ser preenchidos sem a necessidade de realização de concurso público, desde que respeite regulamento próprio;
d) poderá ser constituído tanto como pessoa jurídica de direito público quanto de direito privado;
e) pode exonerar os funcionários sem motivação, desde que extinta a atividade geradora da formação do consórcio.

---

24. (2019/IADES/CAU – AC/ Analista de Fiscalização (Arquiteto e Urbanista). No que concerne à organização administrativa e aos conceitos de centralização, desconcentração e descentralização, assinale a alternativa correta.

a) A descentralização acontece quando o Estado executa as respectivas tarefas diretamente, por meio de órgãos e agentes integrantes da administração direta.
b) A centralização administrativa dá-se quando o Estado desempenha algumas das próprias atribuições por meio de outras pessoas jurídicas e não pela administração direta, como ocorre quando se cria uma autarquia para execução de determinadas atividades.
c) A desconcentração é técnica administrativa de distribuição interna de competências, que ocorre dentro da estrutura de uma pessoa jurídica, como, por exemplo, quando uma autarquia estabelece uma divisão interna de funções.
d) A descentralização é técnica administrativa de distribuição interna de competências, que se efetua dentro da estrutura de uma pessoa jurídica, como, por exemplo, quando determinada autarquia estabelece uma divisão interna de funções.
e) A desconcentração ocorre quando o Estado desempenha algumas das próprias atribuições por meio de outras pessoas jurídicas e não pela administração direta, como verifica-se quando é criada uma autarquia para execução de determinadas atividades.

---

25. (2019/IADES/CAU – AC/ Auxiliar Administrativo). No que tange à organização da administração pública, é correto afirmar que o CAU/AC, a Secretaria de Segurança Pública do Acre, o Banco do Brasil e o Ministério da Economia pertencem, respectivamente, à administração

a) direta, indireta, indireta e indireta.
b) indireta, indireta, direta e direta.
c) indireta, direta, indireta e direta.
d) direta, direta, indireta e direta.
e) direta, indireta, direta e indireta.

GABARITO	
Questão	Resposta
01	C
02	E
03	D
04	D
05	E
06	E
07	C
08	E
09	C
10	E
11	B
12	D
13	C
14	E
15	E
16	C
17	D
18	B
19	E
20	A
21	B
22	A
23	D
24	C
25	C

Capítulo IV

Reforma do Estado e Terceiro Setor

Sumário • ; 1. Introdução; 2. Entidades paraestatais; 2.1. Serviços sociais autônomos – Entidades do sistema "S"; 2.2. Organizações Sociais (OSs); 2.2.1. Procedimento licitatório; 2.2.2. Lei nº 9.637/98 e ADI nº 1.923; 2.3. Organizações da Sociedade Civil de Interesse Público (Oscip); 2.3.1. Procedimento licitatório; 2.4. Fundações ou entidades de apoio; 2.5. Organizações da Sociedade Civil – OSC; 2.5.1. Termo de colaboração e fomento como espécie de convênios; 2.5.2. Do chamamento público; 2.5.3. OSCs impedidas de firmar parcerias; 2.5.4. Das sanções administrativas à entidade – art. 73; 2.5.5 Casos de não aplicação da Lei n. 13.019/14; 2.5.6 Atuação de entidades em rede – Art. 35-A; 2.5.6.7. Dos atos de Improbidade Administrativa; Estudo Avançado; 1. Conceito de paraestatais; Revisão; 2. Questões.

1. INTRODUÇÃO

A reforma administrativa do Estado procurou fortalecer as entidades privadas sem fins lucrativos que desempenham atividades de interesse social, pois uma das soluções apontadas na exigida reforma iniciada no ano de 1995, no governo de Fernando Henrique Cardoso, tinha por intuito principal a transferências de atividades não exclusivas do Estado para entidades privadas sem fins lucrativos.

Devido às inúmeras atividades assumidas pelo Estado, manifestou-se, no Brasil, notadamente a partir do início da década de 1980, uma crise fiscal. A relação de pertinência dessa crise com as mudanças na gestão administrativa que ocorreram mundo afora, combinada com o modelo de Administração da época no Brasil, foi fator preponderante para uma proposta de reforma da Administração Pública.

Todo o aparelhamento estatal constituído sobre a influência do Estado Social, no intuito de prover aos administrados os serviços que não foram garantidos pelo Estado liberal, mostraram-se altamente ineficaz, instalando-se uma situação paradoxal, consistente em um Estado grande e caro, mas ineficiente.

Com efeito, o Estado social teve espaço com a decadência do Estado liberal. Este último modelo, institucionalizado após a Revolução Francesa de 1789, no fim do século XVIII, sucessor do Estado absolutista, era constituído pelos seguintes fundamentos: não intervenção do Estado na economia; vigência do princípio da igualdade formal; adoção da Teoria da Divisão dos Poderes, de Montesquieu; supremacia da Constituição como norma limitadora do poder governamental; e garantia de direitos individuais fundamentais. Especialmente na economia, acreditava-se no seu poder de se autorregular, sem a intervenção estatal; era a chamada "mão invisível". Surge também o Estado de Direito, visando a impedir o poder arbitrário dos governantes. As Constituições dessa época são marcadas pelo surgimento dos direitos de primeira geração.

A conjuntura advinda do Estado Liberal provocou, contudo, exclusão social e concentração de riquezas. Percebeu-se, também, que a aguardada "mão invisível" da economia não chegou a se efetivar. Ademais, a não intervenção estatal do Estado liberal nas questões sociais contribuiu para o crescimento do capitalismo, prejudicando a classe trabalhadora, que vivia oprimida.

Todos esses fatores conduziram ao advento do Estado social (Estado do Bem-Estar), marcado pelas seguintes características: intervenção do Estado na economia; aplicação do princípio da igualdade material e realização da justiça social. As Constituições da época começam a gravar, em seu conteúdo, direitos econômicos, sociais e culturais, ou seja, direitos de segunda geração.

Para financiar essa máquina administrativa, criada ao longo dos anos, era necessária uma carga fiscal excessiva, suportada pelos administrados. Em razão dessa insatisfação da sociedade, bem como da ciência pelo próprio Estado de que a situação não se sustentaria, foi imprescindível uma mudança do paradigma até então utilizado pela Administração, tanto em relação às atividades desempenhadas como no modo de executá-las.

A ideia de Administração burocrática e o modelo de administração conhecido como patrimonialista, caracterizado pela enorme extensão do poder do soberano e pelo conjunto de bens pertencente ao Poder Público, passou a ser substituída pela ideia de Administração gerencial.

No cenário nacional, na época do início dos trabalhos da reforma, foi criado um ministério no governo de Fernando Henrique Cardoso, a fim de cuidar exclusivamente da reformulação da Administração Pública: Ministério da Administração Federal e Reforma do Estado – Mare –, sendo nomeado ministro Luiz Carlos Bresser Pereira. Foi elaborado um Plano Diretor da Reforma do Estado, com a intenção de priorizar o investimento em suas carreiras estratégicas.

O ministro executor da reforma pregava como argumento para as alterações propostas que "Enquanto a Administração Pública burocrática se concentra no processo legalmente definido, em definir procedimentos para contratação de pessoal; para compra de bens e serviços; e em satisfazer as demandas dos cidadãos, a Administração Pública gerencial orienta-se para resultados".

Essa era a ideia: perseguir **resultados**.

Para tanto, invocou-se a necessidade de transferência de determinadas atividades estatais para a iniciativa privada, aperfeiçoando e dando continuidade ao processo de **desestatização** iniciado no governo de Fernando Collor, com a Lei nº 8.031/90.

Desestatizar significa retirar do domínio do Estado determinadas atividades e transferi-las aos particulares, visando à maior eficiência na prestação delas e redução de custos. Isso ocorre por meio da **privatização**, em que se transferem empresas estatais a particulares, ou por meio de **concessão ou permissão** de serviços públicos. Esses dois últimos institutos permitem que particulares executem serviços públicos que antes eram prestados pelo Estado. A **titularidade** permanece sob o domínio estatal, sendo a execução repassada a particulares.

O **conceito legal** de desestatização, previsto na Lei nº 9.491/97, refere-se à: a) alienação, pela União, de direitos que lhe assegurem, diretamente ou através de outras controladas, preponderância nas deliberações sociais e o poder de eleger a maioria dos administradores da sociedade; b) transferência para a iniciativa privada da execução de serviços públicos explorados pela União, diretamente ou através de entidades controladas, bem como daqueles de sua responsabilidade; c) transferência ou outorga de direitos sobre bens móveis e imóveis da União, nos termos dessa Lei.

A lei dispôs que poderão ser objeto de desestatização: I – empresas, inclusive instituições financeiras, controladas direta ou indiretamente pela União, instituídas por lei ou ato do Poder Executivo; II – empresas criadas pelo setor privado e que, por algum motivo, passaram ao controle direto ou indireto da União; III – serviços públicos objeto de concessão, permissão ou autorização; IV – instituições financeiras públicas estaduais que tenham tido as ações de seu capital social desapropriadas, na forma do Decreto-Lei n° 2.321, de 25 de fevereiro de 1987; V – bens móveis e imóveis da União.

O Programa Nacional de Desestatização – PND – foi instituído pela Lei nº 8.031/90. Posteriormente, essa lei foi revogada pela Lei nº 9.491, de 1997. Entre os objetivos do programa está o de "reordenar a posição estratégica do Estado na economia, transferindo à iniciativa privada atividades indevidamente exploradas pelo setor público" (art. 1º, I), bem como "permitir que a Administração Pública concentre seus esforços nas atividades em que a presença do Estado seja fundamental para a consecução das prioridades nacionais" (art. 1º, V).

O fenômeno da desestatização soava estranho aos ouvidos da população. Não se pode deixar de mencionar que os rastros do Estado social ainda estavam arraigados no ordenamento jurídico vigente no Brasil, mesmo porque a CF de 1988 sofreu forte influência desse modelo estatal na sua concepção. Realmente: o projeto era inovador, pois a ideia representava a diminuição do aparelhamento estatal, trazendo consigo todas as desconfianças daquilo que é novo. Os partidos da oposição ao governo, em especial, não poupavam críticas ferrenhas ao modelo.

Nesse contexto, surgem as Organizações Sociais – OSs –, reguladas pela Lei nº 9.637/98, com o objetivo de transferir os serviços não exclusivos do Estado para o setor privado, por meio da "absorção" de órgãos públicos, com a sua consequente substituição por entidades privadas.

No Caderno Mare, contendo as justificativas para criação das OSs, dizia-se:

> *"Os serviços não-exclusivos são os serviços que o Estado provê, mas que, como não envolvem o exercício do poder extroverso do Estado, podem ser também oferecidos pelo setor privado e pelo setor público não-estatal. Este setor compreende os serviços de educação, de saúde, culturais e de pesquisa científica.*
>
> *Por outro lado, uma vez que não implicam no exercício do poder de Estado, não há razão para que sejam controladas pelo Estado. Se não têm, necessariamente, de ser propriedade do Estado nem de ser propriedade privada, a alternativa é adotar-se o regime da propriedade pública não-estatal ou – usando a terminologia anglo-saxônica – da propriedade pública não-governamental. 'Pública', no sentido de que se deve dedicar ao interesse público, que deve ser de todos e para todos, que não visa ao lucro; 'não-estatal' porque não é parte do aparelho do Estado."*[1]

Especificamente para as atividades desenvolvidas pelas OSs, contudo, foi utilizado o termo **publicização**.

> *"Publicização refere-se à produção não-estatal de bens públicos, por entidades situadas no âmbito do denominado terceiro setor (setor de serviços não orientado para o lucro). O projeto OS baseia-se na publicização de atividades relacionadas à produção de bens públicos realizadas por entidades estatais, ou seja, permitir sua absorção por entidades não-estatais orientadas para certas políticas públicas.*
>
> *A implementação de Organizações Sociais implica duas ações complementares: a publicização de determinadas atividades executadas por entidades estatais (que serão extintas); e a absorção dessas atividades por entidades privadas qualificadas como OS, mediante contrato de gestão. Portanto, é imprópria a ideia segundo a qual organizações estatais seriam convertidas ou transformadas em OSs."*[2]

---

1 PEREIRA, Luiz Carlos Bresser, *A Administração Pública gerencial: estratégia e estrutura para um novo Estado*. Brasília, Mare/Enap, 1996.

2 Cadernos Mare da Reforma do Estado, Organizações Sociais, Caderno 2, 5ª ed., Brasília, 1998 (Mare – Ministério da Administração Federal e Reforma do Estado).

Ao mesmo tempo que se idealizava a instituição das organizações sociais, nos bastidores do governo já se preparava a reforma administrativa, em nível constitucional, com a Emenda Constitucional nº 19/98 tramitando nos corredores do Congresso Nacional, sendo aprovada em 4 de junho de 1998.

Da Emenda, suas principais modificações foram:

- disposição expressa do princípio da eficiência, no art. 37 da Constituição;
- exigência de 3 anos de efetivo exercício como condição para adquirir estabilidade;
- avaliação periódica de desempenho do servidor, nos termos de lei complementar, com possibilidade de perda do cargo;
- extinção do regime jurídico único, podendo cada esfera de governo editar legislação própria de servidores, inclusive instituindo regimes diversos;
- previsão de edição de lei para disciplinar as licitações de empresas estatais que desempenham atividade econômica;
- possibilidade de estrangeiros ocuparem cargos públicos nos termos da lei;
- previsão de que as funções de confiança e os cargos em comissão seriam destinados às funções de direção, chefia ou assessoramento; restrição à acumulação de cargos, empregos e funções;
- possibilidade de órgãos e entidades firmarem **contratos de gestão**, para aumento da autonomia gerencial, orçamentária e financeira (agências executivas, art. 37, § 8º);

Mas o objeto de destaque de toda a reforma administrativa foram as Organizações Sociais.

Muitos dos objetivos visados com as modificações legislativas e constitucionais não tiveram, contudo, os efeitos esperados. Cite-se, por exemplo, o reduzido número de contratos de gestão celebrados para qualificação de agências executivas; a ausência legislativa referente ao regime jurídico das empresas estatais exploradoras de atividades econômicas, principalmente sobre o regime licitatório diferenciado; a falta de lei complementar para estabelecer a avaliação periódica de desempenho, pois, ausente a lei, a hipótese de perda do cargo fica sem aplicação.

Sem mencionar que, em 2007, na ADI nº 2.135, o STF declarou inconstitucional a extinção do regime jurídico único. Ações movidas especialmente pelos partidos de oposição questionaram as modificações introduzidas, inclusive a Lei das OSs, no que se refere à "absorção" de órgãos por entidades privadas, porém, julgadas improcedentes pelo STF, mantendo-se as inovações referentes às OSs, ADI 1923/DF, rel. Min. Ayres Britto.

É nesse cenário que emergem as entidades do Terceiro Setor; entidades privadas sem fins lucrativos, não integrantes da Administração Direta ou Indireta, surgindo para colaborar com o Estado nas atividades de interesse público.

2. ENTIDADES PARAESTATAIS

São entidades de direito privado, sem fins lucrativos, que realizam atividades de interesse social.

No Brasil, o vocábulo era utilizado para indicar, de forma geral, toda a Administração Pública Indireta. Após o Decreto-Lei nº 200, de 25 de fevereiro de 1967, tornou-se uma conceituação imprecisa, que oscila de doutrinador para doutrinador. Verifica-se que a legislação posterior, em alguns momentos, empregou o termo para se referir às entidades da Administração Indireta, no caso empresas públicas e sociedades de economia mista; é o que ocorre com a Lei de Licitações e o art. 327 do Código Penal.

Segundo Celso Antônio Bandeira de Mello, "A expressão abrange pessoas privadas que colaboram com o Estado desempenhando atividade não lucrativa e à qual o Poder Público dispensa especial proteção, colocando a serviço delas manifestações de seu poder de império, como o tributário, por exemplo. Não abrange as sociedades de economia mista e as empresas públicas; trata-se de pessoas privadas que exercem função típica (embora não exclusiva do Estado)".

Como dito anteriormente, existem dois regimes jurídicos: o de direito público e o de direito privado. Cada um desses regimes possui regras próprias. Basicamente, o regime de direito público é reservado à Administração Direta e suas autarquias, sendo o regime de direito privado destinado às pessoas de direito privado que atuam no mercado, regulado pelas leis econômicas de política e concorrência, e orientado pela autonomia da vontade.

Resultante da evolução que o Estado atravessa, fazendo parte desse processo também a Administração, no entanto, novas figuras surgem, necessitando de regime especial, uma vez que não correspondem exatamente a nenhum dos dois conhecidos: direito público e privado; **são entidades que não compõem a Administração**, mas também não se enquadram no conceito de mercado (2º setor). Nesse cenário emergem as entidades paraestatais. O seu regime é de direito privado, mas que também sofre o influxo de normas de direito público, uma vez que podem ser destinatárias de verbas públicas, entre outros incentivos estatais; ademais, não escapam do controle exercido pelo Tribunal de Contas competente.

As entidades paraestatais, também denominadas "Entes com situação peculiar", compõem o **Terceiro Setor** do Estado.

O Terceiro Setor é composto por entidades privadas que colaboram com o Estado no oferecimento de serviços que sejam de interesse coletivo.

O **Primeiro Setor** é o Estado, composto pela Administração Direta e Indireta. O **Segundo Setor** é o mercado: são pessoas de direito privado que atuam no mercado, visando ao lucro. E o **Terceiro Setor** são pessoas privadas incentivadas pelo Estado para exercer **atividade privada de interesse público,** estimuladas por meio do fomento.[3] Atualmente, fala-se em um quarto setor: o mercado informal e aqueles que desempenham atividades ilícitas.

1º Setor	2º Setor	3º Setor	4º Setor
Estado	Mercado	Entidades paraestatais	Mercado informal

A atividade desenvolvida pelas paraestatais não é a prestação de serviços públicos. Essa função é dever do Estado, de forma direta, ou mediante contrato de concessão ou permissão (art. 175, CF). A vinculação de pessoas privadas sem fins lucrativos ao Estado não se confunde com

3 Alguns já falam no Quarto Setor, referindo-se ao mercado/economia informal. Ou, então, pode ser atribuído ao setor de tecnologia.

os contratos mencionados, tampouco com a prestação direta pelo Poder Público. Veremos que a relação dessas entidades é feita em outros termos. Ainda, a atividade prestada pelas paraestatais não se enquadra no objeto do contrato de concessão ou permissão. Conforme destacado anteriormente, o regime jurídico no desempenho de serviços públicos será de direito público, caso sua prestação seja direta, por meio de órgãos, ou decorrente dos poderes que o titular do serviço detém quando realiza contratos administrativos de concessão ou permissão para sua transferência a particulares. Desse modo, em razão de as paraestatais estarem adstritas ao regime jurídico de direito privado, seria inviável que fizessem a prestação de serviços públicos. Com efeito, as entidades do terceiro setor desempenham ATIVIDADE DE INTERESSE PÚBLICO. Elas se voltam às necessidades coletivas, normalmente relacionadas, segundo Marçal Justen Filho, com questões assistenciais, educacionais ou categorias profissionais. Não se confundem com as autarquias nem com as fundações públicas.

Não se pode negar, contudo, que algumas dessas entidades possuem função peculiar; é o caso das organizações sociais, que foram idealizadas para substituir entidades da Administração Pública que desenvolvam atividades consideradas não exclusivas de Estado, levando o exercício dessas atividades para fora do âmbito da Administração, a fim de implementar o projeto de "redução do tamanho do Estado", também conhecido, por vezes, como "doutrina do Estado mínimo", um dos pilares do denominado "neoliberalismo".

Pode ser constatado pela leitura da Lei nº 9.637/98, que dispõe sobre a qualificação de entidades como organizações sociais, a criação do **Programa Nacional de Publicização – PNP,** que essa lei, ao ser instituída, implicou na extinção de alguns órgãos e entidades, por exemplo, a Fundação Roquete Pinto e o Laboratório Nacional de Luz Síncrotron e, ao mesmo tempo, na **qualificação** de entidades privadas, para absorver a atividade exercida, anteriormente, por essas instituições.

> *"A Lei nº 9.637/98 explicita a sua intenção de extinguir determinadas entidades públicas – em especial fundações públicas; de criar, em seu lugar, entidades privadas que não integrariam a Administração Pública; de transferir a atividade pública desempenhada pela entidade extinta para a nova entidade; de qualificar como OS e de mantê-la com recursos públicos transferidos por meio de contrato de gestão."*

Esse fenômeno de transferência para a iniciativa privada de atividades estatais vem sendo chamado de **publicização** ou **privatização** do direito administrativo (questão da prova oral de Juiz do DF, 2012). Esse tema é bem definido nas palavras de Lucas Rocha Furtado:

> *"O processo de publicização se insere no âmbito das reformas do Estado empreendidas ao longo da década de 1990. Nesse contexto, as atividades estatais que permitissem a sua exploração como atividade empresarial seriam transferidas aos particulares por meio da alienação de ativos e das concessões ou permissões de serviço público; as atividades estatais que não admitissem esse modo de exploração – como atividades 'dirigidas ao ensino, à pesquisa científica, ao desenvolvimento tecnológico, à proteção e preservação do meio ambiente, à cultura e à saúde' (Lei nº 9.637/98, art. 1º) – poderiam ser transferidas a particulares por meio do processo de publicização."*
>
> *"A 'publicização' consiste em extinguir o órgão estatal, ao mesmo tempo em que ele renasce fora do Estado, com personalidade jurídica de direito privado. Essa mudança é realizada sem que qualquer descontinuidade venha a ocorrer nas atividades*

> *cotidianas da instituição. A organização social recebe uma 'qualificação', por meio de decreto que lhe permite absorver as atribuições da entidade estatal extinta, administrar as suas instalações e equipamentos e receber recursos orçamentários para a execução das suas atividades."*[4]

Atualmente, as entidades incluídas no Terceiro Setor (paraestatais) são os Serviços Sociais Autônomos (Sistema "S"); as Organizações Sociais – OSs; Organizações Sociais Civis de Interesse Público – Oscips; fundações ou entidades de apoio, podendo outras entidades de caráter semelhante ser, também, aqui abrangidas. Em todas essas entidades, estão presentes as mesmas características: são entidades privadas, no sentido de que são instituídas por particulares; desempenham serviços não exclusivos do Estado, porém em colaboração com ele; recebem algum tipo de incentivo do Poder Público; por essa razão, sujeitam-se a controle pela Administração Pública e pelo Tribunal de Contas. Seu regime jurídico é predominantemente de direito privado, porém parcialmente derrogado por normas de direito público. Integram o terceiro setor, porque nem se enquadram inteiramente como entidades privadas, nem integram a Administração Pública, Direta ou Indireta.

ATENÇÃO! As paraestatais não fazem parte da Administração Direta nem Indireta.

COMO ESSE ASSUNTO TEM SIDO ABORDADO NAS PROVAS

✦ **(FCC – TC-BA – Procurador Especial de Contas – 2010 – Adaptada)** As denominadas entidades do Terceiro Setor caracterizam-se como pessoas jurídicas privadas, sem fins lucrativos, que desempenham serviço não exclusivo do Estado e que atuam em colaboração com este, recebendo alguma espécie de incentivo do Poder Público.

Resposta: Certo.

2.1. Serviços sociais autônomos – Entidades do sistema "S"

São pessoas jurídicas de direito privado, criadas por lei, sem fins lucrativos, destinadas a propiciar assistência social, médica ou ensino à população ou a certos grupos profissionais.

Têm seus recursos principalmente de contribuições arrecadadas de empresas e repassadas à Previdência Social.

Segundo Carvalho Filho, por serem pessoas jurídicas de criação autorizada em lei, bem como pela circunstância de receberem contribuições parafiscais, caracterizadas como dinheiro público, submetem-se ao controle do Poder Público, estando sempre vinculadas à supervisão do Ministério em cuja área de competência estejam enquadradas. Também devem prestar contas aos Tribunais de Contas.

O TCU **entendia** que deveria ser aplicada a Lei nº 8.666/93, Lei de Licitações, mas mudou seu entendimento, pois:

a) o art. 22, XXVII, da CF só dirige o princípio da obrigatoriedade de licitação à Administração Direta e Indireta;

4 Cadernos Mare da Reforma do Estado, Organizações Sociais, Caderno 2, 5ª ed., Brasília, 1998 (Mare – Ministério da Administração Federal e Reforma do Estado).

b) a expressão *entidades controladas* só é aplicável a empresa pública e sociedade de economia mista.

Assim, a **posição atual do TCU** é no sentido de que esses entes **não precisam realizar licitação**, mas devem estabelecer atos normativos próprios, a fim de estabelecer um mínimo de competição antes de suas contratações, obedecendo aos princípios que orientam a Lei de Licitações.[5]

COMO ESSE ASSUNTO TEM SIDO ABORDADO NAS PROVAS

- **(Cespe – 2009 – TCU – Analista de Controle Externo – Auditoria de Obras Públicas)** As entidades do Sistema S (Sesi, Sesc, Senai etc.), conforme entendimento do TCU, não se submetem aos estritos termos da Lei nº 8.666/1993, mas sim a regulamentos próprios.

  Resposta: Certo.

Estão enquadradas na imunidade tributária do art. 150, VI, da CF ("atendidos os requisitos da lei"), pois se dedicam às atividades de assistência social e de educação para o trabalho. Dessa forma, possuem imunidade tributária.

A justiça competente é a Justiça comum **estadual**, pois são pessoas jurídicas de direito privado.

> *Súmula 516 do STF: "O Serviço Social da Indústria – Sesi – está sujeito à jurisdição da Justiça estadual."*

O TCU entende que os dirigentes dessas entidades **não estão limitados ao teto remuneratório** fixado pela CF, mas se deve ter como parâmetro os salários praticados no mercado (AC-0288-08/07-P – TCU).

O STF entendeu que, por possuírem natureza jurídica de direito privado e não integrarem a Administração Pública, não estão sujeitos à observância da regra de concurso público (CF, art. 37, II) para contratação de seu pessoal.[6]

2.2. Organizações Sociais (OSs)

O Poder Executivo Federal poderá qualificar como organizações sociais pessoas jurídicas de direito privado, sem fins lucrativos, cujas atividades sejam dirigidas ao **ensino, à pesquisa científica, ao desenvolvimento tecnológico, à proteção e preservação do meio ambiente, à cultura e à saúde**, atendidos os requisitos da lei. A norma legal que rege essas entidades é a Lei nº 9.637/98.

> *"Organizações Sociais (OSs) são um modelo de organização pública não-estatal destinado a absorver atividades publicizáveis, mediante qualificação específica. Trata-se de uma forma de propriedade pública não-estatal, constituída pelas associações civis sem fins lucrativos, que não são propriedade de nenhum indivíduo ou grupo e estão orientadas diretamente para o atendimento do interesse público."*[7]
>
> *"As OSs são um modelo de parceria entre o Estado e a sociedade. O Estado continuará a fomentar as atividades publicizadas e exercerá sobre elas um controle estratégico:*

5 Decisão nº 907/97, Decisão nº 461/98.

6 Informativo nº 759 STF. Repercussão geral. RE 789874/DF, rel. Min. Teori Zavascki, 17.9.2014.

7 Cadernos Mare da Reforma do Estado, Organizações Sociais, Caderno 2, 5ª ed., Brasília, 1998 (Mare – Ministério da Administração Federal e Reforma do Estado).

> *demandará resultados necessários ao atingimento dos objetivos das políticas públicas. O contrato de gestão é o instrumento que regulará as ações das OSs.".*[8]

O vínculo com o Poder Público para qualificação da entidade como organização social é estabelecido mediante a celebração de **contrato de gestão**.

As organizações sociais podem receber recursos orçamentários; utilização de bens públicos e servidores públicos.

Alguns doutrinadores, como a professora Maria Sylvia Di Pietro, veem na criação de OSs uma espécie de tentativa de "fraude à Constituição". Isso porque as organizações sociais representariam uma maneira de exercer as mesmas atividades públicas, com uso do mesmo patrimônio público (as OSs podem receber "permissão gratuita do uso de bens públicos", que, obviamente, serão os mesmos bens que antes pertenciam à entidade da Administração extinta e substituída pela OS), dos mesmos recursos públicos (as OSs têm recursos previstos em rubricas orçamentárias próprias, da mesma forma que antes tinha a entidade da Administração extinta e substituída pela OS), dos mesmos agentes públicos (as OSs podem ser cedidos servidores públicos, com ônus para a origem); enfim, seria a mesma atividade, desempenhada com a mesma estrutura, com os mesmos recursos públicos só que, agora, sem que a entidade que a exerce integre a Administração Pública (estando, por isso, sujeita a controles muito menos rígidos).

2.2.1. Procedimento licitatório

A Lei 9.637/1998, que trata da qualificação das organizações sociais, acrescentou o inciso XXIV ao art. 24 da Lei 8.666/1993, artigo este que enumera as hipóteses de licitação **dispensável**, possibilitando a dispensa de licitação na "celebração de contratos de prestação de serviços com as organizações sociais, qualificadas, no âmbito das respectivas esferas de governo, para atividades contempladas no contrato de gestão". Assim, para contratação da organização social a fim de prestação de serviços contemplados no contrato de gestão, não há a obrigatoriedade de licitação.

Quanto à necessidade de licitação pela entidade privada qualificada como OS diante de futuras contratações, em princípio, não há exigência de seguir o rito previsto na Lei nº 8.666/93. O art. 17 da Lei nº 9.637/98 prevê que a organização social publique, no prazo de 90 dias da assinatura do contrato de gestão, **regulamento** dos procedimentos para contratação de obras, serviços e compras quando houver emprego de recursos públicos.

Sempre houve confusão quanto à aplicação do Decreto nº 5.504/05 às OSs, pois na Lei nº 9.637/98 não havia a exigência de licitação. Assim, um decreto não poderia impor essa obrigação. Ademais, o Decreto nº 6.170, de 2007, que trata de normas relativas às transferências de recursos da União para entidades privadas, não exige licitação, apenas processo de chamamento público para a celebração de convênios com entidades privadas.

O entendimento do TCU era no sentido de serem observadas as normas gerais de licitação pelas organizações sociais (Decisão nº 601/2007). Contudo, o Tribunal, na Decisão AC nº 3.239/2013, fixou importantes diretrizes para as organizações sociais. São elas:

---

8 Idem

Escolha da entidade privada que será qualificada como OS.	Não há licitação. Realiza **chamamento público** com critérios objetivos. Escolhida a entidade, o art. 24, XXIV, da Lei nº 8.666/93 permite a contratação direta sem licitação.
As organizações sociais submetem-se a **regulamento próprio** sobre compras e contratação de obras e serviços com emprego de recursos provenientes do Poder Público.	Cada entidade deverá elaborar seu regulamento, observando os princípios da impessoalidade, moralidade e economicidade, sendo necessário, no mínimo, **cotação prévia** de preços no mercado.
Não é necessário **concurso público** para organizações sociais selecionarem empregados que irão atuar nos serviços objeto de contrato de gestão.	Durante o tempo em que mantiverem contrato de gestão com o Poder Público Federal, devem realizar processos seletivos com observância aos princípios constitucionais da impessoalidade, publicidade e moralidade.

2.2.2. Lei nº 9.637/98 e ADI nº 1.923

Em 1998, os partidos de oposição ao Governo da época ingressaram com a ADI nº 1.923 no STF, questionando diversos dispositivos da Lei nº 9.637/98 e o inciso XXIV do artigo 24 da Lei 8.666/1993 (Lei das Licitações).

Em 2015, o STF julgou o mérito da ação, dando interpretação conforme a Constituição em relação aos dispositivos questionados. Em resumo, o STF entendeu que:

i) o procedimento de qualificação das entidades como organizações sociais deveria ser conduzido de forma pública, objetiva e impessoal, com observância dos princípios do *caput* do art. 37 da CF, e de acordo com parâmetros fixados em abstrato segundo o disposto no art. 20 da Lei 9.637/1998;

ii) a entidade qualificada como OS não precisa fazer licitação quando for contratar com terceiros. Porém, o processo de contratação deve ser conduzido de forma pública, objetiva e impessoal, com observância dos princípios do *caput* do art. 37 da CF;

iii) são válidas as outorgas de permissão de uso de bem público para as entidades qualificadas como OS. Porém, o procedimento deve ser conduzido de forma pública, objetiva e impessoal, com observância dos princípios do *caput* do art. 37 da CF;

iv) as entidades qualificadas como OS não precisam fazer concurso. Porém, a seleção de pessoal pelas organizações sociais deve ser conduzida de forma pública, objetiva e impessoal, com observância dos princípios do *caput* do art. 37 da CF, e nos termos do regulamento próprio a ser editado por cada entidade;

v) as entidades qualificadas como OS estão sujeitas à fiscalização do MP e do TCU. Para o STF, qualquer interpretação que restringisse o controle, pelo Ministério Público e pelo Tribunal de Contas da União, da aplicação de verbas públicas deveria ser afastada.

2.3. Organizações da Sociedade Civil de Interesse Público (Oscip)

São pessoas jurídicas de direito privado, sem fins lucrativos, em que os respectivos objetivos sociais e normas estatutárias atendam aos requisitos instituídos pela Lei nº 9.790/99. A qualificação é de competência do **MINISTÉRIO DA JUSTIÇA E DA SEGURANÇA PÚBLICA**.

Seu campo de atuação é semelhante ao da OS, entretanto é mais amplo:

> *Art. 3º A qualificação instituída por esta Lei, observado em qualquer caso o princípio da universalização dos serviços, no respectivo âmbito de atuação das Organizações, somente será conferida às pessoas jurídicas de direito privado, sem fins lucrativos, cujos objetivos sociais tenham pelo menos uma das seguintes finalidades:*
>
> *I – promoção da assistência social;*
>
> *II – promoção da cultura, defesa e conservação do patrimônio histórico e artístico;*
>
> *III – promoção gratuita da educação, observando-se a forma complementar de participação das organizações de que trata esta Lei;*
>
> *IV – promoção gratuita da saúde, observando-se a forma complementar de participação das organizações de que trata esta Lei;*
>
> *V – promoção da segurança alimentar e nutricional;*
>
> *VI – defesa, preservação e conservação do meio ambiente e promoção do desenvolvimento sustentável;*
>
> *VII – promoção do voluntariado;*
>
> *VIII – promoção do desenvolvimento econômico e social e combate à pobreza;*
>
> *IX – experimentação, não lucrativa, de novos modelos socio-produtivos e de sistemas alternativos de produção, comércio, emprego e crédito;*
>
> *X – promoção de direitos estabelecidos, construção de novos direitos e assessoria jurídica gratuita de interesse suplementar;*
>
> *XI – promoção da ética, da paz, da cidadania, dos direitos humanos, da democracia e de outros valores universais;*
>
> *XII – estudos e pesquisas, desenvolvimento de tecnologias alternativas, produção e divulgação de informações e conhecimentos técnicos e científicos que digam respeito às atividades mencionadas neste artigo.*

Conforme o art. 2º da referida Lei, várias entidades como sindicatos, associações de classe, instituições religiosas, escolas privadas, **inclusive fundações públicas, *não* podem se qualificar como Oscips.** A lei em estudo apresenta uma lista de entidades que não podem se qualificar como Oscips:

> *Art. 2º Não são passíveis de qualificação como Organizações da Sociedade Civil de Interesse Público, ainda que se dediquem de qualquer forma às atividades descritas no art. 3º desta Lei:*
>
> *I – as sociedades comerciais;*
>
> *II – os sindicatos, as associações de classe ou de representação de categoria profissional;*
>
> *III – as instituições religiosas ou voltadas para a disseminação de credos, cultos, práticas e visões devocionais e confessionais;*
>
> *IV – as organizações partidárias e assemelhadas, inclusive suas fundações;*
>
> *V – as entidades de benefício mútuo destinadas a proporcionar bens ou serviços a um círculo restrito de associados ou sócios;*
>
> *VI – as entidades e empresas que comercializam planos de saúde e assemelhados;*
>
> *VII – as instituições hospitalares privadas não gratuitas e suas mantenedoras;*
>
> *VIII – as escolas privadas dedicadas ao ensino formal não gratuito e suas mantenedoras;*
>
> *IX – as organizações sociais;*
>
> *X – as cooperativas;*

XI – as fundações públicas;

XII – as fundações, sociedades civis ou associações de direito privado criadas por órgão público ou por fundações públicas;

XIII – as organizações creditícias que tenham quaisquer tipos de vinculação com o sistema financeiro nacional a que se refere o art. 192 da Constituição Federal.

O vínculo que une a entidade ao Estado é o chamado **termo de parceria.**

A entidade poderá perder essa qualificação, a pedido, ou mediante decisão proferida em processo administrativo, de iniciativa popular ou do Ministério Público.

Para a qualificação de entidade como Oscip, exige-se que tenha sido constituída e se encontre em funcionamento regular há, no mínimo, 3 (três) anos (art. 1º, com redação dada pela Lei. 13.019/2014).

Para o TCU, é vedado às entidades qualificadas como Organização da Sociedade Civil de Interesse Público (Oscips), atuando nessa condição, participar de processos licitatórios promovidos pela Administração Pública Federal. Isso porque admitir que as Oscips participem de licitações desvirtuaria o objetivo primordial para o qual foram idealizadas, qual seja, estabelecer cooperação com o Poder Público mediante a celebração do Termo de Parceria. Além disso, ao serem qualificadas como Oscips, as entidades adquirem o privilégio de isenção de impostos, o que, em tese, as coloca em posição de vantagem em relação às demais empresas na participação de licitações, pois teriam condições de ofertar um preço menor que o de seus concorrentes, beneficiando-se de uma isenção não concedida para que elas atuassem em regime de contratação com o Poder Público.[9]

2.3.1. Procedimento licitatório

O TCU tem entendido que a firmatura de termo de parceria por órgãos ou entidades da Administração Pública com Oscips não demanda licitação. Desse modo, não é necessário instaurar procedimento licitatório, nos termos da Lei nº 8.666, de 1993, para selecionar as Oscips interessadas em firmar o referido termo de parceria. Conforme o art. 23 do Decreto 3.100/1999, dependerá de decisão discricionária do gestor, de realização de **concurso de projetos** pelo órgão estatal interessado em construir parceria com Oscips para obtenção de bens e serviços e para a realização de atividades, eventos, consultorias, cooperação técnica e assessoria.

Quanto à obrigatoriedade da entidade qualificada como Oscip realizar licitação para futuros contratos, veja o tópico anterior. Apesar de o Acórdão TCU nº 3.293/2013 se referir às OSs, aplica-se também às Oscips.

Principais Diferenças entre OSs e Oscips	
OSs	Oscips
Regidas pela Lei 9.637/98.	Regidas pela Lei 9.790/99.
Qualificação pelo Poder Executivo Federal.	Qualificação pelo Ministério da Justiça e da Segurança Pública ..
A qualificação é ato discricionário.	A qualificação é ato vinculado.

9 Acórdão 746/2014-Plenário, TC 021.605/2012-2, relator Ministro-Substituto Marcos Bemquerer Costa, 26.3.2014.

Principais Diferenças entre OSs e Oscips	
OSs	Oscips
Celebram Contrato de Gestão.	Celebram Termo de Parceria.
A lei não diz quem pode se qualificar (art. 1º).	A lei diz quem NÃO pode se qualificar (art. 2º).
A área de atuação: pesquisa científica, desenvolvimento tecnológico, proteção e preservação do meio ambiente, cultura e saúde (art. 1º).	A área de atuação é mais ampla (art. 3º).
Podem receber bens públicos e servidores.	Na lei não há essa previsão.

2.4. Fundações ou entidades de apoio

A doutrina administrativista não discorre muito sobre essas entidades. Os poucos autores que as mencionam mais tecem críticas a essas figuras do que apresentam suas características.

Segundo Maria Sylvia,[10] por entidades de apoio "podem-se entender as pessoas jurídicas de direito privado, sem fins lucrativos, instituídas por servidores públicos, porém em nome próprio, sob a forma de fundação, associação ou cooperativa, para a prestação, em caráter privado, de serviços sociais não exclusivos do Estado, mantendo vínculo jurídico com entidades da Administração Direta ou Indireta, em regra por meio de convênio".

Uma dessas entidades, reconhecida nacionalmente, é a Finatec, entidade de apoio vinculada à Fundação Universidade de Brasília – FUB. Esse reconhecimento se deve a irregularidades apresentadas nos contratos realizados pela Finatec, e não por seu papel desempenhado, confirmando, assim, as críticas apontadas pela doutrina, no sentido de que essas entidades servem mais como instrumento de burla às normas de direito público; em especial, ao dever de fazer licitação.

Com efeito, a Lei nº 8.666/93, art. 24, XIII, permite a contratação dessas entidades, por dispensa de licitação. Conforme noticiado pelos meios de comunicação, a Finatec era contratada sem licitação e transferia a execução do contrato para outras empresas, também sem concorrência prévia, pois, se a Finatec não faz parte da Administração, não está obrigada ao procedimento licitatório. Também havia a participação de vários servidores da FUB (UnB) nas empresas privadas contratadas pela Finatec para a execução do contrato, e esses servidores eram submetidos ao regime de dedicação exclusiva.

Não devem ser confundidas as fundações de apoio com as fundações públicas. Estas fazem parte da Administração Indireta (1º setor); as fundações de apoio não integram o mesmo setor.

2.5. Organizações da Sociedade Civil – OSC

A Lei nº 13.019, de 1º de agosto de 2014, estabeleceu o regime jurídico das parcerias voluntárias, envolvendo ou não transferências de recursos financeiros entre a Administração Pública e as organizações da sociedade civil – OSC, em regime de mútua cooperação, para a consecução de finalidades de interesse público. A lei, ainda, define diretrizes para a política de fomento e de colaboração com organizações da sociedade civil, institui o termo de colaboração e o termo de fomento, instrumentos para firmar parcerias com entidades privadas.

10 DI PIETRO, Maria Sylvia Zanella, *Direito Administrativo*. São Paulo: Atlas, 2003, p. 492.

Segundo o art. 1º da Lei, trata-se de **normas gerais** para as parcerias entre a Administração Pública e organizações da sociedade civil, em regime de mútua cooperação, para a consecução de finalidades de interesse público e recíproco, mediante a execução de atividades ou de projetos previamente estabelecidos em planos de trabalho inseridos em termos de colaboração, em termos de fomento ou em acordos de cooperação. Nos chama a atenção o *status* de norma geral do diploma legal, pois a Constituição não reservou à União a edição para normas de caráter geral para os demais Entes da Federação sobre esse assunto. Assim, deve-se entender que são regras gerais apenas para órgãos e entidades federais.

De qualquer sorte, para fins de provas de concurso, devemos orientar os candidatos a acolher o texto da lei, no sentido de se tratar de lei de normas gerais.

O regime de parcerias instituído pela Lei nº 13.019/14 não afasta os regimes da Lei nº 9.637/98, que se refere à qualificação de Organizações Sociais – OSs, e da Lei nº 9.790/99, que trata das Organizações Sociais Civis de Interesse Público – Oscips. Esses dois diplomas legais são normas que só se aplicam à União. De todo modo, em nível federal haverá entidades privadas vinculadas ao Estado pelo regime novo da Lei nº 13.019/14 e outras por meio de contratos de gestão, no caso de OSs, ou termo de parcerias, no caso de Oscips.

Em seu artigo 2º, com a redação da Lei nº 13.204/20015, a lei traz conceitos importantes para a sua aplicação, entre os quais destacamos:

Organização da Sociedade Civil – OSC	a) entidade privada sem fins lucrativos que não distribua entre os seus sócios ou associados, conselheiros, diretores, empregados, doadores ou terceiros eventuais resultados, sobras, excedentes operacionais, brutos ou líquidos, dividendos, isenções de qualquer natureza, participações ou parcelas do seu patrimônio, auferidos mediante o exercício de suas atividades, e que os aplique integralmente na consecução do respectivo objeto social, de forma imediata ou por meio da constituição de fundo patrimonial ou fundo de reserva; *(Incluído pela Lei nº 13.204, de 2015)*
Organização da Sociedade Civil – OSC	b) as sociedades cooperativas previstas na Lei nº 9.867, de 10 de novembro de 1999; as integradas por pessoas em situação de risco ou vulnerabilidade pessoal ou social; as alcançadas por programas e ações de combate à pobreza e de geração de trabalho e renda; as voltadas para fomento, educação e capacitação de trabalhadores rurais ou capacitação de agentes de assistência técnica e extensão rural; e as capacitadas para execução de atividades ou de projetos de interesse público e de cunho social; *(Incluído pela Lei nº 13.204, de 2015)* c) as organizações religiosas que se dediquem a atividades ou a projetos de interesse público e de cunho social distintas das destinadas a fins exclusivamente religiosos; *(Incluído pela Lei nº 13.204, de 2015)*
Termo de colaboração	instrumento por meio do qual são formalizadas as parcerias estabelecidas pela Administração Pública com organizações da sociedade civil para a consecução de finalidades de interesse público e recíproco propostas pela Administração Pública que **envolvam a transferência de recursos financeiros**;

Termo de fomento	instrumento por meio do qual são formalizadas as parcerias estabelecidas pela Administração Pública com organizações da sociedade civil para a consecução de finalidades de interesse público e recíproco propostas pelas organizações da sociedade civil, que **envolvam a transferência de recursos financeiros**;
Chamamento público	procedimento destinado a selecionar organização da sociedade civil para firmar parceria por meio de termo de colaboração ou de fomento, no qual se garanta a observância dos princípios da isonomia, da legalidade, da impessoalidade, da moralidade, da igualdade, da publicidade, da probidade administrativa, da vinculação ao instrumento convocatório, do julgamento objetivo e dos que lhes são correlatos;
Acordo de cooperação	instrumento por meio do qual são formalizadas as parcerias estabelecidas pela Administração Pública com organizações da sociedade civil para a consecução de finalidades de interesse público e recíproco que **não envolvam a transferência de recursos financeiros**.

As parcerias serão formalizadas mediante a celebração de termo de colaboração ou de termo de fomento. A principal diferença entre os dois instrumentos se encontra na iniciativa da proposta das atividades de interesse público a serem desenvolvidas.

No **termo de colaboração** a proposta é feita pela Administração Pública e, a partir daí, haverá a escolha da entidade privada. Em termos mais claros, o Termo de Colaboração deverá ser utilizado para a celebração de parcerias cujos objetos sejam serviços e atividades condizentes com as políticas públicas já conhecidas, divulgados nos programas de governo. A administração pública estipula previamente os objetos, as metas, os prazos e os valores que serão disponibilizados, bem como os resultados a serem alcançados.

No **termo de fomento** as organizações da sociedade civil é que fazem a proposta e, então, haverá a escolha pela Administração Pública. Em qualquer dos casos, a escolha será feita por meio de chamamento público.

ATENÇÃO!

Termo de colaboração = proposta feita pela Administração Pública.

Termo de fomento = proposta feita pela entidade privada.

Exemplificando: Um Estado pretende firmar parceria com uma instituição que se dedica à recuperação social do preso. Assim, publica chamamento público e escolhe a melhor proposta entre aquelas apresentadas pelas entidades "candidatas". Nesse caso será termo de fomento, pois a Administração escolheu uma das propostas apresentadas pelas entidades privadas.

Para poder celebrar as parcerias previstas na Lei nº 13.019/2014, as OSCs deverão ser regidas por estatutos cujas normas disponham sobre os requisitos exigidos no art. 33 da Lei, e as exigências do art. 34.

2.5.1. *Termo de colaboração e fomento como espécie de convênios*

O convênio é um acordo de vontades onde a vontade dos convenentes vai na mesma direção. Difere dos contratos, pois as vontades são opostas.

No convênio, tanto o Poder Público quanto o particular buscam satisfazer interesse público e, para tanto, ajustam suas vontades. De outro lado, no contrato administrativo o Estado busca a realização de uma obra ou serviço de interesse público, visando o bem-estar da coletividade, e o particular contratado almeja obter um valor do Estado, mediante a realização de sua contraprestação.

O termo de colaboração e o termo de fomento são espécies de convênios, pois haverá um acordo de entidades administrativas com particulares para a consecução de assunto de interesse público.

2.5.2. *Do chamamento público*

Devido à sua natureza de convênio, não se exige licitação para celebração do termo de colaboração e fomento, na medida em que só se exige o procedimento licitatório para a celebração de contratos. Contudo, em atenção ao art. 116 da Lei n. 8.666/93 (Lei de Licitações), aplica-se no que couber aos convênios as disposições sobre as licitações.

Justamente por isso, a lei fez a previsão de Chamamento Público para selecionar as organizações da sociedade civil. O Chamamento Público é procedimento competitivo para seleção das futuras OSCs, mas não se confunde com a licitação, por ser menos complexo e mais célere do que o procedimento licitatório.

O art. 24 estabelece as especificações mínimas que devem conter no chamamento público.

Somente depois de encerrada a etapa competitiva e ordenadas as propostas, a Administração Pública procederá à verificação dos documentos que comprovem o atendimento pela organização da sociedade civil selecionada dos requisitos exigidos no art. 24. Atente-se que ocorre primeiro o julgamento das propostas e depois se procede à habilitação (exame dos documentos).

Apesar de não ser uma licitação, a Lei nº 13.019 traz casos de dispensa e inexigibilidade do procedimento de chamamento público.

Assim, a Administração Pública poderá **dispensar** a realização do chamamento público (art. 30):

> *I – no caso de urgência decorrente de paralisação ou iminência de paralisação de atividades de relevante interesse público, pelo prazo de até cento e oitenta dias; (Redação dada pela Lei nº 13.204, de 2015)*
>
> *II – nos casos de guerra, calamidade pública, grave perturbação da ordem pública ou ameaça à paz social; (Redação dada pela Lei nº 13.204, de 2015)*
>
> *III – quando se tratar da realização de* **programa de proteção a pessoas** *ameaçadas ou em situação que possa comprometer a sua segurança;*
>
> *IV – (Vetado).*
>
> *V – (Vetado); (Incluído pela Lei nº 13.204, de 2015)*
>
> *VI – no caso de atividades voltadas ou vinculadas a serviços de educação, saúde e assistência social, desde que executadas por organizações da sociedade civil previamente credenciadas pelo órgão gestor da respectiva política. (Incluído pela Lei nº 13.204, de 2015)*

Alertamos que, assim como ocorre nos casos de dispensa da Lei nº 8.666/93, essas hipóteses de dispensa são taxativas, vale dizer, não podem ser ampliadas pela própria Administração Pública. Porém, nada impede de a lei criar novas situações.

Será considerado **inexigível** o chamamento público na hipótese de inviabilidade de competição entre as OSCs, em razão da natureza singular do objeto do plano de trabalho ou quando as metas somente puderem ser atingidas por uma entidade específica.

> *Art. 31. Será considerado inexigível o chamamento público na hipótese de* ***inviabilidade de competição*** *entre as organizações da sociedade civil, em razão da natureza singular do objeto da parceria ou se as metas somente puderem ser atingidas por uma entidade específica, especialmente quando: (Redação dada pela Lei nº 13.204, de 2015)*
>
> *I - o objeto da parceria constituir incumbência prevista em acordo, ato ou compromisso internacional, no qual sejam indicadas as instituições que utilizarão os recursos; (Incluído pela Lei nº 13.204, de 2015)*
>
> *II - a parceria decorrer de transferência para organização da sociedade civil que esteja autorizada em lei na qual seja identificada expressamente a entidade beneficiária, inclusive quando se tratar da subvenção prevista no inciso I do § 3º do art. 12 da Lei nº 4.320, de 17 de março de 1964, observado o disposto no art. 26 da Lei Complementar no 101, de 4 de maio de 2000. (Incluído pela Lei nº 13.204, de 2015)*
>
> *Art. 32. Nas hipóteses dos arts. 30 e 31 desta Lei, a ausência de realização de chamamento público será justificada pelo administrador público. (Redação dada pela Lei nº 13.204, de 2015)*

2.5.3. OSCs impedidas de firmar parcerias

Ficará impedida de celebrar qualquer modalidade de parceria prevista nesta Lei a Organização da Sociedade Civil que (art. 39):

> *I – não esteja regularmente constituída ou, se estrangeira, não esteja autorizada a funcionar no território nacional;*
>
> *II – esteja omissa no dever de prestar contas de parceria anteriormente celebrada;*
>
> *III – tenha como dirigente membro de Poder ou do Ministério Público, ou dirigente de órgão ou entidade da Administração Pública da mesma esfera governamental na qual será celebrado o termo de colaboração ou de fomento, estendendo-se a vedação aos respectivos cônjuges ou companheiros, bem como parentes em linha reta, colateral ou por afinidade, até o segundo grau; (Redação dada pela Lei nº 13.204, de 2015)*
>
> *IV – tenha tido as contas rejeitadas pela Administração Pública nos últimos cinco anos, exceto se: (Redação dada pela Lei nº 13.204, de 2015)*
>
> *a) for sanada a irregularidade que motivou a rejeição e quitados os débitos eventualmente imputados; (Incluído pela Lei nº 13.204, de 2015)*
>
> *b) for reconsiderada ou revista a decisão pela rejeição; (Incluído pela Lei nº 13.204, de 2015)*
>
> *c) a apreciação das contas estiver pendente de decisão sobre recurso com efeito suspensivo; (Incluído pela Lei nº 13.204, de 2015)*
>
> *V – tenha sido punida com uma das seguintes sanções, pelo período que durar a penalidade:*

a) suspensão de participação em licitação e impedimento de contratar com a Administração;

b) declaração de inidoneidade para licitar ou contratar com a Administração Pública;

c) a prevista no inciso II do art. 73 desta Lei;

d) a prevista no inciso III do art. 73 desta Lei;

VI – tenha tido contas de parceria julgadas irregulares ou rejeitadas por Tribunal ou Conselho de Contas de qualquer esfera da Federação, em decisão irrecorrível, nos últimos 8 (oito) anos;

VII – tenha entre seus dirigentes pessoa:

a) cujas contas relativas a parcerias tenham sido julgadas irregulares ou rejeitadas por Tribunal ou Conselho de Contas de qualquer esfera da Federação, em decisão irrecorrível, nos últimos 8 (oito) anos;

b) julgada responsável por falta grave e inabilitada para o exercício de cargo em comissão ou função de confiança, enquanto durar a inabilitação;

c) considerada responsável por ato de improbidade, enquanto durarem os prazos estabelecidos nos incisos I, II e III do art. 12 da Lei nº 8.429, de 2 de junho de 1992.

É vedada a celebração de parcerias que tenham por objeto, envolvam ou incluam, direta ou indiretamente, delegação das funções de regulação, de fiscalização, de exercício do poder de polícia ou de outras atividades exclusivas de Estado.

As funções de regulação, fiscalização e demais funções que envolvem o poder de polícia não podem ser delegadas para particulares. São atividades exclusivas do Estado e, portanto, somente pessoas de Direito Público podem vir a exercê-las.

2.5.4. Das sanções administrativas à entidade – art. 73

Pela execução da parceria em desacordo com o plano de trabalho e com as normas da Lei e da legislação específica, a Administração poderá, garantida a prévia defesa, aplicar à organização da sociedade civil parceira as seguintes sanções:

*I – **advertência**;*

*II – **suspensão temporária** da participação em chamamento público e impedimento de celebrar parceria ou contrato com órgãos e entidades da esfera de governo da Administração Pública sancionadora, por prazo não superior a dois anos; (Redação dada pela Lei nº 13.204, de 2015)*

*III – **declaração de inidoneidade** para participar de chamamento público ou celebrar parceria ou contrato com órgãos e entidades de todas as esferas de governo, enquanto perdurarem os motivos determinantes da punição ou até que seja promovida a reabilitação perante a própria autoridade que aplicou a penalidade, que será concedida sempre que a organização da sociedade civil ressarcir a Administração Pública pelos prejuízos resultantes e após decorrido o prazo da sanção aplicada com base no inciso II. (Redação dada pela Lei nº 13.204, de 2015)*

§ 1º As sanções estabelecidas nos incisos II e III são de competência exclusiva de Ministro de Estado ou de Secretário estadual, distrital ou municipal, conforme o caso, facultada a defesa do interessado no respectivo processo, no prazo de dez dias da abertura de vista, podendo a reabilitação ser requerida após dois anos de aplicação da penalidade. (Redação dada pela Lei nº 13.204, de 2015)

§ 2º Prescreve em cinco anos, contados a partir da data da apresentação da prestação de contas, a aplicação de penalidade decorrente de infração relacionada à execução da parceria. (Incluído pela Lei nº 13.204, de 2015)

§ 3º A prescrição será interrompida com a edição de ato administrativo voltado à apuração da infração.

2.5.5 Casos de não aplicação da Lei n. 13.019/14

São situações de exclusão de aplicação da Lei n. 13.019/14, por já estarem previstas transferências financeiras a entidades privadas em leis/situações especiais.

Art. 3º Não se aplicam as exigências desta Lei:

I - às transferências de recursos homologadas pelo Congresso Nacional ou autorizadas pelo Senado Federal naquilo em que as disposições específicas dos tratados, acordos e convenções internacionais conflitarem com esta Lei; (Redação dada pela Lei nº 13.204, de 2015)

III - aos contratos de gestão celebrados com organizações sociais, desde que cumpridos os requisitos previstos na Lei nº 9.637, de 15 de maio de 1998; (Redação dada pela Lei nº 13.204, de 2015)

IV - aos convênios e contratos celebrados com entidades filantrópicas e sem fins lucrativos nos termos do § 1º do art. 199 da Constituição Federal; (Incluído pela Lei nº 13.204, de 2015)

V - aos termos de compromisso cultural referidos no § 1º do art. 9º da Lei nº 13.018, de 22 de julho de 2014; (Incluído pela Lei nº 13.204, de 2015)

Art. 9º A União, por meio do Ministério da Cultura e dos entes federados parceiros, é autorizada a transferir de forma direta os recursos às entidades culturais integrantes do Cadastro Nacional de Pontos e Pontões de Cultura, com a finalidade de prestar apoio financeiro à execução das ações da Política Nacional de Cultura Viva.

§ 1º A transferência dos recursos de que trata o caput ficará condicionada ao cumprimento de Termo de Compromisso Cultural, que deverá conter a identificação e a delimitação das ações a serem financiadas, as metas, o cronograma de execução físico-financeira e a previsão de início e término da execução das ações ou das fases programadas.

VI - aos termos de parceria celebrados com organizações da sociedade civil de interesse público, desde que cumpridos os requisitos previstos na Lei nº 9.790, de 23 de março de 1999; (Incluído pela Lei nº 13.204, de 2015)

VII - às transferências referidas no art. 2º da Lei nº 10.845, de 5 de março de 2004, e nos arts. 5º e 22 da Lei nº 11.947, de 16 de junho de 2009; (Incluído pela Lei nº 13.204, de 2015)

(Obs! Repasse da União com recurso do FNDE para o Programa de Complementação ao Atendimento Educacional Especializado às Pessoas Portadoras de Deficiência - PAED)

VIII - (VETADO); (Incluído pela Lei nº 13.204, de 2015)

IX - aos pagamentos realizados a título de anuidades, contribuições ou taxas associativas em favor de organismos internacionais ou entidades que sejam obrigatoriamente constituídas por: (Incluído pela Lei nº 13.204, de 2015)

a) membros de Poder ou do Ministério Público; (Incluída pela Lei nº 13.204, de 2015)

b) dirigentes de órgão ou de entidade da administração pública; (Incluída pela Lei nº 13.204, de 2015)

c) pessoas jurídicas de direito público interno; (Incluída pela Lei nº 13.204, de 2015)

d) pessoas jurídicas integrantes da administração pública; (Incluída pela Lei nº 13.204, de 2015)

X - às parcerias entre a administração pública e os serviços sociais autônomos. (Incluído pela Lei nº 13.204, de 2015)

2.5.6 Atuação de entidades em rede – Art. 35-A

É permitida a atuação em rede, por duas ou mais organizações da sociedade civil, mantida a integral responsabilidade da organização celebrante do termo de fomento ou de colaboração, desde que a organização da sociedade civil signatária do termo de fomento ou de colaboração possua:

I - mais de cinco anos de inscrição no CNPJ; (Incluído pela Lei nº 13.204, de 2015)

II - capacidade técnica e operacional para supervisionar e orientar diretamente a atuação da organização que com ela estiver atuando em rede. (Incluído pela Lei nº 13.204, de 2015)

A atuação em rede é como se fosse um consórcio de entidades, assim, como ocorre na Lei n. 8.666/93. Nas licitações, várias empresas para conseguirem participar do procedimento licitatório, atendendo as exigências do edital, e firmar o contrato administrativo podem fazer consórcio. São várias empresas que se reuniram (formaram um consórcio) para conjuntamente participarem da licitação. A atuação em rede é semelhante. Pode haver nos editais de chamamento público uma complexidade maior na qual uma entidade sozinha não conseguiria atender todas as condições, então ela se junta com outras entidades e em conjunto participam do chamamento público e, em conjunto, firmam a parceria com a Administração Pública.

2.5.7. Dos atos de Improbidade Administrativa

A Lei n. 13.019/2014 inseriu novos atos de improbidade na Lei n. 8.429/92 especificamente sobre celebração de parceria em desacordo com a lei. Vejamos:

"Art. 10 – da Lei n. 8.429/92

VIII - frustrar a licitude de processo licitatório ou de processo seletivo para celebração de parcerias com entidades sem fins lucrativos, ou dispensá-los indevidamente;

XVI - facilitar ou concorrer, por qualquer forma, para a incorporação, ao patrimônio particular de pessoa física ou jurídica, de bens, rendas, verbas ou valores públicos transferidos pela administração pública a entidades privadas mediante celebração de parcerias, sem a observância das formalidades legais ou regulamentares aplicáveis à espécie;

XVII - permitir ou concorrer para que pessoa física ou jurídica privada utilize bens, rendas, verbas ou valores públicos transferidos pela administração pública a entidade privada mediante celebração de parcerias, sem a observância das formalidades legais ou regulamentares aplicáveis à espécie;

XVIII - celebrar parcerias da administração pública com entidades privadas sem a observância das formalidades legais ou regulamentares aplicáveis à espécie;

XIX - agir negligentemente na celebração, fiscalização e análise das prestações de contas de parcerias firmadas pela administração pública com entidades privadas; (Redação dada pela Lei nº 13.204, de 2015)

XX - agir negligentemente na celebração, fiscalização e análise das prestações de contas de parcerias firmadas pela administração pública com entidades privadas; (Redação dada pela Lei nº 13.204, de 2015)

XXI - liberar recursos de parcerias firmadas pela administração pública com entidades privadas sem a estrita observância das normas pertinentes ou influir de qualquer forma para a sua aplicação irregular.

Em razão dos novos atos de improbidade serem inseridos no art. 10, da Lei n. 8.429/92, atos que causam lesão ao erário, admite-se a sua prática pela forma dolosa ou culposa.

Art. 11. da Lei n. 8.429/92

VIII - descumprir as normas relativas à celebração, fiscalização e aprovação de contas de parcerias firmadas pela administração pública com entidades privadas.

Já em relação ao art. 11, da Lei n. 8.429/92, atos que atentam contra princípios administrativos, admite-se apenas a forma dolosa (intencional).

Traçamos aqui as linhas gerais e mais importantes da lei das OSCs. Porém, para provas de concurso deve ser feita uma leitura atenta, artigo por artigo, da Lei.

ESTUDO AVANÇADO

1. CONCEITO DE PARAESTATAIS

Dissemos que as paraestatais são todas as pessoas de direito privado sem fins lucrativos que colaboram com o Estado no desenvolvimento de atividades de interesse público, não integrando a Administração Direta ou Indireta. Compõem o terceiro setor.

Alguns autores designam as autarquias como paraestatais: Cretella Júnior (1980, p. 140-141), baseado na lição de Miguel Reale, "paraestatais são as autarquias que conservam fortes laços de dependência burocrática, possuindo, em regra, cargos criados e providos como os das demais repartições do Estado, âmbito de ação coincidente com o do território do Estado e participando amplamente do *jus imperii*".

Em edições anteriores Hely Lopes Meirelles (2004, p. 67) entendia que eram as empresas públicas, as sociedades de economia mista, as fundações instituídas pelo Poder Público e os serviços sociais autônomos. Conceito trazido pelo autor: "entidades paraestatais são pessoas jurídicas de direito privado, cuja criação é autorizada por lei específica, com patrimônio público ou misto, para realização de atividades, obras ou serviços de interesse coletivo, sob normas e controle do Estado".

Porém, nas obras atuais do autor (atualizada) citado, as entidades paraestatais

São pessoas jurídicas de Direito Privado que, por lei, são autorizadas a prestar serviços ou realizar atividades de interesse coletivo ao público, mas não exclusivos do Estado. São espécies de entidades paraestatais os serviços sociais autônomos (Sesi, Sesc, Senai e outros) e, agora, as organizações sociais, cuja regulamentação foi aprovada pela Lei nº 9.648, de 27.05.98. [...] São os denominados entes de cooperação do Estado.

Segundo Maria Sylvia Di Pietro (2011, p. 502) podem se incluir no conceito de paraestatais as entidades instituídas por particulares que desempenham serviços não exclusivos do Estado, recebendo algum incentivo do Poder Público, tendo regime jurídico predominantemente de direito privado, derrogado parcialmente por normas de direito público.

Para José dos Santos Carvalho Filho (2009, p. 439), estariam no conceito de paraestatais as pessoas da Administração Indireta e os serviços sociais autônomos. Mas o autor afirma que o termo deve ser evitado, pois não tem significação precisa.

Para Celso Antônio Bandeira de Melo (2011, p. 159), a expressão é útil para

> *[...] designar sujeitos não estatais, isto é, de direito privado, em paralelismo com o Estado, desempenham cometimentos que este poderia desempenhar por se encontrarem no âmbito de interesses de seus, mas não exclusivamente seus. Caracterizam-se pelo fato de que o Poder Público enfaticamente os assume como colaboradores emprestando-lhes o significativo amparo de colocar a seu serviço o poder de império de que dispõe ao* ***instituir tributo em favor deles****, como ocorre justamente com os chamados* ***serviços sociais autônomos****, circunstância esta que lhes confere uma peculiar singularidade [...].*

Atualmente, fala-se em um **Quarto Setor** do Estado, caracterizado pelo mercado informal. Contudo, alguns doutrinadores entendem que empresas públicas e sociedades de economia mista exploradoras de atividade econômica formam o Quarto Setor do Estado.

Resumindo:

Cretella Júnior	Autarquias
Hely Lopes Meirelles	– Versão anterior: empresas públicas, as sociedades de economia mista, as fundações instituídas pelo Poder Público e os serviços sociais autônomos. – Conceito atual: serviços sociais autônomos (Sesi, Sesc, Senai e outros) e as organizações sociais.
Maria Sylvia Di Pietro	Todas as pessoas de direito privado que desempenham serviços não exclusivos do Estado: Serviços Sociais Autônomos, Organizações Sociais (OSs), Organizações Sociais de Interesse Público (Oscips) e fundações ou entidades de apoio.
Celso Antônio Bandeira de Mello	Cita o exemplo dos serviços sociais autônomos.
José dos Santos Carvalho Filho	Pessoas da Administração Indireta e os serviços sociais autônomos.

REVISÃO

1) As paraestatais colaboram com o Estado nas atividades de interesse públicos.

2) As entidades paraestatais, também denominadas "Entes com situação peculiar" compõem o **Terceiro** Setor do Estado. O Primeiro Setor é o Estado, composto pela Administração Direta e Indireta. O Segundo Setor é o mercado; são pessoas de direito privado que atuam no mercado visando o lucro. O Terceiro Setor compõe-se de pessoas privadas incentivadas pelo Estado para exercer atividade privada de interesse público, sendo estimuladas por meio do fomento.

3) A posição atual do TCU é no sentido de que esses as entidades do Sistema "S" não precisam realizar licitação, mas devem estabelecer atos normativos próprios a fim de estabelecer um mínimo de competição antes de suas contratações, obedecendo aos princípios que orientam a Lei de Licitações. A justiça competente é a Justiça comum estadual, pois são pessoas jurídicas de direito privado.

4) Principais diferenças entre OSs e Oscips:

OSs	Oscips
Regidas pela Lei 9.637/98	Regidas pela Lei 9.790/99
Qualificação pelo Poder Executivo Federal	Qualificação pelo Ministério da Justiça e da Segurança Pública
A qualificação é ato discricionário	A qualificação é ato vinculado
Celebram Contrato de Gestão	Celebram Termo de Parceria
A lei não diz quem pode se qualificar (art. 1º)	A lei diz que NÃO podem se qualificar (art. 2º)
A área de atuação é mais restrita (art. 1º)	A área de atuação é mais ampla (art. 3º)
Podem receber bens públicos e servidores	Na lei não há essa previsão

2. QUESTÕES

1. **(2019/VUNESP/ Prefeitura de Poá – SP/ Procurador)**. Às organizações sociais poderão ser destinados recursos orçamentários e bens públicos necessários ao cumprimento do contrato de gestão. Assim, é correto concluir que

a) os processos de qualificação, celebração do contrato de gestão, dispensa de licitação e outorga de permissão de uso de bem público não precisam ser necessariamente conduzidos de forma pública, objetiva e impessoal; não devem observância aos princípios constitucionais expressos aplicáveis à Administração Pública.

b) os contratos a serem firmados pelas organizações sociais com terceiros, com a utilização de recursos públicos – ou seja, as situações em que a Organização Social figura como contratante de bens, serviços e compras de fornecedores do mercado – seguem necessariamente a Lei n° 8.666/1993 (Lei de Licitações e Contratos).

c) a aplicação de recursos públicos pelas Organizações Sociais não se submete ao poder de fiscalização do Tribunal de Contas.

d) a seleção de pessoal pelas organizações sociais deve ser conduzida de forma pública, objetiva e impessoal, em observância aos princípios constitucionais expressos, na forma disciplinada em regulamento próprio editado por cada entidade.

e) a aplicação de recursos públicos pelas Organizações Sociais não se submete ao controle do Ministério Público.

2. **(2019/VUNESP/PREFEITURA DE GUARULHOS – SP /INSPETOR FISCAL DE RENDAS)**. Sobre as entidades que integram os Serviços Sociais Autônomos (Sistema S), assinale a alternativa que está de acordo com o entendimento do Supremo Tribunal Federal.

a) As entidades do "Sistema S" integram a Administração Direta, não possuindo autonomia administrativa.

b) As entidades do "Sistema S" estão submetidas à exigência de concurso público para a contratação de pessoal.

c) As entidades do "Sistema S" ostentam natureza de pessoa jurídica de direito público e integram a Administração Pública.

d) As contratações feitas pelas entidades integrantes do "Sistema S" se submetem ao processo licitatório disciplinado pela Lei nº 8.666/93.

e) As entidades do Sistema "S" têm natureza privada e possuem autonomia administrativa, motivo pelo qual não se submetem ao processo licitatório disciplinado pela Lei nº 8.666/93.

3. **(2019/VUNESP/PREFEITURA DE ARUJÁ – SP /ADVOGADO).** Considere a seguinte hipótese: um Advogado é instado a se manifestar sobre a possibilidade de uma parceria entre a Administração Pública e um serviço social autônomo, alicerçada na Lei Federal n° 13.019/14.

O Advogado estará correto ao afirmar que

a) é possível a parceira com os serviços sociais autônomos, porém não é um caso de termo de parceria, pois a legislação exige a elaboração de termo de colaboração.
b) a parceria com os serviços sociais autônomos poderá ser formalizada por meio de termo de parceria que, de acordo com a legislação, deverá conter o relatório anual de execução de atividades.
c) é possível a parceira com os serviços sociais autônomos, porém não é um caso de termo de parceria, pois a legislação exige a elaboração de termo de fomento.
d) a parceria com os serviços sociais autônomos poderá ser formalizada por meio de termo de parceria que, de acordo com a legislação, deverá conter o extrato da execução física e financeira.
e) não se aplicam as exigências desta legislação às parcerias entre a Administração Pública e os serviços sociais autônomos.

4. **(2019/FGV/Prefeitura de Salvador – BA/Especialista em Políticas Públicas).** Até recentemente, havia o entendimento dos especialistas de que a sociedade poderia ser classificada em dois setores, o primeiro sendo o Poder Público e o segundo o Mercado.

Com o crescente número de demandas sociais não atendidas pelo Estado, um terceiro setor começa se consolidar e ganhar importância no atendimento das demandas da sociedade.

Assinale a opção que indica uma organização do terceiro setor.

a) Agência Executiva.
b) Sociedade Anônima.
c) Fundação Autárquica.
d) Associação Pública.
e) Entidade de Apoio.

5. **(2019/CESPE/ DPE - DF/Defensor Público).** Parcerias entre a administração pública e organizações da sociedade civil para a consecução de finalidades de interesse público e recíproco, celebradas por meio de execução de atividades ou de projetos previamente estabelecidos em planos de trabalhos, podem ocorrer mediante termos de colaboração, termos de fomento ou acordos de cooperação.

6. **(2019/VUNESP/ Câmara de Serrana - SP/Procurador).** A Lei nº 9.790/99, que dispõe sobre a qualificação de pessoas jurídicas de direito privado, sem fins lucrativos, como Organizações da Sociedade Civil de Interesse Público, instituiu uma das principais inovações no Terceiro Setor. É correto afirmar que o enunciado se refere a um novo instrumento jurídico, denominado

a) protocolo de intenções.
b) acordo de leniência.
c) termo de parceria.
d) desapropriação indireta.
e) contrato de consórcio.

7. **(2019/VUNESP/ Câmara de Serrana - SP/Procurador).** Determinado município pretende formalizar parceria com uma organização da sociedade civil para a consecução de finalidades de interesse público e recíproco que não envolvam a transferência de recurso financeiro.

Nessa situação, o instrumento a ser firmado entre as partes deverá ser o

a) contrato de gestão.
b) termo de parceria.

c) termo de colaboração.
d) acordo de cooperação.
e) chamamento público.

---

8. (2019/CESPE/ TJ - SC/Juiz Substituto). A respeito de organizações sociais, assinale a opção correta considerando o entendimento do STF em sede de controle concentrado.

a) É inconstitucional a previsão legal de cessão de servidor público a organização social: essa hipótese configura desvio de função.
b) O contrato de gestão não configura hipótese de convênio, uma vez que prevê negócio jurídico de natureza comutativa e se submete ao mesmo regime jurídico dos contratos administrativos.
c) As organizações sociais, por integrarem o terceiro setor, integram a administração pública, razão pela qual devem submeter-se, em suas contratações com terceiros, ao dever de licitar.
d) O indeferimento do requerimento de qualificação da organização social deve ser pautado pela publicidade, transparência e motivação, mas não precisa observar critérios objetivos, devendo ser respeitada a ampla margem de discricionariedade do Poder Público.
e) A qualificação da entidade como organização social configura hipótese de simples credenciamento, o qual não exige licitação em razão da ausência de competição.

---

9. (2019/VUNESP/ Prefeitura de Itapevi - SP/Procurador). A organização social "ABC" é uma pessoa jurídica de direito privado, sem fins lucrativos, foi constituída e se encontra em funcionamento regular há 3 (três) anos, e pretende qualificar-se como uma Organização da Sociedade Civil de Interesse Público (OSCIP) para atuar na área de estudos, pesquisas e desenvolvimento de tecnologias alternativas. Conforme estabelece a Lei n° 9.790/1999, é correto afirmar, nessa situação, que a organização social "ABC"

a) não poderá qualificar-se como OSCIP, em razão de ser uma organização social.
b) poderá qualificar-se como OSCIP na área pretendida, tendo em vista que ela atende a todos os requisitos legais.
c) não poderá qualificar-se como OSCIP, uma vez que, na área pretendida, não é permitida a atuação desse tipo de organização.
d) poderá qualificar-se como OSCIP na área pretendida, assim que completar 5 (cinco) anos de atuação como organização social.
e) não poderá qualificar-se como OSCIP, uma vez que é pessoa jurídica, sem fins lucrativos.

GABARITO	
Questão	**Resposta**
01	D
02	E
03	E
04	E
05	C
06	C
07	D
08	E
09	A

Capítulo V

ATOS ADMINISTRATIVOS

1. CONCEITO

Em razão da inexistência de uma lei que trate especificamente sobre os atos administrativos, fica a cargo da doutrina aprofundar o estudo sobre o tema, elaborando conceitos, apresentando requisitos, atributos e classificações que cada autor entender mais adequados. Assim, o estudo da matéria demanda a pesquisa em vários doutrinadores que contribuem para o desenvolvimento do assunto. Com efeito, temos vários conceitos definindo o que seja ato administrativo, mas nenhum se sobrepõe ao outro; na verdade, todos eles se completam.

Ato administrativo é uma declaração unilateral de vontade do Estado, ou de quem o represente, no exercício de função administrativa, de nível inferior à lei, com a finalidade de atender ao interesse público, visando criar, restringir, declarar ou extinguir direitos, e sujeita ao controle judicial.

Do conceito visto podemos tirar algumas conclusões. O ato é **declaração unilateral** porque parte apenas da Administração, não dependendo da vontade do administrado. Nesse ponto, difere dos atos bilaterais, que são os **contratos**. Nestes, para haver relação contratual, as duas partes têm de manifestar sua vontade de firmar o ajuste.

A imposição administrativa de não estacionar em determinados locais decorre de um ato administrativo. O particular terá de praticar determinada conduta, independentemente de sua vontade. Não houve prévio ajuste, acordo ou combinação entre o administrado e a Administração. A determinação partiu unicamente do Poder Público, que criou uma obrigação.

Essa é a diferença do ato administrativo para o contrato! Para haver contrato, devem existir duas partes que estabeleçam entre si benefícios e deveres a serem cumpridos.

Quando uma pessoa procura um estabelecimento escolar para fazer sua matrícula, a fim de assistir aulas, haverá, no outro polo da relação, um ente que pretende lhe prestar esse serviço. Nesse caso, para que essa relação seja concretizada, é necessário que sejam fixados os benefícios e deveres de cada um. Isso será feito por meio do contrato a ser celebrado.

Cabe destacar que aqueles que atuam em nome da Administração também praticam atos administrativos quando estão agindo nessa qualidade, a exemplo dos concessionários e permissionários.

O ato administrativo é de **nível inferior à lei**. Existem atos normativos praticados pela Administração, mas que também não se confundem com a edição de leis. Atos normativos, como resolução e decretos, visam apenas à complementação das leis que, por serem gerais e abstratas, dependem em muitos casos de instrumentos que definam como elas deverão ser aplicadas.

O ato tem de ser praticado sempre visando ao **interesse público**, pois não se admite que seja destinado a uma pretensão pessoal ou de terceiros.

O ato administrativo é aquele praticado no exercício da função administrativa. Entretanto, não podemos deixar de lembrar que o Poder Judiciário e o Poder Legislativo também praticam atos administrativos quando atuam no exercício de atividade administrativa (função atípica). Nesse caso, também praticam atos administrativos.

O Poder Judiciário, se provocado, poderá realizar o controle dos atos administrativos. Esse controle recai sobre os atos vinculados e discricionários. No ato vinculado o controle é mais amplo, já que o ato é regido inteiramente pela lei. No ato discricionário, que comporta análise de conveniência e oportunidade (mérito administrativo), o Judiciário poderá analisar o mérito administrativo para o controle de sua legalidade, não podendo verificar apenas a questão da conveniência e oportunidade da decisão. É importante mais, uma vez, frisar que os atos discricionários podem e devem ser controlados pelo Poder Judiciário, mas será um controle sob o ponto de vista da legalidade, confrontando o ato praticado com a observância dos princípios constitucionais.

Assim quando a Administração manifesta sua vontade, ela o faz mediante a prática de atos administrativos. Se ela deseja punir um servidor, fixar local correto de estacionamento ou limite de velocidade, interromper o trânsito, iniciar procedimento para retirar a propriedade de particular, realizar apreensão de mercadorias ou realizar as inúmeras atividades de sua competência, sempre existirá um ato específico para esse fim que ela deseja alcançar e um sujeito competente para praticá-lo.

O ato administrativo é uma declaração de vontade da Administração. Entretanto, essa manifestação não pode ser igual à praticada por um particular, pois, em relação aos atos administrativos, a lei estabelece requisitos para a sua validade, fixando o sujeito competente, o objetivo a ser atingido, a forma correta a ser manifestada, o motivo e os efeitos que o ato deve produzir, bem como as prerrogativas de ser imposto aos administrados independentemente de sua concordância, ser praticado com a presunção de que está de acordo com a lei e poder ser executado diretamente pela própria Administração.

COMO ESSE ASSUNTO TEM SIDO ABORDADO NAS PROVAS

- **(PCDF – Funiversa – Agente – 2009)** A prática de atos administrativos está exclusivamente afeta às pessoas jurídicas de direito público.

  Resposta: Errado.

- **(Técnico Administrativo – Anatel – Cespe – 2009)** Atos administrativos são aqueles praticados exclusivamente pelos servidores do Poder Executivo, como, por exemplo, um decreto editado por Ministro de Estado ou uma portaria de secretário de Justiça de Estado da Federação.

  Resposta: Errado.

- **(Anatel – Cespe – 2009)** Ato administrativo é aquele praticado no exercício concreto da função administrativa pelos órgãos do Poder Executivo ou pelos órgãos judiciais e legislativos. Assim, um tribunal de justiça estadual, quando concede férias aos seus servidores, desempenha uma função administrativa.

  Resposta: Certo.

Qual a diferença entre o ato administrativo e o procedimento administrativo?

O ato administrativo não se confunde com o **procedimento administrativo**. O procedimento se constitui de vários atos administrativos encadeados entre si, como ocorre com o procedimento de uma licitação.

No universo dos atos praticados pela Administração, há várias espécies de manifestações, e as declarações de vontade não se esgotam apenas na prática de atos administrativos. Os atos que geram maior controvérsia são os atos políticos.

Não é pertinente admitir que os atos políticos são tidos como atos administrativos propriamente ditos. Existe diferença entre a função administrativa e a função política, embora ambas sejam predominantemente exercidas pelo Poder Executivo. O **ato político** é o instrumento de que se utiliza o Estado a fim de praticar os atos no desempenho da função de governo, e não no exercício concreto da função administrativa. Na sua prática estão as decisões de cunho político que formam a vontade superior estatal; sua margem de liberdade é mais ampla em comparação aos demais atos discricionários; as opções a serem tomadas pelo agente público muitas vezes não se esgotam no exame de conveniência e oportunidade; sua análise pelo Poder Judiciário é mais restrita do que em relação aos demais atos administrativos, porém, patente a presença da ilegalidade no ato, não deve ser ignorado o controle judicial.

➘ *COMO ESSE ASSUNTO TEM SIDO ABORDADO NAS PROVAS*

✦ **(Instituto de Previdência dos Servidores do Estado do Espírito Santo – Advogado – Cespe – 2010)** Atos políticos, assim entendidos como aqueles produzidos por certos agentes de cúpula do país, no uso de sua competência constitucional, não são propriamente atos administrativos, mas atos de governo. Seu fundamento encontra-se na CF e, por tal motivo, eles não têm parâmetros prévios de controle, permitindo a condução das políticas, diretrizes e estratégias do governo e facultando ao administrador um leque aberto de possibilidades de ação, todas elas legítimas. Por essas razões, não se sujeitam a controle jurisdicional.

Resposta: Errado. Estão sujeitos ao controle judicial.

Assim, podemos concluir que a Administração, nas suas atividades, realiza vários tipos de atos, entre os quais está o ato administrativo. Entretanto, nem todo ato da administração é ato administrativo.

➘ *COMO ESSE ASSUNTO TEM SIDO ABORDADO NAS PROVAS*

✦ **(Seapa-DF – Cespe – Técnico de Desenvolvimento e Fiscalização Agropecuário – Agente Administrativo – 2009)** Todo ato administrativo pode ser compreendido como um ato da Administração Pública, mas nem todo ato da Administração Pública pode ser classificado como ato administrativo.

Resposta: Certo.

✦ **(ANP – Cesgranrio – Técnico em Regulação de Petróleo – 2008)** É razoável acompanhar parte da doutrina que assente na existência de atos da Administração e atos administrativos, sendo estes últimos tipicamente estatais.

Resposta: Certo.

ATENÇÃO! Todo ato administrativo é ato da Administração, mas nem todo ato da Administração é ato administrativo.

➘ *QUESTÃO DISCURSIVA*

✦ **(TRF – 3ª Região – Juiz – 2013)** Discorrer a respeito da noção de ato administrativo, ressaltando o critério hábil à sua identificação dentre as atividades jurídicas do Estado, bem como a respeito da extensão do seu controle judicial.

2. ATO ADMINISTRATIVO COMO ESPÉCIE DE ATO JURÍDICO

O ato administrativo é espécie de ato jurídico em sentido estrito, decorrente da categoria do fato jurídico.

O direito decorre de certos acontecimentos ou fatos. Esses acontecimentos podem possuir efeitos jurídicos relevantes, razão pela qual a doutrina os denominou ***fatos jurídicos***. Assim, fato jurídico em sentido amplo é todo acontecimento natural ou humano capaz de criar, modificar, conservar ou extinguir relações jurídicas. São todos os eventos do cotidiano importantes para o direito.

Assim, somente são fatos jurídicos os acontecimentos **relevantes** para o direito, ou seja, aqueles que produzem efeitos no mundo jurídico, ainda que de modo negativo, por exemplo, os fatos ilícitos.

O fato jurídico, quando voluntário, decorre de conduta de certa pessoa, física ou jurídica, e poderá se apresentar como um negócio jurídico (contrato), ato ilícito ou como ato administrativo em sentido estrito. Assim, temos:

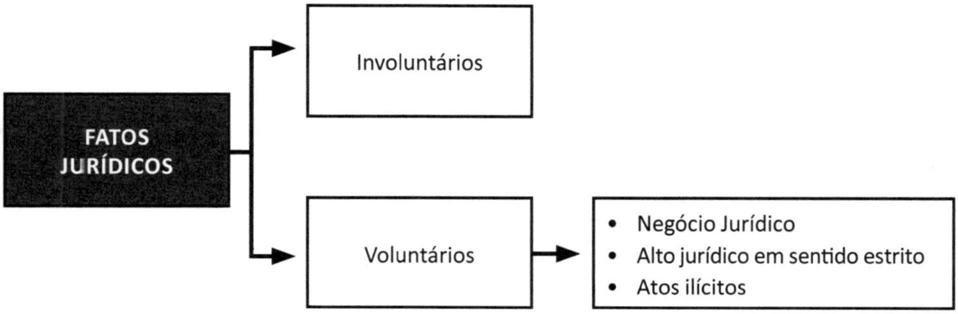

Desse modo, em princípio, o simples fato de alguém acender uma lâmpada não possui qualquer relevância jurídica, pois não inicia nenhum efeito jurídico. Contudo, se essa ação desencadear um curto-circuito, causando danos materiais a terceiros, certamente tal fato chamará a atenção do ordenamento jurídico.

Igualmente, isso acontece perante a Administração, pois os fatos relevantes (fatos jurídicos) para o Direito Administrativo são denominados **fatos administrativos**. Determinados fatos que ocorrem podem ser ou não relevantes para o direito administrativo. Se um servidor escorrega e cai dentro da Administração e logo em seguida se levanta, isso não será fato administrativo, pois não tem qualquer consequência para a Administração. Entretanto, se o servidor escorrega e cai, quebrando algum osso, isso será fato administrativo, pois provocará alguns efeitos para a Administração, por exemplo, o servidor ficará de licença; se o servidor era chefe de seção, seu substituto terá de exercer sua função, tomando decisões administrativas. Outro caso: a morte de um servidor também será um fato administrativo, uma vez que, nesse caso, será declarada a vacância do cargo pelo falecimento e, se for cargo provido mediante concurso, deverá ser convocado candidato aprovado ou então realizar-se novo certame, caso não haja lista de aprovados para convocação.

O fato administrativo pode ser involuntário, quando decorrer de um evento da natureza que produz consequências no âmbito do Direito. É o que ocorre quando a chuva destrói uma ponte, já que esse evento provocará efeitos dentro da Administração, uma vez que a ponte terá de ser consertada e, para isso, a princípio, deve ser feita uma licitação para a celebração de um contrato administrativo para o conserto. Esse fato pode gerar até indenização para o administrado que sofreu prejuízo. Caso a queda da ponte cause dano a terceiros, eventualmente, a Administração pode ser demandada para recompor o prejuízo causado, se existir omissão do Poder Público em fazer a manutenção da obra, com fundamento no art. 37, § 6º, da CF.

Nesse contexto, eventos como chuva, vento, terremoto, os chamados fatos naturais, podem receber a conceituação de fatos jurídicos (fatos administrativos), se apresentarem consequências jurídicas relevantes.

Os contratos administrativos, por sua vez, também se enquadram na categoria de fatos jurídicos administrativos, pois inevitavelmente são celebrados para produzir efeitos no mundo jurídico. Igualmente, atos ilícitos administrativos, por exemplo, a utilização de ato administrativo visando fim diverso daquele estabelecido em lei, também será considerado fato jurídico, uma vez que trará consequência ao universo jurídico, qual seja, a anulação do ato e punição do agente público.

Existe, porém, corrente doutrinária satisfatoriamente aceita em **concursos públicos** no sentido de que os fatos administrativos consubstanciam apenas a implantação material dos atos administrativos, por exemplo, a demolição de uma obra irregular ou a apreensão de mercadorias vendidas irregularmente. Para essa corrente, o fato administrativo não é provido de conteúdo jurídico, não tem por escopo a produção de efeitos jurídicos; configura apenas a realização material, a execução prática de uma decisão ou determinação da Administração[1] **(fato administrativo = ato material = fato material).**

COMO ESSE ASSUNTO TEM SIDO ABORDADO NAS PROVAS

- **(FCC – Executivo Público – Casa Civil-SP – 2010)** Em concurso realizado pela FCC, foi considerado **correto** o seguinte item: "o fato administrativo resulta sempre do ato administrativo que o determina, resultando do cumprimento de alguma decisão administrativa".
- **(Polícia Civil-AL – Delegado – Cespe – 2012)** Também foi considerado **correto** o item: "O fato administrativo é conceituado como a materialização da função administrativa."

3. FATO ADMINISTRATIVO E FATO DA ADMINISTRAÇÃO

Vimos que o **fato administrativo** é qualquer acontecimento que provoca efeitos no direito administrativo. A doutrina ainda se refere aos **fatos da Administração**: acontecimentos que não produzem efeitos jurídicos no âmbito do direito administrativo.

Assim, os fatos *da* Administração são acontecimentos que ocorrem dentro da Administração, mas que não provocam efeitos jurídicos relevantes. Podemos citar como exemplo uma caneta que cai no chão, porque não gera, a princípio, nenhum efeito para a Administração; ou o fato de alguém acender a luz dentro de uma repartição pública, uma vez que isso não trará nenhuma consequência relevante. Mas se esse fato desencadear um curto-circuito em todo o prédio da Administração, haverá fato administrativo, pois certamente serão produzidos efeitos para a Administração.

4. O SILÊNCIO ADMINISTRATIVO

O silêncio administrativo revela ato administrativo?

Vimos que o ato administrativo representa uma declaração de vontade da Administração. Assim, quando a Administração se mantém em silêncio, isso seria uma forma de manifestação de vontade?

Nas relações privadas, o silêncio das partes tem solução definida em lei. O Código Civil, art. 111, estabelece que o silêncio seja em regra interpretado como manifestação de vontade, sendo a própria anuência da parte, salvo se for exigida declaração expressa. Portanto, numa assembleia de condôminos, o voto favorável proferido por cada morador pode ser o silêncio. É comum, nas

1 Nesse sentido: Hely Lopes Meirelles, Diógenes Gasparini, José dos S. Carvalho Filho e Vicente Paulo e Marcelo Alexandrino.

assembleias condominiais, o síndico dizer: quem concorda com a alteração do estatuto permaneça como está.

No direito público, a situação é um pouco diversa. O silêncio, como regra, não é um ato, não é uma forma de manifestar a vontade. Ele é um **fato administrativo** porque provocará efeitos no direito administrativo. Por exemplo, a inércia estatal em praticar determinado ato pode gerar a prescrição ou a decadência. Assim, se a Administração não anula um ato ilegal em até 5 anos de sua prática, ocorre a decadência e o ato não poderá mais ser anulado.

A Lei nº 9.784/99, art. 48, veda o silêncio da Administração, na medida em que determina o dever de emitir decisões:

> *Art. 48. A Administração tem o dever de explicitamente emitir decisão nos processos administrativos e sobre solicitações ou reclamações, em matéria de sua competência.*

O silêncio pode, entretanto, se revelar manifestação de vontade (ato administrativo) quando a **lei** assim fixar. Para essa hipótese, poderíamos apresentar dois exemplos:

Exemplo 1: *O art. 33, da Lei nº 4.595/64 tem a presente redação:*

> *Art. 33. As instituições financeiras privadas deverão comunicar ao Banco Central da República do Brasil os atos relativos à eleição de diretores e membros de órgão consultivos, fiscais e semelhantes, no prazo de 15 dias de sua ocorrência, de acordo com o estabelecido no art. 10, inciso X, desta Lei. § 1º O Banco Central da República do Brasil, no* ***prazo máximo de sessenta dias, decidirá aceitar ou recusar o nome do eleito****, que não atender às condições a que se refere o artigo 10, inciso X, desta lei. § 2º [...] § 3º Oferecida integralmente a documentação prevista nas normas referidas no art. 10, inciso X, desta lei, e decorrido, sem manifestação do Banco Central da República do Brasil, o prazo mencionado no § 1º deste artigo (60 dias),* ***entender-se-á não ter havido recusa a posse****.*

No dispositivo citado, vê-se que a omissão do Banco Central em se pronunciar pela recusa ou aceitação do novo nome que irá compor os quadros da instituição financeira privada corresponde à própria aceitação do ato. Ou seja, o silêncio da Administração foi previsto como manifestação de vontade.

Exemplo 2: *A Lei nº 10.522/2002, em sua redação primitiva (vigente até a MP nº 449/2008, convertida na Lei nº 11.941/2009), considerava haver deferimento tácito do pedido de adesão ao parcelamento tributário formulado pelo contribuinte, quando decorrido o prazo de 90 dias contados da protocolização do pedido sem manifestação da autoridade fazendária, desde que efetuado o recolhimento das parcelas estabelecidas. Nesse passo, se a autoridade competente não se manifestar no prazo fixado, a omissão será o mesmo que concessão do parcelamento.*

Cite-se, ainda, o art. 25, da Lei nº 10.257/2001 (Estatuto da Cidade). O citado dispositivo estabelece que, nas áreas definidas como de interesse público pelo município, o particular que deseje alienar imóvel situado nessas áreas deve oferecê-lo preferencialmente ao ente municipal. Ultrapassado prazo de 30 dias sem manifestação, considera-se que houve recusa tácita da oferta pelo município. Assim, trata-se de mais um caso no qual o silêncio é interpretado como manifestação de vontade (recusa).

Qual a atuação do Poder Judiciário diante do silêncio administrativo?

Nos atos **discricionários,** ocorrendo o silêncio administrativo sem que a lei apresente a consequência, não é possível ao Poder Judiciário determinar o ato a ser praticado, pois a análise dos critérios de conveniência e oportunidade deve ser restrita à Administração – a atuação do órgão jurisdicional será estabelecer um **prazo** para o administrador se pronunciar sobre o pedido do particular. Em se tratando de ato **vinculado**, se poderá conferir o que foi solicitado, na medida em que a decisão do agente público e o exame feito pelo Judiciário não poderiam ter soluções diversas.

Exemplo 1: *Luiz Gustavo pretende fazer um evento de sua igreja em estacionamento público e, para isso, solicita autorização da Administração, que se mantém em silêncio por tempo razoável. Nessa hipótese, o administrado poderia ingressar perante o Poder Judiciário para a fixação de prazo para pronunciamento da Administração (deferimento ou não), pois se trata de ato discricionário do Poder Público.*

Exemplo 2: *Rodrigo, a fim de retirar licença para dirigir, é aprovado em todos os exames (psicotécnico, prático e prova escrita) e tem a idade mínima exigida. Entretanto, a Administração não expede a licença para dirigir, mesmo depois de um tempo razoável. Dessa forma, como a licença é ato vinculado, o juiz poderia determinar a concessão da própria licença solicitada.*

O STJ, em determinadas situações, mesmo tratando-se de ato discricionário, confirma a possibilidade de o Poder Judiciário conferir a autorização pretendida pelo particular em razão da mora administrativa. Vejamos:

> *Administrativo. Rádio comunitária. Processo administrativo. Pedido de autorização. Mora da administração. Espera de cinco anos da rádio requerente. Violação aos princípios da eficiência e da razoabilidade. Inexistência. Vulneração ao artigo 535, II, do Código de Processo Civil. Ausência de ingerência do Poder Judiciário na seara do Poder Executivo. Recurso especial conhecido pela alegativa de violação aos artigos 6º da Lei 9.612/98 e 9º, inciso II, do Decreto 2.615/98 Em face da ausência de prequestionamento dos demais artigos elencados pela recorrente. Desprovimento. [...] 3. A Lei 9.784/99 foi promulgada justamente para introduzir no nosso ordenamento jurídico o instituto da mora administrativa como forma de reprimir o arbítrio administrativo, pois, não obstante a discricionariedade que reveste o ato da autorização, não se pode conceber que o cidadão fique sujeito à uma espera abusiva que não deve ser tolerada e que está sujeita, sim, ao controle do Judiciário, a quem incumbe a preservação dos direitos, posto que visa a efetiva observância da lei em cada caso concreto. 4. "O Poder concedente deve observar prazos razoáveis para instrução e conclusão dos processos de outorga de autorização para funcionamento, não podendo estes prolongar-se por tempo indeterminado", sob pena de violação aos princípios da eficiência e da razoabilidade. 5. Recurso especial parcialmente conhecido e desprovido (REsp 531349/RS, Rel. Ministro José Delgado, Primeira Turma, julgado em 03.06.2004, DJ 09.08.2004, p. 174).*

O silêncio administrativo faz surgir ao interessado o direito de petição, assegurado no art. 5º, XXXIV, *a*, da CF.

COMO ESSE ASSUNTO TEM SIDO ABORDADO NAS PROVAS

✦ **(Juiz do Trabalho Substituto do TRT 1ª Região – Cespe)** Em obediência ao princípio da solenidade da forma, entendida esta como o meio pelo qual se exterioriza a vontade da Administração, o ato administrativo deve ser escrito e manifestado de maneira expressa, não se admitindo, no direito público, o silêncio como forma de manifestação da vontade da Administração.

Resposta: Errado.

5. REQUISITOS OU ELEMENTOS DE VALIDADE DOS ATOS ADMINISTRATIVOS

O ato administrativo deve atender a alguns requisitos para sua adequada expedição. Esses requisitos interferem na validade dos atos administrativos, pois o ato só será válido se todos eles estiverem presentes e praticados de forma correta. O ato administrativo pode até existir sem um de seus requisitos, mas não será válido diante da ausência de requisito essencial. Assim, se um cidadão recebe em sua residência uma multa de trânsito aplicada com fundamento no **motivo** de excesso de velocidade, mas, no dia da infração supostamente cometida, o condutor não saiu de casa com seu veículo e nenhuma outra pessoa saiu com o automóvel, o ato **existe**, tanto é que a multa chegou à residência do administrado; no entanto, é ilegal, pois está ausente um requisito essencial de validade, o motivo de fato (excesso de velocidade).

De acordo com a Lei nº 4.717/65, Lei de Ação Popular, os requisitos ou elementos são: **competência, finalidade, forma, motivo e objeto**. Todos eles serão analisados minuciosamente.

COMO ESSE ASSUNTO TEM SIDO ABORDADO NAS PROVAS

- **(Auditor Federal de Controle Externo – TCU – Cespe – 2009)** De acordo com a disciplina prevista na Lei da Ação Popular, o ato administrativo apresenta os seguintes elementos ou requisitos: competência, forma, objeto, motivo e finalidade.

  Resposta: Certo.

5.1. Competência ou sujeito

É o poder atribuído ao agente público para o desempenho específico de suas funções. Trata-se da atribuição que a lei confere ao agente público para a prática de seus atos. A competência resulta da **lei,** e por ela é delimitada. Todo ato emanado de agente incompetente, ou realizado além do limite de que dispõe a autoridade incumbida de sua prática, é inválido, por lhe faltar um elemento básico, qual seja, o poder jurídico para manifestar a vontade da Administração.

Para a prática de atos administrativos, não basta a **capacidade** existente no direito privado, ou seja, idoneidade para que alguém seja sujeito de direitos a fim de contrair relações jurídicas, prevista no Código Civil. O sujeito deve ter poder, conferido por lei, para a prática de seus atos, a denominada competência. Portanto, o agente deve ter capacidade e também competência para expedição de atos administrativos.

A competência não se presume, pois a lei irá destinar atribuição aos agentes públicos, bem como limitá-la, estabelecendo círculo de funções de cada órgão e agente.

Assim, o agente público só poderá praticar os atos que forem **expressamente** conferidos pela lei.

COMO ESSE ASSUNTO TEM SIDO ABORDADO NAS PROVAS

- **(Auditor-Fiscal da Receita Federal do Brasil – Esaf – 2009)** Não se presume a competência administrativa para a prática de qualquer ato, necessária previsão normativa expressa.

  Resposta: Certo.

Dessa forma, para verificar o agente ou órgão competente para exercer determinada função, deve-se examinar a lei, pois é ela que irá conferir a prerrogativa para a prática do ato. Por exemplo, a Lei nº 8.112/90 confere ao Presidente da República a competência para aplicar a demissão aos servidores públicos do Poder Executivo Federal. Do mesmo modo, a CF, no art. 144, confere competência à Polícia Federal para apurar infrações penais contra a ordem política e social ou em detrimento de bens, serviços e interesses da União ou de suas entidades autárquicas e empresas públicas, assim como outras infrações cuja prática tenha repercussão interestadual ou internacional e exija repressão uniforme, entre outras atribuições.

5.1.1. Características

Em razão de a competência resultar da lei e por ela ser delimitada, devemos apontar suas características.

a) **Irrenunciável:** Significa que o agente público não pode "recusar" a competência que a lei lhe conferiu. Assim, o agente público deve praticar os atos que são de sua atribuição, não podendo rejeitar esse universo de funções que a lei lhe outorga. Entretanto, é possível a delegação de competência, desde que atendidos os requisitos da lei. O art. 12 da Lei nº 9.784/99 traz regra sobre a delegação:

> *"Um órgão administrativo e seu titular poderão, se não houver impedimento legal, delegar parte da sua competência a outros órgãos ou titulares, ainda que estes não lhe sejam hierarquicamente subordinados, quando for conveniente, em razão de circunstâncias de índole* ***técnica, social, econômica, jurídica ou territorial****."*

O agente que deixa de exercer os atos de sua atribuição responde administrativamente, podendo ainda responder na esfera penal. O art. 220 do Código Penal tipifica o crime de condescendência criminosa quando o funcionário deixa, por indulgência, de responsabilizar subordinado que cometeu infração no exercício do cargo ou, quando lhe falte competência, não levar o fato ao conhecimento da autoridade competente.

Da mesma forma, a autoridade policial, quando surpreende condutor em *blitz*, dirigindo sem habilitação, não pode deixar de lavrar o auto de infração, sob pena de responder por essa omissão.

b) **Improrrogabilidade:** Significa que a inércia das partes em não alegar a incompetência de determinado sujeito não o torna competente. A incompetência não se transmuda em competência. Diferentemente, no Poder Judiciário, a competência em razão do valor e do território pode ser prorrogada. Assim, um juiz que, a princípio, seria incompetente para julgar a ação, depois de certo momento processual, se as partes não alegarem sua incompetência, tornar-se-ia competente para julgar a ação. Entretanto, no direito administrativo isso não acontece, pois, a competência sempre deve resultar da lei.

Uma multa de trânsito expedida pela autoridade que não recebeu da lei essa atribuição é ilegal, mesmo se o condutor do veículo não alegar a falta de competência.

c) **Imprescritível:** Significa que o não exercício da competência, não importa por quanto tempo, não a extingue, permanecendo sob a titularidade do agente ao qual a lei a atribuiu. Não se extingue pelo desuso.

A CF confere competência ao Presidente da República para declarar a guerra. Entretanto, não significa que, se esta autoridade resolver declarar guerra a outro país, ele perdeu essa atribuição em virtude de não a ter utilizado durante um certo período. Em outra hipótese, servidor de licença para tratar de interesses particulares não perde a titularidade das atribuições ao retornar ao serviço após 3 anos.

d) **Inderrogável:** Significa que a competência não se transfere por acordo ou vontade das partes. Se a competência decorre da lei, somente a lei pode estabelecer as situações em que os atos podem ser objetos de delegação. Não no sentido de que, para todo ato a ser delegado, deva existir lei para a delegação. É necessário que a lei determine as condições necessárias para que possa haver a delegação. Na esfera federal, o art. 12 estabelece que, em razão de circunstâncias de índole **técnica, social, econômica, jurídica ou territorial,** pode haver delegação, se não houver impedimento legal.

5.1.2. Delegação e avocação

Delegação e avocação ocorrem em situações em que o sujeito que recebeu atribuição da lei não pratica o ato. No caso da delegação, a autoridade transfere parte de suas atribuições para que outro agente pratique o ato em seu lugar. Na avocação, uma autoridade chama para si ato que seria de seu subordinado.

Por se tratar de eficiência administrativa, a delegação será a regra, sendo indevida quando houver impedimento legal. O Decreto-Lei nº 200/67 apresenta como um dos princípios da Administração Pública Federal a delegação de competência com o objetivo de assegurar maior rapidez e objetividade às decisões, situando-as na proximidade dos fatos, pessoas ou problemas a atender.

Como exemplo de delegação podemos apontar decreto, expedido pelo Presidente da República, que transferiu para Ministros de Estado a competência de aplicar demissão a servidores subordinados aos respectivos ministérios, bem como o Decreto nº 6.944/09, em que o Presidente da República delega competência ao Ministro de Estado do Planejamento, Orçamento e Gestão para autorizar a realização de concursos públicos nos órgãos e entidades da Administração Pública Federal Direta, autárquica e fundacional, ressalvadas nas carreiras de Advogado da União, de Procurador da Fazenda Nacional e de Procurador Federal, cujos atos serão praticados pelo Advogado-Geral da União.

O art. 12 da Lei nº 9.784/99 determina que um órgão administrativo e seu titular poderão, se não houver impedimento legal, delegar parte da sua competência a outros órgãos ou titulares, ainda que estes não lhe sejam hierarquicamente subordinados, quando for conveniente, em razão de circunstâncias de índole **técnica, social, econômica, jurídica ou territorial**.

Assim, dentro das situações permitidas pela lei, parte das atribuições de um agente público pode ser transferida para outro agente, para que este pratique o ato administrativo.

Pode também a lei impedir que algumas funções sejam objeto de delegação. São as funções indelegáveis, que, caso transferidas, ocasionam a invalidade não só da transferência como dos demais atos praticados. O art. 13 da Lei 9.784/99, que regula o processo administrativo, apresenta três casos em que é **vedada a delegação**:

a) atos de caráter **NO**rmativo;

b) decisão de **RE**curso administrativo;

c) questões de competência **EX**clusiva;

A delegação transfere a titularidade da competência?

A delegação não transfere a competência, mas somente o exercício de parte das atribuições do delegante. Assim, a competência é intransferível, bem como irrenunciável, imodificável pela vontade das partes, imprescritível e de exercício obrigatório.

A Lei nº 9.784/99 foi omissa quanto à competência cumulativa na delegação. Entendemos que na delegação o delegante segue titular da competência, continuando **competente cumulativamente** com a autoridade delegada, com a possibilidade de retomá-la por inteiro a qualquer tempo.[2] O Decreto nº 83.937/79, que regulamenta o Decreto-Lei nº 200/67 no que toca à delegação de competência, estabelece que "A delegação de competência *não envolve a perda, pelo delegante*, dos correspondentes poderes, sendo-lhe facultado, quando entender conveniente, exercê-los mediante *avocação* do caso, sem prejuízo da validade da delegação". Apesar de a Lei nº 9.784/99 disciplinar a delegação em nível federal, entendemos que nas suas omissões ainda podem ser aplicadas as disposições do decreto citado.

COMO ESSE ASSUNTO TEM SIDO ABORDADO NAS PROVAS

- **(AGU – Procurador Federal – Cespe – 2010)** O ato de delegação não retira a atribuição da autoridade delegante, que continua competente cumulativamente com a autoridade delegada para o exercício da função.

  Resposta: Certo.

- **(Ministério da Previdência Social (MPS) – Administrador – Cespe – 2009)** A delegação não transfere a competência, mas somente o exercício de parte das atribuições do delegante.

  Resposta: Certo.

- **(Perito Papiloscópico – ES – Cespe – 2011)** Pelo instituto da delegação ocorre a transferência do requisito da competência.

  Resposta: Errado. Para o Cespe na delegação ocorre a transferência de parte das atribuições, e não da competência do sujeito.

Importante destacar que somente **parte** das atribuições pode ser objeto de delegação, pois, caso contrário, o sujeito delegante não teria função para exercê-las.

Quando a autoridade delega suas atribuições e depois resolve retomá-las, ocorrerá a "revogação do ato de delegação", não se tratando de avocação. Na delegação, o ato conferido por lei a determinada autoridade é transferido para outro agente público. Se a autoridade que delegou não quer permitir que outra pessoa pratique mais aquele ato, deverá revogar a delegação anterior. Na avocação, o ato é conferido ao subordinado, e o superior chama para si temporariamente essa atribuição, praticando o ato no lugar do subalterno. A Lei nº 9.784/99 diz expressamente que o ato de delegação é passível de revogação a qualquer momento.

Ao contrário do que acabamos de afirmar, porém, há autores sustentando ser avocação quando a autoridade delega atribuições e posteriormente as retoma. Por isso, em concursos públicos é razoável chamar esse fenômeno de avocação.

Para completar o raciocínio, podemos dizer que o art. 14 da Lei nº 9.784/99 exige que o ato de delegação e sua revogação deverão ser **publicados** no meio oficial, pois os administrados devem conhecer quem tem a atribuição para a prática do ato, e que as decisões tomadas se consideram editadas pelo sujeito delegado (quem recebe o ato em delegação).[3] Dessa forma, o delegado é

2 No mesmo sentido, José dos Santos C. Filho.

3 A doutrina entende que se a delegação for ilegal ou se o delegante homologa o ato praticado pelo delegado haverá, também, responsabilidade do delegante.

quem responde pelos atos que ele mesmo praticou, e não o delegante (quem transfere parte de sua competência). (**Súmula nº 510, STF:** Praticado o ato por autoridade, no exercício de competência delegada, contra ela cabe o mandado de segurança ou medida judicial.)

A lei não fala expressamente se uma autoridade que recebeu ato em delegação poderia delegar para outra autoridade. Ou seja, poderia haver delegação de delegação? Alguns autores entendem que é possível. Essa questão já foi enfrentada em concurso, e a resposta correta foi no sentido de que é permitido delegar ato que já foi objeto de delegação. Veja a seguinte questão:

COMO ESSE ASSUNTO TEM SIDO ABORDADO NAS PROVAS

- **(Juiz Federal 5ª Região – Cespe – 2009)** Considere a seguinte situação hipotética. Pedro, autoridade superior, delegou determinada competência a Alfredo com o propósito de descentralizar a prestação do serviço público e assegurar maior rapidez nas decisões, uma vez que Alfredo tem um contato mais direto com o objeto da delegação. Nessa situação, Alfredo somente pode subdelegar a competência se Pedro deixou essa autorização consignada de forma expressa no ato de delegação.

  Resposta: Errada.

A possibilidade de subdelegação é prevista no Decreto nº 83.937/79, que regulamenta o Decreto-Lei nº 200/67, ao fixar que "O ato de delegar pressupõe a autoridade para subdelegar [...]".

Conforme visto, a **delegação não exige relação de hierarquia**. Porém, havendo delegação entre superior e subordinado, este é obrigado a aceitar o ato transferido, independentemente de sua concordância, pois nessa situação existe o dever de obediência, salvo se for ordem manifestamente ilegal. Nesse caso, o subordinado deve se recusar a praticar o ato. De outro modo, a delegação feita em relação na qual não está presente a hierarquia não gera para o delegado o dever de aceitar o ato transferido.

Além de exigir **prazo de duração**, deve também o ato de delegação especificar as matérias e poderes transferidos, os limites da atuação do delegado, os objetivos da delegação e o recurso cabível, podendo conter ressalva de exercício da atribuição delegada.

Por outro lado, a **avocação** ocorre quando superior hierárquico subtrai parte da competência atribuída originariamente a seu subordinado. Importante salientar que a avocação é uma medida excepcional, e a lei não prevê a avocação de atribuição de órgão ou agente não subordinado.

Como exemplo de avocação podemos apresentar a possibilidade de o Conselho Nacional de Justiça – CNJ avocar processo disciplinar que tramita contra juiz. De modo semelhante, à Controladoria Geral da União cabe requisitar a instauração de sindicância, procedimentos e processos administrativos, e avocar aqueles já em curso em órgão ou entidade da Administração Pública Federal, para corrigir-lhes o andamento, e ainda promovendo a aplicação da penalidade administrativa cabível.[4]

Ao contrário da delegação, entretanto, a **avocação** só ocorre em situações excepcionais e temporárias e **exige relação de hierarquia**. Assim, para haver avocação, deve existir uma autoridade superior que chama para si ato que seria de seu subordinado.

Maria Sylvia entende que não é possível avocação no caso de competência exclusiva do subordinado.

4 Lei nº 9 649/98, art. 6º-B.

5.1.3. *Vícios na competência*

Nos casos apresentados a seguir, veremos algumas situações em que o ato será praticado, mas com vício no requisito da competência, uma vez que o agente não recebeu atribuição pela lei, seja porque ele atuou fora dos seus limites, seja porque exerceu função pública de modo irregular, ou porque dela se apropriou.

Nesses casos, a depender do vício, o ato pode ser corrigido (convalidado), sendo mantida a sua existência, com o aproveitamento dos efeitos produzidos. Mas em outras situações o vício possui gravidade tão acentuada que será inevitável a anulação, e não caberá a convalidação.

A) Excesso de poder

O excesso de poder é uma das formas de abuso de poder, que pode ocorrer pelo excesso, violando a competência, ou pelo desvio, infringindo a finalidade do ato administrativo. O excesso de poder ocorre quando o agente público, embora inicialmente competente para prática do ato, se excede no exercício de suas atribuições. Acontece, por exemplo, no caso de um servidor que pratica infração passível de sanção com demissão e esta é realizada pelo chefe da repartição, que não detém essa atribuição, pois, conforme o art. 141 da Lei nº 8.112/90, a demissão de servidor público que pertence ao Poder Executivo é de competência do Presidente da República.

Ocorrendo essa situação hipotética, o ato será ilegal, por vício na competência, pois o agente público que praticou o ato não recebeu atribuição da lei para o exercício desse ato.

Nessa hipótese, entretanto, o ato é passível de convalidação. O vício de competência pode ser corrigido, aproveitando-se todos os efeitos que decorreram desse ato. O efeito de uma demissão é a desocupação do cargo público com a declaração de vacância. Na convalidação, a demissão é mantida e o servidor continua desligado do serviço público.

B) Funcionário ou função de fato/agentes putativos

Ocorre quando uma pessoa é **irregularmente** investida em função pública. Durante o processo de investidura da pessoa em cargo, emprego ou função, houve, de alguma forma participação da Administração. Dá-se, por exemplo, no caso de uma pessoa fazer concurso para vaga de portador de necessidades especiais, não possuindo nenhuma deficiência, ser aprovado no certame e, para tomar posse, apresentar atestado falsificado para comprovar deficiência que não existe. Ou então no caso de candidato que consegue comprar prova do concurso antes de sua realização e, por ter acesso ao conteúdo da prova antes, alcança a aprovação.

Maria Sylvia apresenta os seguintes exemplos: "falta de requisito legal para investidura, como certificado de sanidade vencido; inexistência de formação universitária para função que a exige, idade inferior ao mínimo legal; o mesmo ocorre quando o servidor está suspenso do cargo, ou exerce funções depois de vencido o prazo de sua contratação, ou continua em exercício após a idade-limite para aposentadoria compulsória".

Quem exerce função de fato pratica atos administrativos. Mas qual será a consequência desses atos quando for descoberta a irregularidade que levou à investidura na função? Nesse caso, como se trata de ato ilegal, caberá **anulação**. E, como decorrência da anulação, seus efeitos terão de ser apagados (efeitos *ex tunc* da anulação). Assim, a descoberta de que o candidato obteve a prova do concurso antes do certame leva à anulação de sua nomeação e posse e, por consequência, de todos os outros atos que disso decorreram. Assim, se não há nomeação e posse, não há também exercício, e, se não há o exercício, o servidor não desempenhou a função pública e não praticou nenhum ato. Ou seja, toda a relação do agente público com a Administração deve ser apagada. Entretanto, em relação a terceiros de boa-fé, os atos devem ser mantidos em razão da **Teoria da Aparência**. Por essa teoria, os atos praticados por funcionário de fato, em relação a terceiros de boa-fé, receberão a validade, e os seus efeitos serão mantidos, pois um terceiro de boa-fé não pode ser prejudicado por um ato que teve participação da Administração, tendo a aparência de legalidade.

C) Usurpação de função

Ocorre quando uma pessoa se **apropria** da função para praticar atos que são próprios dessa função. Na usurpação de função a pessoa se apodera, assenhora-se, apossa-se de função pública sem ser, de nenhuma forma, nela investida.

É o que ocorre, por exemplo, no caso de um servidor que exerce função de fiscalização e seu irmão gêmeo, que não é servidor, aproveitando-se de momento de descuido, consegue seu crachá e sua roupa e passa a exercer a fiscalização no lugar de seu irmão, verdadeiro titular da função.

Na usurpação de função, entretanto, os atos serão considerados **inexistentes** para o direito administrativo, pois a usurpação de função é conduta criminosa, e esse tipo de conduta não pode gerar efeitos para a Administração Pública. O Código Penal, no artigo 328, tipifica como crime usurpar o exercício de função pública.

Assim, o agente responderá por crime de usurpação de função, mas seus atos serão inexistentes na esfera do direito administrativo. Assim, as multas aplicadas pelo irmão gêmeo podem ser desconsideradas, pois não podem produzir efeitos.

A teoria da aparência pode ser aplicada na usurpação de função?

Não se pode aceitar que a teoria da aparência seja aplicada na usurpação de função. Por essa teoria, mantém-se a validade dos atos em relação aos efeitos produzidos a terceiros de boa-fé. Contudo, na usurpação de função, o ato não produz efeitos, por ser inexistente. Assim, não há o que ser aproveitado, já que o ato não produziu nada, não teve consequência, foi inexistente.

COMO ESSE ASSUNTO TEM SIDO ABORDADO NAS PROVAS

- **(Advocacia Geral da União – Cespe – 2006)** O clássico exemplo de ato inexistente é o ato praticado pelo usurpador de função pública, mas admite-se também o uso da expressão ato inexistente para designar atos cujo objeto seja materialmente impossível, como a nomeação de pessoa morta.

  Resposta: Certa.

- **(Cespe – TCU – 2012)** Os atos praticados por servidor *irregularmente* investido na função – situação que caracteriza a função de fato – são considerados inexistentes.

  Resposta: Errado. Não são considerados inexistentes.

5.2. Finalidade

É o objetivo de interesse público buscado com a prática do ato. Não há ato administrativo que não vise interesse público. O direito não admite ato administrativo sem finalidade pública ou desviado de suas finalidades específicas.

Assim, todo ato deve ser praticado sempre voltado para satisfazer o interesse público, tratando-se de requisito vinculado, pois não se admite fim diverso.

Conforme leciona Maria Sylvia,[5] a finalidade pode ser compreendida em dois sentidos. No **sentido amplo,** finalidade significa que o ato deve sempre atender ao interesse público. No **sentido estrito,** finalidade significa que o ato deve atender ao fim específico para o qual ele foi criado, devendo ser ressaltado que este fim específico é sempre definido pela **lei**. A lei é que define para qual finalidade pública ele foi editado. Dessa forma, o agente público não pode utilizá-lo para fins diversos daquele definido em lei, sob pena de violar a finalidade do ato.

Na prática dos atos administrativos, os dois sentidos da finalidade devem ser observados, em seu sentido amplo e no sentido estrito. Ou seja, o ato deve ser praticado visando ao interesse público e para atender ao fim específico para o qual foi criado. Assim, a remoção, nos termos da Lei nº 8.112/90, não pode ter caráter punitivo, pois a lei não atribuiu essa finalidade para a remoção. Se um servidor público federal pratica uma infração administrativa, deve ser punido. Entretanto, não pode ser por meio da remoção. Por mais que seja atingido o interesse público do ato administrativo de punir o servidor que cometeu a infração, se a remoção for utilizada para tanto, será ilegal, uma vez que no sentido estrito seu fim específico não é punir servidor, mas sim adequar sua lotação, sem caráter punitivo. Nesse caso, deve-se fazer uso da advertência, da suspensão ou da demissão, conforme o caso.

Da mesma forma, se um agente de trânsito para com frequência, para fins de fiscalização, o veículo do atual namorado de sua ex-namorada, demorando horas na fiscalização, esse ato será ilegal. Na hipótese apresentada, apesar de o ato ter sido aplicado para seu devido fim específico (finalidade em sentido estrito), uma vez que se utilizou a fiscalização para verificar possíveis irregularidades no veículo, o ato não foi visando ao interesse público (finalidade em sentido amplo), pois foi praticado visando à pretensão pessoal do agente público de prejudicar um desafeto seu, por motivo de ciúme.

Assim, devemos repetir que os dois sentidos da finalidade devem ser atendidos: o interesse público (sentido amplo) e o fim específico do ato (sentido estrito).

COMO ESSE ASSUNTO TEM SIDO ABORDADO NAS PROVAS

- **(Ministério da Ciência e Tecnologia – Finep – Analista – Cespe – 2009)** Finalidade é o elemento pelo qual todo ato administrativo deve estar dirigido ao interesse público, pois o intuito da atividade do administrador é sempre o bem comum.

  Resposta: Certa.

- **(Juiz Federal 5ª Região – Cespe – 2009)** Alguns doutrinadores entendem que o elemento finalidade do ato administrativo pode ser discricionário. Isso porque a finalidade pode ser dividida entre finalidade em sentido amplo, que se identifica com o interesse público de forma geral, e finalidade em sentido estrito, que se encontra definida na própria norma que regula o ato. Assim, a primeira seria discricionária e a segunda, vinculada.

  Resposta: Certa. Porém, prevalece nos concursos que a finalidade é elemento vinculado.

5 DI PIETRO, Maria Sylvia Zanella, *Direito Administrativo*. São Paulo: Atlas, 2003.

Cabe frisar que a doutrina e a jurisprudência entendem que existe uma hipótese em que pode ocorrer a contrariedade à finalidade específica do ato, sem que se declare sua invalidade, desde que seja observado o interesse público primário (coletividade). Trata-se da desapropriação, em que, depois de realizada a transferência da propriedade para o domínio público, altera-se a destinação inicial específica do ato, denominada **tredestinação lícita**. É o caso, por exemplo, de o Poder Público desapropriar um bem imóvel para construção de uma escola e, depois de adquirido o bem, resolver construir um hospital. Perceba-se que o interesse público não deixou de ser atingido.[6]

É o legislador que define a finalidade pública que o ato deve alcançar, não havendo liberdade de opção para a autoridade administrativa. Dessa forma, não cabe ao administrador escolhê-la ou substituí-la por outra, ainda que ambas correspondam a fins públicos.

O **desvio da finalidade** é também uma forma de abuso de poder. Ocorrerá quando o agente pratica ato visando ao interesse pessoal ou não atendendo ao fim determinado pela lei. Nessa forma de **abuso de poder,** o requisito da finalidade é que será afetado pela ilegalidade, ao contrário do que acontece no **excesso de poder,** em que o requisito da competência é que padecerá de vício. Exemplo clássico é a remoção para punir servidor, uma vez que a Lei nº 8.112/90 criou o instituto com a finalidade de deslocar o servidor, sem fim punitivo.

Em relação ao abuso de poder, podem surgir as seguintes questões:

A remoção para punir servidor é caracterizada como abuso de poder.	**Certo**
A remoção para punir servidor é caracterizada como excesso de poder.	**Errado**
A remoção para punir servidor é caracterizada como desvio de finalidade.	**Certo**
A remoção para punir servidor é caracterizada como desvio de poder.	**Certo**

A finalidade é um dos elementos do ato administrativo que não admite a convalidação, na forma do art. 55 da Lei nº 9.784/99. Esse assunto será analisado mais adiante, neste capítulo.

5.3. Forma

É a exteriorização da vontade administrativa, que, em regra, será escrita, mas pode ser praticada de modo verbal, por gestos, por sons, por placas (*pictórico*) ou por meios mecânicos.

Como regra, os atos devem ser produzidos por escrito, a fim de ficarem registrados na Administração e expostos à verificação. Entretanto, alguns atos, por sua natureza, tornam-se inviáveis de ser produzidos por escrito, sendo a vontade administrativa passível de ser expressa de outra forma. Se um agente de trânsito para à frente de um veículo em uma rodovia e estende a palma da mão em direção ao carro, significa que o veículo deve parar. Nesse caso, temos um agente público que recebeu atribuição da lei, visando à finalidade pública de interromper o trânsito, mas que não poderia fazer isso de modo escrito; portanto, o faz mediante de um gesto. O mesmo ato poderia ser realizado de modo verbal ou por meio de sons.

---

6 REsp 868.120/SP, Rel. Ministro Luiz Fux, Primeira Turma, julgado em 27.11.2007, *DJ* 21.02.2008, p. 37; REsp 1025801/SP, Rel Ministra Eliana Calmon, Segunda Turma, julgado em 20.08.2009, *DJe* 08.09.2009; REsp 847.092/SP, Rel. Ministra Denise Arruda, Primeira Turma, julgado em 17.08.2006, *DJ* 18.09.2006, p. 291.

Placas de trânsito também revelam atos administrativos. Quando se vê uma placa de proibido estacionar, significa que a Administração quer organizar o trânsito e não deseja que veículos estacionem em determinado local, mas, como é inviável fazer isso por escrito, encaminhando notificação para todos os condutores de veículos que possam vir a estacionar naquele local, bem como ser inviável colocar um agente público permanentemente no local, será a placa a representação da vontade administrativa.

Pelos mesmos motivos apresentados, meios mecânicos, como semáforos, representam atos administrativos.

O que deve ficar claro é que só se admite o ato não escrito em situações excepcionais, quando a própria natureza do ato assim o exigir.

O não respeito à forma vicia o ato, tornando-o passível de invalidação.

5.3.1. Formalização ou formalidade

Formalidades são as exigências necessárias, estabelecidas em lei, para a implementação da forma. Raquel Melo Urbano[7] ensina que qualquer exigência, além da exteriorização por escrito, que se refira ao momento prévio ou subsequente ao ato, enquadra-se no conceito de formalização ou formalidade. São chamadas ainda "formas em sentido amplo" por Maria Sylvia e "formas externas" pela doutrinadora Odete Medauar.

Raquel Melo Urbano continua a discorrer com precisão sobre o tema:

> *"A formalização é uma solenização específica requerida para o ato, além da regra da sua exteriorização escrita. Com efeito, em determinadas circunstâncias, não basta que a vontade pública surja por escrito, exigência pressuposta em razão do princípio da solenidade. Em certos casos, a lei determina, de forma expressa, outras exigências formalísticas, como o requerimento de um determinado veículo para a exteriorização do ato ou uma publicidade especial, como a publicidade reiterada no Diário Oficial. Assim, se a lei impõe qualquer trâmite especial, além da forma escrita do ato administrativo, tal formalidade deverá ser necessariamente atendida."*

A citada doutrinadora coloca como exemplo o art. 6º do Decreto-Lei nº 3.365/32, no sentido de que "A declaração de utilidade pública far-se-á por decreto do Presidente da República, Governador, Interventor ou Prefeito". Dessa forma, para que seja declarada a utilidade de um bem para fins de desapropriação, não se exige que a vontade da Administração seja somente por escrito. Exige-se, também, que a declaração de utilidade pública seja feita por um meio especial, o decreto do Chefe do Executivo. Assim, não se admite um ofício, uma circular ou outro instrumento; é necessária a edição de um ato específico, o decreto do Chefe do Poder Executivo.

Podemos apontar também como exemplo a multa de trânsito. Não se exige apenas que esteja na forma escrita. O art. 280 do Código de Trânsito Brasileiro – CTB – exige uma série de requisitos e condições especiais (formalidades) para a validade do auto de infração. Portanto, não basta lavrar o auto de infração por escrito; ele deve conter todos os requisitos do art. 280 do CTB para sua validade, por exemplo, a tipificação, local, data e hora do cometimento da infração, entre outros. Faltando uma das formalidades, o ato será ilegal.

---

7 CARVALHO, RAQUEL MELO URBANO, *Curso de Direito Administrativo – Parte Geral, Intervenção do Estado e Estrutura da Administração*. Salvador: JusPodivm, 2008.

Somente se exige determinada formalidade se a lei expressamente assim determinar.

O vício de forma será passível de convalidação. Entretanto, se a lei exigir formalidade essencial para a validade do ato e esta estiver ausente, o ato será ilegal. Assim, se a lei exige que, para se iniciar a desapropriação, esta deva estar na forma escrita e por decreto, será ilegal se a desapropriação for iniciada por escrito, mas mediante portaria, circular ou qualquer outra forma escrita. Nessa hipótese, a lei exigiu formalidade essencial para a validade do ato – a expedição de um decreto, e não de outro ato escrito. Em razão desse vício, o ato não poderá ser convalidado pela Administração.

Não podemos deixar de destacar que a formalidade se insere no conceito de forma. Nesse passo, a ausência de formalidade é um vício na forma do ato, como requisito ou elemento de validade.

➘ *COMO ESSE ASSUNTO TEM SIDO ABORDADO NAS PROVAS*

✦ **(Agente de Polícia Civil Substituto – RN – Cespe – 2008)** Há vício de forma quando há omissão ou observância incompleta ou irregular de formalidades indispensáveis à existência ou seriedade do ato.

Resposta: Certo.

Devemos ainda analisar que vício ocasiona para o ato a ausência de motivação, quando a lei exige. A motivação é a indicação dos fatos e fundamentos jurídicos que levaram à prática do ato. É a justificação do ato que foi praticado. O art. 50 da Lei nº 9.784/99 apresenta uma lista de atos que obrigatoriamente exigem motivação, por exemplo, no ato de revogação. Com efeito, a motivação do ato é uma formalidade que, se exigida de modo expresso pela lei, será formalidade essencial para a validade. Nesse raciocínio, e como dito, a formalidade se insere no conceito de forma, acarretando sua ausência em irregularidade no requisito de forma do ato administrativo.

Em termos mais claros, **a falta de motivação, quando a lei exige, é defeito de forma do ato**, pois motivação é formalidade do ato administrativo.

➘ *COMO ESSE ASSUNTO TEM SIDO ABORDADO NAS PROVAS*

✦ **(Defensoria Pública-ES – Cespe – 2009)** Segundo a doutrina, integra o conceito de forma, como elemento do ato administrativo, a motivação do ato, assim considerada a exposição dos fatos e do direito que serviram de fundamento para a respectiva prática do ato.

Resposta: Certo.

5.4. Motivo

Motivo é a situação de direito e de fato que determina ou autoriza a realização do ato administrativo. Pode vir expresso, como também pode ser deixado a critério do administrador.

Situação de fato é o acontecimento que gera a expedição do ato administrativo; é uma situação anterior, que leva a Administração a manifestar sua vontade. Motivo de direito é o fundamento legal, é o dispositivo de lei que autoriza o ato praticado.

No caso de multa por avançar o sinal vermelho, o motivo de fato é avançar o sinal, e o motivo de direito é o art. 208 do CTB, que autoriza a multa para quem transpõe o sinal vermelho. Assim, em razão desses motivos, a Administração aplica multa ao condutor.

Quando o servidor é surpreendido subtraindo computador da Administração, ele está sujeito à penalidade de demissão. A demissão será aplicada em razão de o servidor ter sido surpreendido retirando o equipamento da Administração (motivo de fato), bem como pelo art. 132 da Lei nº 8.112/90 (fundamento legal), que autoriza a demissão nessa situação.

Muitas vezes o motivo já estará previsto em lei (motivo de direito). É o caso de aposentadoria compulsória aos 75 anos de idade. Nesse caso, a lei já colocou o motivo: quando o servidor completar a idade de 75 anos deve ser aposentado.

O conceito de motivo é distinto do conceito de motivação. Enquanto o motivo é a situação de fato ou de direito que permite a prática do ato administrativo, a motivação é a justificação, a explicação das razões (motivos) que levaram o agente público a praticar o ato administrativo. Assim, na motivação, ocorre a explicitação dos motivos que levaram o administrador a editar o ato administrativo.

ATENÇÃO! Motivo e motivação não são conceitos sinônimos.

Como dito, motivo e motivação não se confundem, mas são conceitos que de certo modo devem caminhar juntos, pois a motivação é a indicação dos motivos do ato administrativo. Por esse motivo, existe a **teoria dos motivos determinantes**. Por essa teoria, quando o ato for motivado, ele só será válido se os motivos apresentados forem verdadeiros, caso contrário o ato será ilegal e passível de anulação (ver capítulo sobre princípios administrativos – princípio da motivação).

COMO ESSE ASSUNTO TEM SIDO ABORDADO NAS PROVAS

- **(Cespe – Analista – Gestão de Compras, Licitações – 2008)** Se um servidor público tiver requerido suas férias para o mês de fevereiro de 2009, o chefe da repartição poderá indeferi-las sem deixar expresso no ato o motivo do indeferimento. Se, todavia, o indeferimento se der sob a alegação de que há falta de pessoal na repartição e o servidor público provar que, ao contrário, há excesso de pessoal, o ato estará viciado no motivo.

  Resposta: Certo. Motivo inexistente.

- **(Secretaria do Estado de Justiça – Sejus – Agente Penitenciário – ES – 2008)** O ato administrativo, quando motivado, somente é válido se os motivos indicados forem verdadeiros, mesmo que, no caso, a lei não exija a motivação.

  Resposta: Certo.

- **(Procurador Federal de 2ª Categoria – Cespe – 2007)** Não se decreta a invalidade de um ato administrativo quando apenas um, entre os diversos motivos determinantes, não está adequado à realidade fática.

  Resposta: Certo.

- **(Técnico Federal de Controle Externo – Área: Apoio Técnico e Administrativo – Cespe – 2009)** De acordo com a teoria dos motivos determinantes, o agente que pratica um ato discricionário, embora não havendo obrigatoriedade, opta por indicar os fatos e fundamentos jurídicos da sua realização, passando estes a integrá-lo e a vincular, obrigatoriamente, a Administração, aos motivos ali expostos.

  Resposta: Certo.

O entendimento majoritário da doutrina é no sentido de que a regra deve ser a motivação dos atos, em especial aqueles enumerados no art. 50 da Lei nº 9.784/99. O inciso I do art. 50 desse Diploma legal exige motivação nos atos que "neguem, limitem ou afetem direitos ou interesses". É difícil imaginar ato administrativo que pelo menos não afetará interesse de algum administrado, por isso a motivação deve estar presente na prática dos atos administrativos.

Deve-se atentar para o fato de que a motivação, hoje, é a regra, mas existem atos administrativos que dispensam a motivação, por exemplo, nomeação e exoneração de cargos em comissão.

A motivação deve ser prévia ou concomitante à prática do ato, para o controle imediato de sua legalidade.

COMO ESSE ASSUNTO TEM SIDO ABORDADO NAS PROVAS

- **(Agente Administrativo – Ministério dos Esportes – Cespe – 2008)** A Administração pode alterar, em defesa judicial apresentada, os motivos determinantes do ato administrativo discricionário.

  Resposta: Errado. Se pretende alterar os motivos em defesa judicial, é porque o ato já foi impugnado.

- **(FGDF – Esaf – 2007)** A luz do Princípio da Motivação, a validade do ato administrativo independe do caráter prévio ou da concomitância da motivação pela autoridade que o proferiu com relação ao momento da prática do próprio ato.

  Resposta: Errado.

Também não é lícito ao administrador adotar, a pretexto de fazer a devida motivação, fundamentos genéricos e indefinidos, por exemplo, o "interesse público". A motivação deve ser clara e precisa, para que o administrado identifique com exatidão os fundamentos que levaram o ato a ser praticado, bem como para que haja o devido controle pelo Poder Judiciário.

5.5. Objeto

São os efeitos imediatos decorrentes do ato administrativo. Corresponde ao efeito prático pretendido com a edição do ato administrativo ou a modificação por ele trazida ao ordenamento jurídico. Significa o objetivo imediato da vontade exteriorizada pelo ato.

É aquilo que o ato prescreve, dispõe, enuncia, decide, declara, opina ou altera no mundo jurídico.

Ao contrário da finalidade, que se caracteriza como o fim mediato do ato administrativo, o **objeto é o fim imediato** do ato, são as consequências instantâneas que o ato produz e que podem constituir uma aquisição, transformação ou extinção de direito, sendo um resultado variável. Para descobrir o objeto do ato administrativo, deve-se questionar: O que aconteceu? Quais os efeitos práticos que o ato produziu? O que ele criou ou modificou?

Assim, numa declaração expropriatória, o resultado pretendido é desencadear um processo que leva à retirada de determinado bem do patrimônio de seu proprietário. Esse é o efeito que o decreto de desapropriação (ato administrativo) pretende produzir. No tombamento, o objeto é impor restrições ao uso e gozo do bem tombado. Na remoção, a consequência prática é o deslocamento do servidor. Na revogação, é a extinção do ato. Na demolição de obra irregular, o objeto é a própria demolição, ou seja, acabar com a construção, pôr fim à irregularidade.

QUESTÃO

✦ **Ano: 2016 Banca: CESPE Órgão: TJ-AM Prova: Juiz de Direito**

Assinale a opção correta com referência aos atos administrativos.

a) A finalidade reflete o fim mediato dos atos administrativos, enquanto o objeto, o fim imediato, ou seja, o resultado prático que deve ser alcançado

b) O silêncio administrativo consubstancia ato administrativo, ainda que não expresse uma manifestação formal de vontade.

c) Autorização é o ato pelo qual a administração concorda com um ato jurídico já praticado por particular em interesse próprio.

d) O objeto dos atos administrativos normativos é equivalente ao dos atos administrativos enunciativos.

e) Motivação e motivo são juridicamente equivalentes.

Letra A.

Um outro exemplo ajudará a compreender o significado de objeto. Um servidor federal praticou infração de improbidade administrativa, passível de demissão. Porém, quando a infração se torna conhecida esse servidor já pediu exoneração do cargo para tomar posse em um cargo estadual. Nesse caso, poderia ser aberto um processo administrativo disciplinar? Mas para aplicar qual sanção sendo que o vínculo já foi rompido com a exoneração? Para a infração de improbidade administrativa há um efeito (objeto) que é a demissão (punição) gerando a quebra do vínculo funcional, e há, também, o efeito (objeto) de não poder retornar mais ao serviço público federal. Assim, respeitado o prazo de prescrição, deve ser aberto o processo administrativo disciplinar e aplicado o segundo efeito citado.

Dessa forma, todo ato administrativo deve conter os cinco requisitos ou elementos para sua validade. Todos devem estar presentes. Faltando um deles ou estando algum viciado, o ato será ilegal.

Vejamos alguns casos, a fim de descobrir os requisitos de validade de cada ato.

1) **Caso 1:** Aplicação de multa de trânsito por excesso de velocidade.

- **Competência:** órgão ou entidade a que a lei atribuiu essa função. Detran, por exemplo.
- **Finalidade:** coibir os condutores de veículos, para que não violem as regras de trânsito.
- **Forma:** por escrito, devendo haver motivação, com indicação do local, hora, velocidade etc.
- **Motivo:** excesso de velocidade e CTB.
- **Objeto:** gera obrigação de pagamento e perda de pontos na habilitação e pune o infrator.

2) **Caso 2:** Determinação de demolição de casa construída em área ambiental.

- **Competência:** órgão ou entidade a que a lei atribuiu essa função. Deve-se verificar em qual unidade da Federação isso aconteceu, para se descobrir a autoridade competente.
- **Finalidade:** proteção e conservação do meio ambiente.
- **Forma:** por escrito, devendo haver motivação.
- **Motivo:** irregularidade da construção. Se fosse construída em área apropriada, não haveria motivos para a demolição.
- **Objeto:** demolição da casa; acabar com a construção.

3) **Caso 3:** Desapropriação de terra improdutiva para fins de reforma agrária.

- **Competência:** União.
- **Finalidade:** justa distribuição de terras com a reforma agrária.
- **Forma:** por escrito, mediante decreto.
- **Motivo:** não realizar o aproveitamento racional e adequado da terra, o que é indicado pela produtividade abaixo dos índices exigidos.
- **Objeto:** iniciar procedimento para transferência da propriedade, retirando-a de seu proprietário.

4) **Caso 4:** Anulação de remoção de servidor para fins de punição.

- **Competência:** autoridade a que a lei atribuiu essa função. Deve-se verificar em qual órgão ou entidade isso ocorreu, para descobrir a autoridade competente.
- **Finalidade:** correção de ilegalidade.
- **Forma:** por escrito, devendo haver motivação.
- **Motivo:** ilegalidade no uso da remoção, pois esta não pode ter caráter punitivo.
- **Objeto:** extinção do ato; remoção com o retorno do servidor.

5) **Caso 5:** Licença-maternidade

- **Competência:** autoridade a que a lei atribuiu essa função. Deve-se verificar o órgão ou entidade, para saber quem será a autoridade competente.
- **Finalidade:** cuidar da criança recém-nascida.
- **Forma:** por escrito, devendo haver motivação.
- **Motivo:** nascimento da criança.
- **Objeto:** ausência da mãe por 120 dias, prorrogáveis por mais 60 dias.

6) **Caso 6:** Agente de trânsito que interrompe o trânsito para passagem de crianças.

- **Competência:** autoridade a que a lei atribuiu essa função. Deve-se verificar o órgão ou entidade, para saber quem será a autoridade competente. Por exemplo, Polícia Militar ou Detran.
- **Finalidade:** segurança das crianças.
- **Forma:** pode ser por gestos, sinais, meios sonoros ou outro meio idôneo para provocar a interrupção do trânsito.
- **Motivo:** travessia de crianças.
- **Objeto:** paralisação do trânsito.

7) **Caso 7:** Demissão de servidor que foi surpreendido subtraindo cartuchos de impressora.

- **Competência:** autoridade a que a lei atribuiu essa função. Deve-se verificar o órgão ou a entidade, para saber quem será a autoridade competente. Se for servidor público federal, a autoridade competente será nos termos do art. 141 da Lei nº 8.112/90.
- **Finalidade:** manter, no serviço público, apenas servidores que tenham capacidade moral.

- **Forma:** por escrito, devendo haver motivação.
- **Motivo:** subtração dos cartuchos (peculato) e art. 132, Lei nº 8.112/90.
- **Objeto:** retirar o servidor do serviço público, gerando a desocupação do cargo.

8) **Caso 8:** Interditar restaurante que desrespeitar as normas de higiene.

- **Competência:** autoridade a que a lei atribuiu essa função. Deve-se verificar em qual unidade da Federação isso aconteceu, para se descobrir a autoridade competente.
- **Finalidade:** proteção da sociedade.
- **Forma:** por escrito, devendo haver motivação.
- **Motivo:** não manter, o estabelecimento, as condições adequadas de higiene.
- **Objeto:** fechamento do estabelecimento pelo prazo fixado pelo órgão competente. Interrupção das atividades.

9) **Caso 9:** Demissão de servidor por ausência ao serviço por mais de 30 dias, mas cuja justificação foi falta ao serviço por 60 dias interpoladamente (inassiduidade habitual).

- **Competência:** autoridade a que a lei atribuiu essa função. Deve-se verificar o órgão ou entidade, para saber quem será a autoridade competente. Se for servidor público federal, a autoridade competente será nos termos do art. 141 da Lei nº 8.112/90.
- **Finalidade:** manter, no serviço público, apenas as pessoas comprometidas com a função.
- **Forma:** por escrito, devendo haver motivação. Entretanto, esse ato possui vício de forma (formalidade), pois a motivação apresentada não corresponde aos motivos que realmente levaram à demissão.
- **Motivo:** ausência, por mais de trinta dias, ao serviço – houve motivo para a demissão, mas a motivação é que foi irregular – e art. 132, Lei nº 8.112/90.
- **Objeto:** retirar o servidor do serviço público, gerando a desocupação do cargo.

6. DISCRICIONARIEDADE E VINCULAÇÃO

Estudaremos agora os atos vinculados e discricionários. Analisaremos o grau de liberdade que a lei conferiu ao agente público em decidir o ato a ser praticado.

Atos **vinculados** são aqueles em que todos os requisitos ou elementos são definidos pela lei, não havendo liberdade para o agente público. Como exemplo clássico desse tipo de ato temos a aposentadoria compulsória aos 75 anos, pois o sujeito que recebeu atribuição da lei para fazer a aposentação de servidor que completou a idade limite não tem liberdade para decidir se irá aposentar ou não o servidor, uma vez que ele deve determinar a aposentadoria. Mas podemos citar também a "desapropriação sanção", fixada no art. 243 da CF, por motivo de cultivar ilegalmente plantas psicotrópicas; ou o dever do agente de trânsito de lavrar auto de infração ao se deparar com motorista dirigindo sem os devidos documentos.

Os atos **discricionários** são aqueles em que a lei permite ao agente público realizar um juízo de conveniência e oportunidade (mérito), decidindo o melhor ato a ser praticado. Nesses atos, a lei confere ao administrador certa margem de liberdade para a escolha do ato mais adequado ao caso concreto. A prorrogação de concurso público é ato discricionário, uma vez que o sujeito competente tem liberdade para analisar e decidir se irá prorrogar ou não o certame. A autorização de uso de bem público também se enquadra nessa categoria de atos.

Na prática de atos discricionários existe o MÉRITO administrativo, que consiste na valoração dos **motivos** e na escolha do **objeto** do ato, feitas pela Administração incumbida de sua prática, quando autorizada a decidir sobre a conveniência, oportunidade e justiça do ato a realizar.

O ato discricionário é passível de controle pelo Poder Judiciário?

A resposta é positiva. Contudo, não cabe ao Poder Judiciário substituir o mérito (conveniência e oportunidade) dos atos administrativos. Assim, o Judiciário não pode, por exemplo, substituir a decisão do administrador que resolver investir em hospitais, em vez de em escolas.

Se, entretanto, ao realizar o mérito administrativo, o agente público atuar com falta de razoabilidade ou proporcionalidade, o Poder Judiciário poderá proceder à *anulação* do ato, pois, ao atuar fora dos seus limites, o ato torna-se ilegal. Mas deve-se destacar que o Judiciário, na anulação do ato discricionário, não deve indicar a solução mais adequada; deve, apenas, corrigir a ilegalidade por meio da anulação, sem apontar o resultado mais apropriado.

COMO ESSE ASSUNTO TEM SIDO ABORDADO NAS PROVAS

- **(TRE-GO – Cespe – Analista Judiciário – 2009)** Nas situações em que o Poder Judiciário anula ato discricionário, o juiz pode determinar providência que defina o conteúdo do novo ato a ser praticado.

  Resposta: Errado.

- **(Consultor do Executivo – Sefaz-ES – Cespe – 2010)** Quando um administrador público executa ato administrativo classificado como discricionário, não cabe, conforme a doutrina e a jurisprudência dominantes, o exame da legalidade desse ato pelo Poder Judiciário.

  Resposta: Errado.

- **(Defensoria Pública-Geral da União – Analista Técnico Administrativo – Cespe – 2010)** Os atos administrativos discricionários, por sua própria natureza, não admitem o controle pelo Poder Judiciário.

  Resposta: Errado.

O fundamento apontado pela doutrina para permitir que o Judiciário analise o mérito do ato discricionário para verificar a razoabilidade ou proporcionalidade está no sentido de que, se o administrador ultrapassar esses parâmetros, estará diante de um ato ilegal, e, assim, é permitida a verificação pelo Poder Judiciário.

O **mérito administrativo,** presente apenas nos atos discricionários, é o juízo de conveniência e oportunidade realizado pelo agente público. Não só o ato mais adequado a ser praticado, mas também o melhor momento de se praticá-lo, traduz ato discricionário. É o que ocorre com a concessão de férias ao servidor. A lei garante que o servidor tem direito a férias, mas o melhor momento para o gozo do benefício fica a critério da autoridade competente. O mesmo acontece com a prorrogação de concurso: o melhor momento para decidir pela prorrogação ficará a critério da autoridade competente. Nesses casos, também estamos diante de atos discricionários.

COMO ESSE ASSUNTO TEM SIDO ABORDADO NAS PROVAS

- **(TRE-GO – Cespe – Analista Judiciário – Área Administrativa – 2009)** Não só a escolha do ato a ser praticado, como também a escolha do melhor momento para praticá-lo, revela hipótese de discricionariedade da administração.

  Resposta: Certo.

✦ **(Juiz Federal 5ª Região – Cespe – 2009)** Cada vez mais a doutrina e a jurisprudência caminham no sentido de admitir o controle judicial do ato discricionário. Essa evolução tem o propósito de substituir a discricionariedade do administrador pela do Poder Judiciário.

Resposta: Errado.

Os requisitos de competência, finalidade e forma são vinculados; os demais podem ser vinculados ou discricionários, a depender da lei. Nesse sentido, a lei sempre irá estabelecer o sujeito competente para a prática do ato, o interesse público a ser atingido e a forma como praticá-lo (regra escrita), podendo deixar a cargo do administrador a avaliação dos motivos e a decisão de que efeito (objeto) será produzido.

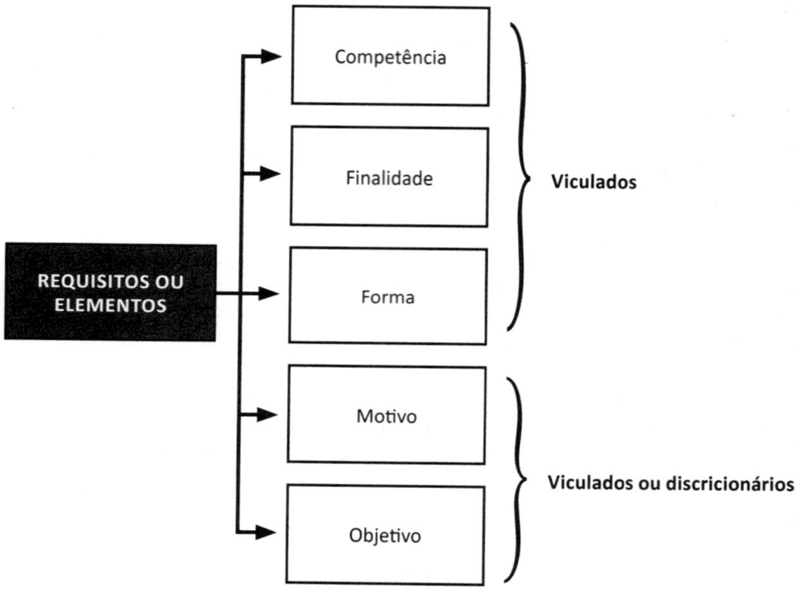

A discricionariedade não deve ser confundida com a arbitrariedade. Ato arbitrário é ato ilegal, pois praticado fora dos limites da lei.

6.1. Discricionariedade e mérito administrativo

Outro aspecto relevante a ser destacado é que **mérito e discricionariedade possuem conceitos distintos**.

O mérito é o exercício da discricionariedade. É o exercício da margem de liberdade conferida pela lei.

➘ *COMO ESSE ASSUNTO TEM SIDO ABORDADO NAS PROVAS*

✦ **(TRE-GO – Cespe – Analista Judiciário – Área Administrativa – 2009)** Discricionariedade e mérito são conceitos equivalentes, até mesmo para fins de controle judicial.

Resposta: Errado.

6.2. Surgimento da discricionariedade

Seguindo o entendimento de Lucas Rocha Furtado, a origem da discricionariedade pode acontecer nas seguintes situações:

1) **A lei confere competências genéricas ao administrador**: ocorre, por exemplo, quando a lei atribui competência para o presidente do STJ baixar os atos indispensáveis à disciplina dos serviços e à polícia do Tribunal. Assim, se o presidente desse Tribunal resolve tornar mais rígido o sistema de segurança para o ingresso de pessoas no órgão, terá uma série de opções, por exemplo, contratar mais pessoas para fazer segurança, reduzir número de entradas, determinar instalação de detectores de metais etc.

É o mesmo critério utilizado por Celso Antônio, que entende existir discricionariedade quando a norma "não descreve antecipadamente a situação em vista da qual será suscitado o comportamento administrativo". Como uma lei nos seguintes termos: "O Presidente da República poderá mudar a Capital do País." Nesse caso, não há indicação do motivo do ato, bem como da nova sede da Capital.[8]

2) **A lei apresenta opções a serem adotadas, possibilitando ao administrador a escolha da mais adequada:** aplicação de multa, que pode ser de 10% a 40 % do valor devido.

3) **A lei permite a escolha do melhor momento para a prática do ato:** é o que ocorre com o momento da concessão das férias. É certo que o gozo das férias é direito do servidor após o implemento das condições; contudo, o melhor momento de usufruí-las fica a critério da Administração.

4) **A lei é clara ao determinar que o conteúdo do ato a ser praticado será definido por juízo de conveniência e oportunidade do administrador**: por exemplo, licença para tratar de interesse particular, art. 91, Lei nº 8.112/90.

Pelo exposto, vê-se que a lei irá determinar se o ato é vinculado ou discricionário.

COMO ESSE ASSUNTO TEM SIDO ABORDADO NAS PROVAS

- **(TRE-GO – Cespe – Analista Judiciário – 2009)** A discricionariedade administrativa decorre da ausência de lei para reger determinada situação.

  Resposta: Errado.

- **(FCC – 2012 – TJ-RJ – Comissário da Infância e da Juventude)** O ato discricionário é aquele editado pela Administração Pública quando inexiste lei disciplinando a matéria.

  Resposta: Errado.

Maria Sylvia Di Pietro (2012) entende que a discricionariedade também decorre da **ausência de lei**. Inicialmente, não concordávamos com tal posição, mas após refletir sobre o tema passamos a acolher esse mesmo entendimento. Imagine que a lei tenha autorizado a criação de uma empresa pública, porém a lei foi omissa quanto à forma jurídica, apenas autorizando a criação. Nesse caso, o chefe do Poder Executivo terá liberdade de escolher a forma a ser adotada.[9]

8 BANDEIRA DE MELLO, Celso Antônio. *Curso de Direito Administrativo*. 17ª ed. São Paulo: Malheiros, 2004, p. 398.

9 O exemplo revela um caso concreto que enfrentamos ao responder uma consulta administrativa. É comum que a lei apenas autorize a criação de empresas estatais sem definir a forma jurídica.

7. ATRIBUTOS OU PRERROGATIVAS DO ATO ADMINISTRATIVO

7.1. Presunção de legitimidade e veracidade

Significa que o ato administrativo nasce com a presunção de que está de acordo com a lei. Por consequência desse atributo, produz efeitos de imediato (operatividade). Por conta de inteira submissão ao princípio da legalidade ao qual está submetido o agente público, presume-se, por consequência, que seus atos são legais. Em termos mais claros, se o agente público só pode atuar conforme a lei, pressupõe-se que ele está realmente atuando nessa condição, logo seus atos praticados devem ser presumidos como legalmente praticados.

ATENÇÃO! A presunção de legitimidade dos atos administrativos decorre do princípio da legalidade.

Assim, mesmo um ato ilegal produz todos os seus efeitos até que seja declarada sua nulidade. Por exemplo, uma multa expedida por estacionamento irregular, numa ocasião em que não houve a irregularidade, tendo em vista que o condutor não saiu com o veículo no dia apontado. Nesse caso, o ato é ilegal, porque padece de irregularidade no requisito motivo, já que a situação apresentada como justificativa do ato não ocorreu. Mesmo assim, o ato presume-se legal e, portanto, irá produzir todos os seus efeitos, gerando obrigação de pagamento da multa ou de se oferecer recurso administrativo diante da ilegalidade.

A referida presunção, entretanto, é **relativa** (*juris tantum*), pois se admite prova em contrário. Dessa forma, no exemplo citado, o administrado pode provar a ilegalidade da multa, solicitando sua anulação e aniquilando todos os efeitos produzidos. Se fosse presunção absoluta (*iure et de iure*), não se admitiria contestar um ato ilegal, seja qual fosse o vício que implicasse a nulidade.

A presunção relativa transfere o ônus (dever) da prova para quem invoca a ilegalidade. Nesse passo, será o condutor do veículo quem deve provar que a multa é ilegal. Não há, para a Administração, a obrigação de reafirmar (provar) a legalidade de seu ato praticado, pois ele já vem ao mundo jurídico com essa presunção. Isso decorre do próprio princípio da legalidade, pois se presume que o agente público está agindo de acordo com a lei. O dever de demonstrar que o ato administrativo foi ilegal recai sobre o particular.

A presunção de veracidade diz respeito aos fatos alegados pela Administração. Ou seja, os fatos apresentados pela Administração para a prática do ato presumem-se verdadeiros. Assim, toda a situação fática apresentada para a aplicação de uma multa de trânsito, por exemplo, presume-se que realmente aconteceu.

COMO ESSE ASSUNTO TEM SIDO ABORDADO NAS PROVAS

- **Em concurso realizado pela FCC foi considerado correto o item:** "A imperatividade é um atributo do ato administrativo que impõe a coercibilidade para o seu cumprimento ou execução e está presente em todos os atos" **(FCC – MPU – Técnico – 2007).**

  (TC RN – Assessor Técnico de Controle e Administração – Cespe – 2009) Segundo a doutrina, a presunção de legitimidade é atributo do ato administrativo e se caracteriza pelo reconhecimento de que os *fatos* alegados pela administração são verdadeiros e são aptos a produzir seus efeitos.

  Resposta: Errado.

✦ **(Defensoria Pública-Geral da União – Analista Técnico-Administrativo – Cespe – 2010)** Pelo atributo da presunção de veracidade, a validade do ato administrativo não pode ser apreciada de ofício pelo Poder Judiciário.

Resposta: Certo. Doutrina de Maria Sylvia Di Pietro.

7.2. Imperatividade

É o poder que tem a Administração de impor o ato ao administrado, independentemente de sua concordância. O Poder Público pode criar obrigações ou impor restrições, de modo unilateral, aos particulares.

Esse atributo não está presente em todos os atos, visto que alguns deles, por exemplo, solicitação de certidões, atestados e pareceres (atos enunciativos), bem como concessão de licença e autorização (atos negociais), o dispensam, por ser desnecessário para produção de efeitos. Porém, os atos que consistem em um provimento ou uma ordem administrativa, como decretos (atos normativos) e imposição de multas (punitivos), nascem com imperatividade, ou seja, com força impositiva pelo próprio Poder Público, e que obriga o particular ao fiel cumprimento, sob pena de sujeitar a execução forçada pela Administração ou pelo Judiciário.

O princípio da supremacia do interesse público justifica a coercibilidade dos atos administrativos.

O atributo da imperatividade decorre do **poder extroverso do Estado,** que é o poder de impor obrigações de modo unilateral na esfera do administrado.

COMO ESSE ASSUNTO TEM SIDO ABORDADO NAS PROVAS

✦ **(Cespe – TJDF – Analista Judiciário – 2003)** A imperatividade é o atributo do ato administrativo que impõe a coercibilidade para seu cumprimento ou execução, estando presente, apenas, nos atos que consubstanciam um provimento ou uma ordem administrativa, tais como os regulamentos, as portarias e as interdições de atividades.

Resposta: Certo.

✦ **(Agente de Polícia Civil Substituto – RN – Cespe – 2008)** Imperatividade é um atributo existente em todos os atos administrativos.

Resposta: Errado.

7.3. Autoexecutoriedade

Consiste na possibilidade que certos atos administrativos ensejam de imediata e direta execução pela própria Administração, independentemente de ordem judicial. São exemplos desse atributo as interdições de atividades ilegais e obras clandestinas e a inutilização de gêneros impróprios para o consumo.

Todos os atos são autoexecutórios?

Nem todos os atos são dotados de autoexecutoriedade, uma vez que em determinadas situações a Administração depende de decisão judicial prévia para a implementação do ato, por exemplo, na ocasião de **cobrança de multa, tributos, desapropriação, desconto em folha do servidor** quando não há seu consentimento.[10] Mas deve-se ter atenção no caso da multa, pois sua cobrança é que não possui autoexecutoriedade, mas, no momento de sua aplicação, quando constatada a irregularidade, o agente tem poder de impô-la, sem necessidade de prévia ordem judicial.[11]

A servidão administrativa (ex.: instalação de redes elétricas e a implantação de gasodutos em áreas privadas) também não tem autoexecutoriedade, pois só pode ser instituída por acordo ou decisão judicial.

Já decidiu o STF que cancelamento de naturalização só pode ocorrer por decisão judicial. Segundo o art. 12, § 4º, I, da CF/88, após ter sido deferida a naturalização, seu desfazimento só pode ocorrer mediante processo judicial. Para o Tribunal, os §§ 2º e 3º do art. 112 da Lei nº 6.815/80 (Estatuto do Estrangeiro), que atribuem competência ao Ministro da Justiça para o cancelamento, não foram recepcionados pela CF/88.[12]

> **ATENÇÃO!** Não confundir! A imperatividade é a imposição do ato, independentemente do consentimento do administrado. A executoriedade é a execução do ato independentemente de ordem judicial prévia.

Cite, ainda, ato desprovido de Autoexecutoriedade a quebra de sigilo bancário em processo administrativo disciplinar, pois a Administração Pública ao apurar, por exemplo, infração de variação patrimonial a descoberto (servidor movimenta sem comprovação quantia financeira bem superior aos seus rendimentos declarados) dependerá de autorização judicial para ter acesso aos extratos de instituições financeiras do servidor investigado.

COMO ESSE ASSUNTO TEM SIDO ABORDADO NAS PROVAS

- **(TRE-MA – Cespe – Técnico Judiciário – Área Administrativa – 2008)** A multa de trânsito, cujos efeitos pecuniários somente podem ser cobrados por via judicial, é exemplo de ato não autoexecutório.

  Resposta: Certo.

A autoexecutoriedade é efeito da presunção de legitimidade, pois, se o ato é praticado com a presunção de ser legal, já será executado diretamente pela própria Administração, sem necessidade de ter sua legalidade reafirmada por outro Poder para que seja posto em prática.

COMO ESSE ASSUNTO TEM SIDO ABORDADO NAS PROVAS

- **(TER-PR – Cespe – Técnico Judiciário – 2009)** Determinado fiscal da Administração Pública municipal verificou que uma obra particular se encontrava em risco iminente de desaba-

---

10 MS 24182, Relator Min. Maurício Corrêa, Tribunal Pleno, julgado em 12.02.2004.

11 Informativo nº 694 STF. **Deferida a naturalização, seu desfazimento só pode ocorrer mediante processo judicial.** Por conseguinte, declarou-se a nulidade da Portaria 361/2008, do Ministro de Estado da Justiça, de modo a restabelecer-se a situação do recorrente como brasileiro naturalizado em todos os órgãos públicos, sem prejuízo de que a condição de naturalizado fosse analisada judicialmente, nos termos do art. 12, § 4º, I, da CF. Assentou-se, ainda, a *não recepção* do art. 112, §§ 2º e 3º, da Lei 6.815/80 (Estatuto do Estrangeiro) pela atual Constituição. RMS 27840/DF, rel. orig. Min. Ricardo Lewandowski, red. p/ o acórdão Min. Marco Aurélio, 7.2.2013.

12 Plenário. RMS 27840/DF, rel. orig. Min. Ricardo Lewandowski, red. p/ o acórdão Min. Marco Aurélio, 7.2.2013. Informativo nº 694.

mento em via pública, colocando em risco a vida de várias pessoas, e, por isso, determinou a imediata demolição da referida obra, sem prévia autorização judicial. Nessa situação, o agente público agiu amparado pelo atributo da autoexecutoriedade do ato administrativo.

Resposta: Certo.

✦ **(Juiz-DF – 2006)** A retenção de caução e a encampação são exemplos típicos da autoexecutoriedade dos atos administrativos.

Resposta: Certo. Veja encampação no capítulo sobre serviços públicos.

A doutrina entende, atualmente, que os atos administrativos só serão autoexecutórios nos casos previstos em lei ou em situações emergenciais. Fora dessas hipóteses, não haverá possibilidade de execução direta pela Administração, devendo haver a propositura de ação judicial para a prática do ato administrativo. Ex.: comércio de rua já está no local há muitos anos, porém a Administração resolve retirá-los do local. Se houver lei dando poder a determinado órgão para a remoção dos ambulantes irregulares ou se houver situação emergencial, poderá a Administração efetuar a retirada sem ordem judicial prévia.

O fato de ser feito um processo administrativo prévio não retira a autoexecutoriedade do ato administrativo. A realização de processo administrativo antes da prática do ato administrativo (ex.: intimação e direito de ampla defesa antes de se determinar demolição de casas em área irregular) é procedimento que deve ser feito, sempre que possível, pela Administração, pois atende aos mandamentos da Constituição. No entanto, mesmo assim, não há necessidade de intervenção do Poder Judiciário para a concretização do ato. Por isso, continua sendo autoexecutório.

7.3.1. Exigibilidade e executoriedade

Há autores que se referem ao atributo da exigibilidade do ato administrativo, preferindo a divisão: **exigibilidade e executoriedade**, em vez de mencionar apenas a autoexecutoriedade. Nesse sentido, temos a posição de Celso Antônio Bandeira de Mello e Diógenes Gasparini.

Para essa corrente doutrinária, a exigibilidade é o poder da Administração de *exigir* o cumprimento da determinação (ato administrativo), inclusive com **meios indiretos** de coerção, por exemplo, com a possibilidade de aplicação de multas para obrigar indiretamente o administrado a fazer ou não fazer alguma coisa. A executoriedade é a execução direta pela própria Administração com seus **meios diretos** de coerção como a remoção de veículo, demolição etc.

➘ *COMO ESSE ASSUNTO TEM SIDO ABORDADO NAS PROVAS*

✦ **(TRT 10ª Região – Cespe – 2013)** Segundo a doutrina, os atos administrativos gozam dos atributos da presunção de legitimidade, da imperatividade, da exigibilidade e da autoexecutoriedade.

Resposta: Certo.

✦ **(TCE – Procurador-Geral do MP – Tribunal de Contas-SC – 2005)** A executoriedade é um algo a mais em relação à exigibilidade, porquanto o que a caracteriza é a possibilidade de coação material que impregna o ato administrativo, ensejando à Administração a imediata e direta execução.

Resposta: Certo.

Confira as palavras de Celso Antônio (2004, p. 384):

> *A executoriedade não se confunde com a exigibilidade, pois esta não garante por si só a possibilidade de coação material, de execução do ato. Assim, há atos dotados de exigibilidade, mas que não possuem executoriedade. Exemplo: a intimação para que o administrado construa calçada defronte de sua casa ou terreno não apenas impõe, mas é exigível, porque se o particular desatender ao mandamento, pode ser* ***multado*** *sem que a Administração necessite ir ao Poder Judiciário para que lhe seja atribuído ou reconhecido o direito de multar. Ainda mais: a Administração pode construir a calçada, por conta própria, e debitar o custo da obra ao administrado, igualmente sem necessidade de socorrer-se das vias judiciais para realizar esta construção. Entretanto, não pode obrigar materialmente, coativamente, ao particular a realizar a construção da calçada. Nos casos de* ***executoriedade****, pelo contrário, a Administração, por si mesma, compele o administrado, com, verbi gratia, quando dissolve uma passeata, quando interdita uma fábrica, quando se apossa (caso de requisição) de bens indispensáveis ao consumo da população em caso de calamidade pública, quando apreende medicamento cujo prazo de validade se expirou [...]*

E assim conclui o autor:

> *[...] graças à* ***exigibilidade****, a Administração pode valer-se de* ***meios indiretos de coerção*** *que induzirão o administrado a atender ao comando imperativo. Graças à* ***executoriedade****, quando esta exista, a Administração pode ir além, isto é, pode satisfazer diretamente sua pretensão jurídica* ***compelindo materialmente o administrado, por meios próprios*** *e sem necessidade de ordem judicial para proceder a esta compulsão. Quer dizer-se: pela exigibilidade pode-se induzir à obediência, pela executoriedade pode-se compelir, constranger fisicamente.*

Em resumo, a exigibilidade consiste na possibilidade de serem impostos meios indiretos de coerção ao particular. E a executoriedade existirá quando a Administração Pública tiver possibilidade de impor alguma constrição/obrigação física diretamente na pessoa no administrado, por exemplo, quando dissolve uma passeata tumultuosa.

O autor ainda explica que a **exigibilidade não se confunde com a imperatividade**, porque através da imperatividade apenas se constitui (estabelece, impõe) dada situação e pela exigibilidade se impele (impulsiona, estimula) à obediência.

Nesse contexto, para Celso Antônio são quatro os atributos dos atos administrativos: presunção de legitimidade, imperatividade, exigibilidade e executoriedade.

7.4. Tipicidade

De acordo com esse atributo, todo ato deve ter uma **finalidade** prévia e, precisamente, definida em lei, ou seja, quando a lei cria determinado ato administrativo, já deve definir qual será sua finalidade. Nessa medida, o ato criado somente poderá ser utilizado para o fim definido pela lei, e, se for utilizado para outros fins, será ilegal.

COMO ESSE ASSUNTO TEM SIDO ABORDADO NAS PROVAS

- **(Delegado de Polícia Civil Substituto – RN – Cespe – 2008)** Tipicidade é o atributo pelo qual o ato administrativo deve corresponder a figuras definidas previamente pela lei, aptas a produzir determinados resultados. Trata-se de decorrência do princípio da legalidade, que afasta a possibilidade de a Administração praticar atos inominados.

  Resposta: Certo.

Esse atributo é apresentado pela Maria Sylvia Di Pietro. Entendemos que não seja um atributo propriamente dito. Representa mais uma limitação para a Administração do que uma prerrogativa. Porém, por vezes, encontramos a expressão em concursos públicos.

Resumindo:

Hely Lopes Meirelles Carvalho Filho	Maria Sylvia Di Pietro	Celso Antônio Bandeira de Mello
• Presunção de legitimidade e veracidade; • Imperatividade; e • Autoexecutoriedade.	• Presunção de legitimidade e veracidade; • Imperatividade; • Autoexecutoriedade; e • Tipicidade.	• Presunção de legitimidade; • Imperatividade; • Exigibilidade; e • Executoriedade.

8. CLASSIFICAÇÃO DOS ATOS ADMINISTRATIVOS

8.1. Quanto aos destinatários

ATOS GERAIS: São aqueles que não possuem destinatário determinado, mas alcança todos que estão em idêntica situação. Prevalecem sobre os atos individuais anteriormente expedidos, ainda que provindos da mesma autoridade. São os atos normativos praticados pela Administração. Ex.: estabelecimento da velocidade de uma via; decreto que disciplina a coleta de lixo domiciliar; placa que fixa locais de estacionamento; portaria que altera horário de atendimento de um órgão público; edital de licitação ou concurso público.

O decreto pode se enquadrar na categoria dos atos normativos (gerais), mas também pode ter caráter individual, quando for para especificar uma situação determinada, como ocorre com o decreto expropriatório, ou seja, aquele que dá origem ao processo de desapropriação.

ATOS INDIVIDUAIS/ESPECIAIS: São aqueles que possuem destinatários certos. Dirigem-se a destinatários específicos, criando-lhes situação jurídica particular. O mesmo ato pode abranger um ou vários sujeitos, desde que sejam individualizados. Ex.: regularização de terreno irregular; nomeação de candidatos em concurso público.

ATENÇÃO! Na análise da classificação dos atos quanto aos destinatários, não importa o número de pessoas atingidas, e sim se é possível determinar aqueles que serão atingidos.

COMO ESSE ASSUNTO TEM SIDO ABORDADO NAS PROVAS

✦ **(Ministério das Comunicações – Administração – Cespe – 2008)** O edital de concurso para provimento de cargos públicos é um ato administrativo individual, pois seus efeitos afetam pessoas previamente identificadas.

Resposta: Errado.

✦ **(Auditor Federal de Controle Externo – TCU – Cespe – 2009)** No tocante aos destinatários, os atos administrativos são classificados em gerais e individuais. Nesse sentido, se uma autoridade federal editar um regulamento para disciplinar determinada matéria, tal regulamento será classificado como um ato administrativo geral, pois atingirá todas as pessoas que se encontrem na mesma situação.

Resposta: Certo.

8.2. Quanto ao alcance

ATOS INTERNOS: são atos destinados a produzir efeitos, como regra, dentro das repartições administrativas, e que por isso mesmo incidem normalmente sobre os órgãos e agentes da Administração que os expediram. Ex.: portaria que determina que os servidores devem usar o crachá de identificação ou que determina a entrega de declaração do imposto de renda no setor de recursos humanos da respectiva unidade em que é lotado o servidor.

ATOS EXTERNOS: destinados a produzir efeitos, como regra, fora da Administração. São todos aqueles que alcançam os administrados, os contratantes e, em certos casos, os próprios servidores, provendo sobre seus direitos, obrigações, negócios ou conduta perante a Administração Pública. Ex.: nomeação de candidatos a concurso público; alteração de horário de atendimento em determinado órgão; portaria que fixa o recesso forense de um Tribunal.

Como visam a produzir seus efeitos fora da Administração, necessitam, em regra, de publicidade, através de divulgação em meio oficial.

8.3. Quanto ao objeto

ATOS DE IMPÉRIO: são todos aqueles que a Administração pratica usando de sua supremacia sobre o administrado ou o servidor e lhes impõe obrigatório atendimento. Expressam a vontade soberana do Estado e seu poder de coerção.

Na prática de atos de império, a Administração utiliza toda a sua supremacia em relação ao administrado, impondo medidas que geram o dever de pronto atendimento, por exemplo, desapropriação, interdição de atividades, multa, apreensão de mercadorias.

ATOS DE GESTÃO: são os que a Administração pratica sem usar sua supremacia sobre os administrados. Tais atos, desde que praticados regularmente, geram direitos subjetivos e permanecem imodificáveis pela Administração, salvo quando precários por sua própria natureza. Ex.: autorização e licença.

ATOS DE EXPEDIENTE: são todos aqueles que se destinam a dar andamento aos processos e papéis que tramitam pelas repartições públicas, preparando-os para a decisão de mérito final, a ser proferida pela autoridade competente. Não possuem conteúdo decisório. Ex.: juntada de documentos e despacho.

Os atos de império e gestão tiveram importância sobretudo na época da irresponsabilidade estatal vigente no período absolutista. Admitiu-se a responsabilidade pelos atos de gestão praticados pelo Estado e continuava a irresponsabilidade perante atos de gestão. Atualmente não há mais essa diferença para o tratamento da responsabilidade do Estado.

➘ *COMO ESSE ASSUNTO TEM SIDO ABORDADO NAS PROVAS*

- **(Ministério das Comunicações – Administração – Cespe – 2008)** A classificação dos atos administrativos em atos de império e de gestão desempenhou importante papel na evolução da teoria da responsabilidade civil do Estado.

  Resposta: Certo.

- **(TJSE – Juiz – Cespe – 2008)** Nos atos de império, o direito brasileiro adota a teoria da irresponsabilidade civil do Estado.

Resposta: Errado. Atualmente, seja para atos de império ou de gestão, a regra é a responsabilidade civil do Estado. Art. 37, § 6º, CF.

8.4. Quanto ao regramento ou vinculação ou grau de liberdade

ATOS VINCULADOS: são aqueles para os quais a lei estabelece os requisitos e condições de sua realização. Nessa categoria de atos, as imposições legais absorvem, quase por completo, a liberdade do administrador, uma vez que sua ação fica adstrita aos pressupostos estabelecidos pela norma legal para a validade da atividade administrativa.

Ex.: aposentadoria compulsória aos 75 anos, pois o servidor deve ser aposentado ao completar a idade fixada em lei. O agente público que recebeu a competência de determinar a aposentadoria não terá liberdade para decidir se aposenta ou não o servidor que alcançou a idade determinada. Outro exemplo é a licença para dirigir veículos, porque, nessa hipótese, uma vez preenchidos os requisitos da lei, não resta alternativa ao agente competente a não ser conferir a licença solicitada.

ATOS DISCRICIONÁRIOS: São aqueles em que a lei permite ao agente público realizar um juízo de conveniência e oportunidade (mérito) para decidir a solução mais adequada ao caso concreto.

A discricionariedade encontra fundamento e justificativa na complexidade dos problemas que o Poder Público deve solucionar e para os quais a lei, por mais detalhista que fosse, não poderia prever todas as soluções.

No ato discricionário, a liberdade está apenas nos elementos **motivo** e **objeto**. Os demais são vinculados. Com efeito, no ato discricionário somente há liberdade para análise dos motivos existentes, decidindo o ato (efeito) a ser produzido. É o que ocorre com a prorrogação de concurso, exemplo de ato discricionário. O agente competente, visando a uma finalidade pública, realizará juízo de conveniência e oportunidade (mérito), a fim de decidir que ato irá ser gerado: prorrogação ou não do certame. A licença-capacitação e a licença para tratar de interesse particular, com previsão na Lei nº 8.112/90, também são atos discricionários.

8.5. Quanto à formação/número de vontades

O estudo dos atos quanto à sua formação se refere ao **número de vontades necessárias** para a correta formação do ato. Alguns atos administrativos dependem de apenas uma única manifestação de vontade, de um órgão ou agente público, para a sua formação. Outros dependem de atos secundários para aprovar um ato anterior principal. E outros resultam da conjugação de diversas manifestações de vontade para formação de um único ato.

ATOS SIMPLES: é o que resulta da manifestação de vontade de um único órgão, unipessoal ou colegiado, ou de apenas um agente público. Não importa o número de pessoas que participam da formação do ato. O ponto relevante é que a expressão da vontade deve provir apenas de um único órgão ou agente. Ex.: portaria expedida por presidente de tribunal; aplicação de multa; recurso apreciado por junta de recursos de uma entidade que fiscaliza trânsito (órgão colegiado). Portanto, é considerado ato simples um ato expedido por um único agente, como proveniente de um órgão colegiado.

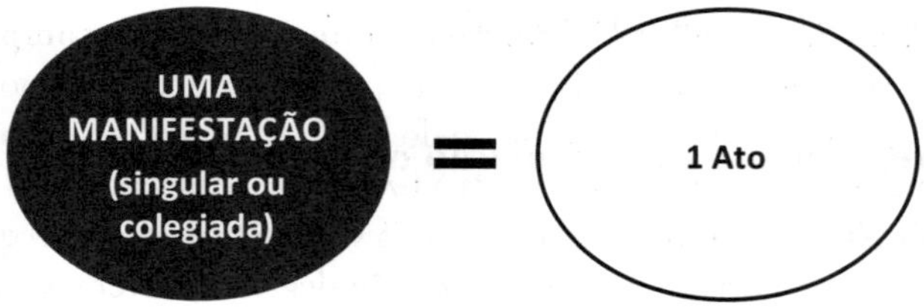

ATO COMPOSTO: é o que resulta da vontade única de um órgão ou agente, mas depende da aprovação, ratificação ou confirmação por parte de outro para produzir seus **efeitos**.

Não se compõe de vontades autônomas, embora múltiplas. Há, na verdade, uma só vontade autônoma, ou seja, de conteúdo próprio. As demais são meramente **instrumentais**, porque se limitam à verificação de legitimidade do ato de conteúdo próprio.

No ato composto, existe um ato principal e outro(s) ato(s) acessório(s) que apenas confirma(m), aprova(m), ratifica(m) o ato principal. Constitui-se de uma vontade (ato) principal e outra instrumental. **São dois atos: principal e acessório**. Por exemplo, autorização que depende de um visto ou um parecer que deve ser aprovado pela autoridade superior.

Maria Sylvia entende que a **nomeação do Procurador-Geral da República** é ato composto, pois para sua formação concorrem dois atos, indicação do Presidente da República e aprovação do Senado Federal, um principal e outro apenas de caráter instrumental. A autora também entende que a homologação de licitação é espécie de ato composto.

ATO COMPLEXO: é aquele que se forma pela conjugação de vontades de **mais de um** órgão (dois ou mais órgãos) ou agentes. O ato complexo somente estará formado quando todas as vontades exigidas forem declaradas.

Diferentemente do **ato composto,** em que existe um ato principal e outro(s) ato acessório(s) que apenas confirma(m), aprova(m), ratifica(m) o ato principal, no **ato complexo** todas as vontades têm o mesmo nível, não havendo relação de ato principal e acessório, pois a conjugação de todas as vontades é imprescindível para a formação do ato. Nesta hipótese, se é necessário que dois órgãos manifestem sua vontade e apenas um deles o fizer, não existirá ato ainda, pois ele estará em processo de formação. No ato **composto,** o ato já está formado (pronto) com a vontade principal, que ficará apenas na dependência de um ato secundário que confirme a vontade anterior, como condição para produção de seus efeitos (plano da eficácia).

Exemplo de ato **complexo** é o caso de portaria conjunta da Procuradoria Geral da Fazenda Nacional – PGFN e da Secretaria da Receita Federal – SRF que disciplina o regime de parcelamento especial (Paes) da dívida tributária de contribuinte enquadrado no regime jurídico de empresa de pequeno porte (EPP) em mais de 180 parcelas (art. 4º da Lei nº 10.684/2003).[13] Nesse caso, para a confecção de um **único ato** (portaria), é necessária a vontade de dois órgãos diferentes: PGFN e SRF. Se não concorrerem as duas vontades, o ato não estará formado.

José dos Santos C. Filho apresenta a **investidura de Ministro do STF** como exemplo de ato complexo, pois, para o autor, a aprovação do Senado, indispensável para a ocupação do referido cargo, não tem conteúdo de ato acessório, e sim de ato principal, de mesmo nível da indicação do Presidente da República.

Quando falamos de ato composto, dissemos que Maria Sylvia identifica a **"nomeação" do PGR** como **ato composto**. Entretanto, Carvalho Filho entende que a "**investidura" de Ministro do STF** seria **ato complexo**. Assim, temos dois autores que citam dois atos que tem o mesmo procedimento de elaboração, mas os enquadram em espécies diferentes. E as bancas de concurso, por sua vez, ora adotam um, ora outro doutrinador. Vejamos algumas questões:

COMO ESSE ASSUNTO TEM SIDO ABORDADO NAS PROVAS

- **(Procurador do Estado de Pernambuco – Cespe – 2009)** Os atos administrativos que dependem de aprovação, tais como o parecer e o laudo técnico, são classificados pela doutrina como atos administrativos complexos.

  Resposta: Errado. São compostos.

- **(Procurador Especial de Contas – TCE-ES – Cespe – 2009)** Ato administrativo complexo é o que resulta da manifestação de dois ou mais órgãos, havendo vontade de um instrumental em relação à de outro, que dita o ato principal.

  Resposta: Errado.

- **(TRE-MA – Cespe – Técnico Judiciário – Área Administrativa – 2009)** Os atos compostos são aqueles cujo resultado final exige a intervenção de mais de um órgão, cada qual com autonomia na sua manifestação.

  Resposta: Errado.

- **(Anac – Cespe – Analista Administrativo – 2009)** Um decreto assinado pelo chefe do Poder Executivo e referendado por um ministro de Estado e uma dispensa de licitação

13 REsp 893351/SC, Rel. Ministra Denise Arruda, Primeira Turma, julgado em 07.05.2009, *DJe* 10.06.2009.

dependente de homologação por uma autoridade superior para produzir efeitos são exemplos, respectivamente, de ato complexo e ato composto.

Resposta: Certo.

✦ **(Procurador-AL – Cespe – 2009)** A nomeação de ministro do STF é um ato composto, pois se inicia pela escolha do Presidente da República e passa pela aprovação do Senado Federal.

Resposta: Errado. Para Carvalho Filho é ato complexo.

✦ **(MPDFT – 2009)** Atos compostos são aqueles cuja vontade final da Administração exige a intervenção de agentes ou órgãos diversos, havendo certa autonomia, ou conteúdo próprio, em cada uma das manifestações. Exemplo deste ato é a investidura do Ministro do Supremo Tribunal Federal, que se inicia com a escolha do Presidente da República e passa pela aferição do Senado Federal.

Resposta: Errado.

✦ **(Adasa – Funiversa – Advogado – 2009)** Atos compostos: são aqueles que resultam da manifestação de dois ou mais diferentes órgãos.

Resposta: Errado.

Importante destacar também que o **registro de aposentadoria pelo TCU** é exemplo de ato **complexo,** de acordo com o STF. Esse Tribunal entende que o ato só estará formado quando o TCU examinar e confirmar a aposentadoria já concedida pelo órgão de origem do servidor. Nesse caso, o TCU não está controlando um ato já praticado, mas sim participando da sua formação.

Mais exemplos também exigidos em concursos podem ser encontrados em outros autores, e ainda acrescentamos alguns, a título de fixação.

SIMPLES	COMPOSTO	COMPLEXO
Multa, desapropriação, apreensão de mercadoria.	Homologação de licitação, nomeação do PGR (Maria Sylvia Di Pietro).	Decreto, pois depende de manifestação do Presidente da República e do Ministro afetado (Maria Sylvia). Portaria do Ministério da Ciência e Tecnologia e do Ministério da Economia que concede regime de tributação diferenciada aos produtos de informática (Vicente Paulo e Marcelo Alexandrino). Arquivamento de inquérito policial, que depende de solicitação do MP e deferimento do juiz. Investidura de Ministro do STF (Carvalho Filho). Registro de aposentadoria perante o TCU. Investidura de servidor em cargo público (Hely Lopes).

O ato complexo só poderá ser questionado administrativa ou judicialmente após todas as manifestações exigidas serem expressadas, pois, enquanto isso não ocorre, o ato não está formado. É "ato imperfeito", pois está em processo de elaboração. De outro modo, no **procedimento administrativo**, a impugnação pode ser feita após a prática de cada ato. Ex.: licitação.

8.6. Quanto à eficácia

VÁLIDO: é aquele que provém de autoridade competente para praticá-lo, contendo todos os requisitos necessários exigidos em lei. Porém, é possível que o ato válido não seja ainda exequível, por pendente de condição suspensiva ou termo não verificado.

NULO: é o que nasce afetado de vício insanável (finalidade, motivo e objeto) por ausência ou defeito substancial em seus elementos constitutivos ou no procedimento de formação. O ato nulo não admite a convalidação, pois apresenta defeitos tão graves que não é possível a correção.

No direito privado, o ato nulo é aquele que não produz efeitos, mas, para o direito administrativo, o ato nulo produz efeitos, mas que serão desfeitos com a sua anulação.

INEXISTENTE: é o que apenas tem aparência de manifestação regular da Administração, mas não chega a se aperfeiçoar como ato administrativo, não produzindo efeitos no direito administrativo. É o clássico ato praticado por usurpador da função pública que se apropria dela sem ser de nenhuma forma nela investido, e também em relação a atos materialmente impossíveis, por exemplo, a nomeação de pessoa morta.

Não se pode falar em convalidação de ato inexistente, uma vez que não há nenhum efeito produzido a ser aproveitado, o que é incompatível com a convalidação, que é a correção de um vício do ato para utilizar os efeitos que dele decorreram.

Conforme abordado em prova de concurso, atos materialmente impossíveis também se constituem em atos inexistentes, por exemplo, a nomeação de pessoa morta. Com razão, esse ato não pode ter consequência. A nomeação gera a ocupação de um cargo público. Entretanto, não há como uma pessoa morta ocupar o cargo. Assim, o ato não tem como gerar seu efeito esperado.

8.7. Quanto à elaboração ou exequibilidade

PERFEITO: é aquele que já completou o seu **ciclo** necessário de formação, já percorreu todas as **fases** necessárias para sua produção. Na análise da perfeição, verifica-se apenas se o seu ciclo (fases) de produção foi concluído. A análise da legalidade do ato será aferida no plano da validade.

O cargo de Ministro do STJ pode ser ocupado por advogado, nos termos definidos pelo art. 104 da CF. Essa investidura dependerá de lista sêxtupla elaborada pela OAB enviada ao STJ, que elaborará lista tríplice entre os nomes escolhidos, e, em seguida, encaminhando ao Presidente da República para escolha de um candidato, que ainda será submetido à aprovação do Senado Federal. O ato será perfeito quando passar por todas essas etapas (fases) de produção. Entretanto, se esse ato é ou não legal é uma questão a ser analisada no plano da validade.

Logo adiante, vamos distinguir os planos da perfeição, validade e eficácia e veremos que combinações poderemos ter.

IMPERFEITO: é o que se apresenta incompleto na sua formação ou carente de um ato complementar. Ato que não completou o seu ciclo ou as suas fases necessárias de formação.

Aproveitando o mesmo exemplo anterior, investidura de Ministro do STJ na vaga de advogado, o ato será imperfeito se estiver pendente de conclusão de alguma de suas fases. Se já houve elaboração de lista pela OAB e envio ao STJ e este já formulou a lista tríplice para apreciação presidencial, mas que ainda depende de escolha de um dos nomes pelo Presidente e aprovação do Senado Federal, o ato será imperfeito.

PENDENTE: é aquele que, embora perfeito, por reunir todos os elementos de sua formação, não produz efeitos, por não ter sido verificado o termo ou condição de que depende sua produção de efeitos. O ato pendente pressupõe um ato perfeito, pois completou todas as suas fases necessárias de formação, mas só irá produzir seus efeitos quando o termo ou a condição for implementada. É o que ocorreria na expedição de uma multa de trânsito que obedeceu a todos os procedimentos fixados em lei, mas que está sendo questionada judicial ou administrativamente e, por isso, teve sua exigibilidade suspensa. Assim, o pagamento da sanção dependerá do provimento ou não da decisão judicial ou administrativa.

COMO ESSE ASSUNTO TEM SIDO ABORDADO NAS PROVAS

- **(Perito Médico Previdenciário – Cespe – 2010)** O ato administrativo pendente pressupõe um ato perfeito.

  Resposta: Certo.

Termo é o evento futuro e certo. Férias marcadas para determinado mês será um ato pendente até que se verifique o termo, qual seja, chegar o mês marcado para o gozo de férias. Com o advento do mês marcado, o ato produzirá seus efeitos e o servidor se ausentará do serviço durante o prazo fixado. A **condição** é evento futuro e incerto. Uma multa de trânsito que está sendo questionada por recurso administrativo não está produzindo o efeito de obrigar ao pagamento e a perda de pontos na licença para dirigir. Entretanto, se o recurso for improvido, o condutor deve pagar multa e terá a subtração dos pontos, ou seja, o ato produzirá seus efeitos em razão da condição ter se implementado.

CONSUMADO ou EXAURIDO: é aquele que já produziu todos os seus efeitos esperados. O gozo das férias pelo servidor representa a consumação do ato. Uma autorização de uso de bem público para realização de festa de igreja estará consumada com o encerramento do evento.

O ato consumado não admite a revogação, pois, com a consumação, ele se extingue naturalmente, uma vez que produziu todos os seus efeitos.

8.7.1. Perfeição, validade e eficácia (exequibilidade)

Como dito, o **ato perfeito** é aquele que já completou o seu ciclo necessário de formação, já percorreu todas as fases necessárias para sua constituição.

Ato **válido** é aquele que está conforme a lei, não viola o ordenamento jurídico. Do contrário, será ato inválido.

Ato **eficaz** é o que produz ou tem condição de produzir efeitos. É o ato que se encontra apto para produção de efeitos.

Como se vê, a eficácia interfere no plano da produção de efeitos do ato. Na prática administrativa, por vezes, ocorre de o servidor público ser aprovado em novo concurso e pedir sua declaração de vacância, ou até mesmo exoneração do cargo atual, em razão de não poder acumular os dois cargos. No entanto, o servidor que apresentou a referida declaração, estando em exercício na nova função, pretende retornar ao cargo anteriormente ocupado. Isso é possível? Para a resposta a esta indagação, deve ser verificado se o ato já produziu seus efeitos, ou seja, se adentrou o plano da eficácia.

A exoneração rompe o vínculo do servidor com a Administração, sem caráter punitivo, deixando o cargo vago. Levando-se em conta o que foi dito anteriormente sobre perfeição, validade e eficácia do ato, será a partir da **publicação** na imprensa oficial que o ato estará produzindo seus efeitos. Enquanto isso não ocorrer, será possível ao servidor realizar a retratação do pedido feito (exoneração), pois será a partir da divulgação oficial do ato que os efeitos serão produzidos, e o vínculo do servidor será desfeito com o Poder Público.

Em termos mais claros, quer dizer que os atos administrativos só estarão aptos a produzir efeitos no mundo jurídico quando ocorrer a devida publicação na imprensa oficial. Até o momento final da consumação do ato, o servidor poderá refletir melhor, realizando a necessária retratação para que o processo administrativo de exoneração seja obstado e não produza seus efeitos.

O STJ adota essa tese e já teve a oportunidade de registrar que, sendo "regida a Administração pelo princípio da publicidade de seus atos, estes somente têm **eficácia** depois de verificada aquela ocorrência, razão pela qual, retratando-se o servidor, antes de vir a lume o ato de vacância (posse em outro cargo), sua situação funcional deve retornar ao *status quo ante*, vale dizer, subsiste a ocupação do cargo primitivo".[14] O mesmo ocorre com o ato de aposentadoria, pois este também dependerá de publicação para a produção de efeitos. Dessa forma, é cabível a retratação, enquanto não ocorrida a divulgação oficial.

O TCU já apreciou questão em que servidor do próprio Tribunal solicitou exoneração, em 19.06.1992, em razão de, na mesma data, ter tomado posse no cargo de Juiz de Trabalho Substituto do TRT da 5ª Região, Salvador. Posteriormente, em 29.06.1992 solicitou ao Tribunal de Contas que fosse tornado sem efeito o ato de exoneração, tendo juntado certidão daquele órgão do judiciário de que não recebeu qualquer valor a título de vencimento. O Tribunal possibilitou o retorno do servidor, uma vez que não havia sido declarada a vacância do cargo, por não haver sido publicado no *Diário Oficial da União* o respectivo ato. Contudo, considerou o período de 19 a 29.06.1992 como faltas não justificadas (Decisão nº 267/1995, Plenário).

O efeito produzido por um ato ilegal será o mesmo do ato legalmente editado. Entretanto, na correção do ato ilegal, os efeitos que decorreram deste serão apagados, em razão dos efeitos retroativos (*ex tunc*) da anulação.

Assim, como perfeição, validade e eficácia são planos diferentes, podemos ter diversas combinações desses aspectos. Celso Antônio[15] faz excelente conjugação dos planos mencionados:

> *"Nota-se, por conseguinte, que um ato pode ser:*
>
> *a)* ***perfeito, válido e eficaz*** *– quando, concluído o seu ciclo de formação, encontra-se plenamente ajustado as exigências legais e está disponível para deflagração dos efeitos que lhe são típicos;*

14 REsp 213417/DF, Rel. Ministro Fernando Gonçalves, Sexta Turma, julgado em 16.11.1999, *DJ* 13.12.1999, p. 188; RMS 5.164/SP, Rel. Ministro Fernando Gonçalves, Sexta Turma, julgado em 15.08.2000, *DJ* 04.09.2000, p. 193.

15 BANDEIRA DE MELLO, Celso Antônio, op. cit.

b) ***perfeito, inválido e eficaz*** *– quando, concluído o seu ciclo de formação e apesar de não se achar conformado as exigências normativas, encontra-se produzindo os efeitos que lhe seriam inerentes;*

c) ***perfeito, válido e ineficaz*** *– quando, concluído o seu ciclo de formação e estando adequado aos requisitos de legitimidade, ainda não se encontra disponível para a eclosão de seus efeitos típicos, por depender de um termo inicial ou de uma condição suspensiva, ou autorização, aprovação ou homologação, a serem manifestados por uma autoridade controladora;*

d) ***perfeito, inválido e ineficaz*** *– quando, esgotado seu ciclo de formação, sobre encontrar-se em desconformidade com a ordem jurídica, seus efeitos ainda não podem fluir, por se encontrarem na dependência de algum acontecimento previsto como necessário para a produção dos efeitos (condição suspensiva ou termo inicial, ou aprovação ou homologação dependentes de outro órgão)" (destaques nossos).*

Não é possível, porém, haver ato imperfeito, pois não se trata de ato administrativo ainda, uma vez que está passando pelas fases de elaboração. Na verdade, não chega a se formar como ato.

COMO ESSE ASSUNTO TEM SIDO ABORDADO NAS PROVAS

✦ **(TC-RN – Assessor Técnico de Controle e Administração – Cespe – 2009)** Não é possível a existência de um ato administrativo imperfeito, válido e eficaz.

Resposta: Certo

✦ **(Procurador Especial de Contas – TCE-ES – 2009)** Não se confundem perfeição e validade do ato administrativo.

A primeira diz respeito às etapas de formação do ato, exigidas por lei para que ele produza efeitos. Por exemplo, um ato que seja motivado, reduzido a escrito, assinado, publicado, está perfeito em sua formação se a lei não contiver qualquer outra exigência. A validade diz respeito à conformidade do ato com a lei, sendo que a motivação deve referir-se a motivos reais, a autoridade que assina deve ser a competente, a publicação deve ser a forma exigida para divulgar o ato.

Resposta: Certo. Veja que nessa questão o Cespe colocou a publicação como etapa de formação.

✦ **(AGU – Procurador Federal – 2007)** O ato administrativo pode ser inválido e, ainda assim, eficaz, quando, apesar de não se achar conformado às exigências normativas, produzir os efeitos que lhe seriam inerentes, mas não é possível que o ato administrativo seja, ao mesmo tempo, perfeito, inválido e eficaz.

Resposta: Errado.

8.8. Quanto aos efeitos

ATO CONSTITUTIVO: é aquele por meio do qual a Administração cria, modifica ou extingue um direito ou situação do administrado. São exemplos a revogação a autorização, a dispensa, a aplicação de penalidade.

ATO DECLARATÓRIO: é aquele em que a Administração apenas reconhece um direito preexistente. Ex.: anulação, licença, homologação.

ATENÇÃO! Revogação e autorização são atos constitutivos. Anulação e licença são atos declaratórios.

Vejamos em exemplos. Quando um particular tem deferida uma **licença** para dirigir, o Estado apenas reconheceu um direito preexistente, pois quando ele preencheu os requisitos legais já surgiu o seu direito de obter a licença. O Poder Público não criou para ele esse direito, apenas reconheceu formalmente. Ainda, a licença não pode ser negada quando o particular preenche todas as exigências legais; é um direito subjetivo.

De modo diferente ocorre na **autorização**. Se um particular solicita autorização para usar a calçada para colocar mesa de seu bar o Estado pode até conceder, conforme seus critérios de conveniência e oportunidade. Porém, nesse caso o Poder Público estará criando esse direito, pois ele não o tem; só com o deferimento da autorização é que ele passa a ter direito ao uso.

ATO ENUNCIATIVO: é aquele em que a Administração apenas declara situações de que tem o conhecimento ou que constam em registros de órgãos públicos, ou que profere opinião sobre assunto determinado, por exemplo, o atestado, a certidão e o parecer.

COMO ESSE ASSUNTO TEM SIDO ABORDADO NAS PROVAS

✦ **(Procurador do Estado de Pernambuco – Cespe – 2009)** Quanto aos efeitos do ato administrativo, a licença, a homologação e a isenção são exemplos de atos administrativos declaratórios.

Resposta: Certo. Comentário: isenção é ato declaratório. É o que ocorre, por exemplo, com a isenção de tributos em que a lei fixa condições para a isenção. A Administração reconhece o direito do particular.

8.9. Quanto ao resultado sobre a esfera jurídica dos administrados (atos ampliativos e restritivos de direitos)

Segundo Celso Antônio (2009), atos ampliativos de direitos são aqueles que "aumentam a esfera jurídica de atuação do administrado". Trazem "benefícios" aos administrados. Ex.: licença e autorização.

Já o ato restritivo de direitos é aquele que limita direitos. Ex.: atos de sanção.

Essa diferenciação é utilizada pelo autor na anulação dos atos, pois se o ato é ampliativo de direitos a anulação terá efeito *ex nunc* (não retroativo); se restritivo de direitos terá efeito *ex tunc* (retroativo).

8.10. Quanto à natureza das situações jurídicas que criam (atos-regra, atos subjetivos, atos-condição)

Essa classificação também é apresentada por Celso Antônio (2009).

ATOS-REGRA: criam situações gerais, abstratas e impessoais e por isso mesmo a qualquer tempo modificáveis pela vontade de quem os produziu, sem que se possa opor direito adquirido. Ex.: regulamento.

ATOS SUBJETIVOS: criam situações particulares, concretas e pessoais, produzidas quanto à formação e efeitos pela vontade das partes, sendo imodificáveis pela vontade de uma só delas e garante, então, aos assegurados a persistência do que dispuseram. Ex.: o contrato.

ATOS-CONDIÇÃO: alguém os pratica incluindo-se, isoladamente ou mediante acordo com outrem, debaixo de situações criadas pelos atos-regra, pelo que se sujeitam às eventuais alterações unilaterais delas. Ex.: o ato de aceitação de cargo público; o acordo na concessão de serviço público.

Para Hely Lopes Meirelles (2008), o ato condição "se antepõe a outro para permitir sua realização. O ato-condição destina-se a remover um obstáculo à prática de certas atividades públicas ou particulares, para as quais se exige a satisfação prévia de determinados requisitos. Assim, o concurso é ato-condição da nomeação efetiva; é ato-condição dos contratos administrativos".

9. ESPÉCIES DE ATOS ADMINISTRATIVOS

9.1. Atos normativos

São aqueles que contêm um comando geral, visando à correta aplicação da lei. O objetivo imediato de tais atos é explicitar a norma legal a ser observada pela administração.

DECRETOS: são atos administrativos, da **competência exclusiva dos Chefes do Executivo**, destinados a prover situações gerais ou individuais, abstratamente previstas de modo expresso, explícito ou implícito, pela legislação.

O decreto pode se enquadrar na categoria dos atos normativos (gerais), mas também pode ter caráter individual, quando for para especificar situação determinada, como ocorre com o decreto expropriatório.

INSTRUÇÃO NORMATIVA: são atos administrativos expedidos pelos Ministros de Estado para a execução de leis, decretos e regulamentos, mas são também utilizados por outros órgãos superiores para o mesmo fim.

REGIMENTOS: são atos administrativos normativos de atuação interna. Destinam-se a reger o funcionamento de órgãos colegiados e de corporações legislativas. Não obrigam os particulares em geral, atingindo unicamente as pessoas vinculadas à atividade regimental.

RESOLUÇÕES: são atos administrativos normativos expedidos pelas altas autoridades do Executivo (mas não pelo Chefe do Poder Executivo, que expede decretos) ou pelos presidentes de tribunais, órgãos legislativos e colegiados administrativos, para disciplinar matéria de sua competência específica.

Não se deve confundir a resolução editada em sede administrativa com a resolução prevista no art. 59, VII, da CF. Esta equivale, sob o aspecto formal, à lei, pois é compreendida no processo de elaboração das leis, previsto no Texto Constitucional.

9.2. Atos ordinatórios

São atos que visam a disciplinar o funcionamento da Administração e a conduta funcional de seus agentes. São provimentos, determinações ou esclarecimentos que se endereçam aos servidores públicos, a fim de orientá-los no desempenho de suas funções.

Tais atos só atuam no âmbito interno das repartições e só alcançam os servidores hierarquizados à chefia que os expediu. Não obrigam os particulares nem os funcionários submetidos a outras chefias. Não criam, normalmente, direitos ou obrigações para os administrados, mas geram deveres e prerrogativas para os agentes administrativos a que se dirigem.

INSTRUÇÕES: são ordens escritas e gerais a respeito do modo e da forma de execução de determinado serviço público, expedidas pelo superior hierárquico, com a finalidade de orientar os subalternos no desempenho das atribuições que lhes estão destinadas e assegurar a unidade de ação no organismo administrativo.

Odete Medauar relata que as instruções não são utilizadas somente no âmbito interno; por vezes, são utilizadas para decisões de repercussão externa, sobretudo nos órgãos que tratam de assuntos financeiros e econômicos. Às circulares se aplica a mesma regra.

CIRCULARES: são ordens escritas, de caráter uniforme, expedidas a determinados funcionários ou agentes administrativos, incumbidos de certo serviço ou do desempenho de certas atribuições, em circunstâncias especiais.

PORTARIAS: são atos internos pelos quais os chefes de órgãos, repartições ou serviços expedem determinações gerais ou especiais a seus subordinados, ou designam servidores para funções e cargos secundários. Também dão início a sindicâncias e a processos administrativos.

Importante salientar que a portaria também pode ter conteúdo de ato normativo, quando disciplinar assunto dependente de complementação.

AVISOS: são atos emanados dos Ministros de Estado a respeito de assuntos referentes aos respectivos ministérios.

ORDENS DE SERVIÇO: são determinações especiais dirigidas aos responsáveis por obras ou serviços públicos autorizando seu início, ou contendo imposições de caráter administrativo ou especificações técnicas sobre o modo de sua realização.

OFÍCIOS: são comunicações escritas que as autoridades fazem entre si, entre subalternos e superiores e entre a Administração e particulares, em caráter oficial.

DESPACHOS: são decisões que as autoridades executivas (ou legislativas e judiciárias, em função administrativa) proferem em papéis, requerimentos e processos sujeitos à sua apreciação.

Despacho normativo é aquele em que, embora proferido em caso individual, a autoridade competente determina que se aplique aos casos idênticos, passando a vigorar como norma interna da Administração para situações análogas subsequentes.

9.3. Atos negociais

São atos praticados contendo uma declaração de vontade do Poder Público, coincidente com a pretensão particular.

Tais atos, embora unilaterais, encerram um conteúdo tipicamente negocial, de interesse recíproco da Administração e do administrado, **mas não adentram na esfera contratual**. São e continuam sendo atos administrativos (e não contratos administrativos), mas de uma categoria diferenciada dos demais, porque geram direitos e obrigações para as partes e as sujeitam aos pressupostos conceituais do ato, a que o particular se subordina incondicionalmente.

Tais atos podem ser:

VINCULADOS: quando a lei estabelecer os requisitos para sua formação e se o interessado preencher as condições fixadas na lei, surgirá o direito à pretensão solicitada.

DISCRICIONÁRIOS: quando sua expedição ficar a critério da autoridade competente.

DEFINITIVOS: quando embasarem-se num direito individual do requerente e não couber a revogação com base em critérios de conveniência e oportunidade por parte da Administração.

PRECÁRIOS: quando couber revogação por parte da Administração.

Os atos negociais são específicos, só ocasionando efeitos jurídicos entre as partes, Administração e administrado, impondo a ambos a observância das condições de execução.

Entre os atos negociais, existem três espécies que são mais abordados em concurso (licença, autorização e permissão), mas sobre as quais a doutrina não tem um conceito unânime, em especial sobre autorização e permissão. Por isso, vamos apresentar os conceitos, de modo que o candidato a concurso público tenha condições de responder com precisão às questões que forem formuladas sobre esse assunto.

Carvalho Filho faz importante estudo sobre esses **atos de consentimento estatal** e apresenta três aspectos desses atos:

a) Todos decorrem de anuência do Poder Público para que o interessado desempenhe atividade;

b) nunca são conferidos ***ex officio***: dependem sempre de pedido dos interessados;

c) são sempre necessários para legitimar a atividade a ser executada pelo interessado.

LICENÇA: é o ato administrativo **vinculado e definitivo,** por meio do qual o Poder Público, verificando que o interessado atendeu a todas as exigências legais, possibilita o desempenho de determinada atividade, que não poderia ser realizada sem consentimento prévio da Administração, por exemplo, o exercício de uma profissão ou o direito de construir.

A licença resulta de um **direito do administrado**, razão pela qual a Administração não pode negá-la quando o requerente satisfaz a todos os requisitos legais para sua obtenção.

O direito do requerente é anterior à licença, mas o desempenho da atividade somente se legitima se o Poder Público exprimir consentimento favorável ao administrado. Por essa razão, o ato é de natureza **declaratória**.

A licença tratada neste tópico se refere àquela que o particular (administrado) solicita à Administração para realizar determinada atividade. Essa licença em estudo será ato vinculado. Entretanto, as licenças concedidas ao servidor público podem ser vinculadas, como ocorre com a licença-maternidade, ou discricionárias, como a licença-capacitação e para tratar de interesses particulares. Assim, não se deve confundir as duas espécies de licenças.

Quanto à **licença para construir**, doutrina e jurisprudência a têm considerado mera faculdade de agir e, por conseguinte, **suscetível de revogação enquanto não iniciada a obra** licenciada, ressalvando-se ao prejudicado o direito à indenização pelos prejuízos causados.[16]

16 Licença para construir. Revogação. Obra não iniciada. Legislação estadual posterior. I. Competência do estado federado para legislar sobre áreas e locais de interesse turístico, visando a proteção do patrimônio paisagística (CF, art. 180). Inocorrência de ofensa ao art. 15 da Constituição Federal; II. Antes de iniciada a obra, a licença para construir pode ser revogada por conveniência da Administração Pública, sem que valha o argumento do direito adquirido. Precedentes do supremo tribunal. Recurso extraordinário não conhecido (RE 105634, Relator: Min. Francisco Rezek, Segunda Turma, julgado em 20.09.1985, *DJ* 08.11.1985, PP-20107, Ement Vol-01399-02, PP-00399).

Sempre que se assegura o direito à indenização ao prejudicado, como no caso das licenças que permitem revogação, trata-se de verdadeira **desapropriação de direito.**[17]

COMO ESSE ASSUNTO TEM SIDO ABORDADO NAS PROVAS

- **(Ministério da Educação – FUB – Cespe – 2009)** A licença é um ato administrativo vinculado; o administrador será obrigado a conceder a respectiva licença caso sejam atendidas todas as condições necessárias, não existindo discricionariedade.

  Resposta: Certo.

- **(Detran-DF – Cespe – 2009)** O Código de Trânsito Brasileiro (CTB) prevê a permissão para dirigir, conferida àquele que for aprovado no exame de habilitação, tendo validade de um ano, período após o qual será outorgada a carteira definitiva. Com base no entendimento doutrinário majoritário acerca dos atos administrativos, julgue os itens seguintes a respeito da permissão de dirigir prevista no CTB.

  Em que pese a terminologia utilizada pelo legislador, o ato administrativo descrito não tem natureza de permissão, mas sim de licença, visto que não se trata de ato discricionário e precário.

  Resposta: Certo.

AUTORIZAÇÃO: é o ato administrativo **discricionário e precário** pelo qual o Poder Público torna possível ao pretendente a realização de certa atividade ou utilização de determinados bens particulares ou públicos.[18]

Na autorização, assim como ocorre com a licença, o particular necessita do consentimento estatal para que possa realizar a atividade pretendida, na medida em que estará praticando conduta ilícita se não possuir anuência prévia da Administração.

São exemplos: o uso especial de bem público, como ruas e praças, autorização para estacionamento de veículos particulares em terreno público, autorização para porte de armas.

Apesar de amplamente aceito no meio doutrinário que a autorização é ato discricionário, a Lei Geral de Telecomunicações (Lei nº 9.472/97, art. 131) criou **autorização** de serviço de telecomunicações como ato **vinculado.**

> *Art. 131. A exploração de serviço no regime privado dependerá de prévia autorização da Agência, que acarretará direito de uso das radiofrequências necessárias. § 1° Autorização de serviço de telecomunicações é o ato administrativo vinculado que faculta a exploração, no regime privado, de modalidade*

(Nosso comentário:) A bem da verdade, no julgamento acima, o caso específico não tratou de revogação de licença – isso foi o que constou na ementa. Tratou de deferimento de licença com prazo expirado com impossibilidade de renovação por decorrência de legislação estadual posterior. No caso, a empresa (construtora) já possuía alvará para construção, mas ainda não havia iniciado a obra. Houve tempo considerável sem o início das obras, por isso o alvará perdeu a validade, necessitando de renovação. Posteriormente, sobreveio legislação do Estado que proibiu construção naquela localidade. A empresa, ao solicitar renovação da licença, viu o pedido negado. Assim, alegou que não caberia revogar autorização. O Ministro Francisco Rezek citou precedente anterior de sua relatoria. No caso, também foi aventada pela empresa a inconstitucionalidade sobre legislação estadual dispondo sobre matéria de ordenamento urbanístico nas zonas de interesse turístico.

17 FIGUEIREDO, Lúcia Valle, *Curso de Direito Administrativo*. São Paulo: Malheiros, 1994.

18 Alguns autores admitem a autorização para prestação de serviços públicos, em especial aqueles previstos nos incisos XI e XII do art. 21 da CF. Veja com mais detalhes o assunto no capítulo sobre serviços públicos.

de serviço de telecomunicações, quando preenchidas as condições objetivas e subjetivas necessárias.[19]

A autorização é ato **constitutivo**, uma vez que estará estabelecendo uma nova situação jurídica, e a licença é ato **declaratório**, na medida em que o Estado apenas reconhece um direito do particular de realizar a atividade.

PERMISSÃO: é o **ato** administrativo **discricionário e precário,** pelo qual o Poder Público faculta ao particular o **uso** especial de bens públicos, a título **gratuito ou remunerado,** visando ao interesse da coletividade ou à **prestação de serviços públicos**.

Ocorre que o art. 40 da Lei nº 8.987/95 conferiu à permissão natureza **contratual,** ao dispor que "a permissão de serviço público será formalizada mediante **contrato** de adesão, que observará os termos desta Lei, das demais normas pertinentes e do edital de licitação, inclusive quanto à precariedade e à revogabilidade unilateral do contrato pelo poder concedente".

A nosso ver, a Lei nº 8.987/95 foi totalmente inapropriada ao estabelecer que a permissão para prestação de serviços públicos tem natureza contratual. Por isso, entendemos que a permissão (ato administrativo) faculta ao particular o uso especial de bens públicos a título gratuito ou remunerado, visando ao interesse da coletividade ou à **prestação de serviços públicos**.

O Estado, entre as suas diversas obrigações, deve realizar a prestação de serviços públicos, detendo sua titularidade. A CF, art. 175, fixa que é dever do Estado a prestação de serviços públicos de forma direta ou mediante concessão ou permissão, sempre através de licitação. Em razão dessa incumbência constitucional, o Poder Público deverá promover a adequada prestação, diretamente, ou, se entender mais conveniente, descentralizará esta atividade, para que terceiros a realizem. No segundo caso, surgem os concessionários e permissionários.

Os contratos de concessão são usualmente escolhidos quando o particular contratado tiver de demandar quantias financeiras elevadas na realização da atividade. Será formalizado o contrato com a fixação das cláusulas contratuais, que garantem os direitos e deveres de cada uma das partes, Administração e contratado, entre elas o prazo, que dependerá de cada contrato a ser celebrado. Geralmente, são prazos longos, a fim de que o concessionário possa obter o ressarcimento de todo o capital investido, bem como o lucro esperado. Ou seja, o terceiro prestador do serviço possui uma "garantia" contratual de que, durante o período fixado, executará aquele determinado serviço público.

Noutro giro, a **permissão** teria espaço quando o permissionário não necessitasse ingerir vultosos montantes financeiros no desempenho do serviço, não envolvesse utilização de aparelhamento que adere ao solo, impossibilitando sua remoção e retorno ao patrimônio do permissionário sem desvalorização patrimonial, entre outros fatores. Como exemplo, podemos citar o transporte coletivo por *vans*, em que cada permissionário deve fazer as devidas adaptações exigidas pela Administração em seu veículo, a fim de que seja legitimado a obter consentimento estatal para o cumprimento da atividade.

A permissão é revestida de **precariedade**, no sentido de que o Poder Público detém a faculdade de privar o permissionário da prestação que vinha sendo desempenhada, por meio da revogação,

19 A Lei nº 12.825/2013, art. 2º, XII, que dispõe sobre a exploração de portos e instalações portuárias pela União, criou autorização formalizada mediante contrato administrativo, tratando-se de outorga de direito a exploração de instalação portuária localizada fora da área do porto organizado. Apesar de não haver impedimento para a lei inovar no ordenamento jurídico nesse sentido, a "nova espécie de autorização" vai na contramão do entendimento doutrinário, uma vez que a autorização tem natureza de ato administrativo, segundo a doutrina.

sem necessidade de indenização. Em termos mais claros, a permissão é mais adequada nos casos em que os riscos da precariedade são extremamente vantajosos a ponto de compensar uma possível revogação do título jurídico que legitimou a transferência da execução ao permissionário. Na concessão, não se cogita correr esse risco, pois os recursos financeiros despendidos inicialmente não suportariam uma possível extinção antes da data prevista.

Por todas as razões expostas é que nos filiamos à doutrina clássica, entendendo que a permissão deve ter caráter de **ato administrativo**, revestida da precariedade, podendo, a qualquer momento, ser revogada pelo Poder Público, sem gerar direito a indenização.

Mesmo assim, na contramão do que até agora foi dito, a Lei de Concessão e Permissão estabeleceu que a permissão para prestação de serviços públicos tem natureza de **contrato** de adesão, com possibilidade de revogação unilateral.

Ocorre que, na prática, permissões, atos administrativos são estabelecidos muitas vezes com prazo certo ou com restrições à possibilidade de revogação. Nesse caso, parte da doutrina vem entendendo pela legitimidade dessa conduta, entendendo que seria "permissão condicionada", conferindo direito de indenização na hipótese de revogação em desrespeito às condições fixadas.[20]

> ***DICA!*** Nas provas **objetivas** de concurso público, é preferível, como de costume, marcar a opção que está prevista em lei, ou seja, a permissão para a prestação de serviços públicos possui natureza **contratual** (art. 40, Lei nº 8.987/95), caso a questão não exija a posição de determinada corrente doutrinária. Em provas subjetivas, recomenda-se desenvolver raciocínio semelhante ao exposto neste tópico, mencionado a divergência doutrinária, bem como a previsão legal.

A **permissão** e a **autorização** também podem se confundir, uma vez que os dois atos podem ter por objeto a utilização de bens públicos. Veja a questão a seguir:

COMO ESSE ASSUNTO TEM SIDO ABORDADO NAS PROVAS

✦ **(Procurador do Estado de Pernambuco – Cespe – 2009)** Ato unilateral, precário e discricionário quanto à decisão de outorga, pelo qual se faculta a alguém o uso de um bem público. Sempre que possível, será outorgada mediante licitação ou, no mínimo, com obediência a procedimento em que se assegure tratamento isonômico aos administrados. Celso Antônio Bandeira de Mello. *Curso de Direito Administrativo*. 19ª ed. São Paulo: Malheiros, 2005, p. 859 (com adaptações).

A resposta **correta** *foi no sentido de que se tratava de* **permissão** *de uso de bem público.*

Na autorização, a utilização do bem público ocorre para o interesse privado do particular, por exemplo, a autorização para colocação de mesas de bar na calçada. Por outro lado, na permissão, faculta-se a utilização privativa de bem público com finalidade de interesse público, a exemplo do que se dá com a utilização de praça para feira ou festa de uma igreja que visa à arrecadação de alimentos e verbas para pessoas necessitadas.

Para resolver questões desse tipo, referentes a **utilização de bens públicos**, deve-se verificar se a questão fala em utilização do bem público no "exclusivo interesse" do beneficiário; nesse caso,

20 MEIRELLES, Hely Lopes. *Direito Administrativo Brasileiro*. São Paulo: Malheiros, 2004, p. 66; e Diogo de Figueiredo Moreira Neto, p. 67.

será mediante **autorização**. No entanto, se houver referência à necessidade de licitação, sempre que for possível, e o uso for para o interesse da coletividade, será mediante **permissão**.

COMO ESSE ASSUNTO TEM SIDO ABORDADO NAS PROVAS

- **(Ministério da Ciência e Tecnologia – Finep – Analista – Cespe – 2009)** A permissão de serviço público deve ser formalizada mediante contrato de adesão, que não pode ser revogado de forma unilateral pelo poder concedente.

  Resposta: Errado. A Lei nº 8.987/95 admite a revogação do contrato de permissão de serviços públicos.

- **(Ministério da Educação – FUB – Cespe – 2009)** A permissão é um ato administrativo vinculado, porém precário e pode ser revogado a qualquer momento.

  Resposta: Errado. Trata-se de ato discricionário.

- **(Defensoria Pública do Espírito Santo – Cespe – 2009)** A permissão de uso configura ato administrativo unilateral, discricionário e precário, por meio do qual a Administração faculta a utilização privativa de bem público no interesse particular do beneficiário.

  Resposta: Errado. Faculta o uso prevalecendo o interesse da coletividade.

- **(Auditor Federal de Controle Externo – TCU – Cespe – 2009)** A permissão, que não se confunde com a concessão ou a autorização, é o ato administrativo por meio do qual a Administração Pública consente que o particular se utilize privativamente de um bem público ou execute um serviço de utilidade pública. Tal ato é classificado como declaratório, na medida em que o Poder Público apenas reconhece um direito do particular previamente existente.

  Resposta: Errado. A permissão não é ato declaratório, e sim constitutivo.

- **(Defensoria Pública do Espírito Santo – Cespe – 2009)** A autorização de serviço público constitui contrato administrativo pelo qual o Poder Público delega a execução de um serviço de sua titularidade a determinado particular, para que o execute em seu próprio nome, por sua conta e risco, predominantemente em benefício próprio, razão pela qual não depende de licitação e, quando revogado pela Administração Pública, gera, para o autorizatário, o direito à correspondente indenização.

  Resposta: Errado. Não tem natureza contratual e, em regra, não depende de licitação e não há indenização.

- **(Ministério da Ciência e Tecnologia – Finep – Analista – Área Jurídica – Cespe – 2009)** Autorização de uso é o ato administrativo pelo qual o Poder Público consente que determinado indivíduo utilize bem público de modo privativo, atendendo primordialmente aos interesses da administração, devendo ser precedido de licitação.

  Resposta: Errado.

Assim:

Autorização de uso	Permissão de uso
Ato administrativo	Ato administrativo
Predomina interesse privado	Predomina interesse público
Não exige licitação	Exige licitação
Para alguns autores o uso tem que ser breve	Para alguns autores é deferida quando o uso for mais duradouro

O alvará é o ato que materializa a concessão de uma licença, autorização ou até mesmo permissão de uso de bem público. É o instrumento que representa o deferimento da providência solicitada. Trata-se apenas do papel, cujo conteúdo retrata o deferimento da administração para a prática de uma conduta pelo particular. Porém, em concursos públicos o alvará já foi associado apenas à licença (ato vinculado). Confira a questão:

COMO ESSE ASSUNTO TEM SIDO ABORDADO NAS PROVAS

✦ **(Ministério da Educação – FUB – Administrador – Cespe – 2009)** O alvará de funcionamento de um estabelecimento é um exemplo de licença.

Resposta: Certo. Entretanto, no concurso para Procurador do Estado da Paraíba, Cespe, 2008, foi considerada correta a sentença: O alvará pode ser de licença ou de autorização. Essa é a resposta que entendemos mais adequada nas provas de concursos.

APROVAÇÃO: é o ato administrativo pelo qual o Poder Público verifica a legalidade e o mérito de outro ato ou de situações e realizações materiais de seus próprios órgãos, de outras entidades ou de particulares, dependentes de seu controle, e consente na sua execução ou manutenção. Pode ser prévia ou subsequente, **discricionária,**[21] consoante os termos em que é instituída, pois em certos casos limita-se à confrontação de requisitos específicos na norma legal, e noutros estende-se à apreciação de oportunidade e conveniência.

ADMISSÃO: é ato administrativo **vinculado,** por meio do qual o Poder Público, verificando a satisfação de todos os requisitos legais pelo particular, defere-lhe determinada situação jurídica de seu exclusivo ou predominante interesse, como ocorre no ingresso aos estabelecimentos de ensino mediante concurso de habilitação.

VISTO: é ato administrativo pelo qual o Poder Público controla outro ato da própria Administração ou do administrado, aferindo sua legitimidade formal, para dar-lhe exequibilidade. Incide sempre sobre um ato anterior e não alcança seu conteúdo. É ato vinculado.

HOMOLOGAÇÃO: é ato administrativo de controle, pelo qual a **autoridade superior** examina a **legalidade e a conveniência, ou somente aspectos de legalidade** de ato anterior da própria Administração, de outra entidade ou de particular, para dar-lhe eficácia. Não admite alteração no ato controlado pela autoridade homologante, que apenas pode confirmá-lo ou rejeitá-lo, para que a irregularidade seja corrigida por quem a praticou.

DISPENSA: é o ato administrativo que exime o particular do cumprimento de determinada obrigação até então exigida por lei, por exemplo, a dispensa do serviço militar. É ato discricionário.

RENÚNCIA: é ato pelo qual o Poder Público extingue unilateralmente um crédito ou um direito próprio, liberando definitivamente a pessoa obrigada perante a Administração. A renúncia não admite condição e é irreversível, uma vez consumada. Tratando-se de renúncia por parte da Administração, há dependência, sempre, de lei autorizadora.

PROTOCOLO ADMINISTRATIVO: é o ato pelo qual o Poder Público acerta com o particular a realização de determinado empreendimento ou atividade ou a abstenção de certa conduta, no interesse recíproco da Administração e do administrado signatário do instrumento protocolar. Esse ato é vinculante para todos que o subscrevem, pois gera direitos entre as partes.

21 No mesmo sentido: Diógenes Gasparini, José dos Santos C Filho, Celso Antônio Bandeira de Mello, Lúcia Valle Figueiredo e Maria Sylvia Zanella Di Pietro (discricionário).

9.4. Atos enunciativos

São todos aqueles em que a Administração se limita a certificar ou a atestar fato, ou emitir uma opinião sobre determinado assunto.

CERTIDÕES: são cópias ou fotocópias fiéis e autenticadas de atos ou fatos **constantes** de processo, livro ou documento que se encontre em repartições públicas. Podem ser de inteiro teor ou resumidas desde que expressem fielmente o que se contém no original de que foram extraídas. Em tais atos o Poder Público não manifesta sua vontade, limitando-se a transcrever para o documento a ser fornecido ao interessado o que consta de seus arquivos.

ATESTADOS: são atos pelos quais a Administração comprova um fato ou uma situação de que tenha **conhecimento** por seus órgãos competentes. Difere da certidão porque o atestado comprova um fato ou uma situação existente, mas não constante de livros, papéis ou documentos em poder da Administração.

PARECERES: são manifestações de órgãos técnicos sobre assuntos submetidos à sua consideração. Tem caráter meramente opinativo, salvo quando tiver caráter vinculante, nos casos previstos em lei.

APOSTILAS: são atos enunciativos ou declaratórios de uma situação anterior criada por lei. Equivale à averbação.

9.5. Atos punitivos

Constituem uma sanção imposta pela Administração em relação àquele que infringe as disposições legais. Visam a punir e reprimir as infrações administrativas ou a conduta irregular de seus servidores ou dos particulares, perante a Administração. Exs.: multa, interdição, demolição etc.

10. EXTINÇÃO DOS ATOS ADMINISTRATIVOS

10.1. Extinção natural

É aquela que decorre do cumprimento normal dos efeitos do ato.

Exemplo: *Servidor que sai de férias: o ato férias se extingue naturalmente; autorização para realização de uma festa em praça pública: após a festa, o ato também se extingue.*

10.2. Caducidade

Ocorre quando uma **nova norma jurídica** torna inadmissível a situação antes permitida pelo direito e outorgada pelo ato precedente.

Exemplo: *Nova Lei de Armas, que exigiu novas condições para autorização do porte de arma. Outro caso: com o advento da lei que proíbe jogos de bingos, as autorizações para as casas de bingos funcionarem se extinguem pela caducidade.*

10.3. Cassação

Ocorre quando o **particular descumpre** as condições fixadas pela Administração. A extinção se dá porque o particular beneficiário do ato não atendeu às determinações da Administração.

Segundo a doutrina, duas são as suas características: a primeira trata-se de ato vinculado, já que o agente só pode cassar o ato anterior nas hipóteses previamente fixadas; a segunda trata-se de ato sancionatório.

Ocorre principalmente nos atos negociais, cuja execução fica a cargo do particular, que os obteve regularmente, mas os descumpre ao executá-lo.

Exemplo: *Licença para dirigir cassada em virtude de o administrado extrapolar o número de infrações que poderiam ser cometidas; licença para funcionamento de hotel que se torna motel.*

10.4. Contraposição ou derrubada

A extinção ocorre em razão de edição de um **novo ato** editado que possui efeitos opostos ao ato anterior. Nesse caso, o ato anterior se extingue, em virtude de ser incompatível com o novo ato.

Alguns autores entendem que essa forma de extinção deve ser no exercício de competência diversa.

Exemplo: *Ato de exoneração de servidor público que foi nomeado para cargo em comissão. A exoneração está em contraposição com a nomeação, pois os dois atos não podem conviver. O efeito imediato de uma nomeação é a ocupação do cargo; por outro lado, o efeito da exoneração é a sua desocupação com a extinção do vínculo.*

10.5. Revogação

A revogação é feita pela Administração, quando um ato legal deixa de ser conveniente e oportuno. O agente que revoga o ato pode ser tanto aquele que produziu o ato quanto a autoridade superior no exercício do poder hierárquico. Pode ser explícita ou implícita.

Interessante raciocínio faz o mestre Celso Antônio sobre o motivo da revogação: "É consequência de um juízo feito 'hoje' sobre o que foi produzido 'ontem', resultando no entendimento de que a solução tomada não convém *agora* aos interesses administrativos."

Exemplo 1: *O presidente de um tribunal resolve editar uma portaria para reduzir o horário de funcionamento para o período das 13h às 19h, ao invés de 7h às 19h. Entretanto, em razão dessa mudança, os processos vêm se acumulando no tribunal. Nesse caso, o presidente pode revogar a portaria que provocou a mudança de horário. Trata-se de ato legal, mas cuja manutenção não foi conveniente.*

Exemplo 2: *Autoriza-se realização de festa todo final de semana, mas verifica-se que o evento autorizado provoca incômodo aos moradores. Pode haver a revogação da autorização, por deixar de ser conveniente e oportuna.*

Exemplo 3: *O Presidente da República edita ato, delegando aos Ministros de Estado a competência para aplicar demissão aos servidores de seu respectivo ministério. Após 8 meses, o Presidente resolve revogar a delegação e, assim, edita novo ato, revogando o anterior.*

A revogação decorre do poder discricionário da Administração, pois é produzida com base em critérios de conveniência e oportunidade (mérito administrativo). Por ser a revogação juízo de mérito, **não é possível a revogação de atos vinculados**, uma vez que, nesses atos, não há mérito.

Os efeitos da revogação são ***ex nunc*** (*prospectivos*), ou seja, para o futuro. Todos os atos efeitos que decorrem do ato revogado devem ser mantidos. No caso do ato de delegação do Presidente para que Ministros de Estado apliquem demissão aos seus servidores, se houver a revogação desse ato, as demissões que foram aplicadas durante o período da delegação serão mantidas, uma vez que o ato era legal, só não é conveniente sua manutenção.

A competência para revogação só cabe à Administração. Entretanto, o Poder Judiciário poderá revogar **seus próprios** atos quando estiver no exercício de função administrativa.

➘ *COMO ESSE ASSUNTO TEM SIDO ABORDADO NAS PROVAS*

✦ **(Administrador – Ministério do Esporte – Cespe – 2008)** O Poder Judiciário pode revogar ato administrativo por ele editado, desde que o considere inconveniente e inoportuno ao serviço.

Resposta: Certo.

✦ **(Agente e Escrivão de Polícia – Paraíba – Cespe – 2008)** O desuso não é suficiente para se revogar um ato administrativo.

Resposta: Certo. Deve ser questão de conveniência e oportunidade.

Nenhum dos Poderes do Estado pode **revogar** ato emanado de outro Poder, uma vez que isso implicaria violação da independência recíproca, positivada no art. 2º da CF.

10.5.1. Repristinação

Com a revogação do ato revogador, o primeiro ato editado será restabelecido?

Exemplo: *Foi editado o ato "A", que criou certa situação; posteriormente, foi editado o ato "B", que modificou a situação anterior, extinguindo o ato "A", e, mais adiante, o ato "C", que altera a situação criada pelo ato "B", também ocasionando sua extinção.*

Esse é o fenômeno da repristinação, que ocorre quando a revogação de um ato revogador restaura, automaticamente, a validade do primeiro ato revogado.

A doutrina[22] entende que haverá repristinação do primeiro ato ("A"), sendo esse efeito automático e implícito. Assim, o ato "A" voltará a ter existência e a produzir seus efeitos.[23]

Imagine que um Tribunal edita um ato fixando seu horário de funcionamento de 13h às 19h. Entretanto, é editada uma portaria alterando o horário de funcionamento para o período das 8h às 18h, extinguindo a portaria anterior. Contudo, percebe-se que a mudança de horário não está tendo o efeito esperado. Nesse passo, é editada nova portaria revogando o novo horário. Seguindo o entendimento exposto, o horário de 13h às 19h deverá voltar a ser cumprido.

10.5.2. Natureza do ato revogador

O ato que faz revogação tem natureza **constitutiva**, uma vez que produz uma situação nova.

10.5.3. Atos que não admitem revogação

1) **ATOS VINCULADOS,** pois não há juízo de conveniência e oportunidade que permita a revogação.

22 BANDEIRA DE MELLO, Celso Antônio, op. cit., p. 417.

23 Confira nos aprofundamentos, final do capítulo, a divergência doutrinária sobre os efeitos repristinatórios.

O STF decidiu, entretanto, que a licença para construir, enquanto a obra não for iniciada, pode ser revogada. A licença é ato vinculado, pois se o interessado atender a todos os requisitos fixados surge o direito de ter a solicitação deferida. Esse caso seria uma exceção, a que caberia revogação de ato vinculado.[24]

Nessa hipótese, não caberia falar em anulação da licença, pois não houve ilegalidade. Também não seria correto falar em cassação do ato, uma vez que o particular não descumpriu condições antes fixadas pela Administração.

➘ *COMO ESSE ASSUNTO TEM SIDO ABORDADO NAS PROVAS*

✦ **(PCDF – Funiversa – Agente – 2009)** A jurisprudência do Supremo Tribunal Federal recentemente referendou o caráter vinculado das licenças, não se podendo, pois, cogitar de sua revogação.

Resposta: Errado.

Segundo a doutrina,[25] quando for inviável a revogação de um ato administrativo, mas a Administração precisa reverter a situação consentida, atingindo direito do administrado, a solução será a desapropriação do direito, nesse caso com direito a indenização.

Exemplo: *Concessão de licença para funcionamento de aeródromo. Com o crescimento da cidade, a região em que funcionava o aeródromo passa a ser cercada por prédios e casas, pondo em risco a população que habita próximo ao local de decolagem e aterrissagem de aviões. A solução é a desapropriação do direito de funcionamento, com a devida indenização.*

2) **ATOS EXAURIDOS ou CONSUMADOS:** não podem ser revogados, pois já produziram seus efeitos. Ex.: férias gozadas; autorização para festa, quando o evento já houver sido realizado.

3) **ATOS QUE GERAM DIREITOS ADQUIRIDOS:** a Constituição não permite que a lei viole o direito adquirido. Dessa forma, o ato administrativo não poderá ser revogado a fim prejudicar o direito adquirido. Ex.: nomeação gera direito à posse em cargo público.

Será possível, contudo, a revogação do ato, desde que preservados os direitos adquiridos. Por exemplo, um órgão federal que tenha dificuldade em fazer a adequada lotação de seus servidores institui Unidades de Difícil Provimento – UDP, para que o servidor, uma vez lotado na UDP e permanecendo pelo período de 2 anos, tenha direito de, na próxima remoção, figurar como primeiro lugar na lista de escolha das novas localidades. Uma vez que não seja mais conveniente

---

24 No caso, a empresa (construtora) já possuía alvará para construção, mas ainda não havia *iniciado* a obra. Houve tempo considerável sem o início das obras, por isso, o alvará perdeu a validade, necessitando de *renovação*. Posteriormente, sobreveio legislação do Estado que proibiu construção naquela localidade. A empresa, ao solicitar renovação da licença, viu o pedido negado e alegou que não caberia revogar autorização. Ementa do acórdão: Licença para construir. Revogação. Obra não iniciada. Legislação estadual posterior. I. Competência do estado federado para legislar sobre áreas e locais de interesse turístico, visando a proteção do patrimônio paisagístico (CF, art. 180). Inocorrência de ofensa ao art. 15 da Constituição Federal; II. **Antes de iniciada a obra, a licença para construir pode ser revogada por conveniência da Administração Pública, sem que valha o argumento do direito adquirido.** Precedentes do supremo tribunal. Recurso extraordinário não conhecido (RE 105634, Relator: Min. Francisco Rezek, Segunda Turma, julgado em 20.09.1985, *DJ* 08.11.1985, PP-20107, Ement Vol-01399-02, PP-00399).

25 BANDEIRA DE MELLO, Celso Antônio, op. cit., p. 420.

manter as UDPs, é possível editar portaria revogando sua instituição, com a ressalva de que sejam preservados os direitos daqueles que completarem o período exigido (2 anos).

4) **ATOS INTEGRATIVOS DE UM PROCEDIMENTO ADMINISTRATIVO:** não são passíveis de revogação, pois se opera a preclusão do ato anterior pela prática do ato sucessivo. A preclusão é a perda da realização de determinados atos em uma fase do procedimento. No procedimento licitatório, existem vários atos encadeados entre si (edital, habilitação, julgamento, classificação e adjudicação). Após cada fase da licitação, não é possível a revogação de atos que integram essa fase. Se, por exemplo, a licitação já se encontra na fase de homologação, não é possível revogar isoladamente qualquer ato anterior. Todo o procedimento pode ser revogado, mas não um ato isolado após sua preclusão.

5) **MEROS ATOS ADMINISTRATIVOS ou ATOS ENUNCIATIVOS:** Exs.: pareceres, certidões e atestados. Esses atos não são passíveis de juízo de conveniência e oportunidade. No caso de uma certidão de nascimento, há o nascimento de uma criança, o posterior registro e a expedição da certidão. Não é possível análise de conveniência e oportunidade sobre esse fato.

6) **ATOS COMPLEXOS:** como depende, para sua formação, de mais de uma vontade, o ato complexo, dependerá também, para a sua revogação, da reunião de todas as vontades, novamente. Dessa forma, ele pode ser revogado, desde que todas as vontades necessárias para sua formação concorram também para a revogação do ato.

7) **ATOS CONSULTIVOS:** não se revogam, porque não dependem de análise de conveniência e oportunidade.

8) **ATOS ILEGAIS:** serão objeto de anulação.

Os atos supraexpostos não admitem **revogação**, o que não impede, entretanto, que o ato possa ser extinto por outras formas, como cassação, caducidade, anulação etc.

10.6. Anulação/invalidação

Ocorre quando a Administração ou o Poder Judiciário declara a extinção do ato administrativo, por motivos de vícios no ato praticado, com a produção de efeitos retroativos.

Ao contrário da revogação, feita com base em juízo de conveniência e oportunidade (mérito), a anulação tem por pressuposto uma análise de legalidade/legitimidade, pois são analisados os aspectos legais do ato. Verifica-se se o ato respeitou os requisitos legais e os demais princípios administrativos. Assim, como a anulação pressupõe a análise da legitimidade do ato administrativo, pode ser feita pela própria Administração, de ofício ou mediante provocação, ou pelo Poder Judiciário, desde que seja provocado.

NOTA: *Os Tribunais de Contas não fazem anulação de atos. No exame da legalidade, legitimidade e economicidade dos atos administrativos, os Tribunais de Contas têm competência para determinar a SUSTAÇÃO dos atos, conforme previsto no art. 71, X, da CF. Com a sustação, o ato deixará de produzir efeitos, será paralisado, pois a eficácia é que é atingida nesse caso. Se for o caso de* ***contrato****, esgotado o prazo indicado pelo TCU sem que tenha sido adotada qualquer providência, caberá ao Congresso Nacional promover a sustação.*[26]

26 Lucas Rocha Furtado entende que apesar de a CF, art. 71, X, ter mencionado sustação, pode ser feita a anulação do ato ou contrato. FURTADO, Lucas Rocha, *Curso de Direito Administrativo*. Belo Horizonte: Fórum, 2007.

O poder de anulação de atos administrativos pela Administração foi consagrado no art. 54 da Lei nº 9.784/99. Contudo, o STF já havia consubstanciado essa possibilidade, com a edição das Súmulas 346 e 473.

A anulação pode recair sobre *atos ineficazes* (não estão produzindo efeitos), tendo por objeto o próprio ato; sobre *atos eficazes abstratos* (exs.: decreto, resolução), tendo por objeto o ato e seus efeitos; e sobre *atos eficazes concretos*, tendo por objeto apenas seus efeitos.

Exemplo 1: *Remoção de servidor como forma de punição, em razão da prática de infração disciplinar. O ato de remoção deverá ser anulado, pois a remoção, prevista no art. 36 da Lei nº 8.112/90, não pode ter caráter punitivo. O ato de remoção visa apenas a adequar a lotação do servidor. O ato apresentou vício de finalidade.*

Exemplo 2: *Victor Eduardo recebe multa de trânsito em razão de estacionamento irregular. Entretanto, no dia apresentado pela Administração como o dia em que ocorreu o indevido estacionamento, Victor Eduardo não saiu de sua residência com o carro. A multa é ilegal, por falta de motivo, uma vez que não houve o estacionamento irregular, tendo em vista que o administrado não saiu com o carro naquela data.*

O vício no elemento **competência** é caracterizado quando o agente pratica ato fora de suas atribuições. Ocorre, por exemplo, no caso de uma demissão aplicada por chefe da repartição. É certo que a Lei nº 8.112/90 fixa as autoridades competentes para aplicação de penalidades, sendo a demissão de atribuição do chefe do Poder Executivo, caso seja servidor subordinado a esse Poder. No caso em questão, estará configurado o excesso de poder.

O vício no elemento **finalidade** ocorre no ato que não é voltado para o interesse público, e também quando não é atendido o fim específico para qual o ato foi criado. No primeiro caso, seria o exemplo de desapropriação realizada com o intuito de prejudicar um desafeto, e, no segundo, a remoção com fins punitivos.

O elemento **forma** será praticado ilegalmente quando o ato for expedido por forma diversa daquela exigida em lei, por exemplo, desapropriação realizada por portaria em vez de decreto, conforme previsto em lei, bem como na falta de motivação (formalidade). A forma pode ser ilegal quando não atende ao procedimento previsto em lei como necessário à decisão administrativa.

O **motivo** será ilegal quando for inexistente, falso ou desconexo com o ato praticado.

A ilegalidade no **objeto** decorre de ato que produz efeitos diversos daqueles previstos em lei ou com conteúdo ilícito, impossível ou indeterminável. Ocorrerá, por exemplo, quando o servidor preenche as condições para a concessão de férias e, em vez de recebê-las, é aposentado. Nesse caso, o efeito correto seria a concessão de ausência remunerada por até trinta dias, mas o efeito foi de romper o vínculo com a Administração por meio da aposentadoria.

O objeto será ilícito quando houver autorização para casa de prostituição, por essa atividade ser considerada ilícita.

A impossibilidade do objeto (conteúdo) é bem esclarecida com o exemplo de Raquel Melo Urbano,[27] no caso em que se pretende instituir servidão administrativa de rede elétrica em terreno pantanoso. Na hipótese, é clara a impossibilidade fática, porque postes não se sustentam em terreno impróprio.

27 CARVALHO, RAQUEL Melo Urbano, op. cit., p. 360.

10.6.1. *Efeitos da anulação*

Os efeitos de uma anulação são ***ex tunc***, ou seja, retroativos. A partir da anulação de um ato, como regra, todos os seus efeitos serão desconstituídos. O ato foi praticado com ilegalidade e produziu alguns efeitos; assim, esse resultado produzido deverá ser aniquilado com a anulação. Entretanto, no caso de atos praticados por funcionário de fato,[28] seus efeitos serão mantidos em relação a terceiros de boa-fé, em razão da *teoria da aparência*, bem como a remuneração percebida por quem exerceu função de fato não precisa ser devolvida, pois seria enriquecimento ilícito da Administração. Essas duas hipóteses seriam exceções ao efeito retroativo (*ex tunc*) da anulação.

Exemplo 1: *Fabiano recebe multa por estar transitando com seu veículo em dia não permitido, de acordo com o "rodízio de carros", mas, na hora verificada pela Administração, o seu veículo estava na garagem de seu trabalho. O que aconteceu foi um erro do agente que autuou Fabiano. No entanto, Fabiano paga a multa e perde pontos em sua habilitação. Posteriormente, a Administração percebe o erro e anula a multa. Nesse caso, deve devolver a quantia que recebeu do administrado e restituir os eventuais pontos retirados da habilitação.*

Exemplo 2: *Hilton Rodrigo é servidor público de cargo efetivo, mas que ingressou no serviço público mediante fraude no concurso público e tem como atribuição a confecção de certidão de nada consta. No momento em que a Administração descobre a fraude ocorrida, deve anular o ato de nomeação e tudo o que decorrer desse ato. Entretanto, a remuneração que recebeu pelo exercício da função não precisa ser devolvida, e terceiros que receberam certidão produzida pelo funcionário de fato (Hilton Rodrigo) terão a validade desse ato mantida. Todos os demais atos praticados, inclusive a relação de Hilton e a Administração, deve ser desconstituída. Se, futuramente, ele vier a passar em concurso público de forma legal, não poderá aproveitar o tempo de serviço no cargo anteriormente ocupado.*

Existem atos ilegais que poderão ter seus efeitos mantidos pela convalidação[29] (atos anuláveis). Quando o vício for relativo à competência e à forma, como regra, será possível a convalidação. Vícios relativos à finalidade, ao motivo e ao objeto não admitem a correção. Nesta hipótese, o ato impreterivelmente será anulado.

10.6.2. *Prazo para anulação*

O prazo para a anulação de atos ilegais é de 5 anos, salvo comprovada má-fé. Esse prazo é fixado no art. 54 da Lei nº 9.784/99, que possui a seguinte redação:

> *Art. 54. O direito da* ***Administração*** *de anular os atos administrativos de que decorram efeitos favoráveis para os destinatários* ***decai*** *em cinco anos, contados da data em que foram praticados, salvo comprovada má-fé.*[30] *§ 1º No caso de efeitos patrimoniais contínuos, o prazo de decadência contar-se-á da percepção do primeiro pagamento. § 2º Considera-se exercício do direito de anular qualquer medida de autoridade administrativa que importe impugnação à validade do ato.*

---

28 Funcionário de fato é aquele irregularmente investido na função pública. Verifique no tópico sobre "Vícios na competência".

29 Convalidação é a correção de um vício do ato com efeitos retroativos.

30 O prazo decadencial de 5 anos, do art. 54 da Lei nº 9.784/99, não se aplica à revisão de atos de delegação de serventias extrajudiciais editados após a CF/88, sem o atendimento das exigências prescritas no seu art. 236. Portanto, se uma pessoa assumiu uma serventia notarial ou registral sem concurso público após a CF/88, este ato poderá ser anulado mesmo que já se tenham passado mais de 5 anos. STF, 1ª Turma, MS 29415/DF, rel. orig. Min. Marco Aurélio, red. p/ o ac. Min. Luiz Fux, julgado em 27.09.2016 (Info 841).

O prazo para anulação é um prazo decadencial, e não prescricional. A prescrição e decadência estão regulamentadas pelo Código Civil. Em ambos os institutos, o fator temporal é determinante para a segurança das relações jurídicas. Violado o direito, nasce para o titular a pretensão de exigir a reparação desse direito violado, a qual se extingue pela prescrição. Por outro lado, na decadência, ocorre a extinção do próprio direito.

A lei fixou que os atos dos quais decorram efeitos favoráveis aos destinatários decaem, em regra, em cinco anos. Assim, os atos que tragam **benefícios** para os administrados e que são ilegais é que estão submetidos ao prazo decadencial de 5 anos. De acordo com a lei, atos que prejudicam (desfavoráveis) os administrados não estão submetidos à decadência, portanto, podem ser anulados a qualquer tempo, pela Administração ou pelo Poder Judiciário.

Exemplo 1: *Um servidor público faleceu e não deixou nenhum dependente. A empregada de sua residência falsificou documentos para comprovação de união estável e estava há 7 anos no gozo de pensão por morte. Nesse caso, não se consumou o prazo para a Administração anular o ato que concedeu a pensão, tendo em vista que o beneficiário estava de má-fé.* (correto)

Exemplo 2: *André Ricardo é surpreendido em sua residência com a entrega de uma multa de trânsito em razão de estar trafegando com excesso de velocidade em determinada via, mas, no dia afirmado pela Administração, estava viajando a trabalho. Entretanto, não atenta que, naquela data, ele estava viajando, e paga a multa exigida. Depois de 7 anos, está organizando seus arquivos, encontra a multa que pagou e se recorda que, naquele dia, realmente, estava em viagem. Nesse caso, ainda poderia recorrer da infração, pois o ato não lhe trouxe nenhum benefício.*

ATENÇÃO! A sustação não é forma de extinção de ato administrativo. Trata-se de suspensão, paralisação dos efeitos de um ato eficaz.

11. QUADRO SINÓTICO DAS DIFERENÇAS ENTRE REVOGAÇÃO E ANULAÇÃO

	REVOGAÇÃO	ANULAÇÃO/INVALIDAÇÃO
ATOS	Legais.	Ilegais.
ANÁLISE	Conveniência e oportunidade (mérito).	Legalidade/legitimidade.
COMPETÊNCIA	Administração, em regra.	Administração ou Poder Judiciário.
PRAZO	Não há prazo fixado em lei.	**5** anos, salvo comprovada má-fé (art. 54, Lei 9.784/99).

12. ATOS IRREGULARES

Os atos irregulares são aqueles que contêm defeitos irrelevantes, que não afetam sua validade. Normalmente, são vícios de forma (formalidades) não essenciais, que não afetam o interesse público.

Nessa situação, as irregularidades são de caráter irrelevante, e não comprometem a validade do ato; portanto, dispensam a sua correção mediante convalidação, desde que não sejam afetados direitos ou interesses dos administrados.

13. CONVALIDAÇÃO

A convalidação, também conhecida como sanatória (ou aperfeiçoamento), é a correção do vício existente no ato administrativo, com **efeitos retroativos**. A convalidação mantém o ato produzido, aproveitando todos os seus efeitos produzidos. Trata-se de uma forma de restaurar a legalidade.

Exemplo: *Uma associação de moradores solicita à Administração autorização para uso de praça pública, a fim de montar uma feira, todos os domingos. Luiz Gustavo, servidor público, recebe o pedido e defere o uso da praça. Entretanto, Luiz Gustavo não tem essa competência. Rodrigo está fazendo a revisão dos atos de seu subordinado, Luiz Gustavo, e percebe que ele praticou ato que não estava em suas atribuições, mas Rodrigo, ao invés de anular a autorização, resolve fazer a convalidação, e mantém os efeitos produzidos.*

No caso citado, o ato produziu o efeito de permitir que os moradores organizassem a feira todos os domingos. Quando Rodrigo procedeu à convalidação, ele manteve esses efeitos, ou seja, os moradores continuam com a autorização para montar a feira.

No direito administrativo existe corrente no sentido de que todos os atos administrativos que apresentam qualquer espécie de vício são nulos, acarretando sempre a nulidade do ato. Essa teoria, liderada por Hely Lopes Meirelles, defende que o ato ou é válido ou é nulo. Para esse autor não existem atos anuláveis, ou seja, passíveis de convalidação (teoria monista/unitária).

Por outro lado, existe também a corrente que admite atos nulos e anuláveis. Estes são passíveis de convalidação; os nulos, não. Essa corrente dualista tem como defensores Celso Antônio Bandeira de Mello, Oswaldo Aranha Bandeira de Mello, Maria Sylvia, Weida Zancamer, entre outros (teoria dualista).

A teoria que prevaleceu no dispositivo da Lei nº 9.784/99 foi a que admite a existência de atos nulos e anuláveis (dualista). Por essa teoria, alguns vícios presentes na formação do ato podem levar à convalidação do ato – são os vícios de **competência e forma** –, mas os vícios de finalidade, motivo e objeto acarretam a anulação do ato administrativo.

O art. 55 da Lei nº 9.784/99 trouxe três requisitos para a possibilidade de convalidação dos atos administrativos.

a) não acarretar lesão ao interesse público;

b) não acarretar prejuízo a terceiros;

c) apresentar vício sanável;

➘ *COMO ESSE ASSUNTO TEM SIDO ABORDADO NAS PROVAS*

✦ **(Procurador do Distrito Federal – Esaf – 2007)** Prevalece no direito administrativo brasileiro a teoria unitária quanto aos graus de invalidade do ato administrativo.

Resposta: Errado.

✦ **(Ibram – Cespe – Analistas de Atividades do Meio Ambiente – Advogado – 2009)** Consoante disposto na Lei nº 9.784/1999, que regula o processo administrativo, a Administração tem o dever de anular os atos administrativos eivados de vício de legalidade, no exercício de sua autotutela, podendo convalidar aqueles que apresentem defeitos sanáveis, desde que não acarretem lesão ao interesse público e nem prejuízo a terceiros.

Resposta: Certo.

Como dito, a doutrina tem entendido que os vícios sanáveis, passíveis de convalidação, são os vícios de **competência** (salvo se for competência exclusiva) e **forma**. O vício de forma não admite convalidação, quando houver no ato alguma formalidade indispensável para a sua validade, como ocorre com a desapropriação, que necessita de um ato específico para ser iniciada – o decreto. Assim, se a desapropriação for inaugurada por uma portaria ou circular, a forma escrita estará sendo observada, mas a formalidade essencial, mediante decreto, não. O mesmo ocorre com a licitação, pois a Lei nº 8.666/93 exigiu um ato específico para o início do procedimento licitatório, mediante a publicação de edital. Dessa forma, não se admite nenhum outro ato escrito; o edital será o ato correto. Caso contrário, a licitação deverá ser anulada, não se admitindo que se publique posteriormente o edital para corrigir a ilegalidade, caso um outro ato o tenha substituído.

Carvalho Filho possui entendimento um tanto particular. O autor admite a convalidação de atos com vício no objeto. Para o autor "é possível convalidar atos com vício no objeto, ou conteúdo, mas apenas quando se tratar de conteúdo plúrimo, ou seja, quando a vontade administrativa se preordenar a mais de uma providência administrativa no mesmo ato: aqui será viável suprimir ou alterar alguma providência e aproveitar o ato quanto às demais providências, não atingidas por qualquer vício".

Assim, havendo os três requisitos apresentados, a Administração Pública pode convalidar atos administrativos inválidos. De acordo com o texto do art. 55 da Lei nº 9.784/99, a convalidação é uma faculdade da Administração. Parte da doutrina, liderada por Weida Zancaner,[31] entende que haverá um **dever** de convalidar para a Administração Pública, e não uma faculdade, desde que o ato não tenha sido impugnado pelo interessado.

A única exceção que exclui a regra da obrigatoriedade de convalidação apontada pela doutrina é a hipótese em que o ato apresenta **vício de sujeito em ato discricionário**. Nesse caso, reconhece-se que optar pela convalidação ou não é faculdade atribuída ao agente competente para praticar o ato, já que, ao realizar o juízo de mérito, ele pode não chegar ao mesmo resultado do agente anterior, optando por sua anulação.

Como dito, não são todos os vícios de forma que admitem a convalidação. Se o ato tiver uma forma (formalidade) que seja essencial para sua validade e esse requisito não for cumprido, o ato será inevitavelmente anulado.

COMO ESSE ASSUNTO TEM SIDO ABORDADO NAS PROVAS

- **(Juiz Federal Substituto da 5ª Região – Cespe – 2004)** O vício meramente de forma do ato administrativo pode causar-lhe a nulidade absoluta (ou nulidade, para alguns) e não apenas a nulidade relativa (ou anulabilidade, para alguns).

  Resposta: Certo.

- **(MPDFT – 2009)** São nulos os atos administrativos nos casos de incompetência, vício de forma, ilegalidade do objeto, inexistência dos motivos e desvio de finalidade, ensejando, a qualquer cidadão, a possibilidade de ingressar com ação popular para pleitear a declaração de nulidade de qualquer ato administrativo que contenha tais vícios.

  Resposta: Errado.

A convalidação pode ocorrer também pelo **decurso do tempo**. O art. 54 da Lei nº 9.784/99 fixa um prazo de 5 anos para a Administração proceder à anulação de seus atos. Depois de transcorrido o

31 Weida Zancaner, *Da convalidação e da invalidação dos atos administrativos*. 2ª ed. São Paulo: Malheiros, 1996.

prazo fixado em lei, opera-se a convalidação tácita, em razão do prazo que já foi ultrapassado. Como fundamento para essa convalidação, pode ser invocado o **princípio da segurança jurídica**, uma vez que, em determinadas situações, a anulação do ato acarretaria mais prejuízos ao interesse público que sua manutenção. Determinadas situações que já ficaram consolidadas em razão do tempo devem assim permanecer. Sob esse fundamento, o STJ assegurou o direito dos recorrentes de permanecer nos seus respectivos cargos e preservar suas aposentadorias decorrentes de vício no provimento ocorrido em 1989, pois o ato de nomeação que os efetivou no serviço público não atendeu ao requisito de aprovação em concurso público. Fora constatado que não houve má-fé e, na época (1989), havia dúvida quanto à necessidade de concurso público em relação às empresas estatais (RMS 25.652-PB, Rel. Min. Napoleão Nunes Maia Filho, julgado em 16.9.2008, Informativo nº 368).

A doutrina e a jurisprudência entendem que não é possível a convalidação se o ato já foi impugnado, administrativa ou judicialmente. A única exceção possível é a **motivação de ato vinculado expedida posteriormente** à pratica do ato e à sua impugnação. O que importa, nesse caso, é a existência dos motivos, e a lei exigia que o ato fosse praticado.[32]

13.1. Efeitos da convalidação

O ato que convalida tem efeitos ***ex tunc***, uma vez que retroage, em seus efeitos, ao momento em que foi praticado o ato originário. Os efeitos retroativos da convalidação servem para aproveitar/manter todos os efeitos produzidos.

Não se aplica aos **atos inexistentes** a teoria da convalidação, pois são atos que não produzem efeitos, e a convalidação serve para aproveitar os efeitos produzidos, mantendo a existência do ato com a correção da ilegalidade.

13.2. Formas de convalidação

Há três formas de convalidação:

1) **Ratificação:** ocorre quando a convalidação provém da mesma autoridade que emanou o ato viciado.

Para Carvalho Filho, a autoridade que deve ratificar pode ser a mesma que praticou o ato ou um superior hierárquico.

2) **Reforma:** admite que novo ato suprima a parte inválida do ato anterior, mantendo sua parte válida, ou que seja suprimida a parte inválida do ato anterior, com a sua substituição por uma nova parte, tendo o novo ato a parte válida anterior e uma nova parte, advinda da reforma produzida.

Ex.: Foram concedidas férias e licença ao servidor, mas, depois, viu-se que ele não tinha direito à licença, permanece apenas no conteúdo do ato o direito a férias, retirando o deferimento de licença.

3) **Saneamento:** ocorre quando a convalidação se dá por iniciativa do particular. Ex.: publica-se que ocorreu a exoneração a pedido, sem que tal pedido tenha ocorrido, mas depois o servidor pede a sua exoneração.

13.3. Quem pode fazer a convalidação

Via de regra, a convalidação é feita pela Administração Pública, pois é o administrador que verificará a conveniência, oportunidade e possibilidade de se fazer a correção do ato administrativo.

32 AgRg no RMS 16546/SP, Rel. Ministro Paulo Medina, Sexta Turma, julgado em 27.10.2005, *DJ* 20.02.2006 p. 361.

No entanto, admite-se que o Poder Legislativo, por meio de uma lei, faça a convalidação de atos administrativos a fim de resguardar os efeitos já produzidos e manter os atos no mundo jurídico. Por exemplo, se foram providos cargos públicos por erro na convocação de candidatos quando deveriam ter sido chamados candidatos da vaga de ampla concorrência e não da vaga de pessoas com deficiência, tendo em vista que não havia uma legislação clara sobre as convocações. Assim, o Poder Legislativo poderia fazer uma lei especificando as regras de convocação e, concomitantemente, mantendo as convocações já realizadas.

O que não é possível é o Poder Judiciário fazer convalidação de atos administrativos. Ao Poder Judiciário só é permitido fazer a anulação em caso de ilegalidade.

14. CONVERSÃO

A conversão também tem por finalidade o aproveitamento dos efeitos já produzidos por determinado ato inválido, mas com a prática de **novo ato** válido.

Exemplo: *Fabiano é nomeado e toma posse no cargo de Advogado da União, sendo esse o seu primeiro vínculo no serviço público, exercendo as funções do cargo. Três meses após o ato de nomeação, é também nomeado para cargo de Juiz Estadual. Em seguida, ingressa com pedido de vacância, para eventual retorno ao cargo anterior, e o pedido é concedido pela Administração. Porém, percebe-se que não poderia o servidor solicitar apenas a vacância para posterior retorno ao cargo, pois não possuía ainda a estabilidade. Assim, a Administração pública edita ato de exoneração, rompendo definitivamente o vínculo com a Administração Federal.*

Outro exemplo que poderíamos citar seria o caso de um processo administrativo disciplinar que ao final o servidor foi demitido. Porém, ele já estava aposentado, devendo ser feito um **novo ato** de cassação de aposentadoria.

Veja que nos dois exemplos citados são feitos **novos atos** administrativos para aproveitar os **efeitos** do ato anterior que era ilegal e foi extinto.

A conversão difere da convalidação, pois nesta é mantido o **mesmo ato** praticado. Por isso, convalidação e conversão não se confundem.

A conversão será possível em **atos nulos**, diferentemente da convalidação.

➘ *COMO ESSE ASSUNTO TEM SIDO ABORDADO NAS PROVAS*

✦ **(MP-ES – Cespe – 2009)** Pela conversão, a administração converte um ato inválido em ato de outra categoria, com efeitos retroativos à data do ato original

Resposta: Certo.

✦ (Ano: 2016 Banca: IDECAN Órgão: Câmara de Aracruz – ES Prova: Procurador Legislativo)

"Considere que um servidor ocupante de cargo comissionado tenha sido exonerado a pedido, sendo posteriormente condenado à pena de destituição pela prática de falta disciplinar grave." Na hipótese, para transformar o ato de exoneração em ato de destituição, a Administração Pública deve valer-se do instituto da

a) cassação.

b) conversão.

c) caducidade.

d) convalidação.

Resposta: Letra B

ESTUDO AVANÇADO

1. ATOS ADMINISTRATIVOS E ATOS DA ADMINISTRAÇÃO

Maria Sylvia, ao tratar o assunto, faz a seguinte distinção

Atos da administração
– **atos de direito privado**, como doação, permuta, compra e venda, locação.
– **atos de conhecimento, opinião, juízo ou valor**, que também não expressam vontade e que, portanto, também não podem produzir seus efeitos jurídicos; é o caso dos atestados, certidões, pareceres, votos.
– **atos políticos**, que estão sujeitos a regime jurídico-constitucional.
– **atos normativos** da Administração, abrangendo decretos, portarias, resoluções, regimentos, de efeitos gerais e abstratos.
– **atos administrativos** propriamente ditos.

Segundo a autora, os atos **normativos** e os **opinativos** não se incluem na categoria de atos administrativos propriamente ditos. Celso Antônio tem entendimento semelhante, mas *inclui* os atos *normativos* entre os atos administrativos.

Lucas Rocha Furtado (2007): "Diante da divergência doutrinária, preferimos a concepção ampla de ato administrativo, e incluímos como tal os atos normativos ou abstratos emanados do Estado no exercício da função executiva."

Muitos outros autores entendem que os atos de opinião, juízo ou valor, atos normativos e, inclusive, os **atos políticos *são*** atos administrativos, não estando em categoria à parte. Nesse sentido Hely Lopes Meirelles.

Resumindo:

Maria Sylvia Di Pietro	– Atos normativos e atos políticos não são atos administrativos. Também não são: atos de direito privado e atos de conhecimento, opinião, juízo ou valor.
Celso Antônio Bandeira de Mello	– Atos normativos são atos administrativos. – Atos políticos não são atos administrativos.
Hely Lopes Meirelles	– Estão no conceito de ato administrativo: atos normativos e políticos.
Diógenes Gasparini	– Atos políticos são atos administrativos. – Atos materiais e regidos pelo direito privado não são atos administrativos.
Lucas Rocha Furtado	– Atos de governo/políticos são atos administrativos, bem como os atos normativos.

2. CONTROLE DOS ATOS DE GOVERNO

Existe controvérsia sobre o controle dos atos de caráter político. Segundo alguns doutrinadores os atos políticos não podem sofrer controle jurisdicional, tendo em vista que na distribuição de competências próprias à separação de Poderes, a Constituição atribuiu tais deliberações de forma privativa a outro Poder, não podendo, portanto, um poder interferir no mérito de um ato proveniente de outro poder. De outro lado, Celso Antonio Bandeira de Mello (2004, p. 37) entende que tais atos são suscetíveis ao controle judicial, diante do princípio da inafastabilidade da jurisdição, apesar de não incluir os atos políticos ou de governo entre os atos administrativos propriamente ditos.

Hely Lopes Meirelles (2002, p. 676) justifica a dificuldade do controle de ato político pelo Poder Judiciário devido a seu maior discricionarismo, mas nem por isso afasta a apreciação dos órgãos jurisdicionais quando arguidos de lesivos a direito individual ou ao patrimônio público.

Diógenes Gasparini (2004, p. 58),

> *"Existiam, entre nós, na vigência das Constituições de 1934 e 1937. Nesses períodos de nossa história constitucional, era proibido ao Judiciário conhecer de questões exclusivamente políticas, conforme explicitavam, respectivamente, os arts. 68 e 94 dessas Cartas.* ***Hoje, como tais, não mais existem.****"*

Diógenes Gasparini (2004) noticia que Oswaldo Aranha Bandeira de Mello também entende que os atos de governo podem ser examinados pelo Judiciário.

3. SILÊNCIO ADMINISTRATIVO – ATOS VINCULADOS E DISCRICIONÁRIOS

Vimos que o silêncio, como regra, não é ato administrativo, pois não é manifestação de vontade estatal. Trata-se de fato administrativo. Porém, diante do silêncio administrativo, como deve se portar o Judiciário uma vez provocado para apreciar a omissão estatal.

Quando a lei traz consequência para o silêncio o caso está resolvido, tendo em vista que será implementada a solução determinada na lei. Entretanto, quando a lei nada dispõe e se já houver decorrido tempo razoável, cabe ao administrado demandar judicialmente para, segundo Celso Antônio (2004):

a) que o juiz **supra a ausência** de manifestação administrativa e determina a concessão do que fora postulado, se o administrado tinha o direito ao que pedira, isto é, se a Administração estava vinculada ao conteúdo do ato e era obrigatório o deferimento da postulação;

b) que o juiz **assine prazo** para que a Administração se **manifeste**, sob cominação de multa diária, se a Administração dispunha de discrição administrativa no caso, pois o administrado fazia jus a um pronunciamento motivado, mas tão somente a isso.

Alguns autores entendem que se o administrador for omisso na prática de atos discricionários, poderá ser condenado ao cumprimento de obrigação de fazer, ou seja, condenado à pratica do ato administrativo em si e que, cessada a omissão pela prática do ato, o interessado verificará os requisitos de sua validade. Posição de Carvalho Filho (2009, p. 99) e Diógenes Gasparini (2004).

3.1. Omissões da Administração X reserva do possível e mínimo existencial

No exame da questão acerca da definição de políticas públicas e da escolha das prioridades orçamentárias, a doutrina tende a defender a não intervenção material do Poder Judiciário, por tratar-se de atividade discricionária do administrador. Entretanto, esse tema ganha relevância tendo em vista a busca da máxima efetivação dos direitos fundamentais garantidos pela Constituição.

Com efeito, não está presente nas atribuições do Poder Judiciário a função de formular e implementar políticas públicas, pois, nesse domínio, o encargo reside primariamente nos Poderes Legislativo e Executivo. Tal incumbência, no entanto, embora em bases excepcionais, poderá atribuir-se ao Poder Judiciário, se e quando os órgãos estatais competentes, por descumprirem os encargos político-jurídicos que sobre eles incidem, vierem a comprometer com tal comportamento a eficácia e a integridade de direitos individuais e/ou coletivos impregnados de estatura constitucional, ainda que derivados de cláusulas revestidas de conteúdo programático. Nesse contexto, o STF já deixou registrado que "o caráter programático das regras inscritas no texto da Carta Política não pode converter-se em promessa constitucional inconsequente, sob pena de o Poder Público, fraudando justas expectativas nele depositadas pela coletividade, substituir de maneira ilegítima o cumprimento de seu impostergável dever, por um gesto irresponsável de infidelidade governamental ao que determina a própria Lei Fundamental do Estado" (*RTJ* 175/1212-1213, Rel. Min. Celso de Mello).

No julgamento da ADPF 45/DF, porém, o Ministro Relator destacou que "o Supremo Tribunal Federal, considerada a dimensão política da jurisdição constitucional outorgada a esta Corte, não pode demitir-se do gravíssimo encargo de tornar efetivos os direitos econômicos, sociais e culturais, que se identificam – enquanto direitos de segunda geração (como o direito a educação, p. ex.) – com as liberdades positivas, reais ou concretas" [...]. "Se assim não for, restarão comprometidas a integridade e a eficácia da própria Constituição, por efeito de violação negativa do estatuto constitucional motivada por inércia inaceitável governamental no adimplemento de prestações positivas impostas ao Poder Público [...]"

O Texto Constitucional pode ser violado mediante uma ação, bem como por meio de uma omissão estatal que estava constitucionalmente positivada. Em razão dessas omissões do Poder Público, ganha relevo o estudo do princípio da RESERVA DO POSSÍVEL X MÍNIMO EXISTENCIAL.

O princípio da "**reserva do possível**" regula a possibilidade e a extensão da atuação estatal, no que se refere à efetivação de alguns direitos previstos na Constituição (p. ex., os direitos sociais, ou de segunda dimensão. Conferem ao indivíduo direito a prestações materiais estatais, como assistência social, saúde, educação, trabalho, liberdades sociais), **condicionando a prestação do Estado à existência de recursos públicos disponíveis**. Entretanto, a cláusula da "reserva do possível" – ressalvada a ocorrência de justo motivo objetivamente aferível – não pode ser invocada pelo Estado com a finalidade de exonerar-se do cumprimento de suas obrigações constitucionais, notadamente quando dessa conduta governamental negativa puder resultar nulificação ou até mesmo aniquilação de direitos constitucionais impregnados de um sentido de essencial fundamentalidade."[33]

O **mínimo existencial** corresponde ao conjunto de situações materiais indispensáveis à existência humana digna. Compreende um conjunto de ações que o Estado tem o dever de implementar para que a pessoa tenha a existência digna, não apenas física, como também no campo espiritual e intelectual, como anota a doutrina.[34]

---

33 ANA PAULA DE BARCELLOS (*A Eficácia Jurídica dos Princípios Constitucionais*, p. 245-246, 2002, Renovar), citada na ADPF 45, STF.

34 Barcellos, Ana Paula de. *Legitimação dos Direitos Humanos*, 2002, p. 45.

Desse modo, a cláusula da "reserva do possível", associada ao estabelecimento de prioridades orçamentárias, deve ser capaz de conviver produtivamente com a exigência do mínimo existencial.

Concluindo, o Estado não pode se furtar de concretizar direitos fundamentais positivados na Constituição, sob a desculpa de inviabilidade orçamentária, cabendo ao Poder Judiciário impor medidas a fim de efetivar o gozo desses direitos que lhe foram subtraídos pelo Poder Público.

Não podemos deixar de indicar, em especial para candidatos a concursos públicos de área jurídica, a leitura da ADPF nº 45 do STF, Relator Celso de Mello, que faz um aprofundado e valioso estudo sobre o tema.

O julgamento da ADPF citada ficou prejudicado com a edição da Lei nº 10.777, de 24.11.2003, promulgada com a finalidade específica de conferir efetividade à EC 29/2000, concebida para garantir, em bases adequadas – e sempre em benefício da população do país – recursos financeiros mínimos a serem necessariamente aplicados nas ações e serviços públicos de saúde. Assim, o objetivo perseguido na ADPF nº 45 foi inteiramente alcançado.

➘ *COMO ESSE ASSUNTO TEM SIDO ABORDADO NAS PROVAS*

✦ **(PGFN – 2012 – Esaf)** Algumas decisões judiciais têm exercido o controle jurisdicional de políticas públicas, dentre as quais as relativas à saúde e à educação. A par da sua natureza jurisdicional, tais decisões, por vezes, acabam por interferir na programação e execução orçamentária em curso, o que exige sua submissão ao direito financeiro. Acerca do tema, assinale a opção correta.

a) Descabe a intervenção do judiciário nas políticas públicas, por atentar contra a separação dos Poderes.

b) A jurisdicionalização da política exige complexas avaliações técnicas – de ordem pedagógica, médica, administrativa, orçamentária e financeira –, o que inviabiliza o seu exercício ou a produção dos seus efeitos sem a prévia inclusão das despesas no orçamento do ano subsequente.

c) As decisões judiciais que interfiram na formulação e execução das políticas públicas devem ter caráter excepcional, mas podem ser obstadas pela invocação abstrata do princípio da reserva do possível.

d) É viável o controle judicial das políticas públicas relativas à educação e à saúde, mas não se poderá exigir a imediata efetivação do comando fundado no texto da Carta Política quando comprovada, objetivamente, a incapacidade econômico-financeira da pessoa estatal.

Resposta: Letra "d".

A letra "c" está incorreta pela expressão "invocação abstrata", pois não é a simples alegação abstrata. Diante do caso concreto deve ser provado.

Letra "d" está correta porque a reserva do possível não impede o poder Judiciário de "cuidar da efetivação dos direitos sociais", mas deve fazê-lo com cautela e responsabilidade, levando em consideração o problema da escassez de recursos. Assim, comprovada objetivamente a incapacidade econômico-financeira da pessoa estatal, não há como o Judiciário determinar sua prestação. Porém, quando o mínimo existencial estiver em discussão, há direito subjetivo a prestações do Estado que são perfeitamente exigíveis pela via jurisdicional, devendo prevalecer o princípio da dignidade da pessoa humana sobre objeções quanto à reserva do possível.

QUESTÃO DISCURSIVA

✦ **(MPF – 24º Concurso)** Como a teoria da reserva do possível pode ser utilizada como argumento pelo administrador público e como deve ser ela apreciada pelo Judiciário?

4. REQUISITOS OU ELEMENTOS DE VALIDADE DOS ATOS ADMINISTRATIVOS

A doutrina é controversa no que se refere à denominação a ser utilizada: requisitos ou elementos do ato administrativo. Celso Antônio prefere o termo **pressupostos**, fazendo divisão entre pressupostos de existência e de validade do ato.

Apesar de ser majoritário o entendimento sobre a existência de cinco requisitos do ato administrativo (competência, finalidade, forma, motivo e objeto), incluímos ainda o **conteúdo**, no sentido de ser aquilo que o **ato dispõe**, o efeito jurídico provocado, sendo o **objeto** aquilo que o **ato dispôs** (a coisa ou relação jurídica que recai o efeito do ato administrativo), e a **causa** que é a necessária correlação lógica entre motivo e conteúdo. Nesse passo, nos filiamos à divisão apresentada por Diógenes Gasparini.

Segundo Diógenes Gasparini (2004, p. 60), "Para nós, os requisitos do ato administrativo são **sete** e assim denominados: agente público competente, finalidade, forma, motivo, conteúdo, objeto e causa. Salvo este, os demais são intuídos do art. 2º e respectivo parágrafo da Lei Federal nº 4.717/1965, chamada Lei de Ação Popular".

Maria Sylvia denomina a competência de *sujeito*.

Celso Antônio divide em **elementos** (conteúdo e forma) e **pressupostos** de *existência* e de *validade*. Para esse autor, "Sem os elementos não há ato algum, administrativo ou não". E "Sem os pressupostos de existência faltará o indispensável para a produção jurídica daquele objeto constituído pelos elementos, isto é, para o surgimento de um ato jurídico qualquer (administrativo ou não, válido ou inválido), ou, então, faltará o requerido para a qualificação de como ato administrativo (válido ou inválido)".

Elementos e pressupostos de Celso Antônio Bandeira de Mello (2004, p. 360-361):

Elementos	– **conteúdo**; – **forma**.
Pressupostos de existência	– **objeto**; – **pertinência da função administrativa** – o ato deve ser praticado no exercício de função administrativa.
Pressupostos de validade	– **sujeito competente** (pressuposto subjetivo); – **motivo** (pressuposto objetivo); – **requisitos procedimentais** – observância de determinados procedimentos em alguns atos. Exs.: licitação e concurso público (ato-condição); – **finalidade pública** – pressuposto teleológico; – **causa** – correlação entre motivo e conteúdo; – **formalização** (ou formalidades).

Conforme o autor, o **conteúdo** é aquilo que o ato dispõe, isto é, o que o ato decide, enuncia, certifica, opina ou modifica na ordem jurídica. É a própria medida que produz a alteração na ordem jurídica. Em última instância, é o *próprio ato*, em sua essência. E o **objeto** é aquilo **sobre o que o ato dispõe**. Não pode haver ato sem que exista algo a que ele esteja reportado.

Em termos mais claros, o objeto é a "coisa" que recai o conteúdo do ato, não sendo necessariamente um objeto móvel, imóvel ou corpóreo. Pode ser, por exemplo, uma relação jurídica. No caso de um servidor que após o devido processo disciplinar recebe a demissão, o conteúdo será a extinção do vínculo do servidor e o objeto será a relação que ele mantinha com a Administração. Assim, o conteúdo do ato (seu efeito) recaiu sobre a relação jurídica do servidor, provocando sua extinção.

Resumindo:

Doutrina majoritária: Hely Lopes Meirelles, José dos Santos Carvalho Filho, Maria Sylvia Di Pietro, Lucas Rocha Furtado	Competência (sujeito), finalidade, forma, motivo e objeto. Os mesmos da Lei nº 4.717/65, Lei de Ação Popular.
Diógenes Gasparini	Agente público competente, finalidade, forma, motivo, conteúdo, objeto e causa.
Celso Antônio Bandeira de Mello	**Elementos**: conteúdo e forma; **Pressupostos de existência**: objeto e pertinência da função administrativa; **Pressupostos de validade**: *sujeito competente* (pressuposto subjetivo); *motivo* (pressuposto objetivo); *requisitos procedimentais*; *finalidade pública* (pressuposto teleológico); *causa* e *formalização*.

5. OBRIGATORIEDADE DE MOTIVAÇÃO

Ver no tópico "Estudo avançado", no Capítulo de princípios administrativos.

6. MOTIVO E MÓVEL

O **móvel** é a intenção que está na mente do agente público no momento da prática do ato. Segundo Celso Antônio B. de Mello (2004, p. 366), "Não se devem confundir motivo, situação objetiva, real, empírica, com móvel, isto é, intenção, propósito do agente que praticou o ato. Móvel é representação subjetiva, psicológica, interna do agente e correspondente àquilo que se suscita a vontade do agente (intenção)".

Diógenes Gasparini: "Não se confundem motivo e móvel. Aquele, o motivo, indica uma situação de fato ou de direito, objetiva. Este, o móvel, expressa o propósito, a intenção do agente do ato" (2004, p. 65).

COMO ESSE ASSUNTO TEM SIDO ABORDADO NAS PROVAS

✦ **(Cespe – Delegado Polícia Civil – RN – 2008)** Motivo ou móvel são expressões sinônimas, significando a realidade objetiva e externa do agente que corresponde àquilo que suscita a vontade da Administração Pública.

Resposta: Errado.

O **móvel** tem relevância de ser analisado, em especial, na prática dos atos discricionários, pois é neles que o agente público tem liberdade para decidir e, assim, analisar a intenção que o agente tinha no momento da prática do ato, ganha bastante preponderância. Entretanto, Raquel Melo Urbano (2008, p. 373) não desconsidera sua importância nos atos vinculados, quando no exame de eventual vício de finalidade. Segundo a autora, é possível que um servidor cumpra todas as exigências quanto à capacidade, competência, forma, conteúdo e motivo, mas pratique o ato a fim de atingir finalidade diversa daquela prevista em lei.

6.1. Motivo e causa

Alguns autores distinguem motivo e causa. Nossa posição é a de Diógenes Gasparini. A causa é a necessária relação lógica entre o motivo e o conteúdo do ato (efeito produzido). A análise de causa do ato tem pertinência para análise da legalidade do ato administrativo pelo Poder Judiciário.

Causa: Diógenes Gasparini (2004, p. 67):

> *[...] correlação lógica entre motivo e o conteúdo em função da finalidade legal do ato editado. Assim, um ato que remove (conteúdo) um servidor por necessidade de serviço (motivo) terá essa adequação lógica entre o motivo e o conteúdo se o que se quer alcançar é a melhoria do serviço (finalidade legal do ato de remoção). De sorte que, nesse exemplo, não se teria essa pertinência lógica se o ato fosse praticado para punir o servidor, dado que o ato de remoção não tem essa finalidade legal, mesmo que presente a necessidade de melhoria do serviço. Outro exemplo: o ato que interdita (conteúdo) certa indústria por ser poluente (motivo) terá sua adequação lógica entre o motivo e o conteúdo se o que se quer é a melhoria ambiental (finalidade legal do ato de interdição). Sendo assim, é óbvio que não haveria, nesse exemplo, a indispensável pertinência se o ato tivesse sido editado para coagir o empresário a satisfazer sua responsabilidade tributária, já que o ato de interdição não tem essa finalidade legal, mesmo que existente o débito fiscal.*

COMO ESSE ASSUNTO TEM SIDO ABORDADO NAS PROVAS

✦ **(Esaf – Procurador do Distrito Federal – 2007)** No peculiar magistério de Celso Antônio Bandeira de Mello sobre os pressupostos de validez do ato administrativo, a CAUSA se identifica com a situação de fato que determina ou autoriza a prática do ato administrativo.

Resposta: Errado.

✦ **(Esaf – Procurador do Distrito Federal – 2007)** O conceito de causa, consoante estabelecido pela doutrina no direito administrativo, leva à verificação da validade do ato administrativo pelo exame da pertinência entre o motivo do ato e o seu objeto.

Resposta: Certo.

Para Maria Sylvia, objeto e conteúdo seriam conceitos idênticos, mas outros autores não adotam a mesma definição. Para essa corrente (Celso Antônio e Raquel Melo Urbano), o objeto é a coisa **ou** relação jurídica sobre a qual recai o conteúdo. Dessa forma, o **conteúdo** do ato de desapropriação é a **transferência** da propriedade para o Poder Público e o **objeto** é o **bem** desapropriado que recai o conteúdo (desapropriação).

7. VINCULAÇÃO E DISCRICIONARIEDADE

A doutrina majoritária entende que os requisitos de competência, finalidade e forma são vinculados; os demais podem ser vinculados ou discricionários, a depender da lei.

Alguns autores entendem, entretanto, que pode haver discricionariedade quanto à forma e à finalidade. Vejamos as razões.

Celso Antônio ressalta que o fim do ato administrativo deve ser sempre e necessariamente o interesse público, porém a qualificação do interesse público comporta certa margem delimitada, ou seja, o interesse público a ser atingido pode ficar a critério do agente público. O autor também entende que a forma pode ser requisito em que a lei pode deixar certa margem de discricionariedade.

Maria Sylvia (2003, p. 214-215), entende que:

> *Com relação à **forma**, os atos são em geral vinculados porque a lei previamente a define, estabelecendo, por exemplo, que serão expressos por meio de decreto, resolução, portaria etc.* ***Eventualmente, a lei prevê mais de uma forma possível para praticar o mesmo ato:*** *o contrato pode ser celebrado, em determinadas hipóteses, por meio de ordem de serviço, nota de empenho, carta de autorização; a ciência de determinado ato ao interessado pode, quando a lei permita, ser dada por meio de publicação ou de notificação direta.* ***Nesses casos, existe discricionariedade com relação à forma.***

Um dos fundamentos para afirmar que a forma é requisito discricionário está no art. 22 da Lei nº 9.784/1999 (Maria Sylvia, Vicente Paulo e Marcelo Alexandrino). Esse artigo estabelece que o ato não deve ter forma determinada, salvo quando a lei exigir.

Esse não é o entendimento que perfilhamos e também o que não prevalece para fins de concurso público. Para nós o ato administrativo deve ser praticado de forma escrita, salvo quando for materialmente impossível, como ocorre com os atos produzidos por agentes de trânsito, que podem ser emitidos por um gesto ou sons. Não entendemos que o art. 22 da Lei Geral de Processo Administrativo trouxe uma "carta branca" ao agente público para decidir como irá praticar seus atos.

Para Raquel Melo Urbano (2008, p. 361) a forma é sempre requisito vinculado.

7.1. Surgimento da discricionariedade

Alguns autores, como Maria Sylvia, entendem que a discricionariedade existe nos seguintes casos:

a) quando a **lei expressamente dá à Administração liberdade** para atuar dentro de limites bem definidos (quanto a essa situação não existe divergência entre os autores);

b) quando a **lei utiliza conceitos jurídicos indeterminados** e, no caso concreto, a Administração depara com situações em que não existe possibilidade de determinar com certeza se o fato está ou não abrangido pelo conteúdo da norma; nessas situações, a Administração, entre as possibilidades de atuação juridicamente legítimas, determinará a que mais adequadamente se conforma ao interesse público, não sendo possível ao Judiciário substituí-la nesse juízo valorativo.

Segundo Celso Antônio Bandeira de Mello, ela decorre quando a norma regulamentadora carece de certa precisão porque:

a) ou não descreve antecipadamente a situação em vista da qual será suscitado o comportamento administrativo; ou não há indicação do pressuposto, isto é, o motivo, da situação que autoriza a prática do ato.

b) ou a situação é descrita por palavras que recobrem conceitos vagos, dotados de certa imprecisão e por isso mesmo irredutíveis à objetividade total, refratária a uma significação unívoca inquestionável.

c) ou, independentemente de haver previsão da situação (contemplada mediante conceito vago ou impreciso), a norma confere no próprio mandamento uma liberdade decisória, que envolve exame de conveniência e oportunidade, em vez de um dever legal de praticar um ato específico. Ex.: a Administração poderá conceder prêmio de R$ 5.000,00 a quem haja preenchido as seguintes condições.

d) o objetivo legal costuma ser descrito de forma apenas genérica (o "interesse público") ou, sendo específica, contempla conceito padecente de certa precisão ("salubridade pública").

Lucas Rocha Furtado (2007, p. 267), "a prática de atos discricionários decorre da lei. É a lei que confere à Administração Pública a competência para conceder licença para servidor tratar de interesse pessoal. **É equivocada a conclusão de que a discricionariedade decorre da ausência de lei**".

7.2. Discricionariedade e conceitos jurídicos indeterminados

A discricionariedade é a liberdade conferida pela lei ao agente público para a realização de juízo de conveniência e oportunidade a fim de encontrar a solução mais adequada para o caso concreto. Trata-se do mérito administrativo, sendo, a princípio, inviável sua análise por parte do Poder Judiciário.

Os conceitos jurídicos indeterminados são palavras vagas, sem definição exata que necessitam de avaliação por parte do intérprete da norma para alcançar a sua exata expressão e alcance.

Poderíamos apresentar como exemplos desses conceitos jurídicos indeterminados expressões como boa-fé, moralidade, justa indenização, incontinência pública, conduta indecorosa, amizade íntima, inimizade notória, moralidade, entre outras.

A questão está em saber se a presença dessas palavras nos textos da lei revela a prática de atos discricionários, pois se a resposta for positiva o Poder Judiciário não poderá adentrar a análise do conceito indeterminado, uma vez que estaria analisando o próprio mérito do ato administrativo, invadindo uma atribuição que não seria desse Poder.

Entendemos que a discricionariedade administrativa e os conceitos jurídicos indeterminados se aproximam, mas são distintos em sua natureza e, assim, podem ser aferidos pelo Poder Judiciário, que no seu juízo de interpretação alcançará o exato sentido. Na análise de tais conceitos não há várias conclusões possíveis, como ocorre com o ato discricionário em que o agente público escolhe a solução mais conveniente. Nos conceitos indeterminados, há uma única solução apropriada. Trata-se de uma questão de interpretação, e não de conveniência e oportunidade.

Conforme a lição da professora Rita Tourinho, deparando-se com conceitos jurídicos indeterminados, caberá apreender-lhes o sentido mediante operação interpretativa, consistente em mera intelecção da lei, ao contrário da discricionariedade, que permite uma opção administrativa volitiva, observados os limites normativos. A indeterminação dos conceitos jurídicos somente concerne ao seu enunciado e não a sua aplicação, que permite a princípio **uma única solução justa**, verificados critérios de tempo e espaço. Diferentemente, na discricionariedade, brinda-se um conjunto opcional de soluções, devendo ser escolhida aquela que mais bem convenha ao fim que recomenda o ordenamento jurídico.

> *"Um conceito jurídico indeterminado apresentará sempre uma zona de certeza positiva (onde não há dúvida do que ele seja) e outra de certeza negativa (onde não há dúvida do que ele não seja). Ambos os extremos são controláveis pelo Judiciário."*[35]

Assim, na discricionariedade existem várias soluções justas e adequadas, e ficará a critério do administrador, com base em uma análise de conveniência e oportunidade. Por outro lado, nos conceitos jurídicos indeterminados existe, como regra, apenas uma única solução adequada. Por essa razão é que se torna possível o controle judicial.[36]

A diferença entre os dois institutos foi explorada nas seguintes questões:

COMO ESSE ASSUNTO TEM SIDO ABORDADO NAS PROVAS

- **(Cespe – Abin – Oficial de Inteligência – 2008)** Não há que se confundir a discricionariedade do administrador em decidir com base nos critérios de conveniência e oportunidade com os chamados conceitos indeterminados, os quais carecem de valoração por parte do intérprete diante de conceitos flexíveis. Dessa forma, a discricionariedade não pressupõe a existência de conceitos jurídicos indeterminados, assim como a valoração desses conceitos não é uma atividade discricionária, sendo passível, portanto, de controle judicial.

  Resposta: Certa. **OBS.:** *No concurso do TCU-2011, realizado pelo Cespe, a banca entendeu que os conceitos jurídicos indeterminados traduzem atos discricionários.*

- **(Cespe – Auditor – CGE-PB – 2008)** A moralidade administrativa, por traduzir conceito jurídico indeterminado, não se submete, em sua acepção pura, ao controle judicial.

  Resposta: Errado.

- **(Esaf – Especialista em Políticas Públicas e Gestão Governamental – 2009)** A lei, ao definir o motivo do ato administrativo, utilizando-se dos chamados conceitos jurídicos indeterminados, aponta uma situação de discricionariedade.

  Resposta: Certo.

- **(FCC – TRT – 20ª Região – Analista Judiciário – Execução de Mandados)** foi considerado **correto** o item: "podem ser considerados atos discricionários aqueles nos quais o motivo é definido pela lei utilizando noções vagas ou conceitos jurídicos indeterminados".

- **Obs.:** *As duas últimas bancas adotaram soluções divergentes da exposta nesse manual.*

---

35 Disponível em: http://www.lrbarroso.com.br/pt/casos/cesarebattisti/memoriais/memorial_mandado_seguranca.pdf. Acesso em 1º jan. 2011. O autor do parecer, Luis Roberto Barroso, sustentava que a lei para concessão de refúgio ao italiano Cesare Battisti revela conceitos jurídicos indeterminados: "O Estado impetrante sustenta que a concessão do refúgio seria um ato administrativo inteiramente vinculado: como já se viu, não é esse o caso. De todo modo, ainda que assim fosse, a expressão 'perseguição política' ou, mais analiticamente, 'fundados temores de perseguição por motivos de opiniões políticas' (Lei nº 9.474/1997, art. 1º, I) configuraria um conceito jurídico indeterminado."

36 CARVALHO, Raquel Melo Urbano, op. cit., p. 408, entende que pode resultar ou não em discricionariedade dos conceitos jurídicos indeterminados.

A jurisprudência do STF já entendeu que os pressupostos da urgência e da relevância para a edição de medidas provisórias, embora conceitos jurídicos relativamente indeterminados e fluidos, mesmo expondo-se, inicialmente, à avaliação discricionária do Presidente da República, estão sujeitos, ainda que excepcionalmente, ao controle do Poder Judiciário (ADI 2213 MC, Relator Min. Celso de Mello).

Após analisar as ocorrências em provas de concursos, constatamos que as bancas de concurso vêm entendendo que os conceitos jurídicos indeterminados revelam atos discricionários. Essa foi a posição adotada pelo Cespe no último concurso que abordou o tema (TCU, 2011).

8. ATRIBUTOS DO ATO ADMINISTRATIVO

8.1. Presunção de legitimidade

Segundo Lucas Rocha Furtado, todos os atos gozam desse atributo, existindo apenas uma exceção, qual seja, a **ordem manifestamente ilegal dada a servidor público**.

Para o mesmo autor, a autoexecutoriedade decorre diretamente da presunção de legitimidade.

8.1.1. Presunção de legitimidade e prova de fato negativo (mitigação)

Segundo Raquel Melo Urbano Carvalho (2009, p. 393):

> *Doutrina e jurisprudência vem discutido, recentemente, a pertinência de serem mitigados os efeitos da presunção de legitimidade em circunstâncias específicas. Primeiramente, tem-se entendido incabível inverter o ônus da prova quando o resultado de tal medida impõe ao terceiro o dever de comprovar o* ***fato negativo****. Para Marçal Justen Filho, "se o ato administrativo afirma a ocorrência de certo fato, não se pode atribuir ao particular o ônus de provar sua inocorrência não se pode atribuir ao particular o ônus de provar sua inocorrência – até porque não se produz prova de fatos negativos."*

8.1.1.1. Presunção de veracidade

Segundo Maria Sylvia Di Pietro (2011), a presunção de veracidade produz as seguintes consequências:

> ***1.*** *Enquanto não decretada a invalidade do ato pela própria Administração ou pelo Judiciário, ele produzirá efeitos da mesma forma que o ato válido, devendo ser cumprido; os estatutos dos funcionários públicos costumam estabelecer norma que se abranda o rigor do princípio, ao incluir, entre os deveres do funcionário, o de obediência, salvo se o ato for manifestamente ilegal.*
>
> *Para suspender a eficácia do ato administrativo, o interessado pode ir a juízo ou usar de recursos administrativos desde que estes tenham efeito suspensivo.*
>
> ***2.*** *O Judiciário não pode apreciar ex officio a validade do ato; sabe-se que, em relação ao ato jurídico de direito privado, o artigo 146 do CC determina que as nulidades absolutas podem ser alegadas por qualquer interessado ou pelo Ministério Público, quando lhe couber intervir, e devem ser pronunciadas pelo juiz, quando conhecer do ato ou dos seus efeitos; o mesmo não ocorre em relação ao ato administrativo, cuja nulidade só pode ser decretada pelo Judiciário a pedido da pessoa interessada; [...].*

Para Maria Sylvia (2003, p. 199), a presunção de **veracidade** inverte o ônus da prova. Para a autora é errado afirmar que a presunção de legitimidade produz esse efeito, uma vez que, quando se trata de confronto entre o ato e a lei, não há matéria de fato a ser produzida; nesse caso, o efeito é apenas o anterior, ou seja, o juiz só apreciará a nulidade se arguida pela parte.

8.2. Imperatividade

Conforme dito, em certos atos não está presente o atributo da imperatividade. Segundo Carvalho Filho (2009, p. 116), mesmo nos atos de consentimento (exs.: licenças e autorizações) ainda há resquícios de **imperatividade** no que se refere à obrigação do beneficiário de se conduzir exatamente dentro dos limites que lhe foram definidos.

Como bem lembrado por Celso Antônio (2004, p. 383), nos **atos ampliativos** em que o Poder Público defere ao administrado certa providência solicitada, ampliando sua esfera jurídica, como acontece com as licenças e autorizações, esse atributo não está presente.

8.3. Autoexecutoriedade

A doutrina (nesse sentido: Celso Antônio Bandeira de Melo, Maria Sylvia, Raquel Melo Urbano e Diógenes Gasparini) entende que o ato só será autoexecutório quando a **lei** expressamente prevê ou em casos de **urgência**. Vejamos a lição de Maria Sylvia (2003):[37]

> *"No direito administrativo, a autoexecutoriedade não existe, também, em todos os atos administrativos; ela só é possível:*
>
> ***1. quando expressamente prevista em lei.** Em matéria de contrato, por exemplo, a Administração Pública dispõe de várias medidas autoexecutórias, como a retenção da caução, a utilização dos equipamentos e instalações do contratado para dar continuidade à execução do contrato, a encampação etc.; também em matéria de polícia administrativa, a lei prevê medidas autoexecutórias, como a apreensão de mercadorias, o fechamento de casas noturnas, a cassação de licença para dirigir;*
>
> ***2.** quando se trata de **medida urgente** que, caso não adotada de imediato, possa ocasionar prejuízo maior para o interesse público; isso acontece, também, no âmbito da polícia administrativa, podendo-se citar, como exemplo, a demolição de prédio que ameaça ruir, o internamento de pessoa com doença contagiosa, a dissolução de reunião que ponha em risco a segurança de pessoas e coisas."*

8.4. Tipicidade

Esse atributo é citado por Maria Sylvia (2009, p. 201). Segundo a autora, "representa uma garantia para o administrado, pois impede que a Administração pratique atos dotados de imperatividade e executoriedade, vinculando unilateralmente o particular, sem que haja previsão legal".

Para Lucas Rocha Furtado (2007, p. 271), tipicidade não é atributo, na medida em que não importa na criação de prerrogativa, mas, ao contrário, em uma limitação à atuação da Administração Pública.

9. CLASSIFICAÇÃO DOS ATOS

9.1. Atos de império e gestão

José dos Santos Carvalho Filho e Maria Sylvia Di Pietro fazem a classificação segundo "as prerrogativas", porém não mencionam aos atos de expediente. Hely Lopes é quem divide em atos de império, gestão e de expediente.

---

37 DI PIETRO, Maria Sylvia Zanella. *Direito Administrativo*. São Paulo: Atlas, 2003.

Maria Sylvia (2009, p. 220)[38] utiliza o termo atos de direito público (atos de império) e atos de direito privado (gestão), afirmando que só os primeiros são atos administrativos. E recorda que esses atos tiveram bastante importância no que se refere à responsabilidade civil do Estado, pois

> *Essa distinção foi idealizada como meio de abrandar a teoria da irresponsabilidade do monarca por danos causados a terceiros. Passou-se a admitir a responsabilidade civil quando decorrente de atos de gestão e afastá-la nos prejuízos resultantes de atos de império. Alguns autores, para esse fim, distinguiam a* ***pessoa do Rei*** *(insuscetível de errar – the King can do no wrong, le roi ne peut mal faire), que praticaria os atos de império, da* ***pessoa do Estado****, que praticaria os atos de gestão através de seus prepostos. A distinção servia também para definir a competência da jurisdição administrativa, que somente apreciava os atos de império, enquanto os atos de gestão ficavam a cargo do Judiciário.*

9.2. Quanto à formação

José dos Santos Carvalho Filho faz a distinção segundo o "critério da intervenção da vontade administrativa".

Segundo Diógenes Gasparini (2004), "Complexos são os atos resultantes da conjugação de vontades de órgãos diversos". Um dos exemplos citados pelo autor é a nomeação de Ministro do Supremo Tribunal Federal.

Odete Medauar prefere indicar esses atos como unipessoais e pluripessoais, descrevendo que os atos pluripessoais se repartem em atos colegiais e atos complexos, não fazendo menção ao ato composto.

Nem todos os autores reconhecem a existência do **ato composto**, uma vez que ele se confunde com o procedimento administrativo. O procedimento é caracterizado pela existência de vários atos encadeados entre si em que coexistem diversas vontades de caráter principal e acessório. Diógenes Gasparini, Celso Antônio Bandeira de Mello e Lucas Rocha Furtado adotam esse posicionamento, pois o ato composto não é um ato apenas, são vários atos ligados entre si, o que constitui para os autores espécie de procedimento. Essa é a posição que entendemos mais adequada.

> **ATENÇÃO!** Diógenes Gasparini, Celso Antônio Bandeira de Mello e Lucas Rocha Furtado **não mencionam ato composto** (é o mesmo que ***procedimento*** administrativo). Já José dos Santos Carvalho Filho, Hely Lopes Meirelles e Maria Sylvia Di Pietro fazem referência ao ato composto, admitindo sua existência.

9.3. Perfeição, validade e eficácia

Diógenes Gasparini (2004, p. 68):

> *Diz-se* ***perfeito*** *o ato administrativo quando completo ou formado. Vale dizer, quando materialmente nada lhe falta; quando tem motivo, conteúdo, finalidade, forma, causa e assinatura da autoridade competente. Em suma:* ***quando o ato***

38 DI PIETRO, Maria Sylvia Zanella, op. cit., p. 220.

> ***existe***. *Nesse sentido, é chamado de ato existente. É o ato, como diz a maioria dos autores, que completou seu ciclo de formação [...] /Por via de consequência, imperfeito é o ato administrativo inacabado. É o ato que existe como entidade jurídica, embora não se confunda com ato inexistente, isto é, o que apenas tem a aparência de ato (casamento em festa junina). Exemplo de ato imperfeito é o que não traz a assinatura da autoridade editora.*

Assim, pode-se afirmar que ato perfeito é o mesmo que ato existente. Porém, ato imperfeito não é sinônimo de ato inexistente.

Diógenes Gasparini noticia que Celso Antônio Bandeira de Mello define ato inexistente como aquele correspondente à conduta criminosa, fora do possível jurídico e radicalmente vedado pelo Direito. Ex.: ordem de autoridade para que seu subordinado torture um preso.

Segundo Vicente Paulo e Marcelo Alexandrino, a ***perfeição***:

> *[...] está relacionada com a finalização das etapas de formação do ato, com o término das fases de sua produção, que a lei exige para que o ato se considere pronto, concluído, formado. Assim, um ato que tenha sido motivado, escrito, assinado e* ***publicado*** *na imprensa oficial é um ato perfeito, pois já completou sua formação, já passou por todas as fases integrantes de sua produção.*

Conforme o conceito apresentado pelos autores, a publicação na imprensa oficial está inserida no plano da perfeição. Contudo, não abonamos tal entendimento, porque a publicação encontra-se no plano da eficácia. No entanto, não podemos deixar de destacar que já foi abordada em prova de concurso assertiva idêntica à tese dos autores referidos, sendo considerada correta a questão (Procurador Especial de Contas – 2009 – TCE – Cespe).

Lucas Rocha Furtado (2004, p. 252) sobre ato **perfeito**: "A perfeição, distintamente do que pode indicar, no direito administrativo é apresentada como sinônimo de existência. Ato perfeito não é aquele conforme o ordenamento jurídico, mas aquele que existe, aquele que se formou ou que se passou por todas as etapas necessárias à sua existência."

O autor diz ainda (2004) sobre a **publicidade e eficácia**: "Se ele passou por todas as etapas necessárias à sua formação, o que não inclui a publicidade do ato, ele é perfeito. A publicidade a ser dada ao ato não é etapa necessária à formação do ato, mas para sua eficácia."

9.3.1. Plano da eficácia

Segundo nosso conceito, o plano da eficácia traduz-se na aptidão para produzir efeitos ou ato que realmente está produzindo efeitos. Existem autores que dividem da seguinte forma: ato que **pode** produzir efeitos = ato **eficaz;** aquele que **está** produzindo efeitos = **exequível**. Ou seja, há o plano da eficácia (*apto* a produzir efeitos) e da exequibilidade (*está* produzindo efeitos). Essa é a posição de Hely Lopes Meirelles e José dos Santos Carvalho Filho. Para esses autores o ato administrativo pode ter eficácia mas não ter exequibilidade, por exemplo, uma autorização dada em dezembro para começar em janeiro do próximo ano é eficaz naquele mês, mas se tornará exequível apenas em janeiro.

Hely Lopes Meirelles (2005, p. 159):

> *Distingue-se, portanto, a eficácia da exequibilidade do ato administrativo, embora possam ambas surgir do mesmo momento e coexistir daí por diante, enquanto o*

ato tiver existência legal. Mas nem por isso se cientificam ou se confundem, porque a eficácia é, tão somente, aptidão para atuar, ao passo que a exequibilidade é a disponibilidade do ato para produzir imediatamente seus efeitos finais. A eficácia é apenas um consectário da existência do ato válido, enquanto a exequibilidade é uma condição de operatividade do ato perfeito. A eficácia é um minus em relação à exequibilidade do ato administrativo. O ato administrativo perfeito não é o que está apenas acabado (eficaz), mas sim completo (exequível), pela decorrência de todas as condições de sua operatividade. A perfeição do ato só se verifica pela soma da eficácia com a exequibilidade [...].

Celso Antônio Bandeira de Mello (2004) diz que ato eficaz é aquele que está apto para produção de seus efeitos **típicos**. Assim, não será eficaz o ato que está apenas produzindo efeitos atípicos (prodrômicos ou reflexos): "O ato será eficaz quando estiver disponível para a produção de seus efeitos próprios; ou seja, quando o desencadear de seus **efeitos típicos** não se encontra dependente de qualquer evento, posterior como uma condição suspensiva, termo inicial ou ato controlador a cargo de outra autoridade."

Resumindo:

Hely Lopes Meirelles, José dos Santos Carvalho Filho e Lucas Rocha Furtado	Planos da perfeição, validade, eficácia e exequibilidade (está produzindo efeitos).
Diógenes Gasparini	Planos da perfeição, validade e eficácia.
Celso Antônio Bandeira de Mello	Planos da perfeição, validade e eficácia (eficaz é o ato que está disponível para produzir seus efeitos **típicos**). Não menciona exequibilidade.

9.3.2. Atos de efeitos reflexos e prodrômicos (Celso Antônio Bandeira de Mello)

Além do efeito típico, o ato administrativo tem **efeitos atípicos**, sendo divididos em: **reflexos e prodrômicos**. Vejamos o caso de um ato de desapropriação. Com a desapropriação da residência o contrato de locação é desfeito. A desapropriação não tinha o objetivo de finalizar a locação, mas, **reflexamente**, acabou por extingui-la. Esse foi o efeito reflexo produzido pelo ato administrativo. O segundo efeito é o prodrômico. O ato do Presidente da República de nomeação do Procurador-Geral é suficiente para torná-lo eficaz, porém não é exequível, porque dependente de ato de aprovação do Senado Federal. O efeito prodrômico é o ato ser submetido ao ato de controle posterior. É o efeito de gerar a expedição de um outro ato posterior.

Servidor público é aposentado no âmbito do Ministério da Saúde, contudo, o ato de aposentadoria está sujeito a outro ato, o ato de controle do TCU, exatamente para ganhar exequibilidade. Esse é o efeito prodrômico, pois admite um ato posterior de controle.

Os **efeitos reflexos são os efeitos atípicos** que atingem a órbita de direito de terceira pessoa, alcançam terceiros não objetivados pelo ato, ou seja, o ato atinge outra relação jurídica que não era seu objeto próprio. Os efeitos reflexos, portanto, são aqueles que alcançam terceiros, pessoas que não fazem parte da relação jurídica travada entre a Administração e o sujeito passivo do ato. É o caso do locatário de imóvel desapropriado, posto que, uma vez perdido o imóvel pelo proprietário desapropriado (sujeito passivo do ato expropriatório), o locatário vê rescindida a relação jurídica de locação que matinha com o ex-proprietário. É evidente que o efeito típico da desapropriação foi destituir a propriedade de seu *dominus*, e não rescindir a locação. Portanto, este é mero efeito reflexo da desapropriação.

Já os **efeitos prodrômicos** são os efeitos preliminares, efeitos que ocorrem antes dos efeitos principais, antes da conclusão do ato administrativo. Existem somente enquanto perdura a situação de pendência do ato, isto é, durante o período que intercorre desde a produção do ato até o desencadeamento de seus efeitos típicos. Incide somente nos atos administrativos que dependem de mais de uma manifestação, observados nos chamados atos compostos e complexos. Como exemplo, podemos citar o caso dos atos sujeitos a controle por parte de outro órgão, o dever-poder que assiste a este último de emitir o ato controlador que funciona como condição de eficácia do ato controlado. Assim, o efeito atípico preliminar do ato controlado acarreta para o órgão controlador o dever-poder de emitir o ato de controle.

Por fim, o mesmo ato pode possuir os três efeitos: efeito típico, como é de se esperar; efeito atípico reflexo, quando atinge terceiro; e efeito prodrômico, preliminar ao principal, na hipótese de ato dependente de mais de uma manifestação de vontade.

➘ *COMO ESSE ASSUNTO TEM SIDO ABORDADO NAS PROVAS*

✦ **(Cespe – Delegado Polícia Civil – RN – 2008)** Os efeitos atípicos dos atos administrativos subdividem-se em prodrômicos e reflexos. Os primeiros existem enquanto perdura a situação de pendência do ato; os segundos atingem terceiros não objetivados pelo ato.

Resposta: Certo.

Diógenes Gasparini (2004, p. 71):

> *Os efeitos impróprios são os que ocorrem sem que o ato para isso estivesse preordenado ou destinado. Não são buscados ou queridos pelo agente público editor do ato administrativo, nem constituem a razão de ser do ato administrativo.*
>
> *Só se invalidam, pois, os efeitos próprios do ato; os impróprios, comumente, permanecem no ordenamento jurídico. Então, são válidos os atos praticados por um servidor nomeado irregularmente? Sim, pois inválida, no caso é a investidura do servidor no cargo (efeito próprio do ato de nomeação), não os atos (abertura de sindicância, punição, delegação de competência) praticados pelo servidor em decorrência do exercício das atribuições do cargo.*

9.3.3. Vigência e eficácia

Alguns autores (Diógenes Gasparini e Raquel Melo Urbano) ainda fazem a distinção entre eficácia e vigência. A vigência seria o período em que o ato permanece no mundo jurídico, que vai de sua existência até sua extinção, podendo ocorrer pela revogação, anulação, esgotamento do prazo prescrito, entre outras hipóteses.[39] No ordenamento jurídico brasileiro, a vigência do ato administrativo tem início a partir de sua publicidade, conforme exigida pela lei.

Diógenes Gasparini (2004, p. 70):

> *São qualidades do ato administrativo que não se confundem. A vigência expressa o período de permanência do ato no ordenamento jurídico; é a dimensão temporal*

39 AgRg no RMS 15350/DF, Rel. Ministro Hamilton Carvalhido, Sexta Turma, julgado em 12.08.2003, *DJ* 08.09.2003, p. 367.

> *do ato. Já a eficácia e a prontidão para produzir efeitos. Durante a vigência o ato deve ser observado, obedecido. A vigência e a eficácia, na prática, decorrem da publicação ou do conhecimento do ato pelo seu destinatário.*

Dessa forma, uma vez publicado, o ato começa sua produção de efeitos (será eficaz), e enquanto tiver vigência (não for extinto por algum motivo) deverá ser cumprido, mesmo que seja ilegal. O ato ilegal produzirá efeitos (eficaz) até que seja extinto (enquanto não tiver a vigência encerrada) por meio da anulação.

COMO ESSE ASSUNTO TEM SIDO ABORDADO NAS PROVAS

- **(Cespe – AGU – Administrador – 2010)** O ato administrativo, uma vez publicado, terá vigência e deverá ser cumprido, ainda que esteja eivado de vícios.

  Resposta: Certo.

9.4. Outras classificações

ATO-CONDIÇÃO: é todo aquele que se antepõe a outro para permitir sua realização. Destina-se a remover obstáculo à prática de certas atividades públicas ou particulares, para as quais se exige a satisfação prévia de determinados requisitos. Assim, o concurso é ato-condição da nomeação efetiva; a licitação é ato-condição dos contratos administrativos.

ATO DE JURISDIÇÃO OU ATO JURISDICIONAL: é todo aquele que contém decisão sobre matéria controvertida. Não se confunde com o ato judicial ou judiciário. Embora decisório, não produz coisa julgada.

QUANTO AO CONTEÚDO: constitutivo, extintivo, declaratório, alienativo, modificativo ou abdicativo de direitos ou situações.

10. ESPÉCIES DE ATOS ADMINISTRATIVOS

10.1. Permissão

Parte da doutrina entende que, com o advento do art. 40 da Lei nº 8.987/1995, não há como sustentar que a permissão para **prestação de serviços públicos** possa ser ato administrativo, carecendo de fundamento jurídico diante do dispositivo legal, restando como objeto do ato de permissão apenas o **uso** de bens públicos. Essa é a posição de José dos Santos Carvalho Filho.

Autores como Maria Sylvia e Celso Antônio sustentam a natureza de **ato administrativo** da permissão para a **prestação de serviços públicos,** apesar do dispositivo legal em sentido diverso. Este último autor apresenta o seguinte conceito para a permissão: "é o **ato unilateral** pelo qual a Administração faculta precariamente a alguém a prestação de um serviço público ou defere a utilização especial de um bem público".

E continua o autor:

> *As permissões de serviço público, por força do art. 175 da Constituição, devem ser sempre precedidas de licitação; portanto, são atos vinculados. As permissões de uso de bem público, em princípio, também deverão ser antecedidas do mesmo procedimento, como regra, vinculadas, conquanto não se possa descartar alguma hipótese de permissão que, pela índole do uso pretendido ou de sua extrema brevidade, comporte outorga discricionária (MELLO, Celso Antônio Bandeira de, op. cit., p. 402).*

Ocorre que, na prática, permissões, atos administrativos, são estabelecidos com prazo certo ou com restrições à possibilidade de revogação. Nesse caso, parte da doutrina vem entendendo pela legitimidade dessa conduta, entendendo que seria "permissão condicionada", conferindo direito de indenização na hipótese de revogação em desrespeito às condições fixadas.[40] Contudo, corrente doutrinária que possui adeptos como Celso Antônio Bandeira de Mello, Maria Sylvia di Pietro e Oswaldo Aranha Bandeira de Mello prefere entender que a permissão com essas características deve ser tratada como concessão.

Resumindo:

Maria Sylvia Di Pietro, Celso Antônio Bandeira de Mello, Diógenes Gasparini	Permissão para prestação de serviço público é **ato** administrativo.
José dos Santos Carvalho Filho	Permissão para prestação de serviço público passou a ter natureza **contratual** com a Lei nº 8.987/1995.
Hely Lopes Meirelles	"Permissão é o ato administrativo **negocial**, discricionário e precário, pelo qual o Poder Público faculta ao particular a execução de serviços de interesse coletivo, ou o uso especial de bens públicos, a título gratuito ou remunerado. Não se confunde com a concessão nem com a autorização. **A concessão é contrato administrativo bilateral. A autorização é ato administrativo unilateral** [...]."

11. PANORAMA SOBRE A RESPONSABILIZAÇÃO DO ADVOGADO PARECERISTA

De acordo com o Manual de Boas Práticas Consultivas da AGU, o parecer é a peça jurídica que deve ser "elaborada como resultado de estudos e análises jurídicas de natureza complexa, que exijam aprofundamento, como também para responder consultas que exijam a demonstração do raciocínio jurídico e o seu desenvolvimento".[41]

Levando-se em consideração o conceito de ato administrativo:

Segundo Hely Lopes Meirelles (2005): "ato administrativo é toda manifestação unilateral de vontade da Administração Pública que, agindo nessa qualidade, tenha por fim imediato adquirir, resguardar, transferir, modificar, extinguir e declarar direitos, ou impor obrigações aos administrados ou a si própria".

Conforme Celso Antônio Bandeira de Mello (2011), trata-se de "declaração do Estado (ou de quem lhe faça às vezes –por exemplo, um concessionário de serviço público), no exercício de prerrogativas públicas, manifestada mediante providências jurídicas complementares da lei a título de lhe dar cumprimento, e sujeitas a controle de legitimidade por órgão jurisdicional".

40 MEIRELLES, Hely Lopes. *Direito Administrativo Brasileiro*. São Paulo: Malheiros, 2004, p. 66; e Diogo de Figueiredo Moreira Neto (ano, p. 67).

41 *Manual de Boas Práticas Consultivas*, AGU, jan. 2011. Disponível em: http://www.agu.gov.br/sistemas/site/PaginasInternas/Publicacao/cartilha.aspx.

Dessa forma, pelo conceito de ato administrativo como declaração de vontade, tem-se entendido que o parecer não é ato administrativo propriamente dito, mas sim "*ato de administração consultiva*", na medida em que não há manifestação de vontade estatal. Tanto é que Maria Sylvia Di Pietro enquadra o parecer em **ato da administração**, categoria distinta do ato administrativo. O parecer é opinião jurídica do órgão consultivo. O ato administrativo é praticado pela autoridade competente que acolhe as conclusões do parecer emitido.

O parecer será **obrigatório** quando a lei exigir opinião de órgão técnico/jurídico para prática do ato final. Ou seja, quando a consulta for obrigatória. Será **vinculante** o parecer quando a conclusão final do parecer deva ser a solução adotada pelo administrador que estava condicionado à sua expedição.

O parecer poderá ser obrigatório e vinculante, quando a lei exige a consulta prévia e a decisão final deve acatar o parecer. Ou poderá ser obrigatório e não vinculante, quando a lei exige a consulta prévia, mas a decisão final do administrador poderá não acatar as razões do parecer.

De outro modo, será **facultativo** quando a lei não exigir a consulta ao órgão, mas o administrador público resolve fazer a consulta antes de tomar alguma decisão administrativa.

A Lei nº 9.784/1999 não apresenta o conceito de parecer obrigatório e vinculante, apenas traz as consequências diante da não emissão do parecer:

> *Art. 42. Quando deva ser obrigatoriamente ouvido um órgão consultivo, o parecer deverá ser emitido no prazo máximo de quinze dias, salvo norma especial ou comprovada necessidade de maior prazo.*
>
> *§ 1º Se um parecer obrigatório e vinculante deixar de ser emitido no prazo fixado, o processo não terá seguimento até a respectiva apresentação, responsabilizando-se quem der causa ao atraso.*
>
> *§ 2º Se um parecer obrigatório e não vinculante deixar de ser emitido no prazo fixado, o processo poderá ter prosseguimento e ser decidido com sua dispensa, sem prejuízo da responsabilidade de quem se omitiu no atendimento.*

Conforme as decisões do STF acerca da responsabilização do parecerista, depreende-se que não há, como regra, responsabilização na emissão de parecer, salvo demonstração de culpa ou erro grosseiro ou na hipótese em que tiver caráter vinculante.

Nesse sentido:

> *O Tribunal* ***deferiu mandado de segurança*** *impetrado contra ato do Tribunal de Contas da União – TCU que, aprovando auditoria realizada com o objetivo de verificar a atuação do Departamento Nacional de Estradas de Rodagem – DNER nos* ***processos relativos a desapropriações e acordos extrajudiciais para pagamento de precatórios e ações em andamento, incluíra o impetrante, então procurador autárquico, entre os responsáveis pelas irregularidades encontradas, determinando sua audiência, para que apresentasse razões de justificativa para o pagamento de acordo extrajudicial*** *ocorrido em processos administrativos nos quais já havia precatório emitido, sem homologação pela Justiça.* ***Salientando, inicialmente, que a obrigatoriedade ou não da consulta tem influência decisiva na fixação da natureza do parecer, fez-se a distinção entre três hipóteses de consulta: 1) a facultativa, na qual a autoridade administrativa não se vincularia à consulta emitida; 2) a obrigatória, na qual a autoridade administrativa ficaria obrigada a realizar o ato tal como submetido à consultoria, com parecer favorável ou não, podendo agir de***

> ***forma diversa após emissão de novo parecer; e 3) a vinculante, na qual a lei estabeleceria a obrigação de "decidir à luz de parecer vinculante", não podendo o administrador decidir senão nos termos da conclusão do parecer ou, então, não decidir. Ressaltou-se que, nesta última hipótese, haveria efetivo compartilhamento do poder administrativo de decisão, razão pela qual, em princípio, o parecerista poderia vir a ter que responder conjuntamente com o administrador, pois seria também administrador nesse caso.*** *Entendeu-se, entretanto, que, na espécie, a fiscalização do TCU estaria apontando irregularidades na celebração de acordo extrajudicial, questão que não fora submetida à apreciação do impetrante, não tendo havido, na decisão proferida pela Corte de Contas, nenhuma demonstração de culpa ou de seus indícios, e sim uma presunção de responsabilidade. Os Ministros Carlos Britto e Marco Aurélio fizeram ressalva quanto ao fundamento de que o parecerista, na hipótese da consulta vinculante, pode vir a ser considerado administrador. MS 24631/DF, rel. Min. Joaquim Barbosa, 09.08.2007 (MS-24631).*

No caso, o STF entendeu que é abusiva a responsabilização do parecerista à luz de uma alargada relação de causalidade entre seu parecer e o ato administrativo do qual tenha resultado dano ao Erário. Salvo demonstração de culpa ou erro grosseiro, submetida às instâncias administrativo-disciplinares ou jurisdicionais próprias, não cabe a responsabilização do advogado público pelo conteúdo de seu parecer de natureza meramente **opinativa**. Tratava-se de parecer proferido para ***realização de acordo extrajudicial***, em que não houve demonstração de culpa ou erro grosseiro e, assim, ficou afastada a responsabilização do advogado público, até porque nesse caso não se tratava de parecer com natureza vinculante.

Em outro julgamento do Supremo também foi reconhecido o caráter de ato meramente **opinativo** do parecer. Entendeu-se que o parecer emitido por procurador ou advogado de órgão da Administração Pública não é ato administrativo, pois se trata apenas de uma opinião do operador do direito, opinião técnico-jurídica que orienta na prática do ato administrativo. No presente caso, foi proferido parecer de advogado para manifestação de ***contratação direta sem licitação*** (MS 24073, Relator: Min. Carlos Velloso, Tribunal Pleno, julgado em 06.11.2002, *DJ* 31.10.2003, PP-00015, Ement Vol-02130-02, PP-00379).

O STF, entretanto, em julgado mais recente, "levantou" a possiblidade de responsabilização solidária nos pareceres proferidos em razão do art. 38 da Lei nº 8.666/1993. Nessa hipótese legal, a participação do órgão jurídico não é apenas de consultoria, já que, conforme a lei, tem por função examinar e aprovar as minutas do edital e do contrato. Contudo, o julgamento apenas tratava da legalidade de **intimação** de procuradores federais para comparecer em audiência perante o TCU, sem conclusão do processo administrativo sobre o mérito, não havendo, portanto, responsabilização nesse órgão de controle. O mandado de segurança fora impetrado no STF para que não houvesse a obrigatoriedade de comparecimento à audiência, e o Tribunal indeferiu o pedido, havendo apenas a menção de que nos casos do art. 38 da Lei nº 8.666/1993 seria um caso de responsabilidade solidária do parecerista. Porém, no final do processo, o TCU entendeu pela inexistência de responsabilidade aos procuradores. A partir disso, houve pedido de desistência do MS no Supremo.

Apesar de o julgamento não ter decidido efetivamente sobre a responsabilidade do parecerista no caso do art. 38 da Lei nº 8.666/1993, foi isso que foi divulgado no Informativo nº 475 do STF. Na prova da FGV para Advogado do Senado Federal, foi considerada correta a questão no sentido de que o parecer seria vinculante na hipótese do artigo mencionado. Confira a seguir a notícia do Informativo e a ementa do acórdão.

> *Em conclusão de julgamento, o Tribunal, por maioria, denegou mandado de segurança impetrado contra ato do Tribunal de Contas da União – TCU que determinara a audiência de procuradores federais, para apresentarem, como responsáveis, as respectivas razões de justificativa sobre ocorrências apuradas na fiscalização de convênio firmado pelo INSS, em virtude da emissão de pareceres técnico-jurídicos no exercício profissional – v. Informativos nº 328, 343, 376 e 428.* ***Entendeu-se que a aprovação ou ratificação de termo de convênio e aditivos, a teor do que dispõe o art. 38 da Lei nº 8.666/1993, e diferentemente do que ocorre com a simples emissão de parecer opinativo, possibilita a responsabilização solidária, já que o administrador decide apoiado na manifestação do setor técnico competente*** *(Lei nº 8.666/1993, art. 38, parágrafo único: "As minutas de editais de licitação, bem como as dos contratos, acordos, convênios ou ajustes devem ser previamente examinadas e aprovadas por assessoria jurídica da Administração"). Considerou-se, ainda, a impossibilidade do afastamento da responsabilidade dos impetrantes em sede de mandado de segurança, ficando ressalvado, contudo, o direito de acionar o Poder Judiciário, na hipótese de virem a serem declarados responsáveis quando do encerramento do processo administrativo em curso no TCU. Vencidos os Ministros Eros Grau, Gilmar Mendes e Cármen Lúcia, que deferiam a ordem. MS 24584/DF, rel. Min. Marco Aurélio, 9.8.2007 (MS-24584).*
>
> *Advogado público – Responsabilidade – Artigo 38 da Lei nº 8.666/1993 – Tribunal de Contas da União – Esclarecimentos. Prevendo o artigo 38 da Lei nº 8.666/1993 que a manifestação da assessoria jurídica quanto a editais de licitação, contratos, acordos, convênios e ajustes não se limita a simples opinião, alcançando a aprovação, ou não, descabe a recusa à convocação do Tribunal de Contas da União para serem prestados esclarecimentos (MS 24584, Relator: Min. Marco Aurélio, Tribunal Pleno, julgado em 09.08.2007, DJe-112, Divulg 19.06.2008, Public 20.06.2008, Ement Vol-02324-02, PP-00362).*

Assim, é possível afirmar que o parecer exigido nos termos do parágrafo único do art. 38 da Lei nº 8.666/1993 tem caráter vinculante. Esta é a posição acolhida por Maria Sylvia Di Pietro (2011, p. 234):

> *No caso do art. 38, parágrafo único, da Lei nº 8.666, de 21.06.1993, a participação do órgão jurídico não é apenas na função de consultoria, já que tem que examinar e aprovar as minutas de edital e de contrato. A aprovação, no caso, integra o próprio procedimento e equivale a um ato de controle de legalidade e não de mérito; trata-se de hipótese em que o parecer é obrigatório e vinculante.*

Por outro lado, do estudo dos **julgados do TCU** não haverá responsabilidade do parecerista quando o parecer jurídico apresentar-se suficientemente fundamentado, tanto na doutrina como na jurisprudência, de modo a sustentar a respectiva conclusão; caso contrário, a fundamentação insuficiente ou desarrazoada que subsidie a prática de atos de gestão irregulares ou danosos ao Erário, ensejará a aplicação, ao parecerista, da multa prevista no art. 58, II, da Lei nº 8.443/1992.[42] Portanto, conclui-se que para esse órgão fiscalizador aquele que emitiu parecer jurídico somente será responsabilizado em caso de erro grave inescusável ou de ato ou omissão praticado com culpa, com a ressalva dos pareceres vinculantes (o TCU faz a ressalva às decisões do STF). O órgão de controle apreciou nessa hipótese caso de ***contratação direta sem licitação*** com base no art. 24, XVI, da Lei nº 8.666/1993, e o advogado se apoiou em doutrina minoritária para se manifestar

42 Acórdão nº 2567/2010, 1ª Câmara, TC-009.680/2001-3, rel. Min-Subst. Marcos Bemquerer Costa, 18.05.2010.

favorável à contratação. Mesmo assim entendeu-se pela ausência de responsabilidade, haja vista o caráter opinativo do parecer.

Dessa forma, devem-se distinguir as condutas para compreender a responsabilidade do parecerista. Uma delas é a do administrador que pratica o ato administrativo. Outra é a emissão do parecer que serve de base para a prática do ato. Nesta última, a regra é a ausência de responsabilidade.

Posteriormente aos julgados já comentados, reforçando ainda mais a não responsabilização do advogado parecerista, foi publicado o Decreto nº 9.830, de 2019, que regulamenta o disposto nos art. 20 ao art. 30 do Decreto-Lei nº 4.657, de 4 de setembro de 1942, que institui a Lei de Introdução às Normas do Direito Brasileiro – LICC.

O Decreto fixa que o agente público somente poderá ser responsabilizado por suas decisões ou opiniões técnicas se agir ou se omitir com dolo, direto ou eventual, ou cometer erro grosseiro, no desempenho de suas funções (art. 12). Considerando **erro grosseiro** aquele manifesto, evidente e inescusável praticado com culpa grave, caracterizado por ação ou omissão com elevado grau de negligência, imprudência ou imperícia. Ressaltou também o decreto que a complexidade da matéria e das atribuições exercidas pelo agente público serão consideradas em eventual responsabilização do agente público.

A nosso ver, o Decreto nº 9.830, de 2019, traz mais segurança jurídica aos agentes públicos de um modo geral, e não só aos advogados públicos, na execução dos atos de sua competência. O Decreto, vai ao encontro da jurisprudência do STF ao estabelecer que a responsabilidade ocorrerá quando o agente agir com dolo ou erro grosseiro (culpa grave). Nesse sentido, o advogado público, na confecção de pareceres, só poderá ser responsabilizado nos termos em que prevê o Decreto se, por exemplo, sustentar uma tese totalmente contrária a lei ou jurisprudência consolidada ou não alertar o administrador público dos dispositivos legais que regem o assunto analisado e outros casos do gênero. As posições do advogado parecerista em seu parecer que não caracterizem dolo ou erro grosseiro, não lhe atraem a responsabilidade pelo ato praticado pelo gestor público.

Andou bem o Decreto quando ressaltou que a grande complexidade das matérias submetidas à análise jurídica e a quantidade de processos que são afetados aos advogados públicos, deverão ser considerados em eventual responsabilização do agente público. Pois é fato que os advogados públicos tratam de matérias altamente complexas e, muitas vezes com volumes muito grande de processos.

Além disso, apesar de ser um julgamento mais afeto ao Direito Penal em que o advogado público estava sendo processado criminalmente em concurso com os gestores públicos, o STF afastou a responsabilidade do advogado público pela confecção do parecer jurídico. Nesse sentido, o STF entendeu que **não compete ao assessor jurídico averiguar se está presente a causa de emergencialidade, mas apenas se há, nos autos, decreto que a reconheça**, uma vez que não se pode exigir do assessor jurídico conhecimento técnico de todas as áreas. No processo licitatório, não compete à assessoria jurídica averiguar se está presente a causa de emergencialidade, mas apenas se há, nos autos, decreto que a reconheça. Sua função é zelar pela lisura sob o aspecto formal do processo, de maneira a atuar como verdadeiro fiscal de formalidades, somente. Assim, a assinatura do assessor jurídico na minuta do contrato serve de atestado do cumprimento de requisitos formais, e não materiais. Assim, se os gestores juntaram todos os documentos necessários para a contratação direta não é competência do advogado verificar se realmente estão presentes as circunstâncias alegadas, mas apenas verificar se os requisitos formais (documentação) está de acordo com o que exige a legislação.[43]

Da análise dos julgamentos do STF pode-se concluir que:

a) Quando se tratar de **parecer *não* vinculante** não haverá responsabilização do advogado público pelo ato administrativo praticado. No entanto, poderá responder pela má atuação na sua atividade consultiva perante os órgãos competentes (exs.: OAB ou órgão de atuação do profissional), caso tenha agido com dolo ou culpa (exs.: parecer com erro grosseiro; ou não se baseia em doutrina consistente);

b) Em se tratando de **parecer vinculante**, o advogado público poderá responder juntamente com o administrador pelo ato administrativo praticado com base no parecer, pois haverá uma partilha na prática do ato administrativo, já que o administrador é obrigado a decidir conforme o parecer.

Resumindo:

Parecer	Conceito	Responsabilidade
Facultativo	Administração entende conveniente a consulta.	Regra: não há responsabilidade do advogado.
Obrigatório	A lei exige a consulta ao órgão. Consulta obrigatória, mas acatamento não.	Regra: não há responsabilidade do advogado.
Vinculante	Obrigatória a consulta ao órgão e o acatamento da manifestação. Consulta e acatamento obrigatórios.	Poderá ser responsabilizado pelo ato administrativo praticado.

COMO ESSE ASSUNTO TEM SIDO ABORDADO NAS PROVAS

✦ **(Cespe – Instituto de Previdência dos Servidores do Estado do Espírito Santo – Advogado)** No que se refere ao controle da atividade financeira do estado, vem entendendo o STF que o jurista responsável pela emissão de parecer que autorize a realização de ato que importe lesão ao Erário também pode ser responsabilizado pelo conteúdo de seu parecer. Assim, ainda que a consulta ao parecerista seja facultativa, a autoridade administrativa vincula-se ao emitir o ato tal como submetido à consultoria, com parecer favorável ou contrário, tornando o parecerista também responsável pelo ato, pois somente poderia praticá-lo de forma diversa da apresentada à consultoria se o submetesse a novo parecer.

Resposta: Errado. Em parecer facultativo, a autoridade administrativa não se vincula ao parecer. E a regra é não haver responsabilização do parecerista.

✦ **(Cespe – Procurador Federal – 2010)** Um procurador federal emitiu parecer em consulta formulada por servidor público para subsidiar a decisão da autoridade competente. Nessa situação, se a decisão da autoridade, que seguiu as diretrizes apontadas pelo parecer, não for considerada como a correta pelo TCU e, em consequência disso houver dano ao patrimônio público, então haverá responsabilidade civil pessoal do parecerista.

Resposta: Errado. Segundo o TCU só haverá responsabilização em caso de erro grave inescusável ou de ato ou omissão praticado com culpa. O simples fato de o TCU entender não ser a opinião mais correta não gera responsabilização. Ademais, conforme a questão, estamos diante de parecer facultativo.

43 STF. 2ª Turma. HC 171576/RS, Rel. Min. Gilmar Mendes, julgado em 17/9/2019 (Info 952).

12. EXTINÇÃO DOS ATOS ADMINISTRATIVOS

12.1. Anulação e invalidação

Celso Antônio Bandeira de Mello (2011, p. 461):

> *Compartilhamos a doutrina que sustenta haver no direito administrativo brasileiro tratamento díspares conforme o tipo de ilegalidade. Daí a conveniência de se utilizar uma expressão designativa do gênero e outras para referir às espécies. Por isso, valemo-nos do termo "invalidade" para abranger quaisquer casos de desconformidade com o direito. Evitamos usar com este fim o nomen juris "anulação", já que tal palavra é corretamente manejada para o batismo de uma das espécies.*

Por isso o autor utiliza a expressão **invalidação** para se referir à supressão do ato por razão de desconformidade com a ordem jurídica. Repudia também utilizar a invalidação (gênero) para retirada do ato por motivo de conveniência e oportunidade (revogação) e ilegitimidade, terminologia esta utilizada por Hely Lopes Meirelles.

Hely Lopes se referia à revogação (conveniência e oportunidade) e anulação (ilegalidade) como espécies de invalidação de ato administrativo.

Resumindo:

Celso Antônio Bandeira de Mello, José dos Santos Carvalho Filho (2011, p. 143)	Invalidação – extinção do ato por questões de ilegalidade.
Hely Lopes Meirelles	Invalidação (gênero): – *anulação* – extinção do ato por questões de ilegalidade. – *revogação* – extinção do ato por motivo de conveniência e oportunidade.
Maria Sylvia Di Pietro	Anulação ou invalidação – as duas expressões se referem a extinção do ato por razões de ilegalidade.

Segundo Carvalho Filho, o ato se extingue pelo **desfazimento volitivo** quando decorre de:

a) *anulação (invalidação);*

b) *revogação*; ou

c) *cassação.*

Nas demais formas de extinção, não há a dependência de determinação expressa ou até mesmo não é necessária qualquer manifestação, como ocorre, por exemplo, com a extinção natural do ato pelo cumprimento de seus efeitos.

12.2. Celso Antônio (2004, p. 410) apresenta as seguintes formas de extinção:

Ato eficaz	**I – Cumprimento dos efeitos** a) esgotamento do conteúdo jurídico da relação; b) execução material; c) termo final ou condição resolutiva.

Ato eficaz	**II – Disparição de elemento infungível da relação** (*desaparecimento do sujeito ou do objeto*). **III – Retirada** a) revogação; b) invalidação; c) cassação; d) caducidade; e) contraposição. **IV – Renúncia** Extinção do ato pela rejeição do beneficiário.
Ato ineficaz	a) mera retirada; b) recusa (quando o próprio beneficiário abre mão de uma vantagem).

12.3. Revogação e repristinação

Entendemos que, como a revogação provoca a extinção do ato, não pode haver repristinação, pois o ato não está mais presente no ordenamento jurídico. Para Carvalho Filho, o ato revogado é **extinto**, deixando de existir no mundo jurídico. Dessa forma, não há como ele "voltar" apenas com a simples revogação do ato anterior. Diferente seria a hipótese em que a Administração quer restaurar a vigência do ato revogado e no novo ato editado determina o restabelecimento do ato anterior extinto. O autor fundamenta seu entendimento na lição de Diógenes Gasparini.

Diógenes Gasparini (2004) entende que não há o efeito repristinatório: "O ato de revogação é um ato administrativo consumado, e como tal não existe mais. Desfez-se ao alcançar seu objetivo, revogando o ato administrativo que era seu objeto." [...] "só por expressa disposição o ato revogado pode ser restaurado."

Diversamente, Celso Antônio Bandeira de Mello (2011, p. 455) entende que há efeito repristinatório na revogação.

José dos Santos Carvalho Filho e Diógenes Gasparini se posicionam em sentido contrário, salvo disposição expressa.

Lucas Rocha Furtado entende que existe **efeito repristinatório na *anulação***. Assim, caso o ato "A" seja anulado pelo ato "B", e o ato "B" venha a ser anulado pelo ato "C", o primeiro ato editado, "A", voltará a vigorar, pois se o ato "B" foi praticado com vícios, o ato "A" não foi validamente retirado do mundo jurídico, portanto o primeiro ato voltará a ter existência em razão dos efeitos retroativos da anulação.

Resumindo:

Diógenes Gasparini e José dos Santos Carvalho Filho	Não há efeito repristinatório, salvo por disposição legal expressa.
Celso Antônio Bandeira de Mello	Há efeito repristinatório na revogação.
Lucas Rocha Furtado	Há efeito repristinatório na **anulação**.

12.4. Prazo quinquenal para anulação

Conforme dissemos, a Lei nº 9.784/1999 estabeleceu um prazo de 5 anos para anular os atos administrativos que beneficiaram os administrados. Porém, a lei faz a seguinte ressalva: salvo comprovada má-fé. Tem-se entendido que no caso de má-fé do administrado, não há prazo para anulação, podendo ser feita a qualquer tempo, mesmo depois do prazo quinquenal.

Celso Antônio Bandeira de Mello (2011, p. 485), no entanto, vem sustentando que, "Como a lei não indica o prazo prescricional nos casos de comprovada má-fé, a solução terá de ser buscada na regra geral do art. 205 do Código Civil, **o qual prevê o prazo de 10 anos**".

Lucas Rocha Furtado (2007) faz importante observação no sentido de que o prazo fixado na Lei nº 9.784/1999 não se aplica aos órgãos de controle externo da atividade administrativa (Tribunais de Contas) e pelo Poder Judiciário.

12.5. Efeitos da anulação

Celso Antônio diferencia os atos ampliativos e restritivos para tratar dos efeitos da anulação. Segundo o autor, nos **atos ampliativos** em que o Poder Público defere ao administrado certa providência solicitada, ampliando sua esfera jurídica, como acontece com as licenças e autorizações, a anulação produz efeitos *ex nunc*. Por outro lado, nos **atos restritivos** da esfera jurídica do administrado a anulação terá efeito *ex tunc*. No mesmo sentido, Lucas Rocha Furtado (2007, p. 305).

Resumindo:

Atos ampliativos – anulação – efeitos *ex nunc*.
Atos restritivos – anulação – efeitos *ex tunc*.

12.6. Contagem do prazo de 5 anos para anulação

Antes do advento da Lei nº 9.784/1999, não havia um prazo fixado em lei para a anulação de atos administrativos ilegais. Assim, a Administração poderia a qualquer momento anular seus atos. Quanto ao prazo de 5 anos fixado pela Lei nº 9.784/1999, há entendimento jurisprudencial do STJ e do STF de que o **início** de sua contagem ocorre a **partir da publicação da lei nova**, quando se tratar de atos administrativos praticados em data anterior à sua vigência (MS 25552, Relatora: Min. Cármen Lúcia, Tribunal Pleno, julgado em 07.04.2008) (Ver também STJ Informativo nº 260).

José dos Santos Carvalho Filho considera incorreto o entendimento jurisprudencial exposto, pois a lei nada dispôs a respeito e porque os prazos anteriores não podem ser simplesmente ignorados, indicando a aplicação do art. 2.028 do Código Civil. A Lei Civil estabelece que serão os prazos da lei anterior se já houver transcorrido mais da metade do tempo estabelecido na lei revogada quando do advento da nova legislação, tendo sempre como termo inicial para sua contagem a data da vigência do ato.

12.7. Atos nulos e anuláveis

Diógenes Gasparini não admite a tese de atos nulos e anuláveis. Por consequência, também não admite a convalidação.

Diógenes Gasparini (2004, p. 108): "A nosso ver, só há uma espécie de ato administrativo inválido: o comumente chamado de nulo. Desse modo, não se têm no direito administrativo, como ocorre no direito privado, atos nulos e anuláveis."

Ainda segundo o autor:

> *Se os atos administrativos afrontam o ordenamento jurídico e, por essa razão, são tidos como inválidos, não cabe falar em convalidação (supressão retroativa da ilegalidade). Não se convalida o que é inválido. O que se admite é a correção de pequenas irregularidades, que não consubstanciam a invalidade, a exemplo de vícios gráficos (trocas de letras e números). Os que admitem a anulabilidade podem falar em convalidação.*

No mesmo sentido, Hely Lopes Meirelles (2006, p. 173-174) aponta que o vício acarreta sempre a nulidade do ato administrativo.

Celso Antônio Bandeira de Mello (2011, p. 469): "Aceitamos que há atos nulos e anuláveis, acompanhando nisto Oswaldo Aranha Bandeira de Mello [...].".

Resumindo:

Hely Lopes Meirelles e Diógenes Gasparini	Teoria monista – Não admitem atos nulos e anuláveis. Não admitem convalidação. Hely Lopes Meirelles menciona o ato inexistente, mas o equipara aos atos nulos porque não podem produzir efeitos jurídicos.
Celso Antônio Bandeira de Mello, Oswaldo Aranha Bandeira de Mello, Cretella Júnior, Maria Sylvia Di Pietro, José dos Santos Carvalho Filho	Teoria dualista – admite a existência de atos anuláveis. Celso Antônio Bandeira de Mello e Cretella Júnior mencionam os atos inexistentes (condutas criminosas) como outra categoria. Maria Sylvia Di Pietro admite atos nulos e anuláveis porque admite a convalidação, apesar de não dizer expressamente.
Seabra Fagundes	Atos nulos, anuláveis e atos irregulares (defeitos irrelevantes).

12.8. Atos nulos e inexistentes

Atos nulos: Conforme Hely Lopes (2004) a nulidade pode ser:

a) *explícita:* quando a lei comina expressamente, indicando os vícios que lhe dão origem;

b) *virtual:* quando a invalidade decorre de infringência de princípios específicos do direito público.

Atos inexistentes: nas palavras de Hely Lopes (2004), esses atos equiparam-se em nosso Direito aos atos nulos, sendo assim irrelevante e sem interesse prático a distinção entre nulidade e inexistência, porque ambas conduzem ao mesmo resultado – a invalidade. Ato inexistente ou ato nulo é ato ilegal e imprestável, desde o seu nascedouro.

Ato inexistente, segundo Celso Antônio Bandeira de Mello (2011): "corresponde[m] a condutas criminosas ofensivas a direitos fundamentais da pessoa humana, ligados à sua personalidade ou dignidade intrínseca, e como tais resguardados por princípios gerais de Direito que informam o ordenamento jurídico dos povos civilizados".

13. CORREÇÃO DE VÍCIOS

13.1. Vícios que podem ser corrigidos

O entendimento que prevalece na doutrina é no sentido de que somente podem ser convalidados vícios relativos à: **competência e forma**. José dos Santos Carvalho Filho (2011, p. 153) entende possível convalidar vício no objeto (conteúdo):

> *Também é possível convalidar atos com vício no objeto, o conteúdo, mas apenas **quando se tratar de conteúdo plúrimo**, ou seja, quando a vontade administrativa se preordenar a mais de uma providência administrativa no mesmo ato: aqui seria viável suprimir ou alterar alguma providência e aproveitar o ato quanto às demais providências, não atingidas por qualquer vício.*

Podemos imaginar o exemplo de um servidor federal demitido por abandono de cargo. A demissão por esse motivo gera apenas a ruptura do vínculo e ele deixará de ser servidor. No entanto, a autoridade competente para a sanção aplica ainda o efeito de não poder retornar mais ao serviço federal. Contudo, esse segundo efeito não pode ser aplicado no abandono de cargo, pois não há previsão legal. Assim, a autoridade pode editar um novo ato para suprimir o segundo efeito ilegal. Nesse caso, houve convalidação do objeto (dos efeitos do ato administrativo).

13.2. Convalidação (ato vinculado ou discricionário?)

Maria Sylvia Di Pietro (2011, p. 248-249):

> *Em edições anteriores, vínhamos entendendo que a convalidação é ato discricionário, porque cabe à Administração, diante do caso concreto, verificar o que atende melhor ao interesse público: a convalidação, para assegurar validade aos efeitos já produzidos, ou a decretação de sua nulidade, quando os efeitos produzidos sejam contrários ao interesse público. Evoluímos, no entanto, a partir da 11ª edição, para acompanhar o pensamento de Weida Zancaner (1990, p. 55), no sentido de que o **ato de convalidação é, às vezes, vinculado, e outras vezes, discricionário. Entende a autora que "só existe uma hipótese em que a Administração Pública pode optar entre o dever de convalidar e o dever de invalidar segundo critérios discricionários. É o caso de ato discricionário praticado por autoridade incompetente**. Destarte, nestes casos, pode a Administração Pública, segundo um juízo subjetivo, optar se quer convalidar ou invalidar o ato viciado.*

A justificativa da autora citada reside no fato de que o agente competente para a prática do ato, a quem competiria convalidar, poderá discordar da providência tomada anteriormente, procedendo à sua anulação. Ou seja, o agente competente, ao fazer juízo de conveniência e oportunidade, pode chegar a resultado diverso.

No mesmo sentido, Celso Antônio Bandeira de Mello (2011, p. 475-476).

Ensina Maria Sylvia Di Pietro que, se se tratar de ato vinculado (com vício na competência), não haverá faculdade de convalidar se estiverem presentes os requisitos legais para a prática do ato. Se os requisitos legais não estiverem presentes, será caso de anulação.

13.3. Agentes necessários e putativos

Segundo Carvalho Filho (2012):

a) Agentes necessários

São os que praticam atos e executam atividades em situações excepcionais, como se fossem agentes de direito, nas situações de emergência, em colaboração com o Poder Público.

b) Agentes putativos

São os que desempenham uma atividade pública na presunção de que há legitimidade, a exemplo daquele que pratica inúmeros atos administrativos apesar de sua investidura não ter se dado com aprovação em concurso público.

Para o autor, os atos administrativos praticados pelos *agentes putativos* devem ser convalidados. Trata-se da aplicação da teoria da aparência.

Já em relação aos atos praticados pelos *agentes necessários*, entendemos que não é necessária a convalidação, pois são considerados, legitimamente, agentes do Estado. Ex.: voluntário que se dispõe a ajudar bombeiros quando ocorre desastre.

JURISPRUDÊNCIA SELECIONADA

ADI E DECRETO. É cabível ADI contra decreto presidencial que, com fundamento no art. 84, VI, "a", da CF/88, extingue colegiados da Administração Pública federal. Isso porque se trata de decreto autônomo, que retira fundamento de validade diretamente da Constituição Federal e, portanto, é dotado de generalidade e abstração. STF. Plenário. ADI 6121 MC/DF, Rel. Min. Marco Aurélio, julgado em 12 e 13/6/2019 (Info 944).

REVISÃO

1) Concessionários e permissionários podem praticar atos administrativos.

2) O ato administrativo não se confunde com o procedimento administrativo.

3) Existem duas posições sobre o fato administrativo:

- fato administrativo – acontecimento que produz efeitos no direito administrativo;
- fato administrativo – implantação material dos atos administrativos (atos materiais).

4) Fatos da Administração – acontecimentos que não produzem efeitos jurídicos no âmbito do direito administrativo.

5) Atos da Administração não se confundem com atos administrativos.

6) Todo ato administrativo é ato da Administração, mas nem todo ato da Administração é ato administrativo.

7) O silêncio, em regra, não é ato administrativo. Ele é um fato administrativo porque provocará efeitos no direito administrativo.

8) De acordo com a Lei nº 4.717/65, Lei de Ação Popular, os requisitos ou elementos são: competência, finalidade, forma, motivo e objeto.

9) Características da competência:

a) Irrenunciável: significa que o agente público não pode "abrir mão" da competência que a lei lhe conferiu;

b) Improrrogabilidade: significa que a inércia das partes em não alegar a incompetência de determinado sujeito não o torna competente;

c) Imprescritível: significa que o não exercício da competência, não importa por quanto tempo, não a extingue, permanecendo sob a titularidade do agente o qual a lei a atribuiu;

d) Inderrogável: não se transfere por acordo ou vontade das partes.

10) Não podem ser objetos de delegação: atos normativos; decisão de recurso administrativo e competência exclusiva. **NOREEX** não se delega.

11) A avocação é medida excepcional.

12) Funcionário ou função de fato: ocorre quando uma pessoa é **irregularmente** investida na função pública.

13) Usurpação de função: ocorre quando uma pessoa se **apropria** da função para praticar atos que são próprios dessa função.

14) Os atos praticados pelo funcionário de fato são válidos em relação a terceiros de boa-fé (teoria da aparência). Os atos praticados pelo usurpador de função são **inexistentes**.

15) A falta de motivação quando a lei exige é defeito de **forma** do ato.

16) Em concursos públicos a regra é a motivação. A motivação pode ser prévia ou concomitante à prática do ato.

17) Não se confundem: **Motivo** – situação de fato e de direito; **Motivação** – justificação; **Móvel** – intenção do agente.

18) Atos **vinculados** são aqueles em que a lei define todos os seus requisitos ou elementos, não deixando liberdade para o agente público. Os atos **discricionários** são aqueles em que a lei permite ao agente público realizar um juízo de conveniência e oportunidade (mérito administrativo), decidindo o melhor ato a ser praticado.

19) Na prática de atos discricionários existe o MÉRITO administrativo, que se trata da valoração dos motivos e da escolha do objeto do ato. O mérito administrativo só existe nos atos discricionários.

20) A doutrina majoritária entende que os requisitos de competência, finalidade e forma são vinculados; os demais são discricionários.

21) A presunção de legitimidade/legalidade significa a existência de uma presunção de que os atos praticados pelos agentes públicos são legais. Trata-se de presunção **relativa**, transferindo o ônus (dever) da prova para quem a invoca.

22) A presunção de **veracidade** se refere aos *fatos* alegados pela Administração.

23) Imperatividade é o poder que tem a Administração de impor o ato ao administrado independentemente de sua concordância. Atos *negociais* e *enunciativos* não possuem esses atributos. Decorre do poder extroverso do Estado, o poder de impor obrigações de modo unilateral na esfera do administrado.

24) A autoexecutoriedade consiste na possibilidade que certos atos administrativos ensejam imediata e direta execução pela própria Administração, independentemente de ordem judicial. Nem todos os atos são dotados de executoriedade. Exemplos: a cobrança de multa, tributos, desapropriação, desconto em folha do servidor.

25) A doutrina entende que o ato só será autoexecutório em duas situações: quando a lei expressamente prevê ou em casos de urgência.

26) Alguns autores preferem dividir a autoexecutoriedade em exigibilidade (meios indiretos de coerção) e executoriedade (meios diretos de coerção).

27) Tipicidade: todo ato deve ter uma finalidade prévia e precisamente definida em lei.

28) ATOS GERAIS: não possuem destinatário determinado, mas alcançam todos que estão em idêntica situação. ATOS INDIVIDUAIS/ESPECIAIS: possuem destinatários certos. Dirigem-se a destinatários específicos, criando-lhes situação jurídica particular.

29) ATOS DE IMPÉRIO: são todos aqueles que a Administração pratica usando de sua supremacia sobre o administrado ou servidor e lhes impõe obrigatório atendimento. ATOS DE GESTÃO: são os que a Administração pratica sem usar de sua supremacia sobre os administrados.

30) ATOS SIMPLES: resultam da manifestação de vontade de um único órgão, unipessoal ou colegiado, ou de apenas um agente público. ATOS COMPOSTOS: resultam da vontade única de um órgão ou agente, mas dependem da aprovação, ratificação ou confirmação por parte de outro para produzir seus efeitos. ATOS COMPLEXOS: formam-se pela conjugação de vontades de mais de um órgão (dois ou mais órgãos) ou agentes.

31) Para Maria Sylvia, a **nomeação** do PGR é ato composto. Entretanto, Carvalho Filho entende que a **investidura** de Ministro do STF seria ato complexo.

32) O STF entende que o registro de aposentadoria pelo TCU é ato **complexo.**

33) ATO PERFEITO: é aquele que já completou seu ciclo (fases) necessário de formação. IMPERFEITO: se apresenta incompleto na sua formação ou carente de um ato complementar. PENDENTE: embora perfeito, por reunir todos os elementos de sua formação não produz efeitos, por não verificado o termo ou condição. CONSUMADO ou EXAURIDO: já produziu todos os seus efeitos esperados. Não é possível haver ato imperfeito.

34) Ato válido é aquele que está conforme a lei. Ato eficaz é o que produz ou tem condição de produzir efeitos. Alguns autores entendem que o ato que pode produzir efeitos é eficaz e aquele que está produzindo efeitos é exequível.

35) Revogação e autorização são atos **constitutivos**. Anulação e licença são atos **declaratórios.**

36) Efeitos atípicos do ato administrativo: reflexos e prodrômicos. Os efeitos reflexos são os efeitos atípicos que atingem a órbita de direito de terceira pessoa, alcançam terceiros não objetivados pelo ato. Os efeitos prodrômicos são os efeitos preliminares, que ocorrem antes dos efeitos principais, antes da conclusão do ato administrativo.

37) ATOS NORMATIVOS: contêm um comando geral do executivo, visando à correta aplicação da lei. ATOS ORDINATÓRIOS: visam disciplinar o funcionamento da Administração e a conduta funcional de seus agentes. ATOS NEGOCIAIS: são atos praticados contendo uma declaração de vontade do Poder Público coincidente com a pretensão particular. ATOS ENUNCIATIVOS: são todos aqueles em que a Administração se limita a certificar ou a atestar fato, ou emitir uma opinião sobre determinado assunto, sem se vincular a seu enunciado. ATOS PUNITIVOS: contêm uma sanção imposta pela Administração em relação àquele que infringe as disposições legais.

38) LICENÇA: é ato administrativo **vinculado** e definitivo. AUTORIZAÇÃO: é ato administrativo **discricionário** e precário.

39) CADUCIDADE: ocorre quando uma nova lei torna inadmissível a situação antes permitida pelo direito e outorgada pelo ato precedente. CASSAÇÃO: ocorre quando o particular descumpre as condições fixadas pela Administração. CONTRAPOSIÇÃO ou DERRUBADA: a extinção se dá em razão de edição de um novo ato editado que possui efeitos opostos ao ato anterior.

40) REVOGAÇÃO: feita pela Administração quando um ato **legal** deixa de ser conveniente e oportuno. A competência para revogação só cabe à Administração. Entretanto, o Poder Judiciário poderá revogar seus próprios atos quando estiver no exercício de função administrativa.

41) Atos que não admitem revogação: atos vinculados, atos exauridos ou consumados, atos que geram direitos adquiridos, atos integrativos de um procedimento administrativo, meros atos administrativos ou atos enunciativos, atos consultivos, atos ilegais.

42) ANULAÇÃO/INVALIDAÇÃO: ocorre quanto a Administração ou o Poder Judiciário declara a extinção do ato administrativo por motivos de vícios no ato praticado com a produção de efeitos retroativos.

43) O art. 54 da Lei nº 9.784/99 fixou prazo de 5 anos para a Administração **anular** seus atos ilegais, salvo comprovada má-fé.

44) A revogação tem efeitos ***ex nunc*** e a anulação possui efeitos ***ex tunc*** (retroativos).

45) CONVALIDAÇÃO: também conhecida como sanatória (ou aperfeiçoamento), é a correção do vício existente no ato administrativo com efeitos retroativos (***ex tunc***). Em regra, somente vícios de **competência** e **forma** do ato são passíveis de convalidação.

46) Sustação não é forma de extinção de ato administrativo. Trata-se de suspensão, paralisação dos efeitos de um ato eficaz.

14. QUESTÕES

---

1. **(Ano: 2019/Banca: CESPE/Órgão: PGM – Campo Grande - MS/Prova: Procurador Municipal)**. Acerca de atos administrativos, julgue o item que se segue.

   A administração pública poderá revogar atos administrativos que possuam vício que os torne ilegais, ainda que o ato revogatório não tenha sido determinado pelo Poder Judiciário

---

2. **(Ano: 2019/Banca: CESPE/Órgão: PGM – Campo Grande - MS/Prova: Procurador Municipal)**. Acerca de atos administrativos, julgue o item que se segue.

   Ato administrativo vinculado que tenha vício de competência poderá ser convalidado por meio de ratificação, desde que não seja de competência exclusiva.

---

3. **(Ano: 2019/Banca: CESPE/Órgão: PGM – Campo Grande - MS/Prova: Procurador Municipal)**. O objeto da revogação deve ser

a) um ato administrativo inválido.

b) um ato administrativo vinculado.

c) uma decisão administrativa viciada.

d) um ato administrativo imperfeito.

e) um ato administrativo eficaz.

---

4. **(Ano: 2019/Banca: CESPE/Órgão: TJ - DFT/Prova: Titular de Serviços de Notas e de Registros - Provimento)**. Indivíduo que possui licença para dirigir veículo automotor foi acometido por doença que o tornou incapacitado para conduzir o tipo de veículo para o qual era habilitado.

   Nessa situação hipotética, caberá ao órgão administrativo competente extinguir o ato administrativo concessivo da licença para dirigir por meio de

a) anulação.

b) revogação.

c) cassação.

d) convalidação.

e) decadência.

---

5. **(Ano: 2019/Banca: CESPE/Órgão: TJ - SC/Prova: Juiz Substituto).** No âmbito do direito administrativo, segundo a doutrina majoritária, a autoexecutoriedade dos atos administrativos é caracterizada pela possibilidade de a administração pública

a) anular seus próprios atos, quando eivados de vícios que os tornem ilegais, sem necessidade de controle judicial.

b) assegurar a veracidade dos fatos indicados em suas certidões, seus atestados e suas declarações, o que afasta o controle judicial.

c) impor os atos administrativos a terceiros, independentemente de sua concordância, por meio de ato judicial.

d) executar suas decisões por meios coercitivos próprios, sem a necessidade da interferência do Poder Judiciário.

e) executar ato administrativo por meios coercitivos próprios, o que afasta o controle judicial posterior.

---

6. **(Ano: 2019/Banca: CESPE/Órgão: TJ - PR/Prova: Juiz Substituto).** A administração pública pode produzir unilateralmente atos que vinculam os particulares. No entanto, tal vinculação não é absoluta, devendo o particular, para eximir-se de seus efeitos e anular o ato, comprovar, em juízo ou perante a própria administração, o defeito do ato administrativo contra o qual se insurge, por caber-lhe o ônus da prova. Essa descrição refere-se ao atributo do ato administrativo denominado

a) autoexecutoriedade.

b) imperatividade.

c) presunção de legalidade.

d) exigibilidade.

---

7. **(Ano: 2019/Banca: CESPE/Órgão: MPE - PI/Prova: Promotor de Justiça Substituto).** O chefe do Poder Executivo estadual baixou resolução pela qual declarou ser de utilidade pública para fins de desapropriação determinado imóvel particular, situado no território do respectivo ente federado.

Nessa situação hipotética, o referido ato administrativo foi eivado de vício quanto

a) à forma.

b) à finalidade.

c) ao objeto.

d) ao motivo.

e) competência.

---

8. **(Ano: 2019/Banca: CESPE/Órgão: SEFAZ - RS/Prova: Auditor Fiscal da Receita Estadual - Bloco II).** Caso uma autoridade da administração pública, como forma de punição, determine, de ofício, a remoção de um agente público com quem tenha tido desavenças anteriormente, o ato administrativo em questão revelará vício

a) no motivo, sendo passível de convalidação.

b) na competência, sendo passível de convalidação.

c) na forma, sendo inviável a convalidação.

d) na finalidade, sendo inviável a convalidação.

e) na competência, sendo inviável a convalidação.

9. **(Ano: 2019/Banca: CESPE/Órgão: PRF/Prova: Policial Rodoviário Federal).** No tocante a atos administrativos, julgue o item a seguir.

Tanto a inexistência da matéria de fato quanto a sua inadequação jurídica podem configurar o vício de motivo de um ato administrativo.

10. **(2019/FCC/Prefeitura de Recife/Analista de Gestão Administrativa)** Os atos administrativos têm atributos que os distinguem de outros atos jurídicos. Dentre esses atributos, a

a) presunção de legitimidade está presente apenas nos atos administrativos vinculados, porque estes são editados nos estritos termos da lei.

b) imperatividade confere aos atos administrativos a prerrogativa de serem executados independentemente de decisão judicial, desde que se trate de atos discricionários, pois os atos vinculados são obrigatórios por força de lei

c) imperatividade significa que a Administração não depende de ordem judicial para execução de suas decisões, o que não exclui esses atos do âmbito do controle judicial.

d) tipicidade confere aos atos elencados na legislação o poder de serem executados diretamente pela Administração, independentemente do tipo e natureza dos mesmos.

e) presunção de veracidade não afasta a possibilidade do ato administrativo que está produzindo efeitos ser invalidado diante da comprovação de que seu objeto ou conteúdo não são aderentes aos fatos.

11. **(2019/FCC/AFAP/Analista de Fomento - Advogado)** Dentre os elementos ou requisitos do ato administrativo, existem aqueles cuja inobservância NÃO é passível de ser sanada, a exemplo

a) os atos administrativos praticados por autoridade desprovida de competência privativa para sua edição.

b) das decisões proferidas em situações cujo substrato fático não corresponda à previsão legal expressa.

c) dos atos vinculados editados sem explicitação de motivação.

d) dos atos administrativos que não sejam objeto de publicação na imprensa oficial, em ofensa ao princípio da publicidade.

e) dos atos proferidos por autoridade pública para a qual tenha sido delegada competência privativa de autoridade superior.

12. **(2019/FCC/AFAP/Agente de Fomento Externo)** Considere a edição de ato administrativo indeferindo pedido administrativo de particular para que o poder público municipal promova urgentes reparos no leito da rua onde está situada sua residência, em razão do aparecimento de uma rachadura que vem progressivamente aumentando de tamanho, ocasionando risco a ele e demais moradores do local. Essa medida

a) constitui regular exercício de poder disciplinar, tendo em vista que não são somente os servidores públicos destinatários dessa atuação, que abrange decisões relativas a outros vínculos jurídicos.

b) deve ser impugnada judicialmente, posto que somente com autorização judicial o ente público poderia realizar contratação para aquela finalidade sem a realização de licitação.

c) admite revisão pela própria Administração pública em caso de constatação de inadequação, desde que se trate de juízo discricionário, vedado sanar vício de legalidade diretamente.

d) pode ser objeto de recurso administrativo, o que permite à Administração pública superior convalidar ou anular o ato administrativo, caso reste demonstrada sua inadequação e inconveniência diante da situação fática.

e) demandará a interposição de recurso administrativo por parte do requerente, sem prejuízo de poder adotar medidas judiciais para intervenção da obra, diante da situação emergencial caracterizada.

13. (2019/FGV/Prefeitura de Salvador – BA/Especialista em Políticas Públicas). Sobre a invalidação de um ato administrativo vinculado, praticado por um Secretário Municipal de Salvador no bojo de um processo administrativo sobre fomento de determinada política pública, é correto afirmar que, em regra, o ato pode ser

a) revogado, por questão de mérito administrativo, pelo Poder Judiciário, ou anulado, por vício de legalidade, pelo Poder Legislativo.
b) invalidado e revogado por questão de mérito e de legalidade, respectivamente, pelo próprio Poder Executivo e pelo Poder Judiciário.
c) revogado e anulado por questão de mérito e legalidade, respectivamente, pelos Poderes Executivo, Judiciário e Legislativo.
d) invalidado e revogado, por questão de mérito e de legalidade, respectivamente, somente pelo próprio Poder Executivo.
e) invalidado, por vício de legalidade, pelo próprio Poder Executivo e pelo Poder Judiciário.

14. (2019/FGV/Prefeitura de Salvador – BA/Fiscal de Serviços Municipais). Um pequeno hotel localizado no bairro do Pelourinho, no centro histórico de Salvador, decidiu aproveitar o movimento noturno da região para comercializar bebidas alcoólicas, transformando parte de sua área de recepção em um bar. Posteriormente, com o sucesso inesperado, o hotel adequou suas estruturas para funcionar exclusivamente como uma discoteca, encerrando as atividades de hospedagem.

Concernente à situação exposta, tem-se como possível resultado

a) a cassação imediata da licença do hotel pelo poder público, visto que a mudança de ramo de atividade representa um descumprimento das condições que permitiam a manutenção do ato administrativo que concedeu o alvará ao estabelecimento.
b) a caducidade do ato administrativo que viabiliza as atividades do hotel, em virtude de administração não mais julgar oportuno e conveniente o ato administrativo que permitia as atividades do estabelecimento, decorrente da mudança de ramo.
c) a invalidação dos efeitos jurídicos da atividade hoteleira do estabelecimento, amparado na impossibilidade de convalidação dos vícios insanáveis do elemento subjetivo, tendo em vista ilegalidade evidente das atividades da discoteca.
d) a revogação da permissão do estabelecimento, desde que precedido de devido processo legal, obedecendo aos princípios de ampla defesa e contraditório, sendo imprescindível a provocação do judiciário para a execução do ato.
e) o decaimento do direito de exercer a atividade de hotelaria, contanto que seja demonstrada motivação condizente com a retirada da autorização, associada diretamente à violação do estabelecimento ao omitir, do fisco, alteração cadastral.

15. (2019/FGV/Prefeitura de Salvador – BA/Fiscal de Serviços Municipais). Joaquim construiu irregularmente, sem obter qualquer licença para tal e ao arrepio dos ditames legais sobre a matéria, um muro que se iniciou nos limites de sua propriedade e se estendeu para a calçada, ocupando parte de área pública, com risco iminente de desabamento e dificultando o tráfego de pedestres.

O poder público municipal, com as formalidades legais, utilizando sua prerrogativa de direito público que, calcada na lei, lhe autoriza a restringir o uso e o gozo da propriedade privada em favor do interesse da coletividade, determinou a demolição da obra.

O poder administrativo que fundamentou a demolição e o atributo do ato administrativo que fez valer tal decisão sem necessidade de prévia intervenção do Poder Judiciário, são denominados, respectivamente,

a) normativo e coercitibilidade.
b) disciplinar e autoaplicabilidade.
c) de polícia e autoexecutoriedade.

d) sancionatório e imperatividade
e) de hierarquia e impositividade.

---

16. (2019/FGV/Prefeitura de Salvador – BA/Fiscal de Serviços Municipais). José é servidor público ocupante de cargo efetivo do executivo municipal e está lotado no departamento de recursos humanos. Após estudo estratégico de pessoal de toda a administração pública municipal, constatou-se a carência de servidores no departamento de licitação, razão pela qual o Prefeito praticou ato administrativo determinando a remoção de José para aquele órgão.

Inconformado, José impetrou mandado de segurança, pleiteando judicialmente a manutenção de sua lotação no setor de recursos humanos.

A pretensão de José merece

a) desacolhimento, porque a remoção é ato administrativo discricionário e, por esta razão, o Poder Judiciário, em regra, deve controlar apenas sua legalidade e não seu mérito.
b) acolhimento, porque a remoção é ato administrativo vinculado e, por esta razão, o Poder Judiciário, em regra, deve controlar tanto seu mérito, como sua legalidade.
c) acolhimento, porque a remoção é ato administrativo discricionário e, por esta razão, o Poder Judiciário, em regra, deve controlar o seu mérito e concluir que deve ser respeitado o direito subjetivo do servidor.
d) desacolhimento, porque, apesar de a remoção ser um ato administrativo vinculado, tanto a Administração quanto o Poder Judiciário devem analisar seu mérito, revisando os valores de oportunidade e conveniência.
e) acolhimento, porque a remoção é ato administrativo vinculado e, por esta razão, o Poder Judiciário deve controlar seu mérito e concluir que deve ser respeitado o direito subjetivo do servidor.

---

17. (2019/FGV/Prefeitura de Salvador – BA/Guarda Civil Municipal). O servidor público ocupante do cargo de Guarda Civil Municipal de Salvador, no dia a dia do exercício de suas funções, exerce diversas atividades, como executar segurança ostensiva, preventiva, uniformizada e aparelhada na proteção à população, bens, serviços e instalações do Município. Para tal, esses servidores públicos praticam alguns atos administrativos com o atributo da autoexecutoriedade, que consiste em

a) ser cogente, obrigando todos que se encontrem em seu círculo de incidência, ainda que o objetivo a ser por eles alcançado contrarie interesses privados ou públicos.
b) ser de observância e execução vinculantes a todos os administrados, tão logo haja a intimação pessoal das pessoas que tiverem sua esfera jurídica afetada pelos atos.
c) viabilizar a execução dos atos pela autoridade administrativa por motivos de conveniência e oportunidade, por serem atos vinculados e obrigatórios.
d) trazerem em si, quando praticados os atos, a presunção de legitimidade, ou seja, a presunção de que nasceram em conformidade com as devidas normas legais.
e) poder ser o ato, tão logo praticado, em regra, imediatamente executado, e seu objeto imediatamente alcançado, sem prévia intervenção do Poder Judiciário.

---

18. (2019/FGV/DPE - RJ/Administração de Empresas). Em matéria de classificação dos atos administrativos quanto ao grau de liberdade do administrador público que o pratica, o ato de primeira lotação de um Técnico Superior Especializado da Defensoria Pública aprovado em concurso público em determinado órgão e o ato de remoção por antiguidade de um Defensor Público são, respectivamente, chamados de atos:

a) simples e de império;
b) discricionário e vinculado;
c) enunciativo e de gestão;
d) declaratório e constitutivo;
e) administrativo e finalístico.

19. (2019/IADES/ CRN - 3ª Região (SP e MS) / Advogado). Ato administrativo unilateral, discricionário e precário, para o uso de bem público por particular, sem licitação, visando a atender o particular no próprio interesse e também o interesse coletivo.

A definição apresentada refere-se à

a) concessão de uso de utilidade privada.

b) autorização de uso.

c) concessão de uso temporária.

d) permissão de uso.

e) autorização de uso comum.

---

20. (2019/IADES/ CRN - 3ª Região (SP e MS) / Advogado). Em relação aos atos administrativos, assinale a alternativa correta.

a) A revogação do ato administrativo ocorre nos casos de atos inválidos, que deixaram de ser convenientes ou oportunos ao interesse público, com efeitos ex tunc.

b) A anulação do ato administrativo constitui a extinção do ato por motivos de ilegalidade e oportunidade, e possui somente efeitos ex nunc.

c) A anulação de um ato administrativo pode ser declarada pela própria administração pública e pelo Poder Judiciário.

d) A revogação é a extinção do ato administrativo por motivo de ilegalidade.

e) O ato administrativo vinculado só pode ser revogado.

---

21. (2019/IADES/ CAU - AC / Analista de Fiscalização (Arquiteto e Urbanista)). No que se refere à anulação, revogação e convalidação dos atos administrativos, assinale a alternativa correta.

a) Os atos administrativos ilegais podem ser anulados ou revogados, a critério da Administração.

b) Os atos que já exauriram os respectivos efeitos e os atos vinculados podem ser revogados.

c) Vícios de legalidade e na forma admitem convalidação.

d) O Poder Judiciário pode apreciar pedido de revogação e revogar ato administrativo, ainda que seja necessária a análise da discricionariedade (oportunidade e conveniência) do ato.

e) A Administração pode anular os próprios atos, quando eivados de vícios que os tornam ilegais, ou revogá-los, por motivo de conveniência ou oportunidade, respeitados os direitos adquiridos, e ressalvada, em todos os casos, a apreciação judicial.

---

22. (2019/IADES/ CAU - AC / Auxiliar Administrativo). Assinale a alternativa que apresenta corretamente os requisitos de validade ou elementos dos atos administrativos.

a) Motivação, finalidade, competência e discricionariedade.

b) Competência, finalidade, motivo, tipicidade e imperatividade.

c) Presunção de legalidade, autoexecutoriedade, tipicidade e imperatividade

d) Presunção de legalidade, autoexecutoriedade, motivo e competência.

e) Finalidade, forma, competência, objeto e motivo.

---

23. (2019/IADES/ SEASTER - PA / Técnico de Enfermagem). O ato de investidura em cargo público ou função gratificada é denominado

a) nomeação.

b) exercício.

c) aprovação.
d) promoção.
e) posse.

---

24. (2019/IADES/ CRF - TO / Assistente Administrativo). Assinale a alternativa que apresenta um dos requisitos do ato administrativo, necessário para o respectivo aperfeiçoamento e para a produção de efeitos jurídicos válidos.

a) Competência
b) Veracidade
c) Imperatividade
d) Legitimidade
e) Legalidade

---

25. (2019/IADES/ AL - GO / Policial Legislativo). Acerca da competência para a prática do ato administrativo, assinale a alternativa correta.

a) Se não houver impedimento legal, parte da competência pode ser delegada.
b) Não pode ser delegada em razão de circunstância de índole econômica.
c) A edição de atos de caráter normativo poderá ser delegada.
d) O ato de delegação não precisa ser publicado na imprensa oficial.
e) O ato de delegação é irrevogável.

---

26. (2019/IADES/ AL - GO / Policial Legislativo). Acerca da anulação do ato administrativo, assinale a alternativa correta.

a) A Administração não deve anular seus atos ilegais.
b) Somente o chefe do Poder Legislativo pode anular os atos ilegais da Administração Pública.
c) Em nenhuma hipótese, a Administração deve anular os atos administrativos ilegais.
d) A Administração deve anular seus próprios atos, quando apresentarem vício de legalidade.
e) Cabe ao chefe da Polícia Federal requerer a declaração de nulidade de ato administrativo.

---

27. (2019/IADES/ AL - GO / Policial Legislativo). Acerca da revogação dos atos administrativos, assinale a alternativa correta.

a) A Administração não poderá revogar seus atos em qualquer hipótese.
b) A Administração poderá revogar seus atos por motivo de conveniência e oportunidade.
c) Somente os atos de império poderão ser revogados.
d) Cabe ao Poder Judiciário revogar os atos administrativos.
e) O presidente da República pode revogar ato da Assembleia Legislativa Estadual.

---

28. (2019/IADES/ AL - GO / Policial Legislativo). Os seguintes são requisitos do ato administrativo:

a) simetria, adaptação, liberdade e autonomia.
b) legalidade, autoridade e eficiência.
c) modicidade, publicidade e conteúdo.
d) moralidade, anterioridade e hierarquia.
e) competência, finalidade, forma, motivo e objeto.

GABARITO	
Questão	Resposta
01	E
02	C
03	E
04	C
05	D
06	C
07	A
08	D
09	C
10	E
11	B
12	E
13	E
14	A
15	C
16	A
17	E
18	B
19	D
20	C
21	E
22	E
23	E
24	A
25	A
26	D
27	B
28	E

Capítulo VI

Poderes Administrativos

Sumário • 1. Introdução; 1.1. Deveres do administrador; 1.2. Abuso de poder; 2. Poderes administrativos; 2.1. Poder hierárquico; 2.2. Poder disciplinar; 2.2.1. Características; 2.2.2. Prazos para aplicação das sanções previstas na Lei nº 8.112/90; 2.2.3. Prazo para conclusão do processo administrativo disciplinar; 2.2.4. Cumulação de sanções (administrativa/penal); 2.2.5. Presença de defesa técnica por advogado no PAD; 2.2.6. Prova emprestada do processo penal; 2.2.7. Desconto na folha do servidor; 2.3. Poder normativo (Poder Regulamentar); 2.3.1. Decreto (exercício do poder regulamentar); 2.3.2. Controle judicial; 2.3.3. Deslegalização; 2.4. Poder discricionário e poder vinculado; 2.4.1. Surgimento da discricionariedade; 2.5. Poder de polícia; 2.5.1. Abrangência do poder de polícia; 2.5.2. Crítica doutrinária à expressão poder de polícia; 2.5.3. Fundamento; 2.5.4. Decorrência do poder extroverso do Estado; 2.5.5. Atributos ou prerrogativas ou características do poder de polícia; 2.5.6. Caráter negativo do poder de polícia; 2.5.7. Meios de expressão; 2.5.8. Espécie tributária; 2.5.9. Poder de polícia em sentido amplo; 2.5.10. Poder de polícia em sentido estrito; 2.5.11. Competência para exercer o poder de polícia; 2.5.12. Delegação do poder de polícia aos particulares; 2.5.13. Poder de polícia originário e derivado; 2.5.14. Sanções de polícia; 2.5.15. Polícia administrativa e polícia judiciária; 2.5.16. Condições de validade; 2.5.17. Prescrição. **Estudo Avançado**: 1. Poder hierárquico; 2. Poder disciplinar; 3. Poder regulamentar; 3.1. Decreto autônomo; 4. Poder de Polícia; 4.1. Atributos/características do poder de polícia; 4.2. Poder de polícia e serviços públicos; 4.3. Delegação do poder de polícia aos particulares; 4.4. Princípio da exigência de voluntariedade para incursão de infração; 4.5. Polícia Administrativa e Polícia Judiciária; Revisão; 5. Questões.

1. INTRODUÇÃO

O exercício da atividade administrativa deve estar voltado, a todo instante, para o alcance do interesse público. Desse modo, a Administração necessita de instrumentos para que o objetivo seja alcançado.

Segundo José dos Santos Carvalho Filho, os poderes administrativos são o conjunto de prerrogativas de direito público que a ordem jurídica confere aos agentes administrativos, com o objetivo de permitir que o Estado alcance seus fins.

Poderes administrativos não devem ser confundidos com os Poderes do Estado (Executivo, Legislativo e Judiciário).

Segundo a doutrina, o vocábulo poder não deve ser entendido como uma faculdade para a Administração, pois, quando a situação estiver configurada, o poder **deve** ser exercido. Nesse sentido, a doutrina utiliza a expressão "poder-dever" ou "dever-poder", ou seja, a Administração tem o dever de valer-se de todos os poderes que estão à sua disposição.

Exemplo: *Daniel é surpreendido subtraindo cartuchos de impressora na repartição em que trabalha. Seu chefe imediato leva o fato ao conhecimento da autoridade competente, que instaura o procedimento para apurar a suposta infração. No final do procedimento, fica provado que Daniel realmente subtraiu os cartuchos. O procedimento é encaminhado para Henrique, chefe da repartição, para a aplicação de uma sanção (poder disciplinar). Entretanto, Henrique mantém laços antigos de amizade com Daniel* *e deixa de aplicar a devida punição. Nesse caso, houve a inércia do agente público (Henrique), que deve responder na via administrativa e, se for o caso, na via penal, pois é crime de condescendência criminosa*[1] o superior deixar de punir o subordinado por motivo pessoal.

O não exercício de um poder administrativo pode levar à responsabilidade administrativa e penal do agente público, bem como à responsabilidade civil da Administração se causar dano a particulares.

1.1. Deveres do administrador

Em razão dos poderes conferidos ao agente público, surgem alguns deveres:

a) **Dever de agir**: como dito anteriormente, o agente público tem o dever de utilizar os poderes que estão à sua disposição. Não pode o agente público manter-se inerte diante de situação em que o poder deva ser exercido.

b) **Dever de prestar contas**: o agente público ocupa uma função pública e representa a sociedade, portanto, tem o dever de ser transparente e expor a atividade desenvolvida e os custos dessa atividade.

c) **Dever de eficiência**: não basta atuar de acordo com a lei; no exercício de seus poderes, o administrador deve desempenhá-los com eficiência (presteza, perfeição, rendimento, qualidade e economicidade).

d) **Dever de probidade**: deve o agente público atuar com boa-fé, ética e honestidade no exercício de suas funções.

A inobservância do dever de probidade pode resultar na interposição de ação de improbidade, com as sanções impostas pelo art. 37, § 4º, e pela Lei nº 8.429/92.

Diz o Texto Constitucional que o ato de improbidade poderá resultar nas seguintes consequências:[2]

a) suspensão dos direitos políticos;

b) perda da função pública;

c) ressarcimento ao Erário;

d) indisponibilidade dos bens.

1.2. Abuso de poder

Por outro lado, o exercício dos poderes administrativos deve ser utilizado de modo correto, a fim de que o agente público não cometa o **abuso de poder**.

O abuso de poder ocorre quando a autoridade, embora competente para praticar o ato, **ultrapassa** os limites de suas atribuições, pratica ato visando ao interesse próprio ou utiliza atos para **finalidades** não previstas em lei.

---

1 Condescendência criminosa – art. 320 do Código Penal: Deixar o funcionário, por indulgência, de responsabilizar subordinado que cometeu infração no exercício do cargo ou, quando lhe falte competência, não levar o fato ao conhecimento da autoridade competente: Pena – detenção, de quinze dias a um mês, ou multa.

2 No Capítulo XI, abordamos detalhadamente a Lei de Improbidade Administrativa.

A utilização do poder deve guardar conformidade com o que a lei dispuser. Pode-se concluir, então, que o abuso de poder (gênero) é a conduta ilegítima do administrador, quando atua fora dos objetivos expressa ou implicitamente traçados na lei.

O abuso de poder pode ocorrer de forma comissiva ou omissiva. A Lei nº 9.784/99 determina que a Administração tem o dever de, explicitamente, emitir decisão nos processos administrativos e sobre solicitações ou reclamações, em matéria de sua competência.

O abuso de poder pode ocorrer de duas formas:

a) **Excesso de poder**: quando a autoridade, embora competente para praticar o ato, vai além do permitido e exorbita no uso de suas faculdades administrativas.

b) **Desvio de finalidade ou desvio de poder**: embora atuando nos limites de sua competência, pratica o ato por motivos pessoais ou com fins diversos dos objetivos dados pela lei ou exigidos pelo interesse público. Ex.: desapropriação para prejudicar desafeto político, remoção de servidor com caráter punitivo.

O desvio da finalidade pode ser genérico ou específico. Os atos administrativos têm finalidade genérica – satisfação do interesse público – e finalidade específica – fim específico do ato que foi criado.

Na prática dos atos, não basta o atendimento apenas à finalidade genérica deles – deve ser observada também a finalidade específica de cada um. O ato de remoção de servidor, por exemplo, tem por fim de interesse público (finalidade genérica) a adequação da lotação do servidor (finalidade específica). Dessa forma, a remoção somente pode ser utilizada para esse fim específico (adequar a lotação do servidor).

O abuso de poder pelo excesso viola o requisito de **competência** do ato administrativo. Por outro lado, o abuso de poder pelo desvio viola o requisito da **finalidade**.

A Lei de Improbidade Administrativa prevê que praticar ato visando fim proibido em lei ou regulamento ou diverso daquele previsto, na regra de competência, é ato de improbidade que viola princípio da Administração (art. 11).

ABUSO DE PODER	
EXCESSO	**DESVIO**
viola a competência	viola a finalidade

No exercício dos poderes administrativos, todos os princípios expressos e implícitos na Constituição devem ser observados. O ato que manifesta o exercício do poder administrativo deve ser legal, moral, impessoal, razoável, proporcional, motivado, com garantia de ampla defesa e contraditório etc.

2. PODERES ADMINISTRATIVOS

2.1. Poder hierárquico

É o que dispõe a Administração para distribuir e escalonar as funções de seus órgãos, ordenar e rever a atuação de seus agentes, estabelecendo a relação de subordinação entre os servidores e os órgãos integrantes de uma mesma estrutura.

A relação hierarquizada dentro da Administração é essencial. Não é possível conceber uma estrutura administrativa que não tenha vários órgãos e agentes mantendo uma relação de subordinação. Apenas para efeito de compreensão, comparemos a Administração a uma empresa privada. Numa instituição privada, também existe hierarquia, em que convivem várias autoridades que mantém uma estrutura escalonada para o perfeito funcionamento da instituição. Caso contrário, essa instituição privada não teria sucesso no objetivo perseguido. A Administração também necessita dessa divisão hierárquica, mas para atingir o interesse público. Dessa relação hierárquica surgem algumas consequências.

Importante destacar que é dever do servidor público obedecer às ordens dos superiores, salvo quando manifestamente ilegais (art. 116, V, Lei nº 8.112/90).

2.1.1. Consequências da hierarquia

a) **Poder de fiscalização e revisão**: com efeito, órgãos superiores fazem a fiscalização e a revisão de atos praticados por órgãos inferiores, para a verificação do exercício correto da atividade e para a devida correção dos atos, seja revogando os inconvenientes e inoportunos ou anulando os ilegais (autotutela).

b) **Poder de delegação e avocação**: a delegação e avocação ocorrem em situações em que o sujeito que recebeu atribuição da lei não pratica o ato. Na delegação, a autoridade transfere parte de suas atribuições para outro agente praticar o ato em seu lugar. Na avocação, uma autoridade chama para si ato que seria de seu subordinado.

Como exemplo de **delegação** podemos apontar decreto expedido pelo Presidente da República que transferiu para Ministros de Estado a competência de aplicar demissão a servidores subordinados ao seu ministério, bem como o Decreto nº 6.944/09, em que o Presidente da República delega competência ao Ministro de Estado do Planejamento, Orçamento e Gestão para autorizar a realização de concursos públicos nos órgãos e entidades da Administração Pública Federal Direta, autárquica e fundacional, ressalvadas as carreiras de Advogado da União, de Procurador da Fazenda Nacional e de Procurador Federal, que devem ficar sob responsabilidade do Advogado-Geral da União.

Apesar de a delegação de atribuições ser uma consequência da hierarquia, a Lei nº 9.784/99, art. 11, não exige relação hierarquizada para a delegação de atos. Desse modo, mesmo entre órgãos ou agentes não subordinados entre si é possível haver delegação.

Por outro lado, a **avocação** ocorre quando o superior hierárquico subtrai parte da competência atribuída originariamente ao seu subordinado. Importante salientar que a avocação é uma medida excepcional, e que a lei não prevê a avocação de atribuição de órgão ou agente não subordinado.

Como exemplo de avocação podemos apresentar a possibilidade de o Conselho Nacional de Justiça – CNJ avocar processo disciplinar que tramita contra juiz.

Ao contrário da delegação, entretanto, a avocação só ocorre em situações excepcionais e temporárias e exige relação de hierarquia. Assim, para haver avocação, deve existir uma autoridade superior, que chama para si ato que seria de seu subordinado. Para o estudo aprofundado sobre delegação e avocação, ver o Capítulo XII, que aborda o Processo Administrativo Federal, Lei nº 9.784/99, artigos 11 a 17.

c) **Poder de punir**: o exercício do poder de punir exige relação de hierarquia. Com efeito, se não houvesse na Administração uma estrutura dividida em vários órgãos e agentes, com relação de hierarquia entre si, não haveria a possibilidade de serem aplicadas sanções aos servidores, pois, para isso, é essencial que um superior aplique punição ao seu subordinado. Imaginemos se não houvesse hierarquia na Administração, se todos fossem do mesmo nível, sendo todos chefes ou todos subordinados. Nesta hipótese, seria inviável que pessoas de mesma hierarquia aplicassem sanção umas às outras.

Veremos mais adiante que o poder disciplinar é o poder da Administração de punir internamente as infrações funcionais cometidas por seus servidores. O exercício do poder disciplinar, quando aplicado aos servidores públicos, depende de hierarquia, ou seja, o poder disciplinar está intimamente ligado ao poder hierárquico, pois dele decorre.

2.1.2. Relações não hierarquizadas

Como dito, a Administração necessita de uma estrutura organizada hierarquicamente, para que o fim público seja atingido. Entretanto, existem situações da Administração em que não está presente a hierarquia.

a) Entre os Poderes do Estado

Entre os Poderes Executivo, Legislativo e Judiciário não há hierarquia, pois são independentes e harmônicos entre si, conforme o art. 2º da CF.

b) Entre Administração Direta e Indireta

Entre a Administração Direta e suas entidades que compõem a Administração Indireta não há relação de subordinação, e sim de vinculação.

Na *descentralização* administrativa por outorga são criadas novas pessoas jurídicas dotadas de personalidade jurídica própria (autarquias, fundações, empresas públicas e sociedades de economia mista), que têm capacidade para responder por seus próprios atos e exercer suas atividades com autonomia. Essas entidades não estarão subordinadas ao ente central, mas apenas vinculadas e sujeitas ao controle finalístico.

Já na *desconcentração*, os órgãos criados não possuem personalidade jurídica própria, assim, a pessoa jurídica que fez a distribuição interna de competências mantém a responsabilidade sobre atos de seus órgãos, exercendo o controle hierárquico.

Dentro da Administração Indireta, pode haver, contudo, hierarquia entre os vários órgãos internos. Assim, uma autarquia (Administração Indireta), por exemplo, o Detran, pode se constituir internamente em vários órgãos, cada um destinado a uma matéria específica: setor de multas, setor de carteiras de habilitação, setor de renovação de carteiras, divisão de credenciamento de autoescolas. O que não existe é hierarquia entre Administração Direta e Indireta, e vice-versa.

c) Entre as pessoas políticas

As pessoas políticas que compõem a Federação são: União, estados, DF e municípios. Cada Ente político recebe autonomia financeira, administrativa e política. Dessa forma, o que há entre os Entes políticos é uma divisão de atribuições. Cada um recebe da CF autonomia para instituir seus tributos e se organizar administrativa e politicamente. Portanto, se são entes autônomos, não podem estar presentes as consequências da hierarquia.

d) Nas funções típicas do Poder Judiciário e Legislativo

Hierarquia é a relação de subordinação existente entre os vários órgãos e agentes da Administração. Assim, conclui-se que não há hierarquia nas funções **típicas** do Poder Judiciário e do Legislativo, pois ela é privativa da função executiva.

De fato, no exercício da jurisdição, poder do Estado de substituir a vontade das partes e dizer o direito diante do caso concreto, função desempenhada pelo Poder Judiciário, não há hierarquia. O juiz tem total liberdade para decidir o caso que está apreciando, conforme a solução que entender a mais razoável. O que há no Judiciário é uma divisão de atribuições, competências. O juiz de primeiro grau terá uma atribuição, o juiz de segundo grau (tribunais) terá outra, e aos Ministros de Tribunal Superior a CF destinou uma competência diversa (especial), mas todos exercem sua atribuição com total liberdade para dar a solução segundo sua análise do caso concreto.

A independência no exercício da função jurisdicional ficou, contudo, relativizada, em razão do sistema de **súmulas vinculantes,** inserido pela Emenda Constitucional nº 45/04, acrescentando o art. 103-A à Constituição da República. O referido dispositivo preceitua que o Supremo Tribunal Federal poderá, de ofício ou por provocação, mediante decisão de dois terços dos seus membros, após reiteradas decisões sobre matéria constitucional, aprovar súmula que, a partir de sua publicação na imprensa oficial, **terá efeito vinculante em relação aos demais órgãos do Poder Judiciário** e à Administração Pública Direta e Indireta, nas esferas federal, estadual e municipal. Em relação ao **ato administrativo** ou **decisão judicial** que contrariar a súmula aplicável ou que indevidamente a aplicar, caberá reclamação ao Supremo Tribunal Federal, que, julgando-a procedente, anulará o ato administrativo ou **cassará a decisão judicial** reclamada, e determinará que outra seja proferida com ou sem a aplicação da súmula, conforme o caso.

No exercício de uma **função administrativa** (função atípica), exercida pelo Poder Judiciário, entretanto, há hierarquia. Entre os diversos juízes de determinado tribunal, existe um que organiza hierarquicamente esse órgão. Um juiz, para poder tirar férias ou licença, deve solicitar ao Presidente do Tribunal, para que a melhor data seja marcada, pois aquele sofre as consequências da hierarquia. O mesmo raciocínio ocorre no Poder Legislativo.

2.2. Poder disciplinar

É o poder de punir internamente as infrações funcionais dos servidores e demais pessoas sujeitas à disciplina administrativa.

De acordo com o conceito apresentado, o poder disciplinar incide não só em relação aos servidores da Administração, mas também em relação aos particulares que mantém algum tipo de vínculo mais próximo com ela, por exemplo, concessionários e permissionários, que podem sofrer determinadas sanções em razão de inexecução contratual ou falha na execução (exs.: advertência e multa).

A aplicação de sanções aos particulares normalmente decorre de manifestação do poder de polícia. Para se distinguir quando a multa decorre do poder de polícia ou do poder disciplinar, deve-se verificar se o particular que sofre a sanção possui apenas um **vínculo geral** (*relação de supremacia geral*) com o Estado, pois, nesse caso, a sanção decorrerá de expressão do poder de polícia. Por outro lado, se o administrado possui **relação especial** (*supremacia especial*) com o Estado, a sanção decorrerá do poder disciplinar.

Exemplo 1: *Concessionários são pessoas de direito privado que executam serviços públicos por sua conta e risco. É o caso de empresas de transporte coletivo, que participam de licitação para celebrarem contrato de concessão de serviço público. Essas empresas possuem vínculo especial com a Administração, uma vez que o contrato de concessão estreitou a relação com o Poder Público. Se a concessionária não realiza adequadamente a prestação do serviço, poderá sofrer aplicação de advertência ou multa. Nessa hipótese, a sanção decorrerá do exercício do poder disciplinar.*

Exemplo 2: *Um particular qualquer passa em barreira eletrônica com excesso de velocidade, recebendo multa como sanção. Essa multa decorre do poder de polícia, pois esse particular tem apenas um vínculo geral com o Poder Público, uma vez que a relação com o Estado é a mesma dos demais administrados, não havendo nenhuma ligação mais próxima com a Administração.*

2.2.1. Características

Característica desse poder é a sua **discricionariedade.** A palavra discricionariedade tem que ver com margem de liberdade para se decidir sobre o ato mais adequado a ser proferido. Entretanto, essa discricionariedade do poder disciplinar deve ser compreendida em seus dois sentidos:

A) A discricionariedade do poder disciplinar reside no fato de que a Administração não está vinculada à prévia definição da lei sobre a infração funcional e a respectiva sanção, havendo uma margem de liberdade para avaliar o ato ilegal praticado pelo servidor, a fim de aplicar a penalidade mais adequada. O art. 128 da Lei nº 8.112/90 exige que, antes de a sanção ser aplicada, devem ser analisados: a conduta do servidor, os seus antecedentes, a gravidade da situação e os danos gerados ao serviço público. Ou seja, todo esse conjunto deve ser aferido para que se possa aplicar uma penalidade.

Exemplo 1: *Guilherme é servidor de um tribunal, sempre atendendo às determinações que lhe são impostas, cumprindo o dever de obediência estabelecido pela Lei nº 8.112/90. Em determinado dia, Guilherme está andando pelo tribunal sem o uso do crachá e é surpreendido por um superior, que determina a instauração de um processo administrativo disciplinar para apurar a infração e aplicar uma sanção. Nesse caso, caberia advertência em razão do não cumprimento do comando de utilização do crachá de identificação, já que a infração não gerou nenhum dano para a Administração; o servidor tinha bons antecedentes e a situação não foi tão gravosa a ponto de gerar uma sanção mais severa.*

Exemplo 2: *Geraldo é agente penitenciário e, em determinado dia, se ausenta do serviço, sem autorização de seu superior. Analisando o ato cometido pelo servidor e a Lei 8.112/90, caberia apenas advertência, uma vez que essa é a punição determinada pelo art. 129 da citada Lei. Mas vamos imaginar que Geraldo já recebeu a penalidade de advertência, em razão de, em outras ocasiões, ter praticado o mesmo ato, e que, dessa última vez em que se ausentou sem autorização do chefe imediato, aconteceu uma fuga de presos, sobretudo em razão de sua ausência. Nesse caso, analisando-se os antecedentes do servidor, a gravidade da situação e os danos causados, poderia ser aplicada uma suspensão ou até mesmo a demissão ao servidor.*

B) O segundo aspecto da discricionariedade do poder disciplinar está no sentido de que não há a necessidade de prévia definição em lei da infração administrativa e da sanção a ser aplicada. No ramo do direito penal, o ilícito penal deve estar previamente definido em lei (especificação prévia e precisa do fato e da sanção penal) – trata-se do princípio da tipicidade. Mas, para o direito administrativo, não há necessidade de todas as infrações administrativas estarem previamente definidas em diploma legal e, ainda, acompanhadas da sanção cabível; nesse caso, para o direito administrativo, prevalece o **princípio da atipicidade**.

Por exemplo: servidor surpreendido praticando atos libidinosos na biblioteca do órgão em que trabalha. Essa conduta não está "tipificada" como infração administrativa, ou seja, nenhuma lei que trata de infração cometida por servidor apresenta especificamente essa infração e nenhuma informação sobre a sanção a ser aplicada nesse caso. Dessa forma, a autoridade competente, tomando ciência do ocorrido, analisará a conduta praticada, para verificar qual a punição mais adequada à situação.

No direito penal isso não ocorre. Nesse ramo do direito, todo crime deve estar prévia e precisamente fixado em lei, e também a pena a ser imposta. No direito administrativo, o que encontramos nas legislações são expressões "abertas", que permitem enquadrar o ato cometido nessa expressão abrangente que não tem definição exata, por exemplo, "conduta indecorosa". Assim, servidor surpreendido praticando atos libidinosos na biblioteca em que trabalha pode ter o ato enquadrado como conduta indecorosa, ou seja, pessoa que não controla seus impulsos sexuais, podendo-se aplicar advertência, suspensão ou demissão ao infrator.

Apesar de prevalecer o princípio da atipicidade no direito administrativo, nada impede que o legislador estabeleça situação de tipicidade específica, definindo previamente o ilícito administrativo e a respectiva penalidade. Isso ocorre com o abandono do cargo, conduta descrita como a ausência intencional do servidor ao serviço por mais de trinta dias consecutivos, art. 138, da Lei nº 8.112/90. Prevê a lei que, para essa conduta irregular do servidor, será aplicada a demissão. Nesse contexto, se o servidor se ausentou intencionalmente por mais de 30 dias, deve haver demissão. No entanto, se a ausência se deu por tempo inferior, a penalidade de demissão não poderá ser aplicada.

COMO ESSE ASSUNTO TEM SIDO ABORDADO NAS PROVAS

- **(TJCE – Analista Judiciário – Área Administrativa – Cespe – 2008)** No direito administrativo, ao contrário do direito penal, prevalece o princípio da atipicidade. A maior parte das infrações não está descrita na lei e fica sujeita à discricionariedade administrativa em face de cada situação concreta. Para efeito de enquadramento do ilícito, deve-se levar em conta sua gravidade e as consequências para o setor público.

  Resposta: Certo.

- **(84º Concurso de Ingresso na Carreira do Ministério Público do Estado de São Paulo – 2005)** A discricionariedade do poder disciplinar deve ser compreendida no sentido de que não está vinculada à prévia definição da lei sobre a infração funcional e a respectiva sanção.

  Resposta: Certo.

- **(Cespe – Auditor Interno de Minas Gerais – 2009)** No exercício do poder disciplinar, o administrador se sujeita ao princípio da pena específica, estando estritamente vinculado à prévia definição da lei acerca da infração funcional e da respectiva sanção.

  Resposta: Errado.

Apesar do entendimento majoritário da doutrina, o STJ possui jurisprudência no sentido de ser **ato vinculado** o que aplica sanção disciplinar ao servidor:

> *Mandado de segurança. Servidor público civil. Processo administrativo disciplinar. Mérito administrativo. Reapreciação. Legalidade. Sanção disciplinar. Aplicação. Aspecto discricionário. Inexistência. Comissão disciplinar. Integrante. Servidor*

> *público não estável. Nulidade.* ***I – Descabido o argumento de impossibilidade de reapreciação do mérito administrativo pelo Poder Judiciário no caso em apreço, pois a questão posta diz respeito exclusivamente a vício de regularidade formal do procedimento disciplinar, qual seja, defeito na composição da comissão processante. II – Ademais, é de se registrar que inexiste aspecto discricionário (juízo de conveniência e oportunidade) no ato administrativo que impõe sanção disciplinar. Nesses casos, o controle jurisdicional é amplo e não se limita a aspectos formais (Precedente: MS nº 12.983/DF, 3ª Seção, da minha relatoria, DJ de 15.2.2008).*** *III – É nulo o processo administrativo disciplinar cuja comissão processante é integrada por servidor não estável (art. 149, caput, da Lei nº 8.112/90). Ordem concedida (MS 12.636/DF, Rel. Ministro Felix Fischer, Terceira Seção, julgado em 27.08.2008, DJe 23.09.2008).*[3]

Realmente, o poder disciplinar tem caráter **vinculado,** no sentido de que, se ficar detectado que o servidor cometeu ato ilegal, deve ser instaurado processo disciplinar e, uma vez provado que houve o ato violador da ordem jurídica, a sanção administrativa deve ser aplicada. É nesse sentido que deve ser entendido o aspecto vinculado do poder disciplinar.

Por isso, o poder disciplinar é vinculado quanto ao dever de punir e discricionário quanto à seleção da pena aplicável.

A motivação da punição disciplinar é sempre indispensável para a validade do ato. A exigência de justificação do ato é um princípio implícito da CF e expresso na Lei nº 9.784/99, que exige motivação com indicação dos fatos e fundamentos jurídicos, quando do ato resultar imposição de sanção.

2.2.2. Prazos para aplicação das sanções previstas na Lei nº 8.112/90

Conforme a Lei nº 8.112/90, os prazos para aplicação das sanções disciplinares aos servidores públicos federais são contados a partir de quando o fato se tornou CONHECIDO, nos seguintes termos:

QUADRO DE PENALIDADES			
PENALIDADE	**DISPOSITIVO LEGAL**	**PRESCRIÇÃO**	**CANCELAMENTO DO REGISTRO**
ADVERTÊNCIA	Art. 117, I a VIII e XIX.	**180** dias	**3** anos
SUSPENSÃO	Art. 117, XVII e XVIII. Reincidência em advertência. Negar-se a exame médico.	**2** anos	**5** anos
DEMISSÃO	Arts. 117, IX a XVI, e 132.	**5** anos	–

A competência para aplicação das penalidades está disposta no art. 142 da Lei nº 8.112/90.

> *I – pelo Presidente da República, pelos Presidentes das Casas do Poder Legislativo e dos Tribunais Federais e pelo Procurador-Geral da República, quando se tratar*

3 No mesmo sentido, RMS 19741/MT, Rel. Ministro Felix Fischer, Quinta Turma, julgado em 11.03.2008, *DJe* 31.03.2008; MS 11.955/DF, Rel. Ministro Paulo Medina, Terceira Seção, julgado em 14.03.2007, *DJ* 02.04.2007, p. 229.

de demissão e cassação de aposentadoria ou disponibilidade de servidor vinculado ao respectivo Poder, órgão, ou entidade;

II – pelas autoridades administrativas de hierarquia imediatamente inferior àquelas mencionadas no inciso anterior quando se tratar de suspensão SUPERIOR a 30 (trinta) dias;

III – pelo chefe da repartição e outras autoridades na forma dos respectivos regimentos ou regulamentos, nos casos de advertência ou de suspensão de ATÉ 30 (trinta) dias;

IV – pela autoridade que houver feito a nomeação, quando se tratar de destituição de cargo em comissão.

2.2.3. Prazo para conclusão do processo administrativo disciplinar

De acordo com a jurisprudência do STJ, o prazo para a conclusão do processo administrativo disciplinar (PAD) é de 140 dias. Esse prazo se refere aos 60 dias, prorrogáveis por mais 60, do PAD, acrescido de mais 20 dias que a autoridade tem para proferir decisão (60 + 60 + 20). Depois de decorrido esse período, a prescrição volta a correr normalmente.

A Lei nº 8.112/90, art. 142, determina que a instauração da sindicância ou do PAD **interrompe** a prescrição até a decisão final proferida pela autoridade competente. Assim, estabeleceu a citada lei que a prescrição fica interrompida até a decisão final a ser proferida, ou seja, o PAD poderia ter prazo indeterminado, e apenas com a decisão final é que se iniciariam novamente os prazos prescricionais vistos. Foi em razão desse equívoco que o STJ estabeleceu o prazo de 140 dias para a conclusão do PAD. Para o cálculo desse prazo, foi levado em consideração o período de 120 dias para a apuração e 20 dias para o julgamento.[4]

2.2.4. Cumulação de sanções (administrativa/penal)

O poder disciplinar é exercido pela Administração. Entretanto, se a infração disciplinar praticada pelo servidor caracterizar ilícito criminal, aquele responderá também na esfera penal. Pela responsabilidade administrativa, o servidor responde com o seu cargo, podendo-se ter como resultado advertência, suspensão ou demissão, como regra. Já em relação à responsabilidade penal, o servidor poderá responder com a sua liberdade.

As vias administrativa e penal são independentes. Portanto, o servidor pode ser condenado ou absolvido nas duas esferas, ou pode ser condenado na esfera administrativa e absolvido na esfera penal e vice-versa. Entretanto, a via administrativa ficará vinculada à esfera penal na hipótese do art. 126 da Lei nº 8.112/90:

Art. 126. A responsabilidade administrativa do servidor será afastada no caso de absolvição criminal que negue a existência do fato ou sua autoria.

De acordo com o dispositivo legal supracitado, se ficar PROVADO, na **esfera penal,** que o fato não aconteceu ou que o servidor não foi o autor, nesse caso a decisão absolutória da esfera penal deve determinar também absolvição na via administrativa. Assim, absolvido na esfera penal com base em um desses dois fundamentos, o servidor não poderá receber punição na via administrativa. O fundamento para essa vinculação tem razão de ser, pois uma condenação na

4 REsp 371.138/PR, Rel. Ministro Vicente Leal, Sexta Turma, julgado em 04.06.2002, *DJ* 01.07.2002, p. 419.

esfera penal é muito mais gravosa do que na esfera administrativa; assim, a prova produzida nessa via deve ser analisada e produzida com muito mais rigor e com auxílio de um corpo técnico mais especializado. Por isso, não teria sentido, se ficasse provado, na esfera penal, que o fato não aconteceu ou que não foi o servidor que o cometeu, a condenação, pelo mesmo fato, na esfera administrativa.

Exemplo: *Leonardo ocupa cargo efetivo de médico em hospital público e, supostamente, exige importância em dinheiro para realizar uma consulta. Em razão da suposta ilegalidade, serão abertos um PAD e um processo criminal, pois o fato supostamente cometido por Leonardo se enquadra no crime de concussão, previsto no Código Penal. Se, na via penal, Leonardo prova que não exigiu nenhuma vantagem, ou seja, não houve o crime de concussão, ou que não foi ele quem cometeu o delito, haverá obrigatoriamente absolvição no processo administrativo.*

ATENÇÃO: As bancas de concurso, geralmente, colocam questões em que o servidor foi absolvido na esfera penal por "falta/ausência de provas", mas essa hipótese não vincula a decisão administrativa. Uma primeira situação é ficar provado que o fato não aconteceu ou que não foi o servidor o autor; outra situação é uma decisão absolutória na esfera penal, com fundamento de não terem sido reunidas provas suficientes para imputar o crime ao agente.

Não é necessário pedir a suspensão do PAD enquanto tramita o processo na esfera penal, uma vez que as vias são independentes. Entretanto, se o processo administrativo foi encerrado antes do processo penal e resultou em demissão do servidor, caso ele venha a ser absolvido na esfera penal por um dos fundamentos do art. 126 da Lei nº 8.112/90, deverá pedir sua **reintegração** ao cargo anteriormente ocupado, com o ressarcimento de todas as vantagens.

2.2.5. Presença de defesa técnica por advogado no PAD

Nesse ponto, temos uma aparente contradição. Conforme a Súmula nº 343 do STJ, publicada no dia 21.09.07, "é obrigatória a presença de advogado em todas as fases do processo administrativo disciplinar". Entretanto, meses depois à edição da súmula pelo STJ, o STF editou a Súmula Vinculante nº 5, em sentido contrário, com a seguinte redação: "A falta de defesa técnica por advogado no processo administrativo disciplinar não ofende a Constituição." Assim, conforme o entendimento consolidado pelo Supremo, o servidor pode enfrentar um processo administrativo sem defesa especializada, e isso não ofenderá aos princípios do contraditório e ampla defesa. O servidor deve ter a oportunidade de constituir advogado para sua defesa, mas, se preferir não o fazer, suportará a sanção imposta.

De acordo com o art. 103-A da CF, a súmula vinculante terá efeito vinculante em relação aos **demais órgãos do Poder Judiciário** e à Administração Pública Direta e Indireta, nas esferas federal, estadual e municipal. Portanto, o STJ deve seguir a orientação fixada pela Súmula Vinculante nº 5 do STF. O Superior Tribunal de Justiça, em seus julgados mais recentes, já vem se curvando à posição do Supremo.

O entendimento a ser seguido para provas de concurso, portanto, é no sentido de que não se exige a presença obrigatória de advogado em processo disciplinar (Súmula Vinculante nº 5 do STF).

COMO ESSE ASSUNTO TEM SIDO ABORDADO NAS PROVAS

- **(Instituto de Previdência dos Servidores do Estado do Espírito Santo – Advogado – Cespe – 2010)** A falta de defesa técnica por advogado no processo administrativo disciplinar ofende a CF.

  Resposta: Errado.

2.2.6. *Prova emprestada do processo penal*

Caso o servidor pratique um ato que seja ao mesmo tempo ilícito penal e ilícito administrativo, seria possível transportar, para o processo administrativo, uma prova produzida na esfera penal?

O STF e o STJ entendem que sim:

> *Ementa: Prova emprestada. Penal.* Interceptação telefônica. Escuta ambiental. Autorização judicial e produção para fim de investigação criminal. Suspeita de delitos cometidos por autoridades e agentes públicos. Dados obtidos em inquérito policial. Uso em procedimento administrativo disciplinar, contra os mesmos servidores. Admissibilidade. *Resposta afirmativa a questão de ordem. Inteligência do art. 5º, inc. XII, da CF, e do art. 1º da Lei Federal nº 9.296/96. Voto vencido. Dados obtidos em interceptação de comunicações telefônicas e em escutas ambientais, judicialmente autorizadas para produção de prova em investigação criminal ou em instrução processual penal, podem ser usados em procedimento administrativo disciplinar, contra a mesma ou as mesmas pessoas em relação às quais foram colhidos (Inq 2424 QO, Relator: Min. Cezar Peluso, Tribunal Pleno, julgado em 25.04.2007, DJe-087, Divulg 23.08.2007, Public 24.08.2007, DJ 24.08.2007, PP-00055, Ement Vol-02286-01, PP-00109, RTJ Vol-00205-02, PP-00638).*[5]

COMO ESSE ASSUNTO TEM SIDO ABORDADO NAS PROVAS

- **(Instituto de Previdência dos Servidores do Estado do Espírito Santo – Advogado – Cespe – 2010)** Dados obtidos em interceptação de comunicações telefônicas e em escutas ambientais, judicialmente autorizadas para produção de prova em investigação criminal ou em instrução processual penal, podem ser usados em procedimento administrativo disciplinar, contra a mesma ou as mesmas pessoas em relação às quais foram colhidos, ou contra outros servidores cujos supostos ilícitos teriam despontado à colheita dessa prova.

  Resposta: Certo.

A utilização, em processo administrativo disciplinar, da prova emprestada produzida no processo criminal independe do trânsito em julgado da sentença penal condenatória, pois o resultado final do processo penal não repercute na esfera administrativa. STJ, 2ª Turma, RMS 33.628-PE, Rel. Min. Humberto Martins, julgado em 2.4.2013 (Informativo nº 521).

---

5 No mesmo sentido: REsp 930.596/ES, Rel. Ministro Luiz Fux, Primeira Turma, julgado em 17.12.2009, *DJe* 10.02.2010; AgRg na APn 536/BA, Rel. Ministra Eliana Calmon, Corte Especial, julgado em 19.11.2008, *DJe* 19.03.2009; RMS 16429/SC, Rel. Ministra Maria Thereza de Assis Moura, Sexta Turma, julgado em 03.06.2008, *DJe* 23.06.2008.

2.2.7. *Desconto na folha do servidor*

O servidor, no exercício de suas funções, tanto nos atos lícitos como atos ilícitos, pode eventualmente causar danos aos administrados. Por força da responsabilidade objetiva do Estado, consagrada no art. 37, § 6º, da CF, o Estado responderá pelos atos dos seus agentes, independentemente de dolo ou culpa. Assim, o Estado indenizará os prejuízos causados e posteriormente acionará o agente público para que faça o ressarcimento ao Estado daquilo que foi objeto de indenização ao particular. Entretanto, se esse agente for servidor público de regime estatuário, o Estado não pode fazer o desconto diretamente na folha do servidor sem a concordância deste, pois a Lei nº 8.112/90 só admite desconto na folha do servidor nos casos de **imposição legal** (ex.: imposto de renda) **ou mandado judicial** (ex.: prestação alimentícia), pois esse ato não é dotado de autoexecutoriedade, atributo que confere à Administração o poder de executar seus atos sem necessidade de consentimento prévio do Poder Judiciário.

Assim, em se tratando de indenização, após o ressarcimento ao particular, caso a Administração não tenha autorização do servidor para efetuar o desconto em folha, deve haver a inscrição em dívida ativa para a propositura da respectiva ação judicial, para que o juiz autorize descontos na remuneração do servidor. A obrigação de indenizar os cofres públicos em razão de prejuízos causados decorre da responsabilidade civil do servidor, podendo ser até resolvida mediante desconto em folha, desde que haja aquiescência do servidor. Caso contrário, deverá haver a propositura de ação judicial de indenização contra o responsável (art. 46, Lei. 8.112/90).[6]

O mesmo entendimento se aplica em relação a outros valores que a Administração constitui diante do servidor. Assim, havendo greve, com a determinação do desconto dos dias parados, não pode a Administração diretamente realizar os descontos na folha do servidor, caso este não dê anuência.

De outro modo, nas decisões **emanadas do TCU,** é irrelevante a concordância do servidor, por se tratar de desconto derivado de **imposição legal**, tendo em vista que a Lei nº 8.443/92, art. 28, contém previsão que permite o desconto direto.[7]

> *Legitimidade – Mandado de segurança – Ato do Tribunal de Contas da União. Imposição de valor a ser ressarcido aos cofres públicos e previsão de desconto, considerado o que percebido pelo servidor, geram a legitimidade do Tribunal de Contas da União para figurar no mandado de segurança como órgão coator. Proventos – Desconto – Leis nºs 8.112/90 e 8.443/92.* Decorrendo o desconto de norma legal, despicienda é a vontade do servidor, não se aplicando, ante o disposto no artigo 45 da Lei nº 8.112/90 e no inciso I do artigo 28 da Lei nº 8.443/92, a faculdade de que cuida o artigo 46 do primeiro Diploma Legal – desconto a pedido do interessado *(MS 24544, Relator: Min. Marco Aurélio, Tribunal Pleno, julgado em 04.08.2004, DJ 04.03.2005, PP-00012, Ement Vol-02182-02, PP-00283 LEXSTF v. 27, nº 316, 2005, p. 171-189).*

---

6 MS 24182, Relator: Min. Maurício Corrêa, Tribunal Pleno, julgado em 12.02.2004.

7 Art. 28. Expirado o prazo a que se refere o *caput* do art. 25 desta Lei, sem manifestação do responsável, o Tribunal poderá: I – determinar o desconto integral ou parcelado da dívida nos vencimentos, salários ou proventos do responsável, observados os limites previstos na legislação pertinente; ou II – autorizar a cobrança judicial da dívida por intermédio do Ministério Público junto ao Tribunal, na forma prevista no inciso III do art. 81 desta Lei.

Em relação a servidores regidos pela Lei nº 8.112/90, o art. 122 estabelece permissão para descontos na folha do servidor em PELO MENOS 10% de sua remuneração. Dessa forma, o juiz analisará as possibilidades do servidor para determinar o desconto. Com efeito, essa dedução não deve ser fixada em valor que prive o agente público de suas necessidades básicas.

2.3. Poder normativo (Poder Regulamentar)

O Poder normativo é o poder da Administração de editar *atos normativos* para a complementação das leis.

Poder normativo, em *sentido amplo*, compreende a atribuição de toda a Administração para edição de atos normativos. Em *sentido estrito*, significa a competência dos chefes do Poder Executivo para a edição de decretos (Poder regulamentar).

Doutrinadores mais tradicionais utilizam a expressão "Poder regulamentar" como a competência dos chefes do Poder Executivo para editar decretos. Contudo, Poder normativo é mais compatível para expressar toda a atribuição da Administração na complementação das leis. O Poder regulamentar não esgota toda a sua competência normativa. Atualmente, diversos órgãos e entidades têm competência de editar atos normativos visando a disciplinar determinadas situações, com fundamento em lei anterior que autorize. É o que ocorre em relação às resoluções emanadas de agências reguladoras, disciplinando matérias que estão em seu âmbito de controle.

Desse modo, a denominação Poder normativo é mais abrangente que Poder regulamentar. Esta última expressão não desapareceu do nosso sistema, continuando a disciplinar a competência dos chefes do Poder Executivo para a edição de **decretos**.

Em provas de concurso há muitas questões que abordam de maneira confusa os conceitos de Poder Regulamentar e Normativo. Porém, a tendência é o item estar correto quando se relaciona o Poder Regulamentar à competência dos Chefes do Poder Executivo para a edição de decretos. Vejamos algumas questões:

COMO ESSE ASSUNTO TEM SIDO ABORDADO NAS PROVAS

✦ **Ano: 2016 Banca: CESPE Órgão: TJ-AM Prova: Juiz Substituto**

Os poderes administrativos são prerrogativas outorgadas aos agentes públicos para a consecução dos interesses da coletividade. A respeito desses poderes, assinale a opção correta.

a) O pagamento de multa aplicada em decorrência do poder de polícia não pode configurar condição para que a administração pratique outro ato em favor do interessado.

b) O poder restritivo da administração, consubstanciado no poder de polícia, não se limita pelos direitos individuais.

c) O poder vinculado refere-se à faculdade de agir atribuída ao administrador.

d) Entre os poderes administrativos incluem-se o poder disciplinar, o poder regulamentar e o poder jurídico.

e) Poder regulamentar é a prerrogativa concedida à administração pública de editar atos gerais para complementar as leis e permitir a sua efetiva aplicação.

LETRA E

✦ **Ano: 2017 Banca: CESPE Órgão: Prefeitura de Fortaleza - CE Prova: Procurador do Município.** Com relação a processo administrativo, poderes da administração e serviços públicos, julgue o item subsecutivo.

O exercício do poder regulamentar é privativo do chefe do Poder Executivo da União, dos estados, do DF e dos municípios.

Gabarito: CERTO

✦ **Ano: 2015 Banca: CESPE Órgão: TRF - 5ª REGIÃO Prova: Juiz Federal Substituto**

Assinale a opção correta com relação ao poder regulamentar e ao poder de polícia administrativa.

a) O poder de polícia administrativa tem como uma de suas características a autoexecutoriedade, entendida como sendo a prerrogativa de que dispõe a administração para praticar atos e colocá-los em imediata execução sem depender de autorização judicial.

b) O exercício do poder de polícia administrativa é sempre discricionário, caracterizando-se por conferir ao administrador liberdade para escolher o melhor momento de sua atuação ou a sanção mais adequada no caso concreto, por exemplo, quando houver previsão legal de duas ou mais sanções para determinada infração

c) No exercício da atividade de polícia, a administração atua por meio de atos concretos e impositivos que geram deveres e obrigações aos indivíduos, não sendo possível considerar que a edição de atos normativos caracterize atuação de polícia administrativa.

d) O poder regulamentar é prerrogativa concedida textualmente pela CF ao chefe do Poder Executivo federal que não se estende aos governadores e aos prefeitos.

e) No exercício do poder regulamentar, o presidente da República pode dispor, mediante decreto, sobre a organização e o funcionamento da administração federal, quando tal ato administrativo não implicar aumento de despesa; sobre a criação e extinção de órgãos públicos; sobre a extinção de funções ou cargos públicos, quando estes estiverem vagos.

Letra A.

✦ **Ano: 2014 Banca: VUNESP Órgão: TJ-PA Prova: Auxiliar Judiciário**

O poder regulamentar é

a) função típica dos Promotores de Justiça.

b) função típica do Presidente do Tribunal de Justiça.

c) função típica do Presidente do Senado Federal.

d) atribuição privativa de qualquer magistrado.

e) atribuição típica do Chefe do Poder Executivo.

Letra E

✦ **Ano: 2013 Banca: FCC Órgão: TRT - 1ª REGIÃO (RJ) Prova: Analista Judiciário - Área Administrativa**

O poder regulamentar da Administração pública consiste em

a) impor restrições à atuação de particulares, em benefício da coletividade, nos limites da lei.

b) controlar a atividade de órgãos inferiores, dando ordem a subordinados e verificando a legalidade dos atos praticados.

c) editar normas complementares à lei, para a sua fiel execução.

d) organizar a atividade administrativa, inclusive com a avocação de competências e criação de órgãos.

e) apurar infrações e aplicar penalidades aos servidores públicos e particulares que contratam com a Administração.

Letra C

✦ **Ano: 2013 Banca: FCC Órgão: AL-PB Prova: Procurador**

O chamado poder regulamentar autônomo, trata-se de

a) exercício de atividade normativa pelo Executivo, disciplinando matéria não regulada em lei, de controversa existência no direito nacional.

b) poder conferido aos entes federados para legislar em matéria administrativa de seu próprio interesse.

c) atividade normativa exercida pelas agências reguladoras, nos setores sob sua responsabilidade.

d) prerrogativa conferida a todos os Poderes para disciplinar seus assuntos interna corporis.

e) atividade normativa excepcional, conferida ao Conselho de Defesa Nacional, na vigência de estado de defesa ou estado de sítio.

Letra A

✦ **Ano: 2011 Banca: FCC Órgão: TRT - 4ª REGIÃO (RS) Prova: Analista Judiciário - Área Judiciária (+ provas)**

É correta a afirmação de que o exercício do poder regulamentar está consubstanciado na competência

a) das autoridades hierarquicamente superiores das administrações direta e indireta, para a prática de atos administrativos vinculados, objetivando delimitar o âmbito de aplicabilidade das leis.

b) dos Chefes dos Poderes Executivo, Legislativo e Judiciário, objetivando a fiel aplicação das leis, mediante atos administrativos expedidos sob a forma de homologação.

c) originária dos Ministros e Secretários estaduais, de editarem atos administrativos destinados a esclarecer a aplicabilidade das leis ordinárias.

d) dos Chefes do Poder Executivo para editar atos administrativos normativos destinados a dar fiel execução às leis.

e) do Chefe do Poder Executivo Federal, com a finalidade de editar atos administrativos de gestão, para esclarecer textos controversos de normas federais.

Letra D

✦ **Ano: 2013 Banca: FCC Órgão: TCE-AM Prova: Analista Técnico de Controle Externo - Ministério Público**

O poder normativo, inerente ao Poder Executivo,

a) é passível de ser delegado, em diferentes graus e medidas, nos termos da legislação vigente, inclusive às autarquias de regime especial que atuem em determinado e específico segmento.

b) estende-se às autarquias, que podem editar decretos autônomos, dentre as hipóteses previstas na Constituição Federal brasileira.

c) restringe-se ao poder regulamentar em sentido estrito, na medida em que não é permitida qualquer inovação na ordem jurídica, cabendo apenas a execução do que estiver disciplinado em lei.

d) abrange o poder regulamentar de todos os entes que integram a administração indireta, os quais podem editar decretos regulamentando a legislação da mesma esfera de governo.

e) e exclusivo e privativo da administração direta, não cabendo às autarquias o exercício de qualquer parcela de poder normativo.

Letra A.

✦ **Ano: 2010 Banca: FCC Órgão: TCE-RO Prova: Procurador**

O poder normativo conferido à Administração Pública compreende a

a) edição de decretos autônomos para criação e extinção de órgãos públicos, na medida em que são tradução de seu poder de auto-organização.

b) edição de atos normativos de competência exclusiva do Chefe do Executivo, tais como, decretos regulamentares, resoluções, portarias, deliberações e instruções.

c) promulgação de atos normativos originários e derivados, sendo os primeiros os regulamentos executivos e os segundos, os regulamentos autônomos.

d) promulgação de atos legislativos de efeitos concretos, desde que se refiram a objeto passível de ser disposto por meio de decreto regulamentar.

e) edição de decretos autônomos, restringindo-se estes às hipóteses decorrentes de exercício de competência própria, outorgada diretamente pela Constituição.

Letra E.

✦ **Ano: 2005 Banca: FCC Órgão: PGE-SE Prova: Procurador do Estado**

Sobre o poder normativo da Administração, é correto afirmar que

a) é deferido a entidades da Administração Direta e Indireta, nos limites das suas respectivas competências

b) pode se manifestar em caráter originário, mesmo que contra a lei.

c) seu exercício representa legítima delegação de competência legislativa à Administração.

d) se resume ao poder regulamentar previsto no art. 84, IV, da Constituição Federal.

e) tem como titular o Presidente da República, que pode delegá-lo a outros níveis inferiores da federação.

LETRA A

2.3.1. Decreto (exercício do poder regulamentar)

O Poder Legislativo, ao editar as leis, nem sempre possibilita que elas sejam executadas. Cumpre à Administração criar mecanismos de complementação, indispensáveis à efetiva aplicabilidade. As leis, por serem gerais e abstratas, por vezes necessitam de atos infralegais para sua correta execução. O decreto é o ato que terá como regra função de explicitar a lei, fielmente, para sua aplicação.

Conforme o art. 84 da CF, temos dois tipos de decretos:

A) Decreto regulamentar ou de execução, art. 84, IV, da CF

De competência privativa do chefe do Poder Executivo de editá-los para a fiel execução das leis.

O decreto em estudo deve regulamentar **fielmente** a lei. Assim, não pode ampliar as determinações legais, bem como restringir o alcance da lei. O instrumento jurídico que cria ou restringe direitos é a lei. O decreto tem por função dispor como esses direitos originados da lei serão exercidos.

Exemplo:

Constituição Federal	Art. 5º [...] XXXIII – todos têm direito a receber dos órgãos públicos informações de seu interesse particular, ou de interesse coletivo ou geral, que serão prestadas no prazo da lei, sob pena de responsabilidade, *ressalvadas aquelas cujo sigilo seja imprescindível à segurança da sociedade e do Estado*; [...] LX – *a lei só poderá restringir a publicidade* dos atos processuais quando a defesa da intimidade ou o interesse social o exigirem;
Lei	Lei nº 12.527/2011 – Regula o acesso a informação previsto na CF.
Decreto	Decreto nº 7.724/2012 – Regulamenta, no âmbito do Poder Executivo federal, os procedimentos para a garantia do acesso à informação e para a classificação de informações sob restrição de acesso.

O decreto regulamentar ou de execução **não admite delegação**, em razão de o art. 13 da Lei nº 9.784/99 vedar expressamente.

A prerrogativa é somente para complementar a lei. Não pode por isso alterá-la, a pretexto de estar regulamentando. Por essa razão, o art. 49, V, da CF autoriza o CN a **sustar** atos normativos que extrapolem o poder de regulamentação.

IMPORTANTE!

- O órgão que faz a **sustação** de atos normativos que EXORBITAM o poder regulamentar é o **Congresso Nacional** (CN).
- O ato do CN será de sustação, ou seja, suspensão dos efeitos. A CF não falou em anulação ou revogação, que são formas de extinção do ato.
- O TCU tem competência para sustar atos administrativos quando fizer a análise exigida pelo art. 71 da CF, comunicando ao Senado Federal e à Câmara dos Deputados.
- A sustação de **contrato** será feita pelo CN.

B) Decreto autônomo ou independente, art. 84, VI, da CF

O decreto autônomo ou independente não tem por finalidade regulamentar lei. Sua existência independe de norma legal anterior que exija regulamentação.

A doutrina passou a admitir sua existência em nosso ordenamento jurídico com o advento da Emenda Constitucional 32/2001, que modificou a redação do art. 84, VI, da CF. A redação anterior desse artigo fixava a competência privativa do Presidente da República para "dispor sobre a organização e o funcionamento da Administração Federal, **na forma da lei**". Contudo, a referida emenda possibilitou que, mediante decreto, o Chefe do Poder Executivo poderia dispor sobre a **organização e funcionamento** da Administração Federal, quando não implicar aumento de despesa nem criação ou extinção de órgãos públicos, bem como dispor sobre a extinção de funções ou cargos públicos, **quando vagos.**

Assim, em razão da alteração promovida, parte considerável da doutrina passou a admitir o decreto autônomo, mas restrito às alíneas *a* e *b* do art. 84, VI, da CF.

> **ATENÇÃO:** A criação ou a extinção de **órgãos** depende de **lei**. Por meio de **decreto**, é possível fazer apenas a organização interna da Administração, desde que:
>
> - não provoque aumento de despesas do órgão;
> - não provoque criação e extinção de órgãos.
>
> Da mesma forma, determina a CF que criação, transformação ou extinção de cargo, emprego ou função dependem de **lei**; somente a extinção de cargos e funções quando VAGOS é que é possível por **decreto**.

Importante ressaltar, contudo, que há autores reconhecendo o decreto autônomo apenas no que se refere à alínea *a* do art. 84, VI, da CF (organização administrativa), pois a hipótese de extinção de cargos vagos (alínea *b*) é mero ato de efeito concreto, não tendo conteúdo normativo. Há até mesmo autores que não reconhecem a existência de decreto autônomo em nenhuma hipótese. Esta é a posição de Celso Antônio Bandeiro de Mello e José dos Santos Carvalho Filho. Mas vale repetir que para **concursos** estará correta a alternativa ao afirmar que existe decreto autônomo no direito brasileiro. Veja mais detalhes na parte de "Estudo Avançado" no final do capítulo.

Em razão do princípio da simetria, estados, DF e municípios podem reproduzir, na Constituição Estadual ou Lei Orgânica, disposição semelhante ao art. 84, VI, da CF, conferindo a mesma prerrogativa ao chefe do Poder Executivo.

O STF reconheceu o caráter normativo primário de **resolução** editada pelo CNJ, que restringia o nepotismo no âmbito do Poder Judiciário, sendo sua validade decorrente diretamente da Constituição (ADC 12 MC/DF, rel. Min. Carlos Britto, 16.2.2006; Informativo 416, STF).

No voto proferido, foi destacado que os princípios do art. 37 da CF, em especial o da moralidade, têm eficácia própria, podendo ser diretamente aplicados, estando na competência do CNJ editar resoluções para observância do disposto na Constituição.

2.3.2. Controle judicial

O ato regulamentar que viole diretamente a lei, extrapolando-a ou dispondo de modo diverso do previsto na norma primária, sofrerá o adequado controle, pois se trata de uma "crise de legalidade", conforme expressão utilizada pelo STF. "O eventual extravasamento, pelo ato regulamentar, dos limites a que materialmente deve estar adstrito poderá configurar insubordinação executiva aos comandos da lei. Mesmo que, a partir desse vício jurídico, se possa vislumbrar, num desdobramento ulterior, uma potencial violação da Carta Magna, ainda assim estar-se-á em face de uma situação de inconstitucionalidade reflexa ou oblíqua, cuja apreciação não se revela possível em sede jurisdicional concentrada."[8]

Não caberá controle concentrado de constitucionalidade, perante o STF, diante de ato administrativo de caráter regulamentar que dispôs diferentemente da norma primária (lei), pois a afronta constitucional que rende ensejo à ação declaratória de inconstitucionalidade é a **afronta**

8 AD 996 MC, Relator: Min. Celso De Mello, Tribunal Pleno, julgado em 11.03.1994, *DJ* 06.05.1994, PP-10468, Ement Vol-01743-02, PP-00221.

direta ao Texto Constitucional, sem intermediários, entre o ato normativo impugnado e a Constituição Federal.[9]

Se, contudo, o decreto não se fundamenta nas alíneas *a* e *b* do inciso VI do art. 84 da CF, causando violação direta à Constituição (decreto autônomo), poderá sofrer controle de constitucionalidade, com fundamento no art. 102, I, *a*, da CF. Em termos mais claros, é cabível o controle concentrado de constitucionalidade diante de norma sem qualquer conteúdo regulamentar, inovadora do ordenamento jurídico e que possua como fundamento imediato a própria Constituição. Assim, o STF teve a oportunidade de analisar e declarar inconstitucional o Decreto nº 1.557/2003 do estado do Paraná, que atribui a subtenentes ou sargentos combatentes o atendimento nas delegacias de polícia, nos municípios que não dispõem de servidor de carreira para o desempenho das funções de delegado de polícia. O Texto Constitucional, em seu art. 144, § 4º, prevê que às polícias civis, dirigidas por **delegados de polícia de carreira**, cabe a função de polícia judiciária e a apuração de infrações penais. O decreto, questionado perante o STF, violando imediatamente a Constituição, atribuiu funções específicas dos delegados da polícia civil a outra categoria de servidores. No voto proferido pelo Min. Carlo Alberto M. Direito, ainda foi salientado que o decreto estava atribuindo a referida função para subtenentes ou sargentos em razão de não existir delegado de polícia em muitos municípios do estado do Paraná, revelando a inércia do Estado em realizar o devido concurso público para a ocupação dessa função, legitimando a indolência administrativa. Também foi destacado pelo Min. Celso de Mello que seria temerário atribuir funções próprias de delegado de polícia para quem não é habilitado para tanto, pois resultam em inúmeras consequências negativas – termos de ocorrência mal redigidos ou mal identificados, por exemplo –, comprometendo o sucesso da persecução criminal.[10]

2.3.3. Deslegalização

Relembra Carvalho Filho que, modernamente, em virtude da crescente complexidade das atividades administrativas, passa a aceitar-se, nos sistemas normativos, o fenômeno da *deslegalização*, pelo qual a competência para regular certas matérias se transfere da **lei** para outras fontes normativas de hierarquia inferior, por autorização do próprio legislador – a normatização sai do domínio da lei para o domínio de ato regulamentar.

Nesse contexto, a lei abre espaço para que a Administração, por meio de seus atos normativos, complete seu enunciado. Isso porque, incapaz de criar regulamentação sobre algumas matérias de alta complexidade técnica, o Poder Legislativo delega ao órgão ou à pessoa administrativa a função específica de instituí-la, valendo-se dos especialistas e técnicos, que mais bem podem dispor sobre tais assuntos.

2.4. Poder discricionário e poder vinculado

O poder **discricionário** é a prerrogativa concedida aos agentes administrativos de eleger, entre as várias condutas possíveis, a que traduz maior conveniência e oportunidade para o

9 ADI 2862, Relatora: Min. Cármen Lúcia; ADI 1670, Relatora: Min. Ellen Gracie; ADI 2999, Relator: Min. Gilmar Mendes; AI 375651 AgR, Relatora: Min. Ellen Gracie.

10 ADI 1282 QO, Relator: Min. Sepúlveda Pertence, Tribunal Pleno, julgado em 06.12.2001; ADI 1590 MC, Relator: Min. Sepúlveda Pertence, Tribunal Pleno, julgado em 19.06.1997.

interesse público, por exemplo, a prorrogação de concurso público ou autorização para uso de bem público.

Há possibilidade de limitação ao poder discricionário, possibilitando maior controle do Judiciário sobre os atos que dele derivem. O controle judicial alcançará todos os aspectos de legalidade.

2.4.1. Surgimento da discricionariedade

Segundo Lucas Rocha Furtado, a discricionariedade pode decorrer dos seguintes casos:

1) **A lei confere competências genéricas ao administrador**: ocorre, por exemplo, quando a lei atribui competência para o presidente do STJ baixar os atos indispensáveis à disciplina dos serviços e à polícia do Tribunal. Assim, se o presidente desse Tribunal resolve tornar mais rígido o sistema de segurança para o ingresso de pessoas no órgão, terá uma série de opções, por exemplo, contratar mais pessoas para fazer segurança, reduzir número de entradas, determinar instalação de detectores de metais.

2) **A lei apresenta opções a serem adotadas, possibilitando ao administrador a escolha da mais adequada**: aplicação de multa, que pode ser de 10% a 40 % do valor devido.

3) **A lei permite a escolha do melhor momento para a prática do ato**: é o que ocorre com o momento da concessão das férias. É certo que o gozo das férias é direito do servidor após o implemento das condições; contudo, o melhor momento de usufruí-las fica a critério da Administração.

4) **A lei é clara ao determinar que o conteúdo do ato a ser praticado será definido por juízo de conveniência e oportunidade do administrador**: por exemplo, licença para tratar de interesse particular (art. 91, Lei nº 8.112/90).

O poder **vinculado** significa a prática de atos que são estritamente definidos em lei, por exemplo, a aposentadoria compulsória ou a aplicação de uma penalidade ao administrado que descumpriu determinação da Administração.

2.5. Poder de polícia

O Texto Constitucional e as leis conferem uma série de direitos aos administrados, tais como o direito à liberdade, à propriedade, exercício de profissão, entre outros. Entretanto, esses direitos não podem ser usados de qualquer forma pelos particulares; é imprescindível que o Estado imponha certas restrições ou condições para o seu correto exercício. É o que ocorre, por exemplo, com o direito à propriedade, garantido pela CF em seu art. 5º. Dessa forma, não se pode construir acima da altura estabelecida; deve também haver licença do Poder Público para que possa iniciar a obra e, antes desse consentimento, haverá condições que devem ser preenchidas para o deferimento da referida licença. Ademais, não é permitido, por exemplo, dar destinação comercial se o imóvel estiver situado em área residencial. Em algumas situações, o proprietário pode ser compelido a utilizar a propriedade de maneira que cumpra sua função social.

A Constituição também garante a liberdade do exercício profissional, mas determinadas profissões merecem a imposição de certas condições para seu desempenho. Os exercícios da Medicina e da Advocacia servem de exemplo. Para o exercício dessas atividades, o Estado exigirá o cumprimento de todas as ordens estatais.

O uso de bens móveis particulares também pode sofrer condições para sua utilização. Para o porte de arma, o interessado deverá possuir autorização do Estado, que exigirá declaração de necessidade, ocupação lícita, residência certa, aptidão psicológica e idade mínima.

Ainda nesse raciocínio, por entender que a condução de veículos seja atividade relevante, um cidadão que pretende dirigir automóveis será destinatário de diversas determinações do Poder Público para o desempenho dessa atividade. E, após a licença deferida, experimentará rigorosa fiscalização, para que não cause danos à sociedade.

Recai também o poder polícia sobre a garantia da segurança e paz pública. Para isso haverá corporações especializadas em reprimir condutas que atentam contra a ordem pública, a fim de manter a pacificação social.

Essas condições são impostas por meio de **lei** e **atos administrativos**.

Os direitos garantidos pela Constituição e pelas leis, portanto, têm de ser utilizados devidamente. O poder de polícia irá adequar o uso correto desses direitos. Assim, o **poder de polícia é a prerrogativa de que dispõe o Estado para condicionar e restringir o uso e gozo de bens, atividades e direitos, em benefício do interesse público.**

Existe o **conceito legal**, positivado no art. 78 do Código Tributário Nacional, pois o exercício do poder de polícia é fato gerador para a exigência de taxas. De acordo com o CTN, "Considera-se poder de polícia atividade da Administração Pública que, limitando ou disciplinando direito, interesse ou liberdade, regula a prática de ato ou abstenção de fato, em razão de interesse público concernente à segurança, à higiene, à ordem, aos costumes, à disciplina da produção e do mercado, ao exercício de atividades econômicas dependentes de concessão ou autorização do Poder Público, à tranquilidade pública ou ao respeito à propriedade e aos direitos individuais ou coletivos".

Na manifestação do poder de polícia, o Estado impõe **determinações,** que devem ser cumpridas pelos administrados, ou atua, por meio de atos de **consentimento,** representando a resposta positiva da Administração Pública diante dos pedidos formulados pelos particulares que pretendem exercer determinada atividade. Esse ato de consentimento estatal é normalmente materializado pelo alvará, mas existem outras formas de expressão, como declarações e certificados.

O poder de polícia não decorre da hierarquia, pois entre Estado e particular não há propriamente uma relação de hierarquia, e sim, de supremacia. Portanto, para o Estado exercer o poder polícia ele usa de seu poder de supremacia que detém em relação aos administrados.

Cabe ainda ressaltar que a Administração, por meio do poder de polícia, impõe condições ou restrições ao uso de bens, direitos e atividades, e não a limitação total ao direito em si.

2.5.1. Abrangência do poder de polícia

Como bem destaca Raquel Melo Urbano, é cabível que as limitações decorrentes do poder de polícia incidam em um dos níveis da Federação (federal, estadual, distrital ou municipal) diante de **outro** ente político ou de uma entidade administrativa (autarquia, fundação, empresa pública e sociedades de economia mista de qualquer esfera da federação). Destaca a autora que as normas de vigilância sanitária da Anvisa obrigam tanto um restaurante particular quanto o "bandejão" de uma universidade estadual.

A abrangência do poder de polícia se estende, até, no mesmo nível federativo, relacionado a órgãos e entidades diversos. Assim, complementando o raciocínio da autora, as determinações da

Anvisa obrigam estabelecimentos educacionais particulares, estaduais e também **federais**, podendo essa agência reguladora exercer todos os poderes inerentes à sua atividade (apreensão, interdição e até mesmo multa), bem como o Detran-DF poderia aplicar multa em razão de infração cometida por veículo da Secretaria de Educação, órgão da Administração Direta do DF.[11]

Citem-se também como exemplos punições aplicadas pela Comissão de Valores Mobiliários – CVM, autarquia federal criada para, entre outras funções, assegurar a observância de práticas comerciais equitativas no mercado de valores mobiliários, ao Banco do Brasil e outras instituições federais.

Existem relações travadas pela Administração em que há a imposição de obrigações e até mesmo aplicação de penalidades referentes a destinatários que possuem *vínculo especial* com o Poder Público (*supremacia especial*). É o que o ocorre com determinações sobre servidores públicos e aplicação de sanções aos concessionários de serviços públicos que mantêm relação contratual com a Administração. Nessas hipóteses, não há incidência do poder de polícia, mas sim do **poder disciplinar**, tendo em vista a relação especial que o destinatário mantém com a Administração. As medidas que expressam o poder de polícia devem decorrer da **supremacia geral**, decorrente de situações em que não existe vínculo específico com o Poder Público.

2.5.2. Crítica doutrinária à expressão poder de polícia

A doutrina moderna entende que essa denominação é infeliz, pois rememora a época do "Estado de polícia", que precedeu ao Estado de Direito. Tanto é que em outros países a matéria tem recebido o nome de "limitações administrativas à liberdade e à propriedade", como ressalta Celso Antônio.[12]

2.5.3. Fundamento

O fundamento do poder de polícia é o interesse público. Com efeito, a Administração, ao exercer o poder de polícia, tem por finalidade resguardar a coletividade, evitando que o uso indevido da liberdade e da propriedade possa causar danos a terceiros.

2.5.4. Decorrência do poder extroverso do Estado

O poder de polícia decorre do poder extroverso do Estado, que é a imposição de obrigações de forma unilateral na esfera do administrado.

2.5.5. Atributos ou prerrogativas ou características do poder de polícia

a) Discricionariedade e vinculação

Os atos discricionários são aqueles em que a lei permite ao agente público realizar um juízo de conveniência e oportunidade (mérito), decidindo o melhor ato a ser praticado. Nesses atos, a lei confere ao administrador certa margem de liberdade para a escolha da conduta mais adequada para o caso concreto (mérito administrativo).

---

11 Questão de concurso da AGU, prova discursiva, já foi abordada exigindo que o candidato discorresse se determinada entidade poderia aplicar multa em órgão do mesmo Ente político.

12 BANDEIRA DE MELLO, Celso Antônio, op. cit., p. 717.

A discricionariedade do poder de polícia reside no uso da liberdade legal de valoração das atividades a serem "policiadas", na gradação das sanções aplicáveis e no melhor momento de agir. O Poder Público possui certa liberdade para selecionar as atividades mais relevantes da sociedade e decidir quais medidas serão impostas, a fim de proteger o interesse público, e quando serão adotadas.

Para que a atividade tenha sobre ela o exercício do poder de polícia, ela deve ter alguma "danosidade" para a sociedade. Deve ser uma atividade que possa causar alguma lesão aos demais particulares se for utilizada indevidamente, fazendo surgir a necessidade de que sejam impostas restrições no seu exercício para o bem-estar da coletividade. Um exemplo que podemos citar é o uso de veículo aéreo não tripulado e controlado remotamente, o chamado *drone*. Esse "brinquedo" começou a ser usado, inicialmente, no Brasil para atividades recreativas, passando rapidamente para uso de diversas tarefas, por exemplo, entrega de encomendas, empresas de segurança etc. Seu uso inicial não tinha restrições, mas o Estado enxergou a potencialidade lesiva em razão de possíveis danos e, por consequência, surgiu a necessidade de regulamentação (quem pode pilotar, locais, altura, atividades a serem realizadas etc.), bem como de fiscalização, por órgãos do Poder Público.

COMO O ASSUNTO TEM SIDO ABORDADO NAS PROVAS:

✦ **(2015 – Cespe – STJ – Analista Judiciário – Administrativa)** O poder de polícia dispõe de certa discricionariedade, haja vista o Poder Público ter liberdade para escolher, por exemplo, quais atividades devem ser fiscalizadas para que se proteja o interesse público.

Resposta: Certo.

A doutrina também aponta como discricionariedade desse poder o fato de que o Poder Público, em muitos casos, exige que o administrado obtenha **autorização** do Estado para realizar a atividade pretendida.

Em outro capítulo, vimos que a **autorização** é ato discricionário, uma vez que o interessado deverá atender a todas as disposições fixadas em lei, mas ainda dependerá de análise da autoridade competente, que fará juízo de conveniência e oportunidade para o deferimento da autorização solicitada. É o que ocorre com a autorização para o porte de arma, pois, antes de tudo, o interessado deve ter idade mínima, aptidão psicológica e necessidade do porte, para a análise a ser feita posteriormente pelo Poder Público.

O poder de polícia, entretanto, também pode se manifestar de modo **vinculado**, em especial por meio de **licenças** para a realização de atividades. A licença é espécie de ato vinculado, tendo em vista que o preenchimento de todas as exigências fixadas em lei gera para o interessado o direito à pretensão requerida, como acontece com a licença para construir ou dirigir veículos.

Atualmente, a doutrina não afirma categoricamente que o poder de polícia é discricionário, uma vez que, em muitos casos, sua atividade será vinculada, o que entendemos como perfeitamente correto, pois o poder de polícia se manifesta por meio de atos discricionários e também de atos vinculados. Portanto, não é o mais correto afirmar, como atributo do poder de polícia, a discricionariedade.

CUIDADO: Em concurso, a afirmativa no sentido de que a discricionariedade é atributo do poder de polícia é correta.

O poder de polícia é discricionário.	**Certo**
O poder de polícia somente pode ser exercido de maneira discricionária (prova OAB).	**Errado**
O poder de polícia não comporta atos vinculados.	**Errado**
O poder de polícia é puramente discricionário.	**Errado**
O poder de polícia é estritamente discricionário.	**Errado**
A licença é um ato administrativo que revela o caráter preventivo da atuação da Administração no exercício do poder de polícia (Abin – Oficial Técnico de Inteligência – Administração – 2010).	**Certo**

b) Autoexecutoriedade

Consiste na possibilidade que certos atos administrativos ensejam de imediata e direta execução pela própria Administração, independentemente de **ordem judicial**. São exemplos desse atributo as interdições de atividades ilegais e de obras clandestinas e a inutilização de gêneros impróprios para o consumo.

Nem todas as medidas de polícia são dotadas de autoexecutoriedade, uma vez que, em determinadas situações, a Administração depende de ordem judicial prévia para a implementação do ato, por exemplo, a **cobrança de multas**. Mas deve-se ter atenção no caso da multa, pois a sua **cobrança** não possui autoexecutoriedade, mas, no momento de sua **aplicação,** o agente tem poder de impô-la, sem necessidade prévia de ordem judicial.

Existe um caso em que a execução da multa é feita diretamente pela própria Administração. Trata-se de multa decorrente de contrato administrativo, por adimplemento irregular, em que o contratado prestou garantia para a celebração do contrato, podendo, nesse caso, haver a execução direta da penalidade, por meio da garantia oferecida (art. 80, III, Lei nº 8.666/93). Porém, a multa aplicada nessa hipótese decorre do **poder disciplinar**, e não do poder de polícia.

c) **Coercibilidade:** significa a imposição coativa das medidas adotadas. Por ser imperativo, o ato de polícia admite até mesmo o uso da força pública para seu cumprimento, quando resistido pelo administrado.

Cabe destacar que os atos praticados no exercício do poder de polícia exigem a presença dos mesmos **elementos** dos atos administrativos em geral (competência, finalidade, forma, motivo e objeto), pois se trata de atos administrativos no exercício de função administrativa.

QUESTÃO DISCURSIVA

✦ **(PG-DF – 2013 – Cespe)** Determinado ente federativo, no exercício de atividade fiscalizatória, tendo constatado a presença de construção irregular de imóvel em área pública a ele pertencente, emitiu notificação demolitória ao ocupante. O particular apresentou requerimento administrativo, com a finalidade de impedir a concretização da demolição, no qual, alegou que: (i) o ato seria nulo, ante a ausência da indispensável autorização judicial prévia; (ii) a ocupação seria de boa-fé, embora não houvesse título expresso e válido autorizando a ocupação do imóvel; (iii) como decorrência da boa-fé, teria posse do imóvel e o direito de retenção, de acordo com os institutos civilistas aplicáveis à matéria; e (iv) teria direito à indenização por benfeitorias úteis e necessárias, caso fosse implementada a medida.

Para subsidiar a apresentação de resposta ao requerimento, foi solicitado parecer ao órgão jurídico competente a respeito das argumentações apresentadas pelo autor.

Em face dessa situação hipotética, elabore, na condição de procurador responsável pela análise do tema, o parecer solicitado, com fundamento na legislação de regência e na jurisprudência do STJ. Ao elaborar seu texto, além de enfrentar todas as alegações do autor [valor: 28,00 pontos], aborde, necessariamente, os seguintes aspectos:

- conceito de poder de polícia; [valor: 5,00 pontos]
- atributos da discricionariedade, autoexecutoriedade e coercibilidade; [valor: 15,00 pontos]
- meios de atuação do poder de polícia em sentido amplo. [valor: 5,00 pontos]

2.5.6. Caráter negativo do poder de polícia

Segundo a doutrina, o poder de polícia é negativo, pois consiste em imposições à sociedade, com o intuito de evitar danos, buscando **resultados negativos.** O particular sofrerá restrições e limitações ao exercício de direitos, diante do interesse público.

Os autores diferenciam o poder de polícia dos serviços públicos, considerando estes **positivos**, uma vez que a Administração realiza atividades que trazem **benefícios** à coletividade, e o poder de polícia como **negativo,** já que sofrer-se-á **restrição** no exercício de alguns direitos. Entendemos que essa diferenciação não alcança o melhor sentido, pois dizer que o serviço público consiste em obrigações positivas, por trazer benefícios ao administrado, não é suficiente para apartá-lo do poder de polícia, uma vez que este também se traduz em benefícios à coletividade, de modo indireto. Por meio do poder de polícia, o Estado impõe medidas para proteger a sociedade, evitando danos no exercício dos direitos.

O poder de polícia realmente atua para evitar que danos ocorram à sociedade e, na maioria dos casos, resulta em obrigações de não fazer (exs.: não construir acima de determinada altura; não dirigir de forma irregular), mas, para tanto, a atividade de polícia administrativa pode resultar, também, em **obrigações de fazer** (ex.: exibição de planta para obter licença para construção) e **obrigações de suportar** (ex.: submeter-se a fiscalização da Vigilância Sanitária).

Para concursos públicos é correta a assertiva de que o poder de polícia tem caráter negativo.

Segundo Celso Antônio, essas determinações consistem apenas em **aparente** obrigação de fazer, pondo-se ao lado da corrente doutrinária que entende que o poder de polícia é atividade negativa, pois impõe ao particular limitações ao exercício de direitos individuais, consistindo em **obrigações de não fazer**, salvo na hipótese excepcional de condicionamento do uso da propriedade imobiliária a fim de que se conforme ao atendimento de sua função social.

2.5.7. Meios de expressão

1) **Leis e atos normativos**: É possível o exercício do poder de polícia por meio de **leis**. Cite-se o exemplo do Código de Trânsito ou Código Florestal. Os atos normativos gerais e abstratos com alcance indeterminado dos destinatários, incidindo sobre todos aqueles que se encontram na mesma situação, também caracterizam o poder de polícia (exs.: regulamento que disciplina o uso de fogos de artifício ou que fixa o horário e a as condições de venda de bebidas alcoólicas, resoluções do Contran).

2) **Atos individuais**: São aqueles com destinatários determinados, incidindo sobre bens, direitos ou atividades de pessoa específica (exs.: apreensão de mercadorias inapropriadas para o consumo, multa de trânsito, interdição de estabelecimento). Os atos individuais podem revestir-se de **atos de consentimento** estatal, sendo a atividade exercida pelo Estado que defere uma pretensão solicitada pelo particular. É o que ocorre com a autorização para uso de arma e a licença para exercício de determinada atividade.

3) **Atos de fiscalização**: Trata-se de obrigação de suportar medidas administrativas que têm por finalidade averiguar o cumprimento das determinações expedidas pela Administração (exs.: fiscalização de restaurantes, lanchonetes, casas de show; fiscalização de cumprimento de normas ambientais).

4) **Atos de sanção:** Por meio da sanção, o Estado estará exercendo o poder de polícia, em razão de o administrado descumprir determinações impostas.

2.5.8. Espécie tributária

O Texto Constitucional, art. 145, II, permite a cobrança de **taxas** em razão do exercício do poder de polícia, com a seguinte redação:

> *Art. 145. A União, os estados, o Distrito Federal e os municípios poderão instituir os seguintes tributos:*
>
> *I – [...] II – taxas, em razão do exercício do poder de polícia ou pela utilização, efetiva ou potencial, de serviços públicos específicos e divisíveis, prestados ao contribuinte ou postos a sua disposição; [...].*

O Código Tributário Nacional, por sua vez, disciplina a instituição dessa espécie tributária, nos seguintes termos:

> *Art. 77. As taxas cobradas pela União, pelos estados, pelo Distrito Federal ou pelos municípios, no âmbito de suas respectivas atribuições, têm como fato gerador o exercício regular do poder de polícia, ou a utilização, efetiva ou potencial, de serviço público específico e divisível, prestado ao contribuinte ou posto à sua disposição.*
> *Parágrafo único. A taxa não pode ter base de cálculo ou fato gerador idênticos aos que correspondam a imposto nem ser calculada em função do capital das empresas.*

Para a instituição de taxas em razão do poder de polícia, o exercício deve ser regular. Segundo o Código Tributário Nacional, art. 78, será regular quando desempenhado por órgão competente, nos limites da lei, observando devido processo legal, e exercido sem desvio ou excesso de poder.

Exemplos de atividades de polícia que permitem a cobrança de taxas, já legitimadas pelo STF, são: atividade de fiscalização de anúncios (RE 216.207); fiscalização dos mercados de títulos e valores mobiliários pela Comissão de Valores Mobiliários (RE 198.868); taxa de localização e funcionamento de estabelecimento em geral (RE 198.904), entre outras.

O STF vem firmando o entendimento de que a taxa fruto do poder de polícia impõe o **efetivo exercício** desse poder.

QUESTÃO ABORDADA EM CONCURSO

- **(Juiz Federal – 1ª Região – Cespe)** O efetivo ou potencial exercício do poder de polícia da Administração poderá ser remunerado por meio de taxa.

  Resposta: Errado. Deve decorrer do efetivo exercício do poder de polícia.

A atividade regulatória do Estado consiste na competência para ordenar determinada atividade econômica. Com efeito, o Texto Maior confere ao Estado, no art. 174, o papel normativo e regulador, quer dizer, "pôr em ordem", "equilibrar", ações que vão além de regulamentar. A função normativa e reguladora almeja a "normalização" da atividade. Segundo a doutrina, o Estado procura, por meio da regulação, prevenir o abuso de poder econômico em setores nos quais características técnico-econômicas dificultam a existência de concorrência, seja ela efetiva (de empresas já estabelecidas) ou mesmo potencial (de empresas que poderiam entrar no mercado).

Por ser o exercício de um poder de polícia, a atividade regulatória poderá ser remunerada via cobrança de **taxas**. Esse item foi considerado **correto** em concurso da Adasa feito pela Funiversa em 2009.

ATENÇÃO! Somente é possível cobrar TAXAS em razão do exercício do poder de polícia; nenhuma outra espécie tributária.

Tributo é gênero que comporta impostos, taxas e contribuições.

Imposto – Não há uma destinação específica para os recursos obtidos.

Taxa – tributo vinculado (contraprestação) a um serviço público específico e divisível prestado ao contribuinte, como a taxa de lixo urbano ou em razão do exercício do poder de polícia do Estado.

Contribuições – divididas em dois grupos: de melhoria ou especiais. No primeiro caso estão as contribuições cobradas em uma situação que representa um benefício ao contribuinte, como uma obra pública que valorizou o imóvel. Já as contribuições especiais são cobradas quando há uma destinação específica para um determinado grupo, como o PIS (Programa de Integração Social) e Pasep (Programa de Formação do Patrimônio do Servidor Público).

Em razão do poder de polícia é possível cobrar tarifas.	Errado
Em razão do poder de polícia é possível cobrar impostos.	Errado
A multa é tributo que pode ser instituído em razão do exercício do poder de polícia. Obs.! Multa não tem caráter tributário.	Errado
É possível instituir contribuições para o exercício do poder de polícia.	Errado
Em razão do exercício do poder de polícia o Estado pode instituir impostos, taxas e contribuições (STJ –Cespe – 2012).	Errado

2.5.9. Poder de polícia em sentido amplo

Compreende tanto os atos do Poder Legislativo quanto os atos do Executivo. Trata-se do conjunto de medidas do Estado que delineiam a esfera juridicamente tutelada da liberdade e da propriedade dos cidadãos. Reporta-se, sobretudo, às normas legislativas pela quais o Estado regula direitos privados.

Enganam-se aqueles que pensam que o poder de polícia se manifesta apenas por atos do Poder Executivo. O Poder Legislativo, por meio de leis, também pode impor condições para o exercício da liberdade e da propriedade. É o que ocorre, por exemplo, com a Lei nº 9.503/97, Código de Trânsito Brasileiro, que estabelece níveis de ingestão de bebidas alcoólicas a partir dos quais o condutor não poderá dirigir. Nessa hipótese, mediante de lei, foi imposta uma condição para o uso do veículo.

O art. 5º, II, da CF estabelece o princípio da legalidade para o administrado, no sentido de que ninguém é obrigado a fazer ou deixar de fazer alguma coisa senão em virtude de lei. Com efeito, é a lei que irá impor as condições ou restrições ao exercício de bens, direitos e atividades – os atos administrativos expedidos em razão do exercício do poder de polícia devem estar em harmonia com o que foi definido em lei.

2.5.10. Poder de polícia em sentido estrito

Compreendem intervenções, gerais ou abstratas, como os regulamentos, ou concretas e específicas, como autorizações e licenças emanadas do **Poder Executivo**. Excluem-se as atividades abstratas decorrentes da função legislativa.

Configura-se como atividade administrativa que consubstancia verdadeira prerrogativa conferida aos agentes da Administração, consistente no poder de restringir e condicionar a **liberdade e a propriedade.** Trata-se de atividade **tipicamente administrativa**, subjacente à lei, de forma que esta já preexista quando os administradores impuserem a disciplina e as restrições aos direitos.

2.5.11. Competência para exercer o poder de polícia

A princípio, tem competência para exercer o poder de polícia a entidade política que dispõe do poder de regular (legislar) a matéria. Assim, sendo os assuntos de interesse nacional, ficam sujeitos a regulação e policiamento da União. Matérias de interesse regional sujeitam-se às normas e à polícia estadual. E os assuntos de interesse local (comum) ficam sujeitos à disciplina municipal.

Exemplo: *Determina o art. 22 da CF que será competência da União legislar sobre trânsito e transporte. Assim, essa entidade federativa deverá manifestar o poder de polícia, estabelecendo as regras gerais, seja por leis (Lei 9.503/97, CTB) ou por medidas concretas e específicas (por exemplo, resoluções do Contran). Contudo, como esse assunto é de interesse comum, cabe às outras esferas federativas manifestar o poder de polícia sobre essa atividade, mas sujeitas à regulamentação traçada pela União.*

O STF declarou a inconstitucionalidade da Lei paulista nº 6.263/88, que previa medidas de polícia sanitária para o setor de *energia nuclear* no território da referida unidade federada. O entendimento foi firmado sobre o fundamento de que a norma estadual invadiu a competência da União para legislar sobre atividades nucleares (CF, art. 22, XXVI), na qual se inclui a competência para fiscalizar a execução dessas atividades e legislar sobre essa fiscalização. ADI 1575/SP, rel. Min. Joaquim Barbosa, 7.4.2010 (ADI-1.575).

A jurisprudência já se firmou no sentido de que a **União** tem competência para regular **horário de atendimento bancário** (Súmula 19, STJ), mas a fixação de **horário de funcionamento de lojas comerciais** compete ao **município** (Súmula 645, STF).

2.5.12. Delegação do poder de polícia aos particulares

É possível delegar o exercício do poder de polícia aos particulares?

Haveria possibilidade de se transferir aos particulares a imposição de medidas que visam a limitar ou condicionar o exercício de bens, direitos e atividades? A resposta é **negativa**. O art. 4ª, III, da Lei das Parcerias Público Privadas, Lei nº 11.079/05, estabelece que não pode ser objeto de contrato de PPP o exercício do poder de polícia, por consistir em transferir para particulares essa atividade estatal. Ademais, a Lei nº 13.019/2014 veda a celebração de parcerias, entre a administração pública e as organizações da sociedade civil, que tenham por objeto, direta ou indiretamente, delegação das funções de regulação, de fiscalização, de exercício do poder de polícia ou de outras atividades exclusivas de Estado, art. 40.

Alguns autores, como Celso Antônio, entendem que somente em casos excepcionais poderiam ser delegados aos particulares, ou ser por eles praticados, esses atos que são de titularidade do Estado, por exemplo, a atividade dos capitães de navio. Com efeito, ofenderia o equilíbrio entre os particulares em geral, ensejando que uns oficialmente exercessem supremacia sobre outros.

Certos **atos materiais** que PRECEDEM aos atos de polícia podem, entretanto, ser praticados por particulares.

Exemplo 1: *Determinado estado federativo, por meio de empresas privadas controladas pelo Poder Público, fiscaliza o cumprimento de normas de trânsito, mediante equipamentos ("pardais") que constatam a suposta infração cometida.*

Exemplo 2: *Em alguns estados, os condutores de veículos devem pagar uma "taxa de fiscalização ambiental". Trata-se de tributo decorrente do exercício do poder de polícia, que verifica se os veículos estão emitindo, dentro dos níveis permitidos, gases poluentes. Para essa fiscalização, poderiam ser contratadas empresas privadas, que iriam apenas verificar se o veículo está ou não dentro das condições estabelecidas. Entretanto, o ato que manifesta o poder de polícia, a* ***licença****, é conferida pela pessoa de direito público que detém essa atribuição.*

Segundo a doutrina, tais constatações se caracterizam pela impessoalidade e asseguram, além da exatidão, uma igualdade completa no tratamento dos administrados, o que não seria possível obter com o concurso da pessoa humana.

Com efeito, nessas hipóteses, o que ocorre é simplesmente a mera verificação de um fato, e não há naquele instante o exercício do poder de polícia. No primeiro exemplo, o ato realizado pela empresa é apenas registrar que supostamente alguém viola uma regra de trânsito, mas a expedição da multa, que é o ato de polícia, será aplicada por pessoa de direito público. No segundo caso apresentado como exemplo verifica-se também se a condição imposta foi cumprida; contudo, a expedição da licença será conferida por pessoa jurídica de direito público que detém essa atribuição.

Carvalho Filho[13] entende que a atividade fiscalizatória é mera constatação de fatos, passível de delegação aos particulares, a exemplo da operacionalização material de máquinas em triagem em aeroportos, realizada por pessoas privadas, mediante contrato, para detectar eventual porte de objetos ilícitos ou proibidos.

É também possível que particulares sejam encarregados de praticar ato material SUCESSIVO/POSTERIOR a ato jurídico de polícia.

Exemplo 1: *Contratação de empresa privada de demolição ou implosão de obras efetuadas irregularmente e que estejam desocupadas.*

Exemplo 2: *Quando a Administração faz apreensão de bens resultantes de falsificação ou impróprios para o consumo, pode-se contratar empresa particular para a destruição desses objetos.*

---

13 CARVALHO FILHO, José dos Santos, op. cit., p. 77.

A doutrina, no entanto, faz um alerta: essa hipótese constata-se somente quando se tratar de executar materialmente ato jurídico interferente apenas com a propriedade dos administrados, nunca quando relativo à liberdade dos administrados.

Em resumo, não há delegação de ato jurídico de exercício do poder de polícia a particular nem a possibilidade de que este o exerça a título contratual. Pode haver, entretanto, habilitação de particulares para a prática de atos materiais **preparatórios ou sucessivos** a ato jurídico dessa espécie, nos termos das observações acima realizadas.

O STF já teve a oportunidade de se manifestar sobre a indelegabilidade do poder de polícia aos particulares, quando entendeu que os conselhos de fiscalização profissional tiveram a natureza de direito público alterada para personalidade de direito privado, com a Lei nº 9.648/98. O Tribunal decidiu que o mencionado serviço de fiscalização constitui atividade típica do Estado, envolvendo também poder de polícia, poder de tributar e de punir, insuscetíveis de delegação a entidades privadas (ADI 1.717-DF, rel. Min. Sydney Sanches, 7.11.2002).

Vale ressaltar que Celso Antônio entende ser possível que ato jurídico de polícia **inteiramente vinculado** seja expedido por máquina que sirva de veículo de formação e transmissão de decisão do próprio Poder Público (caso de paquímetros que expeçam auto de infração), mesmo no caso de o equipamento pertencer a um contratado e esteja sob sua guarda e manutenção.[14]

Conforme estudo no capítulo sobre organização administrativa, o Poder Público utiliza diversos órgãos públicos e também entidades para a consecução de suas atividades. Assim, muitas atividades administrativas são executadas por pessoas administrativas vinculadas ao Estado, mesmo que dotadas de personalidade jurídica de direito privado, como acontece com a empresa pública e sociedade de economia mista, com finalidade de prestar serviços públicos.

No Rio de Janeiro foi criada a Guarda Municipal, sob a forma de **empresa pública,** com finalidade de organizar, dirigir e fiscalizar o tráfego de veículos em seu território, além de outras atribuições.

Nesse contexto, existe corrente doutrinária entendendo que em relação a atos de **consentimento**, **sanção** e **regulação,** não é possível que sejam realizados por pessoas de direito privado. Quanto aos atos de **fiscalização**, vale dizer, a averiguação das condições exigidas, podem ser feitos por particular habilitado para tanto. É admissível sua prática por particulares, mas o ato de consentimento estatal, a exemplo das licenças, deve ser manifestado por pessoa de direito público.[15]

---

14 BANDEIRA DE MELLO, Celso Antônio, op. cit., p. 736.

15 Devemos destacar **decisão do STJ** que entendeu **possível a delegação a pessoa de direito privado de atos de fiscalização e consentimento** decorrentes do poder de polícia. Confira o julgado: Administrativo. Poder de polícia. Trânsito. Sanção pecuniária aplicada por sociedade de economia mista. Impossibilidade. 1. Antes de adentrar o mérito da controvérsia, convém afastar a preliminar de conhecimento levantada pela parte recorrida. Embora o fundamento da origem tenha sido a lei local, não há dúvidas que a tese sustentada pelo recorrente em sede de especial (delegação de poder de polícia) é retirada, quando o assunto é trânsito, dos dispositivos do Código de Trânsito Brasileiro arrolados pelo recorrente (arts. 21 e 24), na medida em que estes artigos tratam da competência dos órgãos de trânsito. O enfrentamento da tese pela instância ordinária também tem por consequência o cumprimento do requisito do prequestionamento. 2. No que tange ao mérito, convém assinalar que, em sentido amplo, poder de polícia pode ser conceituado como o dever estatal de limitar-se o exercício da propriedade e da liberdade em favor do interesse público. A controvérsia em debate é a possibilidade de exercício do poder de polícia por particulares (no caso, aplicação de multas de trânsito por sociedade de economia mista). 3. As atividades que envolvem a consecução do poder de polícia podem ser sumariamente divididas em quatro grupo, a saber: (i) legislação, (ii) consentimento, (iii) fiscalização e (iv) sanção. 4. No âmbito da limitação do exercício da propriedade e da liberdade no trânsito, esses grupos ficam bem definidos: o CTB estabelece normas genéricas

Assim, a delegação não pode ser outorgada a pessoas da iniciativa privada, desprovidas de vinculação oficial com os agentes públicos.

COMO ESSE ASSUNTO TEM SIDO ABORDADO NAS PROVAS

✦ **(Procurador de Estado da Paraíba – FCC – 2008)** Segundo entendimento majoritário na doutrina e na jurisprudência, admite-se a delegação do poder de polícia a pessoa da iniciativa privada prestadora de serviços de titularidade do Estado.

Resposta: Errado. Questão exigida também no concurso da Abin 2008.

✦ **(Procurador – Alagoas – Cespe – 2009)** Nenhum dos aspectos do poder de polícia pode ser exercido por agente público sujeito ao regime celetista.

Resposta: Errado. Atos preparatórios e posteriores admitem.

✦ **(PCES – Cespe – Agente – 2009)** Também os poderes administrativos, a exemplo do poder de polícia, podem ser delegados a particulares.

Resposta: Errado.

✦ **(TRE-ES – Analista Judiciário – Área: Judiciária – 2011)** Ainda que não lhe seja permitido delegar o poder de polícia a particulares, em determinadas situações, faculta-se ao Estado a possibilidade de, mediante contrato celebrado, atribuir a pessoas da iniciativa privada o exercício do poder de polícia fiscalizatório para constatação de infrações administrativas estipuladas pelo próprio Estado.

Resposta: Certo.

✦ **(Cespe – MCTI – 2012)** É possível a existência de poder de polícia delegado, no entanto, é amplamente aceita na doutrina a vedação da delegação do poder de polícia à iniciativa privada.

Resposta: Certo. Admite-se que o poder de polícia possa ser delegado para autarquias, pois são pessoas jurídicas de direito público.

✦ **TRE/PE - Técnico Judiciário - questão 26 (CESPE), que diz: "O Poder de Polícia:**

a) é indelegável

b) é delegável no âmbito da própria administração pública, em todas as suas dimensões, a pessoas jurídicas de direito privado e, também, a particulares

c) é suscetível de delegação no âmbito da própria administração pública, desde que o delegatário não seja pessoa jurídica de direito privado

d) pode ser delegado em sua dimensão fiscalizatória a pessoa jurídica de direito privado integrante da administração pública.

e) pode ser delegado em suas dimensões legislativa e sancionadora a pessoa jurídica de direito privado integrante da administração pública.

Letra D.

---

e abstratas para a obtenção da Carteira Nacional de Habilitação (legislação); a emissão da carteira corporifica a vontade o Poder Público (consentimento); a Administração instala equipamentos eletrônicos para verificar se há respeito à velocidade estabelecida em lei (fiscalização); e também a Administração sanciona aquele que não guarda observância ao CTB (sanção). 5. Somente os atos relativos ao consentimento e à fiscalização são delegáveis, pois aqueles referentes à legislação e à sanção derivam do poder de coerção do Poder Público. 6. No que tange aos atos de sanção, o bom desenvolvimento por particulares estaria, inclusive, comprometido pela busca do lucro – aplicação de multas para aumentar a arrecadação. 7. Recurso especial provido (REsp 817.534/MG, Rel. Ministro Mauro Campbell Marques, Segunda Turma, julgado em 10.11.2009, *DJe* 10.12.2009).

Pode causar certa confusão o art. 301 do Código de Processo Penal, ao dispor que "qualquer do povo poderá e as autoridades policiais e seus agentes deverão prender quem quer que seja encontrado em flagrante delito". Com efeito, essa determinação não se trata de delegação do poder de polícia. Este poder é a capacidade do Estado de impor limitações ou condições ao exercício da liberdade e da propriedade, e não se confunde com a disposição da norma processual penal, que traduz apenas ato de manutenção da ordem pública.

Também não se trata de delegação de poder de polícia a possibilidade de empresas privadas realizarem segurança privada (empresas de segurança privada). Essas empresas não realizam atos de polícia, apenas protegem patrimônio privado. Contudo, para que possam desenvolver essas atividades, devem ter uma manifestação prévia do Poder Público, que irá avaliar se defere ou não a solicitação. Este ato do Estado, sim, é manifestação do poder de polícia.

COMO ESSE ASSUNTO TEM SIDO ABORDADO NAS PROVAS

- **(Cespe – TJES – Analista Judiciário – 2011)** Além dos atos que provêm de autoridade pública, caracterizam-se, também, como atividades de polícia administrativa as providências tomadas por particulares para prevenir prejuízos ou ameaças a seus direitos ou patrimônios.

  Resposta: Errado. Não configura poder de polícia do Estado.

- **(Bacen – Procurador – 2005)** Nos termos do conceito aceito pela doutrina nacional, caracteriza exercício de poder de polícia a prisão em flagrante de um criminoso.

  Resposta: Errado.

O Supremo Tribunal Federal, ao julgar o Recurso Extraordinário nº 511.961, fundamentou-se na impossibilidade de se exercer o poder de polícia para declarar a não recepção do Decreto-Lei nº 972/69, que exigiu diploma de curso superior para o exercício da profissão de jornalista. Na visão do STF não poderia o Estado criar uma ordem ou um conselho profissional (autarquia) para a fiscalização desse tipo de profissão e que o exercício do poder de polícia do Estado seria vedado nesse campo em que imperam as liberdades de expressão e de informação (RE 511961/SP, rel. Min. Gilmar Mendes, 17.6.2009 (RE 511961) – Informativo nº 561, STF).

2.5.13. Poder de polícia originário e derivado

O poder de polícia será **originário** quando exercido diretamente pelos entes federados (União, estados, Distrito Federal e municípios), por meio de suas respectivas Administrações Diretas, ou seja, pelos próprios *órgãos* administrativos; será **derivado** quando os Entes federados outorgam por lei poder de polícia a entidades de direito público integrantes de sua Administração Indireta, como ocorre com as *autarquias*.

2.5.14. Sanções de polícia

O exercício do poder de polícia pode resultar na aplicação de certas sanções, como multa, apreensão de mercadorias, interdição de atividades, entre outras.

As sanções de polícia devem observar o **princípio da legalidade**. Assim, a **lei** é que irá definir as possíveis sanções a serem aplicadas no exercício desse poder. Os atos administrativos têm por finalidade a execução das determinações legais.

Os demais princípios da Administração Pública devem ser obedecidos na aplicação das sanções de polícia. Dessa forma, o ato tem de ser **motivado**, ou seja, deve haver a justificação do ato que está sendo praticado. A sanção deve ser **proporcional,** de modo a não limitar totalmente a atividade, se isso não for suficiente, como ocorre, por exemplo, na hipótese de um fiscal sanitário encontrar determinada mercadoria sendo vendida em desacordo com as determinações legais e resolver interditar o estabelecimento, ao invés de apenas apreender a mercadoria.

Não podem deixar de ser observados os princípios da ampla defesa e do contraditório, positivados no art. 5º, LV. Este é a garantia que cada parte tem de se manifestar sobre todas as alegações produzidas pela parte contrária. Significa dar ciência da existência do processo administrativo e permitir à parte manifestar-se em todos os seus atos. Aquele é a garantia que a parte tem de usar todos os meios legais para provar e para defender as suas alegações.

2.5.15. Polícia administrativa e polícia judiciária

Poder de polícia não se reduz à atuação diante da segurança e da ordem pública. Também não significa apenas impor restrições e condições ao exercício de atividades (construções, sanitária, profissões, meio ambiente etc.). Envolve todas essas atividades. No primeiro caso, será exercida pela polícia civil ou federal, conforme a competência de cada órgão, e no segundo caso, pelos diversos órgãos e entidades cuja competência é dada pela lei.

A polícia administrativa e a polícia judiciária são expressões do poder de polícia, ambas voltadas ao interesse público. O que efetivamente distingue as duas espécies de polícia é que a polícia administrativa se predispõe a impedir ou paralisar atividades antissociais, enquanto a polícia judiciária visa à responsabilização dos violadores da ordem jurídica.[16] Esse será o ponto crucial para diferenciar os limites e atribuições de cada órgão.

Carvalho Filho[17] ressalta que não há confundir **polícia-função** com **polícia-corporação.** Uma das funções desempenhadas pelo Estado é exercer o poder de polícia; trata-se de **atividade** administrativa (sentido material), exercida por órgãos e entidades administrativas, aos quais a lei atribui essa competência. A *polícia-corporação* faz parte de um sistema de segurança pública, com o intuito de prevenir delitos e outras condutas ofensivas à ordem e paz pública. **A polícia-corporação também executa funções de polícia administrativa (polícia-função)**, mas esta é exercida por outros órgãos, além da corporação policial. Portanto, a polícia administrativa está "espalhada" na competência de vários órgãos e entidades da Administração Pública. Diferentemente, a polícia judiciária é privativa de corporações especializadas (Polícia Civil e Federal).

Segundo Diogo de Figueiredo, "A *polícia judiciária* conforma, assim, uma espécie destacável do gênero *polícia*, diretamente vinculada, porém, à repressão dos comportamentos que, por sua alta nocividade, se qualificam como *infrações penais*. Ganha, por isso, esse ramo da polícia, uma *identidade orgânico-funcional própria*, como função auxiliar da atuação do Poder Judiciário, ao qual incumbe com exclusividade efetivar a repressão penal sobre as pessoas, pela reserva que detém da aplicação de pena criminal, aflitiva e pessoal".[18]

16 BANDEIRA DE MELLO, Celso Antônio, op. cit., p. 731.

17 CARVALHO FILHO, José dos Santos, op. cit., p. 73.

18 MOREIRA NETO, Diogo de Figueiredo. *Curso de Direito Administrativo*. 15ª ed. Rio de Janeiro: Forense, 2011.

O Estado, por meio de um conjunto de ações preventivas, imporá limites ou restrições ao uso de bens, direitos e atividades. O papel da polícia administrativa será assegurar a observância de tais limites, por meio de atos de fiscalização, prevenção ou repressão. No entanto, ocorrendo um ilícito penal, seja decorrente da transgressão de normas administrativas originadas do poder de polícia ou não, inicia-se a atuação da polícia judiciária, com o intuito de apurar o fato, encontrando todos os envolvidos e produzindo o conjunto probatório necessário para apreciação do Poder Judiciário.

Desse modo, a polícia judiciária exerce propriamente a atividade de preparar a atuação do Poder Judiciário. Nesse contexto, investiga crimes, reunindo o conjunto probatório para análise posterior do órgão jurisdicional.[19]

É possível que uma mesma conduta individual exija a atuação do órgão competente para exercer a polícia administrativa e de outro órgão com atribuição de polícia judiciária, ou um mesmo órgão desempenhando as duas funções. Por exemplo, um estabelecimento que vende medicamentos falsificados ou adulterados poderá sofrer intervenção da polícia administrativa e, também investigação da polícia judiciária, que irá apurar uma suposta infração penal, devendo cada órgão atuar e exercer os atos que são de sua competência. É o que ocorre também com os atos praticados contra o meio ambiente, que exigem a intervenção da polícia administrativa (ex.: Ibama) e judiciária (ex.: Polícia Civil ou Federal, dependendo da competência de cada uma).

Vimos que o poder de polícia é autoexecutório porque dispensa análise prévia dos atos a serem praticados pelo Poder Judiciário. Essa característica está presente na polícia administrativa e, também, na polícia judiciária.

Quando a polícia judiciária realiza inquérito policial a fim de fazer apuração de crime, exerce atividade administrativa (não é judicial) e os seus atos são autoexecutórios, salvo em algumas situações em que houve restrição da lei, como é o caso da interceptação telefônica, que dependerá de autorização judicial.

2.5.15.1. Polícia administrativa

Em princípio, atua **preventivamente,** com o intuito de evitar que danos aconteçam à sociedade quando o particular estiver usufruindo seu direito. Para tanto, utiliza-se, por exemplo, de atos preventivos de fiscalização, ou de atos gerais, como decretos e resoluções.

Os agentes de polícia administrativa, no entanto, também agem *repressivamente*, quando, por exemplo, interditam um estabelecimento comercial ou apreendem bens obtidos por meios ilícitos.

Incide sobre BENS, ATIVIDADES E DIREITOS.

Sua atuação é regida por normas administrativas.

A doutrina diferencia a polícia administrativa em **geral** e **especial**. Esta cuida de setores específicos da atividade humana que afetem bens de interesse coletivo, tais como a construção, a indústria de alimentos, o comércio de medicamentos, o uso de águas, a exploração de florestas. Aquela trata genericamente da **segurança, da salubridade e da moralidade públicas.**

19 Confira o art. 144 da CF, que estabelece as atribuições da Polícia Federal.

Carvalho Filho entende que qualquer ramo de atividade que possa contemplar a presença do indivíduo rende ensejo à intervenção restritiva do Estado. Assim, não há direitos absolutos a esta ou àquela atividade, mas todos deverão estar subordinados aos interesses coletivos.

2.5.15.2. Polícia judiciária

Em princípio, atua **repressivamente,** realizando investigação de crimes já ocorridos. Sua atuação começa, em regra, depois da ocorrência de um ilícito penal. Essa atividade é desenvolvida por órgãos especializados, a exemplo da Polícia Federal e da Polícia Civil, entre outras corporações que eventualmente tenham essa atribuição conferida pelo art. 144 da Constituição Federal. Essa é a atividade da polícia judiciária (investigação criminal).

Pode também, entretanto, atuar de maneira **preventiva,** evitando que crimes venham a ocorrer.

A polícia judiciária atua sobre PESSOAS, investigando um suposto delito cometido, preparando a atuação da função jurisdicional que determinará a sanção penal, caso entenda que o crime ocorreu. Sua atividade é regida por normas de legislação processual penal, Código de Processo Penal.

Cabe destacar a Súmula Vinculante nº 114 do STF, no sentido de que "é direito do defensor, no interesse do representado, ter acesso amplo aos elementos de prova que, já documentados em procedimento investigatório realizado por órgão com competência de **polícia judiciária**, digam respeito ao exercício do direito de defesa".

Algumas casas legislativas possuem órgãos especializados para investigação de crimes que ocorrem em suas dependências, mas, conforme a Súmula 397 do STF, "o poder de polícia da Câmara dos Deputados e do Senado Federal, em caso de crime cometido nas suas dependências, compreende, consoante o regimento, a prisão em flagrante do acusado e a realização do inquérito".

QUESTÃO DISCURSIVA

- **(PC-RJ – Delegado de Polícia – 2002)** Com relação ao exercício do poder de polícia, responda:

  A) É possível a delegação do exercício do poder de polícia?

  B) Apresente as diferenças entre polícia administrativa e polícia judiciária.

  Espaço máximo para resposta: 10 linhas por item.

2.5.15.2.1. Polícia de manutenção da ordem pública

De acordo com Hely Lopes,[20] polícia de manutenção da ordem pública, por seu turno, pode ser conceituada como a atividade mediante a qual se procede ao patrulhamento ostensivo das vias públicas e dos demais locais de acesso público, com o objetivo precípuo de evitar atos atentatórios à ordem pública. Temos aqui, como principal instituição atuante na área, a Polícia Militar.

Com efeito, a atividade *predominante* da Polícia Militar é de polícia ostensiva por meio de patrulhamento de locais públicos, cuidando da integridade dos administrados, bem como de polícia de manutenção da ordem pública, a fim de evitar ilícitos penais ou de outros atos que podem causar violação de interesses individuais ou coletivos. Essa atividade está inserida

20 MEIRELLES, Hely Lopes. *Direito Administrativo Brasileiro*. São Paulo: Malheiros, 2004.

no poder de polícia do Estado, atribuída à polícia administrativa. Conforme o Texto Constitucional, art. 144, às polícias militares cabem o policiamento ostensivo e a preservação da ordem pública.

A Polícia Militar também poderá, entretanto, ter atividade investigativa, exercendo o papel de polícia judiciária militar, quando ocorrer crime militar definido pelo Código Penal Militar, art. 9º. Nesse caso, a investigação do ilícito penal caberá à polícia militar, conforme as regras do referido Código. Assim, quando um militar, em situação de atividade, comete crime contra militar na mesma situação ou contra o patrimônio sob a administração militar, será investigado pela Polícia Militar. Logo, nesse cenário, a citada polícia exercerá a função de polícia judiciária, tendo por finalidade a responsabilização dos violadores da ordem jurídica. Nas demais situações que se predispõe a evitar condutas antissociais, será polícia administrativa.

Em concursos, não encontramos registros de questões de direito administrativo acerca da Polícia Militar. Certamente isso ocorre em razão da falta de um enquadramento adequado da Polícia Militar pelos autores de direito administrativo.

Para nós, a Polícia Militar não exerce, via de regra, função de polícia judiciária. Trata-se de corporação ímpar que atua na manutenção da ordem pública. Entendemos que polícia judiciária é aquela que tem por função principal a investigação criminal.

Com efeito, a distinção entre polícia administrativa e judiciária não tem aplicação exata no Brasil, assim como ocorre na França. Aqui, a distinção não tem aplicação plena, pois nossa polícia judiciária também exerce função de polícia administrativa. Ex.: Polícia Federal na concessão de passaportes e autorização para porte de arma.

Em relação à **guarda municipal**, a CF, art. 144, § 8º, estabelece que os municípios poderão constituir guardas municipais destinadas à proteção de seus bens, serviços e instalações, conforme dispuser a lei.

Em 2014 foi editada a Lei nº 13.022, dispondo sobre o Estatuto Geral das Guardas Municipais, regulamentando a atividade em todos os municípios. A norma prevê uma série de atribuições, por exemplo, colaborar com a pacificação de conflitos; exercer competências de polícia de trânsito; auxiliar na segurança de grandes eventos e na proteção de autoridades e dignitários; atuar mediante ações preventivas na segurança escolar etc. Temos aqui uma série de competências que não estão relacionadas à proteção de bens e serviços públicos. Trata-se, na verdade, de outorga de poder de polícia à guarda municipal, podendo gerar conflito de atribuições com outros órgãos da segurança pública, nesse caso, com a Polícia Militar e Corpo de Bombeiros.

Extrai-se da leitura da norma incompatibilidade com a Constituição, pois foram estabelecidas competências que extrapolam a nossa Carta Maior: a competência da guarda municipal deve ser restrita à proteção do patrimônio público municipal. O art. 144 da CF ainda estabelece quais órgãos são responsáveis pela proteção da incolumidade das pessoas e pela preservação da ordem pública, não incluindo, nesse caso, a guarda municipal. Para tanto, seria necessária uma emenda à Constituição. Com efeito, a guarda municipal não é órgão de segurança pública somente pelo fato de estar dentro do capítulo destinado à Segurança Pública.

O STF entendeu que as guardas municipais, desde que autorizadas por lei municipal, têm competência para fiscalizar o trânsito, lavrar auto de infração de trânsito e impor multas. Para o Supremo é constitucional a atribuição às guardas municipais do exercício do poder de polícia de trânsito, inclusive para a imposição de sanções administrativas previstas em lei. A fiscalização do trânsito, com aplicação das sanções administrativas (multas), constitui mero exercício de poder de polícia, não havendo, portanto, proibição de que seja exercida por órgãos que não fazem parte das carreiras policiais, como é o caso das guardas municipais, cuja atribuição descrita na CF, art. 144, § 8º, não é exaustiva. STF. Plenário. RE 658570/MG, rel. orig. Min. Marco Aurélio, red. p/ o acórdão Min. Roberto Barroso, julgado em 6.8.2015 (Info 793).

Importante também lembrar que o STF já entendeu pela impossibilidade da criação, pelos Estados-membros, de órgão de segurança pública diverso daqueles previstos no art. 144 da Constituição, tendo em vista a taxatividade do rol dos órgãos encarregados da segurança pública.[21]

2.5.15.3. Quadro resumo

	POLÍCIA ADMINISTRATIVA	POLÍCIA JUDICIÁRIA
Momento	Regra – preventivo.	Regra – repressivo.
Regime jurídico	Normas administrativas.	Lei processual penal.
Órgãos	Qualquer órgão/entidade a que a **lei** atribui essa competência.	Somente corporações especializadas.
Finalidade	Combater atividades antissociais.	Responsabilizar os infratores da lei penal.
Destinatários	Bens, direitos, atividades, propriedade – não é o indivíduo.	A pessoa.

2.5.16. Condições de validade

a) **Proporcionalidade da sanção:** o poder de polícia autoriza limitações, restrições, condicionamentos; **nunca** supressão total do direito individual ou da propriedade particular, o que só poderá ser feito por desapropriação.

b) **Legalidade dos meios empregados:** os meios devem ser legítimos. A demolição de obras, a destruição de bens particulares e o emprego da força física só se justificam como expedientes extremos do Poder Público. Enquanto houver outros meios de se realizar o poder de polícia, tais medidas devem ser evitadas.

2.5.17. Prescrição

A prescrição para a punição decorrente do poder de polícia ocorre em **CINCO ANOS**, contados da data da prática do ato ou, em se tratando de infração permanente ou continuada, do dia em que tiver cessado.

Se, porém, o fato **constituir crime,** o prazo prescricional **será o mesmo atribuído pela lei penal**, conforme a Lei 9.873/99.

A prescrição ocorre também sobre procedimentos administrativos **paralisados** por mais de três anos, na hipótese em que se aguarda despacho ou julgamento da autoridade administrativa (art. 1º, § 1º, da Lei 9.873/99).

21 ADI 2827, Min. Gilmar Mendes, Tribunal Pleno, julgado em 16.09.2010).

Vale salientar que a prescrição tratada na lei citada somente tem incidência específica para as infrações relacionadas ao poder de polícia, sendo inaplicável em processos administrativos disciplinares e tributários, uma vez que estes possuem lei específica. Outrossim, destina-se somente à órbita federal.[22]

ESTUDO AVANÇADO

1. PODER HIERÁRQUICO

<table>
<tr><th colspan="5">Poderes referidos pelos autores</th></tr>
<tr><th>Hely Lopes Meirelles</th><th>Lucas Rocha Furtado</th><th>Maria Sylvia Di Pietro</th><th>José dos Santos Carvalho Filho</th><th>Celso Antônio Bandeira de Mello</th></tr>
<tr><td>–</td><td>–</td><td>Poder normativo</td><td>–</td><td>Somente faz referência expressa ao poder de polícia</td></tr>
<tr><td>Poder vinculado</td><td rowspan="2">Poder discricionário e vinculado</td><td>–</td><td>–</td><td rowspan="6">Somente faz referência expressa ao poder de polícia</td></tr>
<tr><td>Poder discricionário</td><td>–</td><td>Poder discricionário</td></tr>
<tr><td>Poder hierárquico</td><td>Poder hierárquico</td><td>Decorrente da hierarquia</td><td>–</td></tr>
<tr><td>Poder disciplinar</td><td>Poder disciplinar</td><td>Poder disciplinar</td><td>–</td></tr>
<tr><td>Poder regulamentar</td><td>Poder regulamentar</td><td>–</td><td>Poder regulamentar</td></tr>
<tr><td>Poder de polícia</td><td>Poder de polícia</td><td>Poder de polícia</td><td>Poder de polícia</td></tr>
</table>

Alguns autores não se referem ao poder hierárquico como um poder administrativo propriamente dito, fazendo apenas referência à hierarquia da Administração.

Maria Sylvia Di Pietro (2011, p. 96) não menciona que o poder hierárquico se refere a poderes "decorrentes da hierarquia":

> *A organização administrativa é baseada em dois pressupostos fundamentais: a distribuição de competências e a hierarquia. O direito positivo define as atribuições de vários órgãos administrativos, cargos e funções e, para que haja harmonia e unidade de direção, ainda estabelece uma relação de coordenação e subordinação entre os vários órgãos que integram a Administração Pública, ou seja, estabelece a hierarquia.*

José dos Santos Carvalho Filho (2009, p. 65):

> *[...] há autores que consideram hierarquia e disciplina como poderes administrativos – o "poder hierárquico" e o "poder disciplinar". Entendemos, contudo, que*

22 REsp 1088405/RS, Rel. Ministro Francisco Falcão, Primeira Turma, julgado em 05.03.2009, *DJe* 01.04.2009.

> *tais situações não devem ser qualificadas rigorosamente como "poderes"; falta-lhes a fisionomia inerente às prerrogativas de direito público que cercam os verdadeiros poderes administrativos. Cuida-se, como dissemos, de fatos administrativos – fatos esses que configuram como características* ***relacionadas à organização administrativa em geral****.*

Raquel Melo Urbano denomina **hierarquia perfeita** quando estão presentes na relação hierárquica o poder de comando, de fiscalização, de revisão, o poder de delegar e avocar competências, bem como o poder de punir.

Em relação ao poder vinculado e discricionário, muitos autores também não admitem sua existência como um "poder" da Administração.

2. PODER DISCIPLINAR

Segundo Raquel Melo Urbano deve haver **norma legal** que estabelece competência sancionatória em razão das infrações cometidas, **não sendo necessário que integrem a Administração da mesma pessoa federativa**, na hipótese de previsão constitucional. É o que ocorre, por exemplo, com o Conselho Nacional de Justiça – CNJ, com função de exercer o controle disciplinar dos magistrados federais e estaduais, conforme previsto no art. 103-B, § 4º, III e V, da CF, e também com o Conselho Nacional do Ministério Público – CNMP, com função semelhante prevista no art. 130-A, § 4º, III e IV, da CF (p. 277).

> *Para que órgãos independentes como o CNJ e o CNMP ou autônomos possam ser instituídos, sendo-lhes reconhecido poder disciplinar federal e estadual, é basilar que tal procedimento se dê na esfera da Federação que tem poder político para tanto e, no caso específico das consequências que lhe foram atribuídas, em sede constitucional. Segundo entendimento do próprio STF, estes conselhos somente poderiam ser criados no âmbito federal, uma vez que os estados-membros carecem de competência constitucional para instituir, como órgão interno ou externo do Judiciário, conselho destinado ao controle da atividade administrativa, financeira ou disciplinar da respectiva justiça, de caráter manifestamente nacional. É com base neste fundamento que o Supremo Tribunal Federal entendeu lícito ao CNJ penalizar, à exceção dos Ministros do próprio STF, magistrados federais e estaduais.*

José dos Santos Carvalho Filho (2009, p. 68) sobre **atipicidade**:

> *No direito penal, o legislador utilizou da rígida tipicidade, delineando cada conduta ilícita e a sanção respectiva. O mesmo não sucede no campo da disciplinar. Aqui a lei limita-se, como regra, a enumerar os deveres e as obrigações funcionais, e, ainda, as sanções, sem, contudo, uni-los de forma discriminada, o que afasta o sistema da rígida tipicidade.*
>
> *Nada impede, todavia, que o legislador estabeleça conduta dotada de tipicidade específica como caracterizadora de ilícito administrativo. Nesse campo, nenhum problema haverá quanto à punibilidade: esta ocorrerá ou não conforme tenha ou não ocorrido a conduta. Mas não é essa a regra do ilícito administrativo, como sucede em relação à ilicitude penal. Esta não admite os denominados tipos abertos, aceitos normalmente na esfera administrativa.*

Maria Sylvia Di Pietro (2011, p. 95): **discricionariedade do poder disciplinar:** "existe, limitadamente, nos procedimentos previstos para apuração de falta, uma vez que os Estatutos funcionais não estabelecem regras rígidas como as que se impõem na esfera criminal".

3. PODER REGULAMENTAR

Muitos doutrinadores preferem a expressão "poder normativo".

Maria Sylvia Di Pietro (2011, p. 91): "Normalmente, fala-se em poder regulamentar; preferimos falar em **poder normativo**, já que aquele não esgota toda a competência normativa da Administração Pública; é apenas uma de suas formas de expressão [...]."

José dos Santos Carvalho Filho (2009, p. 52), ao expressar seu conceito, diz que é competência de toda a **Administração**, não limitando apenas como atribuição do Poder Executivo: poder regulamentar: "é a prerrogativa conferida à Administração Pública de editar atos normativos gerais para complementar as leis e permitir sua efetiva aplicação".

3.1. Decreto autônomo

Existe profunda divergência na doutrina sobre a possibilidade de edição de decretos autônomos. Parte da doutrina é relutante em admitir sua existência em nosso ordenamento jurídico.

Autores que não admitem decreto autônomo	Autores que admitem a existência de decreto autônomo
José dos Santos Carvalho Filho, Celso Antônio, Diógenes Gasparini, nossa posição.	Hely Lopes, Maria Sylvia Di Pietro, Diogo de Figueiredo, Cretella Jr. e Raquel Melo Urbano.

A doutrina passou a admitir sua existência em nosso ordenamento jurídico com o advento da Emenda Constitucional nº 32/2001, que modificou a redação do art. 84, VI, da CF.

CUIDADO! A *criação* ou a *extinção* de **órgãos** depende de **lei**. Por meio de decreto é possível fazer apenas a *organização interna*, desde que não provoque aumento de despesas do órgão. Da mesma forma, determina a CF que a criação, transformação ou extinção de cargo, emprego ou função depende de lei; a extinção de CARGOS E FUNÇÕES VAGOS é que é possível por decreto.

Importante ressaltar que mesmo antes da EC nº 32/2001, Hely Lopes (ano) já admitia a edição de decretos autônomos, em razão da **teoria implícita dos poderes**. Para o autor, a Administração, tendo como função a execução dos fins determinados pelo Estado, bem como a efetivação de direitos fundamentais, não pode ficar à espera da edição de leis pelo Poder Legislativo para o desempenho de suas atribuições.

Para nós, mesmo nas hipóteses do art. 84, VI, da CF, não se trata de decreto autônomo, mas sim de atos ordinatórios que visam disciplinar o funcionamento da Administração. São atos que não possuem densidade normativa, não se prestam a criar ou restringir direitos como a lei. Sua função é limitada à organização administrativa, não se compara ao ato normativo próprio, como o decreto legislativo ou a lei.

Esse nosso entendimento, e de alguns outros autores, não tem sido adotado para concursos públicos. Nos certames públicos, admite-se a existência de decreto autônomo na hipótese do art. 84, VI, da CF.

Celso Antônio Bandeira de Mello (2011, p. 342-343) afirma que o decreto previsto no art. 84, VI, da CF é muito limitado, não sendo possível compará-lo aos regulamentos independentes ou autônomos do Direito europeu.

> *Com efeito, se o Chefe do Executivo não pode nem criar nem extinguir órgão, nem determinar qualquer coisa que implique aumento de despesa, que pode ele, então, fazer a título de dispor sobre "organização e funcionamento da Administração Federal"? Unicamente transpor uma unidade orgânica menor que esteja encarregada em unidade orgânica maior para outra destas unidades maiores – como, por exemplo, passar um departamento de um dado Ministério para outro Ministério ou para uma autarquia, e vice-versa; uma divisão alocada em certo departamento para outro departamento, uma seção pertencente a determinada divisão para outra divisão; e assim por diante. Este é o regulamento previsto no art. 84, VI, a. Mera competência para um arranjo intestino dos órgãos e competências já criados por lei.*

José dos Santos Carvalho Filho (2011, p. 59) não admite a existência de decretos autônomos em nosso direito. Segundo o autor não há como encontrar no vigente quadro constitucional respaldo para admiti-los.

> *Não obstante, mesmo diante da alteração processada na Constituição, permanecemos fiel ao pensamento que expressamos acima. Aliás, a questão dos decretos e regulamentos autônomos deve ser colocada em termos mais precisos. Para que sejam caracterizados como tais, é necessário que os atos possam criar e extinguir primariamente direitos e obrigações, vale dizer, sem prévia lei disciplinadora da matéria ou, se preferir, colmatando lacunas legislativas. Atos dessa natureza não podem existir em nosso ordenamento jurídico porque a tanto se opõe o art. 5º, II, da CF que fixa o postulado da reserva legal para a exigibilidade de direitos e obrigações. Para que fossem admitidos, seria impositivo que a Constituição deixasse, clara, nítida, indubitável, a viabilidade jurídica de sua edição por agentes da Administração, como fez, por exemplo, ao atribuir ao Presidente da República o poder constitucional de legislar através de medidas provisórias (art. 62, CF).*

4. PODER DE POLÍCIA

4.1. Atributos/características do poder de polícia

Em razão do poder de polícia se manifestar de modo vinculado ou discricionário, a discricionariedade já não vem sendo entendida com atributo único ou característica principal do poder de polícia.

Maria Sylvia Di Pietro (2011, p. 121): "Diante disso, pode-se dizer que o poder de polícia tanto pode ser discricionário (e assim é na maior parte dos casos) como vinculado."

Para essa autora (2011, p. 122), são características: **discricionário e vinculado e autoexecutório**. A coercibilidade não seria atributo propriamente dito:

> *A coercibilidade é indissociável da autoexecutoriedade. O ato de polícia só é autoexecutório porque dotado de força coercitiva. Aliás, a autoexecutoriedade, tal como a conceituamos, não se distingue da coercibilidade, definida por Hely Lopes Meirelles (2003, p. 134) como "a imposição coativa das medidas adotadas pela Administração".*

José dos Santos Carvalho Filho (2009, p. 82) também elenca a discricionariedade e vinculação como características do poder de polícia. Para ele são atributos: **discricionariedade e vinculação, autoexecutoriedade e coercibilidade**.

Celso Antônio Bandeira de Mello (2011, p. 836-837): "é inexato o afirmar-se que o poder de polícia é discricionário. Pode-se, com propriedade, asseverar, isto sim, que a polícia administrativa se expressa **ora através de atos no exercício de competência discricionária, ora através de atos vinculados**".

Celso Antônio Bandeira de Mello afirma que o poder de polícia só é **autoexecutório** quando: a lei expressamente autorizar; a adoção da medida for urgente; inexistir outra via de direito capaz de assegurar a satisfação do interesse público.

Raquel Melo Urbano (2008, p. 346) entende que são atributos do poder de polícia a presunção de legitimidade e que são impostos aos particulares independentemente de sua aquiescência ou de pronunciamento judicial (exigibilidade e autoexecutoriedade).

Resumindo:

Hely Lopes Meirelles	Discricionariedade, autoexecutoriedade e coercibilidade.
Maria Sylvia Di Pietro	Discricionariedade e vinculação e autoexecutoriedade.
José dos Santos Carvalho Filho	Discricionariedade e vinculação, autoexecutoriedade e coercibilidade.
Celso Antônio Bandeira de Mello	Para o autor não é correto afirmar que é discricionário. Mencionam também a autoexecutoriedade. Porém, o autor não destaca no livro ponto específico para falar sobre os "atributos" ou "características" do poder de polícia.
Diógenes Gasparini	Discricionariedade e vinculação. Menciona também a autoexecutoriedade. Assim, como Celso Antônio Bandeira de Mello não separa ponto específico sobre os atributos do poder de polícia.
Lucas Rocha Furtado	Para o autor não há razão para estabelecer atributos distintos dos indicados para os demais atos administrativos. O autor discorda de se conferir ao poder de polícia a característica da discricionariedade.

4.2. Poder de polícia e serviços públicos

Celso Antônio Bandeira de Mello (2011, p. 831):

> *O poder de polícia tem, contudo, na quase-totalidade dos casos, um sentido realmente negativo, mas em acepção diversa da examinada. É negativo no sentido de que através dele o Poder Público, de regra, não pretende uma atuação do particular,* pretende uma abstenção. *Por meio dele normalmente* não se exige nunca um facere, mas um non facere. *Por isso mesmo, antes quer afirmar o seu caráter negativo, no sentido de que usualmente se toma o que é falso –, deve-se dizer que a utilidade pública é, no mais das vezes, conseguida de modo indireto pelo poder de polícia, em contraposição à obtenção direta de tal utilidade, obtida através dos serviços públicos.*
>
> *O que aparta, então, é, de um lado, o alcance direto ou indireto da utilidade coletiva, e, de ouro lado, a circunstância de que, enquanto os serviços públicos se traduzem em prestações de utilidade ou comodidade oferecidas pelo Estado ou quem lhe faça as vezes, o poder de polícia corresponde à atividade estatal que não almeja outra coisa senão uma abstenção dos particulares.*

A diferenciação entre poder de polícia e serviços públicos foi bem explorada por Lucas Rocha Furtado (2007, p. 645):

> *Por meio da prestação de serviços públicos, o Estado põe à disposição da população unidades com vista ao atendimento das necessidades básicas da sociedade (como por exemplo: saúde, educação [...]). Nesse sentido, a atividade prestacional pode ser entendida como uma intervenção positiva do Estado na esfera privada. E no caso do poder de polícia o Estado invade a esfera privada, não para pôr à disposição da população utilidades ou comodidades, mas para restringir, limitar, condicionar ou ordenar o exercício das atividades que, de outro modo, poderiam ser livremente desempenhadas pelos particulares.*

Maria Sylvia, entre outros autores, defende que o poder de polícia foi ampliado para **obrigações de fazer no que se refere ao direito de propriedade.** É que ocorre com o dever de utilizar a propriedade (função social da propriedade) e o dever de adotar medidas de segurança.

4.3. Delegação do poder de polícia aos particulares

Celso Antônio Bandeira de Mello (2011, p. 839-840):

> *Os atos jurídicos expressivos de Poder Público, de autoridade pública, e, portanto, os de polícia administrativa, certamente não poderiam, ao menos em princípio e salvo circunstâncias excepcionais as hipóteses muito específicas (caso, exempli gratia, dos poderes reconhecidos aos capitães de navio), ser delegados a particulares, ou ser por eles praticados.*
>
> *[...] Daí não se segue, entretanto, que certos **atos materiais que precedem** atos jurídicos de polícia não possam ser praticados por particulares, mediante delegação, propriamente dita, ou em decorrência de m simples contrato de prestação. Em ambos os casos (isto é, com ou sem delegação), às vezes, tal figura aparecerá sob rótulo de "**credenciamento**". Adílson Dallari, em interessantíssimo estudo, recolhe variado exemplário de "credenciamentos". É o que sucede, por exemplo, na fiscalização do cumprimento de normas de trânsito mediante equipamentos fotossensores, pertencentes e operados por empresas privadas contratadas pelo Poder Público, que acusam a velocidade do veículo ao ultrapassar determinado ponto e lhe captam eletronicamente a imagem, registrando dia e momento da ocorrência.*
>
> *[...] Há, ainda, a possibilidade de particulares serem encarregados de praticar **ato material sucessivo** a ato jurídico de polícia, isto é, de cumprimento deste, quando se trate de executar materialmente ato jurídico interferente **apenas com a propriedade dos administrados; nunca, porém, quando relativo à liberdade dos administrados**. Tome-se como exemplo a possibilidade de a Administração contratar com empresa privada a demolição ou implosão de obras efetuadas irregularmente e que estejam desocupadas, se o imóvel do proprietário recalcitrar em providenciá-las por seus próprios meios, inobstante devidamente intimado e legitimamente submetido a isto. Ou seja: o Poder Público não estaria obrigado a proceder à demolição ou implosão do edificado – ou, em outro exemplo, à desobstrução da faixa marginal de rodovias – mediante servidores públicos.*

José dos Santos Carvalho Filho (2011) entende que inexiste qualquer vedação constitucional para que **pessoas administrativas de direito privado** possam exercer o poder de polícia na modalidade **fiscalizatória.** Entende o autor que não lhes cabe, é claro, o poder de criação das normas restritivas de polícia. Mas deve ser verificado o preenchimento de três condições:

a) a entidade deve integrar a estrutura da Administração Indireta;

b) competência delegada conferida por LEI;

c) somente atos de natureza fiscalizatória.

Existe, contudo, forte corrente doutrinária que afasta a possibilidade apresentada.[23]

4.4. Princípio da exigência de voluntariedade para incursão de infração

Celso Antônio Bandeira de Mello (2011, p. 855), em capítulo destinado às infrações e sanções administrativas, faz referência a esse princípio:

> *O direito propõe-se a oferecer às pessoas uma garantia de segurança, assentada na previsibilidade de que certas condutas podem ou devem ser praticadas e suscitam dados efeitos, ao passo que outras não podem sê-lo, acarretando consequências diversas, gravosas para quem nelas incorrer. Donde, é de meridiana evidência que saberia qualificar alguém como incurso em infração quando inexista a possibilidade de prévia ciência e prévia eleição in concreto, do comportamento que o livraria da incidência da infração e, pois, na sujeição às sanções para tal caso previstas. Note-se que aqui não se está a falar de culpa ou dolo, mas de coisa diversa:* ***meramente do animus de praticar dada conduta****.*

4.5. Polícia Administrativa e Polícia Judiciária

Segundo Maria Sylvia (2011):

> *A polícia judiciária é privativa de corporações especializadas (polícia civil e militar), enquanto a polícia administrativa se reparte entre diversos órgãos da Administração,* ***incluindo, além da própria polícia militar****, os vários órgãos de fiscalização aos quais a lei atribua esse mister, como os que atuam nas áreas da saúde, educação, trabalho, previdências e assistência social.*

Celso Antônio Bandeira de Mello (2011, p. 835): "o que efetivamente aparta polícia administrativa de polícia judiciária é que a primeira se predispõe unicamente a impedir ou paralisar atividades antissociais enquanto a segunda se preordena à responsabilização dos violadores da ordem jurídica".

Há autores, como José Afonso da Silva (2002, p. 754), que preferem colocar a Polícia Militar em categoria à parte:

> *A atividade da polícia realiza-se de vários modos, pelo que a* ***polícia se distingue em administrativa e de segurança, esta compreende a polícia ostensiva e a polícia judiciária****. A polícia administrativa tem "por objeto as limitações impostas a bens jurídicos individuais" (liberdade e propriedade). A polícia de segurança que, em sentido estrito, é a polícia ostensiva tem por objetivo a preservação da ordem pública e, pois, "as medidas preventivas que em sua prudência julga necessárias para evitar o dano ou o perigo para as pessoas". Mas, apesar de toda vigilância, não é possível evitar o crime, sendo, pois, necessária a existência de um sistema que apure os fatos delituosos e cuide da perseguição aos seus agentes. Esse sistema envolve as atividades de investigação, de apuração das infrações penais, a indicação de sua autoria, assim como o processo judicial pertinente à punição do agente. É aí que entra a polícia judiciária, que tem por*

23 CARVALHO, RAQUEL Melo Urbano, op. cit., p. 343.

objetivo precisamente aquelas atividades de investigação, de apuração das infrações penais e de indicação de sua autoria, a fim de fornecer os elementos necessários ao Ministério Público em sua função repressiva das condutas criminosas, por via de ação penal pública (Curso de Direito Constitucional. Positivo. 20. ed. rev. e atual. São Paulo: Malheiros, 2002, p. 754).

JURISPRUDÊNCIA SELECIONADA

REVISTA PESSOAL REALIZADA POR AGENTES DE EMPRESA ESTATAL (PESSOA JURÍDICA DE DIREITO PRIVADO - COMPANHIA PAULISTA DE TRENS METROPOLITANOS (CPTM). É ilícita a revista pessoal realizada por agente de segurança privada. Para o Superior Tribunal de Justiça, a CF/88 e o CPP, somente as autoridades judiciais, policiais ou seus agentes estão autorizados a realizarem a busca domiciliar ou pessoal. STJ. 5ª Turma. HC 470.937/SP, Rel. Min. Joel Ilan Paciornik, julgado em 04/06/2019 (Info 651).

CTB pode exigir a quitação do pagamento dos tributos, encargos e multas como condição para que o veículo possa circular. STF. Plenário. ADI 2998/DF, rel. Min. Marco Aurélio, red. p/ o ac. Min. Ricardo Lewandowski, julgado em 10/04/2019 (Info 937)

Resolução do CONTRAN não pode estabelecer penalidades, devendo as sanções ser previstas em lei em sentido formal e material. STF. Plenário. ADI 2998/DF, rel. Min. Marco Aurélio, red. p/ o ac. Min. Ricardo Lewandowski, julgado em 10/04/2019 (Info 937).

REVISÃO

1) Poderes administrativos não devem ser confundidos com os Poderes do Estado.

2) O vocábulo poder não deve ser entendido como uma faculdade para a Administração, pois quando a situação estiver configurada, o poder deve ser exercido.

3) São deveres do administrador: a) dever de agir; b) dever de prestar contas; c) dever de eficiência; d) dever de probidade.

4) O exercício dos poderes administrativos deve ser utilizado de modo correto, a fim de que o agente público não cometa o abuso de poder, podendo ocorrer pelo excesso (viola a competência) ou pelo desvio (viola a finalidade).

4) PODER HIERÁRQUICO: É o que dispõe a Administração para distribuir e escalonar as funções de seus órgãos, ordenar e rever a atuação de seus agentes, estabelecendo a relação de subordinação entre os servidores do seu quadro de pessoal.

5) Consequências da hierarquia: a) poder de fiscalização e revisão; b) poder de delegação e avocação; e c) poder de punir.

6) Relações em que não há hierarquia: a) entre os poderes do Estado; b) entre a Administração Direta e Indireta; c) entre as pessoas políticas; d) nas funções típicas do Poder Judiciário e Legislativo.

7) PODER DISCIPLINAR: é o poder de **punir** internamente as infrações funcionais dos servidores e demais pessoas sujeitas à disciplina dos órgãos e serviços da Administração. Esse

poder incide não só em relação aos servidores da Administração, mas também em relação àqueles que mantêm algum tipo de vínculo mais próximo com a Administração, por exemplo, concessionários e permissionários.

8) Característica do poder disciplinar: **discricionariedade**. 1) A discricionariedade do poder disciplinar está no sentido de que a Administração não está vinculada à prévia definição da lei sobre a infração funcional; 2) O segundo aspecto da discricionariedade do poder disciplinar está no sentido de que não há a necessidade de prévia definição em lei da infração administrativa e da sanção a ser aplicada (atipicidade).

9) O STJ possui jurisprudência no sentido de ser ato vinculado o que aplica sanção disciplinar ao servidor.

10) De acordo com a jurisprudência do STJ o prazo para a conclusão do processo administrativo disciplinar (PAD) é de 140 dias.

11) Se a infração disciplinar praticada pelo servidor caracterizar ilícito criminal, o servidor responderá também na esfera penal.

12) As vias administrativa e penal são independentes. Contudo, a responsabilidade administrativa do servidor será afastada no caso de absolvição **criminal** que negue a ***existência*** do fato ou sua ***autoria***. Cuidado! Absolvição por falta/ausência de provas não vincula a via administrativa.

13) Súmula Vinculante nº 5 do STF: "A falta de defesa técnica por advogado no processo administrativo disciplinar não ofende a Constituição."

14) O STF entende possível transportar para o processo administrativo uma prova produzida na esfera penal.

15) PODER REGULAMENTAR: é o poder conferido aos chefes do Poder Executivo de editar decretos para a fiel execução das leis.

16) Decreto regulamentar ou de execução, art. 84, IV, da CF – competência privativa do chefe do Poder Executivo de editá-los para a fiel execução das leis.

17) Decreto autônomo ou independente, art. 84, VI, da CF – não tem por finalidade regulamentar lei. Sua existência independe de norma legal anterior que exija regulamentação. A doutrina passou a admitir sua existência em nosso ordenamento jurídico com o advento da Emenda Constitucional 32/2001, que modificou a redação do art. 84, VI, da CF. Contudo, somente o Chefe do Poder Executivo pode dispor sobre a organização e funcionamento da Administração, quando não implicar aumento de despesa nem criação ou extinção de órgãos públicos, bem como extinção de funções ou cargos públicos, quando **vagos**.

18) PODER NORMATIVO: é o poder da Administração de editar **atos normativos** para a execução das leis, não apenas por meio de decretos, mas também por outros de conteúdo regulamentar, por exemplo, resoluções, sendo mais abrangente do que poder regulamentar.

19) PODER DISCRICIONÁRIO: é a prerrogativa concedida aos agentes administrativos de eleger, entre as várias condutas possíveis, a que traduz maior conveniência e oportunidade para o interesse público. PODER VINCULADO: significa a prática de atos estritamente definidos em lei. Por exemplo, a aposentadoria compulsória.

20) PODER DE POLÍCIA: é a prerrogativa de que dispõe a Administração Pública para condicionar e restringir o uso e gozo de **bens, atividades e direitos** em benefício do interesse público.

21) O conceito legal de poder de polícia está positivado no art. 78 do Código Tributário Nacional.

22) Na manifestação do poder de polícia o Estado impõe determinações que devem ser cumpridas pelos administrados ou atua por meio de atos de consentimento, representando a resposta positiva da Administração Pública perante os pedidos formulados pelos particulares que pretendem exercer determinada atividade.

23) O fundamento do poder de polícia é o interesse público.

24) O poder de polícia decorre do poder extroverso do Estado.

25) Atributos ou prerrogativas ou características do poder de polícia: a) discricionariedade; b) autoexecutoriedade; c) coercibilidade. **Atenção!** O poder de polícia pode se manifestar de modo vinculado.

26) O poder de polícia é **negativo**, pois consiste em imposições à sociedade, com o intuito de evitar danos, buscando resultados negativos.

27) Meios de expressão do pode de polícia: 1) atos normativos ou gerais; 2) atos individuais; 3) atos de fiscalização e sanção.

28) O Texto Constitucional, art. 145, II, e o art. 178 do CTN permitem a cobrança de **TAXAS** em razão do exercício do poder de polícia.

29) Poder de polícia em sentido **amplo** compreende tanto os atos do Poder Legislativo quanto do Executivo. Poder de polícia em sentido **estrito** compreende intervenções, gerais ou abstratas, como os regulamentos, ou concretas e específicas, como autorizações e licenças do Poder Executivo.

30) NÃO é possível delegar o poder de polícia aos particulares. STF, ADI 1.717/DF. Entretanto, certos atos materiais que precedem/anteriores ou posteriores aos atos de polícia podem ser praticados por particulares.

31) O poder de polícia será **originário** quando exercido diretamente pelos entes federados (União, estados, Distrito Federal e municípios), por meio de suas respectivas Administrações Diretas; **derivado**, quando os Entes federados outorgam por lei poder de polícia a entidades de direito público integrantes de sua Administração Indireta.

32) A prescrição para o exercício do poder de polícia ocorre em cinco anos, contados da data da prática do ato ou, em se tratando de infração permanente ou continuada, do dia em que tiver cessado. Se o fato constituir crime, o prazo prescricional será o mesmo atribuído pela lei penal.

33) Súmula Vinculante nº 114 do STF no sentido de que "é direito do defensor, no interesse do representado, ter acesso amplo aos elementos de prova que, já documentados em procedimento investigatório realizado por órgão com competência de **polícia judiciária**, digam respeito ao exercício do direito de defesa".

34) **QUADRO RESUMO:** Polícia administrativa e judiciária.

	POLÍCIA ADMINISTRATIVA	POLÍCIA JUDICIÁRIA
Momento	Regra – preventivo.	Regra – repressivo.

Regime jurídico	Normas administrativas.	Lei processual penal.
Órgãos	Qualquer órgão a que a lei atribui essa competência.	Somente corporações especializadas.
Destinatários	Bens, direitos, atividades, liberdade, propriedade.	Pessoa.

5. QUESTÕES

1. **(2019/CESPE/PGE-PE/Conhecimentos Básicos - Cargos: 1, 2, 3 e 4)**. Acerca de poderes administrativos, julgue o item subsequente.

Em decorrência do poder hierárquico, é lícita a avocação por órgão superior, em caráter ordinário e por tempo indeterminado, de competência atribuída a órgão hierarquicamente inferior.

2. **(2019/CESPE/PGE-PE/Conhecimentos Básicos - Cargos: 1, 2, 3 e 4)**. Acerca de poderes administrativos, julgue o item subsequente.

Configura abuso do poder regulamentar a edição de regulamento por chefe do Poder Executivo dispondo obrigações diversas das contidas em lei regulamentada, ainda que sejam obrigações derivadas.

3. **(2019/CESPE/ PGE-PE/Conhecimentos Básicos - Cargos: 1, 2, 3 e 4)**. Acerca de poderes administrativos, julgue o item subsequente.

O administrador público age no exercício do poder hierárquico ao editar atos normativos com o objetivo de ordenar a atuação de órgãos a ele subordinados.

4. **(2019/CESPE/ MPE - PI/Promotor de Justiça Substituto)**. De acordo com o STF, a competência das agências reguladoras para editar atos normativos que visem à organização e à fiscalização das atividades por elas reguladas representa o exercício de seu poder administrativo

a) discricionário, que depende da conveniência e da oportunidade.

b) de polícia, na sua função normativa, estando subordinado ao disposto na lei.

c) normativo, que é dotado de autonomia com relação às competências definidas em lei.

d) regulamentar, visando à normatização de situações concretas voltadas à atividade regulada.

e) disciplinar, objetivando a punição do administrado pela prática de atividade contrária ao disposto no ato normativo.

5. **(2019/CESPE/ SEFAZ - RS/Auditor Fiscal da Receita Estadual - Bloco II)**. O alvará de licença e o alvará de autorização concedidos pela administração pública constituem meio de atuação do poder

a) disciplinar.

b) regulamentar.

c) hierárquico.

d) de polícia.

e) hierárquico e do disciplinar.

6. **(2019/CESPE/PRF/Policial Rodoviário Federal)**. No tocante aos poderes administrativos e à responsabilidade civil do Estado, julgue o próximo item.

O abuso de poder, que inclui o excesso de poder e o desvio de finalidade, não decorre de conduta omissiva de agente público.

7. (2019/CESPE/PRF/Policial Rodoviário Federal). No tocante aos poderes administrativos e à responsabilidade civil do Estado, julgue o próximo item.

Constitui poder de polícia a atividade da administração pública ou de empresa privada ou concessionária com delegação para disciplinar ou limitar direito, interesse ou liberdade, de modo a regular a prática de ato em razão do interesse público relativo à segurança.

8. (2019/CESPE/TJ – BA/Juiz de Direito Substituto). O poder de polícia administrativo

a) limita ou disciplina direito, interesse ou liberdade individual, regulando e fiscalizando atos civis ou penais.

b) inclui, no âmbito das agências reguladoras, a possibilidade de tipificar ineditamente condutas passíveis de sanção, de acordo com o STJ.

c) pode ser delegado a sociedade de economia mista que explore serviço público, a qual poderá praticar atos de fiscalização e aplicar multas.

d) possui autoexecutoriedade, princípio segundo o qual o ato emanado será obrigatório, independentemente da vontade do administrado.

e) deve obedecer ao princípio da proporcionalidade no exercício do mérito administrativo e, por isso mesmo, é impassível de revisão judicial nesse aspecto.

9. (2019/FCC/SEMEF Manaus – AM/Auditor Fiscal de Tributos Municipais). O regular exercício de poder de polícia pela Administração pública

a) depende de ratificação pelo Poder Judiciário dos atos de intervenção e de interdição, considerando que excedem o âmbito da limitação de direitos e da supremacia do interesse público.

b) implica instituição de obrigações aos administrados para melhor atendimento do interesse público, vedada a imposição de proibições sem previsão expressa em lei, dado o princípio da livre iniciativa.

c) insere-se dentre as funções típicas executivas, com a possibilidade de, nessa matéria, edição de atos administrativos e normativos de natureza originária.

d) sujeita-se a controle repressivo por parte do Legislativo e do Judiciário, incidente em caso concreto, sob pena de não caracterização de dano ou prejuízo específico.

e) admite delegação à iniciativa privada de alguns aspectos, a exemplo das atividades meio, que não afetam direitos diretamente.

10. (2019/FCC/DPE - SP/Defensor Público). Em relação ao poder de polícia administrativo, considere as assertivas abaixo.

I. Licença é ato administrativo discricionário e tem como característica a revogabilidade, podendo a administração, em respeito ao interesse público, cassar os efeitos do ato que a concede.

II. Autorização é ato administrativo declaratório e vinculado e, dessa forma, uma vez adimplidas as condições legais, deverá a Administração outorgá-la, não podendo, por conta de sua natureza jurídica, revogá-la posteriormente.

III. Sanção de polícia tem como característica o emprego de medidas inibitórias ou dissuasoras e tem como finalidade cessar práticas ilícitas perpetradas por particulares e por funcionários públicos, garantida a ampla defesa.

IV. O poder de polícia administrativo poderá ser delegado, mediante lei específica, a entes da Administração Indireta.

V. Sanção de polícia, quando extroversa, é imposta a todos os administrados, indistintamente, com a finalidade de inibir condutas ilícitas ou, se ocorrida, reprimir o autor da infração. Está correto o que se afirma APENAS em

a) II, III e IV.

b) I, II e IV.

c) II, IV e V.

d) III, IV e V.

e) I, III e V.

---

11. (2019/FCC/Prefeitura de Recife - PE/Analista de Planejamento, Orçamento e Gestão). O exercício do poder normativo pelos entes públicos configura

a) atuação que abrange a edição de decretos regulamentares sem inovação de mérito em face da lei regulamentada, embora também permita a edição de decretos autônomos em situações expressamente previstas.

b) expressão do princípio da supremacia do interesse público, pois admite que o Executivo possa editar atos normativos quando houver omissão, voluntária ou involuntária, da legislação.

c) corolário do princípio da eficiência, tendo em vista que a agilidade da atuação do Executivo permite a edição de decretos para disciplinar a situação dos administrados de forma mais aderente à efetiva necessidade dos mesmos.

d) manifestação do princípio da legalidade, tendo em vista que a edição de decretos pelo Executivo se dá tanto pela edição de decretos regulamentares quanto para a edição de decretos autônomos, de caráter geral e abstrato, para suprir lacunas da lei.

e) expressão dos princípios da celeridade e da eficiência, pois tem lugar para viabilizar a edição de decretos que veiculem soluções para casos concretos, diante da inexistência de previsão legal a respeito.

---

12. (2019/FCC/AFAP/Analista de Fomento - Crédito). A celebração de contrato administrativo entre empresa particular e a Administração pública permite a incidência do poder

a) de polícia em relação aos atos praticados pela contratada para a execução do objeto contratual, incluindo a aplicação de penalidades.

b) normativo, diante da necessidade de aditamento do contrato para estabelecimento de alterações de ordem qualitativa.

c) disciplinar em relação à contratada, tendo em vista que essa atuação abrange relações jurídicas que excedem o vínculo funcional, tal como vínculo contratual.

d) hierárquico, tendo em vista que esta prerrogativa confere posição de supremacia do poder público contratante em relação à contratada, admitindo inclusive alterações unilaterais do contrato.

e) regulatório, tendo em vista que o vínculo contratual entre a Administração pública e o particular admite alterações unilaterais por parte do contratante sempre que o interesse público assim recomendar, independentemente de concordância do contratado.

---

13. (2019/FCC/Prefeitura de Recife - PE/Analista de Gestão Administrativa). Um servidor de uma autarquia incumbida da vigilância sanitária de um determinado Município visitou, em trabalho de rotina, um estabelecimento comercial e verificou que lá estava sendo explorada atividade estranha àquelas permitidas e constantes do alvará de licença e instalação, inclusive sem o devido cuidado com as normas sanitárias. Lavrou auto de infração e imposição de multa, incluindo a interdição do estabelecimento por determinado prazo, para que o responsável providenciasse a regularização ou a desativação da atividade não autorizada. O responsável pelo estabelecimento apresentou defesa, deduzindo que teria havido abuso de poder. A alegação do comerciante

a) procede, tendo em vista que a autarquia não pode exercer poder de polícia repressiva, apenas editar atos normativos que regulem o setor e a atuação dos administrados a ele subordinados.

b) é infundada, tendo em vista que as autarquias possuem plenos poderes no setor que atuam, cabendo ao decreto que as cria delimitar a esfera de competências e prerrogativas das mesmas.

c) não é aderente à legalidade, pois a atuação do servidor público tem fundamento no exercício do poder de polícia, que permite a adoção de medidas repressivas e de urgência para obstar ilegalidades e riscos aos administrados.

d) é improcedente tendo em vista que às autarquias é dado o exercício do poder de polícia em sua integralidade, cabendo à lei que autoriza sua criação delegar aos servidores indicados a competência para instituir multas e sanções, mesmo que não constantes expressamente de lei.

e) procede, pois embora o servidor possa interditar o estabelecimento, no regular exercício do poder de polícia, a imposição de multa pecuniária depende previsão expressa em lei e de decisão judicial.

---

14. (2019/FGV/Prefeitura de Salvador – BA/Agente de Trânsito e Transporte). A atuação de um Agente de Trânsito e Transporte do Município de Salvador é hipótese de regular exercício do poder de polícia quando

a) exerce a fiscalização garantindo o cumprimento das normas voltadas a obras e eventos que interfiram na circulação normal de veículos e pedestres, bem como sobre obstáculos ou elementos que gerem desordem na sinalização, autuando e aplicando medidas administrativas por infrações ocorridas.

b) realiza investigação criminal para elucidar a autoria de crime de homicídio, mediante a promoção de diligências de apuração, como vistoria no local do delito, colheita de depoimentos e apreensão de instrumentos e bens utilizados na prática do crime.

c) edita ordem de serviço contendo rotinas administrativas tendentes a regulamentar as funções a serem exercidas por cada servidor lotado no órgão, incluindo aquelas relativas à investigação de eventuais atos que configurem, em tese, falta funcional.

d) preside comissão permanente de apuração de falta funcional em processo administrativo disciplinar, podendo realizar interrogatório do investigado, tomar depoimento de testemunhas, juntar documentos e realizar acareação em caso de contradição.

e) participa de comissão tendente a estudar e formular sugestão de políticas públicas de fomento a campanhas educativas de prevenção de acidentes e outros elementos relacionados à segurança viária, cuja conclusão será encaminhada ao Prefeito.

---

15. (2019/FGV/Prefeitura de Salvador – BA/Agente de Fiscalização Municipal). Assinale a opção em que a conduta de um Agente de Fiscalização Municipal de Salvador, na área de meio ambiente e serviços públicos, é um exemplo de regular exercício do poder de polícia.

A) É designado pelo Prefeito como membro integrante da comissão permanente de apuração de falta disciplinar, podendo realizar atos investigatórios no bojo do processo administrativo disciplinar, como a interceptação de conversas telefônicas.

b) Realiza apreensão de materiais poluentes, bens e mercadorias por exercício ilícito do comércio ou por transgressão às normas municipais, lavrando notificações, auto de infrações, e até embargando a atividade, quando constatadas irregularidades nos locais fiscalizados.

c) Preside inquérito policial para investigação de crime ambiental, ocasião em que deve realizar diligências de apuração, tais como oitiva de testemunhas, realização de perícias ambientais e interrogatório do particular indiciado pela prática do delito.

d) Edita ato normativo contendo regras gerais e abstratas sobre procedimentos administrativos a serem adotados em caso de ilícitos ambientais, com a fixação do valor de multa para cada tipo de dano ambiental que configure infração administrativa.

e) Delega para outro servidor, hierarquicamente inferior na repartição pública em que está lotado, a prática de ato disciplinar tendente à apuração de fato que, em tese, configure risco à segurança pública nos limites do município.

---

16. (2019/FGV/Prefeitura de Salvador – BA/Agente de Fiscalização Municipal). O Decreto nº 29.921/18, editado pelo Prefeito Municipal de Salvador, regulamenta os dispositivos da Lei Municipal nº 8.915/15 e dispõe sobre a Política Municipal de Meio Ambiente e Desenvolvimento Sustentável e institui o Cadastro Municipal de Atividades Potencialmente Degradadoras e Utilizadoras de Recursos Naturais - CMAPD, no Município.

Pela leitura acima, diante da natureza e do objeto do citado decreto, é correto afirmar que o mesmo foi editado pelo Prefeito com base no poder administrativo

a) hierárquico, haja vista que, na qualidade de Chefe do Poder Executivo, tem a prerrogativa de promover inovação no ordenamento em matérias de interesse local.

b) legislativo, na medida em que, como autoridade pública máxima em nível municipal, a ele cabe editar os atos infraconstitucionais tendentes a tutelar o meio ambiente.

c) regulamentar, que é a prerrogativa de direito público que o autoriza a editar atos gerais e abstratos para complementar a lei e permitir a sua efetiva execução.

d) disciplinar, eis que a ele cabe a gestão administrativa e legislativa em nível municipal, devendo praticar os atos normativos necessários para o atendimento do interesse público.

e) avocatório, haja vista que, na qualidade de Chefe do Poder Executivo, tem a prerrogativa de trazer para si a competência para disciplinar as matérias de interesse local que configurem direitos fundamentais.

---

17. (2019/FGV/Prefeitura de Salvador – BA/Agente de Fiscalização Municipal). João, agente de fiscalização do Município de Salvador, na área de meio ambiente e serviços públicos, no exercício da função, fiscalizava o exercício de atividades e veiculação de publicidade por meio de engenhos publicitários, para garantir o cumprimento das leis, regulamentos e normas pertinentes.

Ao verificar uma irregularidade cometida pelo particular fiscalizado por transgressão à legislação específica, João providenciou as pertinentes lavraturas da notificação, auto de infração e intimação.

A conduta de João, na hipótese descrita, está calcada no poder administrativo

a) regulamentar, que autoriza a Administração Pública a fiscalizar e sancionar o particular que pratica qualquer ato tipificado como infração administrativa.

b) disciplinar, que autoriza a Administração Pública a regulamentar e punir o particular que causa qualquer ato que viole o interesse público.

c) de vinculação, que autoriza a Administração Pública a editar atos concretos e específicos para determinar a forma como cada particular deve exercer suas atividades

d) de polícia, que autoriza a Administração Pública a restringir o uso e o gozo da liberdade e da propriedade em favor do interesse público.

e) de hierarquia, que autoriza a Administração Pública a restringir as atividades privadas em favor do interesse público, independentemente de prévia lei sobre o tema.

---

18. (2019/FGV/Prefeitura de Salvador – BA/Especialista em Políticas Públicas). José, Agente de Polícia da Assembleia Legislativa da Bahia, no exercício de suas funções, exercia o controle dos acessos e das saídas das pessoas das instalações da Casa Legislativa.

O cidadão Joaquim, para entrar no parlamento estadual, passou pelo portal detector de metais, momento em que o aparelho emitiu som e acendeu a luz vermelha, constatando a presença de algum metal. Em seguida, com a concordância de Joaquim, José procedeu à sua revista pessoal, encontrando apenas um celular que o cidadão carregava no bolso, sendo-lhe franqueado o acesso à Assembleia.

No caso em tela, a atuação de José foi embasada no poder administrativo

a) hierárquico, pois o agente público no exercício da função está em situação de superioridade hierárquica em relação ao particular administrado.

b) normativo, pois o agente público no exercício da função tem o poder de estabelecer regras concretas aplicáveis a cada caso, com objetivo de garantir a ordem na repartição.

c) disciplinar, pois o agente público no exercício da função detém a prerrogativa de disciplinar as rotinas administrativas necessárias para segurança do órgão público.

d) de segurança pública, pois o agente público, no exercício de ação repressiva, tem o poder discricionário de fixar regras gerais e abstratas para garantir a normalidade das atividades da repartição, em razão da supremacia do interesse público.

e) de polícia, pois o agente público, no exercício de ação fiscalizadora e preventiva, tem o poder de praticar atos concretos, na forma da lei, para condicionar a liberdade dos indivíduos, pela supremacia do interesse público.

---

19. (2019/FGV/Prefeitura de Salvador – BA/Fiscal de Serviços Municipais). Joaquim construiu irregularmente, sem obter qualquer licença para tal e ao arrepio dos ditames legais sobre a matéria, um muro que se iniciou nos limites de sua propriedade e se estendeu para a calçada, ocupando parte de área pública, com risco iminente de desabamento e dificultando o tráfego de pedestres.

O poder público municipal, com as formalidades legais, utilizando sua prerrogativa de direito público que, calcada na lei, lhe autoriza a restringir o uso e o gozo da propriedade privada em favor do interesse da coletividade, determinou a demolição da obra.

O poder administrativo que fundamentou a demolição e o atributo do ato administrativo que fez valer tal decisão sem necessidade de prévia intervenção do Poder Judiciário, são denominados, respectivamente,

a) normativo e coercitibilidade.
b) disciplinar e autoaplicabilidade.
c) de polícia e autoexecutoriedade.
d) sancionatório e imperatividade
e) de hierarquia e impositividade.

---

20. (2019/FGV/Prefeitura de Salvador – BA/Guarda Civil Municipal). Mário, Guarda Civil Municipal de Salvador, exerce o cargo de chefe de determinado departamento da Guarda Civil.

No regular exercício de suas funções, Mário determinou à dupla de guardas civis João e Maria que, naquele dia, atuassem exclusivamente na segurança do cidadão nos órgãos e entidades da Administração Municipal, em instalações externas e na via pública X.

No caso em tela, Mário pôde avaliar a conveniência e a oportunidade da prática do ato administrativo, ao escolher qual atividade seria desenvolvida pelos servidores naquele dia.

De acordo com a doutrina de Direito Administrativo, em matéria de classificação dos atos administrativos quanto ao critério da liberdade de ação, Mário praticou um ato administrativo

a) arbitrário
b) discricionário
c) de polícia.
d) regulador
e) disciplinar

---

21. (2019/FGV/Prefeitura de Salvador – BA/Guarda Civil Municipal). De acordo com a doutrina de Direito Administrativo, em matéria de poderes administrativos, destaca-se o poder de polícia, que muito é utilizado para embasar os atos praticados por servidores ocupantes do cargo efetivo de Guarda Civil Municipal de Salvador.

Tal poder pode ser conceituado como a prerrogativa de direito público que, calcada na lei, autoriza

a) a Administração Pública, por meio do Poder Executivo, a editar leis complementares dispondo sobre o funcionamento das forças de segurança pública em nível municipal.
b) o Poder Executivo a determinar o confisco de bens de origem ilícita adquiridos por pessoas que cometeram crimes contra a Administração Pública.
c) a Administração Pública a restringir o uso e o gozo da liberdade e da propriedade em favor do interesse da coletividade.
d) a Guarda Municipal a proceder à prisão-captura de suspeitos de crimes hediondos, mesmo sem situação de flagrante ou ordem judicial.

e) a Guarda Municipal a realizar diligências de busca e apreensão na casa dos investigados, independentemente de autorização judicial.

---

22. **(2019/IADES/ CRN - 3ª Região (SP e MS)** /Advogado). De modo geral, o Poder de Polícia é a atividade da Administração Pública de restringir ou condicionar o exercício de direitos individuais (liberdade e propriedade) em benefício da coletividade. De acordo com a melhor doutrina, quais são os atributos desse poder?

a) Discricionariedade, autoexecutoriedade e coercibilidade.
b) Autoexecutoriedade, regulamentação e discricionariedade.
c) Coercibilidade, hierarquia e vinculação.
d) Disciplina, autoexecutoriedade e regulamentação.
e) Coercibilidade, discricionariedade e disciplina.

---

23. **(2019/IADES/ CAU - AC /Auxiliar Administrativo)**. Quando a administração pública determina a demolição de construção clandestina em logradouro público, há a manifestação predominante do poder

a) hierárquico
b) de polícia.
c) disciplinar
d) de tutela.
e) normativo.

---

24. **(2019/IADES/ CRF-TO/Assistente Administrativo)**. O poder administrativo que permite certa flexibilidade nos próprios atos, conforme critérios de conveniência e oportunidade, a bem da administração pública, é o poder

a) vinculado.
b) de polícia.
c) discricionário.
d) hierárquico.
e) regulamentar.

---

25. **(2019/IADES/ AL - GO/Policial Legislativo)**. A Administração Pública pode condicionar, regular ou restringir direitos em nome do interesse público por meio do poder

a) de polícia.
b) legislativo.
c) mandamental.
d) concedente.
e) discricionário.

---

26. **(2019/IADES/ AL - GO/Policial Legislativo)**. Com relação ao poder disciplinar, assinale a alternativa correta.

a) Não pode ser exercido no âmbito do Poder Executivo.
b) É o processo judicial por meio do qual são cobradas as multas dos servidores.
c) É o poder pelo qual a Administração responsabiliza os próprios servidores pelas faltas cometidas.
d) Tem relação com as disciplinas das universidades públicas.
e) Somente pode ser exercido por autoridade judiciária que tenha competência hierárquica.

27. (2019/IADES/ CAU - RO/ Arquiteto e Urbanista). A respeito do abuso de poder, assinale a alternativa correta.

a) O abuso de poder pode revestir-se exclusivamente da forma comissiva, porque é a única forma capaz de afrontar a lei e causar lesão a direito individual do administrado.

b) O abuso de poder pode ocorrer na espécie excesso de poder quando o agente público atua fora dos limites da respectiva esfera de competências.

c) O abuso de poder pode ocorrer na espécie desvio de poder quando o agente, embora dentro da própria órbita de competências, acata a finalidade explícita ou implícita na lei que determinou a atuação deste.

d) Os atos praticados com abuso de poder na espécie excesso de poder afrontam o princípio da supremacia do interesse público e são nulos por vício no motivo.

e) Os atos praticados com abuso de poder na espécie desvio de finalidade são anuláveis por vício na competência.

28. (2019/IADES/ CREMEB / Advogado). O poder discricionário é uma prerrogativa concedida aos agentes administrativos de eleger, dentre várias condutas possíveis, a que traduz maior conveniência e oportunidade para o interesse público. Entretanto, atualmente, o poder discricionário tem sofrido limitação. Acerca desse tema, assinale a alternativa correta.

a) O controle dos atos derivados do poder discricionário pode ser realizado apenas administrativamente.

b) Os atos derivados do poder discricionário podem sofrer controle apenas quanto à sua constitucionalidade.

c) O controle dos atos derivados do poder discricionário pode ser realizado administrativa ou judicialmente.

d) Os atos derivados do poder discricionário não sofrem qualquer tipo de controle.

e) O controle dos atos derivados do poder discricionário da União deve ser realizado pelo Tribunal de Contas da União, não sendo admitido o controle pelo Poder Judiciário.

29. (2019/IADES/ Fundação Hemocentro de Brasília - DF / Administração). Quanto à função da administração pública que, concreta e diretamente, preventiva ou repressivamente, aplica limitações ao exercício dos direitos fundamentais, ainda que, excepcionalmente, mediante constrangimento pessoal, visando à compatibilização com os interesses públicos e com uma boa convivência social, assinale a alternativa correta.

a) Polícia judiciária.

b) Fomento.

c) Polícia administrativa.

d) Poder disciplinar.

e) Poder regulamentar.

30. (2019/IADES/ PC - DF / Perito Criminal - Ciências Contábeis). Considere hipoteticamente que a Secretaria de Segurança Pública do Distrito Federal celebrou contrato administrativo com determinada empresa de terceirização, cujo objeto é a prestação de serviços de limpeza e conservação. Após a constatação de falhas na execução do objeto contratado, a autoridade administrativa competente, observado o devido processo legal, aplicou sanção de multa à empresa. Com base nesse caso, é correto afirmar que a aplicação de tal sanção por parte do administrador público decorre do poder

a) disciplinar.

b) hierárquico.

c) discricionário.

d) de polícia.

e) regulamentar.

GABARITO	
Questão	Resposta
01	E
02	E
03	C
04	B
05	D
06	E
07	E
08	B
09	E
10	D
11	A
12	C
13	C
14	A
15	B
16	C
17	D
18	E
19	C
20	B
21	C
22	A
23	B
24	C
25	A
26	C
27	B
28	C
29	C
30	A

Capítulo VII

AGENTES PÚBLICOS

1. INTRODUÇÃO

O Estado é, essencialmente, uma realidade jurídica reconhecida pelo ordenamento jurídico e dotado de personalidade jurídica. Em outras palavras, é sujeito de direitos. Todavia, sua vontade e a realização de seus fins são empreendidas por pessoas físicas que, de alguma forma, são investidos em suas funções. Esse universo de pessoas é denominado **agentes públicos**.

Neste capítulo, inicialmente, iremos traçar os parâmetros gerais pertinentes aos agentes públicos e, concomitantemente, trazer a abordagem dos institutos previstos na Lei nº 8.112/90, por ser o mais frequente nas provas de concurso e, também, por ser o que norteia os demais estatutos funcionais. Mas deve ser ressaltado que a Lei nº 8.112/90 institui o Regime Jurídico dos Servidores Públicos Civis da **União**, das autarquias, inclusive as em regime especial, e das fundações públicas **federais**. Portanto, cada ente federativo possui autonomia para elaborar estatuto jurídico próprio, referente a seus servidores.

2. CLASSIFICAÇÃO

Em razão do vasto número de pessoas que exercem funções Estatais, é imperioso agrupá-las em categorias, que mantém semelhanças entre si. A classificação a ser exposta é aquela defendida por Hely Lopes Meirelles, sendo a clássica divisão adotada por muitos autores, dentre eles Carvalho Filho. Por essa corrente os **agentes públicos** são todas as pessoas físicas incumbidas, definitivamente ou transitoriamente, do exercício de alguma função estatal.

a) AGENTES POLÍTICOS:

São os componentes do Governo nos seus primeiros escalões, para o exercício de **atribuições constitucionais**. Atuam com plena liberdade funcional, desempenham suas atribuições com prerrogativas e responsabilidades próprias, estabelecidas na CF e em leis esparsas. Não estão hierarquizados, sujeitando-se apenas aos graus e limites constitucionais impostos. Têm plena liberdade funcional, ficando a salvo de responsabilização civil por seus eventuais erros de atuação, a menos que tenham agido com culpa grosseira, má-fé ou abuso de poder.

As prerrogativas que tem tais agentes não são privilégios pessoais, mas são garantias necessárias ao pleno exercício de suas altas e complexas funções. Se assim não fosse, os agentes ficariam tolhidos na sua liberdade de opção e de decisão. Exemplos:

- foro por prerrogativa de função;
- garantias aos juízes de não poderem ser removidos.

Estão nessa categoria: Chefes do Executivo e seus auxiliares (ministros e secretários); Membros das Corporações Legislativas (senadores, deputados e vereadores); membros do Poder Judiciário (magistrados); membros do Ministério Público; membros dos Tribunais de Contas; representantes diplomáticos e demais autoridades do alto escalão.

Apesar de Hely Lopes Meirelles considerar os membros dos Tribunais de Contas como agentes políticos, o STF entendeu que ocupam cargos técnicos, e não políticos.[1]

---

1 "Com efeito, a doutrina, de um modo geral, repele o enquadramento dos Conselheiros dos Tribunais de Contas na categoria de agentes políticos, os quais, como regra, estão fora do alcance da Súmula Vinculante nº 13, salvo nas exceções acima assinaladas, quais sejam, as hipóteses de nepotismo cruzado ou de fraude à lei." Rcl 6.702 MC-AgR, Relator Ministro Ricardo Lewandowski, Tribunal Pleno, julgamento em 4.3.2009, *DJe* de 30.4.2009.

STF já decidiu que magistrados são agentes políticos.

A retribuição pecuniária dos agentes políticos chama-se **subsídio**.

b) AGENTES ADMINISTRATIVOS:

São os servidores públicos, com maior ou menor grau de hierarquia, encargos e responsabilidades profissionais dentro do órgão ou da entidade a que servem. Essa categoria constitui a imensa massa dos prestadores de serviços à Administração. São:

- **Servidores públicos** (propriamente ditos ou servidores em sentido estrito ou servidores estatutários): são titulares de cargo público (de provimento efetivo ou em comissão) e se submetem ao regime estatutário.[2]
- **Empregados públicos** (ou servidores empregados ou servidores celetistas): titulares de emprego público submetem-se ao regime celetista (com algumas normas de direito público), muito próximo do regime dos trabalhadores da iniciativa privada.
- **Agentes temporários**: contratados com base no art. 37, IX, da CF, por tempo determinado, para "atender a necessidade temporária de excepcional interesse público". Ex.: recenseadores do IBGE. A contratação temporária está regulada na Lei nº 8.745/93.[3]

c) AGENTES HONORÍFICOS:

São cidadãos convocados, designados ou nomeados para prestar, transitoriamente, determinados serviços ao Estado, em razão de sua condição cívica, sua honorabilidade ou de sua notória capacidade profissional, mas sem qualquer vínculo empregatício ou estatutário e, **normalmente**, sem remuneração.

Tais serviços constituem o chamado *múnus público*, ou serviços públicos relevantes.

Não são servidores públicos, mas momentaneamente exercem função pública, mas para fins penais são equiparados a funcionários públicos (art. 327 do código penal).

***Exemplo:** função de jurado e mesário eleitoral.*

d) AGENTES DELEGADOS

São particulares que recebem a incumbência da **execução** de determinada atividade, obra ou serviço público e o realizam em nome próprio por sua conta e risco, mas segundo as normas do Estado e permanente fiscalização do agente.

Remunerados, como regra, pelo usuário do serviço público, não pelo Poder Público.

Não são servidores públicos, nem representantes do Estado, são colaboradores do Estado.

---

2 Servidor público, para os efeitos da Lei nº 8.112/90 (servidor em sentido estrito), é o titular de cargo público, seja ele de provimento efetivo ou em comissão. É o antigo conceito de "funcionário público", que não deve mais ser utilizado pois não foi recepcionado pela Constituição de 1988.

3 É possível nova contratação temporária, também com fundamento na Lei 8.745/1993, precedida por processo seletivo equiparável a concurso público, para outra função pública e para órgão sem relação de dependência com aquele para o qual fora contratado anteriormente, ainda que a nova contratação tenha ocorrido em período inferior a 24 meses do encerramento do contrato temporário anterior. REsp 1.433.037-DF, Rel. Min. Humberto Martins, julgado em 25.2.2014.

Quando atuam no exercício da delegação e lesam direitos alheios devem responder sob as mesmas normas da Administração, ou seja, com responsabilidade objetiva pelo dano e por crime funcional se for o caso. Tendo o Estado responsabilidade **subsidiária**.

Ex.: concessionários e permissionários de obras e serviços públicos; serventuários de ofícios e cartórios;

e) AGENTES CREDENCIADOS

São aqueles que recebem a incumbência de representar a Administração na prática de determinado ato ou para praticar determinada atividade específica mediante remuneração.

Há também o conceito legal de agente público, definido pelo art. 2º da Lei de Improbidade Administrativa:

> *Art. 2° Reputa-se agente público, para os efeitos desta lei, todo aquele que exerce, ainda que transitoriamente ou sem remuneração, por eleição, nomeação, designação, contratação ou qualquer outra forma de investidura ou vínculo, mandato, cargo, emprego ou função nas entidades mencionadas no artigo anterior.*

COMO ESSE ASSUNTO TEM SIDO ABORDADO NAS PROVAS

✦ **(TJ – PA – Juiz – FGV – 2009)** Assinale a alternativa que indique o binômio que representa servidores públicos.

A) servidores temporários/servidores estatutários.

B) servidores estatutários/militares.

C) agentes políticos/particulares em colaboração com o Poder Público.

D) militares/agentes políticos.

E) particulares em colaboração com o Poder Público/empregados públicos.

Gabarito: alternativa A. Como se vê, a questão adotou o conceito amplo de servidor público, incluindo, além dos estatutários, os servidores temporários, regidos pela Lei nº 8.745/93.

Para aprofundar, veja na parte final deste capítulo em "estudo avançado" a teoria moderna que apresenta diferente classificação dos agentes públicos.

3. TIPOS DE VÍNCULO – FUNÇÃO, EMPREGO, CARGO

São títulos que permitem a uma pessoa física exercer atividades em nome da Administração.

Função pública significa o exercício de **atividades** da competência da Administração, em nome desta e de acordo com as suas finalidades, ou seja, para atender ao interesse público.

Para o desempenho da função pública, **pode** ser atribuído à pessoa um cargo público. Assim, a função pública pode ser exercida sem estar revestida de cargo público. Portanto, nem toda função pública implica cargo público. Nesse aspecto, a expressão "função pública" serve para designar o tipo de vínculo de trabalho em que as atividades são exercidas. Ex.: contratados por tempo determinado, nos termos do art. 37, IX, da CF (exercem função, mas não possuem cargo público).

Vale salientar que os "temporários" exercem função pública, porém, sem a atribuição de um cargo. A relação com o Estado é contratual, mas não é regida pela CLT. Eventuais demandas contra a Administração são julgadas pela Justiça comum (estadual ou federal), não são processadas na Justiça do Trabalho.

Para o STF, é possível a contratação de temporários para funções de caráter permanente de órgãos públicos, desde que indispensáveis ao atendimento de necessidade temporária de excepcional interesse público. O fato de a contratação ocorrer para desempenho de funções similares a de cargo efetivo não impede a contratação com base no art. 37, IX, da CF, desde que atendidos os requisitos previstos na Constituição.[4]

Toda função é atribuída e delimitada pela **norma legal.** Essa atribuição e essa delimitação configuram a competência do órgão, do cargo e do agente. O art. 61, § 1º, II, *a*, da CF exige lei de iniciativa do Presidente da República para a criação de cargos, empregos e funções no âmbito do Poder Executivo Federal.

Quando a função é exercida com base em contrato de trabalho regido pela CLT, o vínculo denomina-se **emprego público.** Nesse caso, a pessoa tem função (no sentido de tarefa, atividade), mas não ocupa cargo.

Cargo público é o conjunto de atribuições e responsabilidades, criado por lei, em número determinado, com nome certo e remuneração especificada. O **servidor público**, segundo o art. 2º da Lei 8.112/90, é a pessoa legalmente investida em cargo público.

Os cargos públicos podem ser **isolados** ou de **carreira.** Nos cargos isolados não há o sistema de progressão ou promoção, sendo que o servidor permanece no mesmo cargo ou situação funcional até a extinção do vínculo com o cargo. Já, nos cargos de carreira, o servidor percorre as diversas classes/categorias da carreira com a mudança da condição funcional e, normalmente, com acréscimo de remuneração e responsabilidades.

Classe/categoria representa o agrupamento de cargos da mesma natureza. Ex.: na carreira da Defensoria Pública da União – DPU, há três categorias (1ª, 2ª e categoria especial). O concurso de ingresso na carreira é no cargo de Defensor Público de 2ª categoria e, posteriormente, haverá concurso de promoção, por antiguidade e merecimento, onde o servidor alcançará a 1ª categoria e, depois, a categoria especial. A lei de cada cargo deve estabelecer se o cargo é isolado ou de carreira e, nesse último, caso os critérios de promoção/progressão.

Quadro é o conjunto de cargos isolados ou de carreira de um Ente da Federação.

Carreira é o conjunto de servidores de um determinado órgão ou entidade. Ex.: agente de polícia federal de 2ª categoria. Pertence ao *quadro* de servidores da União, na 2º categoria do cargo de *carreira* (órgão) da polícia federal.

Lotação é o número de servidores que devem ter exercício em cada unidade da repartição.

A Lei nº 1.711/52, estatuto jurídico anterior à Lei nº 8.112/90, utilizava a expressão **funcionário público** para designar a ocupação de uma pessoa em cargo público, expressão corrente e comum na época. Tal denominação não deve mais ser utilizada, pois não foi recepcionada pela Constituição de 1988, sendo adequada, apenas, para fins penais, uma vez que essa denominação ainda é utilizada pelo Código Penal, art. 327.[5]

---

4 STF. Plenário. ADI 3247/MA, Rel. Min. Cármen Lúcia, julgado em 26.3./2014. Info 740.

5 Art. 327. Considera-se funcionário público, para os efeitos penais, quem, embora transitoriamente ou sem remuneração, exerce cargo, emprego ou função pública. § 1º – Equipara-se a funcionário público quem exerce cargo, emprego ou função em entidade paraestatal, e quem trabalha para empresa prestadora de serviço contratada ou conveniada para a execução de atividade típica da Administração Pública. (*Incluído pela Lei nº 9.983, de 2000*).

ATENÇÃO: Todo cargo implica o exercício de função pública. O ato administrativo que atribui, a uma pessoa, exercício inicial de um cargo é a nomeação.

O titular do cargo se caracteriza por servidor público estatutário, na medida em que a relação entre o servidor e a Administração será definida por meio da **lei**.

O art. 37, II, da CF exige o **concurso público** somente para a investidura em **cargo ou emprego**. Nos casos de função, a exigência não existe, porque podem exercê-la os contratados temporariamente para atender às necessidades emergentes da Administração ou os ocupantes de funções de confiança, para as quais não se exige a realização do certame.

Em qualquer caso, o cargo ou a função pertence ao Estado, e não ao agente que o exerce, razão pela qual o Estado pode suprimir ou alterar cargos ou funções sem nenhuma ofensa aos direitos de seus titulares.

COMO ESSE ASSUNTO TEM SIDO ABORDADO NAS PROVAS

✦ **(Cespe – TRT-21 – Analista Judiciário – Execução de Mandados – 2011)** Função, cargo e emprego público são unidades de atribuições para as quais a investidura somente pode dar-se mediante prévia aprovação em concurso público, ressalvadas as nomeações para cargo em comissão declarado em lei de livre nomeação e exoneração.

Gabarito: Errado. O concurso público não é exigível para o preenchimento de funções: nem das funções temporárias, que são reguladas pela Lei nº 8.745/93 (há apenas processo seletivo simplificado); nem nas funções de confiança, que só podem ser ocupadas por servidores efetivos (concursados), mas a seleção para ocupar FC não se faz por concurso, mas por confiança da autoridade nomeante.

3.1. A função de notário

Conforme o art. 236 da Constituição, os serviços notariais e de registro são exercidos em caráter privado, por delegação do Poder Público. Lei regulará as atividades, disciplinará a responsabilidade civil e criminal dos notários, dos oficiais de registro e de seus prepostos, e definirá a fiscalização de seus atos pelo Poder Judiciário.

A Lei nº 8.935/94 regulamenta o art. 236 da CF, estabelecendo que notário, ou tabelião, e oficial de registro, ou registrador, são profissionais do direito, dotados de fé pública, a quem é delegado o exercício da atividade notarial e de registro. Portanto, para ocupação da função é exigido diploma de bacharel em direito. A Resolução nº 80/2009, do CNJ, disciplina o exercício da atividade em estudo.

A atividade notarial é uma atividade estatal delegada pelo Poder Público, fiscalizada pelo Poder Judiciário. Contudo, não se trata de delegação de serviço público fundamentada no art. 175, da CF. A delegação que lhes atribui a função não se traduz, por nenhuma forma, em cláusulas contratuais.[6]

6 ADI 2.415, Rel. Min. Ayres Britto, julgamento em 10.11.2011, Plenário, *DJE* de 9.2.2012.) Vide: ADI 4.140, Rel. Min. Ellen Gracie, julgamento em 27.11.2008, Plenário, *DJE* de 20.9.2009.

Aquele aprovado no concurso exigido pela CF, não ocupará cargo público. Por consequência não haverá nomeação, recebendo outorga de delegação. Apesar de não ocupar cargo, enquadra-se no conceito de agente público, na medida em que exerce função sob o comando/supervisão estatal.

Como dito, o notário não ocupa cargo público, sendo atividade jurídica próprio do Estado e, por ele, delegada. No entanto, a função é inacumulável com qualquer cargo, emprego ou função pública, ainda que em comissão, mesmo que o servidor esteja no gozo de férias ou licença remunerada.

Pelo exercício da atividade, há a percepção de emolumentos que se trata de uma contrapartida financeira paga pelo usuário pela obtenção do serviço. Atividades notariais e de registro não se inscrevem no âmbito das remuneráveis por tarifa ou preço público. Como não se trata de cargo ou emprego público, não há a regra do art. 37, XI, da CF, que submete a contraprestação pecuniária ao subsídio mensal do Ministro do STF. Vale dizer, os titulares de cartório não estão limitados ao teto remuneratório constitucional.

O Supremo Tribunal Federal firmou entendimento no sentido de que a aposentadoria compulsória por idade somente será destinada aos servidores públicos em sentido estrito, não se aplicando aos titulares dos serviços notariais e de registro (notários e registradores). "Estes exercem atividade estatal, mas não são titulares de cargo público efetivo tampouco ocupam cargo público. Não são servidores públicos, não lhes alcançando a compulsoriedade imposta pelo art. 40, CF/88" (RMS 12.614/MG-2007).

Até a CF/88, não se exigia a regra do concurso público. A função era transferida pelo titular do cartório. Com a vigente Constituição, foi estabelecido que o ingresso na atividade notarial e de registro depende de concurso público de provas e títulos, não se permitindo que qualquer serventia fique vaga, sem abertura de concurso de provimento ou de remoção, por mais de seis meses (§ 3º). Perceba que o concurso deve ser de provas e títulos, não podendo ser apenas de provas.[7]

O artigo 22 da Lei Federal nº 8.935/94 disciplina que os notários e oficiais de registro responderão pelos danos que eles e seus prepostos causem a terceiros, na prática dos atos próprios da serventia, assegurado aos primeiros o direito de regresso no caso de dolo ou culpa dos prepostos. Há julgado do STF no sentido de que sendo atividade de natureza estatal, há responsabilidade objetiva do Estado pelos danos praticados a terceiros, assegurado o direito de regresso contra o notário, nos casos de dolo ou culpa.[8]

3.2. A função de Prático da Marinha Mercante

O Prático é um profissional aquaviário que presta Serviço de Praticagem. O Serviço de Praticagem é o conjunto de atividades profissionais de assessoria ao Comandante do Navio, requeridas

7 "[...] é pacífico o entendimento do STJ no sentido de que, tendo ocorrido a vacância do cargo de titular de serventia extrajudicial após a promulgação da Constituição da República vigente, o substituto não tem direito à efetivação na titularidade como dispunha o art. 208 da Constituição da República de 1967, uma vez que este dispositivo não foi recepcionado pela nova ordem jurídica, que exige a realização de concurso público para o ingresso na atividade notarial e de registro. Precedentes [...]. Reforça este entendimento o disposto no art. 4º, parágrafo único, alínea *b*, da Resolução nº 80/2009 do Conselho Nacional de Justiça" (AgRg no RMS 29.326/CE, Rel. Ministro Mauro Campbell Marques, Segunda Turma, *DJe* 28.09.2009). Precedentes do STF e do STJ.

8 RE 209.354-AgR, Rel. Min. Carlos Velloso, julgamento em 2.3.1999, Segunda Turma, *DJ* de 16.4.1999.) No mesmo sentido: RE 518.894-AgR, Rel. Min. Ayres Britto, julgamento em 2.8.2011, Segunda Turma, *DJE* de 23.9.2011; RE 551.156-AgR, Rel. Min. Ellen Gracie, julgamento em 10.3.2009, Segunda Turma, *DJE* de 3.4.2009.

por força de peculiaridades locais de cada porto que dificultam a livre e segura movimentação da embarcação. Logo, em cada porto deve haver um ou vários Práticos. Em resumo, o prático dá orientações ao capitão do navio para que adentre na orla marítima brasileira sem danificar a embarcação e sua mercadoria.

A profissão é regulamentada pela Lei de Segurança do Tráfego Aquaviário em Águas sob Jurisdição Nacional (Decreto nº 2.596/98).

Essa atividade desperta muita curiosidade nas pessoas, até por ser uma profissão com altíssima remuneração.

Para se tornar Prático, o candidato deve se habilitar através de um Processo Seletivo feito pela Marinha, que não se confunde com concurso, por isso, também, o Prático não é servidor público, nem militar.

Após aprovação no processo seletivo, o Prático fará uma espécie de curso de formação e depois exercerá a profissão.

Portanto, a atividade de prático é uma atividade privada. Cabe apenas alertar que, assim como qualquer atividade privada ela não pode ser exercida se for incompatível com cargo público já ocupado pelo servidor. É o caso por exemplo, de auditores da Receita Federal do Brasil em que há ato normativo interno vedando o exercício da atividade.

4. REGIME ESTATUTÁRIO E TRABALHISTA (OU CELETISTA)

Estatutários são aqueles cuja relação jurídica de trabalho é disciplinada por diplomas legais específicos, denominados estatutos. Os atuais servidores estatutários podem integrar não somente a estrutura da pessoa federativa, mas também a de suas autarquias e fundações autárquicas. É o caso, por exemplo, da Lei nº 8.112/90, que rege os servidores públicos civis da União, das autarquias, inclusive as em regime especial, e das fundações públicas federais.

Os estatutos funcionais são múltiplos. Cada Ente da Federação, desde que adote o regime estatutário para os seus servidores, deve editar a sua lei estatutária.

A relação jurídica estatutária não se confunde com a relação jurídica contratual, ou seja, não há contrato entre o Poder Público e o servidor estatutário, pois a **lei** estabelece os direitos e obrigações do servidor frente à Administração. Desse modo, é insuscetível de se gerar a inalterabilidade da situação funcional, sem modificar a lei. Contudo, basta a alteração da lei, independentemente da vontade do servidor, para a antiga relação ser modificada (*vide* Informativo 80, STJ).

Trabalhistas (ou celetistas) são aqueles que têm as regras disciplinadoras de sua relação de trabalho advindas de **contrato de trabalho,** firmado e regido pela Consolidação das Leis Trabalhistas – CLT.

A relação jurídica é de natureza contratual, ou seja, o Estado e o agente público celebram efetivamente contrato de trabalho, não é a lei que estabelece substancialmente a relação entre o agente e a Administração, mas sim o contrato. Nessa hipótese, para modificar-se a relação estabelecida inicialmente, é necessária a alteração do contrato firmado.

Em relação aos litígios entre servidores trabalhistas e a União, Estados, DF e Municípios, decorrentes da relação de trabalho na qual figuram tais entes como empregadores, o foro competente para solucioná-los é a Justiça do Trabalho (arts. 109 e 114 da CF).

A iniciativa de leis que tratam sobre regime jurídico de servidores é do chefe do Poder Executivo, conforme o art. 61, § 1º, II, *c*, da CF/88, que deve, também, ser observado em âmbito estadual.[9]

4.1. Conselhos Profissionais

No capítulo referente à organização administrativa (capítulo III), vimos que os Conselhos Profissionais (ex.: CRM, CRC, CRF etc.) possuem natureza autárquica, portanto, o regime de seus servidores deve ser estatutário. Porém, em razão de uma sucessão de momentos históricos, com consequentes alterações legislativas, já houve possibilidade para adoção do regime da CLT (trabalhista). Confira o julgado do STJ:

> *Administrativo. Conselho de fiscalização profissional. Regime jurídico. Observância da lei de regência em cada período. Recorrente contratada em 7.11.1975 e demitida em 2.01.2007. Vigência da Lei nº 9.649/98, art. 58, § 3º. Regime celetista. Desnecessidade de prévio processo administrativo. Decisão do STF na ADI Nº 2.135-MC com efeitos ex nunc. Recurso especial a que se nega provimento. 1. O regime jurídico dos funcionários dos conselhos de fiscalização profissional, por força do art. 1º do Decreto-Lei nº 968/69, era o celetista, até o advento da Constituição Federal em conjunto com a Lei nº 8.112/90, que, em seu art. 243, instituiu o regime jurídico único. Essa situação perdurou até a edição do art. 58, § 3º, da Lei nº 9.649/98, instituindo novamente o regime celetista para os servidores daqueles conselhos, em razão da promulgação da EC nº 19/98, que aboliu o regime jurídico único dos servidores públicos. 2. No julgamento da ADI 1717/DF, o Excelso Pretório declarou a inconstitucionalidade do art. 58 e seus §§ 1º, 2º, 4º, 5º, 6º, 7º e 8º, da Lei nº 9.649/98, afirmando que os conselhos de fiscalização possuem natureza de autarquia de regime especial, permanecendo incólume o art. 58, § 3º, que submetia os empregados desses conselhos à legislação trabalhista. 3. No julgamento da ADI nº 2.135 – MC, o Supremo Tribunal Federal suspendeu liminarmente a vigência do caput do art. 39 do texto constitucional, com a redação dada pela EC 19/98, vale dizer, restabeleceu a redação original do dispositivo, exigindo o regime jurídico único para os servidores da Administração Pública Direta, das autarquias e das fundações públicas. Ressaltou, todavia, que a decisão tem efeitos ex nunc e que subsiste a legislação editada nos termos da emenda declarada suspensa. 4. [...]. 5. [...]. 6. Recurso especial a que se nega provimento (REsp 1145265/RJ, Rel. Ministra Maria Thereza de Assis Moura, Sexta Turma, julgado em 14.02.2012, DJe 21.03.2012).*

Portanto, com a decisão proferida pelo STF na ADI nº 2135, que deferiu liminar para suspender a vigência do art. 39 da CF, com a redação da EC 19/98, restabelecendo o regime jurídico único e, em razão da natureza autárquica dos Conselhos Profissionais, nessas entidades, a partir do citado julgamento, o regime deve ser estatutário.

5. CLASSIFICAÇÃO DOS CARGOS

5.1. Vitalícios

Garantem uma permanência a seus ocupantes. Trata-se de verdadeira prerrogativa para os titulares dos cargos dessa natureza, justificada pela circunstância de que é necessária para

9 ADI 2834/ES, Rel. Min. Dias Toffoli, julgado em 20.8.2014, Informativo nº 755, STF.

tornar independente a atuação desses agentes, sem que sejam sujeitos a eventuais pressões impostas por determinados grupos de pessoas. A vitaliciedade tem previsão constitucional. Via de regra, a perda do cargo ocorre por meio de processo judicial com decisão judicial transitada em julgado. Contudo, é necessário destacar que é também possível a perda do cargo de determinadas autoridades em razão de decisão do Senado Federal na análise de crime de responsabilidade, art. 52, II, da CF[10]. Atualmente, são cargos vitalícios os dos Magistrados, membros do Ministério Público, membros dos Tribunais de Contas. Por ser prerrogativa de sede constitucional, em função da qual cabe ao Constituinte aferir a natureza do cargo e da função, não podem as Constituições Estaduais e Leis Orgânicas municipais, nem mesmo lei de qualquer esfera, criar outros cargos com a garantia da vitaliciedade. Consequentemente, apenas Emenda à CF poderá fazê-lo.[11]

COMO ESSE ASSUNTO TEM SIDO ABORDADO NAS PROVAS

✦ **(TJ-CE – Juiz – Cespe – 2012)** A vitaliciedade somente é possível com relação aos cargos que a CF define como de provimento vitalício, não podendo a legislação ordinária ampliar os cargos dessa natureza.

Reposta: Certo.

5.2. Efetivos

São aqueles cujo ocupante possui uma pretensão de definitividade, pois foi aprovado em concurso público de provas ou de provas e títulos (art. 37, II, CF) e, justo por isso, é o único que pode adquirir estabilidade (CF, art. 41), se for aprovado no estágio probatório.

A efetividade é alcançada com a nomeação e posse, porém a **estabilidade** somente se adquire após **três anos** de efetivo exercício (art. 41, CF).

A perda do cargo só poderá ocorrer, depois de adquirida a estabilidade, nos seguintes casos (art. 41, § 1º, CF):

> *I – em virtude de sentença judicial transitada em julgado; (Incluído pela Emenda Constitucional nº 19, de 1998)*
>
> *II – mediante processo administrativo em que lhe seja assegurada ampla defesa; (Incluído pela Emenda Constitucional nº 19, de 1998)*
>
> *III – mediante procedimento de avaliação periódica de desempenho, na forma de lei complementar, assegurada ampla defesa.* (Incluído pela Emenda Constitucional nº 19, de 1998)

O art. 169, § 4º da Constituição prevê outra hipótese de perda do cargo do servidor estável: quando a despesa com pessoal ativo e inativo da União, dos estados, do Distrito Federal e dos municípios exceder os limites estabelecidos em lei complementar. A fim de cumprir os limites

10 Art. 52. Compete privativamente ao Senado Federal: [...] II – processar e julgar os Ministros do Supremo Tribunal Federal, os membros do Conselho Nacional de Justiça e do Conselho Nacional do Ministério Público, o Procurador-Geral da República e o Advogado-Geral da União nos crimes de responsabilidade; (Redação dada pela Emenda Constitucional nº 45, de 2004).

11 Informativo 409, STF.

fixados, durante o prazo fixado na lei complementar referida, a União, os estados, o Distrito Federal e os municípios adotarão as seguintes providências:

> *Art. 169, CF:*
>
> *I – redução em pelo menos vinte por cento das despesas com cargos em comissão e funções de confiança; (Incluído pela Emenda Constitucional nº 19, de 1998)*
>
> *II – exoneração dos servidores não estáveis. (Incluído pela Emenda Constitucional nº 19, de 1998)*
>
> *§ 4º Se as medidas adotadas com base no parágrafo anterior não forem suficientes para assegurar o cumprimento da determinação da lei complementar referida neste artigo, o servidor* ***estável poderá perder o cargo****, desde que ato normativo motivado de cada um dos Poderes especifique a atividade funcional, o órgão ou unidade administrativa objeto da redução de pessoal. (Incluído pela Emenda Constitucional nº 19, de 1998)*

Portanto, se, mesmo adotadas as medidas mencionadas, não for alcançado o limite fixado em lei complementar, o servidor estável poderá perder o cargo. Caso isso ocorra, o servidor fará jus a indenização correspondente a um mês de remuneração por ano de serviço, sendo vedada a criação, pelo prazo de quatro anos, de cargo, emprego ou função com atribuições iguais ou assemelhadas (art. 169, § 4º, 5º e 6º, CF).

5.3. Comissão

São de livre nomeação e exoneração (CF, art. 37, II) e não necessitam de concurso público para o provimento. O ocupante, porém, tem um vínculo precário (pode ser exonerado *ad nutum*, a juízo da autoridade nomeante) e, obviamente, não adquire estabilidade. Devem ser ocupados por servidores de carreira (efetivos) nos casos, condições e percentuais mínimos estabelecidos em lei. Porém, além daquele percentual para servidores da carreira, os demais podem ser de outra carreira ou, até mesmo, sem nenhum vínculo anterior com a Administração Pública. É o que diz o art. 37, V da Constituição.[12]

> *V – as* ***funções de confiança****, exercidas exclusivamente por servidores ocupantes de cargo* ***efetivo****, e os* ***cargos em comissão****, a serem preenchidos por servidores de* ***carreira*** *nos casos, condições e percentuais mínimos previstos em lei, destinam-se apenas às atribuições de direção, chefia e assessoramento; (Redação dada pela Emenda Constitucional nº 19, de 1998)*

Assim, a lei fixará o **percentual** dos cargos em comissão a serem preenchidos por servidores de carreira. As Funções de confiança, entretanto, serão preenchidas **exclusivamente** por servidores de **cargo efetivo** (concursados). Mas, em ambos os casos, destinam-se apenas às atribuições de **direção, chefia e assessoramento**.

ATENÇÃO: Cargo em comissão e função de confiança destinam-se apenas às atribuições de direção, chefia e assessoramento.

12 O cargo em comissão de Diretor do Departamento de Gestão da Dívida Ativa da Procuradoria-Geral da Fazenda Nacional – PGFN, não privativo de bacharel em direito, pode ser ocupado por pessoa estranha a esse órgão. RMS 29403 AgR/DF, rel. Min. Teori Zavascki, 25.3.2014.

5.3.1. Diferenças entre cargos em comissão (CC) e funções de confiança (FC)

	FC	CC
Exige vínculo efetivo	Sim	Não
Pode ser ocupado por quem não é efetivo	Não	Sim
Composição	**100%** efetivos (não necessariamente do mesmo órgão)	Pelo menos 50% de servidores efetivos
Ato de provimento	Designação	Nomeação
Ato de desprovimento	Dispensa	Exoneração

5.3.2. Súmula Vinculante nº 13 do STF

O STF possui súmula vinculante, nº 13, no seguinte sentido:

> *"A nomeação de cônjuge, companheiro ou parente em linha reta, colateral ou por afinidade, até o terceiro grau, inclusive, da autoridade nomeante ou de servidor da mesma pessoa jurídica investido em cargo de direção, chefia ou assessoramento, para o exercício de cargo em comissão ou de confiança ou, ainda, de função gratificada na Administração Pública Direta e Indireta em qualquer dos poderes da União, dos estados, do Distrito Federal e dos municípios, compreendido o ajuste mediante designações recíprocas, viola a Constituição Federal."*

Estão excluídos da proibição do nepotismo, por se tratarem de cargos políticos, os de Ministro de Estado, secretários de estados e secretários municipais. RE nº RE 579.951 (veja mais informações sobre nepotismo no Capítulo II, em princípio da moralidade administrativa).

Com acerto, Carvalho Filho destaca que não configura nepotismo se a pessoa é servidora de cargo efetivo do órgão, desde que não subordinada a mesma autoridade nomeante:

> *"Excetuam-se da vedação para tais hipóteses, é claro, os casos em que a nomeação recai sobre cônjuge ou parente que ocupam cargos efetivos por efeito de aprovação em concurso público. Ainda assim, porém, não podem exercer funções com subordinação direta ao juiz ou à autoridade administrativa aos quais estejam vinculados por matrimônio, união estável ou parentesco. A norma proibitiva – é oportuno consignar – pretende alcançar, isto sim, parentes que sequer integram os quadros funcionais, propiciando seu ingresso nestes, portanto, sem concurso público."*

5.4. Criação, transformação e extinção dos cargos públicos

A **criação** dos cargos dá-se por meio de **lei** (de iniciativa privativa do Presidente da República quanto aos cargos do Executivo – CF, art. 61, § 1º, II, *a*), salvo quanto aos cargos do Congresso Nacional e das Casas Legislativas, que podem ser *criados* por **Resolução**, nos termos dos arts. 51, IV, e 52, XIII, da CF.

Quanto ao **Judiciário**, a iniciativa cabe ao **Tribunal interessado**, como também aos próprios cargos da magistratura (art. 96, II, *b*, CF). A regra aplicável ao Judiciário é aplicável aos cargos dos Tribunais de Contas. No âmbito do Ministério Público, cabe ao seu Procurador – Geral propor ao Legislativo a criação de cargos para os membros do Ministério Público e, também, do quadro de apoio. Essa regra se aplica também à criação de cargos no TCU, por expressa previsão constitucional (art. 73, que, por sua vez, manda aplicar ao TCU as regras do art. 96 da CF).

No Ministério Público da União, quanto à criação/extinção de cargos e a fixação das respectivas remunerações ou subsídios, a iniciativa é privativa (= exclusiva = reservada) do próprio MPU, por meio do chefe da instituição: o Procurador-Geral da República (CF, art. 127, § 2º). Ressalte-se que, "na competência reconhecida ao Ministério Público, pelo art. 127, § 2º, da CF, para propor ao Poder Legislativo a criação e extinção de cargos e serviços auxiliares, compreende-se a de propor a fixação dos respectivos vencimentos, bem como a sua revisão" (STF, Pleno, ADIn 63/AL, Relator Ministro Ilmar Galvão, *DJ* de 27.05.1994).

Segundo o STF, não há vício de constitucionalidade nas leis que criam cargos públicos sem dotação orçamentária prévia em legislação específica, exigência prevista no § 1º do art. 169 da Constituição Federal, ficando, todavia, sua eficácia condicionada à existência superveniente de dotação orçamentária suficiente para atender às despesas geradas, assim como de autorização específica na lei de diretrizes orçamentárias.[13]

A **extinção** dos cargos geralmente faz-se por meio de **lei** (princípio da simetria ou do paralelismo das formas); excepcionalmente, pode decorrer de declaração de desnecessidade do cargo (extinção indireta – CF, art. 41, § 3º) ou de decreto autônomo do Presidente da República, quando os cargos estiverem **vagos** (sem ocupantes) – CF, art. 84, VI, *b*. Nos casos de criação por Resolução, deve-se resguardar o paralelismo das formas – isto é, o cargo só pode ser extinto por resolução.

ATENÇÃO: Funções ou cargos públicos vagos podem ser extintos mediante decreto, art. 84, VI, *b*, CF.

5.4.1. Quadro resumo

Objeto	Iniciativa	Instrumento
Criação de cargos no Executivo	Presidente da República	Lei
Criação de cargos no Legislativo	Mesa de cada uma das Casas	Resolução
Criação de cargos no Judiciário	Tribunais	Lei
Aumento dos vencimentos dos cargos do Executivo	Presidente da República	Lei
Aumento dos vencimentos dos cargos do Legislativo	Mesa de cada uma das Casas	Lei
Aumento dos vencimentos dos cargos do Judiciário	Tribunais superiores (âmbito federal)	Lei
Revisão geral anual dos servidores de todos os poderes (art. 37, X)	Presidente da República	Lei
Criação de cargos no Ministério Público e respectivo aumento dos vencimentos	Procurador-Geral da República	Lei

13 ADI nº 3.599/DF, rel. Ministro Gilmar Mendes; ADI/MC nº 1.428/SC, de relatoria do Ministro Maurício Corrêa.

COMO ESSE ASSUNTO TEM SIDO ABORDADO NAS PROVAS:

- **(Cespe – STF – Analista Judiciário – Área Judiciária – Prova dissertativa – 2008)** Considerando que os servidores do Poder Judiciário e do Poder Legislativo pretendam iniciar um movimento em prol da aprovação de um plano de cargos e salários que preveja a recuperação das perdas salariais do período, elabore um texto dissertativo, abordando, em relação às diversas esferas federativas, necessariamente, os seguintes aspectos: proposição legislativa adequada para dispor acerca de remuneração dos servidores dos Poderes Judiciário e Legislativo; iniciativa dessa proposição legislativa; possibilidade ou não de veto, pelo chefe do Poder Executivo.

  Resposta: A criação dos cargos dos servidores do Judiciário dê-se por meio de lei (CF, art. 96, II), diferentemente do que ocorre no Poder Legislativo, em que os cargos públicos são criados por meio de resolução de cada uma das Casas Legislativas (CF, arts. 51, IV, e 52, XIII). Porém, em relação à remuneração, a fixação deve ser feita por meio de lei, em ambos os casos, pois há reflexo orçamentário e previsão específica da Constituição Federal nesse sentido. No caso do Judiciário, a iniciativa da lei caberá ao Tribunal ao que forem vinculados os servidores. Já em relação ao Poder Legislativo, a iniciativa legislativa é reservada à Mesa de cada Casa (Câmara dos Deputados ou Senado Federal). Por fim, é certo que, devendo o aumento ser conferido por meio de lei, para ambas as categorias, será possível ao Presidente da República vetar o projeto de lei, nos termos do artigo 84 (V), da Constituição Federal.

6. PROVIMENTO

É o fato administrativo que traduz o **preenchimento** de um cargo público.

Provimento **originário** é aquele que não decorre de anterior vínculo da pessoa com a Administração. A **nomeação** é a única forma de provimento originário, e pode ocorrer para cargo de provimento efetivo ou em comissão (art. 9º, Lei nº 8.112/90), devendo ser precedida de concurso público, na primeira hipótese (art. 10, Lei nº 8.112/90).

Provimento **derivado** é aquele que decorre de um anterior vínculo da pessoa com a Administração, isto é, o cargo é provido em virtude de a pessoa já ser titular de um cargo.

A Lei nº 8.112/90 contém 6 formas de provimento derivado, que serão detalhadas mais à frente: promoção, readaptação, reversão, aproveitamento, reintegração e recondução.

Segundo Celso Antônio B. de Mello, provimento **derivado vertical** é aquele em que o servidor é investido em cargo mais elevado, realizando-se por meio da *promoção*. Provimento **derivado horizontal** é aquele em que o servidor não ascende, nem é rebaixado em sua posição funcional. A única forma é a *readaptação* que consiste na investidura do servidor em cargo de atribuições e responsabilidades compatíveis com a limitação que tenha sofrido em sua capacidade física ou mental verificada em inspeção médica.

Conforme o citado autor, o aproveitamento, retorno à atividade de servidor em disponibilidade, é forma de **provimento por reingresso**, juntamente com a reversão, reintegração e recondução.

7. DEMISSÃO E EXONERAÇÃO

A demissão e a exoneração provocam a ruptura do vínculo entre o servidor e a Administração, gerando a **vacância** do cargo público, ou seja, o cargo ficará desocupado.

Distinguem-se os dois institutos à medida que a demissão provoca a extinção do vínculo em virtude de conduta ilegal anterior provocada pelo servidor, constituindo uma penalidade. Já a exoneração é a dispensa do servidor por interesse deste ou da Administração, sem caráter punitivo.

A exoneração pode ser a pedido, quando o servidor deseja sair do serviço público e desocupar o cargo de que é titular, ou *ex officio*, constituindo-se pela iniciativa da Administração em dispensar o servidor. Esta última (*ex officio*) possui três espécies:

a) Não aprovação no estágio probatório, no caso de servidor efetivo;

b) Servidor que toma posse, mas não entra em exercício no prazo legal;

c) Do cargo em comissão a critério da autoridade competente;

Com o advento da EC nº 19/98, institui-se, com previsão no art. 41, § 1º, III, CF, mais um caso de perda do cargo, a ser disciplinado por **Lei Complementar**. Essa hipótese ocorrerá quando o servidor, após sofrer avaliação funcional, demonstrar insuficiência de desempenho, comprovada em processo administrativo com ampla defesa. No entanto, a exigida lei complementar para disciplinar esta nova possibilidade de perda do cargo, até o momento, não foi editada. Portanto, não há margem para ser efetivada a demissão sob esse fundamento.

Criou-se também outra hipótese de **exoneração** de servidor estável. Ocorre quando tiverem sido insuficientes as providências administrativas com a finalidade de adequar as despesas de pessoal aos limites fixados na LC nº 101/00, que regulamentou o art. 169 da CF. A referida hipótese foi abordada em tópico anterior.

Como dito, com a exoneração há a ruptura do vínculo do servidor com a Administração. Portanto, para o retorno ao cargo anteriormente ocupado, será exigida a realização de concurso. Porém, há uma tendência, atualmente, de relativizar esse formalismo, permitindo a recondução do servidor que pediu exoneração, desde que este ainda não tenha terminado o período de estágio probatório no novo cargo (*Ministério do Planejamento, Nota Informativa nº 365/2010*).

Atualmente, também se admite a recondução entre esferas diferentes (de cargo público estadual para federal, por exemplo). Assim, se um servidor federal toma posse em outro cargo inacumulável na esfera estadual, por exemplo, pode, dentro do período do estágio probatório, pedir recondução ao cargo anteriormente ocupado (*Ministério do Planejamento, Nota Técnica nº 565/2009; TCU, Plenário, Acórdão nº 569/2006, Relator Ministro Ubiratan Aguiar*). Quanto à recondução de cargo federal para estadual/municipal, o deslinde da questão depende do que prevê a legislação do estado/município.

Existe, também, julgado do STJ admitindo a recondução de **emprego** público federal (celetista) de volta para cargo público federal (estatutário): STJ, REsp 817061/RJ, 5ª Turma, Rel. Min. Arnaldo Esteves Lima, *DJe* de 4 de agosto de 2008.

8. RETRIBUIÇÕES PECUNIÁRIAS

A retribuição pecuniária devida ao agente público pode ter várias denominações e características. Isso dependerá da situação atual do agente ou do cargo ocupado.

a) **Vencimento** (também chamado "vencimento básico"): é o valor que retribui o trabalho efetivo do servidor durante os trinta dias mensais. Tem valor fixado na lei que criou ou reestruturou os cargos e tem valor igual para todos os servidores que ocuparem os mesmos cargos.[14]

b) **Remuneração**: conforme o conceito da Lei nº 8.112/90, é o vencimento do cargo efetivo, acrescido das vantagens pecuniárias permanentes estabelecidas em lei. Tal conceito é equivocado, pois se refere, na verdade, aos vencimentos. Trata-se, então, da soma dos valores fixos que o servidor recebe, mês a mês. Quando se menciona na CF a percepção de vencimento mais vantagens permanentes é utilizada a expressão vencimentos. Seria melhor a Lei nº 8.112/90 ter utilizado a expressão que consta na CF (vencimentos).

O art. 41, § 5º, da Lei nº 8.112/90, com a redação dada pela Lei nº 11.784/2008, estabelece que nenhum servidor receberá **remuneração** inferior ao salário mínimo. O dispositivo antes previa que o **vencimento** não poderia ser inferior ao salário mínimo. A modificação foi bem-vinda, pois, na prática, muitos servidores recebiam vencimento inferior ao salário mínimo,[15] mas os demais acréscimos como, por exemplo, algum tipo de adicional, elevavam a **remuneração** do servidor a patamar bem superior ao salário mínimo. Aproveitando a brecha na lei, os servidores ingressavam perante o Poder Judiciário para que lhes fossem pagos os valores que deixaram de perceber, já que havia a garantia do **vencimento** não poder ser inferior ao salário mínimo.

c) **Proventos:** É a retribuição pecuniária de quem está em **inatividade**, podendo estar aposentado ou em disponibilidade.

A disponibilidade é a colocação do servidor **estável** em inatividade remunerada, até seu adequado aproveitamento em outro cargo, com proventos proporcionais ao **tempo de serviço**.

Portanto, não é só o aposentado quem recebe proventos, mas também os que estão em disponibilidade.

d) **Subsídio:** Conforme o art. 39, § 4º, da CF 88, trata-se de contraprestação pelo exercício de função ou cargo público, composto por parcela única e insuscetível de qualquer outra gratificação, adicional, abono, prêmio ou outra espécie remuneratória.

O conceito apresentado pela Constituição peca ao mencionar "parcela única", pois do termo parcela subentende-se divisão de um montante total. Assim, é confusa, pelo menos para nós, a expressão parcela única. Seria melhor valor ou montante único.

No caso de **subsídio** não pode haver em relação ao montante pago outros acréscimos "disfarçados", como, por exemplo, as gratificações. Pelo menos, não deveria ter! Contudo, o STF entendeu que lei estadual pode prever o pagamento de gratificação para servidores mesmo que estes já recebam subsídio caso essa gratificação sirva para remunerar atividades que extrapolem aquelas que são normais do cargo. Para o STF, o art. 39, § 4º, proíbe que o servidor receba outras

14 STF (Primeira Turma), AgR no RE 493.440/RN, Rel. Min. Sepúlveda Pertence: "I. Servidor público: salário mínimo. 1. É da jurisprudência do STF que a remuneração total do servidor é que não pode ser inferior ao salário mínimo (CF, art. 7º, IV). 2. Ainda que os vencimentos sejam inferiores ao mínimo, se tal montante é acrescido de abono para atingir tal limite, não há falar em violação dos artigos 7º, IV, e 39, § 2º, da Constituição. 3. Inviável, ademais, a pretensão de reflexos do referido abono no cálculo de vantagens, que implicaria vinculação constitucionalmente vedada (CF, art. 7º, IV, parte final). 4. Recurso Extraordinário provido. II. Inversão dos ônus da sucumbência."

15 Já vimos vencimento fixado em valor inferior a R$ 100,00.

verbas (além do subsídio) para exercer as atividades "corriqueiras"/ordinárias do cargo, não havendo vedação para o pagamento por eventual execução de encargos especiais não incluídos nas atribuições normais e típicas do cargo considerado. Podemos citar, por exemplo, o servidor que seja designado para compor comissão de processo administrativo disciplinar ou de licitação, caso seja atividade estranha ao cargo ocupado.[16]

Diferentemente, no contracheque do servidor que recebe **remuneração**, existem o vencimento e, ainda, diversas vantagens (exs.: adicionais, gratificações etc.) que no final farão parte da remuneração.

Na vedação de acréscimos não se incluem as parcelas de caráter indenizatório.

Quem recebe na forma de subsídio?

Recebem subsídio os membros de Poder (Poder Executivo, Poder Legislativo e Poder Judiciário), os integrantes do Ministério Público, Defensorias Públicas, Procuradorias dos Estados e DF, Polícias e integrantes do Corpo de Bombeiros (art. 144 da CF).

O art. 37, X da CF prevê que a remuneração dos servidores públicos e o subsídio de que trata o § 4º do art. 39 somente poderão ser fixados ou alterados por **lei específica**, observada a iniciativa privativa em cada caso, assegurada **revisão geral anual**, sempre na mesma data e sem distinção de índices. Trata-se do direito dos servidores públicos de terem as remunerações reajustadas anualmente.

Embora seja um direito assegurado na CF a revisão remuneratória anual, a verdade é que raramente há o envio do ato legislativo e, consequentemente, os servidores ficam sem o reajuste. Com isso, havia inúmeras ações judiciais pleiteando a fixação de um reajuste via judicial. No entanto, sempre houve certa resistência judicial nessa fixação tendo em vista a súmula nº 339 no sentido de que não cabe ao Poder Judiciário, que não tem função legislativa, aumentar vencimentos de servidores públicos sob o fundamento do princípio da isonomia. Após muita discussão sobre o direito de indenização do não envio do projeto de lei visando à revisão geral anual dos servidores, o STF fixou a seguinte tese: "*O não encaminhamento de projeto de lei de revisão anual dos vencimentos dos servidores públicos, previsto no inciso 10 do artigo 37 da Constituição Federal de 1988, não gera direito subjetivo a indenização. Deve o Poder Executivo, no entanto, se pronunciar, de forma fundamentada, acerca das razões pelas quais não propôs a revisão*".[17]

Sobre remuneração dos servidores públicos, o STF aprovou, recentemente, duas súmulas vinculantes:

> *Súmula Vinculante 15 – "O cálculo de gratificações e outras vantagens não incide sobre o abono utilizado para se atingir o salário mínimo do servidor público."*
>
> *Súmula Vinculante 16 – "Os arts. 7º, IV, e 39, § 3º (redação da EC 19/98), da Constituição, referem-se ao total da remuneração percebida pelo servidor público."*

Segundo o art. 37, XV, da CF o subsídio e os vencimentos do servidor são irredutíveis. Porém, segundo o STF a irredutibilidade é do **valor nominal**, não conferindo direito a reajustamento automático em decorrência de perda do poder aquisitivo da moeda em razão da inflação. Assim, para o STF, inexiste garantia à irredutibilidade do valor real.

16 STF. Plenário. ADI 4941/AL, rel. orig. Min. Teori Zavascki, red. p/ o ac. Min. Luiz Fux, julgado 14/8/2019 (Info 947).

17 Recurso Extraordinário (RE) nº 565089.

Permite o STF que a **forma de cálculo** seja alterada, desde que o valor total da remuneração/vencimentos seja mantido no mesmo montante. Desse modo, pode ser suprida pela lei determinada vantagem e ser criada outra ou majorado o vencimento básico, sem que ocorra ofensa à irredutibilidade prevista na CF, desde que seja mantido o valor global da remuneração do servidor.[18]

O art. 44 da Lei nº 8.112/90 estabelece que o servidor perderá a remuneração do dia em que faltar ao serviço sem motivo justificado e a parcela de remuneração diária, proporcional aos atrasos, ausências justificadas, e saídas antecipadas, salvo na hipótese de compensação de horário, até o **mês subsequente** ao da ocorrência, a ser estabelecida pela chefia imediata.

As faltas justificadas decorrentes de caso fortuito ou de força maior (eventos imprevisíveis) poderão ser compensadas **a critério da chefia imediata**, sendo assim consideradas como efetivo exercício.

A remuneração do servidor ativo, o provento do aposentado ou servidor em disponibilidade e a pensão têm natureza alimentar, não podendo, portanto, sofrer qualquer espécie de desconto. Somente podem incidir os descontos decorrentes de **lei** (tributos em geral, p. ex.), **mandado judicial** (pensão alimentícia, por exemplo) – mesmo assim, não pode haver penhora, arresto nem sequestro (art. 48) –, empréstimo consignado em folha de pagamento, faltas injustificadas ou justificadas não compensadas, atrasos e saídas antecipadas não compensadas e reposições/indenizações.

Mediante autorização do servidor, poderá haver consignação em folha de pagamento em favor de terceiros, a critério da Administração e com reposição de custos, na forma definida em regulamento. O total de consignações não excederá a 35% (trinta e cinco por cento) da remuneração mensal, sendo 5% (cinco por cento) reservados exclusivamente para: I – a amortização de despesas contraídas por meio de cartão de crédito; ou II – a utilização com a finalidade de saque por meio do cartão de crédito. (Incluído pela Lei nº 13.172, de 2015).

O art. 46 da Lei nº 8.112/90, por sua vez, prevê que as **reposições** e **indenizações** ao erário, atualizadas até 30 de junho de 1994, serão previamente comunicadas ao servidor ativo, ao aposentado ou ao pensionista, para pagamento no prazo máximo de trinta dias, podendo ser parceladas, a pedido do interessado. O valor de cada parcela **não poderá ser inferior** (no mínimo) ao correspondente a **10%** da remuneração, provento ou pensão.[19]

Reposição é a repetição do indébito recebido pelo servidor, por erro da Administração; p. ex.: servidor que recebe vencimento maior do que o devido. Indenização é a retribuição devida pelo servidor por haver praticado ato, ilícito ou não, que gerou um dano para a Administração ou particulares; ex.: servidor que frauda a folha de pagamento para receber mais do que lhe é devido.

---

18 MS 21659/DF, Rel. Min. Eros Grau, 28.09.2005.

19 Jurisprudência: STJ, 6ª Turma, REsp 651.081/RJ, Relator Ministro Hélio Quaglia Barbosa, *DJ* de 06.06.2005: "Recurso especial. Administrativo. Servidor público. Valores indevidamente recebidos por força de liminar. Desconto em folha. Possibilidade. Ausência de errônea interpretação ou má aplicação da lei pela Administração Pública. Recurso especial provido. 1. Prevalecia neste Superior Tribunal de Justiça o entendimento de que os valores indevidamente recebidos, ainda que de boa-fé, por servidores públicos sujeitam-se à repetição, observado o limite máximo de dez por cento da remuneração. 2. Recentemente, entretanto, no julgamento do Resp nº 488.905, de relatoria do ilustre Ministro José Arnaldo da Fonseca, a Egrégia Quinta Turma firmou entendimento no sentido de que não será cabível a restituição de valores se estes foram recebidos de boa-fé e se houve errônea interpretação ou má aplicação da lei pela Administração Pública. 3. Não obstante, impende ter sob mira que, na hipótese dos autos, "o pagamento indevido não foi resultado da interpretação equivocada da Lei pela Administração, mas sim de decisão judicial de caráter liminar que compeliu a UNIÃO a efetuar o pagamento, sob pena de desobediência" (fl. 599). Dessa forma, verifica-se a ausência do requisito da errônea interpretação ou má aplicação da lei pela Administração Pública, não podendo esta ser onerada por ato do próprio servidor.

Quando o pagamento indevido houver ocorrido no **mês anterior** ao do processamento da folha, a reposição será feita imediatamente, em uma única parcela.

Na hipótese de valores recebidos em decorrência de cumprimento a decisão liminar, a tutela antecipada ou a sentença que venha a ser revogada ou rescindida, serão eles atualizados até a data da reposição.

Servidor que deixar o cargo (aposentadoria ou disponibilidade) estando em débito com o erário, deverá quitar o débito dentro de 60 dias, a contar do ato que determinou a perda do cargo ou da aposentadoria ou disponibilidade, com a consequência de inscrição na dívida ativa da União, com todos os efeitos e restrições daí decorrentes (possibilidade de cobrança judicial, compensação de créditos de natureza tributária, etc.) (art. 47).

8.1. Vinculação e equiparação de espécies remuneratórias

O art. 37, XIII, da CF, veda a vinculação ou equiparação de quaisquer espécies remuneratórias relacionadas a servidores públicos.

A vedação à **vinculação** impede que a remuneração do servidor fique atrelada a determinado *índice*, de modo que ocorra um reajuste automático da remuneração do servidor de acordo com o respectivo índice. Assim, seria inconstitucional norma que estabelecesse que a remuneração do servidor ficasse vinculada, por exemplo, ao IPCA ou ao salário mínimo. O STF, por meio da Súmula nº 681, estabeleceu que "é inconstitucional a vinculação do reajuste de vencimento de servidores estaduais ou municipais a índices federais de correção monetária". Em sentido semelhante a Súmula Vinculante nº 4: "salvo nos casos previstos na Constituição, o salário mínimo não pode ser usado como indexador de base de cálculo de vantagem de servidor público ou de empregado, nem ser substituído por decisão judicial".

Já a **equiparação** ocorre quando um determinado cargo é "amarrado" a outro para efeitos remuneratórios. De modo que, se o cargo paradigma sofre qualquer aumento, o outro cargo também sofrerá aumento proporcional.[20]

A Constituição Federal prevê que seja feita a revisão geral anual da remuneração dos servidores públicos, a ser fixada por meio de **lei**, art. 37, X.

A Lei nº 8.112/90, art. 41, § 4º, prevê que é assegurada a *isonomia* de vencimentos para cargos de atribuições iguais ou assemelhadas do mesmo Poder, ou entre servidores dos três Poderes, ressalvadas as vantagens de caráter individual e as relativas à natureza ou ao local de trabalho. Tal dispositivo da lei é idêntico à redação anterior do art. 39, § 1º, da CF. Com a EC nº 19/98, a CF passou a estabelecer que na fixação dos padrões de vencimento e dos demais componentes do sistema remuneratório deverão ser observados (art. 39, § 1º, CF): (i) a natureza, o grau de responsabilidade e a complexidade dos cargos componentes de cada carreira; (ii) os requisitos para a investidura; (iii) as peculiaridades dos cargos. Portanto, a regra prevista na Lei nº 8.112/90 não tem mais aplicação, devendo, na fixação da remuneração dos servidores serem observados os critérios fixados no art. 39,

20 **Constitucionalidade de norma da CE que assegura equiparação salarial para professores com igual titulação, respeitando-se o grau de ensino em que estiverem atuando:** A Constituição do Estado do Ceará prevê que deverá ser assegurada isonomia salarial para docentes em exercício, com titulação idêntica, respeitando-se o grau de ensino em que estiverem atuando. O STF decidiu que essa regra é constitucional e que não ofende o art. 37, XIII, da CF/88. Isso porque não há, no caso, equiparação salarial de carreiras distintas, considerando que se trata especificamente da carreira de magistério público e de docentes com titulação idêntica. STF. Plenário. ADI 145/CE, Rel. Min. Dias Toffoli, julgado em 20/6/2018 (Info 907).

§ 1º, da CF. Contudo, como a isonomia é princípio constitucional, deve orientar o legislativo na confecção da lei na fixação da remuneração, para não haver violação a tal princípio.

Cabe, por fim, salientar que não cabe ao Poder Judiciário, que não tem função legislativa, aumentar vencimentos de servidores públicos sob fundamento de isonomia (Súmula nº 339, STF).

9. NORMAS CONSTITUCIONAIS APLICÁVEIS AOS AGENTES PÚBLICOS

9.1. Acessibilidade aos cargos públicos

Os cargos públicos são acessíveis a todos os brasileiros, atendidas as condições estabelecidas em lei, CF, art. 37, I. E, também, aos estrangeiros que preencherem as condições fixadas na lei.[21]

No plano federal, a Lei nº 8.112/90, art. 5º, estabelece os requisitos exigidos para a ocupação de cargo:

> *Art. 5º São requisitos básicos para investidura em cargo público:*
>
> *I – a nacionalidade brasileira;*
>
> *II – o gozo dos direitos políticos;*
>
> *III – a quitação com as obrigações militares e eleitorais;*
>
> *IV – o nível de escolaridade exigido para o exercício do cargo;*
>
> *V – a idade mínima de dezoito anos;*[22]
>
> *VI – aptidão física e mental.*

A nacionalidade brasileira não é requisito imprescindível em todos os casos, pois, em alguns deles, admite-se o acesso de estrangeiros (§ 3º, Lei nº 8.112/90). O art. 12, § 3º, da CF exige a condição de brasileiro nato[23] para os seguintes cargos:

> *§ 3º – São privativos de brasileiro nato os cargos:*
>
> *I – de Presidente e Vice-Presidente da República;*
>
> *II – de Presidente da Câmara dos Deputados;*
>
> *III – de Presidente do Senado Federal;*
>
> *IV – de Ministro do Supremo Tribunal Federal;*

---

21 STF – Súmula 14: "Não é admissível, por ato administrativo, restringir, em razão da idade, inscrição em concurso para cargo público". STF – Súmula 683: "O limite de idade para a inscrição em concurso público somente se legitima em face do art. 7º, XXX, da Constituição, quando possa ser justificado pela natureza das atribuições do cargo a ser preenchido." STF – "A jurisprudência do Supremo Tribunal Federal firmou-se no sentido de que a norma constitucional que proíbe tratamento normativo discriminatório, em razão da idade, para efeito de ingresso no serviço público [...], não se reveste de caráter absoluto, sendo legítima, em consequência, a estipulação de exigência de ordem etária, quando esta decorrer da natureza e do conteúdo ocupacional do cargo público a ser provido" (RMS 21.045, Rel. Min. Celso de Mello, julgamento em 29.3.94, *DJ* de 30.9.94). STF – "A vedação constitucional de diferença de critério de admissão por motivo de idade (CF, art. 7º, XXX) é corolário, na esfera das relações de trabalho, do princípio fundamental de igualdade, que se entende, à falta de exclusão constitucional inequívoca (como ocorre em relação aos militares – CF, art. 42, § 1º), a todo o sistema do pessoal civil. É ponderável, não obstante, a ressalva das hipóteses em que a limitação de idade se possa legitimar como imposição da natureza e das atribuições do cargo a preencher" (RMS 21.046, Rel. Min. Sepúlveda Pertence, julgamento em 14.12.90, *DJ* de 14.11.91). STF – Súmula 686: "Só por lei se pode sujeitar a exame psicotécnico a habilitação de candidato a cargo público."

22 **Ainda que o requisito da idade mínima de 18 anos conste em lei e no edital de concurso público, é possível que o candidato menor de idade aprovado no concurso tome posse no cargo de auxiliar de biblioteca no caso em que ele, possuindo 17 anos e 10 meses na data da sua posse, já havia sido emancipado voluntariamente por seus pais há 4 meses.** STJ, 2ª Turma, REsp 1.462.659-RS, Rel. Min. Herman Benjamin, julgado em 1º.12.2015 (Info 576).

23 A CF, art. 12, define a condição de brasileiro nato.

V – da carreira diplomática;

VI – de oficial das Forças Armadas.

VII – de Ministro de Estado da Defesa. (Incluído pela Emenda Constitucional nº 23, de 1999)

Atente-se que, no caso de Ministro do STF, não é só o Presidente que deve ser brasileiro nato, mas todos os ministros, pois todos podem vir a ocupar a presidência desse Tribunal e, assim, provisória e excepcionalmente, fazer às vezes de Presidente da República.

Quanto ao nível de escolaridade exigido para o cargo, o STJ possui importante súmula consolidando o entendimento de que "O diploma ou habilitação legal para o exercício do cargo deve ser exigido na **posse** e não na inscrição para o concurso público" (Súmula nº 266)

A referida Súmula nº 266 do STJ tem aplicação para todos os requisitos para ocupação do cargo que, como dito, devem estar preenchidos na data da posse. Porém, em relação aos concursos da magistratura e ministério público, exige a CF que o bacharel em Direito deve ter, no mínimo, 03 (anos) de atividade jurídica, sendo que nesse caso o momento da comprovação desses requisitos deve ocorrer na data da **inscrição** no concurso. Informativo STF nº 438 (ADI-3460).

No entanto, em caso específico sobre **idade máxima** para ocupação de cargo, o STF entendeu que a idade deveria ser verificada na data da **inscrição.**[24] Assim, em concursos que fixam limite de idade em, por exemplo, 24 ou 30 anos, há de ser comprovado no momento da inscrição no certame, podendo o candidato na data da posse estar com idade superior.

A exigência de três anos de atividade jurídica para os candidatos nos concursos da Magistratura pode ser estendida para concursos da Defensoria Pública e até mesmo para outros concursos de área jurídica, desde que seja feita por meio de lei. No caso da Defensoria Pública deve ser por meio de Lei Complementar, conforme preveem o art. 37, I e art. 134, § 1º, da CF/88, não sendo é possível que Resolução do Conselho Superior da Defensoria Pública (ato infralegal) crie tal exigência.[25]

No que se refere às pessoas com deficiência, a Constituição estabelece que a **lei reservará percentual** dos cargos e empregos públicos para as pessoas portadoras de deficiência e definirá os critérios de sua admissão. A Lei nº 8.112/90 fixa o limite **máximo** de (até) 20% das vagas do concurso para pessoas com deficiência. O Decreto nº 3.298/99 define o percentual **mínimo** de 5% a ser destinado aos deficientes em todos os concursos públicos federais, devendo a fração ser arredondada quando não se atingir tal percentual[26]. O STF entendeu que, em concurso em que se oferecem duas vagas, não deve haver a destinação de uma delas aos deficientes, pois haveria majoração dos percentuais mínimo e máximo para cinquenta por cento. (Informativo nº 480).

---

24 ARE 840.592/CE, Min. Roberto Barroso, 23.6.2015. (ARE-840.592). Informativo n. 791

25 STJ. 2ª Turma. REsp 1.676.831/AL, Rel. Min. Mauro Campbell Marques, julgado em 05/09/2017 (Info 611)

26 STF: "Concurso público – Candidatos – Tratamento igualitário. A regra é a participação dos candidatos, no concurso público, em igualdade de condições. Concurso público – Reserva de vagas – Portador de deficiência – Disciplina e viabilidade. Por encerrar exceção, a reserva de vagas para portadores de deficiência faz-se nos limites da lei e na medida da viabilidade consideradas as existentes, afastada a possibilidade de, mediante arredondamento, majorarem-se as percentagens mínima e máxima previstas" (MS 26.310, Rel. Min. Marco Aurélio, julgamento em 20-9-07, *DJ* de 31-10-07). Ementa: Agravo regimental em recurso extraordinário. 2. Administrativo. Concurso Público. Reserva de vagas para portadores de deficiência. 3. Artigo 37, VIII, da Constituição Federal. 4. Impossibilidade de arredondamento do coeficiente fracionário para o primeiro número inteiro subsequente. 5. Agravo regimental a que se nega provimento (RE 408727 AgR, Relator: Min. Gilmar Mendes, Segunda Turma, julgado em 14.09.2010, *DJe*-190, Divulg 07.10.2010, Public 08.10.2010, Ement Vol-02418-05, PP-00979).

O Decreto nº 9.508/2018 reserva às pessoas com deficiência percentual de cargos e de empregos públicos ofertados em concursos públicos e em processos seletivos no âmbito da administração pública federal direta e indireta, inclusive em processos seletivos para a contratação por tempo determinado para atender necessidade temporária de excepcional interesse público.

De acordo com a Súmula nº 377 do STJ, o portador de visão monocular tem direito de concorrer, em concurso público, às vagas reservadas aos deficientes. De outro modo, entendeu o Tribunal que candidato com surdez unilateral não tem direito a participar do certame na qualidade de deficiente auditivo. Isso porque o Decreto 3.298/1999 – que dispõe sobre a Política Nacional para Integração de Pessoa Portadora de Deficiência – excluiu da qualificação "deficiência auditiva" os portadores de surdez unilateral.[27]

Para o STJ, a fim de prevalecer a isonomia entre os candidatos de ampla concorrência e os deficientes, deve haver o critério de alternância na convocação. Não podendo se considerar que as primeiras vagas se destinam a candidatos não deficientes e apenas as eventuais ou últimas a candidatos deficientes.[28]

Para nós, o critério de alternância na convocação entre candidatos de ampla concorrência e pessoas com deficiência deve ser observado, inclusive, na convocação de candidatos aprovados que estão no cadastro de reserva. Desse modo, deve ser atendida a mesma proporção, para convocação daqueles que estão no cadastro de reserva, em relação às vagas constantes do Edital. Caso contrário, o órgão para burlar a exigência legal, poderia disponibilizar poucas vagas no edital e, quando fosse convocar os que estão no cadastro de reserva, convocaria apenas os candidatos da lista geral, preterindo às pessoas com deficiência.

Quanto ao exame **psicotécnico**, a jurisprudência dos Tribunais Superiores tem entendido ser ilegal a exigência apenas no edital, sem que a **lei** que regulamenta a carreira tenha feito a previsão (Súmula nº 686 (STF): "Só por lei se pode sujeitar a exame psicotécnico a habilitação de candidato a cargo público").

Além do requisito da legalidade, a jurisprudência exige mais três condições para que seja válida a exigência de exame psicotécnico em concurso público: a) ser pautado em critérios objetivos e científicos (AI 529.219-AgR/RS); b) ser compatível com as atribuições normais do cargo; e c) haver direito a recurso na via administrativa.

Se o servidor já se submeteu a exame psicotécnico para o cargo que ocupa e se submete a concurso para cargo idêntico ou de funções semelhantes da mesma pessoa federativa, sem que a Administração lhe tenha atribuído anteriormente qualquer comportamento doentio sob o aspecto psíquico, desnecessária será nova avaliação psicológica ou, se houver sido realizada, será irrelevante seu resultado. Foi a solução dada pelo STF ao julgar o MS 20.972-DF.[29]

COMO ESSE ASSUNTO TEM SIDO ABORDADO NAS PROVAS

- **(CESPE – TRF-5ª – Juiz Federal Substituto – 2004)** Com base na conhecida afirmação de que o edital é a lei do concurso público para provimento de cargo, a jurisprudência consolidou-

27 Informativo 535 STJ.

28 RMS 18.669/RJ, Rel. Ministro Gilson Dipp, Quinta Turma, julgado em 07.10.2004.

29 No mesmo sentido RESP 24558, STJ.

-se no sentido de que é válida a exigência de exame psicotécnico, mesmo que não prevista na lei, desde que haja compatibilidade com o cargo a que se refira e previsão editalícia.

Resposta: Errado.

Estrangeiros também poderão ter acesso aos cargos, na forma da lei (v. art. 5º, § 3º, e CF, art. 37, I, segunda parte), isto é, quando a lei expressamente admitir.

Quanto à idade, o limite para a inscrição em concurso público só se legitima, em face do art. 7º, XXX da constituição, quando possa ser justificado pela natureza das atribuições do cargo a ser preenchido. "Não será admissível, por **ato administrativo**, restringir, em razão da idade, inscrição em concurso para cargo público" (Súmula nº 14). Isso porque só por lei se pode fazer tal exigência, em atenção ao princípio da legalidade (CF, art. 5º, II).

Importante julgamento proferido pelo STF referente à idade foi proferido em 2009. O Plenário do Tribunal reconheceu que, mesmo em se tratando de concursos para a carreira militar, em que a exigência de idade é prevista na própria Constituição (art. 142, § 3º, X), a definição de qual é essa idade máxima depende de **lei em sentido formal** (reserva legal). Assim, declarou-se a inconstitucionalidade da fixação da idade máxima para inscrição nos concursos das carreiras militares por mero regulamento. Mas, em atenção ao interesse público e à segurança jurídica, o Tribunal resolveu modular os efeitos da decisão, com base no art. 27 da Lei nº 9.868/99, para determinar que a exigência em edital seja admitida até 31.12.2011. Após essa data, caso o Congresso não tenha fixado a idade máxima por meio de lei, qualquer pessoa poderá candidatar-se à vaga. Todavia, a Corte desproveu o recurso extraordinário em que a União sustentava a suficiência da fixação da idade máxima por regulamento. E, como o julgamento se deu em regime de repercussão geral, asseguraram-se os direitos de quem já havia ingressado na Justiça questionando os editais. Informativo nº 615/11.[30]

Cabe, ainda, destacar que o Código Civil prevê que a emancipação (capacidade civil) pode ser alcançada pelo exercício de emprego público efetivo. Com a expressão "emprego público efetivo", o Diploma Civil pretendeu conferir a condição de emancipado para aquele que for aprovado em concurso para regime de cargo (estatutário) ou emprego público. Porém, na prática, essa forma de emancipação dificilmente irá ocorrer, pois os estatutos funcionais só admitem o ingresso em cargo ou emprego para quem tem 18 anos completos. Mas, em tese, seria possível.

9.1.1. Vagas para negros – Lei nº 12.990/2014

A Lei nº 12.990/2014 determinou que sejam reservadas aos negros 20% (vinte por cento) das vagas oferecidas nos concursos públicos para provimento de cargos efetivos e empregos públicos no âmbito da Administração Pública Federal, das autarquias, das fundações públicas, das empresas públicas e das sociedades de economia mista controladas pela União. Sendo a reserva feita sempre que o número de vagas oferecidas no concurso público for igual ou superior a 3 (três).

A referida lei tem aplicação apenas ao Poder Executivo Federal. Os demais Poderes (Judiciário e Legislativo) devem ter lei própria caso pretendam criar regra semelhante. O mesmo se aplica aos demais Entes da Federação em razão da autonomia administrativa.

30 RE 600885/RS, rel. Min. Cármen Lúcia, 9.2.2011.

Perceba, também, que foi fixado o percentual "fechado" de 20%, e não, de até 20% como ocorre com as vagas para as pessoas com deficiência (PCD).

Podem concorrer às vagas reservadas a candidatos negros aqueles que se autodeclararem pretos ou pardos no ato da inscrição no concurso público, conforme o quesito cor ou raça utilizado pela Fundação Instituto Brasileiro de Geografia e Estatística – IBGE. No entanto, apesar de a Lei ter instituído o critério da autodeclarção, no qual, é suficiente que o candidato no ato da inscrição se autodeclare preto ou pardo, o STF entendeu pela legalidade de ser feita avaliação posterior do candidato, o que alguns já denominaram pejorativamente de "tribunais raciais."

Cite-se, também, que o STF entendeu que a reserva de vagas feita pela citada lei é **constitucional**, fixando a seguinte tese: *É constitucional a reserva de 20% das vagas oferecidas nos concursos públicos para provimento de cargos efetivos e empregos públicos no âmbito da administração pública direta e indireta. É legítima a utilização, além da autodeclaração, de critérios subsidiários de heteroidentificação, desde que respeitada a dignidade da pessoa humana e garantidos o contraditório e a ampla defesa.*[31]

Semelhante ao que acontece com as PCD, os candidatos negros concorrerão concomitantemente às vagas que lhe são reservadas e às vagas destinadas à ampla concorrência, de acordo com a sua classificação no concurso. Ou seja, concorrem com os candidatos de ampla concorrência e, se tiverem pontuação para passar nessa lista, não será utilizada vaga restrita aos negros, deixando mais uma vaga a esta categoria.

Estabelece, ainda, a lei que a nomeação dos candidatos aprovados respeitará os critérios de alternância e proporcionalidade, que consideram a relação entre o número de vagas total e o número de vagas reservadas a candidatos com deficiência e a candidatos negros.

A lei terá vigência pelo prazo de 10 (dez) anos, a partir da data de sua publicação, que ocorreu em 09 de junho de 2014.

9.2. Concurso público

> *Art. 37, CF [...].*
>
> *II – a investidura em cargo ou emprego público depende de aprovação prévia em concurso público de provas ou de provas e títulos, de acordo com a natureza e a complexidade do cargo ou emprego, na forma prevista em lei, ressalvadas as nomeações para cargo em comissão declarado em lei de livre nomeação e exoneração; (Redação dada pela Emenda Constitucional nº 19, de 1998)*
>
> *III – o prazo de validade do concurso público será de até dois anos, prorrogável uma vez, por igual período;*

Nos termos do art. 37, II, da CF, a nomeação para **cargos efetivos** (isolados ou de carreira) deve ser necessariamente precedida de concurso público de provas ou de provas e títulos, sob pena de nulidade do ato de nomeação e punição da autoridade responsável, nos termos da lei (CF, art. 37, § 2º) – v. Lei de Improbidade Administrativa (Lei nº 8.429/92), art. 11, V.

Perceba que o concurso poderá ser de provas *ou* de provas e títulos. Concurso só de provas é possível. No entanto, só de títulos, não. Conforme entendimento do STF, as provas de títulos não

31 ADC 41, Relator(a): Min. ROBERTO BARROSO, Tribunal Pleno, julgado em 08/06/2017, PROCESSO ELETRÔNICO DJe-180 DIVULG 16-08-2017 PUBLIC 17-08-2017

podem ter natureza eliminatória. Sua finalidade é, exclusivamente, a de classificar os candidatos, não podendo resultar em eliminação do certame.[32]

A norma constitucional exigiu a realização de concurso para ingresso em cargo e emprego público.

COMO ESSE ASSUNTO TEM SIDO ABORDADO NAS PROVAS

✦ **(Cespe – TRE-ES – Técnico – 2011)** Considere que João pretenda ingressar como empregado na Petrobras, sociedade de economia mista, integrante da Administração Indireta da União. Nessa situação, João não precisa ser previamente aprovado em concurso público, visto que o regime jurídico dessa empresa é o celetista.

Resposta: Errado. O concurso público é uma exigência constitucional (CF, art. 37, II), mesmo no que diz respeito aos empregos públicos, que, embora não possuam estabilidade, só podem ser providos mediante concurso.

O prazo de validade do concurso público (*v.* CF, art. 37, III) é de ATÉ dois anos, prorrogável UMA vez por IGUAL PERÍODO. O STF tem reconhecido que há desvio de finalidade quando a Administração não prorroga o prazo de validade do concurso e, logo em seguida, abre novo certame, bem como quando o Poder Público deixa propositadamente expirar o prazo de validade só para não nomear um candidato. De outra parte, o Tribunal Supremo reconhece que a Administração pode modificar o edital para adequá-lo às novas exigências da legislação (novos requisitos de provimento para um cargo, por exemplo).

O respeito à ordem de classificação poderia até nem ser citado, uma vez que é inerente ao conceito de concurso público (seria inútil fazer um concurso e não respeitar a ordem de classificação). O legislador preferiu, porém, acrescer segurança jurídica à situação dos aprovados.

Em 2015, o STF definiu a questão relacionada ao direito à nomeação de candidatos em concurso público. A posição firmada foi no seguinte sentido: o surgimento de novas vagas ou a abertura de novo concurso para o mesmo cargo, durante o prazo de validade do certame anterior, **não gera automaticamente** o direito à nomeação dos candidatos aprovados fora das vagas previstas no edital, ressalvadas as hipóteses de preterição arbitrária e imotivada por parte da Administração, caracterizada por comportamento tácito ou expresso do Poder Público capaz de revelar a inequívoca necessidade de nomeação do aprovado durante o período de validade do certame, a ser demonstrada de forma cabal pelo candidato. Assim, o direito subjetivo à nomeação do candidato aprovado em **concurso público** exsurge nas seguintes hipóteses: a) quando a aprovação ocorrer dentro do número de vagas dentro do edital; b) quando houver preterição na nomeação por não observância da ordem de classificação; e c) quando surgirem novas vagas, ou for aberto novo concurso durante a validade do certame anterior, e ocorrer a preterição de candidatos de forma arbitrária e imotivada por parte da Administração nos termos acima.[33]

Somente nas situações tratadas no julgamento do STF, portanto, é que haverá direito à nomeação de candidatos aprovados em concurso público, fora dessas hipóteses haverá apenas expectativa de direito à nomeação.

É constitucional a regra denominada "cláusula de barreira", inserida em edital de concurso público, que limita o número de candidatos participantes de cada fase da disputa, com o intuito de selecionar apenas os concorrentes mais bem classificados para prosseguir no certame (RE nº 635.739/AL).

32 STF, 1ª Turma. MS 31176/DF e MS 32074/DF, Rel. Min. Luiz Fux, julgados em 2.9.2014. Informativo nº 757.

33 RE 837311/PI, rel. Min. Luiz Fux, 9.12.2015 (RE-837311).

O STF também tem aceitado a abertura de concurso para "cadastro de reserva", quando não há vagas previstas, mas os candidatos aprovados poderão ser chamados se surgirem outras vagas.[34]

A jurisprudência também vem entendendo que a **desistência** de candidatos nomeados dentro do número de vagas gera aos candidatos subsequentes direito subjetivo à nomeação.[35]

O STJ também já entendeu que candidato aprovado em primeiro lugar tem direito à nomeação em concurso que não fixou número de vagas. No entendimento do Tribunal, mesmo não sendo divulgado o número de vagas a serem preenchidas com a realização do concurso, é possível presumir que haja pelo menos uma vaga e esta deve ser ocupada por quem passou em primeiro lugar (RMS 33426).

No que se refere à contratação por entes públicos de servidores sem a prévia aprovação em concurso público, o recrutamento se reveste de ilegalidade, devendo, portanto, ser invalidado, sendo que o regime jurídico do servidor deve ser considerado o regime trabalhista. A referida espécie de contratação, conforme entendimento firmado na Justiça do Trabalho, é nula, e só gera para os empregados o direito a **salários** e aos valores relativos ao **FGTS**. (Enunciado nº 363, TST).[36]

O STF entendeu que a posse ou o exercício em cargo público por força de decisão judicial de caráter provisório não implica a manutenção, em definitivo, do candidato que não atende a exigência de prévia aprovação em concurso público (CF, art. 37, II), valor constitucional que prepondera sobre o interesse individual do candidato, que não pode invocar, na hipótese, o princípio da proteção da confiança legítima, pois conhece a precariedade da medida judicial. **O Tribunal entendeu que não poderia ser aplicada a teoria do fato consumado**. Por essa teoria, uma situação já consolidada pelo tempo não poderia ser desfeita. Contudo, no caso em questão, ela não foi admitida porque a investidura da função ocorreu por força de ordem judicial, mediante tutela de natureza precária, passível de desconstituição a qualquer momento, e contra

---

34 Súmula 15: "Dentro do prazo de validade do concurso, o candidato aprovado tem direito à nomeação, quando o cargo for preenchido sem observância da classificação." STF: Informativo nº 520/2008: "Por vislumbrar direito subjetivo à nomeação dentro do número de vagas, a turma, em votação majoritária, desproveu recurso extraordinário em que se discutia a existência ou não de direito adquirido à nomeação de candidatos habilitados em concurso público – v. Informativo 510. Entendeu-se que, se o Estado anuncia em edital de concurso público a existência de vagas, ele se obriga ao seu provimento, se houver candidato aprovado." RE 227480/RJ, rel. p/ o acórdão Min. Cármen Lúcia, 16.9.2008. (RE-227480). STJ (6ª Turma) – RMS 19.922/AL, Rel. Min. Paulo Medina: "Administrativo – Servidor público – Concurso – Aprovação de candidato dentro do número de vagas previstas em edital – Direito líquido e certo à nomeação e à posse no cargo – Recurso provido. 1. Em conformidade com jurisprudência pacífica desta Corte, o candidato aprovado em concurso público, dentro do número de vagas previstas em edital, possui direito líquido e certo à nomeação e à posse. 2. A partir da veiculação, pelo instrumento convocatório, da necessidade de a Administração prover determinado número de vagas, a nomeação e posse, que seriam, a princípio, um ato discricionário, de acordo com a necessidade do serviço público, tornam-se vinculados, gerando, em contrapartida, direito subjetivo para o candidato aprovado dentro do número de vagas previstas em edital. Precedentes. 3. Recurso ordinário provido." No mesmo sentido caminham as recentes decisões da 6ª Turma do STJ: RMS 20.718/SP, Relator Ministro Paulo Medina, *DJ* de 03.03.2008; e RMS 19.478/SP, Relator Ministro Nilson Naves, julgado em 06.05.2008, acórdão pendente de publicação.

35 (RMS 32.105/DF, Rel. Ministra Eliana Calmon, Segunda Turma, julgado em 19.08.2010, *DJe* 30.08.2010 e RMS 21.323/SP, Rel. Ministra Maria Thereza de Assis Moura, Sexta Turma, julgado em 01.06.2010, *DJe* 21.06.2010).

36 **Compete à Justiça do Trabalho julgar causa relacionada com depósito do Fundo de Garantia do Tempo de Serviço (FGTS) de servidor que ingressou no serviço público antes da Constituição de 1988 sem prestar concurso.** STF. Plenário. CC 7.950/RN, Rel. Min. Marco Aurélio, julgado em 14.09.2016 (Info 839). **Compete à Justiça do Trabalho processar e julgar demandas propostas contra órgãos da Administração Pública, por servidores que ingressaram em seus quadros, sem concurso público, antes da CF/88, sob regime da CLT, com o objetivo de obter prestações de natureza trabalhista.** STF. Plenário. ARE 906491 RG, Rel. Min. Teori Zavascki, julgado em 01.10.2015 (repercussão geral).

a vontade da Administração, não podendo ser invocado o princípio da proteção à confiança. Informativo nº 753, STF.[37]

No caso anterior, contudo, não se exige a devolução da importância recebida durante o prazo em que a função foi exercida, pois, interpretação contrária, consistiria em enriquecimento sem causa do Poder Público.[38]

Assim, se o candidato tomou posse e exerce o cargo em razão de uma sentença judicial que posteriormente é modificada, determinando a sua exclusão não poderá invocar a teoria do fato consumado e deve deixar o cargo. De outro modo, se o candidato tomou posse no cargo por força de decisão judicial precária e passaram-se vários anos e, após cumprir todos os requisitos, aposentou neste cargo por tempo de contribuição e, após a aposentadoria, a decisão que o amparou foi reformada, não haverá a perda da aposentadoria, ou seja, ele continuará aposentado no cargo, pois contribuiu durante todo o período necessário. Ademais, a legislação não prevê cassação de aposentadoria por esse motivo.[39]

Em razão do princípio da presunção de inocência, é vedada a eliminação de candidato em concurso público em razão de inquérito policial instaurado ou ação penal em andamento, sem o trânsito em julgado da sentença.[40]

O exame de vida pregressa de candidato em concurso público não se esgota em apresentar certidão fornecida pela autoridade policial afirmando que não tem condenação penal nos últimos 5 anos ou responde a inquérito policial. A vida pregressa ou investigação social vai além dessas ocorrências. Visa avaliar o passado e o presente do candidato e a função que pretenda exercer, podendo ser feita por meio de perguntas a vizinhos, parentes, amigos e outros meios disponíveis. Assim, é possível um candidato que não tenha condenação penal nos últimos anos, ou que já tenha cumprido integralmente sanção penal, ser afastado do concurso público por investigação social. Uma coisa é nunca ter sido condenado ou cumprido sanção penal, outra é a vida passada ser condizente com o cargo almejado; claro que sempre observando a razoabilidade e a proporcionalidade da atuação administrativa.[41]

O STJ decidiu que não pode haver eliminação do concurso pelo simples fato de ter celebrado transação penal (art. 76, Lei nº 9.099/95), uma vez que não importa em condenação do autor do fato.[42]

A omissão do candidato em prestar informações, conforme determinado pelo edital, na fase de investigação social ou de sindicância da vida pregressa, enseja a sua eliminação do concurso público.[43]

Por ausência de razoabilidade, não é possível eliminar candidato de concurso público em razão de ter seu nome "negativado" em serviço de proteção ao crédito (Exs.: Serasa, SPC).[44] Antes havia dispositivo na CLT permitindo demissão de empregado de instituição financeira que tivesse

37 STF. Plenário. RE 608482/RN, Rel. Min. Teori Zavascki, julgado em 7.8.2014 (repercussão geral).

38 STJ. 1ª Seção. MS 20.558-DF, Rel. Min. Herman Benjamin, julgado em 22/2/2017 (Info 600).

39 Vide: RE 608.482; e RE 740029 AgR/DF, rel. Min. Alexandre de Moraes, julgamento em 14.8.2018. (RE-740029), Informativo nº 911.

40 STF, 1ª Turma, AI 829186 AgR, Rel. Min. Dias Toffoli, julgado em 23.04.2013.

41 Apesar de ser decisão isolada, o STJ já entendeu possível a eliminação de candidato que responde a processo penal acusado de crimes graves, mesmo que ainda não tenha havido trânsito em julgado. Tratava-se de concurso para cargo de delegado de polícia. STJ, 1ª Turma, RMS 43.172/MT, Rel. Min. Ari Pargendler, julgado em 12.11.2013.

42 STJ, 2ª Turma, REsp 1302206/MG, Rel. Min. Mauro Campbell Marques, julgado em 17.09.2013. No mesmo sentido: STF, 1ª Turma, ARE 713138 AgR, Rel. Min. Rosa Weber, julgado em 20.08.2013.

43 STJ, 2ª Turma, AgRg no RMS 39.108/PE, Rel. Min. Humberto Martins, julgado em 23.04.2013.

44 STJ, 5ª Turma, RMS 30.734/DF, Rel. Min. Laurita Vaz, julgado em 20.09.2011.

nome "negativado". Por isso, em concursos para bancos era possível tal restrição. Com a revogação do dispositivo legal, nem mesmo em concursos bancários a regra é mais permissiva.

O STF entende que não é possível admitir a remarcação de prova de aptidão física para data diversa da estabelecida em edital de concurso público em razão de circunstâncias pessoais de candidato, ainda que de caráter fisiológico, como doença temporária devidamente comprovada por atestado médico, salvo se essa possibilidade estiver prevista pelo próprio edital do certame. O tema foi decidido pelo Plenário do STF no julgamento do RE nº 630.733/DF.

A candidata gestante que não puder realizar prova física em razão da gravidez tem direito a remarcar o teste físico?

O STF entende que sim. O Plenário do Supremo Tribunal Federal reconheceu o direito de candidatas gestantes à remarcação de testes de aptidão física em concursos públicos, independentemente de haver previsão no edital.[45] Entendeu o Ministro Relator que não há afronta ao princípio da isonomia entre os candidatos, mas apenas se garante o direito de pessoa com condições peculiares que necessita de cuidados especiais. Também foi afastado o argumento de que a remarcação do teste de aptidão física para gestantes atrasaria a conclusão do concurso público, devendo continuar o certame com a reserva do número de vaga para essa situação excepcional. [46]

Entende o STJ que o termo inicial do prazo decadencial para a impetração de mandado de segurança em que se discuta regra editalícia que tenha fundamentado eliminação em concurso público é a data em que o candidato toma **ciência do ato** administrativo que determina sua exclusão do certame, e não a da publicação do edital.[47]

9.2.1. Abertura de concurso quando há candidato aprovado em concurso anterior com prazo de validade não expirado

A CF dispõe, no art. 37, IV, apenas que "durante o prazo improrrogável previsto no edital de convocação, aquele aprovado em concurso público de provas ou de provas e títulos será convocado com prioridade sobre novos concursados para assumir cargo ou emprego, na carreira". Dessa maneira, a CF dá espaço para a abertura de novo certame mesmo com o concurso ainda válido (desde que não seja ainda o primeiro período do prazo de validade). Ressalva, apenas, que o anterior aprovado tem direito à **precedência** na nomeação.

O art. 12, § 2º, da Lei nº 8.112, porém, proíbe a União até mesmo de abrir outro concurso enquanto ainda houver candidato aprovado em concurso com o prazo não expirado.

Há quem enxergue inconstitucionalidade nesse dispositivo, pois estaria tolhendo uma prerrogativa constitucionalmente garantida da Administração (possibilidade de abrir novo concurso mesmo que não expirado o prazo do anterior).

ATENÇÃO: Para fins de concursos, a solução é a seguinte: na prova de direito constitucional, responde-se de acordo com a Constituição (é possível abrir novo concurso, desde que sejam prioritariamente nomeados os candidatos do concurso antigo); na prova de Lei nº 8.112/90, marca-se pelo que diz a lei (não se pode abrir novo concurso se o outro ainda está aberto).

45 Recurso Extraordinário (RE) 1058333/PR.Ministro Luiz Fux.

46 LEI Nº 13.872, DE 17 DE SETEMBRO DE 2019- Estabelece o direito de as mães amamentarem seus filhos durante a realização de concursos públicos na administração pública direta e indireta dos Poderes da União.

47 REsp 1.124.254-PI, Rel. Min. Sidnei Beneti, julgado em 1º.7.2014. Corte Especial. Informativo nº 545.

Para o STJ, se o edital dispuser que serão providas as vagas oferecidas e outras que vierem a existir durante a validade do concurso, os candidatos aprovados fora do número de vagas oferecidas – mas dentro do número das vagas posteriormente surgidas ou criadas – têm direito líquido e certo à nomeação no cargo público, desde que a Administração não motive a não nomeação (RMS 27.389-PB, 2012, Informativo 502).

9.2.2. Exceções ao concurso público

Há algumas situações especiais em relação às quais a CF dispensa a aprovação prévia em concurso pelo servidor.

Quanto aos **cargos vitalícios**, é inexigível o concurso para a investidura dos membros integrantes do quinto constitucional dos tribunais judiciários, composto por membros do Ministério Público e advogados (art. 94, CF). A investidura dos Tribunais de Contas sujeita-se à mesma regra (art. 73, §§ 1º e 2º, CF). Na mesma situação enquadram-se os Ministros do STF e do STJ.

Não há também exigência de concurso para o provimento dos **cargos em comissão**, declarados em lei como de livre nomeação e exoneração (art. 37, V, CF).

Também é inexigível o concurso para o recrutamento de agentes **temporários**, conforme o art. 37, IX, da CF. A Lei 8.745/93 dispõe que o recrutamento é feito por **processo seletivo** simplificado, com ampla divulgação, dispensando o concurso público (art. 3º). Segundo o STF, a natureza da atividade pública a ser exercida, se eventual ou permanente, não seria o elemento preponderante para legitimar a forma excepcional de contratação de servidor. Afirmou que seria determinante a transitoriedade da necessidade de contratação e a excepcionalidade do interesse público a justificá-la. Desse modo, mesmo sendo funções permanentes (ex.: médicos), pode haver a contratação sem concurso de temporários se houver interesse público excepcional; claro que sempre observado o princípio da razoabilidade, não podendo haver a referida contratação para substituir de modo perene servidores efetivos.

Com a redação dada pela EC nº 51/2006 ao art. 198 da Constituição Federal, §§ 4º, 5º e 6º, disciplinando a **contratação de agentes comunitários de saúde e agentes de combate às endemias,** mediante **"processo seletivo público"**, de acordo com a natureza e complexidade de suas atribuições e requisitos específicos para sua atuação, temos mais uma hipótese de exceção ao concurso público. A Lei nº 11.350/2006 disciplina a contratação dos referidos agentes.

9.2.2.1. Terceirização na Administração Pública

Vimos que a regra é a realização de concurso público para a ocupação de cargos e empregos públicos. No entanto, para atividades acessórias, que não envolvam tomada de decisão, bem como funções essenciais e típicas de Estado, admite-se que seja feita contratação para execução indireta, que ocorre quando o Estado faz licitação e contrata uma empresa para prestação da atividade com fornecimento de mão de obra. É uma espécie de terceirização? Digamos que sim, inclusive a legislação sobre o tema chega a usar essa expressão.

No dia 24 de setembro de 2018, foi publicado o Decreto nº 9507/2018 que tem em sua ementa: " *Dispõe sobre a execução indireta, mediante contratação, de serviços da administração pública federal.*"

Inicialmente, vale dizer que o referido Decreto abrange apenas o Poder Executivo Federal, já que se trata de ato administrativo e, assim, só tem sua eficácia em relação aqueles órgãos submetidos ao Poder Hierárquico da autoridade que expediu o ato. Não se aplicando aos demais Poderes e aos demais Entes da Federação.

O Decreto 9.507/2018 revogou o Decreto nº 2271/1997 que inclusive já falava em execução indireta. No entanto, o Decreto nº 2271/1997 listava as funções que admitiam a terceirização. Vejamos:

> *Art . 1º No âmbito da Administração Pública Federal direta, autárquica e fundacional poderão ser objeto de execução indireta as atividades materiais acessórias, instrumentais ou complementares aos assuntos que constituem área de competência legal do órgão ou entidade.*
>
> *§ 1º As atividades de conservação, limpeza, segurança, vigilância, transportes, informática, copeiragem, recepção, reprografia, telecomunicações e manutenção de prédios, equipamentos e instalações serão, de preferência, objeto de execução indireta.*

O Decreto nº 9507/2018 não lista diretamente as atividades a serem terceirizadas, ele é mais amplo, porém traz vedações de atividades que não poder ter execução indireta[48]. Vejamos:

> *Art. 3º Não serão objeto de execução indireta na administração pública federal direta, autárquica e fundacional, os serviços:*
>
> *I - que envolvam a tomada de decisão ou posicionamento institucional nas áreas de planejamento, coordenação, supervisão e controle;*
>
> *II - que sejam considerados estratégicos para o órgão ou a entidade, cuja terceirização possa colocar em risco o controle de processos e de conhecimentos e tecnologias;*
>
> *III - que estejam relacionados ao poder de polícia, de regulação, de outorga de serviços públicos e de aplicação de sanção; e*
>
> *IV - que sejam inerentes às categorias funcionais abrangidas pelo plano de cargos do órgão ou da entidade, exceto disposição legal em contrário ou quando se tratar de cargo extinto, total ou parcialmente, no âmbito do quadro geral de pessoal.*

Note que o Decreto expressamente diz que os serviços **auxiliares, instrumentais ou acessórios** de que tratam os incisos do caput poderão ser executados de forma indireta, **vedada a transferência de responsabilidade para a realização de atos administrativos ou a tomada de decisão para o contratado.**

Com efeito, atividades de **apoio** a serviços administrativos e aquelas como limpeza, segurança, vigilância, transportes, informática, copeiragem, recepção, reprografia, telecomunicações e manutenção de prédios, equipamentos e instalações poderão ocorrer mediante execução indireta. Mas as atividades institucionais serão, e devem ser, desempenhadas por servidores concursados. Veja que o inciso IV mantém às atividades relacionadas a categorias funcionais abrangidas pelo plano de cargos do respectivo órgão. Observe que o inciso I é bem amplo à manutenção de servidores, assuntos que se referem à tomada de decisão são de servidores.

Por exemplo, na Polícia Federal, toda a atividade de poder de polícia, investigação, prisões, autorizações, passaporte e demais áreas serão desempenhadas por policiais concursado. Entretanto, os serviços de apoio administrativo, que não envolvam, tomada de decisão, acesso a documentos sigilosos, poderão ser por execução indireta.

48 A Portaria nº 443/2018, estabelece os serviços que serão preferencialmente objeto de execução indireta.

Na Secretaria da Receita Federal do Brasil a função de auditoria, lavrar autos de infração, fiscalização (que é poder de polícia em si) será exercida pelos Auditores Fiscais. Análise de processos, baixa de restrições de CPF, criação de CPF e outros atos de tomada de decisão serão de técnicos e analistas.

A execução indireta não é novidade na Administração Pública. Veja a função de ascensorista (de elevador), qual a necessidade de se ter um servidor concursado nesta função? Veja como mudou a atividade de motorista. Antigamente, eram concursados, depois motorista passou a ser execução indireta, terceirização, e hoje muitos órgãos fazem licitação e contratam empresas de aplicativos.

9.3. Direito de greve e livre associação sindical (art. 37, VI e VII)

É permitida pela Constituição a sindicalização do servidor público civil (diferentemente do que ocorre com o militar).

O direito de greve também é previsto na Constituição, mas exercido nos termos e limites de lei específica. De acordo com a jurisprudência do STF, o art. 37, VII, é uma norma de eficácia **limitada** – ou seja, só produzirá todos os efeitos quando vier a lei específica (lei ordinária tratando apenas sobre esse assunto). Porém, o mesmo STF já decidiu, julgando mandado de injunção impetrado por servidores públicos, que – ante a demora de mais de 20 anos do Congresso em editar essa lei – aplicam-se aos servidores públicos as disposições da lei de greve da iniciativa privada (obviamente, no que for compatível com o regime estatutário).

Esse importante julgamento do STF, em razão da omissão legislativa na confecção da Lei de Greve dos servidores públicos, possibilitou a aplicação da Lei nº 7.783/89, Lei de Greve dos trabalhadores em geral, aos servidores públicos (STF, Pleno, MI 712, Relator Ministro Eros Grau, *DJe* de 31.10.2008).

Posteriormente, decidiu o STF que servidores públicos que exercem atividades relacionadas à manutenção da ordem pública e à segurança pública, à administração da Justiça – aí os integrados nas chamadas carreiras de Estado, que exercem atividades indelegáveis, inclusive as de fiscalização tributária – e à saúde pública não podem fazer greve. A conservação do bem comum exige que certas categorias de servidores públicos sejam privadas do exercício do direito de greve.[49]

9.4. Teto remuneratório

A regra do teto remuneratório está insculpida no art. 37, XI, da CF, com a redação da EC nº 41/03. Com a referida emenda, passou a CF a admitir tetos remuneratórios **geral e específicos**, estes dependendo da respectiva entidade federativa. Antes, a CF previa um teto remuneratório para cada Poder e esfera da Federação.

Assim, estabeleceu-se como **teto geral** para todos os Poderes da União, estados, municípios e DF, o subsídio mensal dos Ministros do STF.[50]

49 Rcl 6568, Relator: Min. Eros Grau, Tribunal Pleno, julgado em 21.05.2009.

50 Computam-se, para efeito de observância do teto remuneratório do art. 37, XI, da CF, também os valores percebidos anteriormente à vigência da EC 41/2003 a título de vantagens pessoais pelo servidor público, dispensada a restituição de valores eventualmente recebidos em excesso e de boa-fé até o dia 18.11.2015. O Colegiado assinalou que a EC 41/20013 não violaria a cláusula do direito adquirido, porque o postulado da irredutibilidade de vencimentos, desde sua redação original, já indicava a precedência do disposto no art. 37, XI, da CF, ao delimitar-lhe o âmbito de incidência. RE 606358/SP, rel. Min. Rosa Weber, 18.11.2015 (RE-606358).

No que concerne aos **tetos específicos (ou subtetos),** foi fixado para os municípios o subsídio do **prefeito**, no que se refere ao Poder Executivo. E, para estados e DF, foram previstos 3 subtetos:

a) Executivo Estadual/Distrital: governador

b) Judiciário, MP, Defensoria e Procuradorias Estaduais/Distritais: desembargador (90,25% de Ministro do STF – *v.* liminar na ADIn nº 3.854).

Na ADI nº 3.584 o STF excluiu a submissão dos **membros** da magistratura estadual ao subteto de remuneração de modo que todos os **magistrados** tenham o mesmo teto, seja da justiça federal ou estadual, não podendo haver diferenciação. O STF entendeu que os juízes estaduais devem observar a regra do teto do subsídio dos Ministros do STF, igual ocorre com os juízes federais, não se submetendo ao subteto. Isso porque a magistratura é **una**, não podendo haver distinção entre juízes estaduais e federais. Assim, o teto do Desembargador, de 90,25%, só vale para os **servidores** do Poder Judiciário (ex: técnicos e analistas).

Importante destacar decisão referente aos **Procuradores Municipais.** Conforme dissemos acima, o teto remuneratório constitucional dos Procuradores é o subsídio do Desembargador, inclusive dos Procuradores Municipais. Entendeu o STF que a expressão "Procuradores", contida na parte final do inciso XI do art. 37 da Constituição da República, compreende os procuradores municipais, uma vez que estes se inserem nas funções essenciais à Justiça, estando, portanto, submetidos ao teto de 90,25% (noventa inteiros e vinte e cinco centésimos por cento) do subsídio mensal, em espécie, dos ministros do STF.[51]

c) Legislativo Estadual/Distrital: deputados estaduais/distritais

A EC nº 47/05, introduziu o § 12, ao art. 37 da CF. Segundo a emenda, os **Estados e o DF** têm a faculdade de fixar **teto único** local remuneratório, desde que o façam por meio de **emendas** às respectivas Constituições e Leis Orgânicas. O limite único deverá corresponder ao subsídio mensal dos **desembargadores** do respectivo TJ, o qual, ao seu turno, se limita ao percentual de 90, 25 % do subsídio mensal dos Ministros do STF. O dito comando não se aplica ao âmbito municipal.

<table>
<tr><th colspan="4">TETO REMUNERATÓRIO</th></tr>
<tr><td rowspan="3">Teto Geral
Subsídio mensal dos Ministros do STF</td><td rowspan="3">Tetos específicos (ou subtetos)</td><td>Executivo Estadual/Distrital</td><td>Governador</td></tr>
<tr><td>Judiciário, MP, Defensoria e Procuradorias Estaduais/Distritais</td><td>Desembargador (90,25% de Ministro do STF)</td></tr>
<tr><td>Legislativo Estadual/Distrital</td><td>Deputados Estaduais/Distritais</td></tr>
</table>

Os **vereadores** recebem um *percentual* sobre o subsídio dos deputados estaduais, conforme o número de habitantes no respectivo município (art. 29, CF). E os deputados estaduais recebem até 75% dos Deputados Federais.

Em relação às empresas públicas e sociedades de economia, elas só estão submetidas ao teto se recebem recursos para pagamento de pessoal ou custeio em geral (CF, art. 37, § 9º). Assim, uma empresa pública ou sociedade de economia mista que se mantenha com recursos próprios

51 Plenário. RE 663696/MG, Rel. Min. Luiz Fux, julgado em 28/2/2019 (Info 932)

pode estipular salários maiores que o teto (ex.: Petrobras); mas, se receber recursos da União para pagamento de pessoal ou custeio em geral, deverá respeitar o art. 37, XI.

> **ATENÇÃO:** Empresas públicas e sociedades de economia mista só se submetem ao teto constitucional remuneratório se recebem recursos para **pagamento de pessoal ou custeio em geral**.

Importante destacar que no teto remuneratório **não** se incluem parcelas indenizatórias (art. 37, § 11).

Segundo o STF, a norma que estabelece teto remuneratório (EC n°s 19/98 e 41/03) é de **eficácia imediata**, e submete às referências de valor máximo nele discriminadas todas as verbas de natureza remuneratória percebidas pelos servidores públicos da União, dos Estados, do Distrito Federal e dos Municípios, ainda que adquiridas de acordo com regime legal anterior. Assinalou que, ao condicionar a fruição da garantia de irredutibilidade de vencimentos à observância do teto de retribuição (CF, art. 37, XI), a literalidade dos citados dispositivos constitucionais deixaria fora de dúvida que o respeito ao teto representaria verdadeira condição de legitimidade para o pagamento das remunerações no serviço público. Concluiu que nada, nem mesmo concepções de estabilidade fundamentadas na cláusula do art. 5º, XXXVI, da CF ("a lei não prejudicará o direito adquirido, o ato jurídico perfeito e a coisa julgada"), justificariam excepcionar a imposição do teto de retribuição.[52]

Veremos no tópico a seguir, como fica a questão de acumulação de cargos e o limite fixado pelo teto remuneratório constitucional.

9.5. Acumulação de cargos

> *Art. 37. [...]*
>
> *XVI – é vedada a acumulação remunerada de cargos públicos, exceto, quando houver compatibilidade de horários, observado em qualquer caso o disposto no inciso XI. (Redação dada pela Emenda Constitucional nº 19, de 1998)*
>
> *a) a de dois cargos de professor; (Incluída pela Emenda Constitucional nº 19, de 1998)*
>
> *b) a de um cargo de professor com outro técnico ou científico; (Incluída pela Emenda Constitucional nº 19, de 1998)*
>
> *c) a de dois cargos ou empregos privativos de profissionais de saúde, com profissões regulamentadas; (Redação dada pela Emenda Constitucional nº 34, de 2001)*

De acordo com a Constituição, a regra é a proibição da acumulação remunerada de cargos, empregos ou funções públicas. Perceba-se que a Constituição proíbe apenas a acumulação remunerada.

Além de estar entre as exceções constitucionalmente previstas, a acumulação remunerada deve cumprir determinados requisitos, quais sejam: a) compatibilidade de horários: a acumulação, ainda que lícita, depende da compatibilidade de horários; b) Respeito ao teto geral das remunerações (CF, art. 37, XI); c) inclusão em uma das hipóteses autorizada pelo art. 37, XVI (dois cargos

52 RE 609381/GO, rel. Min. Teori Zavascki, 2.10.2014. Informativo nº 761 STF.

de professor; um cargo de professor com outro técnico ou científico; dois cargos ou empregos privativos de profissionais de saúde e com profissões regulamentadas).

Pela literalidade da CF, art. 37, XI, havendo acumulação de cargos públicos, a soma das remunerações deve respeitar o teto remuneratório. Porém, o STJ, apreciando acumulação de proventos de servidor aposentado em decorrência do exercício cumulado de dois cargos, de técnico e de professor, entendeu que o total das retribuições pecuniárias não se submete ao teto constitucional, devendo os cargos ser considerados isoladamente para esse fim. Desse modo, apenas em relação a cada cargo, deve ser observado o limite remuneratório, e não a soma total.[53]

Quanto à compatibilidade de horários, a posição inicial do Superior Tribunal de Justiça, conforme orientação do TCU no Acórdão 2.242/2007, foi no sentido de ser observado o limite de 60 horas semanais de jornada de trabalho, a fim de preservar a integridade física e mental, com vistas a demonstrar que a acumulação de cargos não interfere na vida profissional e no desenvolvimento de atividades relacionadas à vida privada do servidor. **Contudo, a posição do STF[54] seguiu outra direção, no sentido de que o único requisito estabelecido para a acumulação é a compatibilidade de horários no exercício das funções, cujo cumprimento deverá ser aferido pela administração pública, não havendo o limite de 60 horas semanais.** As decisões mais recentes do STJ[55] vêm acolhendo a jurisprudência do STF.[56]

Se não forem atendidas essas condições, a acumulação será ilícita.

O que é cargo técnico ou científico?

Há certa controvérsia acerca do que seja cargo técnico e cargo científico. Entendemos que a interpretação constitucionalmente mais adequada é a seguinte: cargo *científico* é o cargo de nível superior que trabalha com a pesquisa em uma determinada área do conhecimento – advogado, médico, biólogo, antropólogo, matemático, historiador. Cargo *técnico* é o cargo de nível médio ou superior que aplica na prática os conceitos de uma ciência: técnico em Química, em Informática, tecnólogo da Informação etc. Perceba-se que não interessa a nomenclatura do cargo, mas sim as atribuições desenvolvidas. A jurisprudência aceita o cargo técnico como de nível médio, mas que exige uma qualificação específica (curso técnico).[57]

Quanto à alínea *c* do inciso XI do art. 37, a redação anterior da EC nº 19/98 somente permitia a acumulação de dois cargos privativos de médico. No entanto, o dispositivo foi alterado

53 RMS 33.170/DF, Rel. p/ Acórdão Ministro Cesar Asfor Rocha, Segunda Turma, julgado em 15/05/2012, *DJe* 07/08/2012; RMS 38682/ES, Rel. Min. Herman Benjamin, Segunda Turma, julgado em 18/10/2012.

No mesmo sentido: STF. Plená rio. RE 612975/MT e RE 602043/MT, Rel. Min. Márco Aure lio, julgádos em 26 e 27/4/2017 (repercussá o gerál) (Info 862).

54 STF - RMS 34257 AgR, Relator(a): Min. RICARDO LEWANDOWSKI, Segunda Turma, julgado em 29/06/2018, PROCESSO ELETRÔNICO DJe-157 DIVULG 03-08-2018 PUBLIC 06-08-2018;

55 STJ - REsp 1746784/PE, Rel. Ministro OG FERNANDES, SEGUNDA TURMA, julgado em 23/08/2018, DJe 30/08/2018

56 Revogação do Parecer-AGU nº GQ-145/98 Em abril de 2019, a AGU exarou novo parecer revogando o Parecer-AGU nº GQ-145/98. A nova posição institucional da AGU é a seguinte: É inválida a regulamentação administrativa que impõe limitação de carga horária semanal como empecilho para a acumulação de cargos públicos.

57 Jurisprudência: STJ, 5ª Turma, RMS 20.033/RS, Relator Ministro Arnaldo Esteves Lima, *DJ* de 12.03.2007: "O Superior Tribunal de Justiça tem entendido que cargo técnico ou científico, para fins de acumulação com o de professor, nos termos do art. 37, XVII, da Lei Fundamental, é aquele para cujo exercício sejam exigidos conhecimentos técnicos específicos e habilitação legal, não necessariamente de nível superior."

para possibilitar a acumulação de dois cargos ou empregos privativos de profissionais de **saúde**, como **profissões regulamentadas**.

Interessante questão já foi abordada em concurso: é possível uma pessoa ocupar, ao mesmo tempo, cargo de médico e enfermeiro? Sim. O difícil é imaginar uma pessoa ser formada em curso superior de Enfermagem e Medicina, realizar concurso para as duas áreas e trabalhar em ambas.

Carvalho Filho destaca que, se o cargo é de direção ou de assessoria e apenas profissionais de saúde possam provê-lo, será viável a acumulação; é que, embora de natureza administrativa, tem o cargo caráter de privatividade, o que é previsto na norma. O acúmulo pode dar-se no mesmo regime ou em regimes diversos. A exigência da regulamentação da profissão significa que se faz necessária a existência de lei disciplinando o exercício profissional e, como é frequente, instituindo a autarquia incumbida da fiscalização.

Com relação aos **magistrados,** a disciplina sofre incidência do art. 95, parágrafo único, I, da CF, que lhes veda "exercer, ainda que em disponibilidade, outro cargo ou função, salvo uma de magistério". A ressalva feita limita-se às instituições públicas de ensino. Não obsta, contudo, o exercício de docência em instituições privadas.[58]

A EC nº 77/2014 alterou os incisos II, III e VIII do § 3º do art. 142 da Constituição Federal, para permitir aos profissionais de saúde das Forças Armadas a possibilidade de cumulação de outro cargo na área da **saúde.**

Por sua vez, a EC nº 101/2019 possibilitou que militares dos **Estados, do Distrito Federal e dos Territórios** viessem a ocupar outros cargos públicos, nos termos do que é permitido para os demais servidores, conforme o art. 37, XVI, da CF:

> *EC nº 101/2019 - Art. 1º O art. 42 da Constituição Federal passa a vigorar acrescido do seguinte § 3º:*
>
> *"Art. 42. § 3º Aplica-se aos militares dos **Estados, do Distrito Federal e dos Territórios** o disposto no art. 37, inciso XVI, com prevalência da atividade militar."*

A EC nº 19/98, alterando o art. 37, XVII, da CF, ampliou as vedações ali contidas, para alcançar também as **subsidiárias**, bem como as sociedades **controladas, direta ou indiretamente,** pelo Poder Público, sem esquecer das autarquias, fundações, empresas públicas e sociedades de economia mista de qualquer nível da Federação.

9.5.1. Acumulação de cargo com mandato eletivo (art. 38, I, II, III)

Ao servidor público é permitido participar ativamente de atividade política. Inclusive os estatutos funcionais conferem licenças ao servidor para que possa se dedicar com exclusividade à eleição disputada.

Com o êxito nas urnas, porém, dependendo para qual cargo foi eleito, não poderá exercer simultaneamente as funções do cargo e a do mandato.

Prevê a Constituição que:

> ***Mandato federal, estadual ou distrital*** *(Presidente e Vice-Presidente da República, Senador, Deputado Federal, Deputado Estadual/Distrital, Governador e Vice-Governador de Estado ou do Distrito Federal): o servidor **será afastado** do*

58 Na Carreira da AGU, existe portaria limitando o exercício do magistério a 20 horas semanais.

cargo e não poderá optar pela remuneração – terá que perceber apenas o subsídio referente ao mandato eletivo, ainda que a remuneração do cargo efetivo seja superior.

Mandato de Prefeito: *o servidor também ficará* ***afastado*** *do cargo, mas poderá* ***optar*** *entre a remuneração do cargo efetivo e o subsídio do mandato eletivo (obviamente, o que for maior).*

Mandato de Vereador: *é a única hipótese em que o servidor poderá, dependendo do caso,* ***acumular*** *o cargo efetivo com o mandato eletivo. Caso haja* ***compatibilidade*** *de horários entre o funcionamento da repartição e o da Câmara Municipal, o servidor poderá acumular o cargo e o mandato eletivo, fazendo jus, portanto, à normal remuneração do cargo e ao subsídio do mandato eletivo; caso os horários sejam* ***incompatíveis****, cairá na regra relativa ao Prefeito (ficará afastado do cargo, mas poderá optar pela remuneração do cargo ou pelo subsídio do mandato eletivo).*

Em qualquer caso que exija o afastamento para o exercício de mandato eletivo, seu tempo de serviço será contado para todos os efeitos legais, exceto para promoção por merecimento. Para efeito de benefício previdenciário, no caso de afastamento, os valores serão determinados como se o servidor estivesse no exercício.

COMO ESSE ASSUNTO TEM SIDO ABORDADO NAS PROVAS

- **(Cespe – Previc – Técnico – 2010)** É permitida a acumulação da percepção de vencimento de cargo ou emprego público efetivo com proventos da inatividade, mesmo quando os cargos de que decorrem essas remunerações são inacumuláveis na atividade.

  Gabarito: Errado. A acumulação de vencimento do cargo efetivo com os proventos de aposentadoria de outro cargo efetivo (regime estatutário) só é permitida quando se tratar de dois cargos que, na ativa, seriam acumuláveis.

- **(Cespe – TRT-21 – Técnico – 2010)** Segundo jurisprudência do STF, não é possível a acumulação de proventos de aposentadoria e vencimentos de um cargo da ativa, ainda que se trate de cargos, funções ou empregos acumuláveis na atividade na forma prevista na CF.

  Gabarito: Errado. Se os cargos fossem acumuláveis, na ativa, é possível a acumulação de vencimentos com proventos de aposentadoria.

- **(Cespe – TRE-ES – Analista Judiciário – Área Administrativa – 2011)** Não é possível a acumulação de dois cargos privativos na área de saúde, no âmbito das esferas civil e militar, ainda que o servidor público não desempenhe as funções tipicamente exigidas para a atividade castrense.

  Gabarito: Errado. De acordo com a Constituição (art. 37, XVI), admite-se a acumulação de dois cargos ou empregos privativos de profissional de saúde, com profissão regulamentada (alínea c), independentemente de serem cargos civis ou militares.

9.6. Regime jurídico do servidor

Art. 39. A União, os estados, o Distrito Federal e os municípios ***instituirão****, no âmbito de sua competência, regime jurídico único e planos de carreira para os servidores da Administração Pública Direta, das autarquias e das fundações públicas (Vide ADIN nº 2.135-4).*

Com o advento da Carta Constitucional de 1988, foi **instituído o regime jurídico único** (nos termos da redação original da CF exposta), vale dizer, o mesmo regime, tanto para os servidores da Administração Direta como para os das suas autarquias e fundações. Com isso, cada Ente federativo escolheu o regime a ser estabelecido dentro do respectivo ente. Ressalte-se que a grande maioria dos Entes da Federação optaram pela adoção do regime estatutário. A União optou por essa modalidade, editando, em 1990, a Lei nº 8.112. Esse cenário foi alterado pela EC 19/98.

A referida Emenda modificou a redação do art. 39, *caput*, da CF, e retirou a obrigação de unicidade do regime (extinção do regime jurídico único), de modo que poderiam conviver, dentro da mesma estrutura administrativa, servidores estatutários de regimes diversos e empregados públicos.

Com a abolição do regime jurídico único, no âmbito federal, foi editada a Lei nº 9.962/00, que permitiu a contratação, sob o regime de emprego público, na Administração Direta, autárquica e fundacional, convivendo com o regime estatutário da Lei nº 8.112/90.

No julgamento da ADIn nº 2.135, entretanto, o STF declarou inconstitucional (em sede de liminar) a nova redação dada ao art. 39, *caput*, da CF, pela EC 19/98, em virtude de vício formal (o texto não foi aprovado por 3/5 na Câmara e no Senado, em dois turnos de votação em cada Casa, como manda o art. 60 da CF). Com isso, foi revigorado o antigo dispositivo, que falava em regime jurídico único. Porém, trata-se de decisão cautelar (provisória), e ficou determinado expressamente na decisão do STF que as leis editadas com base na nova redação continuam válidas. Assim, o efeito prático da decisão é apenas um: não poderão ser editadas novas leis que modifiquem o regime jurídico dos servidores, seja nos âmbitos federal, estadual/distrital ou municipal. Eventuais contratações com base na pluralidade de regimes continuarão válidas, a não ser que o Supremo declare a inconstitucionalidade em sede de análise de mérito (definitiva).

9.7. Direitos sociais extensíveis aos servidores públicos

A CF garantiu aos servidores públicos alguns direitos sociais previstos em seu art. 7º. São eles: salário mínimo, décimo terceiro salário, adicional noturno, salário-família, jornada máxima de 8 horas diárias e 44 horas semanais, repouso semanal remunerado, hora extra de pelo menos 50%, férias anuais remuneradas, adicional de férias, licença à gestante, licença-paternidade, proteção ao mercado de trabalho da mulher, redução dos riscos inerentes ao trabalho e proibição de diferença de salários por motivos discriminatórios.

9.8. Estabilidade

Estabilidade é o direito que adquire o servidor titular de cargo de provimento efetivo, após **três anos** de efetivo exercício, de não perder o cargo, salvo nas hipóteses restritas previstas na CF (no caso, nos arts. 41, § 1º, e 169, § 4º, da CF).

O conceito não se confunde com o de estágio probatório, que é o lapso temporal em que o servidor é avaliado quanto às condições ou não de ocupar o cargo.

O prazo da estabilidade **era** de dois anos, até a EC 19/98, que deu ao art. 41 da CF nova redação. Com isso, ficou "revogado" (melhor dizendo: não foi recepcionado) o art. 21 da Lei nº 8.112/90, que ainda se pauta pelo antigo prazo.

Destaca a doutrina que a estabilidade é instituto que guarda relação com o **serviço**, e não com o **cargo**. Emana daí que, se o servidor já adquiriu estabilidade no serviço ocupando determinado cargo, não precisará de novo estágio probatório **no caso de permanecer na sua carreira,** cujos patamares são alcançados normalmente pelo sistema de promoções. Entretanto, se vier a habilitar-se a cargo de natureza e carreira diversas, terá de se submeter a novo estágio probatório para aquisição da estabilidade.[59]

9.8.1. Requisitos para conquistar a estabilidade

Como condição à estabilidade, o servidor deve ser titular de cargo de provimento efetivo.

Deve, também, ter sido nomeado legalmente, isto é, por meio de aprovação prévia em concurso público de provas ou de provas e títulos, contar com três anos de efetivo exercício no cargo para o qual foi nomeado e obter aprovação em comissão especificamente destinada à avaliação para aquisição de estabilidade (não se adquire a estabilidade mais por simples decurso de tempo, a não ser que haja omissão da Administração).

Conforme José dos Santos Carvalho Filho, caso a Administração não institua a referida comissão ou esta retarde sua decisão para após o prazo de três anos, deverá considerar-se que o servidor, cumprido o prazo, terá adquirido a estabilidade, mesmo sem avaliação da comissão. É que a norma da avaliação funcional por comissão especial foi criada em favor da Administração, de modo que, se esta não concretiza a faculdade constitucional, deve-se entender que tacitamente avaliou o servidor de forma positiva (MS/DF 24543, Informativo nº 317, STJ).

Confira relevante julgado do STF relativo à distinção entre estabilidade e efetividade:

> *"Efetividade e estabilidade. Não há que confundir efetividade com estabilidade. Aquela é atributo do cargo, designando o funcionário desde o instante da nomeação; a estabilidade é aderência, é integração no serviço público, depois de preenchidas determinadas condições fixadas em lei, e adquirida pelo decurso de tempo. [...]. A vigente Constituição estipulou duas modalidades de estabilidade no serviço público: a primeira, prevista no art. 41, é pressuposto inarredável à efetividade. A nomeação em caráter efetivo constitui-se em condição primordial para a aquisição da estabilidade, que é conferida ao funcionário público investido em cargo, para o qual foi nomeado em virtude de concurso público. A segunda, prevista no art. 19 do ADCT, é um favor constitucional conferido àquele servidor admitido sem concurso público há pelo menos cinco anos antes da promulgação da Constituição. Preenchidas as condições insertas no preceito transitório, o servidor é estável, mas não é efetivo, e possui somente o direito de permanência no serviço público no cargo em que fora admitido, todavia sem incorporação na carreira, não tendo direito a progressão funcional nela, ou a desfrutar de benefícios que sejam privativos de seus integrantes" (RE 167.635, Rel. Min. Maurício Corrêa, julgamento em 17.9.96, DJ de 7.2.97).*

9.8.2. Estabilização extraordinária

A atual Constituição previu hipótese de estabilidade no art. 19 do ADCT, considerando estáveis todos os servidores públicos civis federais, estaduais, distritais e municipais, da Administração Direta, autárquica e fundacional, que estivessem em exercício há **pelo menos cinco anos** na data de sua promulgação (5.10.1988) e que não tenham sido admitidos na forma estabelecida no art. 37 da CF, ou seja, mediante a realização de concurso.

59 ROMS STJ nº 859.

Essa forma de estabilidade teve incidência de grande amplitude, abrangendo os servidores públicos estatutários e trabalhistas, somente sendo dela excluídos os servidores que desempenhassem cargo, emprego ou função de confiança ou outras funções e cargos que a lei considerasse de livre exoneração. Em outras palavras, a estabilização alcançou todos aqueles servidores que exercessem suas funções com caráter de permanência.

Além da estabilização constitucional, o art. 243 da Lei nº 8.112/90 transformou em cargos públicos os empregos ocupados pelos servidores antes do advento da Lei nº 8.112/90, conferindo a seus ocupantes a efetividade. Tal medida violou certamente o art. 19 do ADCT, que conferiu apenas a estabilidade para aqueles, em exercício na data da promulgação da Constituição, há pelo menos cinco anos continuados, e que não foram admitidos por concurso público. A regra do ADCT previa apenas que o tempo de serviço dos referidos servidores seria contado como título quando se submeterem ao concurso para fins de efetivação. De modo expresso a CF não conferiu a efetividade.

De todo modo, com a CF ganharam a *estabilidade*, e com a Lei, a *efetividade*. Esse foi, sem dúvida, o maior "trem da alegria" na história do Brasil.

Essa estabilidade, no entanto, não pode ser estendida por Constituição ou lei estadual além dos casos já tratados no art. 19 do ADCT.[60]

9.8.3. Hipóteses de perda do cargo pelo servidor estável

Como visto anteriormente, o § 1º do art. 41 da CF prevê três hipóteses de perda do cargo do servidor estável, e mais uma hipótese é prevista no art. 169, § 3º. São elas:

> *I – em virtude de sentença judicial transitada em julgado; (Incluído pela Emenda Constitucional nº 19, de 1998)*
>
> *II – mediante processo administrativo em que lhe seja assegurada ampla defesa; (Incluído pela Emenda Constitucional nº 19, de 1998)*
>
> *III – mediante procedimento de avaliação periódica de desempenho, na forma de lei complementar, assegurada ampla defesa. (Incluído pela Emenda Constitucional nº 19, de 1998)*

O art. 41 prevê que o servidor perderá o cargo em virtude de **sentença judicial** transitada em julgado (já existia no texto anterior). Seria melhor que se tivesse utilizado a expressão "decisão", pois a perda do cargo pode decorrer também de acórdão transitado em julgado (condenação em segunda instância após absolvição na primeira, p. ex.); a condenação pode ocorrer na esfera penal (crime contra a Administração Pública, p. ex.) ou cível-administrativa (improbidade administrativa).

A segunda hipótese se refere a **processo administrativo,** em que lhe seja assegurada ampla defesa (já constava do texto anterior); o processo administrativo disciplinar está regulado na Lei nº 8.112/90, nos arts. 143/182.

O terceiro caso previsto no artigo 41 decorre de **inabilitação em procedimento de avaliação periódica de desempenho**, na forma de **lei complementar**, assegurada ampla defesa (inciso III, incluído pela EC 19/98). Trata-se de uma forma de implementar o princípio da eficiência, tornando possível à Administração **exonerar** (pois essa perda do cargo não tem caráter punitivo) o servidor

60 STF. Plenário. ADI 1241/RN, Rel. Min. Dias Toffoli, julgado em 22.09.2016 (Info 840).

que, estável, não mais corresponde às atribuições exigidas para o cargo; a lei complementar referida ainda não foi editada, o que gera a não aplicação do inciso, que traz norma de eficácia limitada.

Além das três hipóteses citadas, existe ainda uma quarta, inserta no § 4º do artigo 169 da CF, dispositivo incluído pela EC 19/98: **contenção de gastos com pessoal**. No *caput* do referido artigo, determina-se que "A despesa com pessoal ativo e inativo da União, dos estados, do Distrito Federal e dos municípios não poderá exceder os limites estabelecidos em lei complementar" (a lei exigida já existe: é a Lei de Responsabilidade Fiscal – LC nº 101/00, que revogou a LC 96/99). Caso os limites (50% da receita corrente líquida para a União e 60% para os demais entes, na forma do art. 19, I, II e III, da LRF) sejam desrespeitados, serão adotadas as medidas previstas no art. 169, § 3º, sucessivamente: a) redução da despesa com cargos em comissão e funções de confiança; b) exoneração dos servidores não estáveis. Se essas providências não resolverem a extrapolação dos limites, poderão ser exonerados até mesmo servidores estáveis, nos termos do art. 169, § 4º, fazendo jus o exonerado a indenização. É um caso que, embora raro, não é impossível de acontecer. Justo por isso, uma interpretação sistemática deve recomendar a leitura do art. 41, § 1º, sem o vocábulo "só", pois que existe, na própria Constituição, outra forma de perda do cargo pelo servidor estável.

O § 2º do art. 41 da CF prevê que, invalidada por sentença judicial a demissão do servidor estável, será ele **reintegrado**, e o eventual ocupante da vaga, se estável, **reconduzido** ao cargo de origem – sem direito a indenização –, aproveitado em outro cargo ou posto em disponibilidade, com remuneração proporcional ao tempo de serviço.

Reintegração é a "reinvestidura do servidor estável no cargo anteriormente ocupado, ou no cargo resultante de sua transformação, quando invalidada a sua demissão, por decisão administrativa ou judicial, com ressarcimento de todas as vantagens" (Lei nº 8.112/90, art. 28, *caput*). Ex.: alguém era titular de cargo público e foi punido com demissão (perda do cargo). Provando, depois, que a demissão foi injusta, deverá ser reinvestido no cargo, com direito a indenização, por meio da figura da reintegração. Se o cargo houver sido extinto, o servidor ficará em disponibilidade remunerada (§ 1º); se ocupado, o exercente será reconduzido, em caso de ser estável (§ 2º).

A jurisprudência garante ao servidor reintegrado a sua colocação, na carreira, na posição em que teria direito se no cargo estivesse. Ex.: um Advogado da União de segunda categoria é demitido e consegue invalidar a demissão depois de 5 anos. Com o seu retorno ao cargo de Advogado da União, fará jus a ocupar a categoria que lhe seria de direito. Se estivesse no cargo, o servidor teria direito a integrar a primeira categoria ou categoria especial. Assim, ele deverá ser colocado nessa posição, inclusive com o ressarcimento das vantagens pecuniárias decorrentes dessa promoção.

9.9. Estágio probatório

Como dito, uma das condições para adquirir a estabilidade é aprovação no estágio probatório.

O estágio probatório é o período de tempo durante o qual será avaliada a capacidade do servidor para o exercício do cargo.

O art. 20 da Lei nº 8.112/90 estabelece que, durante o estágio, deverão ser avaliados os seguintes fatores:

I) assiduidade;

II) disciplina;

III) capacidade de iniciativa;

IV) produtividade;

V) responsabilidade.

O estágio probatório se refere ao desempenho das atribuições do "cargo". Depende de **avaliação subjetiva** em relação ao servidor, observando-se os critérios da assiduidade; disciplina; capacidade de iniciativa; produtividade e responsabilidade. Já a estabilidade do servidor no "serviço público" depende apenas da ocorrência de tempo.

O servidor não aprovado no estágio probatório será **exonerado** ou, se estável, **reconduzido** ao cargo anteriormente ocupado.[61]

A Lei nº 8.112/90 dispõe que o servidor em estágio probatório só será liberado, no caso de cessão, se for ocupar cargos de "alto nível" (DAS 6, 5, 4 ou equivalentes).

No estágio probatório, o servidor **não** pode tirar as seguintes **licenças**:

a) licença para mandato classista;

b) licença para tratar de interesses particulares; e

c) licença para capacitação (art. 20, Lei nº 8.112/90).

O estágio será **suspenso** nos seguintes casos:

a) afastamento para participar de curso de formação;

b) licença por motivo de doença em pessoa da família;

c) licença por motivo de afastamento do cônjuge ou companheiro;

d) licença para atividade política e afastamento para servir em organismo internacional.

Resumindo:

LICENÇAS NÃO PERMITIDAS	SUSPENSÃO DO ESTÁGIO PROBATÓRIO
licença para mandato classista	afastamento para participar de curso de formação
licença para tratar de interesses particulares	licença por motivo de doença em pessoa da família
licença para capacitação	licença por motivo de afastamento do cônjuge ou companheiro

61 Jurisprudência: STF – Súmula 22: "O estágio probatório não protege o funcionário contra a extinção do cargo." STJ, 3ª Seção, MS 9.373/DF, Relatora Ministra Laurita Vaz, *DJ* de 20.09.2004: "Mandado de segurança. Servidores públicos. Estágio probatório. Art. 20 da Lei nº 8.112/90. Estabilidade. Institutos distintos. Ordem concedida. 1. Durante o período de 24 meses do estágio probatório, o servidor será observado pela Administração com a finalidade de apurar sua aptidão para o exercício de um cargo determinado, mediante a verificação de específicos requisitos legais. 2. A estabilidade é o direito de permanência no serviço público outorgado ao servidor que tenha transposto o estágio probatório. Ao término de três anos de efetivo exercício, o servidor será avaliado por uma comissão especial constituída para esta finalidade. 3. O prazo de aquisição de estabilidade no serviço público não resta vinculado ao prazo do estágio probatório. Os institutos são distintos. Interpretação dos arts. 41, § 4º, da Constituição Federal e 20 da Lei nº 8.112/90. 4. Ordem concedida." OBS: Posição superada pela edição da MP nº 431/08. STF, Pleno, MS 24.744/DF, Relator Ministro Carlos Velloso, *DJ* de 26.11.2004: "Constitucional. Administrativo. Servidor público. Aposentadoria. Estágio probatório. I – Constituindo o estágio probatório complemento do processo seletivo, etapa final deste, não pode o servidor, no curso do mesmo, aposentar-se, voluntariamente. II. – Precedentes do STF: MS 22.947/BA, Min. Octavio Gallotti, Plenário, 11.11.98; MS 22.933/DF, Min. Octavio Gallotti, Plenário, 26.6.98; MS 23.577/DF, Min. Carlos Velloso, Plenário, 15.5.2002; MS 24.543/DF, Min. Carlos Velloso, Plenário, 21.8.2003. III. – Mandado de segurança indeferido."

LICENÇAS NÃO PERMITIDAS	SUSPENSÃO DO ESTÁGIO PROBATÓRIO
	licença para atividade política e afastamento para servir em organismo internacional

9.9.1. Prazo do estágio probatório

A controvérsia a ser exposta se refere ao prazo do estágio probatório em nível **federal**, em razão da alteração do art. 41 da CF e das sucessivas mudanças na Lei nº 8.112/90.

Prevalecia o entendimento no Superior Tribunal de Justiça de que o prazo de três anos para a aquisição da estabilidade no serviço público não estava vinculado ao prazo do estágio probatório, o que teria fundamento na interpretação do art. 41, *caput*, e § 4º, da CF; desse modo, deveria manter-se, para o estágio probatório, o prazo anterior, de 24 meses, fixado no artigo original da Lei nº 8.112/90. Essa decisão era baseada no MS STJ nº 9373, Relatora Ministra Laurita Vaz.

A maioria da doutrina, inclusive um dos autores deste manual, João Trindade, em livro anteriormente escrito, já sustentava, no entanto, posição em sentido oposto, seguindo a orientação de que o estágio probatório e a estabilidade são institutos que estão relacionados um ao outro. Assim, como a estabilidade foi elevada para o período de três anos, consequentemente o estágio probatório foi também para 36 meses. Com essa mesma linha de pensamento podemos citar Celso Antônio Bandeira de Mello, Maria Sylvia Di Pietro, José dos Santos Carvalho Filho, Diógenes Gasparini, Odete Medauar, entre outros grandes doutrinadores.

Ocorre que, em 2008, por meio de medida provisória, o prazo do estágio probatório foi, conforme o art. 20 da Lei 8.112/90, estabelecido em 36 meses. Entretanto, na conversão da referida medida provisória em lei, essa parte não foi aprovada. Assim, retorna a redação antiga do artigo segundo, na qual o prazo do estágio probatório é de 24 meses. Este é o prazo que se tem hoje fixado em lei federal.

Finalmente, porém, o STJ (MS nº 12.523/DF) adotou posicionamento sustentado pela doutrina, revisando seu antigo entendimento, e passou a considerar que o estágio probatório tem a mesma duração da estabilidade. No mesmo sentido o STF (SS 3.957/DF). Portanto, o prazo do estágio probatório é de **3 anos**.

COMO ESSE ASSUNTO TEM SIDO ABORDADO NAS PROVAS

- **(Cespe – TRF-5 – Juiz Federal – 2010)** Conforme recente entendimento do STJ, o prazo do estágio probatório é de 24 meses, não tendo sido modificado ante a alteração constitucional que fixou o prazo de 3 anos como requisito objetivo para a obtenção da estabilidade.

  Resposta: Errado.

- **(Cespe – TCU – Analista de Controle Externo – Auditoria de Obras – 2009)** Conforme recente entendimento do STJ, o prazo do estágio probatório dos servidores públicos é de 24 meses, visto que tal prazo não foi alterado pela Emenda Constitucional nº 19/1998, que trata apenas da estabilidade dos referidos servidores.

  Resposta: Errado.

9.9.2. Quadro explicativo sobre as "fases" dos entendimentos sobre a duração do estágio probatório

	Redação original da CF	Redação da EC 19/98 – entendimento até 2009	Redação da EC 19/98 – entendimento após 2009
Doutrina majoritária	Estabilidade = 2 anos Estágio probatório = 2 anos	Estabilidade = 3 anos Estágio probatório = 3 anos	Estabilidade = 3 anos Estágio probatório = 3 anos
STJ	Estabilidade = 2 anos Estágio probatório = 2 anos	Estabilidade = 3 anos Estágio probatório = 24 meses (2 anos)	Estabilidade = 3 anos Estágio probatório = 3 anos (36 meses)

9.10. Aposentadoria e Pensão

Inatividade é o gênero que comporta três espécies: a) aposentadoria; b) disponibilidade; e c) licenças e afastamentos; as duas primeiras são sempre remuneradas. Provento é o valor pago ao servidor aposentado (substitui a remuneração). Assim, servidor aposentado não recebe vencimentos, subsídios nem remuneração, mas, sim, proventos.

Aposentadoria é o benefício consistente em obrigação de pagar que assegura ao servidor o recebimento de proventos durante a inatividade.

Os atuais regimes de previdência são três: a) Regime Geral da Previdência Social – RGPS, disciplinado pela Lei nº 8.213/91; b) Regime Próprio da Previdência Social – RPPS; c) Regime Próprio dos Militares.

Neste manual, vamos nos ater ao Regime Próprio da Previdência Social – RPPS (regime dos servidos públicos civis).

Regime Próprio da Previdência Social – RPPS, art. 40, CF – é um regime de caráter **contributivo** (somente participa quem efetivamente contribuir) e **solidário** (em que a contribuição de uns serve também aos outros). Difere do Regime Geral de Previdência Social (RGPS), previsto no art. 201 da CF e aplicável (além dos empregados da iniciativa privada) aos empregados públicos, servidores titulares de função temporária e de cargo de provimento em comissão (art. 40, § 13, da CF).

O custeio do Regime Próprio da Previdência Social – RPPS dá-se por fonte tríplice: a entidade pública (União, estado, DF ou município), servidores ativos e inativos/pensionistas. O STF, no julgamento das ADI nºs 3.105 e 3.128, considerou constitucional a cobrança de contribuição previdenciária aos aposentados e pensionistas, mesmo que já inativos quando da publicação da EC 41/03.

O assunto Previdência, tanto dos servidores públicos, quanto do RGPS, é um tema que está sempre em discussão e, de tempos em tempos, há alguma alteração legislativa para se adequar aos novos paradigmas da sociedade.

Inicialmente, a aposentadoria do servidor público era apenas por tempo de serviço. Posteriormente, em 1998, foi exigido o **tempo de contribuição**. Vale dizer, o servidor deveria contribuir para ter o direito de se aposentar. No início, a alíquota de contribuição dos servidores públicos era de 6%, depois, foi elevada para 11%. Veremos, mais adiante, que a Emenda Constitucional nº 103, de 2019, elevou para 14%, podendo chegar a 22%.

As reformas da Previdência, resultantes da EC nº 20/98 e 41/03, buscaram reduzir o déficit do Regime Próprio da Previdência Social – RPPS sem, contudo, desrespeitar direitos adquiridos.

Com exceção de algumas regras da EC 41/03, isso foi realmente possível. Assim, em relação aos servidores já aposentados, não se modificaram (geralmente) os direitos. A quem ainda não tinha se aposentado, porém, não há que se falar em direito adquirido, pois se trata, na verdade, de direito em processo de aquisição (mera expectativa de direito).

Mais uma vez, em 2019, no Governo do Presidente Jair Bolsonaro foi aprovada a Emenda Constitucional nº 103 que trouxe mudanças no RPPS e no RGPS.

Note que o assunto previdência está sempre em pauta e não é de apenas um Governante. No Governo do Presidente Fernando Henrique Cardoso, tivemos a EC nº 20/1998 que instituiu o sistema contributivo; no Governo Lula, a EC n º 41/03 teve como foco principal instituir a contribuição de 11% para quem já estava aposentado. Em 2019, no Governo de Jair Bolsonaro a EC nº 103, houve várias alterações como aumento de alíquota de contribuição; aumento da idade e tempo de contribuição; fixação de idade para poder se aposentar para carreiras policiais; mudanças nas regras da pensão por morte.

Porém, a EC nº 103/19 trouxe um novo paradigma: a inclusão dos agentes políticos ocupantes de mandato eletivo nas regras do RGPS. Vejamos:

> *§ 13. Aplica-se ao agente público ocupante, exclusivamente, de cargo em comissão declarado em lei de livre nomeação e exoneração, de outro cargo temporário,* ***inclusive mandato eletivo****, ou de emprego público, o Regime Geral de Previdência Social.*[62]

Note, também, que diversas regras sobre previdência serão tratadas ora por meio de lei (ordinária) ora por meio de lei complementar. A EC nº 103/19 retirou do Texto Constitucional vários regramentos sobre aposentadoria e pensão, outorgando à lei a competência de regulamentar o assunto, ocorrendo, assim, a **desconstitucionalização** das regras sobre previdência.

Com a EC 41/03, dois direitos foram retirados da CF, com relação aos servidores que ainda estavam em atividade e ainda não possuíam os requisitos para aposentadoria: a **paridade** e **integralidade** de proventos.

A paridade consiste na obrigatoriedade de que os proventos de inatividades e as pensões sejam revistos ao mesmo tempo e na mesma proporção que os vencimentos dos servidores ativos; já a integralidade é o direito que tinha o servidor de se aposentar tendo por base o vencimento na data da aposentadoria, ainda que superior à média dos salários de contribuição. Tal direito se estendia aos pensionistas, com relação ao vencimento na data da morte do servidor. Com a nova redação dada pela EC 41/03 aos §§ 3º, 7º e 8º do art. 40 da CF, os servidores em atividade não mais possuem os direitos à paridade e à integralidade. Não há mais paridade, pois a nova redação do § 8º ("É assegurado o reajustamento dos benefícios para preservar-lhes, em caráter permanente, o valor real, conforme critérios estabelecidos em lei") não mais obriga a que o reajuste seja feito na mesma data e seguindo os mesmos índices utilizados para os servidores em atividade.

Excepcionalmente, têm paridade aqueles que já preenchiam os requisitos para a aposentadoria antes da edição da EC nº 41 (art. 3º), bem como aqueles que estão em gozo do benefício (art. 7º) e os que se enquadrarem nas regras de transição do art. 6º da EC nº 41 e do art. 3º da EC nº 47.

---

62 A regra é somente para os futuros ocupantes de mandato eletivo: Art. 14. Vedadas a adesão de novos segurados e a instituição de novos regimes dessa natureza, os atuais segurados de regime de previdência aplicável a titulares de mandato eletivo da União, dos Estados, do Distrito Federal e dos Municípios poderão, por meio de opção expressa formalizada no prazo de 180 (cento e oitenta) dias, contado da data de entrada em vigor desta Emenda Constitucional, retirar-se dos regimes previdenciários aos quais se encontrem vinculados.

Também não existe mais para os novos servidores o direito à **integralidade** (que não se confunde com o direito à aposentadoria com proventos integrais), pois: a) os proventos serão calculados com base na média dos valores de contribuição, não mais correspondendo à remuneração do cargo em que se deu a aposentadoria (nova redação do § 3º). Com a EC 41/03, a aposentadoria com proventos integrais do servidor público passou a corresponder ao máximo do valor pago de uma aposentadoria concedida pelo Regime Geral da Previdência Social. Assim, aposentadoria integral ainda existe, mas é mesmo valor do RGPS.

Com a concessão da aposentadoria, entende o STJ que o prazo para que o servidor público proponha ação contra a Administração Pública pedindo a revisão do ato de sua aposentadoria é de 5 anos a partir da **concessão** do benefício, com base no art. 1º do Decreto 20.910/1932. Se decorrerem mais de 5 anos entre a concessão e o ajuizamento da ação, ocorrerá a **prescrição do fundo do direito**, não se aplicando o enunciado da Súmula n. 85 do STJ: "Nas relações jurídicas de trato sucessivo em que a Fazenda Pública figure como devedora, quando não tiver sido negado o próprio direito reclamado, a prescrição atinge apenas as prestações vencidas antes do quinquênio anterior à propositura da ação." Ou seja, o servidor perderá o direito à revisão do benefício, não apenas a discussão sobre parcelas anteriores aos 5 anos do pedido de revisão.

Muitas regras da EC nº 103/19 só se aplicam aos servidores federais. Isso porque, na Câmara dos Deputados, houve resistência de inclusão de servidores estaduais e municipais. Assim, a reforma que tinha como tema de ser uma reforma para todos, não teve toda essa amplitude. Com sua aprovação, só foram atingidos os servidores públicos federais. Contudo, no Senado foi proposta uma PEC Paralela, a fim de incluir os demais servidores, mas que até o fechamento desta edição não foi aprovada.

Com a EC nº 103/19 foram inseridos novos parágrafos ao art. 37, da CF. Inicialmente, é importante registrar que o § 13 estabeleceu que o servidor público titular de cargo efetivo poderá ser **readaptado** para exercício de cargo cujas atribuições e responsabilidades sejam compatíveis com a limitação que tenha sofrido em sua capacidade física ou mental, enquanto permanecer nesta condição, desde que possua a habilitação e o nível de escolaridade exigidos para o cargo de destino, mantida a remuneração do cargo de origem (art. 37, §13). A readaptação é a colocação do servidor em outro cargo/atividade em razão de alguma limitação que tenha sofrido em sua capacidade física ou mental. O instituto da readaptação já tem previsão em diversas leis de servidores, inclusive na Lei nº 8.112/90. Contudo, agora tem fundamento Constitucional e, assim, poderá ser utilizada por todos os Entes Federativos.

Foi fixado também que a aposentadoria concedida com a utilização de tempo de contribuição decorrente de cargo, emprego ou função pública, inclusive do Regime Geral de Previdência Social, acarretará o **rompimento do vínculo** que gerou o referido tempo de contribuição (art. 37, §13). Assim, com a aposentadoria, a relação ex-servidor será de natureza exclusivamente previdenciária.

Modalidades de aposentadoria

A aposentadoria pode ser classificada:

Quanto à vontade do servidor: a) **voluntária**, quando se dá por livre e espontânea vontade, cumpridos determinados requisitos; e b) **involuntária**, quando se dá independentemente da vontade do servidor, em virtude de: b.1) incapacidade permanente; ou b.2) adimplemento de idade limite (aposentadoria compulsória);

Segundo a redação dada ao art. 40 da CF pela EC nº 103/19, a concessão de aposentadoria é condicionada à realização dos seguintes requisitos:

> *Art. 40. O regime próprio de previdência social dos servidores titulares de cargos efetivos terá caráter contributivo e solidário, mediante contribuição do respectivo ente federativo, de servidores ativos, de aposentados e de pensionistas, observados critérios que preservem o equilíbrio financeiro e atuarial.*
>
> *§ 1º O servidor abrangido por regime próprio de previdência social será aposentado:*
>
> *I - por incapacidade permanente para o trabalho, no cargo em que estiver investido, quando insuscetível de readaptação, hipótese em que será obrigatória a realização de avaliações periódicas para verificação da continuidade das condições que ensejaram a concessão da aposentadoria, na forma de lei do respectivo ente federativo;*
>
> *II - compulsoriamente, com proventos proporcionais ao tempo de contribuição, aos 70 (setenta) anos de idade, ou aos 75 (setenta e cinco) anos de idade, na forma de lei complementar; (Redação dada pela Emenda Constitucional nº 88, de 2015)*
>
> *III - no âmbito da União, aos 62 (sessenta e dois) anos de idade, se mulher, e aos 65 (sessenta e cinco) anos de idade, se homem, e, no âmbito dos Estados, do Distrito Federal e dos Municípios, na idade mínima estabelecida mediante emenda às respectivas Constituições e Leis Orgânicas, observados o tempo de contribuição e os demais requisitos estabelecidos em lei complementar do respectivo ente federativo.*

A EC nº 103/19 alterou as condições para a aposentadoria voluntária. A Emenda extingui a aposentadoria apenas por tempo de contribuição com proventos proporcionais, antes existente. Além disso, aumentou a idade para aposentadoria, tanto para homens quanto para as mulheres, bem como majorou o tempo de contribuição.

Curiosamente, nem todos os requisitos para aposentadoria foram fixados no art. 40 da CF. Assim, para saber todas as condições e formas de aposentadoria, é necessário conjugar o art. 40 da CF, bem como o art. 10 da EC nº 103/19. Vejamos:

> *Art. 10. Até que entre em vigor lei federal que discipline os benefícios do regime próprio de previdência social dos servidores da União, aplica-se o disposto neste artigo.*
>
> *§ 1º Os servidores públicos federais serão aposentados:*
>
> *I - voluntariamente, observados, cumulativamente, os seguintes requisitos:*
>
> *a) 62 (sessenta e dois) anos de idade, se mulher, e 65 (sessenta e cinco) anos de idade, se homem; e*
>
> *b) 25 (vinte e cinco) anos de contribuição, desde que cumprido o tempo mínimo de 10 (dez) anos de efetivo exercício no serviço público e de 5 (cinco) anos no cargo efetivo em que for concedida a aposentadoria;*
>
> *II - por incapacidade permanente para o trabalho, no cargo em que estiverem investidos, quando insuscetíveis de readaptação, hipótese em que será obrigatória a realização de avaliações periódicas para verificação da continuidade das condições que ensejaram a concessão da aposentadoria; ou*
>
> *III - compulsoriamente, na forma do disposto no inciso II do § 1º do art. 40 da Constituição Federal.*

Conjugando o art. 40, da CF, com o art. 10 da EC nº 103/19, temos as seguintes regras de aposentadoria:

ANTES Idade + Tempo de Contribuição	EC nº 103/19 Idade + Tempo de Contribuição
HOMEM – 35 anos de contribuição; – 60 anos de idade; – 10 anos no cargo; – 5 anos no cargo. **MULHER** – 30 anos de contribuição; – 55 anos de idade; – 10 anos no cargo; – 5 anos no cargo.	**HOMEM** – 25 anos de contribuição; – 65 anos de idade; – 10 anos no serviço público; – 5 anos no cargo. **MULHER** – 25 anos de contribuição; – 62 anos de idade; – 10 anos no serviço público; – 5 anos no cargo.
ANTES Tempo de Contribuição	**EC nº 103/19 Tempo de Contribuição**
HOMEM – 65 anos de idade; – 10 anos no cargo; – 5 anos no cargo em que se dará a aposentadoria. **MULHER** – 60 anos de idade; – 10 anos no cargo; – 5 anos no cargo em que se dará a aposentadoria.	Revogado

Note que o art. 10 da EC nº 103/19 fixou as regras de aposentadoria "Até que entre em vigor lei federal que discipline os benefícios do regime próprio de previdência social dos servidores da União.". Assim, as regras estipuladas no art. 10 serão aplicadas até que um dia seja editada a referida lei.

Aparentemente, foi diminuído o tempo de contribuição, de 35 para 25 anos. Isso porque, a partir da Emenda, o valor do benefício de aposentadoria corresponderá, inicialmente, a 60% (sessenta por cento) da média aritmética simples dos salários de contribuição e das remunerações correspondentes a 100% (cem por cento) do período contributivo desde a competência julho de 1994 (início do Plano Real) ou desde o início da contribuição, se posterior àquela competência com acréscimo de 2 (dois) pontos percentuais para cada ano de contribuição que exceder o tempo de 20 (vinte) anos de contribuição. Como se exige do servidor (homem ou mulher) 25 anos de contribuição para aposentadoria, quando completar os 25 anos, ele já inicia ganhando 70% da média. Contudo, se ficar por mais tempo no serviço público poderá se aposentar com um valor mais, pois os demais anos de contribuição serão levados em consideração no cálculo do benefício.

O art. 40 da CF fixou as regras gerais para aposentadoria, estabelecendo, também, que é **vedada a adoção de requisitos ou critérios diferenciados** para concessão de benefícios em regime próprio de previdência social, **ressalvado** o disposto nos §§ 4º-A, 4º-B, 4º-C e 5º. Vejamos:

> *§ 4º-A. Poderão ser estabelecidos por **lei complementar** do respectivo ente federativo idade e tempo de contribuição diferenciados para aposentadoria de **servidores***

> ***com deficiência****, previamente submetidos a avaliação biopsicossocial realizada por equipe multiprofissional e interdisciplinar.*
>
> *§ 4º-B. Poderão ser estabelecidos por* ***lei complementar*** *do respectivo ente federativo idade e tempo de contribuição diferenciados para aposentadoria de ocupantes do cargo de* ***agente penitenciário, de agente socioeducativo ou de policial*** *dos órgãos de que tratam o inciso IV do* ***caput*** *do art. 51, o inciso XIII do caput do art. 52 e os incisos I a IV do caput do art. 144.*
>
> *§ 4º-C. Poderão ser estabelecidos por* ***lei complementar*** *do respectivo ente federativo idade e tempo de contribuição diferenciados para aposentadoria de servidores cujas* ***atividades sejam exercidas com efetiva exposição a agentes químicos, físicos e biológicos prejudiciais à saúde, ou associação desses agentes****, vedada a caracterização por categoria profissional ou ocupação.*
>
> *§ 5º Os ocupantes do cargo de* ***professor*** *terão idade mínima reduzida em 5 (cinco) anos em relação às idades decorrentes da aplicação do disposto no inciso III do § 1º, desde que comprovem tempo de efetivo exercício das funções de magistério na educação infantil e no ensino fundamental e médio fixado em lei complementar do respectivo ente federativo.*

Assim, **lei complementar** poderá estabelecer critérios diferenciados de aposentadoria para as seguintes situações: **servidores com deficiência, agente penitenciário (polícia penal), de agente socioeducativo ou de policial das carreiras do art. 144 e, também, policiais da Câmara e do Senado Federal; atividades que prejudiquem à saúde (atividades sejam exercidas com efetiva exposição a agentes químicos, físicos e biológicos prejudiciais à saúde, ou associação desses agentes)**.

Também terá direito à aposentadoria com requisitos diferenciados o(a) professor(a). Porém, a própria CF já traz as condições com redução em 5 anos, em relação à idade e ao tempo de contribuição.

Embora o art. 40 [63], da CF, fixe que LC poderá estabelecer os requisitos diferenciados para aposentadoria dos servidores acima citados, o art. 10, da EC nº 103/19, já apresenta os requisitos até que a LC venha a fixá-los. Vejamos:

> *I - o policial civil do órgão a que se refere o inciso XIV do* ***caput*** *do art. 21 da Constituição Federal, o policial dos órgãos a que se referem o inciso IV do caput do art. 51, o inciso XIII do caput do art. 52 e os incisos I a III do caput do art. 144 da Constituição Federal e o ocupante de cargo de agente federal penitenciário ou socioeducativo, aos 55 (cinquenta e cinco) anos de idade, com 30 (trinta) anos de contribuição e 25 (vinte e cinco) anos de efetivo exercício em cargo dessas carreiras, para ambos os sexos;*
>
> *II - o servidor público federal cujas atividades sejam exercidas com efetiva exposição a agentes químicos, físicos e biológicos prejudiciais à saúde, ou associação desses agentes, vedada a caracterização por categoria profissional ou ocupação, aos 60 (sessenta) anos de idade, com 25 (vinte e cinco) anos de efetiva exposição e contribuição, 10 (dez) anos de efetivo exercício de serviço público e 5 (cinco) anos no cargo efetivo em que for concedida a aposentadoria;*

63 Antes da EC nº 103/2019, o § 4º do art. 40 da CF, com a redação da EC nº 47/05, previa a vedação de requisitos e critérios diferenciados para a concessão de aposentadoria aos abrangidos pelo RPPS, ressalvados, nos termos definidos em leis complementares, os casos de servidores: I. portadores de deficiência; II. que exerçam atividades de risco; III. cujas atividades sejam exercidas sob condições especiais que prejudiquem a saúde ou a integridade física.

> *III - o titular do cargo federal de professor, aos 60 (sessenta) anos de idade, se homem, aos 57 (cinquenta e sete) anos, se mulher, com 25 (vinte e cinco) anos de contribuição exclusivamente em efetivo exercício das funções de magistério na educação infantil e no ensino fundamental e médio, 10 (dez) anos de efetivo exercício de serviço público e 5 (cinco) anos no cargo efetivo em que for concedida a aposentadoria, para ambos os sexos.*

Vejamos de forma esquematizada:

CARREIRA POLICIAL	
PCDF Polícia Legislativa da CD e SF Polícia Federal; Polícia Rodoviária Federal; Polícia Ferroviária Federal; Polícia Penal (conforme EC nº 104/19); Agente Socioeducativo.	- 55 anos de idade; - 30 anos de contribuição; - 25 anos de efetivo exercícios na carreira; OBS! Todos os requisitos, inclusive idade, é para **ambos os sexos**.

ATIVIDADES ESPECIAIS	
Atividades que sejam exercidas com efetiva exposição a agentes químicos, físicos e biológicos prejudiciais à saúde, ou associação desses agentes,	- 60 anos de idade; - 25 anos de efetiva exposição; - 10 anos de serviço público; - 5 anos no cargo.

PROFESSOR FEDERAL	
efetivo exercício das funções de magistério na educação infantil e no ensino fundamental e médio	- 60 anos de idade – HOMEM; - 57 anos de idade – MULHER; - 25 anos de tempo de contribuição; - 10 anos no serviço público; - 5 anos no cargo.

Interessante destacar que, antes da vigência da EC nº 103/2019, o Sindicato dos Oficiais de Justiça havia ajuizado no STF mandado de injunção coletivo alegando que os **oficiais de justiça** exerciam atividades de risco e, assim, teriam direito à aposentadoria especial, sendo que a ausência de norma regulamentadora sobre o caso faria nascer uma omissão legislativa. Contudo, na visão do Tribunal eles não têm direito à aposentadoria especial. Isso porque não estão em situação permanente de risco. Não se pode negar que eventualmente estejam em situação de risco pessoal, mas esse risco é meramente eventual. Nada impediria de o legislador conceder aposentadoria especial por lei própria, mas não decorre diretamente das funções exercidas pelos oficiais de justiça uma imposição de regras diferenciadas.[64] Portanto, não há que se falar em omissão legislativa. O mesmo raciocínio foi feito para afastar omissão legislativa no tocante à aposentadoria especial para **agentes de segurança do MPU**.

---

64 STF, Plenário, MI 833/DF, rel. Min. Cármen Lúcia, red. p/ o acórdão Min. Roberto Barroso, julgado em 11.6.2015 (Info 789).

No mesmo sentido, entendeu o STF que os agentes das **Guardas Municipais** não têm direito à aposentadoria especial, tendo em vista a ausência de legislação específica.[65] Os guardas municipais não foram incluídos na EC nº 103/2019, mas PEC Paralela, poderá inseri-los nas mesmas regras das carreiras policiais.

Aposentadoria por Incapacidade permanente ("aposentadoria por invalidez")

> *Art. 40*
>
> *I - por incapacidade permanente para o trabalho, no cargo em que estiver investido, quando insuscetível de readaptação, hipótese em que será obrigatória a realização de avaliações periódicas para verificação da continuidade das condições que ensejaram a concessão da aposentadoria, na forma de lei do respectivo ente federativo;*

Essa aposentadoria era denominada de aposentadoria por invalidez. Além da mudança de nome, note que foi colocada uma condição prévia: insuscetibilidade de readaptação. Assim, antes que o servidor venha a ser aposentado por incapacidade permanente, a Administração deverá verificar a possibilidade de readaptação. E, uma vez aposentado, deverá passar por avaliações periódicas a fim de se verificar se persistem as condições que levaram o servidor a se aposentar.

Essa forma de aposentadoria será com proventos proporcionais ao tempo de contribuição do servidor.

Mais adiante, veremos a forma de cálculo da aposentadoria. Contudo, adiantamos que houve uma supressão bastante prejudicial ao servidor na EC nº 103/19 no que toca à aposentadoria por incapacidade permanente. Estabelece a EC nº 103/19 que o valor do benefício de aposentadoria corresponderá a 100% (cem por cento) da média aritmética simples das remunerações do servidor quando ocorrer aposentadoria por incapacidade permanente, decorrente de acidente de trabalho, de doença profissional e de doença do trabalho. A CF revogou as disposições da Lei nº 8.112/90 e do art. 40 da CF que concediam aposentadoria com proventos integrais quando decorresse de doenças graves previstas em lei.[66] Assim, se o servidor vier a se aposentar por alguma doença grave, mas que não seja em razão de acidente de trabalho, de doença profissional e de doença do trabalho, receberá proventos calculados conforme as regras normais de aposentadoria.

Resumindo:

ANTES	EC nº 103/19
I - por invalidez permanente, sendo os proventos proporcionais ao tempo de contribuição, exceto se decorrente de acidente em serviço, moléstia profissional ou doença grave, contagiosa ou incurável, na forma da lei; (Redação dada pela Emenda Constitucional nº 41, 19.12.2003)	I - por incapacidade permanente para o trabalho, no cargo em que estiver investido, quando insuscetível de readaptação, hipótese em que será obrigatória a realização de avaliações periódicas para verificação da continuidade das condições que ensejaram a concessão da aposentadoria, na forma de lei do respectivo ente federativo; (Redação dada pela Emenda Constitucional nº 103, de 2019)

65 Plenário. MI 6515/DF, MI 6770/DF, MI 6773/DF, MI 6780/DF, MI 6874/DF, Rel. Min. Roberto Barroso, julgados em 20/6/2018 (Info 907)

66 Art. 186. § 1º Consideram-se doenças graves, contagiosas ou incuráveis, a que se refere o inciso I deste artigo, tuberculose ativa, alienação mental, esclerose múltipla, neoplasia maligna, cegueira posterior ao ingresso no serviço público, hanseníase, cardiopatia grave, doença de Parkinson, paralisia irreversível e incapacitante, espondiloartrose

Aposentadoria Compulsória

Quando o servidor atinge certa idade, há a presunção de que não tem mais condições de desempenhar as funções com a mesma destreza e eficiência esperadas. Nesse contexto, a Carta Constitucional instituiu a aposentadoria compulsória por idade.

A aposentadoria por idade foi prevista, inicialmente, quando o servidor atingisse a idade de 70 anos, sendo ato vinculado por quem deve determinar a aposentação. No entanto, com a EC nº 88/2015 foram promovidas novas regras quanto a essa forma de aposentadoria.

Redação da CF com a EC nº 88/2015: os servidores de cargos efetivos serão aposentados compulsoriamente, com proventos proporcionais ao tempo de contribuição, aos 70 anos de idade, ou aos 75 anos de idade, na forma de lei complementar.

Antes da EC nº 88/2015	Depois da EC nº 88/2015
Art. 40 [...]. § 1º Os servidores abrangidos pelo regime de previdência de que trata este artigo serão aposentados: [...] II – compulsoriamente, aos 70 anos de idade, com proventos proporcionais ao tempo de contribuição;	Art. 40 [...]. § 1º Os servidores abrangidos pelo regime de previdência de que trata este artigo serão aposentados: [...] II – compulsoriamente, com proventos proporcionais ao tempo de contribuição, aos 70 anos de idade, ou aos 75 anos de idade, na forma de lei complementar;

Assim, a CF permitiu que **Lei Complementar** estabeleça casos em que a aposentadoria compulsória seja ampliada para 75 anos, prevendo quais os cargos serão atingidos pela nova regra. A LC nº 152/2015 estabeleceu que serão aposentados compulsoriamente, com proventos proporcionais ao tempo de contribuição, aos 75 anos de idade: I – os servidores titulares de cargos efetivos da União, dos estados, do Distrito Federal e dos municípios, incluídas suas autarquias e fundações; II – os membros do Poder Judiciário; III – os membros do Ministério Público; IV – os membros das Defensorias Públicas; V – os membros dos Tribunais e dos Conselhos de Contas.

Pode-se, portanto, dizer que para os servidores públicos em geral a aposentadoria compulsória ocorrerá aos 75 anos de idade.

Para Ministros do STF, dos Tribunais Superiores (STJ, TST, TSE, STM) e do TCU a idade da aposentadoria ocorre aos 75 anos mesmo sem Lei Complementar. Trata-se de regra autoaplicável independentemente de lei (art. 100 do ADCT).

A CF, no entanto, fez a previsão de que os Ministros do STF, dos Tribunais Superiores (STJ, TST, TSE, STM) e do TCU aposentar-se-ão, compulsoriamente, aos 75 anos de idade, nas condições do art. 52 da Constituição Federal. Este artigo 52 exige aprovação pelo Senado Federal para a investidura nos cargos. Assim, a proposta do Poder Constituinte Reformador (EC 88/2015) foi que houvesse nova "sabatina", a fim de verificar as condições das citadas autoridades para permanência nas funções. Porém, o STF entendeu que essa exigência é inconstitucional por violar a independência do Poder Judiciário e entre os Poderes do Estado.

Note-se, também, que a LC nº 152/2015 revogou o inciso I do art. 1º da LC nº 51/85, que trata da aposentadoria dos servidores públicos policiais. Assim, eles também passam a se aposentar compulsoriamente com 75 anos (antes era 65 anos).

---

anquilosante, nefropatia grave, estados avançados do mal de Paget (osteíte deformante), Síndrome de Imunodeficiência Adquirida - AIDS, e outras que a lei indicar, com base na medicina especializada.

Decidiu o STJ que não é aplicável a regra da aposentadoria compulsória por idade na hipótese de servidor público que ocupe **exclusivamente** cargo em comissão, pois nesse caso são aplicadas as regras do regime geral da previdência social (RMS 36.950-RO, Rel. Min. Castro Meira, *DJe* 26.4.2013). STF tem decisão no mesmo sentido.[67]

A EC nº 103/19 não trouxe modificações quanto a essa modalidade de aposentadoria, permanecendo o art. 40, inciso II, da CF com a mesma redação.

Regras de Transição

Inicialmente, é importante ressaltar que a EC nº 103/2019 ressalvou o direito daqueles que já preenchiam as condições para aposentadoria e pensão quando de sua promulgação ao estabelecer que a concessão de aposentadoria ao servidor público federal vinculado a regime próprio de previdência social e ao segurado do Regime Geral de Previdência Social e de pensão por morte aos respectivos dependentes será assegurada, a qualquer tempo, desde que tenham sido cumpridos os requisitos para obtenção desses benefícios até a data de entrada em vigor da Emenda Constitucional, observados os critérios da legislação vigente na data em que foram atendidos os requisitos para a concessão da aposentadoria ou da pensão por morte.

Contudo, para aqueles que não tinham preenchido as condições, mas que já estavam próximos de preencherem, foram criadas algumas regras de transição. As regras de transição permitem que os servidores que nelas se enquadrem não sejam atingidos pelas novas disposições da EC nº 103/2019, mantendo alguns direitos do regime anterior.

Regra 1: REGRA DOS PONTOS

> *Art. 4º O servidor público federal que tenha ingressado no serviço público em cargo efetivo até a data de entrada em vigor desta Emenda Constitucional poderá aposentar-se voluntariamente quando preencher, cumulativamente, os seguintes requisitos:*
>
> *I - 56 (cinquenta e seis) anos de idade, se mulher, e 61 (sessenta e um) anos de idade, se homem, observado o disposto no § 1º;*
>
> *II - 30 (trinta) anos de contribuição, se mulher, e 35 (trinta e cinco) anos de contribuição, se homem;*
>
> *III - 20 (vinte) anos de efetivo exercício no serviço público;*
>
> *IV - 5 (cinco) anos no cargo efetivo em que se der a aposentadoria; e*
>
> *V - somatório da idade e do tempo de contribuição, incluídas as frações, equivalente a 86 (oitenta e seis) pontos, se mulher, e 96 (noventa e seis) pontos, se homem, observado o disposto nos §§ 2º e 3º.*
>
> *§ 1º A partir de 1º de janeiro de 2022, a idade mínima a que se refere o inciso I do* ***caput*** *será de 57 (cinquenta e sete) anos de idade, se mulher, e 62 (sessenta e dois) anos de idade, se homem.*
>
> *§ 2º A partir de 1º de janeiro de 2020, a pontuação a que se refere o inciso V do* ***caput*** *será acrescida a cada ano de 1 (um) ponto, até atingir o limite de 100 (cem) pontos, se mulher, e de 105 (cento e cinco) pontos, se homem.*
>
> *§ 3º A idade e o tempo de contribuição serão apurados em dias para o cálculo do somatório de pontos a que se referem o inciso V do* ***caput*** *e o § 2º.*
>
> *§ 4º Para o titular do cargo de professor que comprovar exclusivamente tempo de efetivo exercício das funções de magistério na educação infantil e no ensino*

---

67 RE 786540/DF, rel. Min. Dias Toffoli, julgamento em 15.12.2016. (RE-786540)

> *fundamental e médio, os requisitos de idade e de tempo de contribuição de que tratam os incisos I e II do **caput** serão:*
>
> *I - 51 (cinquenta e um) anos de idade, se mulher, e 56 (cinquenta e seis) anos de idade, se homem;*
>
> *II - 25 (vinte e cinco) anos de contribuição, se mulher, e 30 (trinta) anos de contribuição, se homem; e*
>
> *III - 52 (cinquenta e dois) anos de idade, se mulher, e 57 (cinquenta e sete) anos de idade, se homem, a partir de 1º de janeiro de 2022.*
>
> *§ 5º O somatório da idade e do tempo de contribuição de que trata o inciso V do **caput** para as pessoas a que se refere o § 4º, incluídas as frações, será de 81 (oitenta e um) pontos, se mulher, e 91 (noventa e um) pontos, se homem, aos quais serão acrescidos, a partir de 1º de janeiro de 2020, 1 (um) ponto a cada ano, até atingir o limite de 92 (noventa e dois) pontos, se mulher, e de 100 (cem) pontos, se homem.*
>
> *§ 6º Os **proventos das aposentadorias** concedidas nos termos do disposto neste artigo corresponderão:*
>
> *I - à totalidade da remuneração do servidor público no cargo efetivo em que se der a aposentadoria, observado o disposto no § 8º, para o servidor público que tenha ingressado no serviço público em cargo efetivo até 31 de dezembro de 2003 e que não tenha feito a opção de que trata o § 16 do art. 40 da Constituição Federal, desde que tenha, no mínimo, 62 (sessenta e dois) anos de idade, se mulher, e 65 (sessenta e cinco) anos de idade, se homem, ou, para os titulares do cargo de professor de que trata o § 4º, 57 (cinquenta e sete) anos de idade, se mulher, e 60 (sessenta) anos de idade, se homem;*
>
> *II - ao valor apurado na forma da lei, para o servidor público não contemplado no inciso I.*
>
> *§ 7º Os proventos das aposentadorias concedidas nos termos do disposto neste artigo não serão inferiores ao valor a que se refere o § 2º do art. 201 da Constituição Federal e serão **reajustados:***
>
> *I - de acordo com o disposto no art. 7º da Emenda Constitucional nº 41, de 19 de dezembro de 2003, se cumpridos os requisitos previstos no inciso I do § 6º; ou*
>
> *II - nos termos estabelecidos para o Regime Geral de Previdência Social, na hipótese prevista no inciso II do § 6º.*

Pela REGRA DOS PONTOS, art. 4º, o servidor deve preencher os requisitos de idade e tempo de contribuição e somatório da idade e do tempo de contribuição, incluídas as frações, equivalente a 86 (oitenta e seis) pontos, se mulher, e 96 (noventa e seis) pontos, sendo que a partir de 1º de janeiro de 2020, a pontuação será acrescida a cada ano de 1 (um) ponto, até atingir o limite de 100 (cem) pontos, se mulher, e de 105 (cento e cinco) pontos, se homem.

Vejamos:

HOMEM	MULHER
– 61 anos de idade; – 35 anos de contribuição; – 20 (vinte) anos de efetivo exercício no serviço público; e – 5 (cinco) anos no cargo efetivo em que se der a aposentadoria.	– 56 anos de idade; – 30 anos de contribuição; – 20 (vinte) anos de efetivo exercício no serviço público; e – 5 (cinco) anos no cargo efetivo em que se der a aposentadoria

– somatório da idade e do tempo de contribuição, incluídas as frações, equivalente a **96 (noventa e seis) pontos**. – a partir de 1º de janeiro de 2020, a pontuação será acrescida a cada ano de 1 (um) ponto, até atingir o limite de 105 (cento e cinco) pontos. – A partir de 1º de janeiro de 2022, a idade mínima será de 62 (sessenta e dois) anos de idade.	– somatório da idade e do tempo de contribuição, incluídas as frações, equivalente a **86 (oitenta e seis) pontos**. – a partir de 1º de janeiro de 2020, a pontuação a será acrescida a cada ano de 1 (um) ponto, até atingir o limite de 100 (cem) pontos. – A partir de 1º de janeiro de 2022, a idade mínima será de 57 (cinquenta e sete) anos de idade.

Quanto ao valor dos proventos das aposentadorias concedidas nessa primeira regra de transição corresponderão (§6º, art. 4º, EC nº 103/2019):

> *I - à totalidade da remuneração (integralidade) do servidor público no cargo efetivo em que se der a aposentadoria, observado o disposto no § 8º, para o servidor público que tenha ingressado no serviço público em cargo efetivo até 31 de dezembro de 2003 e que não tenha feito a opção de que trata o § 16 do art. 40 da Constituição Federal, desde que tenha, no mínimo, 62 (sessenta e dois) anos de idade, se mulher, e 65 (sessenta e cinco) anos de idade, se homem, ou, para os titulares do cargo de professor de que trata o § 4º, 57 (cinquenta e sete) anos de idade, se mulher, e 60 (sessenta) anos de idade, se homem;*
>
> *II - ao valor apurado na forma da lei, para o servidor público não contemplado no inciso I.*

Veja que o dispositivo acima criou uma outra regra de transição para que, determinados servidores ('mais antigos') tenham direito à integralidade (aposentar com o valor da última remuneração). As condições são:

- ingresso no serviço público até 31 de dezembro de 2003 (EC nº 41/2003);
- Não migrou para o regime de previdência complementar;
- homem – 65 anos de idade;
- mulher – 62 anos de idade;

Obs! Para professor: 57 (cinquenta e sete) anos de idade, se mulher, e 60 (sessenta) anos de idade, se homem

Para os demais servidores, não haverá direito à integralidade, o valor da aposentadoria será nos termos da lei.

Quanto ao reajuste dos proventos concedidos há duas regras (§7º, art. 4º, EC nº 103/2019):

> *I - de acordo com o disposto no art. 7º [68] da Emenda Constitucional nº 41, de 19 de dezembro de 2003, se cumpridos os requisitos previstos no inciso I do § 6º; ou*
>
> *II - nos termos estabelecidos para o Regime Geral de Previdência Social, na hipótese prevista no inciso II do § 6º.*

---

68 Art. 7º Observado o disposto no art. 37, XI, da Constituição Federal, os proventos de aposentadoria dos servidores públicos titulares de cargo efetivo e as pensões dos seus dependentes pagos pela União, Estados, Distrito Federal e Municípios, incluídas suas autarquias e fundações, em fruição na data de publicação desta Emenda, bem como os proventos de aposentadoria dos servidores e as pensões dos dependentes abrangidos pelo art. 3º desta Emenda, serão revistos na mesma proporção e na mesma data, sempre que se modificar a remuneração dos servidores em atividade, sendo também estendidos aos aposentados e pensionistas quaisquer benefícios ou vantagens

Resumindo:

- 1: para quem já estava aposentado ou já tinha preenchido as condições para se aposentar quando a EC nº 41/2003 foi promulgada – Haverá direito à paridade (igualdade entre ativos e inativos. Vale dizer: aumentou remuneração para quem está na ativa, aumenta automaticamente para quem está aposentado);
- 2: nas mesmas condições dos reajustes aplicados ao RGPS – Para os demais servidores. (não há paridade).

Perceba que, o servidor que ingressou no serviço público antes da EC nº 41/03, mas que não tinha as condições para se aposentar, terá direito à integralidade se preencher as condições do §6º, art. 4º, EC nº 103/2019, mas não terá direito à paridade. Isso porque, só terá assegurada a paridade aqueles servidores que já estavam aposentados ou tinham preenchidos as condições para aposentadoria quando a EC nº 41/03 foi promulgada.

Resumindo:

– ingressou no serviço público antes da EC nº 41/03 e já tinha as condições para se aposentar;	– Pode ter direito à integralidade e paridade
– ingressou no serviço público antes da EC nº 41/03 mas não tinha as condições para se aposentar na data de sua publicação;	– Pode ter direito à integralidade

O art. 4º da EC nº 103/2019, também, criou regras de transição para carreiras policiais, possibilitando que se aposentem nos termos da Lei Complementar nº 51, de 20 de dezembro de 1985:

> *Art. 5º O policial civil do órgão a que se refere o inciso XIV do caput do art. 21 da Constituição Federal, o policial dos órgãos a que se referem o inciso IV do caput do art. 51, o inciso XIII do caput do art. 52 e os incisos I a III do caput do art. 144 da Constituição Federal e o ocupante de cargo de agente federal penitenciário ou socioeducativo que tenham* ***ingressado na respectiva carreira até a data de entrada em vigor desta Emenda Constitucional*** *poderão aposentar-se, na forma da Lei Complementar nº 51, de 20 de dezembro de 1985, observada* ***a idade mínima de 55 (cinquenta e cinco) anos para ambos os sexos*** *ou o disposto no § 3º.*
>
> *§ 1º* ***Serão considerados tempo de exercício em cargo de natureza estritamente policial,*** *para os fins do inciso II do art. 1º da Lei Complementar nº 51, de 20 de dezembro de 1985, o tempo de atividade militar nas Forças Armadas, nas polícias militares e nos corpos de bombeiros militares e o tempo de atividade como agente penitenciário ou socioeducativo.*
>
> *§ 2º Aplicam-se às aposentadorias dos servidores dos Estados de que trata o § 4º-B do art. 40 da Constituição Federal as normas constitucionais e infraconstitucionais anteriores à data de entrada em vigor desta Emenda Constitucional, enquanto não promovidas alterações na legislação interna relacionada ao respectivo regime próprio de previdência social.*
>
> *§ 3º Os servidores de que trata o* **caput** *poderão aposentar-se aos 52 (cinquenta e dois) anos de idade, se mulher, e aos 53 (cinquenta e três) anos de idade, se homem,*

posteriormente concedidos aos servidores em atividade, inclusive quando decorrentes da transformação ou reclassificação do cargo ou função em que se deu a aposentadoria ou que serviu de referência para a concessão da pensão, na forma da lei.

> *desde que cumprido* **período adicional de contribuição** *correspondente ao tempo que, na data de entrada em vigor desta Emenda Constitucional, faltaria para atingir o tempo de contribuição previsto na Lei Complementar nº 51, de 20 de dezembro de 1985.*

Veja que o § 3º ainda criou uma outra regra de transição mediante 'pedágio' para as carreiras policiais, devendo o policial cumprir **período adicional de contribuição** correspondente ao tempo que, na data de entrada em vigor da EC nº 103/2019, faltaria para atingir o tempo de contribuição previsto na Lei Complementar nº 51/85 e observada a idade de: 52 anos se mulher; e 53 anos para homem.

A primeira regra será de difícil aplicação na prática.

Regra 2: REGRA DO PEDÁGIO

> *Art. 20. O segurado ou o servidor público federal que se tenha filiado ao Regime Geral de Previdência Social ou ingressado no serviço público em cargo efetivo até a data de entrada em vigor desta Emenda Constitucional poderá aposentar-se voluntariamente quando preencher, cumulativamente, os seguintes requisitos:*
>
> *I - 57 (cinquenta e sete) anos de idade, se mulher, e 60 (sessenta) anos de idade, se homem;*
>
> *II - 30 (trinta) anos de contribuição, se mulher, e 35 (trinta e cinco) anos de contribuição, se homem;*
>
> *III - para os servidores públicos, 20 (vinte) anos de efetivo exercício no serviço público e 5 (cinco) anos no cargo efetivo em que se der a aposentadoria;*
>
> *IV - período adicional de contribuição correspondente ao tempo que, na data de entrada em vigor desta Emenda Constitucional, faltaria para atingir o tempo mínimo de contribuição referido no inciso II.*
>
> *§ 1º Para o professor que comprovar exclusivamente tempo de efetivo exercício das funções de magistério na educação infantil e no ensino fundamental e médio serão reduzidos, para ambos os sexos, os requisitos de idade e de tempo de contribuição em 5 (cinco) anos.*
>
> *§ 2º O valor das aposentadorias concedidas nos termos do disposto neste artigo corresponderá:*
>
> *I - em relação ao servidor público que tenha ingressado no serviço público em cargo efetivo até 31 de dezembro de 2003 e que não tenha feito a opção de que trata o § 16 do art. 40 da Constituição Federal, à totalidade da remuneração no cargo efetivo em que se der a aposentadoria, observado o disposto no § 8º do art. 4º; e*
>
> *II - em relação aos demais servidores públicos e aos segurados do Regime Geral de Previdência Social, ao valor apurado na forma da lei.*
>
> *§ 3º O valor das aposentadorias concedidas nos termos do disposto neste artigo não será inferior ao valor a que se refere o § 2º do art. 201 da Constituição Federal e será reajustado:*
>
> *I - de acordo com o disposto no art. 7º da Emenda Constitucional nº 41, de 19 de dezembro de 2003, se cumpridos os requisitos previstos no inciso I do § 2º;*
>
> *II - nos termos estabelecidos para o Regime Geral de Previdência Social, na hipótese prevista no inciso II do § 2º.*
>
> *§ 4º Aplicam-se às aposentadorias dos servidores dos Estados, do Distrito Federal e dos Municípios as normas constitucionais e infraconstitucionais anteriores à data de*

> *entrada em vigor desta Emenda Constitucional, enquanto não promovidas alterações na legislação interna relacionada ao respectivo regime próprio de previdência social.*

Pela regra 2, art. 10, além de preencher os requisitos de idade e tempo de contribuição, o servidor deve ter período adicional de contribuição (**pedágio** – trabalho adicional) correspondente ao tempo que, na data de entrada em vigor da Emenda Constitucional, faltaria para atingir o tempo mínimo de contribuição.

Esquematicamente, temos:

HOMEM	MULHER
– 60 anos de idade; – 35 anos de contribuição; – 20 (vinte) anos de efetivo exercício no serviço público; e – 5 (cinco) anos no cargo efetivo em que se der a aposentadoria	– 57 anos de idade; – 30 anos de contribuição; – 20 (vinte) anos de efetivo exercício no serviço público; e – 5 (cinco) anos no cargo efetivo em que se der a aposentadoria
Pedágio correspondente ao tempo que, na data de entrada em vigor da Emenda Constitucional, faltaria para atingir o tempo mínimo de contribuição.	
Para o professor que comprovar exclusivamente tempo de efetivo exercício das funções de magistério na educação infantil e no ensino fundamental e médio serão reduzidos, para ambos os sexos, os requisitos de idade e de tempo de contribuição em 5 (cinco) anos.	

Ex. 1:

Data da entrada em vigor da EC nº 103/2019.

Servidor homem tem 58 anos de idade e 34 anos de contribuição.

Poderá se aposentar com 60 anos. Como tinha 34 anos de contribuição, faltaria 1 ano de contribuição + 1 anos de pedágio.

Ex. 2:

Data da entrada em vigor da EC nº 103/2019.

Servidor homem tem 40 anos de idade e 15 anos de contribuição.

Não se aplica a regra de transição. Como tinha 15 anos de contribuição, faltaria 15 anos de contribuição + 15 anos de pedágio. (já teria as condições para se aposentar pela regra normal do art. 10 – 65 anos de idade e 25 anos de contribuição).

Quanto ao **valor dos proventos** das aposentadorias concedidas na primeira regra de transição (regra dos pontos) corresponderão (art. 20, §2º, EC nº 103/2019):

> *I - em relação ao servidor público que tenha **ingressado no serviço público** em cargo efetivo até 31 de dezembro de 2003 e que não tenha feito a opção de que trata o § 16 do art. 40 da Constituição Federal, à **totalidade da remuneração no cargo efetivo (integralidade)** em que se der a aposentadoria, observado o disposto no § 8º do art. 4º; e*
>
> *II - em relação aos **demais servidores públicos** e aos segurados do Regime Geral de Previdência Social, ao valor apurado na **forma da lei**.*

Ou seja, servidores que ingressaram tenham ingressado no serviço público em cargo efetivo até 31 de dezembro de 2003, podem ter direito à integralidade.

Na regra de transição por 'pedágio' o servidor também poderá ter direito à **integralidade**, desde que preencha duas condições:

- ingresso no serviço público até 31 de dezembro de 2003 (EC nº 41/2003);
- Não migrou para o regime de previdência complementar;

Para os demais servidores, não haverá direito à integralidade, o valor da aposentadoria será nos termos da lei.

Quanto ao **reajuste** dos proventos concedidos há duas regras (§7º, art. 4º, EC nº 103/2019):

> *I - de acordo com o disposto no art. 7º da Emenda Constitucional nº 41, de 19 de dezembro de 2003, se cumpridos os requisitos previstos no inciso I do § 6º; ou*
>
> *II - nos termos estabelecidos para o Regime Geral de Previdência Social, na hipótese prevista no inciso II do § 6º.*

Note que são os mesmos termos de reajuste pela regra de PONTOS:

- 1: para quem já estava aposentado ou já tinha preenchido as condições para se aposentar quando a EC nº 41/2003 foi promulgada – Haverá direito à **paridade** (igualdade entre ativos e inativos. Vale dizer: aumentou remuneração para quem está na ativa, aumenta automaticamente para quem está aposentado);
- 2: nas mesmas condições dos reajustes aplicados ao RGPS – Para os demais servidores. (não há paridade).

Contribuição previdenciária

Como dito, para o servidor poder se aposentar ele terá que ter o tempo de contribuição necessário.

Com a EC nº 103/19, o art. 149 da CF passa a fixar que a União, os Estados, o Distrito Federal e os Municípios instituirão, por meio de lei, contribuições para custeio de regime próprio de previdência social, cobradas dos servidores ativos, dos aposentados e dos pensionistas, que poderão ter **alíquotas progressivas** de acordo com o valor da base de contribuição ou dos proventos de aposentadoria e de pensões. Bem, a alteração da EC nº 103/19 fez a previsão das alíquotas serem **progressivas.**

Fixou também a EC nº 103/19 que, quando houver **deficit** atuarial, a contribuição ordinária dos aposentados e pensionistas poderá incidir sobre o valor dos proventos de aposentadoria e de pensões que supere o salário-mínimo e, demonstrada a insuficiência da medida, é facultada a instituição de **contribuição extraordinária**, no âmbito da União, dos servidores públicos ativos, dos aposentados e dos pensionistas, instituída simultaneamente com outras medidas para equacionamento do **deficit** e vigorará por período determinado, contado da data de sua instituição.

Vejamos, então, como são os valores das alíquotas:

> *Art. 11. Até que entre em vigor lei que altere a alíquota da contribuição previdenciária de que tratam os arts. 4º, 5º e 6º da Lei nº 10.887, de 18 de junho de 2004, esta será de 14 (quatorze por cento).*

*§ 1º A alíquota prevista no **caput** será reduzida ou majorada, considerado o valor da base de contribuição ou do benefício recebido, de acordo com os seguintes parâmetros:*

I - até 1 (um) salário-mínimo, redução de seis inteiros e cinco décimos pontos percentuais;

II - acima de 1 (um) salário-mínimo até R$ 2.000,00 (dois mil reais), redução de cinco pontos percentuais;

III - de R$ 2.000,01 (dois mil reais e um centavo) até R$ 3.000,00 (três mil reais), redução de dois pontos percentuais;

IV - de R$ 3.000,01 (três mil reais e um centavo) até R$ 5.839,45 (cinco mil, oitocentos e trinta e nove reais e quarenta e cinco centavos), sem redução ou acréscimo;

V - de R$ 5.839,46 (cinco mil, oitocentos e trinta e nove reais e quarenta e seis centavos) até R$ 10.000,00 (dez mil reais), acréscimo de meio ponto percentual;

VI - de R$ 10.000,01 (dez mil reais e um centavo) até R$ 20.000,00 (vinte mil reais), acréscimo de dois inteiros e cinco décimos pontos percentuais;

VII - de R$ 20.000,01 (vinte mil reais e um centavo) até R$ 39.000,00 (trinta e nove mil reais), acréscimo de cinco pontos percentuais; e

VIII - acima de R$ 39.000,00 (trinta e nove mil reais), acréscimo de oito pontos percentuais.

§ 2º A alíquota, reduzida ou majorada nos termos do disposto no § 1º, será aplicada de forma progressiva sobre a base de contribuição do servidor ativo, incidindo cada alíquota sobre a faixa de valores compreendida nos respectivos limites.

§ 3º Os valores previstos no § 1º serão reajustados, a partir da data de entrada em vigor desta Emenda Constitucional, na mesma data e com o mesmo índice em que se der o reajuste dos benefícios do Regime Geral de Previdência Social, ressalvados aqueles vinculados ao salário-mínimo, aos quais se aplica a legislação específica.

*§ 4º A alíquota de contribuição de que trata o **caput**, com a redução ou a majoração decorrentes do disposto no § 1º, será devida pelos aposentados e pensionistas de quaisquer dos Poderes da União, incluídas suas entidades autárquicas e suas fundações, e incidirá sobre o valor da parcela dos proventos de aposentadoria e de pensões que supere o limite máximo estabelecido para os benefícios do Regime Geral de Previdência Social, hipótese em que será considerada a totalidade do valor do benefício para fins de definição das alíquotas aplicáveis.*

Assim, quem ganha acima de R$ 39.000,00 (trinta e nove mil reais) terá uma alíquota progressiva de 22%. Porém, a alíquota é progressiva conforme as faixas salariais. Com efeito, a alíquota de 22% não incidirá sobre a totalidade da remuneração.

Para ter isonomia com relação aos beneficiários do RGPS, a alíquota de contribuição será devida pelos aposentados e pensionistas de quaisquer dos Poderes da União, incluídas suas entidades autárquicas e suas fundações, e incidirá sobre o valor da parcela dos proventos de aposentadoria e de pensões que **supere o limite máximo estabelecido para os benefícios do Regime Geral de Previdência Social**, hipótese em que será considerada a totalidade do valor do benefício para fins de definição das alíquotas aplicáveis. Assim, os ex-servidores públicos (aposentados) somente contribuirão caso recebam benefícios que superem o teto do RGPS.

Contribuição previdenciária após aposentadoria

Com a EC nº 41/03 foi estabelecido que incidirá contribuição sobre os proventos de aposentadorias e pensões concedidas pelo regime próprio dos servidores públicos que **superem** o limite máximo estabelecido para os benefícios do regime geral de previdência social de que trata o art. 201, com percentual igual ao estabelecido para os servidores titulares de cargos efetivos, inclusive aqueles que já se encontravam aposentados, quando promulgada a referida Emenda.

Assim, após a aposentadoria o servidor deve continuar contribuindo para a seguridade social.

A redação da referida EC foi objeto de ação direta de inconstitucionalidade perante o STF, ADI nº 3.105/DF. O Supremo julgou improcedente na parte que questionava a incidência da contribuição previdenciária, na medida em que se trata de imposição de natureza tributária e, portanto, deve ser analisada à luz dos princípios constitucionais relativos aos tributos. Assim, não se lhe pode opor a garantia constitucional do direito adquirido para eximir-se do pagamento, pois não há norma no ordenamento jurídico brasileiro que imunize, de forma absoluta, os proventos de tributação, nem mesmo o princípio da irredutibilidade de vencimentos. Ademais, entendeu que o regime previdenciário público visa garantir condições de subsistência, independência e dignidade pessoais ao servidor idoso por meio do pagamento de proventos da aposentadoria durante a velhice e, nos termos do artigo 195 da Constituição, deve ser custeado por toda a sociedade, de forma direta e indireta, o que se poderia denominar princípio estrutural da solidariedade. O fato de os servidores já estarem aposentados na data da publicação da Emenda não pode retirar a responsabilidade social pelo custeio, já que seu tratamento previdenciário é diverso do reservado aos servidores da ativa.

Também foi questionada na ADI nº 3.105 a parte que estabelecia contribuição diferenciada para servidores da União (60%), em relação a servidores dos estados, municípios e DF (50%), sendo julgada, nesse caso, procedente para declarar a inconstitucionalidade dos dispositivos, pois trata de maneira diferenciada servidores que estão na mesma situação.

Atente-se que só haverá contribuição do aposentado e do pensionista se o valor que recebe for maior que o valor pago pelo Regime Geral da Previdência Social. Desse modo, se o servidor ganha até esse valor, não haverá contribuição.

O Texto Constitucional, conforme redação dada pela EC nº 47/05, fez a previsão de que a contribuição incidirá apenas sobre as parcelas de proventos de aposentadoria e de pensão que superem o **dobro** do limite máximo estabelecido para os benefícios do Regime Geral de Previdência Social, quando o beneficiário, na forma da lei, for **portador de doença incapacitante**. Contudo, essa previsão foi **REVOGADA** com a EC nº 103/19. (art. 35 da EC nº 103/19, revogou o § 21, do art. 40, da CF).

Cálculo da valor da aposentadoria

O art. 26 da EC nº 103/2019 assim estabelece:

> *Art. 26. Até que lei discipline o cálculo dos benefícios do regime próprio de previdência social da União e do Regime Geral de Previdência Social, será utilizada a* ***média aritmética simples*** *dos salários de contribuição e das remunerações adotados como base para contribuições a regime próprio de previdência social e ao Regime Geral de Previdência Social, ou como base para contribuições decorrentes das atividades militares de que tratam os arts. 42 e 142 da Constituição Federal, atualizados monetariamente,* ***correspondentes a 100% (cem por cento) do período contributivo*** *desde a competência julho de 1994 ou desde o início da contribuição, se posterior àquela competência.*

Assim, até que lei venha disciplinar o cálculo dos benefícios, na apuração do valor será utilizada a média aritmética simples dos salários de contribuição e das remunerações adotados como base para contribuições a regime próprio de previdência social, correspondente a 100% da média do período contributivo. Trata-se de regra menos favorável ao servidor, pois antes o cálculo era feito com 80% da média, desprezando os 20% com menor contribuição.

A referida média será limitada ao valor máximo do salário de contribuição do Regime Geral de Previdência Social para o servidor que ingressou no serviço público em cargo efetivo após a implantação do regime de previdência complementar ou que tenha exercido a opção correspondente. Vale dizer, para os servidores federais que ingressaram após a criação da FUNPRESP, 2013, e aqueles que fizeram a opção de migrar para este novo modelo o valor máximo será o mesmo valor do RGPS.

Para a definição do valor da aposentadoria, serão levadas em consideração todas as contribuições (100% do período), sendo que o valor do benefício de aposentadoria corresponderá a 60% (sessenta por cento) da média aritmética citada, com acréscimo de 2 (dois) pontos percentuais para cada ano de contribuição que exceder o tempo de 20 (vinte) anos de contribuição.

Portanto, os passos para calcular o valor da aposentadoria são:

1 – Inclusão de todo período contributivo (100% das contribuições);

2 – Fixação do valor inicial do benefício: até 60% da média aritmética;

3 – Fixação do valor final do benefício: fazer acréscimo de 2% para cada ano que exceder a 20 anos de contribuição.

Cabe apenas relembrar que, para o servidor público, exige-se no mínimo 25 anos de tempo de contribuição para poder se aposentar. A regra de pelo menos 20 anos é para o segurado do RGPS.

Vamos ver em um exemplo:

Servidor homem tem 65 anos de idade, 25 anos de TC, 10 anos no serviço e 5 anos no cargo. Ou seja, tem todas as condições para se aposentar. Assim, ele já tem 60% pelos 20 anos de TC e mais 10% pelos 5 anos a mais (25 anos ao total de contribuição). Então será, 60% +2% (1 ano) +2% (1 ano) +2% (1 ano) +2% (1 ano) +2% (1 ano) = 70%.

Se o servidor tem mais tempo de contribuição, terá um valor maior.

Vejamos:

– 20 anos: 60%

– 25 anos: 70%

– 30 anos: 80%

– 35 anos: 90%

– 40 anos: 100%

Vamos imaginar que uma pessoa ingressou no cargo de Advogado da União em agosto de 2004. Porém, em 2018 migrou para o Regime de Previdência Complementar – RPC, aderindo ao FUNPRESP. Nesse caso, irá se aposentar com o teto do RGPS. Vamos supor que o teto do RGPS seja R$6.000,00. Então, quando for se aposentar todo seu período contributivo será levado em consideração (100%). Como sua remuneração é mais elevada, ele teria direito ao valor total.

Porém, não podemos esquecer a regra dos 60%+2%. Logo, se ele tem 25 anos de TC, terá direito a 70% de R$6.000,00 = R$4.200,00.

Se, no mesmo exemplo, o servidor tem 35 anos de contribuição terá direito a 90% de R$6.000,00 = R$5.400,00.

Vale ainda salientar que no exemplo acima o servidor terá ainda o benefício pago pelo Funpresp correspondente ao seu período contributivo. Além disso, o servidor não terá mais que contribuir para o RPPS, pois só há exigência de contribuição para quem se aposentou quando o servidor recebe acima do teto do RGPS, salvo se houve déficit atuarial, situação em que poderá incidir contribuição sobre o valor dos proventos de aposentadoria e de pensões que supere o salário-mínimo. (art. 149, § 1º-A, com a redação da EC nº 103/2019).

Contudo, o valor do benefício de aposentadoria corresponderá a 100% (cem por cento) da média aritmética no caso de **aposentadoria por incapacidade permanente, quando decorrer de acidente de trabalho, de doença profissional e de doença do trabalho**.

Quanto ao valor do benefício na **aposentadoria compulsória**, corresponderá ao resultado do tempo de contribuição dividido por 20 (vinte) anos, limitado a um inteiro, multiplicado pelo valor apurado na forma do caput do § 2º deste artigo, ressalvado o caso de cumprimento de critérios de acesso para aposentadoria voluntária que resulte em situação mais favorável.(Art 26, par. 4º)

Abono de permanência

O servidor que já possuir tempo para requerer aposentadoria voluntária (com proventos integrais ou não) e que, mesmo assim, permanecer em atividade, não terá o desconto da contribuição previdenciária. Trata-se do abono de permanência. Na prática, o servidor fica sem pagar a contribuição previdenciária enquanto não requerer a aposentadoria ou enquanto não implementar o limite de idade para aposentadoria compulsória.

O abono de permanência sofreu uma sutil alteração pela EC nº 103/19. Vejamos a redação do texto:

ANTES	EC nº 103/19
§ 19. O servidor de que trata este artigo que tenha completado as exigências para aposentadoria voluntária estabelecidas no § 1º, III, a, e que opte por permanecer em atividade **fará jus** a um abono de permanência **equivalente** ao valor da sua contribuição previdenciária até completar as exigências para aposentadoria compulsória contidas no § 1º, II. (Incluído pela Emenda Constitucional nº 41, 19.12.2003)	§ 19. Observados critérios a serem estabelecidos em lei do respectivo ente federativo, o servidor titular de cargo efetivo que tenha completado as exigências para a aposentadoria voluntária e que opte por permanecer em atividade **poderá** fazer jus a um abono de permanência **equivalente, no máximo**, ao valor da sua contribuição previdenciária, até completar a idade para aposentadoria compulsória. (Redação dada pela Emenda Constitucional nº 103, de 2019)

A sutil alteração foi referente à possibilidade de o abono não corresponder ao valor total da alíquota de contribuição. Isso porque, na redação anterior, o Texto Constitucional dizia que o servidor teria direito ao "abono de permanência **equivalente** ao valor da sua contribuição previdenciária". Com a EC nº 103/19 hoje o abono será equivalente a, no máximo, ao valor da sua contribuição previdenciária. Ou seja, poderá ser menor.

Com relação ao servidor que tenha cumprido os requisitos para aposentadoria voluntária, a EC nº 103/19 ressalvou que, até que entre em vigor lei federal de que trata o § 19 do art. 40 da Constituição Federal, o abono de permanência **será equivalente** ao valor da sua contribuição previdenciária, até completar a idade para aposentadoria compulsória.

Acumulação de proventos e vencimentos

Conforme o art. 40, § 6º, da CF, com a redação da EC nº 103/2019 , ressalvadas as aposentadorias decorrentes dos cargos acumuláveis na forma desta Constituição, é vedada a percepção de mais de uma aposentadoria à conta de regime próprio de previdência social, aplicando-se outras vedações, regras e condições para a acumulação de benefícios previdenciários estabelecidas no Regime Geral de Previdência Social.

Assim, os proventos de aposentadoria são **acumuláveis** desde que se refiram a cargos que também seriam acumuláveis, nos termos do art. 37, XVI. É possível, também, acumular:

a) uma aposentadoria do RPPS com uma do RGPS. Ex.: servidor público que era professor em universidade privada;

b) uma aposentadoria do RPPS com o subsídio de **mandato eletivo** ou a remuneração de um cargo de provimento em **comissão.** Assim, o aposentado pelo regime próprio dos servidores pode ser nomeado para cargo em comissão ou ser eleito para mandato eletivo, acumulando a sua aposentadoria com a remuneração do cargo em comissão ou o subsídio do mandato para qual foi eleito (CF, art. 37, § 10);

c) cargo acumulável em atividade com aquele no qual se deu a aposentadoria (CF, art. 37, § 10). Ex.: aposentou-se como médico e é aprovado em novo concurso para médico;

d) duas aposentadorias de cargos acumuláveis com uma do RGPS. Ex.: duas aposentadorias de cargos de médico (serviço público) e aposentadoria como professor em universidade privada.

Segundo o STJ, a aposentadoria é direito patrimonial disponível, sujeita à **renúncia**, possibilitando à recorrente a contagem do respectivo tempo de serviço e o exercício em **outro cargo** público para o qual prestou concurso público (RMS 17.874/MG, Rel. Ministro José Arnaldo da Fonseca, Quinta Turma, julgado em 16.12.2004).

Para o STJ, a acumulação de proventos de servidor aposentado em decorrência do exercício cumulado de dois cargos de profissionais da área de saúde legalmente exercidos, nos termos autorizados pela CF, não se submete ao teto constitucional, devendo os cargos ser considerados isoladamente para esse fim (RMS 38.682-ES, Rel. Min. Herman Benjamin, julgado em 18.10.2012; Informativo nº 508).

Pensão por Morte

A pensão devida aos dependentes também sofreu muitas modificações com a EC nº 103/2019. Com a EC nº 41/03 já havia acabado com a pensão pelo valor da última remuneração do servidor falecido. a EC 41/03 deu nova redação ao § 7º do art. 40 da CF, para dispor que a pensão por morte corresponderia ao valor da totalidade dos proventos do servidor falecido, até o limite máximo estabelecido para os benefícios do RGPS, acrescido de setenta por cento da parcela excedente a este limite.

Com a EC nº 103/2019, o valor da pensão por morte foi reduzido ainda mais.

Vejamos o disposto na nova Emenda:

> *Art. 23. A pensão por morte concedida a dependente de segurado do Regime Geral de Previdência Social ou de servidor público federal será equivalente a uma cota familiar de 50% (cinquenta por cento) do valor da aposentadoria recebida pelo segurado ou servidor ou daquela a que teria direito se fosse aposentado por incapacidade permanente na data do óbito, acrescida de cotas de 10 (dez) pontos percentuais por dependente, até o máximo de 100% (cem por cento).*
>
> *§ 1º As cotas por dependente cessarão com a perda dessa qualidade e não serão reversíveis aos demais dependentes, preservado o valor de 100% (cem por cento) da pensão por morte quando o número de dependentes remanescente for igual ou superior a 5 (cinco).*

Agora, a pensão corresponde a uma cota de 50% com acréscimo de 10 pontos por dependente.

Para se chegar ao valor da cota de 50% deve ser feito o cálculo conforme uma das duas condições: servidor já estava aposentado ou servidor estava na ativa.

Se o servidor já estava aposentado, a cota de 50% corresponderá ao valor da aposentadoria recebida.

Caso o servidor estivesse ativo a cota de 50% será feito o cálculo como se o servidor fosse aposentado por incapacidade permanente.

A partir desse cálculo inicial, haverá acréscimo de cotas de 10 (dez) pontos percentuais por dependente, até o máximo de 100% (cem por cento).

Ex.: João, servidor público, morreu deixou esposa e 2 filhos. Receberá a cota de 50% + 30 pontos de acréscimo referente à esposa e os dois filhos. Assim, o valor da pensão será 80% da média.

Não há também a reversão de cotas. A medida que o dependente perde essa qualidade, a cota é extinta e não é transferida para os demais.

Na hipótese de existir dependente inválido ou com deficiência intelectual, mental ou grave, o valor da pensão por morte será equivalente a: (§2º)

> *I - 100% (cem por cento) da aposentadoria recebida pelo segurado ou servidor ou daquela a que teria direito se fosse aposentado por incapacidade permanente na data do óbito, até o limite máximo de benefícios do Regime Geral de Previdência Social; e*
>
> *II - uma cota familiar de 50% (cinquenta por cento) acrescida de cotas de 10 (dez) pontos percentuais por dependente, até o máximo de 100% (cem por cento), para o valor que supere o limite máximo de benefícios do Regime Geral de Previdência Social.*

Assim, até o teto do RGPS o valor é 100% do teto. Se o servidor ganha mais do que o teto do INSS, haverá uma cota familiar de 50% (cinquenta por cento), do valor excedente, acrescida de cotas de 10 (dez) pontos percentuais por dependente. Então se o servidor tem filho, por exemplo, inválido e ganha R$10.000,00, receberá o teto do RGPS, mais 50% dessa diferença (R$10.000,00 e teto do RGPS) acrescido de 10% em razão do filho dependente.

Para o dependente inválido ou com deficiência intelectual, mental ou grave, sua condição pode ser reconhecida previamente ao óbito do segurado, por meio de avaliação biopsicossocial realizada por equipe multiprofissional e interdisciplinar, observada revisão periódica na forma da legislação.

Quando não houver mais dependente inválido ou com deficiência intelectual, mental ou grave, o valor da pensão será recalculado conforme as regras gerais.

E o tempo de duração da pensão por morte e das cotas individuais por dependente até a perda dessa qualidade, o rol de dependentes e sua qualificação e as condições necessárias para enquadramento serão aqueles estabelecidos na Lei nº 8.213, de 24 de julho de 1991. Assim, a EC nº 103/2019, determinou que as demais regras sobre pensão por morte e dependente do servidor público sejam as mesmas do RGPS.

Acumulação de pensão

Fixou a EC nº 103/2019, art. 24, que é **vedada** a acumulação de mais de uma pensão por morte deixada por cônjuge ou companheiro, no âmbito do **mesmo regime** de previdência social, ressalvadas as pensões do mesmo instituidor decorrentes do exercício de cargos acumuláveis na forma do art. 37 da Constituição Federal. Assim, sedimentou-se a regra de vedação de acumulação de pensão do mesmo regime (RGPS=RGPS e RPPS=RPPS), salvo quando ocorrer situação de cargos acumuláveis permitidos pela CF.

Cabe acrescentar que a vedação de acumulação foi referente à pensão deixada por cônjuge ou companheiro, não havendo impedimento para pensão deixada por filhos, por exemplo.

A EC nº 103/2019 admitiu a cumulação de pensão nas seguintes situações:

I - pensão por morte deixada por cônjuge ou companheiro de um regime de previdência social com **pensão** por morte concedida por **<u>outro regime</u>** de previdência social ou com pensões decorrentes das atividades militares de que tratam os arts. 42 e 142 da Constituição Federal;	PM de RGPS +PM de RPPS; ou PM de RGPS/RPPS + PM Militar
II - pensão por morte deixada por cônjuge ou companheiro de um regime de previdência social com **aposentadoria** concedida no âmbito do Regime Geral de Previdência Social ou de regime próprio de previdência social ou com proventos de inatividade decorrentes das atividades militares de que tratam os arts. 42 e 142 da Constituição Federal; ou	PM de RGPS/RPPS + aposentadoria
III - pensões decorrentes das atividades militares de que tratam os arts. 42 e 142 da Constituição Federal com **aposentadoria** concedida no âmbito do Regime Geral de Previdência Social ou de regime próprio de previdência social.	PM militar + aposentadoria do RGPS/RPPS

Mesmo nos casos de acumulação permitida, não será o valor total que o servidor receberá.

Em situações de acumulação lícita, é assegurada a percepção do **valor integral do benefício mais vantajoso** e de **uma parte** de cada um dos demais benefícios, apurada cumulativamente de acordo com as seguintes faixas:

> *I - 60% (sessenta por cento) do valor que exceder 1 (um) salário-mínimo, até o limite de 2 (dois) salários-mínimos;*

II - 40% (quarenta por cento) do valor que exceder 2 (dois) salários-mínimos, até o limite de 3 (três) salários-mínimos;

III - 20% (vinte por cento) do valor que exceder 3 (três) salários-mínimos, até o limite de 4 (quatro) salários-mínimos; e

IV - 10% (dez por cento) do valor que exceder 4 (quatro) salários-mínimos.

Ex.: Luiz é aposentado do RPPS e ganha R$ 7.000 e seu cônjuge faleceu deixando pensão paga pelo RGPS no valor de R$ 5.000. Nesse caso, Luiz o valor mais vantajoso será R$ 7.000,00 (de aposentadoria) e 10% da pensão deixada por seu cônjuge, pois ultrapassa 4 salários-mínimos.

Regime de Previdência Complementar – RPC

- Breve histórico: Aposentadoria do servidor federal após a EC nº 41/03 e após a criação da Funpresp

Com a EC nº 41/03 diversas regras de aposentadoria e pensão de servidores públicos foram alteradas. A Emenda acabou com a paridade e a integralidade, prevendo, ainda, que a União, os estados, o Distrito Federal e os municípios, **desde que instituam regime de previdência complementar para os seus respectivos servidores titulares de cargo efetivo**, poderiam fixar, para o valor das aposentadorias e pensões a serem concedidas pelo Regime Próprio da Previdência Social – RPPS , o limite máximo estabelecido para os benefícios do Regime Geral de Previdência Social – RGPS de que trata o art. 201 (§ 4º, art. 40).

Se o Ente federativo, portanto, criasse regime de previdência complementar, por intermédio de entidades fechadas de previdência complementar, para seus servidores, era permitido fixar para as aposentadorias o mesmo limite pago no RGPS. Para o servidor garantir uma aposentadoria em valores superiores ao teto do RGPS, deveria contribuir com o regime de previdência complementar, cuja adesão é de caráter facultativo.

A Lei nº 12.618/12 instituiu o regime de previdência complementar para os servidores públicos titulares de cargo efetivo da União, suas autarquias e fundações, inclusive para os membros do Poder Legislativo, do Poder Judiciário, do Ministério Público da União e do Tribunal de Contas da União. Também autorizou a União a criar três entidades fechadas de previdência complementar com a finalidade de administrar e executar plano de benefícios de caráter previdenciário. Pela referida lei, a União foi autorizada a criar as seguintes entidades fechadas de previdência complementar: Funpresp-Exe; Funpresp-Leg e Funpresp-Jud. Assim, cada Poder terá sua entidade para administrar a previdência complementar de seus respectivos servidores. Houve a possibilidade que, no futuro, fosse criada uma única entidade para a gestão de todo o sistema federal de previdência complementar, abrangendo os servidores dos três Poderes do Ministério Público e do Tribunal de Contas da União.

As entidades criadas pela União, Funpresp-Exe, a Funpresp-Leg e a Funpresp-Jud, foram constituídas na forma de fundação, de natureza pública, com personalidade jurídica de direito privado, ou seja, Fundação Pública de Direito Privado. Assim, seguem as regras do direito privado, as demais regras previstas na lei que autorizou sua criação e, ainda, outras regras públicas que recaem sobre tais entidades. Já que são entidades integrantes da Administração Indireta, estão submetidas às regras da Lei de Licitações , acerca de licitações e contratos, realização de concurso para a contratação de pessoal, no caso de empregos permanentes, e regidos pela CLT.

Na estrutura organizacional da Funpresp deve haver conselho deliberativo, conselho fiscal e diretoria executiva.

O regime de previdência complementar dos Servidores Públicos Federais entrou em vigor em 4.2.2013, com a publicação da Portaria Previc nº 44/2013. Os servidores que aderirem ao regime de previdência complementar receberão dois benefícios, um pelo RPPS da União, até o limite do benefício pago pelo RGPS, e outro pelo Regime de Previdência Complementar do Servidor – RPC, com base no seu saldo de contas acumulado ao longo dos anos até a data da sua aposentadoria. Os demais servidores que não aderirem ao regime de previdência complementar receberão o benefício pago pelo RPPS da União, observado o limite do benefício pago pelo RGPS.

Para servidores que já tinham ingressado no serviço público antes da instituição do RPC, somente mediante sua prévia e expressa opção poderá estar submetido a esse regime e sujeito ao mesmo teto do RGPS. Se o servidor ingressou no serviço público após a EC nº 41/03 e antes de ser criado o RPC, sua aposentadoria seria calculada segundo a média aritmética simples das maiores remunerações, utilizadas como base para as contribuições do servidor aos regimes de previdência a que esteve vinculado, correspondentes a 80% de todo o período contributivo (Lei nº 10.887/2004).

Por fim, vale ressaltar o entendimento da Advocacia Geral da União – AGU, mediante Parecer nº 009/2013/JCBM/CGU/AGU, aprovado pelo Advogado-Geral da União em 31 de outubro de 2013, de que se aplica obrigatoriamente o regime instituído pela Lei nº 12.618, de 2012, aos servidores que ingressaram no serviço público federal a partir de 4 de fevereiro de 2013, ainda que oriundos, sem quebra de continuidade, do serviço público dos estados, do Distrito Federal e dos municípios, não podendo fazer a opção constante do art. 3º, II, da Lei nº 12.618/12. O entendimento citado interpretou a expressão "serviço público", previsto no § 16 da CF, restringido ao Ente federado que houver instituído seu próprio regime de previdência complementar.

A EC nº 103/2019 estabeleceu que a instituição do regime de previdência complementar na forma dos §§ 14 a 16 do art. 40 da Constituição Federal e a adequação do órgão ou entidade gestora do regime próprio de previdência social ao § 20 do art. 40 da Constituição Federal **deverão ocorrer no prazo máximo de 2 (dois) anos da data de de sua entrada em vigor.**

Vedação de criação de novos regimes próprios após EC nº 103/2019

> *Art. 40*
>
> *§ 22. Vedada a instituição de* ***novos regimes próprios*** *de previdência social, lei complementar federal estabelecerá, para os que já existam, normas gerais de organização, de funcionamento e de responsabilidade em sua gestão, dispondo, entre outros aspectos, sobre:*

Assim, para os Entes da Federação que já tinham regime próprio, lei complementar federal estabelecerá, normas gerais de organização, de funcionamento e de responsabilidade em sua gestão. Para os demais Entes que não tinham criado, ficou vedada a sua instituição. E até que entre em vigor a referida lei complementar, aplicam-se aos regimes próprios de previdência social o disposto na Lei nº 9.717, de 27 de novembro de 1998.

Os Estados, o Distrito Federal e os Municípios não poderão estabelecer alíquota inferior à da contribuição dos servidores da União, exceto se demonstrado que o respectivo regime próprio de previdência social não possui déficit atuarial a ser equacionado, hipótese em que a alíquota não poderá ser inferior às alíquotas aplicáveis ao Regime Geral de Previdência Social.

Os recursos de **regime próprio** de previdência social poderão ser aplicados na concessão de **empréstimos a seus segurados**, na modalidade de consignados, observada regulamentação específica estabelecida pelo Conselho Monetário Nacional. Essa nova fonte de recursos para empréstimos a servidores permitirá juros mais baixos quando o servidor for fazer o financiamento e será, também, uma nova "fonte de renda" para o sistema previdenciário.

E, por fim, e não menos assustador, prevê que por meio de lei (pode ser uma simples LEI ORDINÁRIA), poderá ser instituída contribuição extraordinária pelo prazo máximo de 20 (vinte) anos, nos termos dos §§ 1º-B e 1º-C do art. 149 da Constituição Federal.

10. DISPOSIÇÕES DA LEI Nº 8.112/90

10.1. Âmbito de aplicação

A Lei nº 8.112/90 institui o Regime Jurídico dos Servidores Públicos Civis da **União**, das autarquias, inclusive as em regime especial, e das fundações públicas **federais**. O referido diploma não é lei nacional, mas sim lei federal. Portanto, cada Ente federativo possui autonomia para elaborar estatuto jurídico próprio referente a seus servidores.

Ressalte-se que, em relação às empresas públicas e sociedade, de economia mista, tanto aquelas criadas em nível federal como também pelos demais entes federativos, o regime será o trabalhista, também chamado de celetista, por ser oriundo da Consolidação das Leis Trabalhistas – CLT, tendo em vista que a Constituição, art. 173, submete essas entidades ao mesmo regime das demais empresas privadas no que se refere às obrigações comerciais, civis, **trabalhistas** e fiscais. Desse modo, outro não poderia ser o regime a ser adotado, na medida em que as empresas privadas, com as quais concorre a empresa pública e a sociedade de economia mista, são regidas pela CLT.

10.2. Provimento – art. 8º

Provimento é a ocupação de um cargo vago, podendo ser originário ou derivado. Provimento **originário** é aquele que não decorre de anterior vínculo da pessoa com a Administração. A **nomeação** é a única forma de provimento originário, e pode ocorrer para cargo de provimento efetivo ou em comissão (art. 9º, Lei nº 8.112/90), devendo ser precedida por concurso público, na primeira hipótese (art. 10, Lei nº 8.112/90).

Provimento **derivado** é aquele que decorre de um vínculo anterior da pessoa com a Administração, isto é, o cargo é provido em virtude de a pessoa já ser titular de um cargo.

Celso Antônio Bandeira de Mello faz a seguinte classificação sobre as formas de provimento: provimento derivado vertical e horizontal ou por reingresso.

Provimento **derivado vertical** ocorre por meio da promoção (por merecimento ou antiguidade); o servidor alcança cargo mais elevado, dentro da mesma carreira. No provimento **derivado horizontal** ocorre quando o servidor é readaptado para um cargo compatível com sua limitação, seja de capacidade física ou mental. No provimento **derivado por reingresso** o servidor restabelece a situação com o cargo anterior ou com novo cargo, ocorrendo por meio da reversão, reintegração e aproveitamento.

O provimento dos cargos públicos far-se-á mediante ato da autoridade competente de cada poder (art. 6º, Lei nº 8.112/90). A investidura em cargo público ocorrerá com a posse (art. 7º, Lei nº 8.112/90).

Investidura é a efetiva atribuição de um cargo (conjunto de atribuições e responsabilidades) a uma pessoa, que então passa a ser servidor público (se já não o era). A investidura é um ato complexo, porque depende de duas manifestações que se unem para formar um ato só (a própria investidura): o provimento (ato da Administração Pública) e a concordância do "provido", que só então passa a ser titular do cargo.

A Lei nº 8.112/90 traz formas de provimento:

a) nomeação;

b) promoção;

c) readaptação;

d) reversão;

e) aproveitamento;

f) reintegração;

g) recondução.

Anteriormente, havia duas formas de provimento derivado, a **ascensão e a transferência**, mas essas foram declaradas inconstitucionais pelo STF e, depois, revogadas pela Lei nº 9.527/97. Essas formas previam a movimentação do servidor de uma carreira para outra, dentro do mesmo quadro (ascensão), ou até mesmo de um quadro para outro (transferência).[69]

10.2.1. Formas de provimento

10.2.1.1. Nomeação

A nomeação far-se-á em caráter efetivo, quando se tratar de cargo isolado de provimento efetivo ou de carreira. Igualmente, os cargos em comissão são providos mediante nomeação, inclusive na condição de interino, para cargos de confiança vagos.

Há que ser relembrado que os cargos em comissão dispensam a realização de concurso público. No entanto, não dispensam o ato de nomeação. Por outro lado, a nomeação para cargo de carreira ou cargo isolado de provimento efetivo depende de prévia habilitação em concurso público de provas ou de provas e títulos.

Logo após o ato de nomeação, ocorre a posse. Para a investidura e a estabilidade em cargo efetivo, o servidor terá de percorrer o seguinte caminho:

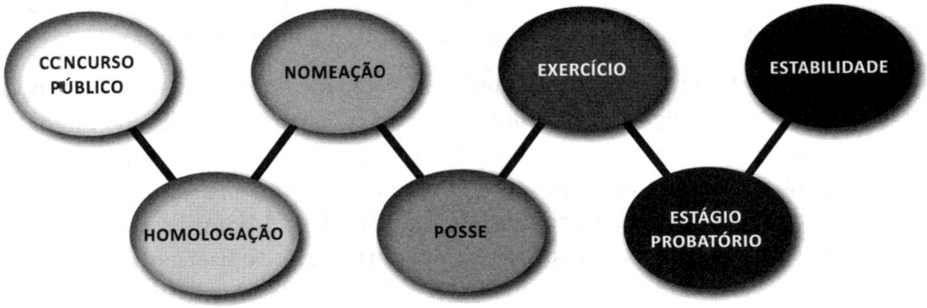

69 Súmula nº 685 do STF: "é inconstitucional toda modalidade de provimento que propicie ao servidor investir-se, sem prévia aprovação em concurso público destinado ao seu provimento, em cargo que não integra a carreira na qual anteriormente investido".

A homologação é o ato de aprovação do certame. Com ela, inicia-se o prazo de validade do concurso, que poderá ser de dois anos, prorrogável uma vez por igual período.

Uma vez homologado o concurso, a Administração fará a nomeação do candidato, que, em no máximo 30 dias, deve tomar posse (§ 1º, art. 13).

A posse dar-se-á pela assinatura do respectivo termo, no qual deverão constar as atribuições, os deveres, as responsabilidades e os direitos inerentes ao cargo ocupado, que não poderão ser alterados unilateralmente, por qualquer das partes, ressalvados os atos de ofício previstos em lei. A posse é o ato que perfaz a investidura. A partir da posse é que alguém se torna servidor.

Se o nomeado não toma posse no prazo legal, ficará **sem efeito** o ato de nomeação.

No caso de quem já é servidor e está no gozo de algumas licenças, o prazo de trinta dias para tomar posse não será alterado, apenas se adiará o início da contagem para a data em que o servidor retornar à atividade (término da licença ou afastamento). É de lembrar que apenas algumas licenças e afastamentos autorizam protrair o termo inicial da contagem do prazo para a posse – são eles (§ 2º):

- Licença por motivo de doença em pessoa da família (art. 81, I);
- Licença para o serviço militar (art. 81, III, e 102, VIII, *f*);
- Licença para capacitação (art. 81, V, e 102, VIII, *e*);
- Férias (art. 102, I);
- Participação em programa de treinamento regular (art. 102, IV);
- Participação em júri e outros serviços obrigatórios (art. 102, VI);
- Licença à gestante, à adotante e licença-paternidade (art. 102, VIII, *a*);
- Licença para tratamento da própria saúde (art. 102, VIII, *b*);
- Licença por motivo de acidente em serviço ou moléstia profissional (art. 102, VIII, *d*);
- Período de trânsito (deslocamento para nova sede): art. 102, IX;
- Participação em competição desportiva nacional ou internacional (art. 102, X).

Doutrina e jurisprudência têm entendido que a nomeação gera direito à posse. Nesse passo, uma vez nomeado o servidor, não poderá haver revogação do ato de nomeação.[70]

A posse em cargo público dependerá de prévia inspeção médica oficial (art. 14). Só poderá ser empossado aquele que for julgado apto, física e mentalmente, para o exercício do cargo. Exige-se apenas a aptidão física e mental para o exercício do cargo, até mesmo porque outra exigência poderia configurar inaceitável desrespeito ao princípio constitucional da dignidade humana, fundamento da República Federativa do Brasil (CF, art. 1º, III). A doutrina majoritária entende que o simples fato de alguém ser aidético, por exemplo, não é motivo para a negativa de dar posse a essa pessoa – o que, obviamente, será impossível é deferir a ela aposentadoria com proventos integrais com base nessa mesma doença.

---

70 STF – Súmula 16: "Funcionário nomeado por concurso tem direito à posse." STF – Súmula 17: "A nomeação de funcionário sem concurso pode ser desfeita antes da posse."

No ato da **posse**, o servidor apresentará declaração de bens e valores que constituem seu patrimônio e declaração quanto ao exercício ou não de outro cargo, emprego ou função pública.

A Lei nº 8.429/92, Lei de Improbidade Administrativa – LIA, exige a declaração de bens não só no ato da posse, mas também ao entrar em exercício, devendo ser *anualmente* atualizada. A disposição da LIA é um tanto sem sentido, pois o servidor terá de apresentar a declaração não só no ato da posse, bem como ao entrar em exercício, ou seja, 15 dias depois. É complicado o servidor conseguir aumentar seu patrimônio em 15 dias. A exigência da LIA de atualização anual da declaração se justifica porque existe ato de improbidade configurado só pelo fato do servidor adquirir patrimônio incompatível com o cargo que ocupa. Assim, a atualização serve para acompanhar a evolução patrimonial do servidor.

A posse poderá dar-se mediante procuração específica. Assim, caso o aprovado no concurso não possa tomar posse em razão de fato momentâneo impeditivo (ex.: está hospitalizado ou em viagem), poderá outorgar procuração **específica** para que outro pratique esse ato em seu lugar.

De outro modo, não é possível o exercício mediante procuração. Exercício é o efetivo desempenho das atribuições do cargo público ou da função de confiança (art. 15). Como alguém irá outorgar procuração para que outro trabalhe em seu lugar?

É de quinze dias o prazo para o servidor empossado em cargo público entrar em exercício, contados da data da posse. O servidor será **exonerado** do cargo, ou será tornado sem efeito o ato de sua designação para função de confiança, se não entrar em exercício no prazo legal. O que ocorre na prática, normalmente, é a posse e o exercício ocorrerem no mesmo dia.

ATENÇÃO!

- Servidor foi nomeado e não tomou posse – torna sem efeito o ato de nomeação.
- Servidor tomou posse e não entrou em exercício – exoneração.

O início do exercício de função de confiança coincidirá com a data de **publicação** do ato de designação, salvo quando o servidor estiver em licença ou afastado por qualquer outro motivo legal, hipótese em que esse início recairá no primeiro dia útil após o término do impedimento, que não poderá exceder a trinta dias da publicação.

COMO ESSE ASSUNTO TEM SIDO ABORDADO NAS PROVAS

✦ **(CESPE – TJDFT – Analista Judiciário – Administrativa – 2007)** Considere as seguintes situações, identificadas em numeração sucessiva. Fábio prestou concurso público e foi aprovado (1). Após ser nomeado (2), tomou posse (3) no cargo e entrou em exercício (4). Contudo, Fábio prestara também um outro concurso público e foi chamado a assumir o novo cargo público. Após meditar, Fábio resolveu pedir exoneração (5) do cargo que exercia para assumir o novo cargo, inacumulável, em outro órgão (6). Tendo por base a narrativa acima, julgue os itens subsequentes.

1) A situação 4 identifica o efetivo desempenho das atribuições do cargo público.

2) Após a ocorrência da situação 3, Fábio teria 30 dias para praticar a ação 4.

Resposta: 1 – Correto. 2 – Errado.

O início, a suspensão, a interrupção e o reinício do exercício serão registrados no assentamento individual do servidor. A promoção não interrompe o tempo de exercício, que é contado no novo posicionamento na carreira a partir da data de publicação do ato que promover o servidor (arts. 16 e 17).

O servidor que deva ter exercício em outro município em razão de ter sido removido, redistribuído, requisitado, cedido ou posto em exercício provisório terá, no **mínimo, dez e, no máximo, trinta dias** de prazo, contados da publicação do ato, para a retomada do efetivo desempenho das atribuições do cargo, incluído nesse prazo o tempo necessário para o deslocamento para a nova sede. Na hipótese de o servidor encontrar-se em licença ou afastado legalmente, o referido prazo será contado a partir do término do impedimento, sendo-lhe facultado declinar dos prazos estabelecidos.

Trata-se do chamado "período de trânsito": se necessitar ter exercício em outro município, em virtude de remoção (art. 36), redistribuição (art. 37), requisição ou cessão (afastamento para servir a outro órgão ou entidade, nos termos do art. 93), o servidor fará jus a um período para a retomada do exercício.

10.2.1.2. Promoção

Promoção é o ato pelo qual o servidor passa de um determinado padrão (nível, categoria) para outro, dentro da mesma carreira. Ex.: quando se entra no cargo de Procurador da Fazenda Nacional ou nas carreiras da AGU de modo geral (Procurador Federal, Defensoria Pública da União e Procuradores do Banco Central), o servidor entra como Procurador de 2º categoria, podendo ser elevado a Procurador de 1ª categoria e categoria especial. Com a promoção, o subsídio/remuneração recebe um acréscimo pecuniário, e devem ser elevadas as atribuições exercidas.

10.2.1.3. Readaptação – art. 24

Readaptação é a investidura do servidor em cargo de atribuições e responsabilidades compatíveis com a limitação que tenha sofrido em sua capacidade **física** ou **mental** verificada em inspeção médica. É, ao mesmo tempo, uma forma de provimento derivado e de vacância (arts. 8º, V, e 33, VI).

Ocorrerá quando o servidor titular de cargo de provimento efetivo sofrer limitações em sua capacidade ***física*** ou ***mental*** (em decorrência de doença, acidente em serviço ou não etc.) que, embora não justifiquem a aposentadoria por invalidez permanente com proventos proporcionais ou integrais (CF, art. 40, § 1º, I), também não permitem o desempenho normal das atividades do cargo. Pode ocorrer, por exemplo, no caso de professor que tem problema nas cordas vocais (limitação física) ou que presencia aluno sendo assassinado em sala de aula e não consegue mais lecionar (limitação mental). Nesses dois casos, ocorrerá readaptação em outra função compatível. Caso contrário, o servidor deverá ser aposentado.

A readaptação será efetivada em cargo de atribuições afins, respeitada a habilitação exigida, nível de escolaridade e equivalência de vencimentos e, na hipótese de inexistência de cargo vago, o servidor exercerá suas atribuições como ***excedente***, até a ocorrência de vaga.

COMO ESSE ASSUNTO TEM SIDO ABORDADO NAS PROVAS

✦ **(Cespe – STM – Técnico – 2010)** As formas de provimento de cargo incluem a readaptação, que consiste no retorno de servidor aposentado por invalidez à atividade, em decorrência de comprovação, por junta médica oficial, de cessação dos motivos da aposentadoria.

Gabarito: Errado. Tal situação corresponde ao conceito de reversão (retorno do servidor aposentado) e não readaptação (assunção de novo cargo em virtude de deficiência adquirida).

10.2.1.4. Reversão – art. 25

Reversão é o retorno de servidor, **aposentado** por invalidez, à atividade, quando junta médica oficial declarar insubsistentes os motivos da aposentadoria, ou por interesse da Administração.

Reversão involuntária é aquela que independe da vontade do servidor. Ocorre quando não mais subsistem os motivos que justificaram a aposentadoria do servidor por invalidez (CF, art. 40, § 1º, I). Ex.: servidor aposentado por paralisia permanente e que, graças a tratamento, consegue recobrar os movimentos. A insubsistência deve ser declarada por junta médica oficial.

A reversão dar-se-á no mesmo cargo em que o servidor se aposentou ou naquele que resultou de eventual transformação. Caso o cargo estiver provido, o servidor ficará como ***excedente***, até a ocorrência de vaga.

Reversão voluntária ou a pedido ou no interesse da Administração: ocorre quando o servidor aposentado voluntariamente (CF, art. 40, § 1º, III) pede para voltar ao cargo. São requisitos para a reversão voluntária:

a) solicitação do aposentado (por isso denominada voluntária ou a pedido).

b) a aposentadoria tenha sido voluntária.

c) o servidor já era estável antes de se aposentar.

d) prazo máximo de cinco anos entre a aposentadoria e a reversão.

e) existência de vaga.

Não será possível a reversão do servidor que tiver completado 70 anos, pois esse é o limite fixado na Lei nº 8.112/90. Em que pese a idade para a aposentadoria compulsória ter sido elevada para 75 anos, a idade para reverter continuou em 70 anos na Lei nº 8.112/90.

COMO ESSE ASSUNTO TEM SIDO ABORDADO NAS PROVAS

✦ **(Cespe – TJDFT – Técnico Judiciário – Administrativa – 2007)** A reversão no interesse da Administração ocorre por determinação da própria Administração e atinge ex-servidor que, quando em atividade, era detentor de cargo efetivo e tenha sido aposentado voluntariamente nos últimos cinco anos.

Resposta: Errado.

✦ **(TRE-AL – Analista – FCC – 2010)** Benedita aposentou-se por invalidez. Entretanto, junta médica oficial julgou insubsistente os motivos de sua aposentadoria. Nesse caso, é certo que, dentre outras situações pertinentes,

A) o tempo de até cento e oitenta dias em que a servidora estiver em exercício não poderá ser contado para a concessão da aposentadoria.

B) a servidora poderá reverter em qualquer cargo, a critério da Administração.

C) a reversão far-se-á no mesmo cargo ou no cargo resultante de sua transformação.

D) poderá dar-se a reversão, ainda que a servidora tenha completado setenta anos de idade.

E) encontrando-se provido o cargo, a servidora ficará em disponibilidade pelo período de até dois anos.

Gabarito: Alternativa C.

10.2.1.5. Reintegração – art. 28

A reintegração é a reinvestidura do servidor estável no cargo anteriormente ocupado, ou no cargo resultante de sua transformação, quando invalidada a sua ***demissão*** por decisão administrativa ou judicial, com ressarcimento de todas as vantagens.[71] Na hipótese de o cargo ter sido extinto, o servidor ficará em disponibilidade. Encontrando-se provido o cargo, o seu eventual ocupante será reconduzido ao cargo de origem, sem direito a indenização, ou aproveitado em outro cargo, ou, ainda, posto em disponibilidade.

A reintegração, portanto, é o retorno do servidor que foi ilegalmente demitido. Esse retorno é consequência do ato de anulação da demissão, que pode ser feito pela via judicial (CF, arts. 5º, XXXV, e 41, § 2º) ou administrativa (Lei de Processo Administrativo – Lei nº 9.784/99: art. 53), por meio da revisão do processo administrativo disciplinar, prevista nos arts. 174/182 da Lei nº 8.112, a pedido ou de ofício.

O servidor, porque foi demitido ilegalmente, por responsabilidade (objetiva) do Estado (CF, art. 37, § 6º), deve receber retroativamente todas as vantagens a que faria jus se estivesse no exercício do cargo.

Servidor em estágio probatório demitido/exonerado de forma ilegal pode ser reintegrado?

Numa leitura literal da lei, não, pois o art. 28 refere-se expressamente a "servidor estável". Mas, lembre-se, vivemos num Estado de Direito, em que a lei deve ser respeitada. Assim, se um servidor, mesmo não estável, for demitido de forma ilegal, não poderá voltar? Claro que sim. Apenas a lei não usa, para esse fenômeno, o nome "reintegração". É um retorno, simplesmente, um efeito da anulação (*ex tunc*) da demissão ilegal, pois dos atos nulos não decorrem efeitos (STF, Súmula nº 473, e Lei nº 9.784/99, art. 53). É um retorno sem nome, um "retorno inominado". Contudo, vale ressaltar que deverá cumprir o período restante do estágio probatório.

10.2.1.6. Recondução – art. 29

Recondução é o retorno do servidor ***estável*** ao cargo anteriormente ocupado, e decorrerá de inabilitação em estágio probatório relativo a outro cargo ou de reintegração do anterior ocupante. Encontrando-se provido o cargo de origem, o servidor será aproveitado em outro cargo compatível com a escolaridade, atribuições e remuneração.

---

71 CF, art. 41, § 2º, na redação da EC 19/98: "Invalidada por sentença judicial a demissão do servidor estável, será ele reintegrado, e o eventual ocupante da vaga, se estável, reconduzido ao cargo de origem, sem direito a indenização, aproveitado em outro cargo ou posto em disponibilidade com remuneração proporcional ao tempo de serviço."

A primeira hipótese, inabilitação no estágio probatório para outro cargo efetivo, refere-se ao servidor que já era estável no serviço público e que é nomeado (em virtude de aprovação em concurso público de provas ou de provas e títulos) para exercer outro cargo efetivo. Caso seja inabilitado no período de prova, deverá ser reconduzido ao cargo que ocupava anteriormente, visto que já é estável no serviço público. A possibilidade de recondução ao cargo anterior somente pode ser explicada se tomarmos por verdadeiro o fato de que, ao assumir outro cargo inacumulável, o servidor gera a **vacância** do cargo de origem (art. 33, VIII) sem, no entanto, extinguir o vínculo que possui com a Administração. Para manter o vínculo com o cargo anterior, o servidor deve pedir a declaração de vacância pela posse em outro cargo inacumulável, não a exoneração, pois esta extingue o vínculo com o Poder Público.[72]

Atualmente, porém, tem prevalecido o entendimento de que o servidor pode ser reconduzido ao cargo de origem mesmo que tenha pedido exoneração, e não vacância. Logo, a única diferença prática entre os institutos é a questão do pagamento de verbas remanescentes (que é feita em caso de exoneração, mas não de vacância, pois há continuidade do vínculo) e a contagem do tempo de serviço (que é interrompida em caso de exoneração, mas continuada em caso de vacância).

Na segunda hipótese, recondução em virtude de reintegração do anterior ocupante, há previsão constitucional (art. 41, § 2º).

Em relação à situação do ocupante da vaga que não é estável, uma corrente defende que, nesse caso, o servidor deve ser exonerado; outra defende a impossibilidade de exoneração (a divergência ainda não tem solução).

O STJ admitiu a recondução para o cargo anterior, mesmo entre Entes federativos diversos.[73]

10.2.1.7. Aproveitamento – art. 30

É a colocação do servidor em disponibilidade em cargo de atribuições e vencimentos compatíveis com o anteriormente ocupado, vale dizer, é a forma de provimento derivado consistente no retorno à atividade – quando do surgimento de vaga – do servidor que se encontrava em disponibilidade.

Disponibilidade é a inatividade remunerada de servidor público estável, até seu adequado aproveitamento em outro cargo.[74]

Será tornado sem efeito o aproveitamento e cassada a disponibilidade se o servidor não entrar em exercício no prazo legal, salvo doença comprovada por junta médica oficial (art. 32).

72 STF, 2ª Turma, MS 24.543/DF, Relator Ministro Carlos Velloso, *DJ* de 12.09.2003: "Constitucional. Administrativo. Servidor público. Estágio probatório. Lei 8.112/90, art. 20, § 2º. CF, art. 41. [...] I – O direito de o servidor, aprovado em concurso público, estável, que presta novo concurso e, aprovado, é nomeado para cargo outro, retornar ao cargo anterior ocorre enquanto estiver sendo submetido ao estágio probatório no novo cargo: Lei 8.112/90, art. 20, § 2º. É que, enquanto não confirmado no estágio do novo cargo, não estará extinta a situação anterior. II – No caso, o servidor somente requereu a sua recondução ao cargo antigo cerca de três anos e cinco meses após a sua posse e exercício neste, quando, inclusive, já estável: CF, art. 41. III – MS indeferido."

73 Recurso em Mandado de Segurança – RMS nº 12.576.

74 CF, art. 41, § 3º: "Extinto o cargo ou declarada a sua desnecessidade, o servidor estável ficará em disponibilidade, com remuneração proporcional ao tempo de serviço, até seu adequado aproveitamento em outro cargo."

10.3. Da vacância – art. 33

Vacância é o ato contraposto ao de provimento, tornando vago o cargo anteriormente ocupado.[75]

Formas de vacância:

a) **Exoneração:** forma de perda do cargo (a pedido ou não) do servidor em atividade, mas sem caráter punitivo (art. 34).

b) **Demissão:** perda do cargo, com caráter **punitivo** (ver arts. 127 e 132).

c) **Promoção:** é, simultaneamente, forma de provimento e de vacância.

d) **Readaptação:** também é forma de provimento e de vacância.

e) **Aposentadoria:** é a passagem do servidor, definitivamente, para a inatividade remunerada (passa a receber proventos). Ver arts. 186/195.

f) **Posse em outro cargo inacumulável**, conhecida vulgarmente pela expressão "pedido de vacância": pode utilizar-se desse instrumento o servidor estável (pois somente ele pode, por essa modalidade, ser reconduzido) que sai para ocupar outro cargo efetivo, lá devendo cumprir novo estágio probatório. A utilização do referido instrumento assegura que, em caso de inabilitação no período de prova, ou mesmo de desistência do novo cargo, o servidor possa voltar, por meio de recondução, ao antigo cargo. Só o servidor estável pode utilizar-se desse instrumento para a recondução. Na verdade, também o servidor não estável pode pedir a declaração de vacância pela posse em outro cargo inacumulável, só que, nesse caso, ela terá os mesmos efeitos da exoneração (desligamento do cargo), já que será impossível lograr uma recondução.

g) **Falecimento:** morte do servidor.

QUESTÃO ABORDADA EM CONCURSO

✦ **(ESAF – CGU – Técnico de Finanças e Controle – 2008)** Assinale o tipo de exoneração que se caracteriza por encerrar um juízo de conveniência e oportunidade da Administração.

a) Exoneração *ad nutum*.

b) Decorrente de não aprovação do servidor não estável em estágio probatório.

c) A pedido do servidor.

d) Quando o servidor não toma posse no prazo legal.

e) Em razão da não observância do limite gasto com pessoal previsto na Lei de Responsabilidade Fiscal.

Resposta: A.

---

75 "Administrativo. Adiantamento do 13 salário. Devolução. Vacância. Exoneração. [...] 2. A vacância é instituto mais benéfico e que assegura a recondução ao cargo anteriormente ocupado, na forma do art. 29 da Lei nº 8.112/90. 3. A exoneração somente possibilita a reintegração, quando invalidada a demissão por decisão administrativa ou judicial. 4. Assegurado o direito à vacância sem óbice da restituição do 13º salário recebido adiantado" (TRF 4ª Região, Pleno, MS 1998.04.01.051045-2, Relator Edgar Antonio Lippman Júnior, j. 24.02.1999, disponível em http://www.jf.gov.br/juris/?, acesso em 18 mar. 2008). Também assim se orienta a jurisprudência do Superior Tribunal de Justiça (conferir MS 12.107/DF, 3ª Seção, Relator Ministro Feliz Fischer, *DJ* de 18.12.2006, p. 302).

10.4. Remoção e redistribuição – arts. 36 e 37

Os dois institutos citados não são formas de provimento. São formas de deslocamento do **servidor** ou do **cargo**.

A **remoção é** o deslocamento do servidor, no âmbito do mesmo quadro, com ou sem mudança de sede, podendo ser:

a) de ofício;

b) a pedido, a critério da Administração;

c) a pedido, **independentemente** do interesse da Administração:

c.1) **para acompanhar cônjuge ou companheiro**, também servidor público civil ou militar; de qualquer dos Poderes da União, dos estados, do DF e municípios, que foi deslocado no interesse da Administração;

c.2) por **motivo de saúde** do servidor, do cônjuge, companheiro ou dependente que viva às suas expensas e conste do seu assentamento funcional, condicionada à comprovação por junta médica oficial;

c.3) em virtude de **processo seletivo** promovido, na hipótese em que o número de interessados for superior ao número de vagas, de acordo com as normas preestabelecidas pelo órgão ou entidade em que aqueles sejam lotados.

A Lei nº 12.998/2014 estabeleceu que não será concedida ajuda de custo nas hipóteses de remoção previstas nos incisos II e III do parágrafo único do art. 36, que se referem à remoção a pedido do servidor. Assim, só terá direito a ajuda de custo se a remoção ocorrer de ofício pela Administração.

Entendeu o STJ que não há direito à remoção em razão de aprovação do cônjuge ou companheiro do servidor em concurso público e nomeado em localidade diversa de sua lotação. A primeira investidura em concurso público afasta a invocação do instituto da remoção para manutenção da unidade familiar, em razão do prévio conhecimento das normas expressas no edital do certame, as quais vinculam candidatos e Administração, cuja atuação reflete a observância da preservação do interesse público.[76]

Redistribuição é o deslocamento de **cargo**, dentro da carreira, para outro órgão ou entidade do MESMO PODER, com atribuições, responsabilidades e vencimentos equivalentes. Pode incidir sobre cargo ocupado ou vago.[77]

76 AgRg no AREsp 201.588/CE, Rel. Ministro Benedito Gonçalves, Primeira Turma, julgado em 05.08.2014.

77 MS. Servidor. Ato. Redistribuição. A recorrente insurge-se contra o ato do Ministro da Defesa que a removeu, de ofício, do extinto Departamento de Aviação Civil – DAC para o Comando Aéreo Regional III. Alega que preenche todos os requisitos legais para ser redistribuída à Anac, especialmente porque todos os servidores optantes que ocupavam o cargo de agente administrativo ou de técnico de assuntos educacionais e integravam o Comando da Aeronáutica foram, com a extinção do Departamento de Aviação Civil, redistribuídos para o quadro da Anac. Mas a seção denegou a ordem em mandado de segurança ao entendimento de que o ato de redistribuição de servidor público é instrumento de política de pessoal da Administração, que deve ser realizada no estrito interesse do serviço, levando em conta a conveniência e a oportunidade da transferência do servidor para as novas atividades. O controle judicial dos atos administrativos discricionários deve-se limitar ao exame de sua legalidade, eximindo-se o Judiciário de adentrar a análise de mérito do ato impugnado. Precedente citado: REsp 187.904-SC, *DJ* 4.6.2001. MS 12.629-DF, Rel. Min. Felix Fischer, julgado em 22.8.2007" (Informativo nº 323 do STJ).

Forma de deslocamento/característica	Remoção	Redistribuição
Objeto do deslocamento	Servidor	Cargo
É forma de provimento ou vacância	Não	Não
É forma de deslocamento	Sim	Sim
Pode incidir sobre cargo vago	Não (a remoção é do servidor e, só por consequência, do cargo)	Sim
Depende da vontade do servidor	Em determinadas modalidades, sim	Não
Modalidades	A pedido ou de ofício	Somente de ofício

10.5. Substituição – art. 38

Substituição é a designação de um servidor para exercer interinamente as funções do superior hierárquico, quando este se encontrar impedido ou afastado ou quando o cargo ou função ficar vago. A substituição se destina aos cargos em comissão e às funções de confiança.

De acordo com a Lei nº 8.112/90, os servidores investidos em cargo ou função de direção ou chefia e os ocupantes de cargo de Natureza Especial terão substitutos indicados no **regimento interno** ou, no caso de omissão, previamente designados pelo **dirigente máximo** do órgão ou entidade.

O substituto assumirá automática e cumulativamente, sem prejuízo do cargo que ocupa, o exercício do cargo ou função de direção ou chefia e os de natureza especial, nos afastamentos, impedimentos legais ou regulamentares do titular e na vacância do cargo, hipóteses em que deverá **optar** pela remuneração de um deles durante o respectivo período.

Conforme a letra da lei, o substituto só fará jus à retribuição do cargo em comissão ou função de confiança nos casos de substituição **superior** a trinta dias (§ 2º).[78]

No primeiro período (30 dias)	Cumula as funções e escolhe a remuneração	Cargo atual ou cargo que está substituindo.
Depois de 30 dias	Deixa de acumular e só exerce as funções da substituição e a respectiva remuneração.	

78 Jurisprudência: STJ, Quinta Turma, REsp 275.896/DF, Relator Ministro José Arnaldo da Fonseca: "Recurso especial. Administrativo e constitucional. Mandado de segurança. Servidor. Substituição. Remuneração. Impossibilidade. Medida Provisória 1.522/96. Reedição. Conversão em lei. Alteração da Lei 8.112/90. Possibilidade. A jurisprudência do eg. STF admite a reedição de medida provisória não votada pelo Congresso, com preservação de eficácia do provimento com força de lei, sem solução de continuidade, até que eventualmente se consume, sem reedição, seu prazo de validade. A referida MP culminou por ser convertida na Lei nº 9.527/97, alterando-se o art. 38 do RJU, não mais permitindo, então, a remuneração nos termos pretendidos pela impetrante. Recurso provido, com a consequente denegação da ordem." STJ, Sexta Turma, RMS 11.343/DF, Relator Ministro Fernando Gonçalves: "Administrativo. Servidor público. Cargo em comissão. Afastamento. Substituição. Pagamento ao substituído. Medida Provisória nº 1.522/97 e Lei nº 9.527/97. Incidência. 1 – Nos termos do entendimento sufragado pelo STF, no caso de sucessivas reedições de medida provisória, sem solução de continuidade, a sua eficácia resta incólume, com força de lei. 2 – Sendo assim, no concernente à substituição, prevista no art. 38, § 2º, da Lei nº 8.112/90, prevalece a alteração engendrada pela MP nº 1.522/97, consolidada, mais tarde, na Lei nº 9.527/97, no sentido de que o substituto somente terá direito 'à retribuição pelo exercício do cargo ou função de direção ou chefia ou de cargo de natureza especial, nos casos de afastamentos ou impedimentos legais do titular, superiores a trinta dias consecutivos, paga na proporção dos dias de efetiva substituição, que excederem o referido período', condição temporal, aliás, não ocorrente *in casu*. 3 – Recurso improvido."

O TCU entende, contudo, que a retribuição é devida ao substituto desde o primeiro dia de substituição (Portaria nº 266/2000).

O STJ prolatou julgamento em que considera que o pagamento do substituto só deve ser feito caso a substituição seja superior a 30 dias – em conformidade com o art. 38, § 2º, da Lei, e em disparidade com a Portaria nº 226/00 do TCU (STJ, 6ª Turma, Relator Ministro Og Fernandes, REsp 548.340/RN, *DJe* de 18.10.2010).

10.6. Das vantagens – art. 49 (IGA)

Além do vencimento, poderão ser pagas ao servidor as seguintes vantagens: I – indenizações; II – gratificações; III – adicionais.

As **indenizações** servem apenas para recompor os gastos efetiva ou presumidamente feitos pelo servidor a serviço. Justamente por esse caráter de reposição é que as indenizações não se incorporam ao vencimento do servidor (§ 1º). São espécies de indenizações: ajuda de custo, diárias e transporte e o auxílio-moradia.

A diferença das **gratificações e adicionais** para as indenizações é que aqueles (gratificações e adicionais) não servem para recompor o patrimônio do servidor, mas sim para servir de estímulo para o bom desempenho do cargo ou para compensar um prejuízo não econômico sofrido pelo agente (adicional de insalubridade, p. ex.). Assim, enquanto as indenizações nunca serão incorporadas ao vencimento do servidor, gratificações e adicionais poderão, sim, sofrer incorporação, nos casos e condições previstos em lei (§ 2º). Não há diferença ontológica entre adicionais e gratificações: muda apenas a nomenclatura legal.

As vantagens remuneratórias de caráter geral conferidas a servidores públicos, por serem genéricas, são extensíveis a inativos e pensionistas.[79]

10.6.1. Espécies de indenizações

10.6.1.1. Ajuda de custo – art. 53

A ajuda de custo destina-se a compensar as despesas de instalação do servidor que, **no interesse do serviço**, passar a ter exercício em nova sede, com mudança de domicílio em **caráter permanente**, vedado o duplo pagamento de indenização, a qualquer tempo, no caso de o cônjuge ou companheiro que detenha também a condição de servidor, vier a ter exercício na mesma sede.

É devida a indenização quando o servidor, por causa de deslocamento no interesse da Administração (remoção *ex officio*, redistribuição e alguns casos de exercício provisório), necessitar mudar de domicílio (desde que seja mudança em caráter permanente, não transitório). Destina-se a custear as despesas de instalação – levando-se em conta que o servidor terá de construir uma nova vida –, não podendo exceder a importância correspondente a **3 (três) meses de remuneração.**[80]

---

79 Informativo nº 755, STF.

80 O Decreto nº 4.004/01, que regulamenta a ajuda de custo, prevê que a indenização deve ser proporcional ao número de dependentes (art. 2º, § 2º): "A ajuda de custo corresponderá a uma remuneração, caso o servidor possua um dependente, a duas remunerações, caso o servidor possua dois dependentes e a três remunerações, caso o servidor possua três ou mais dependentes."

Contudo, com a Medida Provisória nº 805, de 2017, foi fixado que a ajuda de custo corresponderá ao valor de um mês de remuneração do servidor na origem ou, na hipótese do caput do art. 56, ao valor de uma remuneração mensal do cargo em comissão.[81]

Exige-se que a mudança de domicílio seja em caráter **permanente**.

Ajuda de custo não se confunde com o auxílio-moradia (arts. 60-A a 60-E), que é percebido mês a mês, enquanto a ajuda é recebida uma vez só; o auxílio serve para custear o aluguel pago pelo servidor.

Será concedida ajuda de custo àquele que, não sendo servidor da União, for nomeado para cargo em **comissão**, com mudança de domicílio.

O servidor ficará obrigado a restituir a ajuda de custo quando, injustificadamente, não se apresentar na nova sede no prazo de 30 (trinta) dias.

Correm por conta da Administração as despesas de transporte do servidor e de sua família, compreendendo passagem, bagagem e bens pessoais.

10.6.1.2. Diárias – art. 58

O servidor que, a serviço, afastar-se da sede, em caráter **eventual ou transitório,** para outro ponto do território **nacional** ou para o **exterior**, fará jus a passagens e diárias destinadas a indenizar as parcelas de despesas extraordinária com pousada, alimentação e locomoção urbana.

Constitui a indenização devida ao servidor que, a serviço, precisar afastar-se da sede para qualquer outro ponto do globo (embora as diárias geralmente tenham valores diferentes para o deslocamento dentro e fora do território nacional). As diárias visam a repor as despesas que o servidor se vê, nesse caso, obrigado a realizar, como alimentação, pousada (local para se instalar) e locomoção urbana, além da viagem em si (cujas passagens são custeadas pela Administração).

A diária será concedida por dia de afastamento, sendo devida pela **metade** quando o deslocamento não exigir pernoite fora da sede, ou quando a União custear, por meio diverso, as despesas extraordinárias cobertas por diárias (ex.: União fornece transporte aéreo por avião da FAB e hospedagem em acomodações militares a agentes da Polícia Federal em missão especial).

Nos casos em que o deslocamento da sede constituir exigência permanente do cargo, o servidor não fará jus a diárias. Também não fará jus a diárias o servidor que se deslocar dentro da mesma região metropolitana, aglomeração urbana ou microrregião, constituídas por municípios limítrofes e regularmente instituídas, ou em áreas de controle integrado mantidas com países limítrofes, cuja jurisdição e competência dos órgãos, entidades e servidores brasileiros considera-se estendida, salvo se houver pernoite fora da sede, hipóteses em que as diárias pagas serão sempre as fixadas para os afastamentos dentro do território nacional.

Se o servidor, por qualquer motivo (cancelamento da viagem, doença, licença etc.), não viajar, não se afastar da sede, deve restituir o valor recebido, no prazo de até cinco dias (a lei não fala, mas devem ser interpretados como dias úteis). A restituição deve ser, obviamente, integral, e o prazo é contado a partir do dia em que o servidor recebeu os valores (se posteriores ao cancelamento

81 Destaca-se que a referida MP não foi convertida em lei até o fechamento desta edição.

da viagem) ou a partir do dia em que deveria ter-se deslocado, se houver recebido a indenização anteriormente. Também deve restituir os valores (só que não integralmente, por óbvio) o servidor que passar menos tempo fora da sede do que o previsto (parágrafo único). A restituição, nesse caso, se restringe ao excesso, que deve ser calculado pelo órgão responsável pelo pagamento. O prazo é também de cinco dias (úteis), contados a partir do retorno à sede (se o servidor já havia recebido as diárias) ou do recebimento da indenização, se posterior ao retorno. A não restituição dos valores nos prazos estabelecidos pode caracterizar até mesmo improbidade administrativa (Lei nº 8.429/92, art. 9º, XI).

10.6.1.3. Indenização de transporte – art. 60

A indenização de transporte é devida ao servidor que, no interesse do serviço, executar serviços externos (fora da repartição), por força das atribuições do cargo, utilizando-se de meio de locomoção próprio. Deve-se notar que não basta a realização de serviço externo: essa atividade tem de ser exercida por força das atribuições do cargo.

Os serviços prestados devem ser inerentes ao exercício do cargo (cumprimento de mandados pelo oficial de justiça, p. ex.).

10.6.1.4. Auxílio-moradia – art. 60-A

O auxílio-moradia consiste no ressarcimento das despesas comprovadamente realizadas pelo servidor com aluguel de moradia ou com meio de hospedagem administrado por empresa hoteleira, no prazo de um mês após a comprovação da despesa pelo servidor.

Serve para ressarcir (daí a natureza nitidamente indenizatória) as despesas efetivamente realizadas e comprovadas, pelo servidor (que cumpra os requisitos do art. 60-B), com moradia, seja por meio de locação de imóvel (pagamento de aluguel), seja por meio de contrato de hospedagem firmado com empresa hoteleira.

O prazo para o pagamento é de um mês, contado a partir de quando o servidor comprovar a despesa.

Requisitos para a concessão de auxílio-moradia:

a) **Imóvel funcional:** não deve existir imóvel funcional vago na localidade (I) – pois, se existir, deve ser concedido o uso do imóvel, não o pagamento de auxílio-moradia – e, além disso, o cônjuge ou companheiro do servidor não pode já ocupar um imóvel funcional (II) – pois não se justificaria que um dos cônjuges ou companheiros usasse imóvel funcional e outro recebesse auxílio-moradia.

b) **Propriedade ou direito real sobre imóvel no município:** o servidor (e também seu cônjuge ou companheiro) não pode ser (ou ter sido nos últimos 12 meses) proprietário de imóvel no município para onde foi deslocado (III). Também nenhum deles pode ser (ou ter sido) promitente comprador (ter firmado contrato de promessa de compra e venda) ou cessionário ou ainda promitente cessionário de imóvel nas condições expostas, ainda que se trate de construção irregular (lote edificado sem averbação de construção).

c) **Nenhuma outra pessoa que more com o servidor (pode ser cônjuge, companheiro, filho ou qualquer dependente) receba auxílio-moradia (IV).**

d) **O servidor tenha-se mudado para ocupar cargo DAS 4,5 ou 6, cargo de natureza especial ou de Ministro de Estado, ou equivalentes (V):** somente se paga auxílio-moradia aos servidores das altas esferas governamentais, titulares de cargos de direção e assessoramento superior ou equivalentes em cada um dos poderes. Nesse caso, entendemos que pode haver acumulação entre o auxílio-moradia e a ajuda de custo: primeiramente, porque a lei não o proíbe, e, em segundo lugar, porque as vantagens têm naturezas distintas: uma visa a indenizar os gastos com a instalação do servidor, enquanto a outra se destina a cobrir especificamente os gastos com moradia. Obviamente, porém, o valor da ajuda de custo terá de ser reduzido, pois o auxílio-moradia já servirá para cobrir uma parte dos gastos.

e) **O deslocamento não tenha sido por força de alteração de lotação (redistribuição, remoção, exercício provisório – nesses casos, o servidor já receberá ajuda de custo** – art. 53) nem de nomeação para cargo de provimento efetivo (VIII), já que o servidor, nesse último caso, não tem direito sequer a ajuda de custo. Só se paga auxílio-moradia, ainda que cumulativamente com ajuda de custo, para titular de cargo em comissão ou função de confiança.

f) **O município não se encontre na mesma região metropolitana, aglomeração urbana ou microrregião do domicílio do servidor** (VI), pelos motivos já expostos nos comentários ao art. 58, § 3º, ao qual o dispositivo remete.

g) **O servidor não tenha residido ou não tenha sido domiciliado no município de destino no período compreendido entre os últimos doze meses e os sessenta dias anteriores à data em que lá deverá estabelecer-se (VII).** Não se contam como residência ou domicílio o exercício de cargos DAS 4, 5 ou 6, de natureza especial ou de Ministro de Estado (e equivalentes), segundo dispõe o parágrafo único.

h) **Requisito temporal:** o servidor não tenha sido deslocado antes de 1º de julho de 2006. Esse requisito foi incluído pela MP 341/06, convertida depois na Lei nº 11.490/07.

10.6.1.4.1. Limites para a concessão do auxílio

a) **Limite temporal:** Na redação original da lei que criou o auxílio-moradia, o benefício não poderia ser pago ao servidor durante prazo superior a 8 anos durante o período de 12 anos. Com a Lei nº 12.998/2014, foram revogados os dispositivos da Lei nº 8.112/90 que fixavam o referido prazo. Assim, o benefício passou a **não** ter mais o limite temporal para a concessão.

b) **Limite quantitativo:** é de 25% do valor da remuneração do cargo em comissão (ou função de confiança) ocupado pelo servidor. O valor da indenização, mesmo que menor que os 25% da remuneração do cargo, não pode ser superior ao valor do auxílio-moradia recebido por Ministro de Estado ou autoridade equivalente em cada Poder (isso, claro, se o valor do auxílio para o ministro já não for o máximo de 25%).

Independentemente do valor do cargo em comissão ou função comissionada, fica garantido a todos os que preencherem os requisitos o ressarcimento até o valor de R$ 1.800,00 (mil e oitocentos reais). (art. 60-D, § 2º).

A **cessação do pagamento** do auxílio pode decorrer sob várias hipóteses: a) morte do servidor; b) exoneração do cargo em comissão ou função de confiança; c) oferecimento de imóvel funcional ao servidor ou ao cônjuge ou companheiro; d) aquisição de imóvel pelo servidor ou pelo cônjuge ou companheiro; e e) adimplemento do prazo de cinco anos, durante os últimos oito, de recebimento do auxílio-moradia. Nos casos das hipóteses a) a d), o servidor ou seus dependentes ainda receberão o auxílio-moradia durante o mês subsequente à realização do ato ou ocorrência do fato, para dar a possibilidade de adaptação ao servidor ou aos dependentes. Apenas na hipótese e) é que, por determinação legal, o fim pagamento da indenização ocorrerá de forma abrupta.

10.6.2. Das gratificações e adicionais

Serão deferidos aos servidores as seguintes retribuições, gratificações e adicionais:

> *I – retribuição pelo exercício de função de direção, chefia e assessoramento;*
>
> *II – gratificação natalina;*
>
> *III – (Revogado pela Medida Provisória nº 2.225-45, de 4.9.2001)*
>
> *IV – adicional pelo exercício de atividades insalubres, perigosas ou penosas;*
>
> *V – adicional pela prestação de serviço extraordinário;*
>
> *VI – adicional noturno;*
>
> *VII – adicional de férias;*
>
> *VIII – outros, relativos ao local ou à natureza do trabalho.*
>
> *IX – gratificação por encargo de curso ou concurso. (Incluído pela Lei nº 11.314 de 2006)*

10.6.2.1. Da retribuição pelo exercício de função de direção, chefia e assessoramento – art. 62

Ao servidor ocupante de cargo efetivo investido em função de direção, chefia ou assessoramento, cargo de provimento em comissão ou de natureza especial, é devida retribuição pelo seu exercício.

Tal retribuição possui caráter dúplice, no sentido de que a retribuição pode ser uma verdadeira gratificação, quando se tratar de FC, ou vencimento, quando se tratar de CC. Lembremos que a função de confiança (FC) somente pode ser ocupada por servidor já titular de cargo efetivo, enquanto o cargo em comissão (CC) pode ser ocupado por qualquer pessoa, seja ou não titular de cargo de provimento efetivo (CF, art. 37, V) –, embora ambos se destinem apenas às atribuições de direção, chefia e assessoramento. Como o titular da FC naturalmente já recebe o vencimento do cargo efetivo, a "retribuição" pelo exercício da função terá mero caráter de estímulo à ocupação de funções de direção, chefia e assessoramento – guardando, portanto, todas as características de uma verdadeira gratificação (v. art. 49). Logo, integra o conceito de remuneração (não o de vencimentos, pois não é fixa, podendo ser retirada a qualquer momento, se o servidor for dispensado da FC: art. 35). O mesmo não acontece com a "retribuição" pelo exercício de cargo em comissão. Cuida-se de um verdadeiro cargo autônomo, independente, fora da estruturação em carreira (v. art. 3º). Necessita, portanto, de um vencimento definido na lei que o criou (art. 3º, parágrafo único): se o titular já exercer cargo efetivo, haverá soma do vencimento básico de um com o do outro; se não, o titular perceberá um verdadeiro vencimento.

10.6.2.2. Da gratificação natalina – art. 63

A gratificação natalina corresponde a 1/12 (um doze avos) da remuneração a que o servidor fizer jus no mês de dezembro, por mês de exercício no respectivo ano.

Corresponde ao décimo terceiro salário garantido aos trabalhadores da iniciativa privada, previsto no art. 7º, VIII, da CF. Aliás, a Constituição também garante esse direito aos servidores públicos (art. 39, § 3º). Consiste em gratificação de aquisição gradativa: a cada mês de efetivo exercício (e qualquer quantidade igual ou superior a 15 é contada como mês, desprezando-se as frações menores) em determinado exercício anual, o servidor faz jus a 1/12 (um doze avos) da remuneração a que fizer jus em dezembro. Dessa forma, a fração de um doze avos será, no final, multiplicada pelo número de meses trabalhados e pelo valor da remuneração de dezembro.

A gratificação será paga até o dia 20 do mês de dezembro de cada ano.

Em confirmação à regra dos arts. 50 da Lei nº 8.112 (a que remetemos o leitor) e 37, XIV, da CF, a gratificação natalina não pode servir de base de cálculo para nenhuma vantagem pecuniária. Assim, não influi nos adicionais noturno ou de insalubridade, p. ex., pagos no mês de dezembro –, o que caracterizaria indevido *bis in idem*, pois esses mesmos valores já serviram de base de cálculo para a gratificação. Evitam-se, dessa forma, os aumentos reflexos que existem no regime celetista, em que o décimo terceiro devido pode refletir no cálculo da indenização de férias etc.

10.6.2.3. Dos adicionais de insalubridade, periculosidade ou atividades penosas – art. 68

Dispõe a lei que os servidores que trabalhem com habitualidade em locais insalubres ou em contato permanente com substâncias tóxicas, radioativas ou com risco de vida, fazem jus a um adicional sobre o vencimento do cargo efetivo.

Adicional de **insalubridade** é devido ao servidor que exerce atividades insalubres, isto é, aquelas que podem causar danos irreversíveis à saúde, como moléstias profissionais. A lei se refere à insalubridade decorrente do local de trabalho ou do contato com substâncias tóxicas ou radioativas.

Adicional de **periculosidade** é devido ao servidor que, em virtude do local de trabalho ou das próprias atribuições do cargo, corre constante risco de vida, expondo a perigo a própria existência. Difere do adicional de insalubridade porque naquele o risco de vida é mediato, enquanto neste o risco é direto, imediato.

A base de cálculo dos adicionais de insalubridade e periculosidade é o **vencimento** básico (ou, na dicção legal, o vencimento do cargo efetivo – embora não vejamos impedimento algum a que os servidores titulares de cargo em comissão também percebam o adicional).

Existem situações em que a atividade desenvolvida pelo servidor é, a um só tempo, perigosa e insalubre, como quando, trabalhando em laboratório, tem contato com substâncias que podem causar morte instantânea e com outras que "apenas" podem causar câncer. A situação é muito mais comum do que se pode pensar. Nesses casos, como a lei **veda** a percepção simultânea dos dois adicionais, caberá ao servidor **optar** por um dos dois.

Haverá permanente controle da atividade de servidores em operações ou locais considerados penosos, insalubres ou perigosos. A servidora gestante ou lactante será afastada, enquanto durar a gestação e a lactação, das operações e locais previstos neste artigo, exercendo suas atividades em local salubre e em serviço não penoso e não perigoso.

O adicional de **atividade penosa** será devido aos servidores em exercício em zonas de fronteira ou em localidades cujas condições de vida o justifiquem, nos termos, condições e limites fixados em regulamento.

Os locais de trabalho e os servidores que operam com **Raios X ou substâncias radioativas** serão mantidos sob controle permanente, de modo que as doses de radiação ionizante não ultrapassem o nível máximo previsto na legislação própria. Os servidores que se enquadrem nessas hipóteses serão submetidos a exames médicos a cada 6 (seis) meses.

10.6.2.4. Do adicional por serviço extraordinário – art. 73

Prevê a Lei nº 8.112/90 que o serviço extraordinário será remunerado com acréscimo de 50% (cinquenta por cento) em relação à hora normal de trabalho.

O adicional por serviço extraordinário é devido ao servidor que, por necessidade do serviço, trabalhar além das horas diárias normais previstas na jornada (que podem ser, nos termos do art. 19, entre seis e oito). Equivale às horas extras do regime celetista, direito que tem previsão constitucional (art. 7º, XVI, para os trabalhadores em geral, e art. 39, § 3º, com previsão específica para o servidor público). É bom lembrar que o adicional é pago além das horas trabalhadas a mais – o que significa que o valor da hora-extra é igual ao da hora normal acrescido de 50%, ou, em outros termos, 150% do valor da hora normal.

A alíquota do adicional de trabalho extraordinário é a mínima estabelecida pela Constituição (art. 7º, XVI), 50% de acréscimo com relação ao valor normal da hora de trabalho (com base no vencimento). Ressalte-se que 50% é o valor do acréscimo, que deve ser somado ao valor normal das horas trabalhadas a mais, o que totaliza 150%.

É perfeitamente possível a percepção simultânea com o adicional noturno, ante a expressa autorização do art. 75, parágrafo único. O serviço extraordinário pode ser realizado durante o dia, quando será percebido de forma singular o adicional de "hora extra", ou durante a noite, quando o servidor fará jus, também, ao adicional noturno. Apesar da percepção simultânea (acumulação), os acréscimos não são propriamente cumulativos (o que restaria por contrariar o art. 37, XIV, da CF), pois não incidem um sobre o outro, mas ambos sobre o vencimento básico (ou, melhor dizendo, sobre o vencimento-hora normal).

Somente será permitido serviço extraordinário para atender a situações excepcionais e temporárias, respeitado o limite **máximo de 2 (duas) horas por jornada**.

10.6.2.5. Do adicional noturno – art. 75

O adicional noturno é devido ao servidor que desempenha, por força de jornada normal ou extraordinária, as atribuições do cargo no período noturno.

Período noturno, para os efeitos da Lei 8.112 (que, nesse ponto, repete as disposições da CLT), é aquele desempenhado entre as 22 h de um dia e as 5 h do dia seguinte. Qualquer outro período é considerado, para efeitos de adicional, dia. Realmente, após as 5 h já não há os inconvenientes do trabalho noturno, como também não existem no trabalho realizado até as 22 h. Ressalte-se que o trabalho pode ser parcialmente noturno, se apenas uma parcela da jornada diária, mesmo que extraordinária, for desempenhada após as 22 h ou antes das 5 h.

A hora de trabalho no período noturno é menor do que no diurno, não coincidindo com a hora do relógio (60 minutos). A Lei nº 8.112/90 estabelece (mais uma vez, copiando a CLT) que a hora noturna tem duração de 52 minutos e trinta segundos. Dessa maneira, a cada sete horas "de relógio" trabalhadas durante o período noturno, o servidor tem registradas oito horas de trabalho (essa é a razão entre a hora noturna e a hora normal: 7/8). Assim, o servidor que trabalha das 22 h às 5 h do dia seguinte labuta efetivamente sete horas "de relógio", mas que são consideradas oito horas. Essa é outra forma de valorizar o trabalho noturno, já que, mesmo que as horas noturna e diurna tivessem o mesmo valor, a primeira ainda seria mais vantajosa, pois seriam necessários menos minutos para completá-la. A duração reduzida também incide sobre a jornada parcialmente noturna – embora, aqui, o cálculo fique mais intrincado, menos "redondo".

A alíquota é de 25% sobre o valor da hora normal (pode-se achar o valor da hora noturna + adicional multiplicando o valor-hora por 125%).

É cabível a incidência simultânea dos adicionais noturno e de trabalho extraordinário (parágrafo único). O serviço extraordinário pode ser exercido no período noturno ou diurno; assim como o trabalho noturno pode ser extraordinário ou normal. Caso o servidor desempenhe trabalho extraordinário no período noturno, poderá perceber ambos os adicionais, sempre incidindo cada um, claro, sobre o valor do vencimento-hora, e não um sobre o outro, sob pena de malferir o art. 37, XIV, da CF. Como os adicionais são calculados separadamente sobre o valor do vencimento-hora, não incidindo um sobre o outro, em cascata, a ordem do cálculo é irrelevante, tendo em vista as propriedades comutativa (a ordem dos fatores não altera o produto) e distributiva da multiplicação. Apenas para seguir a ordem ditada pela lei, o que é irrelevante para o resultado final, dever-se-ia aplicar primeiro o adicional de serviço extraordinário. Importante lembrar que a hora extra no período noturno se limita a uma hora e 45 minutos de relógio (quantidade de minutos equivalentes, em horas noturnas, ao limite de duas horas de serviço extraordinário estabelecido no art. 74).

Segundo o STJ, o servidor público federal, mesmo aquele que labora em regime de plantão, faz jus ao adicional noturno quando prestar serviço entre 22 h e 5 h da manhã do dia seguinte, nos termos do art. 75 da Lei 8.112/90, que não estabelece qualquer restrição ("É devido o adicional noturno, ainda que sujeito o empregado ao regime de revezamento", Súmula 213, STF).[82]

10.6.2.6. Do adicional de férias – art. 76

Determina a Lei nº 8.112/90 que, independentemente de solicitação, será pago ao servidor, por ocasião das férias, um adicional correspondente a 1/3 (um terço) da remuneração do período das férias.

O adicional de férias ("terço de férias") é devido ao servidor que entra em férias; se houver parcelamento das férias (art. 77, § 3º), o adicional deve ser pago quando do gozo do **primeiro** período (art. 78, § 5º). Esse adicional tem previsão constitucional no art. 7º, XVII, para os trabalhadores em geral, e no art. 39, § 3º, especificamente, para os servidores públicos.

Como determinado pela Constituição, a **alíquota** do adicional de férias é de 1/3, calculado com base na remuneração a que fizer jus o servidor quando do primeiro período das férias. É por isso que o adicional também é conhecido, na linguagem administrativa, como o "terço de férias". Importante ressaltar que a **base de cálculo** é a **remuneração** do período de férias, pouco importando as remunerações anteriormente percebidas pelo servidor.

82 STJ – REsp: 1292335 RO 2011/0267651-4, Relator: Ministro Castro Meira, Data de Julgamento: 09.04.2013.

10.6.2.7. Gratificação por encargo de curso ou concurso – art. 76-A

A gratificação por encargo de curso ou concurso foi incluída pela Lei nº 11.314/06, resultante da conversão da MP nº 283/06, e é devida ao servidor que, em caráter eventual (não rotineiro) e fora do horário normal de trabalho, se dedica a atividade de ensino no âmbito interno da repartição ou a organização de concurso.

Hipóteses de concessão da gratificação:

a) **Servidor que atua como instrutor** (professor) em curso regularmente instituído no âmbito da repartição (inciso I do *caput*).

b) **Participação em banca examinadora de concursos** (II): a participação do servidor, nesse caso, pode dar-se pela elaboração e correção de provas, decisão de recursos contra as provas e os gabaritos etc.

c) **Participação na organização de concurso**, exercendo atividades como coordenação, direção, execução, supervisão ou fiscalização de concurso ou de exame vestibular (III e IV), se essas atividades não integrarem as atribuições normais do cargo.

A gratificação é calculada em **horas**, proporcionalmente às atribuições, complexidades e responsabilidades das funções, segundo parâmetros estipulados em regulamento editado pela autoridade máxima de cada órgão ou entidade. A base de cálculo é o maior vencimento básico da Administração Pública Federal. As alíquotas máximas estão estabelecidas no inciso III do § 1º, quais sejam:

a) **2,2%** do vencimento básico, para as **atividades de instrutor** (*caput*, I) e de membro de comissão examinadora (*caput*, II). A segunda hipótese não estava incluída nessa alíquota máxima, e sim na menor, a que nos referiremos adiante, mas a MP 359/07 (agora transformada na Lei nº 11.501/07) modificou a redação do dispositivo, no que andou bem, pois as funções de membro de banca examinadora justificam uma gratificação maior, pois são mais complexas e exigem maior responsabilidade do servidor.

b) **1,2%** do vencimento básico, para as **demais funções** (incisos III e IV do *caput*) – lembrando que as atribuições do inciso II (participar de banca examinadora...) devem ser gratificadas tendo por base o novo limite de 2,2%, estabelecido pela Lei nº 11.501/07.

10.6.2.8. Férias – art. 77

Período de **inatividade remunerada**, sem perda do cargo efetivo, a que o servidor faz jus periodicamente, para repor suas forças e capacidades mental e física.

O servidor fará jus a trinta dias de férias, que podem ser acumuladas até o máximo de dois períodos, no caso de necessidade do serviço, ressalvadas as hipóteses em que haja legislação específica. Para o primeiro período aquisitivo de férias serão exigidos 12 (doze) meses de exercício.

O período de férias equivale a **trinta dias** corridos, sempre que a lei não dispuser em contrário. Na própria Lei nº 8.112/90 existe a previsão de férias anuais de 40 dias para os servidores que trabalham com Raios X ou outras substâncias radioativas (art. 79). Esse período, ao contrário do que ocorre no regime da CLT, independe do número de dias efetivamente trabalhados, relacionando-se exclusivamente com o efetivo exercício durante um ano (chamado período aquisitivo).

Assim como no regime celetista, é vedado levar em conta de férias quaisquer faltas ao serviço, sejam elas justificadas ou não, devendo ser, respectivamente, compensadas ou descontadas do vencimento do servidor, nos termos do art. 44.

O período de efetivo exercício exigido do servidor para que adquira o direito a férias é de um ano; após esse período de aquisição do direito (**período aquisitivo**), inicia-se o chamado período de gozo, quando o servidor poderá usufruir o direito já conquistado. Acontece que, após o primeiro período aquisitivo, os períodos aquisitivo e de gozo passam a coincidir, de modo que o servidor pode gozar do direito antes mesmo de adquiri-lo por completo (tirar férias dentro do período trabalhado). Apenas para o primeiro período aquisitivo é que se exige do servidor o efetivo exercício durante um ano, para que, só a partir daí, ele possa gozar férias.

O **período de gozo** é o lapso durante o qual o servidor poderá gozar as férias a que tem direito. Lembre-se que esses períodos poderão ser **acumulados até o limite de dois**, se houver necessidade do serviço. Depois de ultrapassado esse limite, o servidor perde o direito às férias "excedentes" a dois períodos. Por isso, em caso de negativa da chefia ao gozo de férias pelo servidor na data limite para a perda do direito, cabe até mesmo mandado de segurança para assegurar o gozo das férias. Ressalte-se que, ao contrário do regime celetista, não existe indenização para o servidor que não gozar as férias dentro do período legalmente estabelecido. A indenização prevista no § 3º no art. 78 destina-se apenas ao servidor exonerado e, mesmo assim, quanto aos períodos que não haviam sido perdidos.

Vejamos um exemplo: um servidor entrou em exercício em 10.10.2005. Não poderá tirar férias antes de 10.10.2006, quando terá completado o primeiro período aquisitivo exigido por lei (§ 1º). A partir daí, poderá tirar até 10.10.2007 as férias relativas ao primeiro período (2005/2006), sendo esse o primeiro período de gozo. Mas o servidor também já pode, dentro do mesmo período, tirar as férias do período 2006/2007, que ele sequer completou, pois, para os demais períodos, não se exige que já esteja completo o período aquisitivo. As férias relativas a 2006/2007 (período aquisitivo de 10.10.2006 a 10.10.2007) podem ser gozadas de 10.10.2006 (início do período aquisitivo) até 10.10.2008 (término do período de gozo). Caso o servidor não entre em férias (de nenhum período) até 10.10.2007, terá perdido o direito às férias relativas ao período 2005/2006, pois já terá acumulado mais de dois períodos (lembre-se que, a partir de 10.10.2007 já se inicia o período relativo às férias 2007/2008).

Período aquisitivo	1º: 10.10.05 a 09.10.06	2º: 10.10.06 a 09.10.07	3º: 10.10.07 a 09.10.08	4º: 10.10.08 a 09.10.09
Período de gozo	Nenhum ainda	1º: período aquisitivo já completo (2005/2006) e 2º: período aquisitivo em andamento (2006/2007)	2º (já completo: 2006/2007) e 3º em andamento (2007/2008)	3º já completo (2007/2008) e 4º em andamento (2008/2009)
Evento	10.10.06: possibilidade de tirar as primeiras férias	10.10.07: data limite para tirar as férias relativas a 2005/2006	10.10.08: data limite para tirar as férias relativas a 2006/2007	10.10.09: data limite para tirar as férias relativas a 2007/2008

O servidor não é obrigado a tirar, de uma só vez, os 30 dias de férias; pode, se quiser, **parcelá-los em até três períodos**, desde que assim consinta a Administração. Não há mais limite mínimo para cada parcela, de modo que o servidor pode efetuar o parcelamento da forma que bem entender (sempre com a ressalva de que a Administração deve concordar): pode-se parcelar em três períodos de 10 dias, dois de 15, um de 20 e um de 10 dias, um de 1 dia, um de 4 dias e um de 25 dias etc. A possibilidade de parcelamento de férias antes não existia. A redação original do *caput* exigia que os trinta dias fossem gozados de forma ininterrupta, tendo sido modificada pela Lei nº 9.527/97, que retirou a possibilidade de "venda" das férias (v. comentários ao art. 78). Já a Lei nº 9.525/97 possibilitou o parcelamento, por meio da inclusão de um § 3º ao artigo em comento.

Normalmente, os atos da Administração relativos à concessão de férias são discricionários, cabendo à chefia verificar a conveniência e oportunidade de o servidor gozar das férias naquele período. Assim, o agente não tem direito a gozar de férias quando bem entender, por aplicação dos princípios da supremacia do interesse público sobre o privado e da continuidade do serviço público. Porém, o ato de concessão pode tornar-se vinculado, caso se aproxime o limite para o gozo das férias (acumulação de dois períodos), uma vez que, nesse caso, a Administração é obrigada a conceder as férias, para que o servidor não perca o direito.

COMO ESSE ASSUNTO TEM SIDO ABORDADO NAS PROVAS

- **(Cespe – TJDFT – Técnico Judiciário – Administrativa – 2007)** Um servidor que tenha tomado posse no dia 10 de novembro de 2006 pode ter gozado o primeiro período de férias no período de 1º a 30 de dezembro de 2007 e um novo período de férias em janeiro de 2008.

  Resposta: Correto.

As férias são, obviamente, remuneradas como se o servidor efetivamente estivesse em exercício, tanto que **contam como tempo de serviço para todos os efeitos** (art. 102, I). A remuneração deve ser paga de forma adiantada (**até dois dias antes do início das férias**), a não ser que o servidor assim não deseje (é um direito que pode ser renunciado). A finalidade da regra é permitir que o servidor, ao entrar em férias, já disponha do dinheiro relativo ao mês de descanso, permitindo-lhe melhor financiar as atividades de lazer, como viagens. O *caput* do artigo não foi modificado pela Lei nº 9.527/97, que revogou os §§ 1º e 2º – lapso do legislador, a que devemos a absurda referência do *caput* a um dispositivo que não mais existe.

O servidor que opera Raios X ou substâncias radioativas em condições insalubres e/ou perigosas previstas no art. 79 faz jus a **40 dias de férias por ano, sendo 20 dias a cada semestre**, proibida qualquer acumulação. O gozo das férias não pode ser parcelado (os dias têm de ser consecutivos), nem pode o servidor, como já dissemos, acumular períodos: ele é obrigado a tirar 20 dias de férias a cada semestre, não podendo essa regra sofrer qualquer flexibilização.

A lei estabelece os motivos que podem ensejar a **interrupção** do gozo das férias no interesse da Administração. Seria melhor que o legislador tivesse referido a *suspensão* das férias, pois é certo que, enquanto o fenômeno da interrupção zera a contagem dos prazos, o mesmo não acontece com a suspensão, em que a contagem fica apenas suspensa. Como a lei fala que "o restante do período interrompido será gozado de uma só vez" (parágrafo único), percebe-se claramente que se trata de suspensão das férias (embora, como se saiba, a nomenclatura não mude o regime jurídico).

São motivos para a interrupção: a) Calamidade pública ou comoção interna; b) Convocação para júri, serviço militar ou eleitoral; c) Necessidade do serviço declarada pela autoridade máxima do órgão ou entidade (Presidente da República ou Ministro de Estado, para a Administração Direta do Executivo; Presidente ou Diretor-Geral de autarquia ou fundação pública federal; Presidente do Tribunal, no caso da Administração Direta do Judiciário; Procurador-Geral da República, para o Ministério Público da União; e Presidentes de cada Casa do Congresso, no caso do Legislativo).

O gozo do período restante deve ser feito de maneira **ininterrupta**, o que significa que a interrupção só pode ocorrer uma vez a cada período. A referência ao art. 77 se justifica, para deixar claro que se pode estar falando de um dos períodos relativos ao parcelamento do art. 77, § 3º – nesse caso, a vedação de nova interrupção deve ser entendida quanto ao período que o servidor estava gozando, sem embargo de eventual nova interrupção quando do gozo das demais parcelas.

10.6.3. Das licenças – art. 81

Licenças e afastamentos são direitos de ausência ao serviço ou à repartição. Podem ser remunerados ou não, e ter prazo certo ou indeterminado. Não existe uma diferença ontológica entre licença e afastamento. Geralmente, as licenças são concedidas a pedido do servidor, enquanto os afastamentos não dependem de manifestação do agente afastado.

O art. 81 traz, nos vários incisos, um rol das licenças que podem ser concedidas ao servidor. Porém, essa enumeração **não é exaustiva**, pois existem outras licenças previstas no título relativo à seguridade social do servidor. Nas palavras de Celso Antônio Bandeira de Mello (*Curso de Direito Administrativo*, p. 286): "A Lei 8.112, em seu art. 81, faz um arrolamento das licenças. Entretanto, além das sete variedades ali mencionadas, há outras 5 – e expressamente referidas como tais – nos arts. 202, 207, 208, 210 e 211, incluídas no título que trata da 'Seguridade Social do Servidor'. Donde, há 12 espécies de licença." Assim, além das licenças previstas no art. 81, alguns dos benefícios da seguridade social elencados no art. 185 se caracterizam como verdadeiras licenças.

No que toca às regras relativas à licença para tratar de pessoa da família, estas serão tratadas um pouco mais adiante.

A lei estabelece o lapso mínimo de 60 dias entre uma licença e outra. Quando o tempo entre o retorno de uma licença e a concessão de outro período com o mesmo fundamento (concessão de nova licença da mesma espécie) for inferior a esse lapso, o novo período será considerado prorrogação do primeiro. O dispositivo visa a evitar abusos, como o do servidor que acabasse de retornar de licença para tratar da própria saúde e, trabalhando um dia, requeresse nova licença para evitar a prorrogação e assim dispor de um prazo maior.

10.6.3.1. Licença por motivo de doença em pessoa da família – art. 83

Enuncia a lei que poderá ser concedida licença ao servidor por motivo de doença do cônjuge ou companheiro, dos pais, dos filhos, do padrasto ou madrasta e enteado, ou dependente que viva às suas expensas e conste do seu assentamento funcional, mediante comprovação por perícia médica oficial.

Tal licença destina-se a assegurar a possibilidade de o servidor prestar auxílio aos familiares que se encontram com a saúde fragilizada. Assim sendo, realiza-se o princípio constitucional da proteção estatal à família (CF, art. 226, *caput*).

Considera-se, assim, pessoas da família, para efeitos de concessão da licença aqui tratada: a) cônjuge (pessoa com a qual o servidor é casado) ou companheiro (pessoa com a qual o servidor vive em união estável); b) pais, naturais ou adotivos; c) filhos; d) padrasto ou madrasta; e) enteado; f) dependente, desde que conste do assentamento funcional nessa qualidade.

A licença para tratamento de pessoa da família é excepcional, isto é, somente será deferida quando a assistência do servidor for **indispensável** e for impossível a compensação de horários, nos termos do art. 44, II. Se houver outra pessoa da família em condições de cuidar do enfermo, ou se o acompanhamento não demandar tempo integral, permitindo a compensação de horários, a licença deve ser denegada.

O *caput* do art. 83 exige a **perícia médica oficial**, que pode ser por médico ou junta médica oficial.

COMO ESSE ASSUNTO TEM SIDO ABORDADO NAS PROVAS

✦ **(Cespe – Abin – Agente de Inteligência – 2010)** Suponha que um servidor público apresente ao setor de recursos humanos do órgão em que seja lotado atestado médico particular para comprovar que seu pai é portador de doença grave e informar que necessita assisti-lo durante a realização de tratamento em cidade distante do local de trabalho. Nesse caso, o referido servidor fará jus a licença por motivo de doença.

Gabarito: Errado. Nos termos do art. 83, caput, *a licença deve ser deferida com base em perícia médica oficial, e não de médico particular (nesse caso, a perícia depende de homologação oficial).*

O prazo de duração será por até 60 (sessenta) dias, consecutivos ou não, com remuneração; após isso, por até 90 (noventa) dias, consecutivos ou não, sem remuneração. O total, portanto, pode chegar a 150 dias (mas a Administração não pode conceder, desde logo, todo o período). No caso de prorrogação para o primeiro período, faz-se necessário novo parecer médico oficial, até mesmo para garantir a licitude da medida. O mesmo se diga para a prorrogação relativa ao segundo período de 90 dias sem remuneração.

A licença para tratamento de pessoa da família tem natureza, *a priori*, remunerada, pois o primeiro período será com remuneração. Será concedida sem remuneração quando o período ultrapassar o prazo de 60 dias. Assim, os primeiros 60 dias são remunerados. Depois disso, quando a licença pode ser prorrogada por mais 90 dias, passará a ser sem remuneração.

Os primeiros 30 dias com remuneração contam para tempo de serviço para **todos os efeitos** (modificação trazida pela Lei nº 12.269/10 ao art. 103, II). Já a prorrogação por mais 30 dias, com remuneração, conta apenas para fins de **aposentadoria ou disponibilidade** (art. 103, II). Nos possíveis 90 dias após esse prazo (prorrogação sem remuneração), a licença não conta sequer para aposentadoria ou disponibilidade (interpretação *a contrario sensu* do art. 103, II), pois o servidor não contribui para o regime de previdência.

Esta licença pode ser deferida ao servidor que se encontre em estágio probatório (art. 20, § 4º), mas **suspende** a contagem do referido período (art. 20, § 5º).

10.6.3.2. Licença por motivo de afastamento de cônjuge ou companheiro – art. 84

Nos termos da lei, poderá ser concedida licença ao servidor para acompanhar cônjuge ou companheiro deslocado para outro ponto do **território nacional**, para o **exterior** ou para o exercício de mandato **eletivo** dos Poderes Executivo e Legislativo.

Entende o STJ que é cabível a concessão de licença a servidor público para acompanhamento de cônjuge, ainda que o cônjuge a ser acompanhado não seja servidor público (AgRg no REsp 1.243.276-PR, Rel. Min. Benedito Gonçalves, julgado em 5.2.2013).

Sempre que o cônjuge ou companheiro do servidor for deslocado da sede, haverá motivo para a concessão, pelo menos, de licença (não remunerada) por motivo de afastamento do cônjuge ou companheiro; se o cônjuge ou companheiro deslocado for (servidor) militar ou servidor público civil de qualquer dos poderes de qualquer dos Entes federativos, a licença poderá ser transformada em lotação provisória do servidor licenciado em qualquer órgão ou entidade da Administração Federal, Direta, autárquica ou fundacional (§ 2º), desde que haja vaga e o servidor desempenhe atribuições semelhantes às do seu cargo.

Se o cônjuge ou companheiro, além de ser servidor público, tiver sido removido *ex officio* (art. 36, parágrafo único, I), então o servidor não precisará nem requerer licença sem remuneração nem exercício provisório, pois fará jus a **remoção** a pedido, independentemente do interesse da Administração (art. 36, parágrafo único, III, *a*). Trata-se, portanto, de vários degraus: a) licença sem remuneração; b) exercício provisório; c) remoção a pedido independentemente do interesse da Administração.

O servidor pode voltar à atividade no momento em que desejar.

A licença para o acompanhamento de cônjuge ou companheiro não se aplica aos casos de nomeação do cônjuge em virtude aprovação em concurso.[83]

Não há remuneração, em se tratando de licença por motivo de afastamento do cônjuge ou companheiro; se o caso for de exercício provisório (§ 2º) ou de remoção a pedido, obviamente, o servidor será remunerado normalmente.

O período de licença não conta para quaisquer fins, nem mesmo para aposentadoria ou disponibilidade (ver arts. 102 e 103), pois durante a licença o servidor não contribui para o regime próprio de previdência. O exercício provisório, obviamente, conta como efetivo exercício para todos os efeitos.

Esta licença pode ser deferida ao servidor que se encontre em estágio probatório (art. 20, § 4º), mas **suspende** a contagem do referido período (art. 20, § 5º). Em se tratando de exercício provisório – que não é licença –, o prazo continua a fluir normalmente.

10.6.3.3. Licença para o serviço militar – art. 85

Ao servidor convocado para o serviço militar será concedida licença, na forma e condições previstas na legislação específica.

A Lei nº 8.112/90 remete à legislação específica, que deverá estabelecer as formas de prestação de serviço militar (inclusive a duração), bem como as condições para a convocação.

83 MS 28620/DF, rel. Min. Dias Toffoli, 23.9.2014.

O término da licença ocorre entre o término do período de prestação do serviço e trinta dias após esse dia. O fim da licença fica subordinado à vontade do servidor, pois a lei atribui a ele a faculdade de demorar até 30 dias para retornar à atividade. O servidor pode abrir mão desse prazo, gozá-lo parcialmente ou totalmente.

A duração é determinada em lei específica.

Não há nenhuma remuneração, a partir da Administração Pública; o servidor percebe apenas o subsídio relativo ao serviço militar.

O período de licença é contado como efetivo exercício, para todos os efeitos (art. 102, VIII, *f*), inclusive para promoção por antiguidade ou merecimento, aposentadoria ou disponibilidade.

Esta licença pode ser deferida ao servidor que se encontre em estágio probatório (art. 20, § 4º) e não suspende a contagem do referido período (art. 20, § 5º).

10.6.3.4. Licença para atividade política – art. 86

O servidor terá direito a licença, **sem remuneração**, durante o período que mediar entre a sua escolha em convenção partidária, como candidato a cargo eletivo, e a véspera do registro de sua candidatura perante a Justiça eleitoral.

Esta licença não se confunde com o afastamento para o exercício do mandato eletivo, que só ocorrerá se o servidor for eleito.

A licença para atividade política destina-se a duas finalidades: a) permitir ao servidor dedicar-se integralmente à campanha; e b) evitar que o servidor se utilize do cargo e dos contatos na repartição para fazer campanha.

A licença em questão se divide em dois períodos distintos: a) o primeiro se inicia com a escolha do servidor em convenção partidária (ato por meio do qual o partido escolhe quais serão os candidatos a quais cargos) e termina no dia anterior ao registro da candidatura na justiça eleitoral (*caput*), e não é remunerado; já o segundo período tem início com o registro da candidatura na justiça eleitoral e termina dez dias após o pleito (eleição), e é remunerado, desde que não ultrapasse o total de 3 meses. Numa tabela:

Início	Término	Início	Término
Escolha do servidor na convenção partidária	Véspera do registro da candidatura na Justiça eleitoral	Dia do registro da candidatura na Justiça eleitoral	Dez dias após o pleito
Ex.: 27.07	**11**.08	**12**.08	Pleito: 05.10; término da licença: 15.10

Não existe remuneração no primeiro período (entre a escolha em convenção partidária e a véspera do registro da candidatura); a licença é, porém, remunerada no 2º período (entre o dia do registro da candidatura e o décimo dia seguinte ao pleito), desde que esse lapso não ultrapasse três meses. Assim, se a eleição for anulada e for remarcado o pleito, pode ser que "estoure" o prazo máximo de três meses, de maneira que a licença será automaticamente prorrogada, mas sem remuneração.

Para essa licença, não há prazo determinado; vai desde a escolha na convenção partidária até o décimo dia seguinte ao pleito (inclusive).

O segundo período conta apenas para efeitos de **aposentadoria ou disponibilidade** (art. 103, III), exceto se ultrapassar três meses (excedente não remunerado); o primeiro não conta sequer para tais efeitos, porque, durante o lapso, o servidor não contribui para o regime de previdência.

Esta licença pode ser deferida ao servidor que se encontre em estágio probatório (art. 20, § 4º), mas suspende a contagem do referido período (art. 20, § 5º).

No caso de servidor que exerce **funções de direção, chefia, assessoramento, arrecadação ou fiscalização,** se for candidato na própria cidade em que exerce as funções, o servidor titular de cargo de provimento em comissão, ou função de confiança, ou ainda titular de cargo efetivo cujas atribuições sejam de arrecadação ou fiscalização (fiscal tributário, por exemplo), deverá ser afastado do cargo, a partir do dia do registro da candidatura, até o décimo dia seguinte ao do pleito. Não se trata, aqui, de licença, mas sim de afastamento, por expressa determinação legal. E, *a contrario sensu* do art. 86, § 2º, o afastamento em questão se dá com prejuízo da remuneração.

10.6.3.5. Licença para capacitação – art. 87

Essa licença poderá ser concedida após cada quinquênio de efetivo exercício, no interesse da Administração, para o servidor afastar-se do exercício do cargo efetivo, com a respectiva **remuneração**, por **até três meses**, para participar de curso de capacitação profissional.

A licença para capacitação veio a substituir, a partir da Lei nº 9.527/97, a antiga licença-prêmio por assiduidade. Na revogada licença-prêmio por assiduidade o servidor teria direito a uma licença por 3 meses, com remuneração, a cada cinco anos de efetivo exercício. Tratava-se de uma espécie de "prêmio" ao servidor que foi assíduo nos últimos cincos anos de exercício. Em 1997, foi revogada a licença-prêmio e instituída a licença-capacitação.

São requisitos da licença para capacitação:

a) **efetivo exercício por cinco anos**, ininterruptos ou não (lembrando-se que contam como de efetivo exercício as licenças, afastamentos e concessões elencadas no art. 102);

b) previsão de **participação em curso de capacitação profissional** – o curso deve ter alguma ligação, ainda que indireta, com as atribuições do cargo (do cargo em si, não das funções atualmente desempenhadas pelo servidor), mas não há previsão de número mínimo de horas-aula;

c) **interesse da Administração**, pois se trata de licença cuja concessão é ato administrativo discricionário da Administração, em que se analisará o mérito (conveniência, oportunidade, razoabilidade e proporcionalidade do ato).

A duração será de até três meses, em quantidade a ser fixada discricionariamente pela Administração, levando-se em conta a necessidade do serviço e a duração do curso a ser realizado.

Não haverá prejuízo da remuneração. Será total, durante todo o período da licença.

A contagem do período da licença é feita, para todos os efeitos, como efetivo exercício (art. 102, VIII, *e*).

Por exigir cinco anos de efetivo exercício, essa licença **não pode** ser concedida durante o estágio probatório.

Ao contrário do que acontecia com a licença-prêmio por assiduidade, os períodos de licença para capacitação não podem ser acumulados (parágrafo único). Não é possível ao servidor aguardar dez anos de efetivo exercício para, então, gozar de seis meses de licença para capacitação: nesse caso, houve a perda do direito aos primeiros três meses.

10.6.3.6. Licença para tratar de interesses particulares – art. 91

A critério da Administração, poderão ser concedidas ao servidor ocupante de **cargo efetivo**, desde que não esteja em estágio probatório, licenças para o trato de assuntos particulares, pelo prazo de **até três anos** consecutivos, **sem remuneração**.

Para permitir ao servidor dedicar-se a projetos pessoais, sem ter de pedir exoneração, a lei prevê a licença para tratar de interesses particulares.

Requisitos: a) ser o servidor titular de cargo de provimento efetivo; b) não estar em estágio probatório.

A licença terá duração de até **três anos** consecutivos, a pedido do servidor e sempre a critério da Administração. A licença concedida até 60 dias depois do término da outra será considerada prorrogação da primeira (art. 82). O § 2º proibia a concessão de nova licença antes de decorridos dois anos do término da licença anterior, mas o dispositivo foi revogado pela MP nº 2.225-45, que continua em vigor indefinidamente, por força da EC 32/01.

Não há remuneração durante o período da licença. O servidor vai dedicar-se a qualquer atividade particular (inclusive lucrativa, óbvio), mas nada receberá por parte do Estado (ao menos não com fundamento no cargo).

Não é contada, em hipótese alguma, como tempo de serviço, nem mesmo para fins de aposentadoria ou disponibilidade (arts. 102 e 103).

Cabe destacar que o ato de concessão da licença é, quanto ao objeto e aos motivos, **discricionário**. Com isso, queremos dizer que a Administração pode analisar a conveniência e oportunidade da concessão de licença ao servidor (alguém que seja imprescindível a determinado setor dificilmente poderá obter tal licença). Não é que a Administração possa analisar o motivo que o servidor alega para obter a licença, mesmo porque é absolutamente prescindível tal motivação, já que se trata de licença para tratar de interesses particulares, quaisquer que sejam. Mesmo que ao servidor tenha sido concedida a licença, ainda haverá discricionariedade quanto ao objeto do ato, pois a Administração definirá o período da licença. Ressalte-se que o servidor poderá, a qualquer momento, desistir do pedido feito. Assim, se pedir licença por quatro meses e ela for deferida apenas por um, é perfeitamente legítimo ao servidor desistir do pleito.

A interrupção é possível, tanto a pedido do servidor quanto no interesse da Administração. Obviamente, na segunda modalidade, deverá ser precedida a interrupção de prazo razoável, salvo em casos emergenciais.

A licença para tratar de interesses particulares não permite ao servidor assumir outro cargo ou emprego público, a não ser que ambos sejam acumuláveis. Esse pensar é admitido pelo STF (STF, 2ª Turma, RE 382.389/MG, Relatora Ministra Ellen Gracie) e pelo TCU (Súmula nº 246).

COMO ESSE ASSUNTO TEM SIDO ABORDADO NAS PROVAS

- **(Cespe – TST – Analista – 2008)** Considere que servidor estável do TST, que nunca solicitou qualquer licença, teve indeferido pedido de licença para tratar de interesses particulares porque a Administração considerou que o seu afastamento seria incompatível com o interesse público. Nessa situação, o indeferimento é inválido porque o motivo apresentado pela Administração está em desacordo com o regime jurídico dos servidores civis da União.

  Resposta: Errado.

10.6.3.7. Licença para o desempenho de mandato classista – art. 92

É assegurado ao servidor o direito a licença, **sem remuneração,** para o desempenho de mandato em confederação, federação, associação de classe de âmbito nacional, sindicato representativo da categoria ou entidade fiscalizadora da profissão ou, ainda, para participar de gerência ou administração em sociedade cooperativa constituída por servidores públicos para prestar serviços a seus membros, observado o disposto na alínea *c* do inciso VIII do art. 102 da Lei nº 8.112/90, conforme disposto em regulamento, e observados os seguintes limites:

Número de associados da entidade	Número máximo de licenciados
Até 5.000 (inciso I)	**2** servidores
Mais de 5.000 e até 30.000 (II)	**4** servidores
Mais de 30.000 (III)	**8** servidores

A contagem do tempo de licença é feita para todos os efeitos, menos para promoção por merecimento (art. 102, VIII, *c*).

Não há remuneração, devendo o servidor ser remunerado pela própria entidade na qual vá exercer o mandato.

Esta licença não pode ser concedida ao servidor em estágio probatório, em vista do art. 20, § 4º.

10.7. Afastamentos

10.7.1. Afastamento para servir a outro órgão ou entidade – art. 93

Dispõe a lei que o servidor poderá ser cedido para ter exercício em outro órgão ou entidade dos Poderes da União, dos estados, ou do Distrito Federal e dos municípios.

A cessão/requisição (afastamento para servir a outro órgão ou entidade) são duas formas tradicionais de recomposição das necessidades de serviço e mão de obra no âmbito da Administração Pública. Havendo em algum órgão ou instituição servidor que seja de interesse de outro órgão ou entidade, este deverá formular requisição àquela repartição, a qual, anuindo na ida do servidor, efetivará a cessão do agente. Assim, cessão e requisição são atos complementares, diferenciando-se apenas no que toca ao órgão que a formula: quanto ao órgão/entidade de destino, trata-se de requisição (diz-se que o servidor é requisitado); já sob o prisma do órgão/entidade de origem, trata-se de cessão (o servidor está cedido a outro órgão). Daí derivam as nomenclaturas "órgão cedente" (origem) e "órgão requisitante" ou "cessionário" (destino). Ao contrário da redistribuição, a cessão: a) é *intuitu personae*, isto é, acontece em razão da pessoa (servidor determinado, querido pelas qualidades pessoais) e não do cargo; b) não é definitiva; c) é uma forma de deslocamento apenas do servidor, não do cargo em si. A cessão ou requisição pode-se dar de/para qualquer órgão ou entidade de qualquer dos Poderes da União, estados, DF e dos municípios.

O afastamento pode ser concedido para: a) exercer cargo de provimento em comissão ou função de confiança; b) em casos previstos em leis específicas.

A remuneração deve ser paga pelo órgão **cessionário** (órgão de destino), caso o servidor vá exercer cargo em comissão nos estados, DF ou municípios; nos demais casos (previstos em leis específicas e entre instituição da União), o ônus continua com o órgão cedente (§ 1º). Dependendo do caso, o servidor cedido pode manter uma parte da remuneração do cargo e agregar algum valor referente ao cargo (deve-se consultar as leis específicas de cada carreira).

Resumindo: inciso I – ônus total do órgão cessionário (destino); inciso II – ônus continua com o órgão cedente (origem) (art. 93). Essa manutenção, porém, só se dá caso o servidor opte por continuar recebendo os vencimentos do cargo efetivo. Se optar apenas pelo valor do CC, o ônus será total do cessionário.

Caso se trate de cessão para empresa pública ou sociedade de economia mista (federais), o servidor poderá optar pela remuneração do cargo de origem, acrescida da parcela relativa ao cargo em comissão, ou pela remuneração integral do emprego de origem, na estatal. No segundo caso, a empresa pública ou sociedade de economia mista arcará com todo o ônus; no primeiro caso também, mas indiretamente: como se trata de remuneração de cargo, deverá ser paga pela entidade/órgão de origem, mas a estatal (entidade cessionária) deverá ressarcir as despesas (§ 2º).

O afastamento será por prazo indeterminado.

Vale destacar que o servidor em **estágio probatório** somente poderá ser cedido para exercer cargos de comissão de nível DAS 6, 5, 4 ou equivalente.

A contagem do tempo de serviço é feita para todos os efeitos, nos termos do art. 102, II.

10.7.2. Afastamento para exercício de mandato eletivo – art. 94

Quando pretende disputar eleições, o servidor deve requerer a licença para atividade política. Uma vez eleito, se for exigido o afastamento do atual cargo, ele solicita o afastamento para exercício de mandato eletivo.

No que se refere ao afastamento para o exercício de mandato eletivo, o art. 94 da Lei nº 8.112/90 praticamente repete o art. 38 da CF, apenas com o acréscimo dos dispositivos contidos nos §§ 1º e 2º. Aqui não se trata da licença para atividade política, mas do afastamento do servidor já eleito, para que exerça o mandato eletivo de que foi investido.

A duração vai da posse (e não da diplomação) até o término do mandato.

O fato gerador do afastamento é a posse em cargo eletivo, que pode acontecer a qualquer tempo (por exemplo, no caso de suplente).

Quanto à remuneração, dependerá da natureza do cargo eletivo em que será investido o servidor:

a) **Mandato federal, estadual ou distrital** (Presidente e Vice-Presidente da República, Senador, Deputado Federal, Deputado Estadual/Distrital, Governador e Vice-Governador de Estado ou do Distrito Federal) – I: o servidor **será afastado** do cargo e não poderá optar pela remuneração – terá de perceber apenas o subsídio referente ao mandato eletivo, ainda que a remuneração do cargo efetivo seja superior.

b) **Mandato de prefeito** (II): o servidor também ficará **afastado** do cargo, mas poderá optar entre a remuneração do cargo efetivo e o subsídio do mandato eletivo (obviamente, o que for maior).

c) **Mandato de vereador** (III): é a única hipótese em que o servidor **poderá**, dependendo do caso, acumular o cargo efetivo com o mandato eletivo. Caso haja compatibilidade de horários entre o funcionamento da repartição e o da Câmara Municipal, o servidor poderá acumular o cargo e o mandato eletivo, fazendo jus, portanto, à normal remuneração do cargo e ao subsídio do mandato eletivo; caso os horários sejam incompatíveis, cairá na regra relativa ao prefeito (ficará afastado do cargo, mas poderá optar pela remuneração do cargo ou pelo subsídio do mandato eletivo).

Mandato federal, estadual ou distrital	Será afastado do cargo.	Não pode optar pela remuneração.
Mandato de prefeito	Será afastado do cargo.	Pode optar pela remuneração.
Mandato de vereador	– há compatibilidade de horário: acumula as duas funções. – não há compatibilidade de horário: será afastado do cargo. Mas pode optar pela remuneração.	

A lei não é muito técnica na utilização dos conceitos de remuneração, vantagens e subsídios. Quando se refere a remuneração do mandato eletivo, leia-se subsídio, por força da alteração feita no art. 39, § 4º, da CF, pela EC 19/98. Porém, mesmo antes dessa alteração constitucional, a Lei nº 8.112/90 já impropriamente copiava a disposição da CF. Ocorre que, na Constituição, o termo "vantagens" é utilizado em sentido amplo, a se referir a todos os direitos pecuniários relativos ao exercício do cargo. Porém, a Lei nº 8.112 deveria ter evitado essa nomenclatura, para não haver confusão com o conceito estrito de vantagens pecuniárias trazido pelo art. 49 da própria Lei. Na verdade, como o servidor continuará no exercício do cargo efetivo, deverá perceber não só as vantagens pecuniárias, como uma interpretação apressada pode dar a entender, mas todas as vantagens relativas ao cargo (ou seja, a remuneração). Qualquer outra interpretação conduziria ao absurdo de o servidor exercer o cargo para perceber apenas adicionais e gratificações – o que seria ainda mais absurdo se lembrarmos que o acessório segue o principal, e seria impossível ao servidor receber apenas os acessórios, e não a remuneração (principal). Assim a melhor interpretação é: a) onde se lê remuneração do mandato eletivo, leia-se subsídio; e b) onde se lê vantagens, leia-se remuneração.

A contagem do tempo de serviço é feita para todos os efeitos, **exceto** para fins de promoção por merecimento (art. 102, V).

10.7.3. Afastamento para estudo ou missão no exterior – art. 95

Prevê a lei que o servidor não poderá ausentar-se do país para estudo ou missão oficial, sem autorização do Presidente da República, Presidente dos Órgãos do Poder Legislativo e Presidente do Supremo Tribunal Federal.

O afastamento para estudo ou missão oficial no exterior refere-se ao servidor que se afasta para estudar (especialização, mestrado, doutorado, pós-doutorado etc.) ou participar de missão oficial (representação em congressos, convenções etc.) no exterior.

A concessão do afastamento é ato **discricionário** da Administração, dependendo de autorização: Presidente da República, Presidente da Câmara ou do Senado, de cada Tribunal ou do Procurador-Geral da República.

A duração é de **até 4 anos**, não podendo ser concedido novo afastamento antes de decorrido igual período. Assim, por exemplo, o servidor que fica afastado por três anos deve trabalhar por mais três anos, até poder obter novo afastamento. Justamente por isso, o servidor não poderá, durante esse prazo de "carência", pedir exoneração ou licença para tratar de interesses particulares (§ 2º), salvo se ressarcir toda a despesa com ele havida (remuneração de todo o período, em caso de estudo, ou a remuneração acrescida de passagem e hospedagem, caso se trate de missão oficial).

Na redação original da Lei nº 8.112/90, o afastamento para estudo ou missão no exterior podia ser concedido ao servidor em estágio probatório (art. 20, § 4º), sem sequer suspender o período de prova (art. 20, § 5º). Todavia, a Lei nº 11.907/09 alterou essa regra, ao prever, no art. 96-A, § 7º, que se aplicam ao afastamento para estudo ou missão no exterior as mesmas regras do afastamento para pós-graduação no Brasil, exigindo-se, portanto, que o servidor já tenha passado o estágio probatório. Dessa forma, pode-se afirmar que, atualmente, o servidor em estágio probatório não mais pode pedir afastamento para estudo ou missão no exterior.

A contagem do período de afastamento faz-se para todos os efeitos, como efetivo exercício, nos termos do art. 102, XI. Porém, a despeito da previsão legal, não conta para fins de aposentadoria, se o servidor não continuar contribuindo como se no exercício estivesse (art. 183, §§ 2º e 3º).

O afastamento de servidor, para servir em organismo internacional de que o Brasil participe (ONU, OEA etc.) ou com o qual coopere (Tribunal Penal Internacional, p. ex.), dar-se-á com **perda total da remuneração**.

10.7.4. Afastamento para participação em programa de pós-graduação **stricto sensu** *no país – art. 96-A*

O servidor poderá, no interesse da Administração, e **desde que a participação não possa ocorrer simultaneamente com o exercício do cargo ou mediante compensação de horário**, afastar-se do exercício do cargo efetivo, **com a respectiva remuneração**, para participar de programa de pós-graduação *stricto sensu* em instituição de ensino superior no país.

Ato do dirigente máximo do órgão ou entidade definirá, em conformidade com a legislação vigente, os programas de capacitação e os critérios para participação em programas de pós-graduação no país, com ou sem afastamento do servidor, que serão avaliados por um comitê constituído para esse fim.

Os afastamentos para realização de programas de **mestrado e doutorado** somente serão concedidos aos servidores titulares de cargos efetivos, no respectivo órgão ou entidade, há pelo menos **três anos**, para mestrado, e **quatro anos**, para doutorado, incluído o período de estágio probatório, desde que não tenham se afastado por licença para tratar de assuntos particulares para gozo de licença capacitação ou, com fundamento neste artigo, nos dois anos anteriores à data da solicitação de afastamento.

Os afastamentos para realização de programas de **pós-doutorado** somente serão concedidos aos servidores titulares de cargos efetivo no respectivo órgão ou entidade há pelo menos **quatro anos**, incluído o período de estágio probatório, e que não tenham se afastado por licença para tratar de assuntos particulares para gozo de licença capacitação ou, com fundamento neste artigo, nos quatro anos anteriores à data da solicitação de afastamento.

Os servidores beneficiados pelos afastamentos anteriormente previstos terão que permanecer no exercício de suas funções, após o seu retorno, por um período igual ao do afastamento concedido.

Caso o servidor venha a solicitar exoneração do cargo ou aposentadoria antes de cumprido o período de permanência previsto, deverá ressarcir o órgão ou entidade, na forma do art. 47 da Lei nº 8.112, dos gastos com seu aperfeiçoamento. O mesmo ocorrerá se porventura o servidor não obtiver o título ou grau que justificou seu afastamento no período previsto, salvo na hipótese comprovada de força maior ou de caso fortuito, a critério do dirigente máximo do órgão ou entidade.

10.8. Das concessões – art. 97

Concessões são direitos de ausência remunerada (ou, em alguns casos, de flexibilização da jornada). Trata-se, portanto, de ato de natureza vinculada, de modo que à Administração não cabe analisar o mérito (conveniência e oportunidade) da concessão. Verificados os respectivos fatos geradores, a concessão é obrigatória. As concessões são contadas como efetivo exercício para todos os efeitos, nos termos do art. 102, *caput*.

Fatos geradores:

a) **Doação de sangue** (I): 1 (um) dia.

b) **Alistamento ou recadastramento eleitoral** (II): pelo período comprovadamente necessário para alistamento ou recadastramento eleitoral, limitado, em qualquer caso, a 2 (dois) dias.

c) "**Licença de gala**" (III, *a*): é a concessão (apesar do nome com o qual é conhecida) a que faz jus o servidor que contrair matrimônio, durante oito dias corridos, contados a partir da data do casamento. Destina-se a permitir a fruição da festa (gala) e da lua de mel pelos recém-casados, sem a necessidade de utilização dos dias de férias. Só faz jus quem contrair casamento, não sendo caso de equiparação com a união estável.

d) "**Licença de nojo**" (III, *b*): também é concessão, embora conhecida, no cotidiano, com o esdrúxulo nome referido. Tem duração de oito dias corridos, a partir do óbito. Será justificada quando vierem a falecer o cônjuge ou companheiro, o pai, a mãe, madrasta, padrasto, filho, enteado, irmão ou qualquer menor sob guarda ou tutela.

10.8.1. Concessão de horário especial – art. 98

Será concedido **horário especial** ao servidor **estudante**, quando comprovada a incompatibilidade entre o horário escolar e o da repartição, sem prejuízo do exercício do cargo, sendo exigida a compensação de horário no órgão ou entidade que tiver exercício, respeitada a duração semanal do trabalho.[84]

84 Jurisprudência: STJ, 5ª Turma, REsp 420.312/RS, Relator Ministro Felix Fischer, *DJ* de 24.03.2003: "Administrativo. Recurso especial. Servidor estudante. Horário especial. Requisitos. Discricionariedade. Ausência. De acordo com o disposto no art. 98 da Lei nº 8.112/90, o horário especial a que tem direito o servidor estudante condiciona-se

Também será concedido horário especial ao servidor portador de deficiência, quando comprovada a necessidade por junta médica oficial, independentemente de compensação de horário. A concessão do horário especial é extensiva ao servidor que tenha cônjuge, filho ou dependente portador de deficiência física, exigindo-se, porém, neste caso, **compensação de horário.**

Deve ser ressaltado que, no caso de servidor **estudante**, será exigida a compensação de horário, e para o caso de servidor **portador de deficiência**, não consta na lei tal exigência.

Em algumas situações, a lei reconhece a necessidade de conceder certa flexibilidade no cumprimento da jornada de trabalho, ou mesmo que parte das horas de trabalho seja dispensada, em atenção à dignidade humana. Assim, existe a previsão da concessão de horário especial, mediante redução ou flexibilização da jornada.

No caso de **servidor com encargo de curso ou concurso,** quando desempenhadas durante a jornada normal de trabalho, as horas relativas ao referido encargo somente serão remuneradas se devidamente compensadas (art. 76-A, § 2º) durante o longo prazo de um ano. Justamente por isso, a Lei nº 11.501/07, modificando a redação dada pela Lei nº 11.314/06, que instituiu a referida gratificação, previu mais essa hipótese de jornada diferenciada.

10.8.2. Garantia de matrícula – art. 99

Ao servidor estudante que mudar de sede, **no interesse da Administração,** é assegurada, na localidade da nova residência ou na mais próxima, matrícula em instituição de ensino congênere, em qualquer época, independentemente de vaga. Estende-se ao cônjuge ou companheiro, aos filhos, ou enteados do servidor que vivam na sua companhia, bem como aos menores sob sua guarda, com autorização judicial (art. 99).

A regra deriva do fato de que, se o servidor foi deslocado no interesse da Administração, esta deve assegurar-lhe o prosseguimento dos estudos, seja em instituição pública, seja em instituição privada. Porém, também existe a regra da simetria: as instituições devem ser congêneres, pois seria uma burla ao princípio da igualdade e do acesso meritocrático ao ensino. Assim, não existe a possibilidade – infelizmente tão comum há não muito tempo – de servidor que cursava instituição privada e pedia para ser removido *ex officio*, somente para poder ingressar em instituição pública concorrida e renomada, tirando a vaga de quem poderia ter acesso por méritos próprios.

Hipóteses de deslocamento que asseguram a vaga (perceba-se que a lei fala em deslocamento no interesse da Administração, não necessariamente de ofício):[85]

---

aos seguintes requisitos: comprovação de incompatibilidade entre o horário escolar e o da repartição; ausência de prejuízo ao exercício do cargo; e compensação de horário no órgão em que o servidor tiver exercício, respeitada a duração semanal do trabalho. Atendidos esses requisitos, deve ser concedido o horário especial ao servidor estudante, porquanto o dispositivo legal não deixa margem à discricionariedade da administração, constituindo a concessão do benefício, nesse caso, ato vinculado. Recurso não conhecido."

85 Jurisprudência: STJ, 2ª Turma, REsp 709.934/RJ, Relator Ministro Humberto Martins, *DJ* de 29.06.2007: "É assegurado o direito à transferência obrigatória de servidor militar estudante e de seus dependentes quando ele tenha sido removido *ex officio* e no interesse da Administração Pública, desde que a instituição de ensino seja congênere à de origem; ou seja, de pública para pública ou de privada para privada, caso dos autos." Veja também: STJ, 1ª Turma, REsp 832.692/RS, Relator Ministro José Delgado, *DJ* de 16.04.2007: "Administrativo. Ensino superior. Estudante de faculdade particular. Esposa de militar transferido *ex officio*. Matrícula em instituição pública. Lei

a) **remoção *ex officio*** (art. 36, I);

b) **remoção a pedido:**
   - para acompanhar cônjuge ou companheiro removido de ofício (art. 36, III, *a*);
   - por motivo de saúde (art. 36, III, *b*);
   - mediante "concurso de remoção" (art. 36, III, *c*);

c) **redistribuição** (art. 37). Note-se que não faz jus à vaga o servidor que vai assumir cargo (efetivo ou em comissão), pois nesse caso não se trata propriamente de deslocamento, mas sim de mudança voluntária de sede. Entendemos ser cabível também na hipótese de exercício provisório, prevista no art. 84, § 2º.

10.8.3. Tempo de serviço – art. 100

O tempo de serviço não se confunde com o tempo de contribuição. A diferença se dá porque o tempo de contribuição pode, no máximo, ser igual ao tempo de serviço, isso porque o primeiro é contado para efeitos previdenciários e com base na efetiva contribuição do servidor para o regime próprio de previdência social, vedada qualquer forma de contagem fictícia (CF, art. 40, § 10); já o segundo (tempo de serviço) tem importância para efeitos de disponibilidade e de promoção, por exemplo.

Para o caso de o servidor, antes de exercer o cargo atual, já ter sido titular de outro cargo na Administração Direta, autárquica ou fundacional da União, o tempo de serviço deve ser contado de forma ininterrupta, inclusive quanto a **férias**. O mesmo se diga daquele que não foi servidor civil, mas militar (desde que pertencente às Forças Armadas – Exército, Marinha ou Aeronáutica –, pois somente esses militares é que são federais).

Importante lembrar que não entram na contagem o tempo de serviço relativo a: a) empregos ou funções públicas, mesmo que federais; b) cargos efetivos exercidos nos estados, Distrito Federal ou municípios, cujo tempo de serviço é contado apenas para efeito de disponibilidade (CF, art. 40, § 9º, e 8.112, art. 103, I), mas o tempo nos cargos em comissão é contado para todos os efeitos (art. 102, II); c) trabalho na iniciativa privada.

A apuração do tempo de serviço será feita em dias, que serão convertidos em anos, considerado o ano como de trezentos e sessenta e cinco dias (art. 101).

Importante saber os períodos que contam como **EFETIVO EXERCÍCIO PARA TODOS OS EFEITOS** (art. 102) (promoção por antiguidade e por merecimento, remoção, aposentadoria, disponibilidade, gratificação, adicional etc.):

---

nº 9.536/97. Proteção à educação e à unidade familiar. Arts. 205, 226, 227 E 229 da CF/88. Precedentes. Entendimento do relator. Nova posição da 1ª Seção do STJ, Com base em julgamento de Adin Pelo STF. Não-aplicação ao caso concreto. Inexistência de curso afim. Precedente. STF, Pleno, ADIn 3.324/DF, Relator Ministro Marco Aurélio, *DJ* de 05.08.2005: "Ação direta de inconstitucionalidade – Interpretação conforme a Constituição – Possibilidade jurídica. É possível, juridicamente, formular-se, em inicial de ação direta de inconstitucionalidade, pedido de interpretação conforme, ante enfoque diverso que se mostre conflitante com a Carta Federal. Envolvimento, no caso, de reconhecimento de inconstitucionalidade. Universidade – Transferência obrigatória de aluno – Lei nº 9.536/97. A constitucionalidade do artigo 1º da Lei nº 9.536/97, viabilizador da transferência de alunos, pressupõe a observância da natureza jurídica do estabelecimento educacional de origem, a congeneridade das instituições envolvidas – de privada para privada, de pública para pública –, mostrando-se inconstitucional interpretação que resulte na mesclagem – de privada para pública."

a) Concessões do art. 97 (doação de sangue, alistamento eleitoral, "licença de gala" e "licença de nojo"), além de outras concessões previstas em lei específica (serviços do júri, eleições etc. – inciso VI) – *caput*;

b) Férias (arts. 77 a 80) – inciso I;

c) Cessão para exercer cargo de provimento em comissão ou equivalente (art. 93, I) – inciso II;

d) Cessão para exercer cargo de governo (ministro, diretor de estatal) ou de Administração (gerente de estatal, p. ex.), desde que a nomeação tenha sido feita pelo Presidente da República (inciso III);

e) Participação em programa de treinamento regularmente instituído (inciso IV), o que não se confunde com a licença para capacitação (art. 87); aqui, o servidor vai participar de treinamento oferecido pelo próprio órgão/entidade ou repartição conveniada, na mesma sede ou não (inclusive curso de formação, se não for etapa do concurso).

f) Júri e outros serviços obrigatórios instituídos por lei, como o trabalho em eleições (inciso VI), e que têm a natureza de concessão;

g) Afastamento para missão ou estudo no exterior (inciso VII);

h) Licença à gestante (art. 207), à adotante (art. 210) e à paternidade (art. 208) – inciso VIII, *a*;

i) Licença para tratamento da própria saúde (arts. 202 a 206), até o limite de 24 meses. Ultrapassado este período, somente conta para fins de aposentadoria e disponibilidade, nos termos do art. 103, VII;

j) Licença por motivo de acidente em serviço (arts. 211 a 214) – inciso VIII, *d*;

k) Licença para capacitação (art. 87) – inciso VIII, *e*;

l) Licença para o serviço militar (art. 85) – inciso VIII, *f*;

m) Período de trânsito para a nova sede, em caso de deslocamento (art. 18) – inciso IX;

n) Participação em competição desportiva nacional (campeonatos, torneios, copas etc.) ou convocação para integrar representação desportiva nacional (seleção brasileira, qualquer que seja a modalidade), no país ou no exterior, conforme disposto em lei específica (inciso X);

o) Afastamento para servir em organismo internacional de que o Brasil participe ou com o qual coopere (art. 96) – inciso XI. Neste caso, porém, a despeito da previsão legal, o período não conta para fins de aposentadoria, se o servidor não continuar contribuindo como se no exercício estivesse (art. 183, §§ 2º e 3º).

Períodos que contam como efetivo exercício para todos os efeitos, **exceto para promoção POR MERECIMENTO:**

a) Afastamento para o exercício de mandato eletivo (art. 94) – inc. V; o tempo de mandato eletivo anterior ao ingresso no serviço público federal somente conta para fins de aposentadoria ou disponibilidade, nos termos do art. 103, IV;

b) licenca para o desempenho de mandato classista (art. 92) – inciso VIII, *c*.

Períodos que contam **APENAS PARA FINS DE APOSENTADORIA E DISPONIBILIDADE** (art. 103) (não contam para a concessão de adicionais/gratificações, nem promoção por antiguidade ou merecimento etc.):

a) Tempo de serviço público prestado aos estados, ao Distrito Federal e aos municípios (inciso I). Pode ser em cargo público efetivo e também em emprego público e cargo de provimento em comissão;

b) licença para tratamento de saúde de pessoa da família do servidor, com remuneração, que exceder a 30 (trinta) dias em período de 12 (doze) meses (inciso II). Essa licença será concedida por até 60 (sessenta) dias, consecutivos ou não, mantida a remuneração do servidor e por até 90 (noventa) dias, consecutivos ou não, sem remuneração. Assim, os primeiros 30 contam para todos os efeitos (apesar de não previsto no art. 102); os segundos 30, só para aposentadoria e disponibilidade. Os demais (90) não contam para nenhum efeito; Resumindo:

Período	Contagem
Primeiros 30 dias	Todos os efeitos
30 dias posteriores	Aposentadoria e disponibilidade
90 dias posteriores	Não conta para nenhum efeito

c) Licença para atividade política, quanto ao segundo período, remunerado, que vai do registro da candidatura na Justiça eleitoral até o décimo dia seguinte ao pleito, desde que não ultrapassado o limite de três meses (art. 86, § 2º); o primeiro período (entre a aprovação em convenção partidária e a véspera do registro da candidatura), bem como a parcela do segundo período que eventualmente ultrapasse os três meses, como são concedidos sem remuneração, não contam como exercício para efeito algum (inciso III);

d) Mandato eletivo exercido antes do ingresso no serviço público federal (cargo ou emprego público na esfera da União) – inciso IV;

e) Tempo de serviço na iniciativa privada, desde que registrado na previdência social (regime geral) – inciso V;

f) Tempo de serviço relativo ao Tiro-de-Guerra (inciso VI);

g) Licença para tratamento da própria saúde (arts. 202 a 206), quanto ao período que ultrapassar o limite (cumulativo) de 24 meses durante o tempo de serviço público federal, nos termos do art. 102, VIII, *b* (ver comentários ao art. 202).

10.9. Direito de petição

É assegurado ao servidor o direito de requerer aos Poderes Públicos, em defesa de direito ou interesse legítimo (art. 104).

A Lei 8.112 prevê um sistema recursal bastante simples, porém completo. Nela estão previstos o pedido de reconsideração (dirigido à mesma autoridade que tomou a decisão) e o recurso hierárquico (que pode ser próprio, quando dirigido à autoridade hierarquicamente superior à que decidiu a questão, ou impróprio, quando se dirige a autoridade que, embora não tenha relação de hierarquia com a recorrida, pode conhecer do recurso, como é o caso dos Ministros de Estado com relação aos presidentes de autarquias).

O requerimento será dirigido à autoridade competente para decidi-lo e encaminhado por intermédio daquela a que estiver imediatamente subordinado o requerente.

Cabe pedido de reconsideração à autoridade que houver expedido o ato ou proferido a primeira decisão, não podendo ser renovado.

O requerimento e o pedido de reconsideração de que tratam os artigos anteriores deverão ser despachados no prazo de 5 (cinco) dias e decididos dentro de 30 (trinta) dias.

Caberá recurso: I – do indeferimento do pedido de reconsideração; II – das decisões sobre os recursos sucessivamente interpostos.

O recurso será dirigido à **autoridade imediatamente superior** à que tiver expedido o ato ou proferido a decisão, e, sucessivamente, em escala ascendente, às demais autoridades. Será encaminhado por intermédio da autoridade a que estiver imediatamente subordinado o requerente.

O prazo para interposição de pedido de reconsideração ou de recurso é de 30 (trinta) dias, a contar da publicação ou da ciência, pelo interessado, da decisão recorrida (art. 108).

O recurso **poderá** ser recebido com efeito **suspensivo**, a juízo da autoridade competente.

Os recursos podem ter dois efeitos, o devolutivo e o suspensivo. O primeiro é inerente a todo e qualquer recurso, e consiste na devolução da matéria ao órgão de decisão, ou seja, à possibilidade conferida à autoridade que decidirá o recurso para que conheça da matéria já decidida anteriormente (por isso a devolução da matéria à análise da Administração). Já o efeito suspensivo, por meio do qual se impede a execução provisória da decisão recorrida, não é característica de todos os recursos, mas apenas de alguns, e mesmo assim somente em alguns casos. Quanto aos recursos administrativos, a regra é que sejam recebidos apenas no efeito devolutivo, possibilitando-se a execução provisória da decisão recorrida. Nesse sentido caminha o art. 61, *caput*, da Lei nº 9.784/99, segundo o qual, "Salvo disposição legal em contrário, o recurso não tem efeito suspensivo". Porém, o mesmo dispositivo prevê, no parágrafo único, que, "Havendo justo receio de prejuízo de difícil ou incerta reparação decorrente da execução, a autoridade recorrida ou a imediatamente superior poderá, de ofício ou a pedido, dar efeito suspensivo ao recurso". Nesse sentido é que deve ser interpretada a regra do art. 109 da Lei nº 8.112, que traz a possibilidade de a autoridade competente (aquela a quem se dirige o recurso) conferir efeito suspensivo à irresignação do servidor, se julgar presentes os requisitos do art. 61, parágrafo único, da Lei nº 9.784/99.

Mesmo que não tenha sido conferido efeito suspensivo ao recurso, a decisão sobre ele tem efeitos *ex tunc*, isto é, **retroage** à data do ato impugnado (decisão recorrida), desconstituindo as relações jurídicas daí decorrentes. P. ex.: se ao servidor foi negada a percepção de adicional de insalubridade e o recurso contra essa decisão foi recebido apenas no efeito devolutivo (é a regra), ficará o interessado sem receber o adicional até que o recurso seja decidido. Porém, se a decisão do recurso lhe for favorável, retroagirá até a data da decisão reformada ou anulada, devendo o servidor receber o adicional referente ao período compreendido entre a data da negação e a data da decisão pelo provimento do recurso.

O direito de requerer prescreve em 5 (cinco) anos, quanto aos atos de demissão e de cassação de aposentadoria ou disponibilidade, ou que afetem interesse patrimonial e créditos resultantes das relações de trabalho, e em 120 (cento e vinte) dias, nos demais casos, salvo quando outro prazo for fixado em lei.

O prazo de prescrição será contado da data da **publicação** do ato impugnado ou da data da ciência pelo interessado, quando o ato não for publicado.

O pedido de reconsideração e o recurso, quando cabíveis, **interrompem a prescrição**. A interrupção inicia novamente a contagem do prazo prescricional, qualquer que seja o tempo. Quando da interrupção, deve ser desconsiderado o prazo já transcorrido, e se procede a nova contagem, a partir do zero, tendo por termo inicial a data da interrupção.

10.10. Regime disciplinar

10.10.1. Dos deveres – art. 116

A Lei nº 8.112/90, art. 116, traz um rol aberto e não exaustivo (meramente exemplificativo) dos deveres que o nomeado assume ao tomar posse em um cargo público. Boa parte dos preceitos elencados se compõe de signos abertos.

Deveres relativos à **eficiência** (CF, art. 37, *caput*, na redação da EC 19/98)**:** zelo e dedicação; assiduidade e pontualidade; atender com presteza, ou seja, com prontidão, rapidez e eficiência (V):

Deveres relativos à **legalidade** (CF, art. 37, *caput*)**:** observar as normas legais e regulamentares; levar ao conhecimento da autoridade superior as irregularidades de que tiver conhecimento em função do cargo; representar contra ilegalidade, omissão ou abuso de poder.

Deveres decorrentes da **moralidade** (CF, art. 37, *caput*)**:** lealdade às instituições; manter conduta compatível com a moralidade administrativa; urbanidade no trato com as pessoas.

Deveres decorrentes da **hierarquia:** cumprir as ordens superiores, exceto quando manifestamente ilegais (IV).

O poder hierárquico é ínsito à própria organização administrativa, constituindo um poder geral atribuído aos superiores em relação aos subordinados. Da hierarquia decorrem os poderes atribuídos ao superior de: a) ordenar; b) fiscalizar o cumprimento das ordens dadas; c) rever atos dos subordinados, tanto quanto à legalidade quanto com relação ao mérito; d) delegar e avocar funções. O dever de cumprir as ordens realiza o poder geral de ordenar atribuído ao superior. De nada adiantaria o superior ordenar se o subordinado não fosse obrigado a cumprir esses mandamentos. O dever do servidor é cumprir adequadamente as ordens recebidas; não é cumprir de qualquer jeito, é realizar na prática os comandos normativos concretos recebidos. Porém, deve-se ressaltar que o servidor tem o dever de cumprir apenas as ordens superiores, e, mais, dos seus superiores. Não se submete a ordens de seus iguais, nem de superiores de outras pessoas aos quais não esteja vinculado. Tem o dever de cumprir as ordens que lhe sejam dadas dentro da regular estrutura escalonada da Administração. No entanto, é de se lembrar que não se deseja um servidor que cumpra às cegas as ordens superiores, para isso servindo de instrumento para a prática de ilícitos. O servidor não tem o dever de cumprir as ordens que se mostrem flagrantemente (manifestamente, na dicção legal) ilegais ou inconstitucionais. Não se pode admitir que servidores ajam como soldados nazistas, que cumpriam as ordens de matar judeus sem contestá-las, apenas porque eram ordens. Porém, há que se chamar a atenção para dois fatores importantes: a) as ordens só devem ser descumpridas quando sejam manifestamente, claramente ilegais – na dúvida, o servidor deve cumpri-las; b) as ordens só podem não ser cumpridas quando sejam ilegais, não meramente irregulares – o desrespeito a uma norma interna não justifica, p. ex., o descumprimento.

Deveres decorrentes do **sigilo:** guardar sigilo sobre assunto da repartição (VIII).

10.10.2. Das proibições – art. 117

Após elencar os deveres do servidor, a Lei nº 8.112/90 passa a prever as vedações a que ele está submetido. O rol legal não é exaustivo, pois há proibições outras que não as constantes do art. 117. O desrespeito às vedações aqui contidas constitui falta funcional, punível com advertência, suspensão, demissão, cassação de aposentadoria ou disponibilidade e destituição de cargo em comissão ou função de confiança (art. 127). São elas:

a) **Ausência ao serviço sem autorização (I)**: não se trata, aqui, do servidor que falta ao trabalho, mas daquele que comparece ao serviço e dele se ausenta (temporariamente ou em definitivo) no decorrer do dia; A norma visa tutelar o cumprimento da jornada de trabalho, e bem assim assegurar o respeito à hierarquia e o bom funcionamento da atividade administrativa.

b) **Retirar documento ou objeto da repartição (II)**;

c) **Recusar fé a documentos públicos (III)**: Trata-se neste caso de servidor que não reconhece a veracidade de um documento público. O objetivo da norma é a proteção da relação entre Entes Federativos (que entre eles não haja distinções quanto à validade dos documentos emitidos), quanto a celeridade no atendimento dos interesses dos administrados.

d) **Opor resistência injustificada ao trâmite de processo ou execução de serviço (IV)**: a conduta referida constitui descumprimento dos deveres de presteza (art. 116, V) e de obediência (art. 116, IV) do servidor público;

e) **Manifestar apreço ou desapreço no âmbito da repartição (V)**: o servidor, antes de uma pessoa física, indivíduo com gostos e preferências pessoais, é um agente público, representante do Estado, e dessa maneira deve-se portar, tendo sempre em vista o princípio constitucional da impessoalidade (CF, art. 37, *caput*). Dessa forma, o servidor não pode manifestar apreço ou desapreço no âmbito da repartição. Essa manifestação é vedada nos mais amplos termos, relacionando-se a pessoas, instituições, religiões, clubes desportivos, partidos políticos etc. O desrespeito a esse inciso deve ser punido com advertência (art. 129);

   Segundo o Manual de processo administrativo disciplinar da CGU, pune-se o servidor que, no local de trabalho, age de forma a perturbar a ordem da repartição, por meio de manifestações excessivas de admiração ou menosprezo em relação aos colegas ou demais pessoas com quem se relaciona no exercício do cargo.

f) **Cometer a pessoa estranha atribuição própria ou de subordinado (VI)**: segundo o art. 11 da Lei de Processo Administrativo, "A competência é irrenunciável e se exerce pelos órgãos administrativos a que foi atribuída como própria, salvo os casos de delegação e avocação legalmente admitidos". As atribuições são conferidas por lei a agentes públicos legalmente investidos em suas funções, e isso representa importante garantia dos administrados (garantia de qualificação dos agentes estatais). Além disso, o exercício das funções públicas por alguém fundamenta a responsabilidade civil objetiva da Administração, em caso de dano a terceiro (CF, art. 37, § 6º). Quando um servidor comete (isto é, atribui) a pessoa estranha à repartição funções que ele mesmo ou seus subordinados deveriam cumprir, está expondo a Administração e os administrados a virtuais danos e prejuízos (quebra de sigilo, provocação de dano, prestação ineficiente de serviço público etc.) – motivo que justifica a punição (no caso, é a advertência: art. 129);

g) **Aliciar ou coagir subordinados par que se filiem a associação profissional, sindical ou partido político (VII)**: mais um reflexo do princípio constitucional da impessoalidade (CF, art. 37, *caput*);

h) **Praticar nepotismo (VIII)**: decorrência dos princípios constitucionais da moralidade e da impessoalidade (CF, art. 37, *caput*). A proibição legal é de manter sob sua chefia imediata (que se estende a todos os subordinados ao servidor, mesmo que não imediatamente – pois se existe a proibição quanto à chefia imediata, que dirá quanto à chefia dos subordinados, que podem ser coagidos) cônjuge (marido ou esposa), companheiro (pessoa com quem o servidor vive em união estável) ou parente até o *segundo* grau civil. A proibição legal diz respeito apenas a cargos em comissão ou funções de confiança, não a cargos efetivos;

Confira-se a Súmula Vinculante nº 13 do STF, que veda a prática de nepotismo (nomeação de parentes para cargos públicos):

> *"A nomeação de cônjuge, companheiro ou parente em linha reta, colateral ou por afinidade, até o terceiro grau, inclusive, da autoridade nomeante ou de servidor da mesma pessoa jurídica investido em cargo de direção, chefia ou assessoramento, para o exercício de cargo em comissão ou de confiança ou, ainda, de função gratificada na Administração Pública Direta e Indireta em qualquer dos poderes da União, dos estados, do Distrito Federal e dos municípios, compreendido o ajuste mediante designações recíprocas, viola a Constituição Federal."*

Prevalece a Súmula Vinculante nº 13, que veda a nomeação de parentes para cargo em comissão ou função de confiança de até o **terceiro grau**, diante da disposição da Lei nº 8.112/90, que menciona o parentesco até o segundo grau.

i) **Valer-se do cargo para proveito próprio ou de outrem (IX)**: Neste caso a norma visa evitar que o servidor utilize seu cargo (seu prestígio como servidor público) para atender a interesse privado.

Trata-se de delito formal que dispensa a obtenção da vantagem, configurando-se ainda que proveito pessoal ilícito não ter sido conseguido.

j) **Participar de gerência ou administração de sociedade privada e exercer o comércio (X)**: não se pode permitir que o servidor público exerça, em nome próprio, o comércio, ou que administre ou gerencie uma sociedade privada. A regra é, portanto, que o servidor não pode ser comerciante (exercer atividade empresarial) nem participar, como gerente ou administrador, de sociedade privada. A violação dessa proibição deve ser punida com demissão do servidor (art. 132, XIII);

O exercício de atividade de gerência ou administração de empresa é vedado, como regra, ao servidor público pelo ordenamento jurídico. A razão da vedação tem por escopo reprimir possíveis conflitos de interesses, bem como evitar que o servidor dedique seu tempo e atenção para a atividade privada, e fique em posição secundária o exercício da função pública.

Para análise da infração ora estudada tem que ser detectada a efetiva participação do servidor na função de gerente ou administrador. Pois, figurar como sócio em contrato social não configura, por si só, a infração disciplinar. É preciso verificar se o servidor participa da sociedade como gerente ou administrador efetivamente. Da mesma forma, o simples fato de o servidor constar do contrato do social como mero sócio cotista, acionista ou comanditário, como consta da parte final do inciso X do art. 117, não afasta por completo a possibilidade do enquadramento, em especial quando há indícios de que o servidor atua na administração ou gerência da sociedade (administração de fato).

Neste sentido, é oportuna a transcrição do Enunciado nº 09 da Controladoria-Geral da União que consignou o seguinte entendimento:

> *Enunciado CGU n.º 09, de 30 de outubro de 2015. ILÍCITO SÓCIO-GERÊNCIA – ATUAÇÃO FÁTICA E REITERADA. Para restar configurada a infração disciplinar capitulada no inciso X do art. 117 da Lei nº 8.112/90, é preciso que o servidor, necessariamente, tenha atuado de fato e de forma reiterada como gerente ou administrador de sociedade privada.*

E, ainda, o Manual da CGU de processo administrativo disciplinar ensina que não basta o servidor, na qualidade de sócio ou acionista, participe das reuniões ou assembleias societárias, ou ainda fiscalize as atividades da sociedade, que são poderes intrínsecos à qualidade de participante do contrato de sociedade. É necessário comprovar que o servidor, sócio ou não, gerencia os negócios, atuando diretamente na administração da sociedade. Deste modo, ainda que o servidor esteja designado no contrato social como sócio-gerente ou administrador, cumpre comprovar efetivamente os atos de gerência e administração para que o servidor seja responsabilizado.

A infração em análise é de natureza "formal", não exigindo um dano para a Administração Pública ou prejuízo do exercício de suas funções. O exercício de gerência ou administração de empresa privada, por si só, já configura infração passível de punição, independentemente de resultado danoso para a Administração Pública.

Acrescente-se que a Lei nº 8.112, de 1990, veda, também, o exercício do comércio pelo servidor. Nesse caso, trata-se do servidor atuando de forma individual, fora de uma sociedade, na compra e venda de produtos ou na prestação de serviços.

A expressão constante na lei sobre a vedação de "exercer o comércio" decorre de terminologia antiga adotada no âmbito do Direito Privado. No passado, era considerado comerciante quem praticasse atos do comércio definidos em legislação. Por consequência, teriam um regime jurídico especial. No entanto, a teoria dos atos de comércio foi substituída pela Teoria da Empresa, sendo incorporada ao nosso ordenamento jurídico pelo art. 966 do Código Civil.

No entanto, na Lei nº 8.112, de 1990, continua a vedação sobre exercer o comércio, no sentido de quem pratica atos de aquisição de bens para posterior revenda ou na prestação de serviços com a finalidade de obtenção de lucro, mesmo que não constitua empresa. Tratando-se de terminologia mais abrangente do que exercer atividade empresarial.

Não cabe aqui uma explanação longa sobre as diferentes formas de constituição das sociedades no Direito brasileiro. Contudo, podemos afirmar que ao servidor público é vedada qualquer atividade empresarial, isolada ou sob a forma de sociedade, em que a responsabilidade seja ilimitada. Justamente por isso, a lei exclui da vedação apenas as participações em que a responsabilidade do servidor é limitada: na condição de cotista (sociedade limitada), acionista (sociedade por ações) ou sócio comanditário (o de responsabilidade limitada nas sociedades em comandita simples ou por ações).

> **ATENÇÃO!** Ao servidor é proibido participar de gerência ou administração de sociedade privada, personificada ou não personificada, exercer o comércio, ***exceto na qualidade de acionista, cotista ou comanditário.***

É possível, no entanto, a participação em gerência ou administração (conselhos fiscal ou de administração) de sociedade de que o Estado detenha parte do capital. Todas essas sociedades são pessoas jurídicas de direito privado (são, portanto, sociedades privadas), mas é preciso que algum agente público represente nelas o interesse do Estado – motivo por que se abre a exceção para que o servidor participe do conselho fiscal ou do conselho de administração.

É, também, possível a participação em cooperativa constituída para prestar serviços a seus membros.

Admite-se também o desempenho de atividade remunerada durante o período de licença para tratar de interesses particulares.

k) **Praticar advocacia administrativa (XI)**: Conforme o artigo 321 do Código Penal a advocacia administrativa significa patrocinar, direta ou indiretamente, interesse privado perante a Administração Pública, valendo-se da qualidade de funcionário;

l) **Receber vantagem indevida (XII)**;

m) **Aceitar comissão, emprego ou pensão de Estado estrangeiro (XIII)**;

n) **Praticar usura (XIV)**: usura ou agiotagem é o desenvolvimento habitual e não autorizado de atividade típica de instituição financeira (empréstimo de dinheiro a juros, exploração de títulos de capitalização etc.) ou a cobrança indevida de juros ou ágio. Essa atividade é nociva aos princípios do sistema financeiro nacional (CF, art. 192), por não se submeter à fiscalização estatal e provocar danos à sociedade. A Lei nº 1.521/51, que trata dos crimes contra a economia popular, assim define a usura (art. 4º): "Constitui crime da mesma natureza a usura pecuniária ou real, assim se considerando: a) cobrar juros, comissões ou descontos percentuais, sobre dívidas em dinheiro superiores à taxa permitida por lei; cobrar ágio superior à taxa oficial de câmbio, sobre quantia permutada por moeda estrangeira; ou, ainda, emprestar sob penhor que seja privativo de instituição oficial de crédito; b) obter, ou estipular, em qualquer contrato, abusando da premente necessidade, inexperiência ou leviandade de outra parte, lucro patrimonial que exceda o quinto do valor corrente ou justo da prestação feita ou prometida. Pena – detenção, de 6 (seis) meses a 2 (dois) anos, e multa, de cinco mil a vinte mil cruzeiros. § 1º. Nas mesmas penas incorrerão os procuradores, mandatários ou mediadores que intervierem na operação usuária, bem como os cessionários de crédito usurário que, cientes de sua natureza ilícita, o fizerem valer em sucessiva transmissão ou execução judicial." Pratica a infração disciplinar prevista no art. 117, inciso XIV, sujeita à demissão, portanto, o servidor que realiza negócio jurídico (compra e venda, empréstimo, etc) com **colegas de repartição** ou administrados, obtendo **lucro excessivo ou cobrando juros exorbitantes**.

o) **Proceder de forma desidiosa (XV)**: desídia é desprezo, desleixo, falta de zelo e de cuidado. Procede de forma desidiosa o servidor que não cumpre os deveres de zelo (art. 116, I e VII) e lealdade às instituições. É o servidor desleixado, que faz o serviço de qualquer jeito, e que, assim agindo, pode causar enormes prejuízos materiais ou imateriais à Administração, além de ser imprestável como agente público, por descumprir os comandos decorrentes do princípio da eficiência (CF, art. 37, *caput*). Justamente por isso é que o servidor que age assim deve ser demitido (art. 132, XIII);

p) **Utilizar recursos humanos ou materiais da Administração em benefício particular (XVI)**;

q) **Desviar a função de servidor (XVII)**: se é ilícito atribuir responsabilidades próprias ou de subordinado a pessoa estranha à função pública (inciso VI), também deve sê-lo cometer a servidor atribuições distintas da que lhe são devidas, praticando o chamado desvio de função. Só que essa segunda conduta é ainda mais grave, porque: a) evidencia um desrespeito à lei que define as atribuições do cargo do servidor desviado; b) configura abuso de poder, na modalidade desvio de finalidade, sendo conduta geralmente usada com o objetivo espúrio de perseguir um servidor; c) pode causar prejuízos materiais ou imateriais à Administração, na medida em que o serviço público pode decair de qualidade e o servidor pode, posteriormente, pleitear indenização por ter desenvolvido atividades estranhas ao cargo. Tanto essa conduta é mais grave que a elencada no inciso VI que, enquanto a segunda é punida com advertência (art. 129), a primeira é sancionada com a suspensão do servidor, nos termos do art. 130, *caput*. Registre-se que não há qualquer falta quando o desvio decorre de situação emergencial e é transitório.

r) **Exercer atividades incompatíveis com o cargo/função ou com o horário de trabalho (XVIII)**;

Sobre esse dispositivo, o Manual de processo administrativo disciplinar da CGU ensina que o enquadramento da conduta do servidor no dispositivo exige a prova de certa habitualidade da atividade privada, tendo em vista interpretação que se extrai do verbo "exercer", incompatível com um único ato isolado ou alguns poucos esporádicos.

s) **Recusar-se a atualizar dados cadastrais (XIX)**: vedação inserida pela Lei nº 9.527/97, é difícil acreditar que ocorra na prática (mas deve ocorrer, a ponto de justificar a inclusão no rol das vedações). Constitui uma violação ao dever de cumprir as ordens superiores (art. 116, IV), e a conduta que viola a proibição deve ser punida com advertência.

10.10.3. Das responsabilidades – art. 121

O servidor responde civil, penal e administrativamente pelo exercício irregular de suas atribuições.

Responsabilidade é a atribuição jurídica de um determinado fato, com as respectivas consequências decorrentes dessa atribuição. A responsabilidade pode ser classificada sob diversos aspectos:

Quanto aos requisitos de configuração:

a) **Responsabilidade subjetiva**: é aquela que depende de comprovação de culpa em sentido amplo (dolo ou culpa em sentido estrito) por parte do agente. A responsabilidade subjetiva é a regra para a responsabilização do servidor, mas é a única que se admite em termos de responsabilidade penal;

b) **Responsabilidade objetiva**: é aquela que independe de culpa em sentido amplo (dolo ou culpa em sentido estrito) por parte do agente. A lei exige, nesses casos, apenas o nexo de causalidade entre o ato e o resultado. Exemplo típico é a responsabilidade civil do Estado pelos atos dos seus agentes (CF, art. 37, § 6º) e do fornecedor de produtos ou serviços pelos vícios dele decorrentes (CDC, arts. 12/25).

Quanto à natureza da sanção aplicada pelo ato ilícito:

a) **Responsabilidade civil:** relativa a danos de natureza patrimonial ou moral, reparáveis com base em indenizações (economicamente apreciáveis). Pode ser objetiva ou subjetiva, e decorrer de ato comissivo ou omissivo, doloso ou culposo (art. 122).

b) **Responsabilidade administrativa** (art. 124)**:** decorre do descumprimento dos deveres funcionais exigidos do servidor (arts. 116 e 117). As consequências são relativas ao cargo (sanções disciplinares, como a demissão e a suspensão). Pode decorrer de ato comissivo ou omissivo, doloso ou culposo, e pode, em tese, ser objetiva ou subjetiva (discutiremos mais esse assunto nos comentários ao art. 124).

c) **Responsabilidade penal** (art. 123): é a mais grave de todas. Como o ilícito penal (infração penal, que pode ser crime ou contravenção) atinge os valores mais importantes da sociedade (princípios da fragmentariedade e da subsidiariedade do Direito Penal), as sanções penais são também as mais graves, consistindo geralmente na privação de liberdade (reclusão, detenção ou prisão simples). Justamente por isso atualmente não se aceita a responsabilidade penal objetiva, dependendo sempre da comprovação de que o agente atuou, pelo menos, com culpa.

A responsabilidade civil do servidor decorre de ato **comissivo** (o servidor pratica uma ação) ou **omissivo** (o servidor deixa de agir quando era obrigado por lei a fazê-lo), **doloso ou culposo** (o que significa que não há, para o servidor, responsabilidade civil objetiva). A responsabilidade existe em caso de prejuízo ao Erário ou a terceiros (nesse caso, pode tratar-se de dano moral ou material). Com o dano, surge a obrigação de indenizar.

A **responsabilidade por dano ao Erário** ocorre quando o servidor, por qualquer motivo, gera decréscimo patrimonial ao Estado. No caso de ser decorrente de ato doloso (intencional), deverá ser exigida a indenização com base na responsabilidade patrimonial civil ordinária, com a busca de bens do servidor para ressarcir o Erário. Somente subsidiariamente, ou seja, quando não houver bens em nome do servidor, é que este deverá indenizar o Erário na forma prevista no art. 46 (reposições e indenizações por desconto na remuneração, já comentadas no art. 46, a que remetemos o leitor). Nos casos de dano culposo somente se pode aplicar o ressarcimento previsto no art. 46.

A Lei nº 12.527/2011, Lei de Acesso à Informação, incluiu na Lei nº 8.112/90 o art. 126-A, dispondo que: "Nenhum servidor poderá ser responsabilizado civil, penal ou administrativamente por dar ciência à autoridade superior ou, quando houver suspeita de envolvimento desta, a outra autoridade competente para apuração de informação concernente à prática de crimes ou improbidade de que tenha conhecimento, ainda que em decorrência do exercício de cargo, emprego ou função pública."

10.10.4. Cumulação das sanções

Estabelece a lei que as sanções civis, penais e administrativas poderão **cumular**-se, sendo **independentes** entre si.

Desse modo, haverá independência das três instâncias, vale dizer, a condenação ou absolvição em uma esfera não importará em consequência em qualquer uma das outras. Essa é a regra geral.

Imagine-se o ato de um servidor que desvia para si recursos públicos. Agindo dessa forma, comete, em tese, crime (peculato, na forma do art. 312 do CP), dando margem à responsabilização penal; mas também pratica ilícito funcional (art. 117, XVI), ensejando a responsabilização administrativa, além de causar prejuízo ao Erário (responsabilidade civil). As responsabilidades podem cumular-se: assim, o servidor pode responder penalmente, inclusive com sua liberdade (o crime de peculato doloso tem como pena a reclusão, de 2 a 12 anos, e multa), ser obrigado a ressarcir o erário (responsabilidade civil), além de perder o cargo por meio de demissão (responsabilidade administrativa). Isso porque **as instâncias penal, civil e administrativa são independentes**, não exercendo (via de regra) qualquer influência umas sobre as outras. Assim, o servidor pode ser inocentado na esfera penal e condenado na civil e na administrativa, ou vice-versa, ou ser absolvido ou condenado em todas etc. O STF tem, aliás, súmula autorizando a punição administrativa do servidor absolvido na esfera criminal, se houver um resíduo punível (Súmula 18: "Pela falta residual, não compreendida na absolvição pelo juízo criminal, é admissível a punição administrativa do servidor público"). A independência das esferas penal, civil e administrativa é um dos mais importantes princípios que regem a responsabilidade do servidor público. Porém, a regra não é absoluta: a absolvição penal, em alguns casos, repercute nas esferas civil e administrativa (art. 126). Sobre a independência da esfera civil com relação à penal, veja-se o art. 935 do CC (primeira parte).

Como dito, a regra é a de que as responsabilidades são independentes (art. 125). Porém, a **esfera penal** pode repercutir sobre as outras (civil e administrativa) em caso de absolvição por determinados motivos. De acordo com o art. 386, *caput*, do CPP, "O juiz absolverá o réu, mencionando a causa na parte dispositiva, desde que reconheça: I – estar provada a inexistência do fato; II – não haver prova da existência do fato; III – não constituir o fato infração penal; IV – não existir prova de ter o réu concorrido para a infração penal; V – existir circunstância que exclua o crime ou isente o réu de pena (arts. 17, 18, 19, 22 e 24, § 1º, do Código Penal); VI – não existir prova suficiente para a condenação". Nos casos elencados nos incisos III (atipicidade do fato) e V (exclusão da tipicidade, antijuridicidade, culpabilidade ou extinção da punibilidade), verifica-se que a absolvição penal não garante a absolvição na esfera administrativa, pela simples razão de que o fato pode não ser criminoso, mas constituir um ilícito administrativo.

Já quanto aos incisos II, IV e VI, trata-se de **insuficiência ou falta de provas**, que podem ser conseguidas nas esferas civil ou administrativa. Logo, a absolvição criminal somente se reflete obrigatoriamente nas demais esferas (civil e administrativa) se decorrer de ***negativa de existência do fato*** (o Judiciário reconhece que o fato de que o servidor é acusado não existiu) ou ***negativa de autoria*** (o fato existiu, mas não foi o servidor que o cometeu). Nesses casos, é obrigatória a absolvição também nas instâncias civil e administrativa. Isso porque o processo penal se orienta pelo princípio da verdade material, além de tratar da mais grave punição que pode ser imposta a uma pessoa (privação da liberdade de ir e vir) e dos fatos mais graves para a sociedade. Logo, se nesse processo o Estado reconheceu que o fato não existiu ou que não foi cometido pelo servidor, a observância em outras esferas é obrigatória. A Lei nº 8.112/90 fala apenas na exclusão da responsabilidade administrativa, mas o Código Civil se refere à exclusão também na esfera civil: "A responsabilidade civil é independente da criminal, não se podendo questionar mais sobre a existência do fato, ou sobre quem seja o seu autor, quando estas questões se acharem decididas no juízo criminal."[86]

Importante destacar decisão do STJ no sentido de que a sentença penal absolutória que reconhece a ocorrência de causa **excludente de ilicitude** (estado de necessidade) impede a pena de demissão no âmbito administrativo (REsp 1090425/AL, Rel. Ministra Maria Thereza de Assis Moura, Sexta Turma, *DJe* 19/09/2011; REsp 1123876/DF, *DJe* 13.04.2011).

> **ATENÇÃO:** Absolvição na esfera penal por falta ou ausência de provas não gera, obrigatoriamente, absolvição na esfera administrativa.

86 STF – Tribunal Pleno, MS 21.708/DF, Relator Ministro Maurício Corrêa: "Ementa: Mandado de segurança. Servidor público demitido por ilícito administrativo. Simultaneidade de processos administrativo e penal. Independência das instâncias. Precedentes. Esta Corte tem reconhecido a autonomia das instâncias penal e administrativa, ressalvando as hipóteses de inexistência material do fato, de negativa de sua autoria e de fundamento lançado na instância administrativa referente a crime contra a Administração Pública. Precedentes: MS nº 21.029, Celso de Mello, *DJ* de 23.09.94; MS nº 21.332, Néri da Silveira, *DJ* de 07.05.93; e 21.294, Sepúlveda Pertence, julgado em 23.10.91; e MS nº 22.076, Relator para o acórdão Min. Maurício Corrêa. Segurança denegada."

Acrescente-se que, apesar de haver a independência das esferas, é possível uma prova emprestada, por exemplo, do processo penal ser transportada para o processo administrativo. É o que ocorre com a intercepção telefônica que é prova produzida em processo penal, após autorização judicial. Porém, o juiz poderá autorizar que seja levada ao processo administrativo para servir de prova da consumação da infração disciplinar. Nesse sentido, a Súmula 591-STJ: É permitida a "prova emprestada" no processo administrativo disciplinar, desde que devidamente autorizada pelo juízo competente e respeitados o contraditório e a ampla defesa.

Admite-se, inclusive, a utilização de dados obtidos por **descoberta fortuita em interceptações telefônicas** devidamente autorizadas como prova emprestada em processo administrativo disciplinar. Nesse caso, a polícia está fazendo a interceptação autorizada de uma outra pessoa e descobre que um servidor está envolvido na ilicitude. Assim, envia cópia da interceptação para a Administração Pública tomar as providências disciplinares cabíveis.[87]

10.10.5. Das penalidades – art. 127

Penalidades ou sanções disciplinares são as consequências jurídicas atribuídas ao cometimento de ilícito funcional pelo servidor.

A Lei nº 8.112 prevê seis penalidades disciplinares, redutíveis, em verdade, a cinco – isso porque a destituição de cargo em comissão e a de função de confiança podem ser encaradas de forma unitária. Apesar de a lei prever a possibilidade de conversão da suspensão em multa (art. 130, § 2º), esta não é uma verdadeira sanção disciplinar, pois não pode ser aplicada de forma autônoma, mas apenas por substituição.

Na aplicação das penalidades, serão consideradas a **natureza** e a **gravidade** da infração cometida, os **danos** que dela provierem para o serviço público, as **circunstâncias** agravantes ou atenuantes e os antecedentes funcionais (art. 128).

A Constituição determina à lei que regule a individualização da pena (art. 5º, XLVI), decorrência lógica do princípio da igualdade (art. 5º, *caput*). Esse princípio deve ser aplicado também no âmbito do direito administrativo sancionador, como atesta o art. 128, *caput*.

O ato de imposição da penalidade mencionará, **sempre,** o fundamento legal e a causa da sanção disciplinar.

10.10.6. Advertência – art. 129

A advertência é a mais branda penalidade que pode ser imposta a um servidor. Deve ser aplicada por escrito e registrada no assentamento individual, somente desaparecendo do registro após o decurso de três anos (art. 131), se o servidor não reincidir. Corresponde a uma "chamada de atenção", e deve ser imposta pelo chefe da repartição ou autoridade por ele delegada, na forma do regimento interno do órgão ou entidade (art. 141, III). Prescreve em 180 dias (art. 142, III).

De acordo com o art. 129, ensejam a aplicação de advertência as faltas funcionais previstas nos incisos I a VIII e XIX do art. 117 e a inobservância dos deveres funcionais previstos no art. 116 e nas normas esparsas, de hierarquia legal ou infralegal (regulamentos, instruções normativas

87 STF. 1ª Turma. MS 30361 AgR/DF, Rel. Min. Rosa Weber, julgado em 29/8/2017 (Info 875).

etc.). Quanto a essa hipótese, porém, vige o princípio da subsidiariedade, pois a lei expressamente condiciona a aplicação da advertência somente se a infração não configurar falta mais grave (indicamos a leitura atenta dos casos que autorizam aplicação de advertência. Em especial para provas objetivas de concursos públicos).

10.10.7. Suspensão – art. 130

A suspensão é penalidade mais grave que a advertência e mais branda que as demais (demissão e congêneres). Consiste na proibição do servidor de comparecer ao trabalho – obviamente, com perda da remuneração pelos dias respectivos. A duração mínima é de um dia (a lei não diz expressamente, mas não tem sentido imaginar uma suspensão de duas horas) e a máxima é de 90 dias. Pode-se dizer que existem duas categorias de suspensão: uma, a de um a 30 dias, que pode ser imposta por meio de sindicância (art. 145, II) e pela mesma autoridade responsável pela imposição de advertência; e outra, mais grave, de 31 a 90 dias, que só pode resultar de processo administrativo disciplinar (art. 146) e somente pode ser aplicada pela autoridade imediatamente inferior à máxima de cada órgão ou entidade (art. 141, II). A suspensão prescreve em 2 anos (art. 142, II) e terá os registros cancelados em 5 anos, se o servidor não reincidir (art. 131).

As hipóteses de cabimento são definidas, geralmente, por exclusão, pois a lei estabelece os casos de advertência e de demissão; todos os demais devem ser punidos com suspensão. Assim, se há violação aos incisos I a VIII e XIX do art. 117, devem ser punidos com advertência (art. 129), e aos incisos IX a XVI, com demissão (art. 132, XIII), conclui-se que a suspensão é aplicável aos casos previstos nos incisos XVII e XVIII.

É possível a **conversão** da suspensão em multa. Esta não pode ser considerada uma sanção disciplinar no sistema da Lei 8.112, pois não pode ser aplicada de forma autônoma, mas apenas por conversão da suspensão (multa substitutiva). A conversão é ato discricionário da Administração, podendo ser negada quando não houver conveniência do serviço. A alíquota da multa é fixa: 50%. Porém, a base de cálculo pode ser determinada pela autoridade que determinar a punição, podendo os 50% incidirem sobre o vencimento básico ou sobre a remuneração (ambos contados dia a dia).

10.10.8. Cancelamento dos registros de advertência e suspensão – art. 131

As penalidades de advertência e de suspensão terão seus registros cancelados, após o decurso de 3 (três) e 5 (cinco) anos de efetivo exercício, respectivamente, se o servidor não houver, nesse período, praticado nova infração disciplinar.

No sistema da Lei nº 8.112, a reincidência é tratada como causa de **agravamento** da sanção prevista (de advertência para suspensão, nos termos do art. 130) e como circunstância que a autoridade deve levar em conta quando da fixação da penalidade e do seu *quantum* (art. 128). É para verificar se o servidor é ou não reincidente que as sanções a ele aplicadas devem ficar registradas no assentamento funcional (art. 16). Esse prazo durante o qual o servidor, se cometer nova falta, será considerado reincidente, é limitado. E mais: essa limitação é proporcional à gravidade da sanção praticada. Dessa forma, o prazo para que seja cancelado o registro da advertência é de três anos, enquanto o mesmo lapso com relação à suspensão já é de cinco anos. A prática de nova falta disciplinar (qualquer que seja) durante esse período **interrompe** a contagem, devendo ser reiniciada a partir da data da nova punição. A lei não se refere ao prazo para o cancelamento do registro da demissão, da cassação de aposentadoria e disponibilidade e da destituição de CC/FC pelo simples fato de que, tendo essas punições efeitos permanentes (perda do cargo, função ou proventos), devem ficar registradas para sempre – e isso não implica prazo infinito para reincidência, pois o servidor que sofrer tais punições simplesmente não pode cometer novas infrações disciplinares, pois não exercerá mais o cargo. Lembre-se que os prazos referidos neste artigo dizem respeito ao efetivo exercício, isto é, contado na forma do art. 102 da Lei nº 8.112/90.

10.10.9. Demissão – art. 132

A demissão é a mais **grave** das penalidades administrativas que podem ser aplicadas a um servidor ativo e titular de cargo efetivo. Consiste na perda do cargo, com caráter punitivo. Desse caráter de verdadeira penalidade decorrem duas consequências: a) a distinção entre demissão e exoneração: a exoneração nunca tem caráter punitivo, enquanto a demissão sempre tem esse caráter; b) não existe, no regime estatutário, "pedido de demissão": ninguém pede para ser demitido, pede exoneração ou qualquer outra forma de declaração de vacância (posse em outro cargo inacumulável, aposentadoria etc.). A demissão prescreve em 5 anos (art. 142, I).

A demissão atinge servidor: a) efetivo; e b) ativo. Se o servidor for titular de cargo em comissão, deve ser aplicada a destituição do CC (art. 135); se era efetivo, mas já está aposentado, deve-lhe ser imposta a sanção de cassação de aposentadoria (se estiver em disponibilidade, a pena passa a ser de cassação de disponibilidade): art. 134.

Hipóteses de aplicação da demissão:[88]

a) **Crime contra a Administração Pública** (inciso I): transitada em julgado a condenação na esfera penal por crime contra a Administração Pública, o servidor deve ser demitido.

   Somente pode haver demissão por crime contra a administração via PAD, se houve a condenação criminal com trânsito em julgado.

b) **Abandono de cargo** (II): nos termos do art. 138, "configura abandono de cargo a ausência intencional do servidor ao serviço por **mais** de trinta dias consecutivos".

c) **Inassiduidade habitual** (III): é "a falta ao serviço, sem causa justificada, por sessenta dias, interpoladamente, durante o período de doze meses" (art. 139).

d) **Improbidade administrativa** (IV): CF, art. 37, § 4º, da CF: "Os atos de improbidade administrativa importarão a suspensão dos direitos políticos, a perda da função pública, a indisponibilidade dos bens e o ressarcimento ao Erário, na forma e gradação previstas em lei, sem prejuízo da ação penal cabível." Assim como no caso da demissão por crime contra a

88 Portaria RFB nº 2.344, de 24 de março de 2011, que trata do acesso a informações protegidas por sigilo fiscal, constantes de sistemas informatizados da Secretaria da Receita Federal do Brasil (RFB), instituiu forma de **demissão** específica para agentes que têm acesso a dados sigilosos: [...] Art. 5º Configura infração do servidor aos deveres funcionais de exercer com zelo e dedicação as atribuições do cargo e de observar normas legais e regulamentares, nos termos do art. 116, incisos I e III, da Lei nº 8.112, de 1990, sem prejuízo da responsabilidade penal e civil cabível, na forma dos arts. 121 a 125 daquela Lei, se o fato não configurar infração mais grave: I – não proceder com o devido cuidado na guarda e utilização de sua senha ou emprestá-la a outro servidor, ainda que habilitado; II – acessar imotivadamente sistemas informatizados da Secretaria da Receita Federal do Brasil que contenham informações protegidas por sigilo fiscal, observado o disposto no art. 4º. Art. 6º O servidor que divulgar ou revelar informação protegida por sigilo fiscal, constante de sistemas informatizados, com infração ao disposto no art. 198 da Lei nº 5.172, de 25 de outubro de 1966 (Código Tributário Nacional), fica sujeito à penalidade de **demissão** prevista no art. 132, inciso IX, da Lei nº 8.112, de 1990.

Administração Pública, aqui a Administração não pode se substituir ao Judiciário e condenar o servidor por improbidade administrativa – mesmo porque a própria LIA estabelece, no art. 20, que "a perda da função pública e a suspensão dos direitos políticos só se efetivam com o trânsito em julgado da sentença condenatória".

O STJ vem entendendo pela possibilidade de se aplicar a penalidade de demissão em decorrência da prática de ato de improbidade através de processo administrativo disciplinar. A Administração pode impor ao servidor a pena de demissão em caso de improbidade administrativa, pois uma infração disciplinar tanto pode ser reconhecida como ato de improbidade na via administrativa quanto se sujeitar ao processo judicial correspondente.[89]

e) **Incontinência pública e conduta escandalosa, na repartição** (V)**:** segundo o *Dicionário Aurélio*, incontinência é a característica de quem é incontinente, isto é, da "pessoa imoderada em sensualidade". É incontinente o servidor que não resiste aos próprios ímpetos lascivos e "dá em cima" de colegas ou, pior, do público em geral (assédio sexual), ou que mantém relações sexuais dentro da repartição, pratica ato obsceno ou acessa conteúdo pornográfico a partir de equipamentos da repartição. Ainda segundo o *Aurélio*, escandaloso é: "1. Que produz escândalo. 2. Que incita a pecar. 3. Que dá mau exemplo. 4. Indecoroso, vergonhoso, indecente." Assim, a conduta escandalosa importa quebra do decoro exigido do servidor público.

f) **Insubordinação grave em serviço** (VI)**:** ocorre quando há o descumprimento de ordens dadas pelo superior.

g) **Ofensa física, salvo em legítima defesa** (VII)**.**

h) **Aplicação irregular de dinheiros públicos** (VIII)**:** também há previsão dessa conduta como ato de improbidade administrativa.

i) **Revelação de segredo do qual se apropriou em razão do cargo** (IX)**:** essa conduta também configura ato de improbidade administrativa previsto no art. 11 da Lei nº 8.429/92.

j) **Lesão aos cofres públicos e dilapidação do patrimônio nacional** (X)**.**

k) **Corrupção** (XI): embora, na linguagem comum, várias outras condutas configurem corrupção, como a do inciso anterior, por exemplo, na linguagem técnica o conceito é mais restrito. A corrupção aqui referida segue o conceito do **crime de corrupção passiva** trazido pelo Código Penal no art. 317: "Solicitar ou receber, para si ou para outrem, direta ou indiretamente, ainda que fora da função ou antes de assumi-la, mas em razão dela, vantagem indevida, ou aceitar promessa de tal vantagem." Porém, também está incluída neste inciso a conduta assemelhada ao crime de concussão (que não deixa de ser uma corrupção passiva específica tratada como crime autônomo): "Solicitar ou receber, para si ou para outrem, direta ou indiretamente, ainda que fora da função ou antes de assumi-la, mas em razão dela, vantagem indevida, ou aceitar promessa de tal vantagem" (CP, art. 316).

l) **Acumulação ilegal de cargos, empregos ou funções públicas** (XII)**:** os casos de acumulação legal e constitucionalmente permitidos já foram estudados nos comentários aos arts. 118 a 120. A simples apuração de acumulação ilegal, porém, não justifica a demissão, que só terá lugar quando o servidor, notificado para optar por um dos cargos ou empregos ou funções,

89 MS 15.054-DF, Rel. originário Min. Napoleão Nunes Maia Filho, Rel. para acórdão Min. Gilson Dipp, julgado em 25.5.2011.

mantiver-se em silêncio (art. 133). A punição, assim como no caso de abandono de cargo ou inassiduidade habitual, faz-se por meio de **processo sumário**.

m) **Valer-se do cargo em proveito próprio ou de outrem** (inciso XIII, c/c o art. 117, IX).

n) **Exercer o comércio fora das hipóteses autorizadas** (inciso XIII, c/c art. 117, X)**:** as hipóteses autorizadas pela lei em que o servidor pode participar de empresa ocorre como sócio cotista (ter cotas em sociedade limitada), acionista (ter ações em sociedade por ações) ou sócio comanditário (sócio em sociedade em comandita). Não pode o servidor ser gerente ou administrador de empresa privada, salvo se for de empresa que o Estado participa ou durante licença para tratar de interesses particulares.

o) **Advocacia administrativa** (inciso XIII, c/c o art. 117, XI)**:** patrocinar, direta ou indiretamente, interesse privado perante a Administração Pública, valendo-se da qualidade de funcionário.

p) **Receber propina** (inciso XIII, c/c o art. 117, XII).

q) **Aceitar comissão, emprego ou pensão de Estado estrangeiro** (inciso XIII, c/c art. 117, XIII).

r) **Praticar usura** (inciso XIII, c/c art. 117, XIV).

s) **Proceder de forma desidiosa** (inciso XIII, c/c art. 117, XV) – é também capitulada como falta grave na CLT: art. 482, *e*).

t) **Utilizar recursos públicos em proveito particular** (inciso XIII, c/c o art. 117, XVI).

10.10.10. Cassação de aposentadoria ou disponibilidade e destituição de cargo em comissão – art. 134

Será *cassada* a aposentadoria ou a disponibilidade do inativo que houver praticado, na atividade, falta punível com a **demissão, e a destituição de cargo em comissão** exercido por não ocupante de cargo efetivo será aplicada nos casos de infração sujeita às penalidades de **suspensão** e de **demissão** (arts. 134 e 135).

Prevê a lei também que, caso o servidor tenha sido exonerado do cargo em comissão nos termos do art. 35 (ou seja, a pedido ou por decisão da autoridade nomeante), e depois se apure que cometeu falta que seria punível com demissão ou suspensão (se fosse efetivo), deverá ser a **exoneração convertida em destituição do cargo em comissão**, com as consequências daí decorrentes.

10.10.11. Efeitos secundários da sanção disciplinar

1) **Indisponibilidade dos bens e obrigação de ressarcir o Erário:** o servidor demitido ou destituído do cargo em comissão em virtude de improbidade administrativa (art. 132, IV), aplicação irregular de dinheiros públicos (VIII), lesão aos cofres públicos (X) ou corrupção (XI) deve ter os bens declarados indisponíveis (impossibilidade de serem transferidos a terceiros) e fica na obrigação de reparar ao Erário os prejuízos causados;

2) **Proibição de retornar ao serviço público federal:** existem alguns ilícitos que mancham de tal forma a conduta do servidor que terminam por deixar a Administração Pública receosa de readmiti-lo, mesmo que por concurso público. A proibição é de retornar ao serviço público **federal**, seja como titular de cargo efetivo ou de provimento em comissão. A proibição de retorno (antigamente denominada demissão "a bem do serviço público") pode ter duas modalidades:

2.1) Proibição de retornar ao serviço público por tempo determinado *(caput)***:** dura cinco anos, a contar da data da aplicação da punição. Decorre dos casos de sanção pelos ilícitos de: valer-se do cargo em proveito pessoal ou de outrem (art. 117, IX) e advocacia administrativa (art. 117, XI);

2.2) Proibição de retornar ao serviço público por tempo indeterminado (parágrafo único)**:** nesse caso, como a lei não estabelece um prazo e as sanções são mais graves que as referidas no *caput*, o servidor não poderia retornar nunca mais ao serviço público. Decorre de: crime contra a Administração Pública (art. 132, I), improbidade administrativa (art. 132, IV), aplicação irregular de dinheiros públicos (art. 132, VIII), lesão aos cofres públicos (art. 132, X) e corrupção (art. 132, XI) – ou seja, as mesmas faltas referidas no art. 136 como causas de indisponibilidade dos bens e obrigação de ressarcir o Erário. Todavia, consideramos essa disposição inconstitucional, pois incompatível com a proibição constitucional das penas de caráter perpétuo (CF, art. 5º, XLVII: "Não haverá penas: [...]; b) de caráter perpétuo").

Muitos cogitam que a proibição de retornar ao serviço público federal seria inconstitucional, por violar a vedação da CF de penas de caráter perpétuo. No entanto, como nunca houve apreciação do STF sobre o referido artigo, a lei é presumida como constitucional.

Cabe ressaltar que, segundo o STJ, a cassação da aposentadoria não é consequência imediata da condenação penal. Os efeitos da condenação previstos no art. 92 do CP devem ser interpretados restritivamente. Portanto, não havendo previsão legal expressa sobre a cassação de aposentadoria na lei penal, não pode o juiz criminal determiná-la. Porém, nada impede de ser aplicada a sanção em âmbito administrativo (RMS 31.980-ES; Informativo 505, STJ).

10.10.12. Competência para aplicação das penalidades – art. 141

Sanção	Autoridade competente
Advertência	Chefe da repartição (ou outra autoridade apontada em regulamento ou regimento interno)
Suspensão até 30 dias	Idem à advertência
Suspensão de 31 a 90 dias	Autoridade imediatamente inferior à mais alta de cada órgão ou poder (vice-presidentes dos tribunais, Vice-Procurador-Geral da República, Vice-Presidente da República e da cada Casa do Congresso Nacional)
Demissão	Autoridade mais alta de cada órgão (Presidentes dos Tribunais Federais e Procurador-Geral da República) ou poder (Presidente da República ou da cada Casa do Congresso Nacional)
Cassação de aposentadoria ou disponibilidade	Idem à demissão
Destituição de cargo em comissão	Autoridade que nomeou o servidor para o cargo em comissão

A autoridade competente para destituição de cargo em comissão não é a autoridade máxima, mas a autoridade nomeante.

10.10.13. Prescrição da ação disciplinar – art. 142

Sanção (art. 127)	Prazo prescricional (art. 142)	Prazo para cancelamento do registro (art. 131)
Advertência	**180** dias	**3** anos
Suspensão	**2** anos	**5** anos
Demissão e congêneres (cassação de aposentadoria ou disponibilidade e destituição de CC/FC)	**5** anos	Nunca, pois a punição tem efeitos permanentes

A prescrição significa o prazo fixado em lei para a Administração Pública exercer o seu poder disciplinar sobre o servidor que cometeu uma infração administrativa.

Como visto, os prazos de prescrição são os fixados na tabela anterior. Contudo, caso o servidor pratique uma infração administrativa que, também, seja um ilícito penal os prazos de prescrição serão contados de forma diferente. Por exemplo, um agente público exige dinheiro ou qualquer outra vantagem indevida para deixar de fiscalizar um estabelecimento comercial. Trata-se de uma infração administrativa. Porém, essa exigência de dinheiro ou vantagem indevida caracteriza, também, o crime de concussão previsto no art. 316 do Código Penal.[90] Neste caso, o prazo de prescrição para a punição da infração administrativa, será contado conforme as regras do Código Penal que são prazos mais longos, conforme prevê o art. 142, §2º, da Lei nº 8.112/90. No exemplo citado, pela Lei nº 8.112/90, para a infração administrativa está prevista a demissão com prescrição de 5 anos. Porém, aplicando as regras do Código Penal, teremos um prazo de 12 anos de prescrição. Importante ressaltar que para o STJ **o prazo prescricional previsto na lei penal se aplica às infrações disciplinares também capituladas como crime independentemente da apuração criminal da conduta do servidor.**[91]

O termo inicial da contagem do prazo de prescrição dos ilícitos disciplinares não é, ao contrário do direito penal, a data da prática do fato, mas sim a data em que o fato ficou **CONHECIDO**, foi descoberto.

Em decisão proferida pela Primeira Seção, o STJ entendeu que o prazo de prescrição da pretensão punitiva estatal começa a fluir na data em que a irregularidade praticada pelo servidor tornou-se conhecida por **alguma autoridade** do serviço público, e não necessariamente pela autoridade competente para a instauração do processo administrativo disciplinar.[92] Posteriormente, foi aprovada a Súmula nº 635:

> **Súmula 635:** *"Os prazos prescricionais previstos no artigo 142 da Lei 8.112/1990 iniciam-se na data em que a autoridade competente para a abertura do procedimento administrativo toma conhecimento do fato, interrompem-se com o primeiro ato de*

---

90 Art. 316 - Exigir, para si ou para outrem, direta ou indiretamente, ainda que fora da função ou antes de assumi-la, mas em razão dela, vantagem indevida:

Pena - reclusão, de dois a oito anos, e multa.

91 Para se aplicar a regra do § 2º do art. 142 da Lei nº 8.112/90 não se exige que o fato esteja sendo apurado na esfera penal (não se exige que tenha havido oferecimento de denúncia ou instauração de inquérito policial). Se a infração disciplinar praticada for, em tese, também crime, deve ser aplicado o prazo prescricional previsto na legislação penal independentemente de qualquer outra exigência. STJ. 1ª Seção. MS 20.857-DF, Rel. Min. Napoleão Nunes Maia Filho, Rel. Acd. Min. Og Fernandes, julgado em 22/05/2019 (Info 651).

92 MS 20.162-DF, Rel. Min. Arnaldo Esteves Lima, julgado em 12.2.2014. Informativo nº 543.

instauração válido – sindicância de caráter punitivo ou processo disciplinar – e voltam a fluir por inteiro, após decorridos 140 dias desde a interrupção."

Interrompe a prescrição, de acordo com o § 3º, a **abertura** de qualquer processo disciplinar (abertura de sindicância ou instauração de processo administrativo disciplinar propriamente dito, nos termos dos arts. 144 e 148), mantendo-a interrompida até a decisão final da autoridade competente. A interrupção "zera" a contagem a partir da data do fato interruptivo.

Prevê o art. 170 da Lei que, extinta a punibilidade pela prescrição, a autoridade julgadora determinará o registro do fato nos assentamentos individuais do servidor. O Plenário do STF entendeu que o dispositivo é inconstitucional.[93]

10.10.14. Prescrição intercorrente (prescrição no curso do processo)

Pode haver a chamada prescrição intercorrente (prescrição durante o curso do processo)?

A jurisprudência entende que sim.

A abertura de sindicância ou a instauração de processo disciplinar interrompe a prescrição, que só começa a correr (do zero) depois da decisão final do processo administrativo (§ 4º). Porém, se a decisão não for prolatada no prazo legal, tal fato (embora não implique nulidade do processo) determina o reinício da contagem do prazo prescricional, que será de 140 dias a partir da **instauração** do processo. Isso porque a Lei nº 8.112/90 apenas estabelece o marco inicial da interrupção da prescrição, sendo omissa em fixar quando voltaria a correr. Assim, a jurisprudência chega ao prazo de 140 fazendo o seguinte cálculo: 60 + 60 dias (prazo do PAD) + 20 dias (prazo para proferir a decisão). Portanto, após a interrupção (instauração do processo), se não for concluído o PAD em até 140 dias, a prescrição para aplicar a respectiva sanção volta a correr (STF, Pleno, MS 23.299/SP, Relator Ministro Sepúlveda Pertence, *DJ* de 12.04.2002; STJ Terceira Seção, MS 9.772/DF, Relatora Ministra Laurita Vaz, *DJ* de 26.10.2005).

COMO ESSE ASSUNTO TEM SIDO ABORDADO NAS PROVAS

- **(Cespe – AGU – 2012)** Conforme o disposto na Lei nº 8.112/1990, a instauração de PAD interrompe a prescrição até a decisão final, a ser proferida pela autoridade competente; conforme entendimento do STF, não sendo o PAD concluído em cento e quarenta dias, o prazo prescricional volta a ser contado em sua integralidade.

  Resposta: Certo.

10.11. Do processo administrativo disciplinar

10.11.1. Introdução

O poder disciplinar é vinculado, no sentido de que a autoridade que tiver ciência de qualquer irregularidade no serviço público é obrigada a promover a apuração imediata, seja pela instauração de um procedimento disciplinar (sindicância ou processo administrativo disciplinar) ou, se não tiver competência para tanto, fica obrigada a comunicar à autoridade com atribuição para investigar o fato e, se for o caso, punir o servidor por ele responsável. No entanto, conforme foi visto

93 MS 23262/DF, rel. Min. Dias Toffoli, 23.4.2014. Informativo nº 743, STF.

no capítulo sobre poderes administrativos, a característica do poder disciplinar é a discricionariedade, pois há certa margem de liberdade no exercício desse poder. Porém, ele será vinculado no dever de apuração e de aplicação de sanção se for constatada a prática de ato ilegal pelo servidor.

O processo disciplinar rege-se pelos seguintes princípios:

a) **Ampla defesa e contraditório:** o STJ entendia que, em atenção ao princípio constitucional da ampla defesa, seria imprescindível o acompanhamento do servidor por advogado em todas as fases do processo disciplinar (Súmula nº 343), para possibilitar a chamada defesa técnica. O STF, porém, firmou posição em sentido contrário, tanto que editou a Súmula Vinculante nº 5, segundo a qual "A falta de defesa técnica por advogado no processo administrativo disciplinar não ofende a Constituição". Lembre-se que o posicionamento do STF é agora de observância obrigatória em todas as esferas, nos termos do art. 103-A da CF.

COMO ESSE ASSUNTO TEM SIDO ABORDADO NAS PROVAS

- **(Cespe – AGU – Advogado da União – 2009)** Segundo o STF, a falta de defesa técnica por advogado, no âmbito de processo administrativo disciplinar, não ofende a CF. Da mesma forma, não há ilegalidade na ampliação da acusação a servidor público, se, durante o processo administrativo, forem apurados fatos novos que constituam infração disciplinar, desde que rigorosamente observados os princípios do contraditório e da ampla defesa. O referido tribunal entende, também, que a autoridade julgadora não está vinculada às conclusões da comissão de processo administrativo disciplinar.

  Resposta: Correto (Súmula Vinculante nº 5).

b) **Devido processo legal (*due process of law*):** assegura o direito a um processo com todas as etapas previstas em lei e todas as garantias constitucionais

c) **Motivação:** consiste na obrigatoriedade de justificação da sanção a ser aplicada.

d) **Impulsão de ofício:** no processo administrativo, em decorrência do princípio da autotutela, a Administração pode iniciar a apuração mesmo sem ser provocada, bem como tem o dever de dar andamento, ou seja, movimentar e concluir o processo.

e) **Presunção de inocência:** prevê também a lei que as denúncias sobre irregularidades serão objeto de apuração, desde que contenham a identificação e o endereço do denunciante e sejam formuladas por escrito, confirmada a autenticidade.

10.11.2. Instrumentos processuais de apuração

O processo administrativo disciplinar (em sentido amplo) utiliza dois instrumentos de apuração e eventual punição dos servidores: a sindicância e o processo administrativo disciplinar propriamente dito (PAD). A sindicância tem duplo papel no processo disciplinar: a) instrumento preliminar de apuração de faltas mais graves; b) instrumento de apuração e punição de faltas mais leves. Assim, já se vê que da sindicância podem resultar sanções, motivo pelo qual se deve respeitar à risca a ampla defesa do sindicado. Já o PAD serve para apurar os fatos mais profundamente que a sindicância e, se for o caso, punir o servidor pela prática de faltas mais graves.[94]

94 STF, Pleno, MS 23.410/DF, Relator Ministro Gilmar Mendes, *DJ* de 10.09.2004: "Mandado de Segurança. 2. Pretendida anulação de ato de demissão com retorno ao cargo antes ocupado. Alegada violação aos princípios do contraditório e da ampla defesa. 3. A pena de demissão não resultou da sindicância, mas, sim, de posterior processo administrativo

10.11.3. Consequências da sindicância

Resultados da **sindicância:**

a) **Conclui-se pela atipicidade da conduta ou pela inocorrência do fato** – inciso I: a sindicância deve ser arquivada.

b) **Conclui-se pela existência de falta funcional punível com advertência ou com suspensão cujo montante não ultrapassará 30 dias, e já se conhece o autor do fato (autoria)** – inciso II: a penalidade deve ser aplicada por meio da própria sindicância, caso em que se deverá observar a regra do art. 141.

c) **Conclui-se pela existência de infração (materialidade) punível com demissão (ou congêneres) ou suspensão cujo montante deva ultrapassar 30 dias:** deve ser encerrada a sindicância e instaurado processo administrativo disciplinar (art. 146).

Se, portanto, da sindicância puder resultar em sanção punível com demissão ou suspensão com prazo superior a 30 dias, **deve** ser instaurado o PAD.

Para o STJ, há nulidade em processo administrativo disciplinar desde a sua instauração, no caso em que o servidor que realizou a sindicância investigatória determina, posteriormente, a abertura do processo disciplinar, designando os membros da comissão processante. Para o Tribunal, a instauração do PAD envolve, ainda que em caráter preliminar, juízo de admissibilidade, em que é verificada a existência de indícios suficientes da infração. Desse modo, servidor que participou da sindicância não poderia designar servidores para integrarem comissão do PAD (Ms 15107; Informativo nº 505, STJ).

Na hipótese de o relatório da sindicância concluir que a infração está capitulada como ilícito penal, a autoridade competente encaminhará cópia dos autos ao Ministério Público, independentemente da imediata instauração do processo disciplinar.

O prazo para o término da sindicância é de 30 dias (a contar da abertura), podendo ser prorrogado uma vez por igual período (mais 30).[95]

---

disciplinar, no qual foi assegurado o exercício de ampla defesa. 4. Hipótese em que a sindicância é mero procedimento preparatório do processo administrativo disciplinar. 5. Mandado de segurança indeferido". STF, Primeira Turma, RMS 22.789/RJ, Relator Ministro Moreira Alves, *DJ* de 25.06.1999: "Do sistema da Lei 8.112/90 resulta que, sendo a apuração de irregularidade no serviço público feita mediante sindicância ou processo administrativo, assegurada ao acusado ampla defesa (art. 143), um desses dois procedimentos terá de ser adotado para essa apuração, o que implica dizer que o processo administrativo não pressupõe necessariamente a existência de uma sindicância, mas, se o instaurado for a sindicância, é preciso distinguir: se dela resultar a instauração do processo administrativo disciplinar, é ela mero procedimento preparatório deste, e neste é que será imprescindível se dê a ampla defesa do servidor; se, porém, da sindicância decorrer a possibilidade de aplicação de penalidade de advertência ou de suspensão de até 30 dias, essa aplicação só poderá ser feita se for assegurado ao servidor, nesse procedimento, sua ampla defesa."

95 Jurisprudência: STJ, Terceira Seção, MS 10.160/DF, Relator Ministro Paulo Galotti, *DJ* de 11.12.2006: "Administrativo. Servidor público. Processo disciplinar. Pena de demissão. Nulidades. Falta de prévia sindicância. Desnecessidade. Inquirição de testemunhas. Defensor dativo. Imprescindibilidade. 1 – A sindicância constitui procedimento preparatório, sendo, portanto, dispensável quando já existam elementos suficientes para justificar a instauração do processo administrativo disciplinar. 2 – A Terceira Seção desta Corte, no julgamento do Mandado de Segurança nº 10.337/DF, em 28.6.2006, Relatora p/ acórdão a Ministra Laurita Vaz, ratificou o entendimento de que, não obstante a falta de expressa determinação no texto da Lei nº 8.112/90, é indispensável a presença de advogado ou de defensor dativo na fase instrutória do processo administrativo disciplinar." Obs.: A orientação do STJ de que a presença de advogado é imprescindível no processo disciplinar (Súmula nº 343) não deve mais ser adotada, tendo em vista a Súmula Vinculante nº 5 do STF.

10.11.4. *Afastamento preventivo do servidor – art. 147*

Como medida cautelar e a fim de que o servidor não venha a influir na apuração da irregularidade, a autoridade instauradora do processo disciplinar poderá determinar o seu afastamento do exercício do cargo, pelo prazo de até 60 (sessenta) dias, **sem prejuízo da remuneração** (leia-se com remuneração); podendo ser prorrogado por igual prazo, findo o qual cessarão seus efeitos, ainda que não concluído o processo.

O afastamento preventivo é uma verdadeira medida cautelar, ou seja, uma providência destinada a permitir ou assegurar a eficácia de uma decisão administrativa final. Visa evitar que a presença do servidor possa influenciar o ânimo daqueles que irão atuar no processo, em especial as testemunhas, geralmente os servidores que trabalham com o acusado.

10.11.5. *Comissão – art. 149*

Órgão colegiado composto por **três servidores estáveis** que devem ser designados pela autoridade competente, na ocasião da instauração do PAD. O único requisito para integrar a comissão é ser servidor **estável**. Porém, para ser o **presidente** da comissão, é necessário, além de ser estável, ter cargo efetivo superior ou de mesmo nível, *ou* ter nível de escolaridade igual ou superior ao do indiciado.

Presidente da comissão (condições) Além da estabilidade deve:	nível de *escolaridade* superior ao do indiciado; ou
	mesmo nível de *escolaridade* do indiciado; ou
	cargo efetivo superior do indiciado; ou
	cargo efetivo do mesmo nível do indiciado.

Para aferir o nível de escolaridade, não devem ser levados em conta cursos de extensão ou pós-graduação, a título de mestrado, doutorado, cursos de especialização ou aperfeiçoamento, pois tais cursos "apenas qualificam, aprimoram e enriquecem o conhecimento, sem, todavia elevar ou interferir no nível de escolaridade".[96]

É possível que membro da comissão integre o quadro de um outro órgão da Administração Federal, diverso daquele que apura a infração.[97]

Não pode atuar nos procedimentos disciplinares, integrando comissão de sindicância ou de inquérito, quem seja cônjuge ou companheiro do investigado ou parente, consanguíneo ou afim, até o **terceiro** grau.

A comissão exercerá suas atividades com independência e imparcialidade, assegurado o sigilo necessário à elucidação do fato ou exigido pelo interesse da Administração.

Segundo o STJ, não é nulo PAD conduzido por servidores que não possuam estabilidade no **atual cargo** que ocupam, desde que já tenham adquirido a **estabilidade no serviço público** (MS 17.583; Informativo 504, STJ).

---

96 São os ensinamentos de Francisco Xavier da Silva Guimarães, citado no *Manual* da CGU sobre PAD. Disponível em: http://www.cgu.gov.br/Publicacoes/atividade-disciplinar/arquivos/manualpad.pdf. *Manual CGU PAD 2014*, acesso em: 1 dez.2014. O STJ também já decidiu nesse sentido: MS 5.636/DF, Rel. Ministro Edson Vidigal, Terceira Seção, julgado em 25.11.1998.

97 MS 9.056/DF, Rel. Ministra Laurita Vaz, Terceira Seção, julgado em 27.04.2005.

Já decidiu o STJ que não há qualquer impedimento ou prejuízo material na convocação dos mesmos servidores que anteriormente tenham integrado comissão processante, cujo relatório conclusivo foi posteriormente anulado (por cerceamento de defesa), para comporem segunda comissão de inquérito contra o mesmo servidor, desde que sejam respeitados todos os aspectos processuais relativos à suspeição e impedimento dos membros da comissão previstos pelas Leis nºs 8.112/90 e 9.784/99.[98]

10.11.6. Fases do processo administrativo disciplinar

O PAD se desenvolve por meio de três fases: instauração, inquérito e julgamento.

A instauração é a primeira fase do processo, dando-lhe início, e consiste na publicação do ato que constitui a comissão (designa os membros e o presidente). A instauração é feita por portaria que designa a Comissão de Inquérito e o fato a ser apurado.

Segundo a Súmula nº 611 do STJ, desde que devidamente motivada e com amparo em investigação ou sindicância, é permitida a instauração de processo administrativo disciplinar com base em **denúncia anônima**, em face do poder-dever de autotutela imposto à Administração.

Inquérito é a fase de **investigação** propriamente dita, conduzida pela comissão (daí chamada "comissão de inquérito"). Tem início logo após a instauração e só termina com a conclusão do relatório pela comissão. É também aqui que o servidor investigado exerce a defesa. O inquérito divide-se em três subfases, quais sejam:

a) **Instrução:** é a fase de produção de provas propriamente dita, em que a comissão vai colher depoimentos de testemunhas de acusação e de defesa do acusado, vai requerer a produção de perícias, requisitar documentos e todas as atuações que julgar cabíveis na busca da verdade real.

b) **Defesa:** terminada a instrução, vem a oportunidade do servidor acusado de exercer sua defesa, contraditando as provas eventualmente contra ele produzidas pela comissão. A defesa é parte fundamental do processo, tanto que sua ausência é causa de nulidade (art. 169).

c) **Relatório:** Relatório Final é a conclusão da comissão de inquérito, que deve elaborá-lo e encaminhá-lo à autoridade competente para o julgamento. O relatório deve ser conclusivo, isto é, deve conter claramente um juízo de valor sobre a conduta do indiciado, absolvendo-o ou recomendando a aplicação de uma punição específica. Deve ser plena, adequada e perfeitamente motivado.

   Não é obrigatória a intimação do interessado para apresentar alegações finais após o relatório final de processo administrativo disciplinar.[99]

O julgamento é o ato que põe termo ao processo, e que define a situação do servidor, absolvendo-o ou condenando-o. Deve seguir a orientação desposada pela comissão de inquérito no relatório (hipótese em que não precisará ser motivado, podendo apenas acolher a motivação contida naquele ato). Porém, pode contrariá-la, se a conclusão estiver em manifesta contradição com as provas dos autos (nessa ocasião, a motivação é imprescindível).

---

98 STF, 1ª Turma, RMS 28774/DF, rel. orig. Min. Marco Aurélio, red. p/ o acórdão Min. Roberto Barroso, julgado em 9.8.2016 (Info 834). STJ, 1ª Seção, MS 16.192/DF, Rel. Min. Mauro Campbell Marques, julgado em 10.04.2013.

99 STJ. 1ª Seção. MS 18.090-DF, Rel. Min. Humberto Martins, julgado em 8/5/2013 (Info 523)

Quanto ao servidor cedido a outro órgão, a instauração de processo disciplinar deve ocorrer, preferencialmente, no órgão em que tenha sido praticada a suposta irregularidade, pois terá maior condições de produzir o conteúdo probatório. Entretanto, o julgamento e a eventual aplicação de sanção só podem ocorrer no órgão de origem do servidor. Ex: técnico do Superior Tribunal de Justiça é requisitado para assumir cargo em comissão no STF e, neste órgão, pratica infração. O processo administrativo deve ser instaurado no STF.[100]

Na fase do inquérito, a comissão promoverá a tomada de depoimentos, acareações, investigações e diligências cabíveis, objetivando a coleta de prova, recorrendo, quando necessário, a técnicos e peritos, de modo a permitir a completa elucidação dos fatos (art. 155).

É assegurado ao servidor o direito de acompanhar o processo pessoalmente ou por intermédio de procurador (advogado), arrolar e reinquirir testemunhas, produzir provas e contraprovas e formular quesitos, quando se tratar de prova pericial (art. 156).

É necessária a presença de advogado em processo disciplinar para a confecção de defesa técnica?

O advogado não é imprescindível à validade do processo administrativo disciplinar, pois o art. 133 da CF fala que tal figura é necessária à administração da Justiça. Em recente decisão, o STF aprovou a Súmula Vinculante nº 5, que, de observância obrigatória nos termos do art. 103-A da CF, tornou a presença de advogado dispensável.

As testemunhas serão intimadas a depor mediante mandado expedido pelo presidente da comissão, devendo a segunda via, com o ciente do interessado, ser anexada aos autos. Se a testemunha for servidor público, a expedição do mandado será imediatamente comunicada ao chefe da repartição onde serve, com a indicação do dia e hora marcados para inquirição (art. 157).

O depoimento será prestado oralmente e reduzido a termo, **não sendo permitido** à testemunha trazê-lo por escrito.

As testemunhas serão inquiridas separadamente. Na hipótese de depoimentos contraditórios ou que se infirmem **(sem firmeza)**, proceder-se-á à acareação entre os depoentes.

No caso de mais de um **acusado**, cada um deles será ouvido separadamente, e sempre que divergirem em suas declarações sobre fatos ou circunstâncias, será promovida a acareação entre eles.

Após a inquirição das testemunhas (primeiro as de acusação, depois as de defesa), será ouvido o acusado, por meio de interrogatório. Nesse ato, serão feitas perguntas ao interrogado, tanto pela comissão quanto, se houver interesse, pelo defensor (§ 2º). Na audiência de interrogatório, serão observados, por expressa determinação legal, os mesmos procedimentos para a inquirição de testemunhas (arts. 157 e 158).

Não é obrigatório o comparecimento do acusado à sessão de interrogatório, ou, mesmo comparecendo, não se poderá contra ele interpretar o silêncio (direito de permanecer calado). Lembre-se que, em relação ao acusado, não é penalmente típico o ato de falsear ou calar a verdade, visto que não se trata de testemunha (CP, art. 342). O que não pode é o acusado se autoincriminar falsamente, em se tratando de crime – art. 341 do CP.

100 STJ. Corte Especial. MS 21.991-DF, Rel. Min. Humberto Martins, Rel. para acórdão Min. João Otávio de Noronha, julgado em 16/11/2016 (Info 598).

Quando houver dúvida sobre a **sanidade mental do acusado**, a comissão proporá à autoridade competente que ele seja submetido a exame por junta médica oficial, da qual participe pelo menos um médico psiquiatra (art. 160).

Tipificada a infração disciplinar, será formulada a indiciação do servidor, com a especificação dos fatos a ele imputados e das respectivas provas. O servidor deve ser **citado por meio de mandado** expedido pelo presidente da comissão, para que apresente a defesa por escrito e no prazo de dez dias. O prazo de 10 dias, prorrogável uma vez pelo dobro, será dilatado para 20 dias quando houver mais de um acusado.

O STJ entendeu que as informações obtidas por monitoramento de *e-mail* corporativo de servidor público não configuram prova ilícita quando relacionadas com aspectos "não pessoais" e de interesse da Administração Pública e da própria coletividade, especialmente quando exista, nas disposições normativas acerca do seu uso, expressa menção da sua destinação somente para assuntos e matérias afetas ao serviço, bem como advertência sobre monitoramento e acesso ao conteúdo das comunicações dos usuários para cumprir disposições legais ou instruir procedimento administrativo. STJ. 2ª Turma. RMS 48.665-SP, Rel. Min. Og Fernandes, julgado em 15.9.2015 (Info 576).

Achando-se o indiciado em lugar incerto e não sabido, será **citado por edital**, publicado no *Diário Oficial da União* e em jornal de grande circulação na localidade do último domicílio conhecido, para apresentar defesa. Nesse caso, o prazo para defesa será de 15 (quinze) dias a partir da última publicação do edital.

Considerar-se-á revel o indiciado que, regularmente citado, não apresentar defesa no prazo legal.

Revelia é a situação processual de quem não se defende dos fatos que lhe são imputados.

São efeitos da revelia: a) necessidade de nomeação de defensor dativo (§ 2º): deve ser nomeado servidor para defender o réu; devolução dos prazos de defesa: como o defensor dativo só tomará conhecimento da acusação a partir de quando for nomeado, deve-se assegurar que disponha do mesmo prazo de que gozaria o indiciado para elaborar a defesa escrita, reiniciando-se (devolvendo-se) a contagem do prazo a partir da data de declaração da revelia.

Apreciada a defesa, a comissão elaborará relatório minucioso, em que resumirá as peças principais dos autos e mencionará as provas em que se baseou para formar a sua convicção.

O relatório será **sempre conclusivo** quanto à inocência ou à responsabilidade do servidor. O relatório não vincula a autoridade que julgará o processo: trata-se de um verdadeiro parecer obrigatório, imprescindível à validade do processo, mas não vinculante (art. 168, *caput*). Porém, caso não acate a decisão da comissão, a autoridade julgadora deverá motivar o ato (art. 168, parágrafo único).

Conforme dito, o julgamento é a última fase do processo administrativo disciplinar, na qual se resolverá sobre a culpa ou não do servidor processado. O prazo para julgamento é de 20 dias, a contar do recebimento dos autos, independentemente da complexidade do processo ou do número de indiciados. A lei não prevê prorrogação do prazo, embora seja oportuno lembrar que o julgamento fora do prazo não implica nulidade do processo (art. 169, § 1º).

O julgamento **acatará** o relatório da comissão, salvo quando contrário às provas dos autos. Quando o relatório da comissão contrariar as provas dos autos, a autoridade julgadora poderá motivadamente agravar a penalidade proposta, abrandá-la ou isentar o servidor de responsabilidade.[101]

O STJ já decidiu que, findo o processo administrativo disciplinar e esgotada a pena, não é possível que, por irregularidade para a qual o impetrante não contribuiu e que sequer foi determinante no resultado do PAD, a Administração Pública ignore o cumprimento da sanção, promova um rejulgamento e agrave a situação do servidor, ao arrepio dos princípios da segurança jurídica e da proteção à boa-fé. No caso em questão, o servidor, defensor público federal, recebeu penalidade de suspensão, sendo que o processo administrativo que gerou esta penalidade fora anulado. Instaurado novo processo disciplinar, resultou em aplicação da penalidade de demissão, sanção mais grave. Instado a se manifestar, o STJ entendeu pela impossibilidade de aplicar sanção mais gravosa, quando o primeiro PAD for anulado.[102]

Na fase de julgamento, a autoridade competente receberá o processo e decidirá pela aplicação da sanção sugerida pela comissão (veja tópico 10.11.12. Competência para aplicação das penalidades – art. 141).

Segundo o STJ, é possível o cumprimento imediato da penalidade imposta ao servidor logo após o julgamento do PAD, mesmo que interposto recurso administrativo pelo interessado que esteja pendente de julgamento. Com a imposição da sanção em PAD, a interposição de recurso não acarretará automaticamente efeito suspensivo, que *pode* ser atribuído a critério da autoridade competente (art. 109).

10.11.7. Prazo para conclusão do PAD – art. 152

O prazo para a conclusão do processo disciplinar não excederá 60 (sessenta) dias, contados da data de publicação do ato que constituir a comissão, admitida a sua prorrogação por igual prazo, quando as circunstâncias o exigirem.

O prazo para conclusão do PAD é o dobro do prazo para a sindicância (art. 145, parágrafo único), ou seja, 60 dias prorrogáveis uma vez por igual período. A prorrogação deve ser motivada e determinada pela mesma autoridade que ordenou a instauração do processo. O termo inicial do prazo é a publicação do ato de instauração. O julgamento fora do prazo não implica nulidade do processo (art. 169, parágrafo único), mas pode causar a prescrição intercorrente, pois a partir do término do prazo previsto em lei volta a correr o prazo prescricional. De acordo com a jurisprudência, o termo

---

101 Jurisprudência: STJ, 6ª Turma, REsp 617.103/PR, Relator Ministro Paulo Medina: "Recurso especial – art. 105, III, alínea *a*, CR/88 – Servidor público – Processo administrativo disciplinar – Aditamento da indiciação pela autoridade pública na fase de julgamento – Inexistência de abertura de novo prazo para especificação de provas e de apresentação de defesa – Violação do art. 49 do Decreto nº 59.310/66 e dos arts. 161, *caput* e § 1º, e 168, da Lei nº 8.112/90 – Recurso provido. 1. Em conformidade com a jurisprudência desta Corte, a indiciação pela comissão processante é o momento processual que especifica os fatos imputados contra o servidor e contra os quais este apresenta defesa, no processo disciplinar. 2. O art. 168, caput e seu parágrafo único, da Lei nº 8.1123/90 possibilita, tão somente, à autoridade pública discordar, de maneira motivada, da pena sugerida pela comissão mas, nunca, alterar a indiciação do servidor. 3. Embora a autoridade administrativa não tenha que acatar a capitulação da infração realizada pelos órgãos e agentes auxiliares, no processo disciplinar, encontra-se vinculada aos fatos apurados e indiciados pela comissão processante, durante a fase de julgamento. Precedentes. 4. Por outro lado, resta comprovado o prejuízo dos recorrentes com a *mutatio libelli*, haja vista que a imputação do fato segundo o qual agiram no exercício de função pública é circunstância essencial para a tipicidade dos ilícitos administrativos e, consequentemente, de aplicação da pena de demissão. 5. O processo administrativo disciplinar encontra-se eivado do vício da inobservância do contraditório e da ampla defesa. 6. Recurso provido."

102 MS 16.141-DF, Rel. Min. Castro Meira, julgado em 25.5.2011. Informativo 474.

final desse prazo é a conclusão do relatório pela comissão de inquérito, e não o julgamento em si, do que resulta que o prazo total do processo é de, no máximo, 140 dias (60 + 60 + 20).

Porém, ultrapassado o prazo legal para conclusão, esse fato por si só não é causa de nulidade, é o que ocorre em muitas vezes, pois o trâmite do processo pode ter certa complexidade e não ser concluído no prazo previsto em lei. Contudo, se for demonstrado prejuízo à defesa haverá nulidade (Súmula n. 592 – STJ).

10.11.8. Revisão do PAD – art. 174

O processo disciplinar poderá ser revisto, a qualquer tempo, a pedido ou de ofício, quando se aduzirem fatos novos ou circunstâncias suscetíveis de justificar a inocência do punido ou a inadequação da penalidade aplicada. Em caso de falecimento, ausência ou desaparecimento do servidor, qualquer pessoa da família poderá requerer a revisão do processo.

Da revisão não pode resultar agravamento da sanção aplicada.

A simples alegação de injustiça da penalidade não constitui fundamento para a revisão, que requer elementos novos, ainda não apreciados no processo originário (art. 176).

A comissão revisora terá 60 (sessenta) dias para a conclusão dos trabalhos. A Lei não menciona a possibilidade de prorrogação.

O prazo para julgamento será de 20 (vinte) dias, contados do recebimento do processo, no curso do qual a autoridade julgadora poderá determinar diligências.

A autoridade julgadora do processo de revisão é a mesma que aplicou a penalidade, nos termos do art. 141.

Caso a revisão seja julgada procedente, duas situações poderão surgir: a) a pena é abrandada; ou b) o servidor é inocentado. Em qualquer dos dois casos, os efeitos da decisão devem ser a reconstituição do *status quo ante* (situação de fato anterior à punição). Se o servidor tiver sido demitido, será reintegrado (art. 28), com direito a todas as vantagens que injustamente deixou de perceber, exceto se era titular de cargo de provimento em comissão.

10.11.9. Processo sumário para verificação de acumulação ilegal de cargos, empregos e funções – art. 133

O processo sumário terá oportunidade em três situações: abandono de cargo, inassiduidade habitual e acumulação ilegal de cargos, empregos e funções.

Verificado que o servidor descumpre as normas para a acumulação lícita de cargos, empregos ou funções (arts. 118/120), deve ser notificado (por intermédio da chefia imediata) pela autoridade que tiver conhecimento do fato para optar entre um deles, no prazo de 10 dias, a contar da ciência da notificação. A opção feita dentro do prazo equivale a pedido de **exoneração** do cargo preterido (§ 5º), não podendo o servidor ser, nesse caso, punido, pois se presume a boa-fé na acumulação (§ 5º). Aliás, essa presunção de boa-fé é absoluta, *juris et de jure*, não admitindo prova em contrário. Caso não faça a opção nesse prazo, deve ser aberto pela autoridade em questão processo administrativo disciplinar.

Como efeitos da decisão condenatória, o servidor **perde os dois** (ambos) cargos ou empregos ou funções (§ 6º), devendo haver comunicação aos dois órgãos ou entidades. Entender de modo diverso seria retirar o sentido da possibilidade de opção do servidor por qual cargo permanecer, pois no final ainda continuaria com um deles. Assim, seria ilógico dar a opção de escolha.

O prazo para a conclusão do procedimento sumário é de 30 dias (§ 7º), contados da instauração, podendo ser prorrogado por mais 15 dias. Porém, deve-se lembrar que o julgamento fora do prazo não acarreta nulidade do processo (art. 169, § 1º).

10.11.10. Abandono de cargo – art. 138

Configura abandono de cargo a **ausência intencional** do servidor ao serviço por **mais** de trinta dias consecutivos. É a conduta do servidor que intencionalmente deixa de comparecer ao trabalho por mais de trinta dias consecutivos. São necessários alguns requisitos:

1) **Elementos objetivos:** a) ausência por mais de trinta dias (até trinta dias, não há abandono de cargo, podendo-se configurar alguma outra falta disciplinar, como a desídia); b) dias consecutivos (se o servidor falta trinta dias, vem trabalhar um dia e falta no outro, não se configurou o abandono de cargo, embora possa haver outra falta).

2) **Elemento subjetivo:** o que a jurisprudência chama de *animus abandonandi*. Se a falta decorre de culpa (o servidor pensava, justificadamente, encontrar-se em licença que, na verdade, não tinha sido prorrogada, p. ex.) ou de caso fortuito ou força maior (o servidor está perdido na floresta em virtude de um desastre de avião), não há abandono de cargo, embora, no primeiro caso (falta culposa), outro ilícito disciplinar possa estar configurado.

3) **Elemento normativo:** ausência injustificada.[103]

10.11.11. Inassiduidade habitual – art. 139

Entende-se por inassiduidade habitual a falta ao serviço, sem causa justificada, por **sessenta dias, interpoladamente**, durante o período de doze meses.

Trata-se, também, de falta punível com demissão (art. 132, III), muito próxima do abandono de cargo (art. 138). As diferenças principais são as seguintes: a) enquanto no abandono de cargo se exige que as ausências sejam consecutivas, esse requisito não é necessário à configuração da inassiduidade habitual, podendo ser as faltas cometidas de forma interpolada, isto é, não consecutiva; b) enquanto para o abandono de cargo são exigidos apenas trinta e um dias de ausência, a inassiduidade habitual só se configura com a ausência por sessenta dias; Dessa forma, os requisitos de um compensam o outro, sendo possível afirmar que ambas as faltas são igualmente graves. O período de apuração das faltas para a configuração da inassiduidade habitual é de doze meses, ou seja: entre a primeira das sessenta faltas e a última delas não podem ter decorrido mais de doze meses. Caso isso tenha acontecido, estará afastada a inassiduidade habitual, sendo possível a punição por uma falta menos grave, como a desídia.

---

103 Jurisprudência: STJ – Terceira Seção, MS 11.955/DF, Relator Ministro Paulo Medina, *DJ* de 02.04.2007: "Mandado de segurança – Processo administrativo disciplinar. Demissão – Cerceamento de defesa – Inocorrência – Abandono de emprego. Ausência do *animus abandonandi* – Precedentes – Ordem concedida. O ato disciplinar é vinculado, deixando a lei pequenas margens de discricionariedade à Administração, que não pode demitir ou aplicar quaisquer penalidades contrárias à lei, ou em desconformidade com suas disposições. O art. 140 da Lei 8.112/90 dispõe sobre a necessidade de indicação precisa do período de ausência intencional do servidor ao serviço superior a trinta dias. Tendo sido o impetrante demitido em plena vigência de licença para tratamento de saúde, não há como se considerar presente o *animus abandonandi*, elemento subjetivo componente da infração 'abandono de cargo'. A 3ª Seção do Superior Tribunal de Justiça firmou já entendimento no sentido de que, 'em se tratando de ato demissionário consistente no abandono de emprego ou inassiduidade ao trabalho, impõe-se averiguar o *animus* específico do servidor, a fim de avaliar o seu grau de desídia' (cf. MS nº 6.952/DF, Relator Ministro Gilson Dipp, *DJ* 2.10.2000). Ordem concedida."

10.12. Seguridade social do servidor – art. 183 e seguintes

Seguridade social, de acordo com o art. 194, *caput*, da CF: "A seguridade social compreende um conjunto integrado de ações de iniciativa dos poderes públicos e da sociedade, destinadas a assegurar os direitos relativos à saúde, à previdência e à assistência social." Dessa maneira, a seguridade social do servidor corresponde a programa mantido pela União e que se destina a assegurar, ao servidor e familiares, o acesso aos direitos relativos à saúde, à previdência social e à assistência social.

Os destinatários são, portanto, o servidor e a família (*caput*). Os servidores titulares apenas de cargo de provimento em comissão, como se submetem ao regime geral de previdência social – RGPS (art. 40, § 13, da CF), não fazem jus à participação no programa de seguridade social dos servidores, salvo no que se refere à assistência à saúde (§ 1º).

O servidor que ocupa exclusivamente cargo em comissão é regido pela Lei nº 8.112/90. No entanto, quanto à seguridade social, será regido pelo RGPS, salvo no que se refere à assistência à saúde.

A entidade mantenedora e gestora do plano é a União (CF, art. 40, *caput*; e Lei nº 10.887/04, art. 9º). O custeio será nos termos do antigo art. 231 da Lei nº 8.112: "O plano de seguridade social do servidor será custeado com o produto da arrecadação de contribuições sociais obrigatórias dos servidores dos três poderes da União, das autarquias e das fundações públicas." Porém, tal dispositivo foi reformulado pela Lei nº 9.630/98 e depois revogado pela Lei nº 9.783/99. Hoje, com a redação dada pela EC 41/03 ao art. 40, *caput*, da CF, ficou instituído o regime de tríplice contribuição (servidor, inativos e pensionistas e União).

Quanto ao servidor afastado ou licenciado do cargo efetivo, sem direito à remuneração, inclusive para servir em organismo oficial internacional do qual o Brasil seja membro efetivo ou com o qual coopere, ainda que contribua para regime de previdência social no exterior, terá suspenso o seu vínculo com o regime do Plano de Seguridade Social do Servidor Público enquanto durar o afastamento ou a licença, não lhes assistindo, nesse período, os benefícios do mencionado regime de previdência.

Será assegurada ao servidor licenciado ou afastado sem remuneração a manutenção da vinculação ao regime do Plano de Seguridade Social do Servidor Público, mediante o recolhimento mensal da respectiva contribuição, no mesmo percentual devido pelos servidores em atividade, incidente sobre a remuneração total do cargo a que faz jus no exercício de suas atribuições, computando-se ainda, para esse efeito, as vantagens pessoais.

Os benefícios da seguridade social são prestações (obrigações de dar, fazer ou não fazer) a que se obriga a União em favor do servidor ou de familiares seus.

São benefícios prestados devidos ao **SERVIDOR**:

a) Aposentadoria (arts. 186/195, com as modificações trazidas pelas ECs 20/98, 41/03 e 47/05 ao art. 40 da CF), que é a inatividade permanente e remunerada;

Este benefício já foi estudado no tópico "Normas constitucionais aplicáveis aos servidores", para o qual remetemos o leitor. Ponto nº 9.

b) Auxílio-natalidade (art. 196), valor pago em virtude do nascimento de filho;

c) Salário-família (arts. 197/201);

d) Licença para tratamento da própria saúde (arts. 202/206);

e) Licença à gestante (art. 207), à adotante (art. 210) e licença-paternidade (art. 208);

f) Licença por acidente de serviço ou moléstia profissional (arts. 211/214);

g) Garantia de condições individuais e ambientais de trabalho favoráveis, que deverão ser apuradas nos termos dos arts. 154/233 da CLT (no que for aplicável), por analogia, uma vez que a Lei 8.112 nada dispõe a esse respeito, a não ser com relação a: a) adicional de insalubridade (arts. 68/71); b) condições de trabalho e de férias do servidor que trabalha diretamente com Raios X (arts. 72 e 79).

Benefícios prestados aos FAMILIARES do servidor:

a) Pensão (arts. 215/225), seja vitalícia (art. 217, I) ou temporária (art. 217, II), em decorrência de morte do servidor;

b) Auxílio-funeral (arts. 226/228), em caso de óbito do servidor;

c) Auxílio-reclusão (art. 229).

Benefício prestado ao **servidor** e também aos **familiares**: assistência à saúde (art. 230), consistente em obrigação de fazer (inciso I, *g*; inciso II, *d*).

Para a concessão do auxílio-reclusão da Lei nº 8.112/90, não se aplica aos servidores públicos estatutários ocupantes de cargos efetivos a exigência de baixa renda prevista no art. 13 da EC 20/98. Tal regra só é aplicável para aqueles vinculados ao RGPS.[104]

10.12.1. Auxílio-natalidade – art. 196

O auxílio-natalidade é devido à servidora por motivo de nascimento de filho, em quantia equivalente ao menor vencimento do serviço público, inclusive no caso de natimorto.

É o benefício (consistente em obrigação de pagar quantia por parte do Estado) devido à servidora (ou ao cônjuge ou companheiro caso ela não seja servidora pública) pelo nascimento de filho, vivo ou não.

Corresponde ao **menor vencimento** (básico) pago no serviço público federal. Caso haja parto múltiplo (gêmeos, trigêmeos etc.), será paga a quantia total com relação a um dos filhos e 50% dessa mesma quantia para cada filho "a mais".

O auxílio será pago ao cônjuge ou companheiro servidor público, quando a parturiente não for servidora.

10.12.2. Salário-família – art. 197

O salário-família é devido ao servidor ativo ou ao inativo, por dependente econômico.

Consideram-se dependentes econômicos para efeito de percepção do salário-família:

> *I – o cônjuge ou companheiro e os filhos, inclusive os enteados até 21 (vinte e um) anos de idade ou, se estudante, até 24 (vinte e quatro) anos ou, se inválido, de qualquer idade;*
>
> *II – o menor de 21 (vinte e um) anos que, mediante autorização judicial, viver na companhia e às expensas do servidor, ou do inativo;*
>
> *III – a mãe e o pai sem economia própria.*

---

104 STJ, 2ª Turma, AgRg no REsp 1.510.425-RJ, Rel. Min. Humberto Martins, julgado em 16.4.2015 (Info 560).

O fato gerador é a existência de dependente (pessoa que viva às expensas do servidor). Trata-se de fato gerador permanente (enquanto houver dependente deve ser pago o benefício).

Não se configura a dependência econômica quando o beneficiário do salário-família perceber rendimento do trabalho ou de qualquer outra fonte, inclusive pensão ou provento da aposentadoria, em valor igual ou superior ao salário-mínimo.

Quando o pai e mãe forem servidores públicos e viverem em comum, o salário-família será pago a um deles; quando separados, será pago a um e outro, de acordo com a distribuição dos dependentes.

O salário-família não está sujeito a qualquer tributo, nem servirá de base para qualquer contribuição, inclusive para a Previdência Social.

O afastamento do cargo efetivo, sem remuneração (ex.: licença para tratar de interesses particulares) não acarreta a suspensão do pagamento do salário-família.

10.12.3. Licença para tratamento de saúde – art. 202

Conforme o art. 202, será concedida ao servidor licença para tratamento de saúde, a pedido ou de ofício, com base em **perícia médica**, sem prejuízo da remuneração a que fizer jus (com remuneração).[105]

Trata-se de um benefício concedido ao próprio servidor (art. 185, I, *d*), para que trate da **própria saúde**. Não se confunde com a licença por motivo de doença em pessoa da família, prevista no art. 83.

O fato gerador é a necessidade de tratamento de saúde, seja ele preventivo ou curativo. Nos termos do Preâmbulo da Constituição da Organização Mundial da Saúde (OMS), "Saúde é um estado de completo bem-estar físico, mental e social, e não apenas a ausência de doença".

A licença para tratamento de saúde é concedida sem prejuízo da remuneração (com remuneração). Assim, deverá ser sempre remunerada, qualquer que seja o período.

Quanto à duração, a lei não estabelece de maneira clara um período máximo de duração da licença. Porém, da interpretação do art. 188, que trata da aposentadoria por invalidez, pode-se chegar à conclusão de que o período máximo é de 24 meses. Após esse prazo concedido, o servidor faz uma avaliação médica e, se estiver apto ao trabalho, retornará às suas funções. Se não mais

105 STF, Pleno, MS 22.656/SC, Relator Ministro Ilmar Galvão, *DJ* de 05.09.1997: "A circunstância de encontrar-se o impetrante no gozo de licença para tratamento de saúde e em vias de aposentar-se por invalidez não constituía óbice à demissão, como não constituiria a própria aposentadoria que, para tanto, estaria sujeita à cassação, na forma do art. 234 da Lei nº 8.112/90." No mesmo sentido: "O fato de encontrar-se o servidor em gozo de licença médica para tratamento de saúde não constitui óbice à demissão" (STF, Pleno, MS 23.310/RJ, Relator Ministro Carlos Velloso, *DJ* de 27.06.2003. STJ, 3ª Seção, MS 6.952/DF, Relator Ministro Gilson Dipp, *DJ* de 02.10.2000: "O hodierno conceito de saúde contempla observância não só do conjunto das qualidades exteriores e materiais do homem, mas também de seu estado interior, qual seja, a higidez de seu estado anímico. Desta feita, o indeferimento do requerimento apresentado pelo empregado detentor de pretenso problema psíquico, ao argumento de que a junta médica da instituição concluiu pelo seu retorno imediato ao trabalho, oportunidade em que analisou-se, precipuamente, seu aspecto fisiológico, sem atentar-se para o problema psíquico emocional contraído, justamente pelo órgão ser desprovido de psiquiatras em seu quadro de empregados, caracteriza latente desrespeito aos direitos humanitários mínimos, no que diz respeito ao conceito contemporâneo de saúde."

estiver em condições de exercer as atribuições do cargo, continuará usufruindo da licença, até ser aposentado por invalidez.

Via de regra, o período relativo à licença conta como efetivo exercício para todos os efeitos (art. 102, VIII, *b*). Porém, se o somatório de todos os períodos durante o serviço público federal (em cargo de provimento efetivo) ultrapassar o limite de 24 meses, o lapso além desse teto será contado apenas para fins de aposentadoria e disponibilidade, nos termos do art. 103, VII. Ver comentários aos arts. 102 e 103.

Trata-se de ato vinculado, de modo que não cabe à Administração analisar o mérito (conveniência e oportunidade) da licença; verificados os pressupostos, por meio de perícia médica, é obrigatória a concessão.

A licença será concedida com base em perícia oficial. Sempre que necessário, a inspeção médica será realizada na residência do servidor ou no estabelecimento hospitalar onde se encontrar internado. Inexistindo médico no órgão ou entidade no local onde se encontra ou tenha exercício em caráter permanente o servidor, será aceito atestado passado por médico particular.

Ressalte-se que não é mais imprescindível o exame por **junta** médica, bastando a perícia, que pode ser feita por médico singular (não é médico particular. Leia-se: a perícia oficial pode ser feita por médico singular).

A licença para tratamento de saúde inferior a quinze dias, dentro de um ano, poderá ser dispensada de perícia oficial, na forma definida em regulamento.

10.12.4. Licença à gestante e à adotante e a licença-paternidade – art. 207

Será concedida licença à servidora gestante por 120 (cento e vinte) dias consecutivos, sem prejuízo da remuneração. A licença poderá ter início no primeiro dia do nono mês de gestação, salvo antecipação por prescrição médica.[106]

O Decreto nº 6.690, de 11 de dezembro de 2008, instituiu, no âmbito da Administração Pública Federal Direta, autárquica e fundacional, o Programa de Prorrogação da Licença à Gestante e à Adotante. Serão beneficiadas pelo Programa de Prorrogação da Licença à Gestante e à Adotante as servidoras públicas federais lotadas ou em exercício nos órgãos e entidades integrantes da Administração Pública Federal Direta, autárquica e fundacional, e a prorrogação terá a duração de 60 dias.

Assim, a duração legal da licença continua em 120 dias, mas com a possibilidade de prorrogação de 60 dias.

No caso de nascimento prematuro, a licença terá início a partir do parto.

---

106 STJ, 1ª Seção, MS 616/DF, Relator Ministro Demócrito Reinaldo, *DJ* de 09.12.1991: "Constitucional e administrativo. Licença-gestante e proibição de despedida imotivada. Constituição Federal, art. 7, XVIII, 39, § 2º, e 42, § 11, e Ato das Disposições Transitórias, art. 10, II, *b*. A licença-gestante foi expressamente estendida as servidoras publicas civis e militares pela nova Carta Magna. Por outro lado, entrando no oitavo mês do estado gravídico, a servidora impetrante está a salvo do desligamento imotivado. Segurança deferida, à unanimidade." STJ, 3ª Seção, MS 7.393/DF, Relator Ministro Edson Vidigal, *DJ* de 25.02.2002: "Administrativo. Servidora federal demitida enquanto em gozo de licença-maternidade. Indenização. Descabimento. Mandado de segurança. [...] 2. Conquanto ilegal a demissão de servidora pública gestante, desde a confirmação da gravidez até cinco meses após o parto (ADCT, art. 37, II, *b*), não há como atribuir ao mandado de segurança efeitos patrimoniais pretéritos, nem considerá-lo sucedâneo de ação de cobrança (Súmulas 269 e 271/STF). 3. Segurança parcialmente concedida, apenas para reconhecer a ilegalidade do ato impugnado, ressalvando, à impetrante, o uso das vias judiciais cabíveis na busca por eventual direito patrimonial daí decorrente."

No caso de natimorto, decorridos 30 (trinta) dias do evento, a servidora será submetida a exame médico, e se julgada apta reassumirá o exercício.

Quando ocorrer aborto atestado por médico oficial, a servidora terá direito a 30 (trinta) dias de repouso remunerado.

A licença à gestante (licença-maternidade) realiza o preceito constitucional (art. 201, II) e legal (art. 184, II) que estabelece a proteção à maternidade como uma das finalidades da seguridade social. A licença à gestante tem previsão constitucional, especificamente no art. 7º, XVIII, segundo o qual é direito social dos trabalhadores "licença à gestante, sem prejuízo do emprego e do salário, com a duração de cento e vinte dias". Aplica-se aos servidores públicos por força do disposto no art. 39, § 3º, da CF. Perceba-se, aliás, que o próprio Texto Constitucional já estipulou a duração da licença.

O período de licença-maternidade conta como efetivo exercício para todos os efeitos (art. 102, VIII, *a*), sendo a concessão ato vinculado.

Para amamentar o próprio filho, até a idade de seis meses, a servidora lactante terá direito, durante a jornada de trabalho, a uma hora de descanso, que poderá ser parcelada em dois períodos de meia hora.

À servidora que adotar ou obtiver guarda judicial de criança até 1 (um) ano de idade, serão concedidos 90 (noventa) dias de licença remunerada. No caso de adoção ou guarda judicial de criança com mais de 1 (um) ano de idade, o prazo de que trata este artigo será de 30 (trinta) dias. Igualmente, o Decreto nº 6.690, de 11 de dezembro de 2008, estabeleceu a possibilidade de prorrogação por 60 dias.

De acordo com a Lei nº 8.112/90, os prazos da licença à adotante são diferenciados em razão da idade da criança adotada e, também, conforme vimos, são menores do que os prazos da licença-maternidade. Porém, decidiu o STF que a legislação não pode fazer diferenciação de prazos. Isso porque a Constituição garante a plena igualdade entre os filhos, estabelecida no artigo 227, § 6º, e o direito à licença-maternidade de 120 dias à gestante, disposto no artigo 7º, inciso XVIII, da Carta da República. Ademais, não justificaria um prazo menor para crianças mais velhas, até porque as crianças que ficaram mais tempo em internação é que precisam de maior contato com os adotantes (RE nº 778.889).

A licença à adotante também é uma forma de proteção à família e à maternidade. De acordo com o art. 227, § 6º, da CF, "Os filhos, havidos ou não da relação do casamento, ou por adoção, terão os mesmos direitos e qualificações, proibidas quaisquer designações discriminatórias relativas à filiação". Logo, poder-se-ia questionar a constitucionalidade de a adotante não ter direito a licença com a mesma duração que a mãe biológica. Porém, logo se percebe tratar-se de situações distintas (desgaste da gravidez etc.), que merecem, portanto, tratamento também distinto. A lei não é expressa a respeito, mas entendemos que, em caso de servidor (masculino) solteiro, deve-se conceder licença a adotante, e não a licença-paternidade prevista no art. 208.

O período de licença à adotante conta como efetivo exercício para todos os efeitos (art. 102, VIII, *a*). Trata-se, também, de ato vinculado.

O servidor terá direito à licença paternidade de 5 (cinco) dias consecutivos em razão de nascimento ou adoção de filhos.

A licença-paternidade também tem previsão constitucional (art. 7º, XIX, c/c o art. 39, § 3º). O art. 10, § 1º, do ADCT, por outro lado, prevê que, "Até que a lei venha a disciplinar o disposto no art. 7º, XIX, da Constituição, o prazo da licença-paternidade a que se refere o inciso é de cinco dias". Também se trata de preceito que visa a realizar a proteção do Estado à família. Com a edição da Lei nº 13.257/2016, que prevê a formulação e implementação de políticas públicas voltadas para as crianças que estão na "primeira infância", foi permitida a prorrogação do tempo de licença-paternidade por mais 15 dias. No âmbito do Poder Executivo federal, a Presidente da República editou o Decreto nº 8.737/2016, prevendo que os servidores públicos federais (regidos pela Lei nº 8.112/90) passam a ter direito à licença-paternidade de 20 dias.

O disposto no Decreto, também, é aplicável a quem adotar ou obtiver guarda judicial para fins de adoção de criança, considerando-se criança a pessoa de até doze anos de idade incompletos.

No caso de nascimento sem vida e aborto, obviamente, não se enquadram no fato gerador, ao contrário do que ocorre na licença-maternidade. Contudo, poderá haver o deferimento de licença para tratamento da própria saúde, a fim de fazer recuperação física ou em razão de transtornos psicológicos.

10.12.5. Licença por acidente em serviço – art. 211

Será licenciado, com **remuneração integral**, o servidor acidentado em serviço.

O período da licença por acidente em serviço conta como efetivo exercício para todos os efeitos (art. 102, VIII, *d*).

Configura acidente em serviço o dano físico ou mental sofrido pelo servidor, que se relacione, mediata ou imediatamente, com as atribuições do cargo exercido. Equipara-se ao acidente em serviço o dano: I – decorrente de agressão sofrida e não provocada pelo servidor no exercício do cargo; II – sofrido no percurso da residência para o trabalho e vice-versa.

O servidor acidentado em serviço que necessite de tratamento especializado poderá ser tratado em instituição privada, à conta de recursos públicos. O tratamento recomendado por junta médica oficial constitui medida de exceção e somente será admissível quando inexistirem meios e recursos adequados em instituição pública (art. 213).

10.12.6. Pensão – art. 215

As regras sobre pensão de servidores públicos foram tratadas juntamente com o tópico Aposentadoria, uma vez que os dois temas são correlatos e sofreram alterações pela EC nº 103/2019.

Cabe registrar que o art. 23, § 4º, da EC nº 103/19, estabeleceu que o tempo de duração da pensão por morte e das cotas individuais por dependente até a perda dessa qualidade, o rol de dependentes e sua qualificação e as condições necessárias para enquadramento serão aqueles estabelecidos na Lei nº 8.213, de 24 de julho de 1991.

Assim, entendemos que as disposições sobre pensão constantes da Lei nº 8.112/90, sobre os temas mencionados no art. 23, § 4º, da EC nº 103/19, estão revogados, embora os artigos sobre pensão da Lei de Servidores Federais possuem redação semelhante aos artigos 16 e 77, da Lei nº 8.213/91 (com a redação dada pela 13.846/2019), que tratam sobre pensão.

10.12.7. Auxílio-funeral – art. 226

Trata-se de benefício (obrigação de pagar quantia) conferido aos familiares do servidor ou aposentado, para que custeiem ou cubram as despesas havidas com os funerais do ex-agente estatal.

Como valor, será a quantia equivalente a um mês de remuneração do servidor ou proventos do aposentado (*caput*); caso haja acumulação de remunerações e/ou proventos, será pago o benefício com base apenas na remuneração ou provento de maior valor. A quantia é fixa, independentemente do valor efetivamente gasto com o funeral.

O prazo para pagamento é de 48 horas, a contar da entrega do atestado de óbito à Administração (embora a lei nada fale acerca do termo *a quo*). O procedimento de liberação do benefício é sumaríssimo, despido de maiores formalidades, a não ser a verificação da regularidade do atestado e da comprovação das despesas com o funeral, da certificação da quantia a ser paga (trata-se de ato vinculado).

O beneficiário é quem comprove ter custeado o funeral, desde que se trate de pessoa da família, nos termos do art. 241; mas caso se trate de terceiro, também será indenizado.

Em caso de falecimento de servidor em serviço fora do local de trabalho, inclusive no exterior, as despesas de transporte do corpo correrão à conta de recursos da União, autarquia ou fundação pública.

10.12.8. Auxílio-reclusão – art. 229

É o benefício (consistente em obrigação de pagar quantia por parte do Estado) devido aos **familiares** do servidor preso. Visa a garantir a manutenção dos familiares durante o período em que o servidor se encontra impedido de trabalhar, em virtude da detenção.[107]

O fato gerador é a prisão do servidor (não do aposentado, que continua percebendo normalmente os proventos), seja ela cautelar (provisória, preventiva ou em flagrante) ou definitiva, desde que, nesse último caso, a perda do cargo não seja efeito secundário da condenação – art. 92 do CP.

A duração do benefício será o período que durar a prisão.

Em caso de **prisão cautelar** (provisória, preventiva ou em flagrante), será pago benefício equivalente a **2/3** da remuneração do servidor; em caso de prisão decorrente de **condenação transitada em julgado**, o valor cai para **1/2** da remuneração (inciso II).

10.12.9. Assistência à saúde – art. 230

Assistência à saúde constitui, junto com a previdência e a assistência social, o tripé do sistema de seguridade social constitucionalmente previsto. Nesse ponto, a CF prevê, no art. 196, que "A saúde é direito de todos e dever do Estado, garantido mediante políticas sociais e econômicas que visem à redução do risco de doença e de outros agravos e ao acesso universal e igualitário às ações e serviços para sua promoção, proteção e recuperação". A assistência à saúde constitui benefício da seguridade social do servidor, devido tanto ao próprio agente estatal quanto aos seus familiares, nos termos do art. 185, e corresponde a uma obrigação de fazer (obrigação do Estado de prestar assistência e de implementar ações preventivas).

Os beneficiários são o servidor, o aposentado e os respectivos familiares, mesmo depois do falecimento do servidor (art. 185).

---

107 STJ, 5ª Turma, REsp 487.952/DF, Relator Ministro José Arnaldo da Fonseca, *DJ* de 02.08.2004: "A importância paga ao servidor, pelo efetivo trabalho prestado, que cumpre pena em regime aberto, não constitui auxílio-reclusão, mas remuneração integral paga em igualdade com os demais servidores."

Existem várias formas de o Estado se desincumbir de dever de prestar assistência à saúde do segurado e dos familiares. Não se trata, porém, de modalidades mutuamente excludentes, de modo que uma forma de prestação não exclui a outra, geralmente. Classifiquemos essas modalidades, quanto ao sujeito que as presta:

a) Prestação pelo Sistema Único de Saúde (SUS).

b) Prestação direta pelo órgão ou entidade: é outra forma comum de prestação de assistência à saúde, geralmente complementar ao SUS e com forte cunho preventivo. São os chamados "serviços médicos" existentes em várias repartições.

c) Prestação mediante convênio (§ 3º, I): é a forma, atualmente bastante comum, dos assim chamados "planos públicos de saúde", figuras jurídicas semelhantes aos planos privados, apenas geridos e administrados pela própria Administração e pelos segurados.

d) Prestação mediante contrato (§ 3º, II): é o caso em que, em vez de a Administração instituir ela mesma um plano de saúde, contrata o fornecimento dos serviços por entidade privada, sempre mediante licitação e comprovação de regularidade da entidade e registro no órgão regulador (ANS).

e) Prestação mediante ressarcimento de despesas (§ 5º): nesse caso, o servidor paga plano de saúde particular e o Estado se limita a ressarcir os gastos do segurado.

ESTUDO AVANÇADO

1. CLASSIFICAÇÃO DOS AGENTES PÚBLICOS

A classificação citada na parte inicial é a que tem sido atualmente adotada. Contudo, há outra divisão feita por Maria Sylvia Di Pietro e Celso Antônio Bandeira de Mello.

Os agentes públicos são de quatro espécies.

a) **AGENTES POLÍTICOS:** são os titulares dos cargos estruturais à organização do país, sendo os ocupantes dos cargos que compõem o arcabouço constitucional do Estado. Sua função é formar a vontade superior do Estado. Estão nessa categoria o Presidente da República e o Vice, os Governadores e Vices, os Prefeitos e Vices, os auxiliares diretos, como os Ministros e Secretários, e mais os Senadores, Deputados Federais e Estudais e os Vereadores.

> **ATENÇÃO:** São os que exercem mandato eletivo no Poder Executivo e Poder Legislativo e os auxiliares diretos no Poder Executivo. Não se incluem os juízes e membros do Ministério Público.

b) **SERVIDORES PÚBLICOS:** são todos que se ligam ao Estado ou às entidades da Administração Indireta por meio de vínculo empregatício. Incluem-se aí os servidores propriamente ditos, regidos pelo regime estatutário, os empregados, regidos pela Consolidação das Leis Trabalhistas – CLT e os contratados temporariamente (Lei nº 8.745/93).

c) **MILITARES:** abrange os militares das Forças Armadas e os militares dos estados e do DF (art. 42, CF). São servidores estatutários sujeitos a regime jurídico próprio.

A partir da EC 19/98, os militares não são mais considerados servidores públicos. Veja as lições de Maria Sylvia Di Pietro:

"Os militares abrangem as pessoas físicas que prestam serviços às Forças Armadas – Marinha, Exército e Aeronáutica (art. 142, *caput*, e § 3º, da Constituição) – e às Polícias Militares e Corpos de Bombeiros Militares dos Estados, Distrito Federal e dos Territórios (art. 42), com vínculo estatutário sujeito a regime jurídico próprio, mediante remuneração paga pelos cofres públicos. Até a Emenda Constitucional nº 18/98, eram considerados servidores públicos, conforme artigo 42 da Constituição, inserido em seção denominada 'servidores públicos militares'. A partir dessa Emenda, ficaram excluídos da categoria, só lhes sendo aplicáveis as normas referentes aos servidores públicos quando houver previsão expressa nesse sentido, como a contida no artigo 142, § 3º, inciso VIII. Esse dispositivo manda aplicar aos militares das Forças Armadas os incisos VIII, XII, XVII, XVIII, XIX e XXV do artigo 7º e os incisos XI, XIII, XIV e XV do artigo 37. Vale dizer que os militares fazem jus a algumas vantagens próprias do trabalhador privado: décimo terceiro salário, salário-família, férias anuais remuneradas, licença à gestante, licença-paternidade e assistência gratuita aos filhos e dependentes desde o nascimento até seis anos de idade em creches e pré-escolas. E estão sujeitos a algumas normas próprias dos servidores públicos: teto salarial, limitações, forma de cálculo dos acréscimos salariais e irredutibilidade de vencimentos. Essas mesmas normas são aplicadas aos militares dos Estados, Distrito Federal e Territórios com base no artigo 42, §§ 1º e 2º. O § 1º ainda manda aplicar aos militares o artigo 40, § 9º, segundo o qual 'o tempo de contribuição federal, estadual ou municipal será contado para efeito de aposentadoria e o tempo de serviço correspondente para efeito de disponibilidade'."

d) **PARTICULARES EM COLABORAÇÃO COM O PODER PÚBLICO:** são as pessoas físicas que prestam serviço ao Estado, **com ou sem** vínculo empregatício, compreendendo:

- Os empregados das concessionárias de serviços públicos, os notários e registradores (art. 236, CF).
- Os requisitados, nomeados e designados para funções públicas, tais como jurados, mesários, convocados para o serviço militar, comissários de menores.

Resumindo:

1ª corrente:	os agentes públicos são de 4 espécies (Oswaldo Aranha Bandeira de Mello, Celso Antônio Bandeira de Mello e Maria Sylvia Zanella Di Pietro):
Agentes políticos	são os titulares dos cargos estruturais à organização do país, sendo os ocupantes dos cargos que compõe o arcabouço constitucional do Estado. Sua função é formar a vontade superior do Estado. Para esses autores somente são agentes políticos o Presidente e Vice, os Governadores e Vices, os Prefeitos e Vices, os auxiliares diretos como os ministros e secretários, e mais os senadores, deputados federais e estaduais, e ainda os vereadores.
Servidores públicos	são todos que se ligam ao Estado ou às entidades da Administração Indireta com vínculo empregatício. Incluem-se aí os servidores propriamente ditos, regidos pelo regime estatutário, empregados regidos pela CLT e os contratados temporariamente (Lei 8.745/93).
Militares	abrange os militares das forças armadas e os militares dos estados e do DF (art. 42, CF). São servidores estatutários sujeitos a regime jurídico próprio.
Particulares em colaboração com o Poder Público	são as pessoas físicas que prestam serviço ao Estado, com ou sem vínculo empregatício, compreendendo: – os empregados das concessionárias de serviços públicos, os notários e registradores (art. 236, CF); – os requisitados, nomeados e designados para funções públicas, tais como jurados, mesários, os convocados para o serviço militar, comissários de menores.

2ª corrente:	Os agentes públicos são todas as pessoas físicas incumbidas, definitivamente ou transitoriamente, do exercício de alguma função estatal (Hely Lopes Meirelles):
Agentes políticos	são os componentes do Governo nos seus primeiros escalões, para o exercício de **atribuições constitucionais**. Atuam com plena liberdade funcional, desempenham suas atribuições com prerrogativas e responsabilidades próprias, estabelecidas na CF e em leis esparsas. Não estão hierarquizados, sujeitando-se apenas aos graus e limites constitucionais impostos. Têm plena liberdade funcional, ficando a salvo de responsabilização civil por seus eventuais erros de atuação, a menos que tenham agido com culpa grosseira, má-fé ou abuso de poder.
Agentes políticos	Exs.: Chefes do Executivo e seus auxiliares (ministros e secretários); membros das corporações legislativas (senadores, deputados e vereadores); **membros do Poder Judiciário (magistrados); membros do MP**; membros dos Tribunais de Contas; representantes diplomáticos e demais autoridades do alto escalão.
Agentes administrativos	são os servidores públicos, com maior ou menor grau de hierarquia, encargos e responsabilidades profissionais dentro do órgão ou da entidade a que servem. São os servidores públicos concursados, servidores exercentes de cargo em comissão, servidores temporários.
Agentes honoríficos	são cidadãos convocados, designados ou nomeados para prestar, transitoriamente, determinados serviços ao Estado, em razão de sua condição cívica, sua honorabilidade ou de sua notória capacidade profissional, mas sem qualquer vínculo empregatício ou estatutário e, **normalmente**, sem remuneração. Ex.: função de jurado; mesário eleitoral.
Agentes delegados	são particulares que recebem a incumbência da **execução** de determinada atividade, obra ou serviço público e o realizam em nome próprio por sua conta e risco, mas segundo as normas do Estado e permanente fiscalização do agente. Ex.: concessionários e permissionários de obras e serviços públicos; serventuários de ofícios e cartórios.
Agentes credenciados	são aqueles que recebem a incumbência de representar a Administração em prática de determinado ato ou para praticar determinada atividade específica mediante remuneração.

Apesar da divergência acerca da classificação dos magistrados, o STF já se manifestou entendendo que são agentes políticos:

> *A autoridade judiciária não tem responsabilidade civil pelos atos jurisdicionais praticados.* ***Os magistrados enquadram-se na espécie agente político, investidos para o exercício de atribuições constitucionais, sendo dotados de plena liberdade funcional no desempenho de suas funções, com prerrogativas próprias e legislação específica.*** *Ação que deveria ter sido ajuizada contra a Fazenda Estadual – responsável eventual pelos alegados danos causados pela autoridade judicial, ao exercer suas atribuições –, a qual, posteriormente, terá assegurado o direito de regresso contra o magistrado responsável, nas hipóteses de dolo ou culpa. Legitimidade passiva reservada ao Estado" (RE 228.977, Rel. Min. Néri da Silveira, julgamento em 5.3.2002, Segunda Turma, DJ de 12.4.2002).*

Importante salientar que Carvalho Filho relaciona também os ***agentes de fato***, aqueles que executam uma função pública em nome do Estado sem a necessária investidura regular. São divididos em duas categorias:

a) **Agentes necessários:** voluntários que auxiliam o Estado em situações de emergência (de Defesa Civil, p. ex.).

b) **Agentes putativos:** pessoas que parecem agentes administrativos, mas não o são, porque não foram legalmente investidos no cargo/emprego/função. Os atos por eles praticados são válidos, em virtude da Teoria do Funcionário de Fato.

2. REVERSÃO VOLUNTÁRIA – RETORNO EM ATÉ 5 ANOS APÓS APOSENTADORIA VOLUNTÁRIA

Para Carvalho Filho a referida modalidade de aposentadoria é inconstitucional, pois a aposentadoria extingue a relação estatutária e acarreta a vacância do respectivo cargo, não se podendo admitir a ressurreição da relação jurídica extinta. Por outro lado, ofende o princípio da acessibilidade aos cargos mediante prévia aprovação em concurso público, albergado no art. 37, II, da CF.

JURISPRUDÊNCIA SELECIONADA

FUNÇÕES EXCLUVISAS DA ADVOCACIA PÚBLICA. Técnico superior em Direito de autarquia estadual não pode exercer atribuições de representação jurídica da entidade, mas pode fazer atuação jurídica no âmbito interno da autarquia, sobretudo em atividades de compliance. STF. Plenário. ADI 5109/ES, Rel. Min. Luiz Fux, julgado em 13/12/2018 (Info 927)

PROGRESSÃO FUNCIONAL. ÚLTIMO NÍVEL DA CARREIRA. É inconstitucional lei que preveja a possibilidade de o indivíduo aprovado no concurso público ingressar imediatamente no último padrão da classe mais elevada da carreira. Essa disposição afronta os princípios da igualdade e da impessoalidade, os quais regem o concurso público. Por essa razão, o STF declarou a inconstitucionalidade do § 1º do art. 18 da Lei nº 8.691/93. STF. Plenário. ADI 1240/DF, Rel. Min. Cármen Lúcia, julgado em 28/2/2019 (Info 932).

PRESCRIÇÃO. PENSÃO POR MORTE. Não ocorre a prescrição do fundo de direito no pedido de concessão de pensão por morte, estando prescritas apenas as prestações vencidas no quinquênio que precedeu à propositura da ação. STJ. 1ª Seção. EREsp 1.269.726-MG, Rel. Min. Napoleão Nunes Maia Filho, julgado em 13/03/2019 (Info 644).

CURSO DE FORMAÇÃO. CANDIDATA LACTANTE. É constitucional a remarcação de curso de formação para o cargo de agente penitenciário feminino de candidata que esteja lactante à época de sua realização, independentemente da previsão expressa em edital do concurso público. STJ. 1ª Turma. RMS 52.622-MG, Rel. Min. Gurgel de Faria, julgado em 26/03/2019 (Info 645).

FORO POR PRERROGATIVA DE FUNÇÃO ALÉM DAS HIPÓTESES PREVISTAS NA CF. É inconstitucional dispositivo da Constituição Estadual que confere foro por prerrogativa de função, no Tribunal de Justiça, para Procuradores do Estado, Procuradores da ALE, Defensores Públicos e Delegados de Polícia. A CF/88, apenas excepcionalmente, conferiu prerrogativa de foro para as autoridades federais, estaduais e municipais. Assim, não se pode permitir que os Estados possam, livremente, criar novas hipóteses de foro por prerrogativa de função. STF. Plenário. ADI 2553/MA, Rel. Min. Gilmar Mendes, red. p/ o ac. Min. Alexandre de Moraes, julgado em 15/5/2019(Info 940).

ESTABILIDADE FUNDAÇÕES DE DIREITO PRIVADO. A estabilidade especial do art. 19 do Ato das Disposições Constitucionais Transitórias (ADCT) não se estende aos empregados das fundações públicas de direito privado, aplicando-se tão somente aos servidores das pessoas jurídicas de direito público. O termo "fundações públicas", utilizado pelo art. 19 do ADCT, deve ser compreendido como fundações autárquicas, sujeitas ao regime jurídico de direito público. Ex.: empregados da Fundação Padre Anchieta não gozam dessa estabilidade do art. 19 do ADCT em razão de se tratar de uma fundação pública de direito privado. STF. Plenário. RE 716378/SP, Rel. Min. Dias Toffoli, julgado em 1º e 7/8/2019 (repercussão geral) (Info 946).

CONTRIBUIÇÃO PREVIDENCIÁRIA. Não incide contribuição previdenciária sobre verba não incorporável aos proventos de aposentadoria do servidor público, tais como terço de férias, serviços extraordinários, adicional noturno e adicional de insalubridade. STF. Plenário. RE 593068/SC, Rel. Min. Roberto Barroso, julgado em 11/10/2018 (repercussão geral) (Info 919).

INEXISTÊNCIA DE UNIVERSIDADE CONGÊNERE À DA ORIGEM E GARANTIA DE MATRÍCULA. É constitucional a previsão legal que assegure, na hipótese de transferência ex officio de servidor, a matrícula em instituição pública, se inexistir instituição congênere à de origem. STF. Plenário. RE 601580/RS, Rel. Min. Edson Fachin, julgado em 19/9/2018 (repercussão geral) (Info 916).

NOMEAÇÃO DE CANDIDATO FORA DAS VAGAS. STJ admite nomeação de candidato fora das vagas e depois de expirado o prazo de validade do concurso. Isso porque havia vagas, necessidade da entidade (Bacen) de fazer a nomeação e disponibilidade orçamentária. Mandado de Segurança nº 22.813.

ACUMULAÇÃO DE CARGOS. O Auditor Fiscal do Trabalho, com especialidade em medicina do trabalho, não pode cumular o exercício do seu cargo com outro da área de saúde. STJ. 1ª Turma. REsp 1.460.331-CE, Rel. Min. Napoleão Nunes Maia Filho, Rel. Acd. Min. Gurgel de Faria, julgado em 10/04/2018 (Info 625).

CONTRIBUIÇÃO PREVIDENCIÁRIA SOBRE PARCELAS NÃO INCORPORÁVEIS AOS PROVENTOS. Não incide contribuição previdenciária sobre verba não incorporável aos proventos de aposentadoria do servidor público, tais como terço de férias, serviços extraordinários, adicional noturno e adicional de insalubridade. RE 593068/SC, rel. Min. Roberto Barroso, julgamento em 11.10.2018. (RE-593068)

COMPETÊNCIA. APLICAÇÃO DE SANÇÃO. O Ministro de Estado Chefe da Controladoria-Geral da União tem competência para aplicação da penalidade de demissão a servidor do Poder Executivo Federal, independentemente de se encontrar cedido à época dos fatos para o Poder Legislativo Federal. STJ. 1ª Seção. MS 19.994-DF, Rel. Min. Benedito Gonçalves, julgado em 23/05/2018 (Info 598).

REINTEGRAÇÃO. São imprescritíveis as ações de reintegração em cargo público quando o afastamento se deu em razão de atos de exceção praticados durante o regime militar. STJ. 1ª Turma. REsp 1.565.166-PR, Rel. Min. Regina Helena Costa, julgado em 26/06/2018 (Info 630).

PENSÃO POR MORTE. Não constitui requisito legal para a concessão de pensão por morte à companheira que a união estável seja declarada judicialmente, mesmo que vigente formalmente o casamento. Assim, é possível o reconhecimento de união estável de pessoa casada que esteja comprovadamente separada judicialmente ou de fato, para fins de concessão de pensão por morte, sem necessidade de decisão judicial neste sentido. STF. 1ª Turma. MS 33008/DF, Rel. Min. Roberto Barroso, julgado em 3/5/2016 (Info 824).

Os herdeiros devem restituir os proventos que, por erro operacional da Administração Pública, continuaram sendo depositados em conta de servidor público após o seu falecimento. STJ. 2ª Turma. AgRg no REsp 1.387.971-DF, Rel. Min. Mauro Campbell Marques, julgado em 15/3/2016 (Info 579).

Não é possível a aplicação, por analogia, do instituto da recondução previsto no art. 29, I, da Lei 8.112/1990 a servidor público estadual na hipótese em que o ordenamento jurídico do estado for omisso acerca desse direito. Isso porque a analogia das legislações estaduais e municipais com a Lei 8.112/1990 somente é possível se houver omissão no tocante a direito de cunho constitucional autoaplicável que seria necessário para suprir a omissão da legislação estadual, bem como que a situação não dê azo ao aumento de gastos. **RMS 46.438-MG, Rel. Min. Humberto Martins, julgado em 16/12/2014, DJe 19/12/2014.**

EMENTA: AÇÃO DIRETA DE INCONSTITUCIONALIDADE POR OMISSÃO. APOSENTADORIA ESPECIAL PARA POLICIAIS FEMININAS CIVIS E MILITARES. ART. 40, § 1º E § 4º, DA CONSTITUIÇÃO DA REPÚBLICA. AÇÃO JULGADA IMPROCEDENTE. 1. Inexistência de omissão inconstitucional relativa à aposentadoria especial das servidoras da Polícia Militar. A Lei Complementar n. 144/2014, norma geral editada pela União nos termos do art. 24, § 4º, da Constituição da República, é aplicável às servidoras da Polícia Civil do Estado de São Paulo. Precedentes. 2. O art. 42, § 1º, da Constituição da República preceitua: a) o regime previdenciário próprio dos militares, a ser instituído por lei específica estadual; b) não contempla a aplicação de normas relativas aos servidores públicos civis para os militares, ressalvada a norma do art. 40, § 9º, pela qual se reconhece que "o tempo de contribuição federal, estadual ou municipal será contado para efeito de aposentadoria e o tempo de serviço correspondente para efeito de disponibilidade". Inaplicabilidade do art. 40, §§ 1º e § 4º, da Constituição da República, para os policiais militares. Precedentes. 3. Ação direta de inconstitucionalidade por omissão julgada improcedente. (ADO 28, Relator(a): Min. CÁRMEN LÚCIA, Tribunal Pleno, julgado em 16/04/2015, PROCESSO ELETRÔNICO DJe-151 DIVULG 31-07-2015 PUBLIC 03-08-2015)

Resumindo: Quanto às policiais militares, o STF entendeu que não se aplica a regra de aposentadoria especial do art. 40, § 4º, da CF/88, porque os militares não podem ser considerados, atualmente, como servidores públicos, sendo a eles aplicável um regime jurídico próprio disciplinado pelo art. 142, § 3º, X (e não pelo art. 40, § 4º).

Mandado de Segurança e reintegração de servidor. Efeitos (financeiros e funcionais): Os efeitos funcionais devem retroagir à data do ato demissório. Já os efeitos financeiros incidem a partir da data da impetração, nos termos das Súmulas 269 e 271 do STF, ficando reservado o direito às diferenças remuneratórias às vias ordinárias. Sem o pagamento de honorários, nos termos do artigo 25 da Lei n. 12.016/09 e da Súmula 105/STJ.(MS 16.120/DF, Rel. Ministro BENEDITO GONÇALVES, PRIMEIRA SEÇÃO, julgado em 27/08/2014, DJe 01/09/2014)

REVISÃO

1) A **estabilidade** somente se adquire após **três anos** de efetivo exercício (art. 41, CF).

2) A perda do cargo só poderá ocorrer, depois que adquirirem a estabilidade, nos seguintes casos (art. 41, § 1º, CF): I – em virtude de sentença judicial transitada em julgado; II – mediante processo administrativo em que lhe seja assegurada ampla defesa; III – mediante procedimento de avaliação periódica de desempenho, na forma de lei complementar, assegurada ampla defesa.

3) A **lei** fixará o **percentual** dos cargos em comissão a serem preenchidos por servidores de carreira. As funções de confiança serão preenchidas **exclusivamente** por servidores **efetivos.** Cargo em comissão e função de confiança destinam-se apenas às atribuições de **direção, chefia e assessoramento**.

4) A **nomeação** é a única forma de provimento originário.

5) A **demissão** provoca a extinção do vínculo em virtude de conduta ilegal anterior provocada pelo servidor, constituindo uma *penalidade*. A **exoneração** é a dispensa do servidor por interesse deste ou da Administração sem caráter punitivo.

6) O art. 37, X, da CF prevê que a remuneração dos servidores públicos e o subsídio somente poderão ser fixados ou alterados por **lei específica.**

7) São privativos de brasileiro nato os cargos: I – de Presidente e Vice-Presidente da República; II – de Presidente da Câmara dos Deputados; III – de Presidente do Senado Federal; IV – de Ministro do Supremo Tribunal Federal; V – da carreira diplomática; VI – de oficial das Forças Armadas; VII – de Ministro de Estado da Defesa.

8) No que se refere aos portadores de deficiência a **Constituição** estabelece que a **lei reservará percentual** dos cargos e empregos públicos para as pessoas portadoras de deficiência e definirá os critérios de sua admissão. A Lei nº 8.112/90 fixa o limite **máximo** de 20% das vagas do concurso para os portadores de necessidades especiais.

9) O exame psicotécnico deve ter previsão em **lei**.

10) O prazo de validade do concurso público será de **até dois anos**, prorrogável **uma vez**, por igual período.

11) Conforme a **CF**, durante o prazo improrrogável previsto no edital de convocação, aquele aprovado em concurso público de provas ou de provas e títulos serão convocados com prioridade sobre novos concursados para assumir cargo ou emprego, na carreira.

12) **Teto geral** para todos os Poderes da União, estados, municípios e DF, o subsídio mensal dos Ministros do STF.

13) Acumulações de cargos permitidas: a) dois cargos de professor; b) um cargo de professor com outro técnico ou científico; c) dois cargos ou empregos privativos de **profissionais de saúde**, como profissões regulamentadas.

14) **Mandato federal, estadual ou distrital:** o servidor será **afastado** do cargo.

– **Mandato de prefeito:** o servidor também ficará **afastado** do cargo, mas poderá optar entre a remuneração do cargo efetivo e o subsídio do mandato eletivo; **mandato de vereador:** é a única hipótese em que o servidor poderá, dependendo do caso, **acumular** o cargo efetivo com o de vereador, se houver compatibilidade de horário.

15) A exoneração pode ser a **pedido**, quando o servidor deseja sair do serviço público e desocupar o cargo de que é titular; ou ***ex officio***, constituindo-se pela iniciativa da Administração em dispensar o servidor. Esta última (*ex officio*) possui três espécies: a) não aprovação no estágio probatório, no caso de servidor efetivo; b) servidor que toma posse, mas não entra em exercício no prazo legal; c) cargo em comissão a critério da autoridade competente.

16) **Exceções ao concurso público:** cargos vitalícios, cargo em comissão e agentes temporários.

17) Empresas públicas e sociedades de economia mista estão submetidas ao teto constitucional. Mas se não receberem recursos do Ente que originou sua criação não estarão limitadas ao referido teto.

18) Conforme o art. 40, § 6º, da CF, os proventos de aposentadoria são **acumuláveis** desde que se refiram a cargos que também seriam acumuláveis.

19) A **nomeação** é a única forma de provimento originário, e pode ocorrer para cargo de provimento efetivo ou em comissão. Provimento **derivado** é aquele que decorre de um anterior vínculo da pessoa com a Administração, isto é, o cargo é provido em virtude de a pessoa já ser titular de um cargo.

20) Se o nomeado não toma posse no prazo legal, ficará **sem efeito** o ato de nomeação.

21) **Readaptação** é a investidura do servidor em cargo de atribuições e responsabilidades compatíveis com a limitação que tenha sofrido em sua capacidade **física** ou **mental** verificada em inspeção médica.

22) **Reversão** é o retorno à atividade de servidor **aposentado** por invalidez, quando junta médica oficial declarar insubsistentes os motivos da aposentadoria; ou no interesse da administração. Reversão **involuntária** é aquela que independe da vontade do servidor. Ocorre quando não mais subsistem os motivos que justificaram a aposentadoria do servidor por invalidez. Reversão **voluntária** ou a pedido ou no interesse da Administração: ocorre quando o servidor aposentado voluntariamente (CF, art. 40, § 1º, III) pede para voltar ao cargo. São requisitos para a reversão voluntária: a) solicitação do aposentado (por isso denominada voluntária ou a pedido); b) a aposentadoria tenha sido voluntária; c) o servidor já era estável antes de se aposentar; d) prazo máximo de cinco anos entre a aposentadoria e a reversão; e) existência cargo vago.

23) A **reintegração** é a reinvestidura do servidor estável no cargo anteriormente ocupado, ou no cargo resultante de sua transformação, quando invalidada a sua demissão por decisão administrativa ou judicial, com ressarcimento de todas as vantagens.

24) **Recondução** é o retorno do servidor estável ao cargo anteriormente ocupado e decorrerá de inabilitação em estágio probatório relativo a outro cargo; ou de reintegração do anterior ocupante. Encontrando-se provido o cargo de origem, o servidor será *aproveitado* em outro cargo compatível com a escolaridade, atribuições e remuneração.

25) Aproveitamento é a colocação do servidor em disponibilidade em cargo de atribuições e vencimentos compatíveis com o anteriormente ocupado.

26) Formas de vacância: a) **Exoneração:** forma de perda do cargo (a pedido ou não) do servidor em atividade, mas sem caráter punitivo (art. 34); b) **Demissão:** perda do cargo com caráter **punitivo** (ver arts. 127 e 132); c) **Promoção:** é simultaneamente forma de provimento e de vacância; d) **Readaptação:** também é forma de provimento e de vacância; e) **Aposentadoria:** é a passagem do servidor definitivamente para a inatividade remunerada (passa a receber proventos); f) **Posse em outro cargo inacumulável;** g) **Falecimento.**

27) Configura abandono de cargo a **ausência intencional** do servidor ao serviço por **mais** de trinta dias consecutivos.

28) Entende-se por inassiduidade habitual a falta ao serviço, sem causa justificada, por **sessenta dias**, **interpoladamente**, durante o período de doze meses.

3. QUESTÕES

1. **(2019/CESPE/TJ – AM/Assistente Judiciário).** Emprego público é aquele exercido por vínculo estatutário na administração pública por empregados temporários ou interinos.

2. **(2019/CESPE/TJ – AM/Assistente Judiciário).** A remuneração dos agentes políticos inclui o subsídio e eventuais gratificações por desempenho no cargo ou por metas de arrecadação

3. **(2019/CESPE/PGE - PE/Analista Administrativo).** Na administração pública, a remuneração abrange o ressarcimento por dispêndios havidos pelo servidor em razão da execução de atividades laborais.

4. **(2019/CESPE/TJ - BA/Juiz de Direito Substituto).** Se os servidores estatutários de uma autarquia ambiental deflagrarem greve e pararem de trabalhar,

a) a greve será, de pronto, ilegal, visto que ainda não foi editada lei que regulamente a greve no serviço público.

b) a greve poderá ser considerada legal se o Estado der causa à deflagração, assim como ocorreria no caso de servidores policiais civis.

c) a administração pública poderá agir discricionariamente para escolher se desconta da remuneração dos servidores os dias parados.

d) a greve poderá ser declarada legal, porém a administração pública deverá, em regra, descontar da remuneração dos servidores os dias parados.

e) a administração pública será obrigada, caso haja requerimento de sindicato ou associação, a promover uma compensação pelas horas não trabalhadas, evitando o desconto na remuneração dos servidores.

5. **(2018/CESPE/PGM – João Pessoa/Procurador do Município).** Considerando o entendimento dos tribunais superiores, assinale a opção correta, no que diz respeito a agentes públicos.

a) Para o STJ, em processo disciplinar que apure infração administrativa que configura ação penal, o prazo prescricional será determinado pela pena em abstrato cominada na condenação penal transitada em julgado.

b) Para o STJ, é vedado a banca examinadora de concurso público exigir em questão da prova conhecimento de legislação superveniente à publicação do edital.

c) Para o STF, não será devido o abono de permanência ao policial civil que permanecer em atividade após o preenchimento dos requisitos para a concessão da aposentadoria voluntária especial.

d) Para o STJ, candidato aprovado em concurso público fora do número de vagas ofertadas em edital terá direito subjetivo à nomeação caso comprove o surgimento de vagas durante a validade do certame.

e) Para o STF, processo administrativo disciplinar é válido mesmo quando a defesa técnica da parte não é efetivada por advogado, desde que assegurados a ampla defesa e o contraditório.

6. **(2018/CESPE/MPU/Técnico).** Para exercer função de confiança na administração pública, o servidor deverá ser ocupante de cargo efetivo.

7. **(2018/CESPE/MPU/Técnico).** Divulgado o resultado final de um concurso público para o preenchimento de vagas em cargo público de natureza civil, da administração direta federal, os aprovados foram nomeados.

   Considerando essa situação hipotética e a legislação pertinente, julgue o item a seguir.

   O concurso público foi necessário porque se tratava de provimento de cargo público na administração direta; seria dispensável se a contratação fosse para emprego público na administração indireta federal.

8. **(2018/CESPE/MPU/Técnico)**. Divulgado o resultado final de um concurso público para o preenchimento de vagas em cargo público de natureza civil, da administração direta federal, os aprovados foram nomeados.

   Considerando essa situação hipotética e a legislação pertinente, julgue o item a seguir.

   Com a posse, os aprovados serão investidos no cargo público, mas irão adquirir estabilidade somente após três anos de efetivo exercício.

9. **(2018/CESPE/Polícia Federal/Papiloscopista)**. Pedro, após ter sido investido em cargo público de determinado órgão sem a necessária aprovação em concurso público, praticou inúmeros atos administrativos internos e externos. Tendo como referência essa situação hipotética, julgue o item que segue.

   Pedro é considerado agente putativo e, ainda que não tenha sido investido legalmente, deverá receber remuneração pelo serviço prestado no órgão público.

10. **(2018/CESPE/Polícia Federal/Delegado de Polícia Federal)**. Havendo compatibilidade de horários, é possível a acumulação remunerada do cargo de delegado de polícia federal com um cargo público de professor.

11. **(2019/FGV/TJ – CE/Técnico Judiciário)**. Maria exerce a função de confiança de Diretora do Departamento de Engenharia e Arquitetura de determinado Tribunal de Justiça.

    De acordo com as disposições constitucionais sobre a administração pública e os agentes públicos, é correto afirmar que Maria:

a) é necessariamente servidora pública ocupante de cargo efetivo;

b) é necessariamente pessoa não concursada ocupante de cargo de livre nomeação e exoneração;

c) é necessariamente servidora pública ocupante de cargo em comissão;

d) pode ser pessoa não concursada ocupante de cargo de livre nomeação ou servidora ocupante de cargo efetivo;

e) pode ser pessoa não concursada ocupante de cargo de livre nomeação ou servidora contratada temporariamente.

12. **(2019/FGV/TJ – CE/Técnico Judiciário)**. João foi aprovado em concurso público para o cargo efetivo de Analista Financeiro da Secretaria Estadual de Fazenda, obtendo classificação dentro do número de vagas oferecidas no edital do certame. Ao final do prazo de validade do concurso, por não ter sido convocado, João ingressou com medida judicial pleiteando sua nomeação e posse.

    De acordo com a atual jurisprudência do Supremo Tribunal Federal sobre a matéria, o pleito de João:

a) não merece prosperar, pois o candidato aprovado em concurso público, ainda que dentro do número de vagas ofertadas no edital, possui apenas expectativa de direito à nomeação, em razão do princípio da discricionariedade;

b) não merece prosperar, pois João deveria ter comprovado que foi preterido por outro candidato aprovado fora do número de vagas ou que a ordem de classificação do concurso foi burlada;

c) não merece prosperar, pois João deveria ter comprovado que foi preterido em razão da nomeação, a título precário, de pessoa contratada sem prévio concurso público para desempenhar as mesmas funções de Analista Financeiro;

d) merece prosperar, pois João possui direito subjetivo à nomeação, cuja necessidade é presumida a partir da previsão editalícia do número de vagas, em respeito aos princípios da boa-fé e segurança jurídica;

e) merece prosperar, pois João possui direito líquido e certo à nomeação, cuja necessidade é presumida em relação a todos os candidatos aprovados no concurso, inclusive além do número de vagas.

13. (2019/FGV/Prefeitura de Salvador - BA/Fiscal de serviços municipais). Ernesto, servidor público federal, requereu e teve deferida sua aposentadoria por tempo de contribuição. Em razão de falhas burocráticas, o Tribunal de Contas da União somente apreciou o caso, para fins de registro, seis anos após a aposentadoria de Ernesto.

Por visualizar a existência de equívocos no processo administrativo, já que não teria sido comprovado o tempo de contribuição exigido pela legislação de regência, o Tribunal, sem ouvir Ernesto, negou-se a promover o registro e determinou o retorno dos autos ao órgão de origem, de modo que o referido agente deveria retornar ao serviço público ativo.

À luz da sistemática vigente, é correto afirmar que o procedimento adotado pelo Tribunal está

a) certo, pois a concessão da aposentadoria é ato complexo, que somente se aperfeiçoa após o registro perante o Tribunal de Contas.

b) errado, pois o registro do ato de concessão da aposentadoria tem natureza meramente declaratória, de modo que o Tribunal de Contas não pode negar-se a fazê-lo.

c) errado, pois o exame do ato de aposentadoria, pelo Tribunal de Contas, seis anos após a sua concessão, exigiria a observância do contraditório e da ampla defesa.

d) errado, pois o decurso de seis anos, desde o ato de aposentadoria, obsta que o Tribunal de Contas profira decisão desfavorável ao beneficiário, salvo comprovada má-fé.

e) errado, pois a decisão final a respeito do registro da aposentadoria é de competência do próprio órgão que a concedeu.

14. (2019/FGV/Prefeitura de Salvador - BA/Guarda Civil Municipal). João, servidor público ocupante do cargo de provimento efetivo de engenheiro de radiação, desejava realizar um novo concurso público, de modo a vir a ocupar dois cargos de provimento efetivo, caso houvesse compatibilidade de horários.

À luz da sistemática constitucional, assinale a afirmativa correta.

a) João não pode ocupar outro cargo de provimento efetivo.

b) João somente pode vir a ocupar um cargo de professor.

c) João somente pode vir a ocupar um cargo técnico.

d) João pode vir a ocupar um cargo de professor ou de técnico.

e) João pode vir a ocupar um cargo na área de saúde.

15. (2019/FGV/DPE – RJ/Técnico). Professores municipais ocupantes de cargo efetivo da rede pública de educação realizaram greve, pelo período de duas semanas, pleiteando aumento salarial. Após o retorno às atividades, o Município propôs aos grevistas a compensação, por acordo, dos dias de paralisação. Um grupo de professores grevistas procurou assistência jurídica na Defensoria Pública, indagando sobre a conveniência de aceitarem o acordo.

Tendo em vista que a greve não foi provocada por conduta ilícita do Poder Público, o Defensor Público, com base na jurisprudência do Supremo Tribunal Federal, orientou os professores a:

a) aceitarem o acordo de compensação, pois é cabível a compensação dos dias de paralisação decorrentes do exercício do direito de greve pelos servidores públicos por meio de acordo, sob pena de imediata demissão dos servidores grevistas;

b) aceitarem o acordo de compensação, pois a administração pública deve proceder ao desconto dos dias de paralisação decorrentes do exercício do direito de greve pelos servidores públicos, em virtude da suspensão do vínculo funcional que dela decorre, permitida a compensação em caso de acordo;

c) aceitarem o acordo de compensação, pois é cabível a compensação dos dias de paralisação decorrentes do exercício do direito de greve pelos servidores públicos por meio de acordo, haja vista que o direito de greve não se estende ao serviço público;

d) não aceitarem o acordo de compensação, pois a administração pública não pode proceder ao desconto dos dias de paralisação decorrentes do exercício do direito de greve pelos servidores públicos, independentemente da greve não ter sido provocada por conduta ilícita do Poder Público;

e) não aceitarem o acordo de compensação, pois, apesar de a administração pública dever descontar os dias de paralisação decorrentes do exercício do direito de greve pelos servidores públicos, em virtude da suspensão do vínculo funcional que dela decorre, não é permitida a compensação por meio de acordo.

---

16. (2019/VUNESP/CÂMARA DE TATUÍ - SP/PROCURADOR LEGISATIVO). A respeito do processo administrativo disciplinar, é correto afirmar que

a) o princípio da instrumentalidade das formas estabelece a possibilidade de aproveitamento dos atos processuais que tenham cumprido sua finalidade, ainda que presentes vícios de formalidade.

b) semelhantemente ao processo judicial, o processo administrativo rege-se pelo princípio da oficialidade, segundo o qual a instauração e a impulsão do processo ocorrem por ofício.

c) o processo disciplinar deverá ser concluído no prazo de 60 (sessenta) dias, prorrogáveis por igual período, se necessário, e a inobservância do prazo implica na nulidade do processo.

d) a instauração do processo não interrompe a prescrição da pena e não impedirá a exoneração a pedido ou a aposentadoria voluntária do servidor indiciado.

e) ao servidor acusado, é reservado o direito de acompanhar o procedimento pessoalmente ou por meio de procurador, que, necessariamente, deverá ser advogado.

---

17. (2019/VUNESP/PREFEITURA DE ARUJÁ - SP/ADVOGADO). No que concerne à instauração de processo administrativo disciplinar com base em denúncia anônima, é correto afirmar que o Superior Tribunal de Justiça publicou a seguinte súmula:

a) Desde que devidamente motivada e com amparo em investigação ou sindicância, é permitida a instauração de processo administrativo disciplinar com base em denúncia anônima, em face do poder-dever de autotutela imposto à Administração.

b) É permitida a instauração de processo administrativo disciplinar com base em denúncia anônima, em face do poder-dever de autotutela imposto à Administração, mesmo inexistindo sindicância ou investigação.

c) É vedada, nos termos da Constituição Federal, a instauração de processo administrativo disciplinar com base em denúncia anônima, sendo apenas autorizada a instauração de sindicância visando elucidar a origem da denúncia dos fatos motivadores.

d) Desde que devidamente motivada, e com amparo em Inquérito Administrativo, é permitida a instauração de processo administrativo disciplinar com base em denúncia anônima, em face dos poderes discricionário e hierárquico.

e) É vedada, nos termos da Constituição Federal, a instauração de sindicância com base em denúncia anônima, sendo apenas admitido instaurar Inquérito Administrativo para apuração dos fatos motivadores.

---

18. (2019/VUNESP/UFABC/ASSISTENTE DE ADMINISTRAÇÃO). Assinale a alternativa que contempla uma conduta do servidor público que é proibida pela Lei n° 8.112/1990.

a) Participar de gerência ou administração de sociedade privada.

b) Retirar documento ou objeto da repartição, mesmo com prévia anuência da autoridade competente.

c) Atuar, como intermediário, junto a repartições públicas para tratar de benefícios previdenciários de seu cônjuge.

d) Exercer o comércio na qualidade de acionista, cotista ou comanditário.

e) Acumular o exercício do seu cargo com a função de professor.

GABARITO	
Questão	**Resposta**
01	E
02	E
03	E
04	D
05	E
06	C
07	E
08	C
09	C
10	C
11	A
12	D
13	C
14	B
15	B
16	A
17	A
18	A